HISTOIRE

DU

CARDINAL DE RICHELIEU

D'après Michel Lasne.

# HISTOIRE

DU

# CARDINAL DE RICHELIEU

PAR

GABRIEL HANOTAUX
DE L'ACADÉMIE FRANÇAISE

---

LA JEUNESSE DE RICHELIEU (1585-1614)

LA FRANCE EN 1614

NOUVELLE ÉDITION

PARIS

| SOCIÉTÉ DE | LIBRAIRIE PLON |
|---|---|
| L'HISTOIRE NATIONALE | LES PETITS-FILS DE PLON ET NOURRIT |

8, rue Garancière — 6ᵉ

# PRÉFACE

L'*Histoire du Cardinal de Richelieu* aura quatre volumes. Celui que je donne aujourd'hui au public est une sorte d'Introduction. La première partie de ce volume expose la vie du futur ministre de Louis XIII jusqu'en octobre 1614, époque à laquelle il vint à Paris, comme député du clergé poitevin à l'assemblée des États généraux. Cette date est le point de départ de sa carrière politique. Deux ans après, il était ministre.

Là, le récit biographique s'arrête et la seconde partie présente le tableau géographique, politique, social et religieux de la France, au début du dix-septième siècle. L'action exercée par Richelieu sur les destinées du pays, ayant un caractère éminemment traditionnel, j'ai pensé qu'il était utile d'énoncer clairement, dans leurs origines, les problèmes qui se sont posés devant lui, et de montrer les raisons lointaines des solutions qu'il adopta. En 1614, la France est résolument monarchique. Elle substitue aux institutions féodales qui disparaissent, les organes de la centralisation moderne. J'aurais voulu dégager les lois de son évolution, et mesurer les forces qu'elle livre au génie de ses hommes d'État. Ce volume a donc pour objet de mettre, comme on dit, l'ouvrier à pied d'œuvre.

Il y a plus de quinze ans que j'ai commencé à réunir mes premières notes. Mon ami, M. Albert Sorel, n'a pas oublié les après-midi laborieuses que nous avons passées ensemble dans une salle retirée du dépôt des Affaires Étrangères, alors qu'il préparait son livre sur *L'Europe et la Révolution*. Il a pris de l'avance, et il me faudra bien du temps pour le rejoindre. Je suis heureux de le suivre de loin et de saluer son beau succès.

On trouvera, dans cette histoire du cardinal de Richelieu, un certain nombre de choses nouvelles. Une étude attentive des faits et des documents permet toujours de découvrir des détails curieux et d'éclaircir bien des points douteux. J'aurais voulu ne pas abuser du document inédit. Mais dans un sujet si vaste, ce serait une véritable affectation de ne pas l'employer, surtout quand on voit s'ouvrir, avec les facilités actuelles, les grands dépôts de Paris et particulièrement l'abondante mine des archives du ministère des Affaires Étrangères.

Quels que soient l'intérêt et l'importance de ces sources, elles ne me paraissent pas de nature à modifier, dans ses lignes essentielles, la figure connue du cardinal de Richelieu. Elles permettent seulement de préciser les traits, de mieux discerner les lumières et les ombres. J'ai trouvé en Richelieu un génie abordable, accessible, d'une psychologie plutôt simple et facile à déchiffrer. En m'approchant, j'ai vu s'évanouir le spectre vêtu de rouge qui passe au cinquième acte de *Marion Delorme*, le sphinx impassible et muet qu'évoque la page, d'ailleurs admirable, de Michelet. J'ai vu un homme d'État français, au sens pratique et positif, au coup d'œil froid et sûr, à la main rude. Je l'ai rattaché, sans effort, à la série de nos grands politiques, aux Philippe le Bel, aux Charles V, aux Louis XI, aux hommes de la Révolution. Ce qui le distingue, c'est la clarté, la logique, la mesure dans l'énergie; il faut ajouter une souplesse, une agilité merveilleuses. Cet homme maigre et fin ne s'est maintenu si longtemps aux affaires que par des tours de force où il y avait beaucoup de patience et d'adresse. Une telle contrainte explique, d'autre part, les détentes terribles d'une nature qui était, au fond, autoritaire et cassante.

Le costume, en lui, inquiète un peu la curiosité de l'histoire anecdotique. Qu'y a-t-il sous cette robe? — Il y a d'abord un prêtre, un vrai prêtre, croyant, comme tout le monde l'était en ce temps-là. Mais il y a surtout un homme d'action. Richelieu n'avait pas été élevé pour l'église. Il conserva toujours, de son éducation première, quelque chose de cavalier qui se voit bien dans sa figure à la barbiche pointue. Il a eu son roman, un roman qui va de Marie de Médicis à M$^{me}$ d'Aiguillon, et que j'essaierai de raconter, puisque tout est intéressant dans la vie des grands hommes. Mais sa vraie passion, la flamme qui dévore et consume sa vie entière, c'est l'ambition. Il a voulu le pouvoir; il a voulu le garder jusqu'à sa mort; une fois ministre, ses ambitions se confondant avec le bien de l'État, il s'est consacré à une grande œuvre : l'achèvement de l'unité française par l'établissement définitif de l'autorité absolue du roi et par la ruine de la maison d'Espagne. Cet homme n'a vécu que pour cela; mais il n'a pas vécu assez longtemps pour voir Rocroi, pour signer la paix de Westphalie ou la paix des Pyrénées.

Je raconterai le drame de cette vie, avec précision, avec minutie. Par le détail des résolutions et des actes, des résistances et des intrigues, des négociations et des batailles, on verra de quelle accumulation d'efforts quotidiens sont faites les œuvres durables. On verra que le mérite et le bonheur ne suffisent pas; mais qu'il faut aussi, et par-dessus tout, une énorme dépense de volonté et de persévérance. C'est la plus forte apologie qu'on puisse faire des grandes existences, que de laisser entrevoir le fourmillement des petits événements et des petites difficultés qui les ont embarrassées, sans les détourner.

Ce spectacle est, en somme, plutôt fortifiant et encourageant. Il apprend aux hommes à ne pas se laisser arrêter par les obstacles que chaque jour leur oppose, à ne pas ramener leurs œuvres à la mesure de leur courte vie, à se tenir aux lignes générales, aux idées qui durent et sont maîtresses du temps.

Au lendemain de la Ligue, la France était bien bas : jamais elle n'a été plus haut qu'à l'avènement de Louis XIV. Deux générations, celles de Henri IV et de Louis XIII, ont suffi pour produire ce changement. Il est vrai que ni Henri IV, ni Richelieu, n'ont vu les résultats de leurs travaux. D'autres en ont recueilli, sinon la gloire, du moins l'apothéose. Qu'importe !

Si ce livre donne aux Français qui le liront une nouvelle occasion d'avoir confiance dans les destinées de leur pays, s'il contribue à démontrer aux hommes d'État de la République l'efficacité d'une tradition, s'il rend plus claires, à leurs yeux, les causes qui ont fait, dans le passé, la grandeur de la France et qui l'assureront dans l'avenir, si les meilleurs d'entre eux y trouvent de nouvelles raisons de fondre de plus en plus leur existence dans celle de la nation, ce résultat aura dépassé mes espérances, et je serai récompensé d'avoir consacré à cette œuvre tous les loisirs d'une vie qui n'est pas uniquement réservée à l'étude.

Paris, avril 1893.

# LIVRE PREMIER

# LA JEUNESSE DE RICHELIEU

(1585-1614)

# LIVRE PREMIER

# LA JEUNESSE DE RICHELIEU

(1585-1614)

### CHAPITRE PREMIER.

LES ORIGINES. — LA PROVINCE.

Du haut de ces montagnes d'Auvergne qui sont le centre géographique et la citadelle historique de notre France, les eaux coulent du sud au nord et forment cinq grandes rivières, au cours presque parallèle. C'est la Loire et ses quatre affluents principaux : l'Allier, le Cher, l'Indre et la Vienne. Leurs vallées sont les chemins naturels qui relient le Nord-Est au Sud-Ouest, Paris à Bordeaux et à Toulouse.

La pente ouest du massif central, celle qui donne naissance à ces rivières, s'incline lentement et comme à regret vers la mer. Elle reste longtemps raboteuse. En descendant de la noire Auvergne, il faut traverser péniblement le dur Limousin, la Marche verte et fraîche.

Peu à peu cependant les collines s'abaissent, la vallée s'élargit, le ciel s'ouvre et sourit. La Creuse et la Vienne gonflent leurs eaux qu'elles vont mêler : le Poitou quitte la montagne et marche vers la mer, une main tendue au nord, l'autre au midi.

Dans sa partie orientale, le Poitou garde l'âpreté des contrées voisines. Les granits forment la Haute-Vienne ; les grès verts pénètrent jusqu'à Lencloître. Les environs de Châtellerault sont tout blancs de craie. Combien de fois, en parcourant le Poitou, retrouve-t-on le même paysage : sous un ciel bas et gris, un chemin poussiéreux monte et descend interminable, au milieu d'un pays morne, le long de murs caillouteux, souvent ruinés, parmi des champs qui semblent abandonnés. Au pied d'un rare noyer, une femme en mante noire, surveille un troupeau de dindons ou un cheval qui cherche sa pitance, une jambe attachée au licou.

C'est là une des faces du Poitou. Mais il en a une autre plus gaie : celle qui regarde la Touraine. Ici, la campagne rit parmi la verdure, la vigne et les vergers. La vallée du Clain, profonde et tortueuse, s'emplit d'ombres épaisses et roule le bruit des fontaines jaillissantes.

Une foule de petites rivières se hâtent vers la Vienne ou la Loire et déterminent d'agréables et riches vallées. Les plateaux crayeux sont chauves, mais leurs flancs se couvrent de vignes ; le fond est en bonne terre arable. La Veude arrose le pays des Montpensier, Champigny, Ligré-Rivière, Coudray-Montpensier. Elle se jette dans la Vienne, un peu au-dessus de Chinon, formant, dans la patrie de Rabelais, un paysage de collines moutonnantes, l'un des plus gracieux de la contrée. La Veude reçoit le Mable, la rivière de Richelieu. Les vallées des deux cours d'eaux se ressemblent ; elles sont suffisamment fertiles. Elles produisent en abondance les fruits, les légumes. La vigne y pousse bien. Le climat est doux, tempéré, il invite au repos. Les gens du pays sont diseurs, museurs ; ils aiment la table, les parties, la vie en plein air sur le pas des portes. Un peu plus bas, vers la Loire, leur esprit s'anime, s'égaye, éclate en propos rabelaisiens. Mais le paysan de la Veude est plus réservé, plus froid. Il pèse ses mots et les traîne.

Descendons encore. Après avoir franchi les hauteurs de la Gâtine, dirigeons-nous vers le Bas-Poitou. Peu à peu, l'air devient plus lourd. La campagne se transforme : ce sont des pâturages coupés par des haies, des jardins avec des légumes énormes. Quelques moulins à vent surgissent, allant, de leurs longs bras, chercher le vent dans les nuages. C'est la *Plaine* qui s'abaisse vers la mer et qui s'achève par le *Marais*. La haute flèche de Luçon, aiguë, aérienne, s'élance démesurément grandie par l'isolement. Tout le pays, à l'entour, est coupé par un savant système de drainage. Le damier des canaux reflète le ciel où les nuages passent. Gagnée sur la mer, la terre impose à ses habitants l'entretien perpétuel de la conquête. Avant ce travail, ils étaient misérables. Aujourd'hui, ils sont riches; mais graves, sérieux, maladifs et lents comme leurs marais.

En somme, cette région est équivoque et d'aspects contradictoires; à la fois mer et montagne, nord et midi, centre et frontière : c'est le Janus de nos provinces.

Sur cette terre de passage, sur ce pays à deux visages, l'histoire a laissé une empreinte ambiguë. Elle a présenté, elle aussi, des contrastes, des oppositions, parfois violentes, mais qui ont fini par se fondre dans une même uniformité. Des guerres sans fin, des luttes ardentes ont été suivies de longues et paisibles soumissions. Pendant longtemps, le Poitou reste une « marche », une frontière à l'intérieur : agité quand le dedans s'agite, calme et endormi, quand l'effort national se reporte au loin, sur les véritables limites de la patrie.

Grand chemin vers le sud-ouest, vers l'Espagne, il avait vu, de bonne heure, passer les peuples voyageurs des migrations celtiques. L'agrément de ses vallées avait séduit quelques-unes de leurs tribus. La facilité de la défense sur un terrain mamelonné, coupé de ruisseaux, d'encaissements profonds et d'étangs, les avait retenues et fixées. Aucune contrée de la France, sauf la Bretagne, ne présente de monuments mégalithiques plus nombreux et plus importants.

Autant qu'il est possible de pénétrer le mystère des races dans une région si souvent remuée par les invasions et les luttes de peuple à peuple, il semble que deux types se partagent la province : l'un au nord de Saint-Maixent, petit, noir, vif, loquace, à l'œil clair; l'autre au sud, plus haut, bien proportionné, aux grands traits droits accentués, aux mouvements lents, à l'allure grave (1).

Les anciens Poitevins prirent une part importante à la résis-

---

(1) Voir J.-M. Dufour, *De l'ancien Poitou et de sa capitale*. (Poitiers, 1826, in-8, p. 111-113.)

tance contre César. Voisins des Auvergnats, ils obéirent au premier appel de Vercingétorix. Mais la Gaule une fois vaincue, ils acceptèrent à la fois le joug et les bénéfices de la conquête ; ils jouirent de la sécurité et du bien-être qu'assurait la paix romaine. Leur vie était alors tout entière tournée vers le Midi. Le Poitou faisait partie de l'Aquitaine. Il partagea la réputation de prospérité, de luxe, et de corruption que s'était faite cette province : « *Aquitani,... in omnibus quippe Galliis sicut divitiis primi fuere, sic vitiis* », dit Salvien. Il appelle cette contrée « *medulla fere omnium Galliarum* », et il ajoute que parmi les Aquitains, on citait, au premier rang, les Bordelais, les Saintongeais et les Poitevins (1).

Les traces de cette prospérité apparaissent jusque dans les nombreuses ruines qui subsistent. L'invasion des barbares fut rude à ces contrées. Mais bientôt une nouvelle civilisation remplaça celle qui avait disparu. Elle a laissé des monuments qui sont encore debout. L'architecture romane primitive a brillé surtout dans cette partie de la France. De Bordeaux à Poitiers, les églises, aux portails ciselés comme des ouvrages d'orfèvrerie, étalent un luxe architectural qui prouve que tout n'avait pas péri dans le cataclysme par lequel débute l'histoire des temps modernes.

C'est à partir de cette invasion que la province prend une physionomie particulière. Elle devient le champ-clos où se règlent les différends du Nord et du Midi. Pendant tout le moyen âge, elle est sans cesse disputée, jamais définitivement conquise. La période mérovingienne trouve à Vouillé une de ses dates mémorables. La dynastie carlovingienne se fonde près de Poitiers, par la victoire de Charles Martel sur les Sarrazins. Les Capétiens essayent de s'emparer du midi de la France par le mariage de Louis VII avec Éléonore, héritière des comtes de Poitou et d'Aquitaine. Mais le divorce et l'union d'Éléonore avec Henri Plantegenet ouvre l'ère funeste des guerres anglaises.

Bordeaux devient la capitale de la domination étrangère en France. Poitiers oscille tantôt vers le Midi, tantôt vers le Nord, alternati-

---

(1) *De Gubern. Dei* (L. VII). Cité dans Duroux, *op. cit.* (p. 15-20).

vement la proie des deux adversaires. Alphonse de Poitiers, frère de saint Louis, dont la puissance s'étend un instant sur tout le Midi, jette, dans les Aquitaines, les bases de l'administration et de la législation françaises (1). Après sa mort, le Poitou est réuni à la couronne jusqu'au moment où la bataille perdue par le roi Jean, sous les murs de Poitiers, semble décider contre la France. Les Poitevins subissent le joug du vainqueur : « Nous cédons à la force, disent-ils, nous obéirons ; vous avez nos murs ; nos cœurs ne se mouveront (2). »

Duguesclin change la fortune et reconquiert pied à pied la province. Cependant la guerre de Cent Ans n'est pas finie. Le règne de Charles VI démembre de nouveau la France. Le Dauphin Charles est acculé au Massif Central. On l'appelle *le Roi de Bourges;* on pourrait aussi bien l'appeler *le Roi de Poitiers*. C'est, en effet, dans cette ville qu'il établit sa cour, en 1418. Il y transféra le Parlement de Paris, y fonda l'Université. Le maire, Maurice Claveurier, était son confident ; il appelait Poitiers « sa bonne ville fidèle. » C'est là que Jeanne d'Arc vint le saluer. Chinon déroule encore, sur sa colline, les ruines énormes des *Grands-Logis* qui abritèrent les premières angoisses de la Pucelle.

A partir de cette époque, l'histoire de France respire dans ces contrées. Les rois sont frappés de leur importance exceptionnelle. Ils comprennent qu'il faut en finir avec ce Midi toujours menaçant ou toujours menacé. L'autorité royale, placée plus près des terres nouvellement conquises, doit se faire sentir plus directement. Ils quittent Paris et s'installent sur la Loire.

Un quadrilatère ayant aux angles Orléans, Bourges, Tours et Poitiers forme alors la véritable assiette de l'établissement monarchique. Louis XI s'enferme à Plessis-les-Tours. Après lui, la Touraine retient la cour autant par le charme du sol et du climat que par les nécessités de la politique. Les bâtiments princiers s'élèvent. Tous, jusqu'au moindre seigneur, se mettent à bâtir. L'architecture civile de la Renaissance fleurit parmi les pampres et les vergers.

(1) V. BOUTARIC, *Saint Louis et Alphonse de Poitiers*, étude sur le treizième siècle.
(2) THIBAUDEAU, *Histoire du Poitou* (t. II).

Louis XII et François Ier ne se sont pas désaccoutumés de ce séjour enchanteur, que des événements graves s'y produisent. La réforme gagne l'Ouest. Elle y fait des progrès rapides. Est-ce le vieil esprit d'opposition qui, deux siècles et demi plus tard, insurgea les Vendéens? Est-ce la misère relative de ces hobereaux aspirant au partage des biens ecclésiastiques? Est-ce une culture plus avancée, plus libérale, due au voisinage de la cour? Ces divers mobiles agissent à la fois, et en plus, ce désir de changement, cette contagion du nouveau qui, à certaines époques, gagne tous les Français.

Ces populations vont payer cher la conviction ou l'engouement qui les jettent dans la Réforme : pour près d'un siècle, le pays redevient champ de bataille. La Rochelle est la grande citadelle des huguenots. Saumur et Loudun sont leurs postes avancés vers la Loire. Chatellerault, Fontenay, Saint-Maixent, La Mothe-Saint-Héraye, Maillezais, Thouars, Talmont sont leurs boulevards. La Réforme triomphe pendant quelque temps à Poitiers qui, pourtant, finit par rester catholique.

Voici de nouveau, l'ère des batailles, l'ère des sièges, des passages de troupes et le pays ruiné. Depuis la prise de Poitiers, en 1562, jusqu'au siège de La Rochelle, en 1628, c'est par centaines que l'on pourrait énumérer les rencontres. Il suffit de rappeler les grandes batailles de Jarnac et de Montcontour.

Après la courte trêve de la deuxième partie du règne de Henri IV, la régence de Marie de Médicis ramène le désordre et la misère. La rébellion de Condé, en 1614, s'appuie sur la mairie de Poitiers. Le parti protestant du Sud-Ouest pousse sa pointe jusqu'à Saint-Jean-d'Angely, jusqu'au Blavet, jusqu'aux Ponts-de-Cé. Pour que le calme soit rétabli définitivement, il faut attendre que cette province tant éprouvée donne à la France l'homme qui prendra La Rochelle et qui emploiera au service du pays les forces qui s'étaient si longtemps entre-choquées dans les luttes intestines.

Ces longues misères ne furent pas sans quelque profit pour les populations qui les endurèrent. Ce fut la douleur qui martela et fixa les traits un peu mous du caractère poitevin. Chacun dut se prononcer, prendre un parti. Une fois la décision arrêtée, il fallut combattre par la parole et par l'épée, devant les tribunaux et sur les champs de bataille. La quiétude tourangelle fut secouée, la somnolence du Marais fut réveillée, l'inutile convoitise de l'habitant de la Brenne fut dirigée.

Le premier stimulant vint de la guerre elle-même. Cette contrée toute en collines et en vallées était déjà hérissée de forteresses : les unes solides, imposantes, dominant tout un canton, l'Ile-Bouchard, Lusignan, Tiffauges; la plus grande partie, bonne pour parer à un coup de main : quatre fossés, quatre tourelles et un donjon. Sur ce type, que la guerre de Cent Ans avait créé et qui s'était à peine modifié depuis des siècles, les constructions se multiplièrent. Encore aujourd'hui, après tant de démolitions, il n'est, pour ainsi dire, pas un village qui n'ait sa bicoque.

Ce n'était pas tout de se défendre. Il fallait attaquer. Le seigneur sortit de chez lui, se mit en quête de compagnons, d'un chef; il s'enrôla et partagea les diverses fortunes du parti qu'il avait choisi; battu et ruiné avec lui, mais vainqueur et riche si la *cause* triomphait.

C'est ainsi que se développa, dans la noblesse locale, un esprit d'aventures et une humeur guerrière qui firent, de ces temps, la grande époque de l'histoire de la province. Sur les champs de bataille, on estimait les régiments poitevins à l'égal des bandes gasconnes et espagnoles. François 1er disait : « Nous sommes quatre gentilshommes de la Guienne qui combattons en lice et courons la bague contre tous allans et venans; moi, Sansac, Dessé et Chateigneraie. » Sansac, Dessé et Chateigneraie étaient des Poitevins.

Ce dernier appartenait à la famille de Mortemart-Rochechouart, cette illustre race dont les exploits, l'esprit et les diverses fortunes offrent comme un raccourci de l'histoire de la noblesse française. Poitevins, ces Lusignan dont la carrière naquit, se développa et s'acheva dans la légende; Poitevins, les Thouars, avec les branches d'Amboise, de la Trémouille et de Tarente; Poitevins, les la Rocheposay; Poitevins, les la Roche-Chèmerault, les Daillon, les la Guierche, les Bonnivet, les Roches-Baritaux, les Chavigny, les d'Escars et les La Châtre. C'est surtout au XVIe siècle que ces familles s'illustrent; les plus grandes s'élèvent encore, et les plus petites se haussent jusqu'aux plus grandes.

La vie active de l'époque offre bien des hasards heureux au gentilhomme de province. Plus d'un, parti paysan mal dégrossi, revient homme de qualité, favori des princes ou du roi. Il suffit d'un bras vigoureux pour qu'un écuyer se distingue. Il passe capitaine, maistre de camp, chevalier des Ordres. Par les responsabilités, les caractères se dessinent; par les services, les mérites s'affirment; par la faveur, ils se signalent et obtiennent leur récompense. Les rois étaient là, tout près dans cette Touraine qui apparaissait déjà, aux temps antérieurs, comme le pays de joie, la bonne terre à conquérir. Le maigre seigneur quitte ses montagnes, ses marais, sa brande. La Royauté avait justement besoin d'hommes de cette trempe, libres d'engagements, légers de biens et de scrupules. Certaines coïncidences, comme l'avènement de François Ier, élevé à Angoulême, et le rôle pris par la famille des Bourbons, fille des montagnes, précipitèrent le mouvement. Tandis que les grandes familles hésitaient encore sur le parti à prendre à l'égard de la Royauté triomphante, les classes moyennes — petite noblesse et bourgeoisie — devenaient la pépinière des ministres et des favoris.

Petites gens devenus grands personnages : c'est la Balue, né à Angles sur l'Anglin; c'est Poyet, né à Angers; c'est Semblançay, né à Tours; ce sont les frères Briçonnet, originaires de Tours; ce sont les Bonnivet, Poitevins; c'est le cardinal Duprat, né à Issoire; ce sont les Noailles, venus du Limousin; c'est le cardinal de Tournon, né en Auvergne; ce sont les le Roy-Chavigny, l'un amiral, l'autre grand aumônier, Tourangeaux et ancêtres de Richelieu; ce sont les Richelieu, enfin, et leurs parents ou amis, les la Porte, les du Pont-de-Courlay, les Vignerod, les Bouthillier-Chavigny. Il y a un chemin tout tracé par ces habiles gens. Ils se font d'église, s'enrichissent par les bénéfices, obtiennent des titres qui les font marcher de pair avec les plus grands seigneurs, puis poussent leurs familles et se gonflent.

Ainsi, tandis que les discordes civiles et religieuses affirmaient les caractères, trempaient les âmes, excitaient les vertus militaires et l'esprit d'entreprise, par contre, le voisinage de la Cour, les libéralités des princes, développaient les idées de fidélité et le loyalisme. Ces tendances, divergentes au début, arrivaient à se fondre dans un même zèle pour le bien commun. La civilisation de la Cour, la *courtoisie*, pénétrait ces âmes rudes, amollissait les courages et les tournait vers les occupations intellectuelles si chères à leurs voisins, les Tourangeaux de la Loire.

Poitiers était un grand centre d'enseignement et surtout d'enseignement du droit. Ayant reçu, par l'intermédiaire des universités méridionales, la tradition des maximes autoritaires du droit romain, les Poitevins y avaient appliqué les qualités de leur esprit : le sens critique, la logique prudente et sûre. L'Université de Poitiers fondée, en 1431, par Charles VII, avait bientôt brillé d'un certain éclat. Elle avait attiré de tous les coins de la France et même du dehors, des écoliers en grand nombre. André Tiraqueau, Jean Bouchet, Pierre Amy, la Porte, grand-père de Richelieu, Jean Choisnin, les Sainte-Marthe, sont les gloires modestes de cette illustre nébuleuse ; des étrangers, célèbres en leur temps, comme Blacvod et Barclay furent attirés par ses pâles rayons. Rabelais et Calvin la traversèrent, mais pour continuer leur course à travers le monde. Les études scientifiques avaient également fleuri à Poitiers. Les Pidoux et les Citois, médecins, furent des célébrités locales. Il en est d'universelles, comme Viette et Descartes.

Une culture aussi étendue et aussi variée développa dans la bourgeoisie poitevine certaines qualités naturelles, l'aptitude aux affaires, la finesse, une heureuse gravité. Ils savent ce qu'ils veulent, raisonnent solidement, ont de la force et ne manquent pas d'adresse. Ce sont de savants jurisconsultes et de bons administrateurs. La robe leur sied. Tant qu'ils conservent l'usage des anciennes libertés communales, ils s'emploient chez eux comme échevins, magistrats ; plus tard, ils s'élèvent, en même temps que leur horizon s'élargit ; ils deviennent conseillers au Parlement, maîtres des requêtes, intendants et, si le vent les porte, ministres des rois.

Non seulement la cour emploie et récompense les soldats et les politiques ; elle stimule et gratifie les artistes, les littérateurs, les poètes. Elle développe le goût du beau par le luxe qu'elle déploie et par l'exemple des étrangers qu'elle attire. Auprès d'elle, les « maîtres-maçons » deviennent des architectes et les « tailleurs d'imaiges » des sculpteurs.

Sous Louis XI, sous Louis XII, sous François Ier, princes et princesses réunissent autour d'eux des cercles où les mérites artistiques et littéraires sont prisés à l'égal des plus grands services rendus au pays. C'est le printemps de la culture française, l'époque des Marguerites. Si quelque jeune clerc se distingue par un beau mot, par un heureux quatrain, aussitôt il est attiré, choyé, mis en lumière. On le pensionne, même hérétique. Entre le bûcher et lui, il trouve la protection d'une robe féminine ou de la pourpre épiscopale. Les d'Amboise, les du Bellay, les Briçonnet l'appellent. Il reçoit, près d'eux, bon accueil, bon gîte et grasses prébendes, s'il est sage.

Le Parisien Villon vient, de bonne heure, jeter le sel de son esprit sur une pâte qui ne demande qu'à lever. Rabelais n'a pas dix lieues à faire pour étonner la cour par la surprenante hardiesse de son bizarre génie. Balzac, né à Angoulême, est un peu plus méridional ; mais, au contraire de son voisin, Montaigne, il tourne son gascon vers le Nord et apprend le bien-dire aux Français : le sonore langage de Balzac prépare la langue solide de Descartes. Celui-ci est, comme Rabelais, comme Richelieu, mi-Tourangeau, mi-Poitevin ; mais son illustre prédécesseur, Viette, est purement Poitevin. Ces divers esprits, tous remarquables par le bon sens, la clarté, la méthode didactique et raisonneuse dessinent la figure de la province (1).

(1) Sur la plupart des noms cités dans le texte, voir DREUX DU RADIER, Histoire littéraire du Poitou, réimprimée dans la Bibliothèque du Poitou. Niort, Robin, 1849, 3 vol. in-8. — Descartes est né, le 31 mars 1596, à la Haye (aujourd'hui la Haye-Descartes) à la frontière du Poitou et de la Touraine, à quelques lieues de Richelieu. On fait ordinairement de Descartes un breton, parce que son père fut conseiller au parlement de Bretagne. Mais, aussi bien par sa naissance que par sa famille, Descartes est le compatriote de Richelieu. Sa mère, Jeanne Brochard, était de Poitiers. (V. MILLET, Histoire de Descartes jusqu'en 1637, Didier, 1867, in-8, p. 36). — Puisque nous sommes sur le chapitre des rapprochements, il faut en signaler quelques autres : La Fontaine appartient directement au Poitou par sa mère, Françoise Pidoux, descendante d'une des familles les plus distinguées de Poitiers et de Châtellerault. (V. G. HANOTAUX, Les Pidoux. Note sur

Même dans un ordre inférieur, on trouve ces mêmes traits épars sur des visages plus obscurs. Au XVI° siècle et au XVII° siècle, Poitiers, Loudun, Fontenay, Saint-Maixent se font remarquer par l'abondance et la variété de leur développement littéraire et scientifique : elles se piquent « de donner une infinité de beaux esprits à la France (1) ». Une vie de cercles, de conversations, de cénacles, d'académies (car on ne ménageait pas les termes) s'était organisée jusque dans les centres les moins importants : elle entretenait le goût de la lecture, l'amour de la parole, un ton généralement poli et grave. Il y avait des jours où l'on jouait aux péripatéticiens et Poitiers ne croyait pas trop s'honorer en se baptisant elle-même « l'Athènes de la France ».

Un menu incident de cette vie littéraire mérite de n'être pas dédaigné par l'histoire : En 1579, les discordes civiles motivèrent une tenue des *Grands Jours* à Poitiers. Les magistrats et les avocats de Paris y vinrent en assez grand nombre. Selon le témoignage de Pasquier, ils firent, avec les jurisconsultes locaux, assaut de « belles procédures ». Mais le tribunal n'occupait pas tout leur temps. Une dame appartenant à la bonne bourgeoisie poitevine, Catherine des Roches, leur ouvrit sa maison, fréquentée déjà par Messieurs du Présidial et de l'Université. Or, un jour, en présence de la docte assemblée, une puce se plaça sur le beau sein de M<sup>lle</sup> des Roches. Étienne Pasquier, qui était présent, jura qu'il ferait passer à la postérité le souvenir d'une bestiole à la fois si audacieuse et si fortunée.

Il chanta donc en vers « la puce de M<sup>lle</sup> des Roches ». A sa suite, toutes les fortes plumes de Poitiers, puis du reste de la France,

---

*la famille maternelle de J. de la Fontaine.* Extrait du *Bulletin de la Société de l'Histoire de Paris*, janvier-février 1889.) Voltaire tire ses origines de la même province. — Ces indications ne sont pas sans quelque portée pour l'histoire. Les noms de Rabelais, de La Fontaine et de Voltaire d'une part, ceux de Viette, de Richelieu et de Descartes de l'autre, montrent assez quelle influence la « marche » du Poitou et de la Touraine a eue sur le développement de l'esprit français.

(1) « Harangue de l'évêque de Luçon à MM. de Fontenay » dans *Lettres, Instructions diplomatiques et papiers d'État du Cardinal de Richelieu*, recueillis et publiés par M. AVENEL, dans la *Collection des Documents inédits de l'Histoire de France* (t. I, p. 12). — Pour abréger, ce recueil sera désigné désormais par le mot « *Correspondance* », avec le renvoi au volume et à la page.

puis de l'Europe, entrèrent en lice. La « puce » fut célébrée par Étienne Pasquier, par M^lle des Roches elle-même, par Barnabé Brisson, par Jean Binet, René Choppin, Joseph Scaliger, Antoine Loisel, Pierre Pithou, Claude Binet, Odet Turnèbe, Nicolas Rapin, toute une académie.

Et c'était bien une Académie, en effet, que cette réunion d'hommes graves s'exerçant sur un sujet futile, de littérateurs, d'ordinaire un peu lourds, cherchant un tour à *rien*. Leur divertissement même n'était pas sans fruit. Ils travaillaient en se jouant ; ils affinaient un idiome encore rude et excitaient une imagination encore épaisse et lente. Ils préparaient l'heure où, dans Paris, une autre Académie, fondée par un Poitevin, devait fixer les éléments principaux de cette langue française à laquelle ils avaient consacré leurs doctes veilles et jusqu'aux loisirs de leur élégant badinage (1).

(1) On trouvera tout l'incident de la puce, avec les vers qu'elle a inspirés, dans les *Œuvres d'*Étienne Pasquier, éd. 1723, in-f° (t. I, p. 944-999). Plus de cinquante pages in-folio sur un si frivole sujet, c'est peut-être beaucoup. Il est inutile d'ajouter qu'aujourd'hui le badinage paraît froid et les vers médiocres. Les meilleurs peut-être sont ceux qui furent composés par Catherine des Roches elle-même. Voici la première stance :

    Petite puce frétillarde
    Qui, d'une bouchette mignarde
    Suçotes le sang incarnat
    Qui colore un sein délicat,
    Vous pourrait-on dire friande
    Pour désirer telle viande ?
    Vraiment nenni, car ce n'est point
    La friandise qui vous poingt.
    . . . . . . . . . . . . . . . . . . . . . . . . . . .

J'ai remarqué aussi ce sonnet où A. Binet joue assez joliment sur le nom de M^lle des Roches :

    Je ne m'ébahis plus des murs de *la Rochelle*
    Obstinés contre un Roi, ni du *Roc* Melusin :
    Puisque contre Amour même, au pays poitevin,
    Une autre *Roche* encor se déclare rebelle.
    *La Rochelle* à son Roi se montre ore fidèle ;
    Lusignan a ployé sous le joug du destin :
    Et vous osez tenir encontre un roi divin,
    Défiant jusqu'ici sa puissance immortelle.
    Amour, ayant eu vain, votre *roc* assiégé,
    Ainsi qu'un espion en puce s'est changé,
    Pour surprendre le fort de votre tour jumelle.
    Mais il fut découvert par maints doctes esprits :
    *Roche*, ne craignez plus que votre fort soit pris,
    Quand les enfants des dieux font pour vous sentinelle.

De la clarté et du jugement, un bon sens droit, un idéalisme net, nullement mystique, plus de raison que d'imagination, plus de retenue que d'élan, de la fermeté, de l'énergie, du coup d'œil, du savoir et du savoir-faire, tels sont les principaux traits du caractère poitevin. Simplicité, précision, sécheresse même, cela est bien français, mais d'un français un peu grave et pesant, sans ce quelque chose d'atténué et de fin qui sourit dans le génie de certaines autres provinces.

Longtemps indécis entre le Sud et le Nord, habitués à peser le pour et le contre, épousant l'une ou l'autre cause, mais bons serviteurs de celle qu'ils ont choisie, les Poitevins sont protestants au XVIe siècle, royalistes au XVIIe, catholiques et Vendéens pendant la Révolution, sans sortir de la logique de leur caractère. Jaloux de leur indépendance, ils ne craignent pas la lutte. Leur individualisme s'affirme aussi bien dans la révolte que dans le règne de la paix par l'autorité et la discipline.

A cinq lieues l'une de l'autre, ils ont des villes longtemps rebelles, comme Loudun, ou toujours fidèles, comme Poitiers. Leur tempérament quelque peu apathique a besoin d'être secoué pour développer ses énergies intérieures. Dans les temps ordinaires, ils s'abandonnent et se laissent vivre. Le pays n'est pas assez bon pour qu'on y tienne tout à fait; il n'est pas assez mauvais pour qu'on le quitte sans retour. On s'attache à ses vallées riantes, à ses collines couvertes de vignes, à ses plateaux monotones et nus.

Dans les temps troublés, l'esprit d'aventure s'éveille et stimule la paresse naturelle. On va chercher fortune au loin. Puis on revient au bourg paternel, faire parade de ses talents, de ses succès. Une grande vanité, des prétentions bourgeoises, des rivalités locales très excitées contribuent à l'activité militaire et politique, même littéraire et scientifique. Mais l'effort s'arrête vite. Les besoins de la vie matérielle ne sont pas assez grands pour que la puissance industrielle, économique et financière se développe.

Il faut des circonstances exceptionnelles pour que, sur ce fond généralement terne, se détachent des personnalités vigoureuses. Elles sont, alors, remarquables par la netteté des conceptions, la sûreté de la méthode, le sens pratique, et surtout, par l'équilibre des facultés.

Ces circonstances se rencontrèrent précisément, vers la fin du XVIᵉ siècle. A cette époque, le Poitou, labouré par de longues discordes civiles, fécondé par le voisinage de la cour, produisit, dans un effort qu'il n'a pas renouvelé, cette riche moisson d'hommes qui donna simultanément à la France son plus grand philosophe, Descartes, et son plus grand homme d'État, Richelieu.

## CHAPITRE DEUXIÈME.

### LA GÉNÉALOGIE; LA FAMILLE (1).

C'est sur les bords de la Creuse, aux confins de la pauvre Brenne et du Poitou, que prit naissance la famille des du Plessis. Leur séjour était une motte entourée de palissades, — un *Plessis*, comme on

(1) Je dois citer ici un certain nombre d'ouvrages dont j'ai fait un usage constant et auxquels la présente note me dispensera de renvoyer continuellement au cours des pages qui vont suivre ; ce sont d'abord les ouvrages émanant directement du cardinal de Richelieu, c'est-à-dire : *Les Mémoires du* CARDINAL DE RICHELIEU, publiés en entier, pour la première fois, dans la *Collection Petitot* et que je cite d'après les trois volumes in-4° de la *Collection Michaud et Poujoulat;* — *Le Testament politique du* CARDINAL DE RICHELIEU (édit. de FONCEMAGNE; 2 vol. in-8°, 1764); — l'admirable *Recueil des lettres, instructions diplomatiques et papiers d'État du* CARDINAL DE RICHELIEU, publié par M. AVENEL dans la *Collection des Documents inédits de l'Histoire de France*, 1853-1877, 8 vol. in-4°. Cette publication a singulièrement facilité la tâche de tout historien du cardinal. La mémoire du savant éditeur est désormais liée à la gloire de l'homme d'État. — Enfin les *Maximes d'État et Fragments politiques du* CARDINAL DE RICHELIEU, publiés par G. HANOTAUX dans cette même Collection (*Mélanges*, t. III, p. 707-822). — Viennent ensuite les publications des érudits du dix-septième et du dix-huitième siècle : *L'Histoire du cardinal de Richelieu*, par le sieur AUBERY, advocat au Parlement et aux Conseils du Roy. Paris, 1660, in-f°. (Cet écrivain a travaillé sur des mémoires fournis par M^me d'Aiguillon, nièce du Cardinal); du même auteur, les *Mémoires pour l'Histoire du cardinal-duc de Richelieu*. Paris, Antoine Berthier, 1660, 2 vol. in-f°. — *La Vie du cardinal-duc de Richelieu*, par M. LE CLERC, Amsterdam, 1753, 5 vol. in-12. — *L'Histoire du règne de Louis XIII*, par Michel Le Vassor, Amsterdam, 1757, 7 vol. in-4. — *L'Histoire du règne de Louis XIII*, par le P. GRIFFET, de la Compagnie de Jésus, Paris, 1758, 3 vol. in-8°; enfin *l'Histoire de France sous Louis XIII et sous le ministère de Mazarin*, par A. BAZIN, 1846, 4 vol. in-8°.

En ce qui concerne plus particulièrement la jeunesse de Richelieu, je citerai encore : le précieux petit ouvrage de l'abbé de Pure que personne n'avait consulté jusqu'ici : *Vita eminentissimi cardinalis A. J. Richelii*, par A. M. D. P.; — une intéressante notice sur la *Jeunesse de Richelieu*, par M. AVENEL dans la *Revue des Questions historiques*, année 1869; — les travaux de M. de la FONTENELLE-VAUDORÉ et notamment son *Histoire du* disait alors (1) — qui donna le nom à la famille. Il était situé aux environs de la paroisse de Néon, à quelques lieues du Blanc, sur le haut des falaises qui dominent la rivière (2).

Arrière-vassaux des évêques de Poitiers, coureurs de brande quand ils restent au logis, coureurs d'aventures quand ils le quittent, les premiers du Plessis sont de très petites gens : archers, écuyers, au service tantôt des grands seigneurs voisins, tantôt des rois de France, tantôt des rois d'Angleterre : paysans, chasseurs, soldats, quelquefois pis (3).

*monastère et des évêques de Luçon*, Fontenay-le-Comte, 1847. 2 vol. in-8°; — les études de M. MARTINEAU qui seront citées ci-dessous plus en détail, etc. — Les chapitres du présent ouvrage consacrés à la jeunesse de Richelieu ont paru dans la *Revue des Deux-Mondes* (n°s de juillet et août 1889) Depuis lors, M. l'abbé LACROIX a publié un volume intitulé *Richelieu à Luçon, sa jeunesse, son épiscopat*, Paris, Le Touzey et Ané, 1890, in-8.

Voilà pour les principaux travaux imprimés. Je dois ajouter que j'ai fait des recherches dans les grandes collections de manuscrits de Paris et de la province, notamment aux Archives nationales; aux Archives du ministère des Affaires Étrangères qui réserveront longtemps encore des surprises aux curieux; aux Archives du Ministère de la Guerre; à la Bibliothèque Nationale; à la Bibliothèque de l'Arsenal; au fonds Godefroy (Bibliothèque de l'Institut). — J'ai également visité les archives de l'Indre et de la Vienne et j'y ai trouvé plus d'un renseignement inédit. J'ai consulté, à Poitiers, le fonds de DOM FONTENEAU, éclairé par l'obligeante érudition de M. A. LIÈVRE, les archives de Richelieu et celles du village de Braye. Enfin j'ai trouvé quelques renseignements inédits chez M. Poirier à Faye-la-Vineuse et auprès de M. Oreillard, maire de Richelieu.

(1) Il faut écarter l'étymologie proposée par DUCANGE : « domus suburbana, *maison de plaisir*, a placendo dicta, » et accepter celle de SCALIGER : « Josephus Scaliger Plessii sepem esse ait seu plicationem ligni ita ut Pleissicium sit locus palis seu virgulis implexis conclusus. » Le plessis est ce qu'on appelle dans d'autres parties de la France, *clos*, *palis*; et aussi, paraît-il, *tousche*; « Bois en plessis, que les anciens appellent Tousche »; *Bois de Tousche*, arboreta, quæ circa domum principalem consita sunt ad ejus ornatum, vel quibus cingitur ac clauditur. » DUCANGE, v° *Plesseicium*.

(2) Le nom de Plessis est très répandu dans toute la France et particulièrement en Poitou. Il est assez difficile de ne pas confondre les différentes familles qui l'ont porté. Les écrivains qui ont travaillé pour le cardinal de Richelieu ont pu profiter de ces confusions trop faciles pour ajouter quelques rameaux illustres à l'arbre généalogique du cardinal-ministre. — Le Plessis près Néon (aujourd'hui Néons-sur-Creuse, canton de Tournon-Saint-Martin, arrondissement du Blanc) formait une seigneurie qui était tenue à foi et hommage de l'évêché de Poitiers, à cause de la baronnie et châtellenie d'Angles dont elle relevait. On voit, dans un acte de 1505, que la métairie du Plessis distincte, il est vrai, de la maison d'habitation, mais qui en formait probablement tout le revenu, contenait seulement le labourage de deux à trois jougs de bœuf; c'est bien peu de chose. (*Bulletin de la Société des antiquaires de l'Ouest*, 2me trimestre de 1865, page 100). Le Plessis resta la propriété de la branche aînée des du Plessis, jusqu'au dix-septième siècle, où il passa par alliance entre les mains des de Graillé.

(3) MARTINEAU, *Bulletin de la Société des antiquaires de l'Ouest* (2e semestre de 1865, p. 82).

Sous le règne de Philippe-Auguste, en l'an 1201, on trouve le nom d'un Guillaume du Plessis qu'on donne comme le plus ancien aïeul du grand cardinal (1). Ce Guillaume est intitulé *varlet*, titre qui marque un des bas degrés de la hiérarchie féodale. Il possédait déjà les terres du Plessis, des Breux (2), de la Vervolière (3), qui restèrent, pendant des siècles, entre les mains de la famille. Déjà probablement aussi les du Plessis avaient une maison

(1) Voir *Histoire généalogique de la maison du Plessis de Richelieu justifiée par titres, histoires et autres bonnes preuves*, par ANDRÉ DUCHESNE, Tourangeau, géographe du Roy, 1631, in-f°. Ce livre a été écrit sous les yeux du Cardinal. Il a donc l'autorité d'un témoignage direct nous faisant connaître les traditions et les *preuves*, mais peut-être aussi les prétentions de la famille. Malgré l'autorité d'ANDRÉ DUCHESNE, les adversaires de Richelieu ont suspecté sa bonne foi. L'auteur de la *Cordonnière de Loudun*, MATHIEU de MOURGUES, GUY PATIN, l'auteur de la *Milliade*, ont refusé toute ancienneté à la famille de Richelieu. Au dix-huitième siècle, il existait dans les papiers de l'érudit SECOUSSE, un prétendu « Extrait d'un mémoire manuscrit d'ANDRÉ DUCHESNE sur l'origine des maisons de la Porte-la-Meilleraye, Duplessis de Richelieu et de Vignerot du Pont-de-Courlay », duquel il résultait que la famille de Richelieu descendait d'un apothicaire d'Angles, nommé Pierre de Genouillac. ANDRÉ DUCHESNE aurait établi cette « véritable » généalogie pour séparer l'acte de servilisme qu'il avait commis en publiant son *Histoire généalogique*, et l'aurait communiquée à un certain M. Auzanet, célèbre avocat du parlement de Paris. Le manuscrit provenant de Secousse est actuellement entre les mains de M. Champion, libraire, qui a bien voulu me le communiquer. Il contient également une étude d'AMELOT DE LA HOUSSAYE intitulée : « Mémoires secrets pour servir de supplément à l'histoire de la vie et du ministère du cardinal de Richelieu. » V. aussi la note que cet auteur a insérée dans sa traduction de Tacite, (édit. 1716, t. III, p. 317). — De cet ensemble de documents on a tiré les trois généalogies qui ont été imprimées par M. TASCHEREAU dans la *Revue rétrospective* et reproduites par M. MARTINEAU (éd. 1870, p. 80). Je ne puis entrer ici dans la discussion de ces documents; il me suffira de dire que les renseignements qu'ils contiennent ne concordent en rien avec les faits et les dates résultant de titres authentiques et que leur attribution à ANDRÉ DUCHESNE me paraît aussi injurieuse pour la science que pour l'honnêteté de cet illustre érudit. — ABEL DE SAINTE-MARTHE a publié dans le Recueil de ses œuvres et de celles de son père (Paris, 1633, in-4°) un « Elogium illustrissimæ gentis Plessiæ Richeliæ », qui ne contient aucun détail nouveau.

(2) Les Breux étaient un domaine situé dans la baronnie d'Angles (actuellement département de la Vienne, arrondissement de Montmorillon, canton de Saint-Savin). Au début du seizième siècle, la métairie était considérée comme valant quatre à cinq jougs de bœuf. Ce domaine resta, jusqu'au dix-septième, la propriété de la branche aînée de la famille du Plessis, qui est généralement qualifiée du Plessis-des-Breux.

(3) La Vervolière, chatellenie du Châtelleraudais, relevait de Preuilly. Elle resta dans la famille des du Plessis-Richelieu (branche cadette) jusqu'au temps du Cardinal, qui la céda, par voie d'échange, à la duchesse d'Orléans. Cette propriété appartenait, en 1860, à M. de la Rochejacquelein, du chef de sa femme, née de Coussay. (V. *Histoire de Châtellerauld et du Châtelleraudais*, par M. l'abbé LALANNE, curé d'Oiré. Châtellerauld, 1859, 2 vol. in-8°, t. 1er, p. 530). Les Richelieu se plaisaient à la Vervolière et y habitaient souvent. Châtillon nous a laissé une jolie figure du château tel qu'il existait de son temps, vers la fin du seizième siècle.

de ville à Angles, petite place forte située sur le cours de l'Anglin, à la limite de la Marche et du Poitou (1).

A cette époque, la famille des du Plessis subit, au point de vue politique, les attractions divergentes qui se partagent la province. Un fils ou un parent de ce Guillaume du Plessis, Jean du Plessis s'attache à la personne de Gui de Lusignan et passe en Angleterre (2). Il y prend femme dans la noble famille des comtes de Warwick. Un autre du Plessis, Laurent, accompagne le même Lusignan en Chypre, et y donne naissance à la maison du Morf (3).

C'est seulement vers le milieu du siècle suivant que l'histoire de la famille se précise. Après cent-cinquante ans, nous la retrouvons dans une situation précaire, toujours ballotée entre les deux influences rivales : celle du Nord et celle du Midi, celle de la France et celle de l'Angleterre. La guerre de Cent Ans a passé sur ces contrées, et les a fortement éprouvées. Un Guillaume du Plessis que l'on considère comme le quatrième descendant du premier, eut quelque part à ces guerres, durant les règnes du roi Jean et de Charles V. Il resta fidèle à la cause française. Mais son fils aîné, Pierre, prit le parti des Anglais. Guillaume, sur le point de mourir, déclara dans son testament qu'il instituait son second fils,

---

(1) Il est fréquemment question de la « maison d'Angles » dans les actes passés par la famille, et cela jusqu'au dix-huitième siècle. — Angles-sur-Anglin (aujourd'hui 1374 habitants, canton de Saint-Savin, arrondissement de Montmorillon, département de la Vienne). Le pays environnant est fertile et abondant : on est en Poitou et non plus dans la Marche. Il y avait, au bourg d'Angles, une abbaye de l'ordre de Saint-Augustin qui valait, au dix-huitième siècle, 2.000 livres de rente. Elle avait été fondée, disait-on, au huitième siècle et construite au douzième. On voit encore à Angles une belle église romane, les ruines du château qui appartenait aux évêques de Poitiers et les ruines de l'abbaye. Cette petite ville a donné naissance au cardinal la Balue et on peut la considérer comme le point de départ de la famille de Richelieu.

(2) La démonstration qu'André Duchesne prétend faire de la parenté de ce Jean du Plessis avec Guillaume est des plus faibles. Tout ce qu'on peut dire c'est que, vers le milieu du treizième siècle, un gentilhomme poitevin, nommé Jean du Plessis, passa en Angleterre à la suite de Gui de Lusignan.

(3) On n'a aucune raison sérieuse de penser que ce Laurent du Plessis, gentilhomme poitevin, faisait partie de la famille du Plessis des Breux. Encore une fois, il y avait plusieurs familles de ce nom dans le bas-Poitou. Cependant on ne peut non plus rejeter sans preuve la tradition dont A. Duchesne se fait l'écho. Les du Plessis avaient pu s'attacher à la fortune d'un des seigneurs les plus importants de la contrée.

Sauvage, unique héritier si son fils aîné ne rentrait pas dans l'obéissance « de Nostre Seigneur le Roy de France » (1).

Le peu que nous savons de ce Pierre du Plessis ne nous dit rien de bon. Outre le témoignage que porte sur lui le testament de son père, les documents nous apprennent qu'en 1381, il se mit, avec un de ses frères et un certain Guillaume Guenault, seigneur des Bordes, à la tête d'une troupe de gens armés, et qu'ils envahirent, sans autre forme de procès, un bien appartenant au chapitre de l'église de Poitiers. Pour les faire déguerpir, on dut recourir à l'autorité du Parlement de Paris. Nous rencontrerons, aux divers degrés de la descendance des du Plessis, les traits trop nombreux d'un pareil esprit de rapacité et de violence. Pierre du Plessis paraît, d'ailleurs, avoir obéi à la volonté paternelle : car il recueillit une partie de l'héritage et continua la souche de la branche aînée. Son frère, Sauvage, donna naissance à la branche cadette qui prit, par la suite, le nom de du Plessis de Richelieu (2).

Sauvage du Plessis paraît avoir été favorisé par son père : il hérita de la seigneurie de la Vervolière, qui devint le principal domaine de la branche cadette; en outre des terres situées dans la paroisse de Coussay-lès-Bois (3), de Leigné-lès-Bois (4), de Pezay-le-Vieil (5), le lieu et la terre de la Valinière (6), quelques propriétés sises en la châtellenie de la Haie-en-Touraine (7), enfin la maison d'Angles, avec ses dépendances. C'était la plus belle partie du patrimoine. Il épousa, en 1388, Isabeau le Groin, des seigneurs de la Mothe-au-Groin, famille du Berry, et, de ce chef, entra en possession d'autres biens situés dans le Bourbonnais et le Berry, notam-

---

(1) ANDRÉ DUCHESNE (*op. cit.*, p. 21).
(2) Voir le procès-verbal publié par M. MARTINEAU dans *Bulletin de la Société des antiquaires de l'Ouest* (*loc. cit.*, p. 82).
(3) Coussay-lès-Bois, paroisse du Châtelleraudais, un peu au nord de la Rocheposay, actuellement canton de Pleumartin.
(4) Leigné-lès-Bois, paroisse de la même région, un peu plus à l'est, vers Châtelleraud.
(5) Peut-être Paizé-le-Sec, près de Chauvigny (Vienne).
(6) La Valinière est une dépendance de Neuilly-le-Noble ou Neuilly-le-Brignon, actuellement canton de la Haye-Descartes, en Touraine.
(7) La Haye-Descartes, sur la Creuse, bourg important de l'arrondissement de Loches, patrie du célèbre philosophe. Le séjour des ancêtres de Richelieu dans le pays même de son illustre contemporain offre un intéressant rapprochement.

ment de la seigneurie de Belabre (1). Les actes nous apprennent, en outre, que ce cadet qui avait failli recueillir l'héritage de son frère aîné, ne se fit pas scrupule de dépouiller un jeune frère de sa femme (2). Il fut contraint à restituer. Mais son avoir s'était accru entre ses mains, et quand son fils, Geofroy du Plessis, vint en âge de prendre femme, il put obtenir la main de Perrine Clérembault, issue d'une des meilleures et des plus riches familles de la contrée (3).

Non seulement les Clérembault étaient riches, mais ils touchaient à la Cour. Le frère de Perrine, Louis Clérembault, seigneur de Richelieu et de Beçay, était maître d'hôtel de la reine Marie d'Anjou, femme du roi Charles VII. Quand ce Louis Clérembault mourut, vers 1490, sans postérité, il laissa presque toute sa fortune à son neveu François du Plessis, et notamment la terre de Richelieu, avec sa résidence seigneuriale reconstruite et fortifiée vers 1435. Ce nouveau domaine était important. Les du Plessis, branche cadette, en prirent désormais le nom (4).

C'était un coup de fortune. Cette branche, dont Sauvage est le chef, laisse l'aînée végéter tristement dans l'obscurité de la province, tandis qu'elle-même, transplantée dans un sol plus fertile, s'élance vers de plus hautes destinées (5).

---

(1) Belabre-sur-l'Anglin (actuellement arrondissement du Blanc, département de l'Indre).

(2) Voir les différents actes cités par ANDRÉ DUCHESNE et, notamment la transaction qui intervint entre Sauvage du Plessis, agissant au nom de sa femme, et Jean le Groin, écuyer, frère de celle-ci (p. 25).

(3) Dans une intéressante généalogie des Richelieu, qui fait partie des *Mémoires inédits* de CHISAY, ces Clérembault sont donnés comme de simples paysans ; mais c'est par erreur. Les preuves de la noblesse des Clérembault, alliés aux du Plessis, résultent des pièces les plus authentiques.

(4) Voir, sur tous ces points, les intéressants travaux de M. MARTINEAU. Il a complété de la manière la plus heureuse, à l'aide des archives locales, les renseignements fournis par ANDRÉ DUCHESNE. Ses recherches relatives à la châtellenie de Richelieu notamment sont des plus complètes. Nous avons de cet auteur : 1° *Notice généalogique sur la famille du Plessis-Richelieu* dans le *Bulletin de la Société des antiquaires de l'Ouest*, deuxième trimestre de 1865 (p. 53-148); 2° *Le Cardinal de Richelieu*, par Aimé Martineau, avocat, Poitiers, Létang, 1866, in-8°. *Premier volume* (seul paru); 3° Le même ouvrage, *même volume* (considérablement remanié), Paris, Librairie internationale, 1870, in-8°.

(5) Les du Plessis des Breux semblent avoir eu bien de la peine à se relever du coup que leur portait la transmission à une branche cadette, des fiefs de la Vervolière, de la Va-

Un grand changement s'était ainsi opéré, en moins de deux générations, dans la destinée de cette famille. Elle avait quitté le voisinage de la Brenne et laissé l'horizon borné du champ paternel. Établie dans une contrée riante et prospère, elle se rapprochait de la Loire, au moment où les rois de France allaient faire, de ses bords, leur séjour de prédilection.

C'est un voisinage dont les du Plessis ne tardent pas à tirer parti. Ils entrent dans l'orbite de la cour. Avant de mourir, Louis Clérembault avait transmis à son neveu, François du Plessis, la charge d'écuyer tranchant de la reine, Marie d'Anjou. Ce même François remplit, par la suite, la même charge d'écuyer tranchant près du duc de Guyenne, frère de Louis XI; si bien que, devenu une manière de personnage dans sa province, il obtint pour son fils, François III, la main d'Anne Leroy, fille de Guyon le Roy, chevalier, seigneur du Chillou et de Mondon, noble et vaillant seigneur qui, après avoir rempli diverses charges de cour et d'armée sous les règnes de Louis XI, Charles VIII et Louis XII, exerçait, sous François Ier, les fonctions de vice-amiral de France (1).

Ces le Roy jouaient, depuis longtemps, un rôle important. Leurs alliances les unissaient à ce qu'il y avait de plus noble dans le royaume. Entrer dans une pareille famille, c'était se mettre en situation d'obtenir les grandes charges, de rendre des services connus, appréciés, récompensés. André Duchesne dit fort juste-

---

linière, de la maison d'Angles, etc. Nous voyons, en effet, qu'en 1504, le chef de cette branche aînée, Sauvage du Plessis, fut saisi et tous ses biens mis sous séquestre, pour une somme de cinquante écus d'or qu'il ne pouvait payer. Il mourut sur ces entrefaites, laissant à ses enfants une situation des plus embarrassées. (Archives de Poitiers, dossier du *Plessis*, liasse 239). Si l'on remarque que les deux branches de la famille du Plessis n'eurent aucun rapport entre elles depuis le quatorzième siècle, on peut être amené à penser que la rivalité entre les deux frères, Pierre et Sauvage, fils de Guillaume, s'était perpétuée traditionnellement, probablement à cause du testament qu'avait fait Guillaume, le père commun des deux branches.

(1) Ce Guyon le Roy, arrière-grand-père de Richelieu, était un homme considérable et qui serait illustre, si l'histoire n'était pas si oublieuse. Il fonda le port du Havre qui, d'autre part, doit tant au Cardinal. Les statues de ces deux hommes, l'arrière-grand-père et le petit-fils, devraient se trouver à l'entrée du port. V. Bouély, *Origine et fondation de la ville du Havre*, dans la *Revue Historique* (nov.-déc. 1880, p. 296). François III du Plessis, commandait, en 1552, au Havre, le fameux navire *l'Hermine*. Merval. (p. 148-206).

ment que les du Plessis durent beaucoup au bonheur de leurs alliances. Les le Roy étaient Tourangeaux. Leur domaine de Chavigny était situé dans la forêt de Fontevrault, à quelques lieues de Richelieu et de Loudun. Depuis trois générations, ils exerçaient les charges de chambellans ou d'écuyers auprès des rois Charles VII, Louis XI et Louis XII (1).

Le principal personnage de la famille paraît avoir été Jacques le Roy, oncle d'Anne le Roy, femme de François du Plessis. Il avait été moine de l'ordre de Cluny, puis était devenu abbé de Villeloing-en-Touraine et de Saint-Florent de Saumur. Dans ces hautes situations ecclésiastiques, il s'adonnait à ce que l'historien de Saint-Florent appelle assez joliment « le vice de propriété ». Il l'avait, ajoute-t-on, « profondément enraciné dans le cœur ». Nous le voyons, en effet, entasser bénéfice sur bénéfice, prieuré sur abbaye. Il finit par se faire élire abbé de Cluny. Mais, sur la demande de François I$^{er}$, il céda ses droits à Jean, plus tard cardinal de Lorraine. En échange, il reçut l'abbaye de Saint-Florent et l'archevêché de Bourges où il succéda au cardinal de Tournon. Jacques le Roy occupa ce siège jusqu'à sa mort, arrivée en 1572. C'était un vrai prélat de la Renaissance, ami des arts, des belles constructions, des statues, des tapisseries, des tableaux, « oublieux, dit encore le chroniqueur, oublieux de l'air des cloîtres, et ne cherchant qu'à se divertir par les cours des princes de la terre » (2).

Il avait pris en affection les fils de sa nièce et de François du Plessis, les avait fait élever au collège de Navarre et les avait destinés à l'Église. Ce fut lui qui dirigea vers les emplois ecclésiastiques les ambitions croissantes des du Plessis. Il les précède dans cette voie lucrative, ouverte désormais à tous les serviteurs de la cause royale.

(1) V. le *Dictionnaire* de Moréri, *verbo* le Roy-Chavigny.
(2) Voir, dans *Gallia Christiana*, Ecclesia Bituricensis (t. II, p. 98), le récit de l'élection et du gouvernement de Jacques le Roy, comme abbé de Saint-Florent de Saumur. Son élection est d'octobre 1518, deux ans après le Concordat. C'est le moment où se fit la transition entre l'ancien système et le nouveau. Jacques le Roy se comporta très habilement et sut se faire à la fois élire par les moines et accepter par le roi. (Cfr. Bibl. Nat., *Cab. des Mss.*, f. fr., n° 19.862 : f$^{os}$ 414-420.)

En effet, depuis le Concordat de 1516, la royauté avait conquis, par le droit de nomination, la disposition de l'immense fortune ecclésiastique. Elle recherchait des sujets fidèles qui, en échange des grasses prébendes, se déclarassent prêts à faire pénétrer dans le clergé les maximes nouvelles de l'obéissance au pouvoir absolu. Accepter les bénéfices, c'était à cette époque une façon comme une autre d'être royaliste. Les du Plessis firent bientôt, avec les le Roy, assaut de dévouement.

François III du Plessis eut sept enfants : parmi les cinq garçons, deux furent d'Église :

René du Plessis, religieux en l'abbaye de la Chaise-Dieu, puis abbé de Nieuil-sur-l'Autise, prieur de Coussay, aumônier et conseiller du roi.

Jacques du Plessis, doyen de l'église de Poitiers, aumônier ordinaire du roi Henri II, abbé de la Chapelle-aux-Planches et de Nieuil-sur-l'Autize, après son frère, en 1580, et enfin évêque de Luçon (1).

Si un autre de leurs frères, Antoine du Plessis, échappa à cette vocation soudaine qui règne dans la famille, ce ne fut pas, comme nous allons le voir bientôt, faute de l'énergique intervention de son oncle.

Les trois autres enfants mâles, Louis du Plessis l'aîné, qui continua la famille, et ses deux cadets François et Antoine, entrèrent au service. C'est le temps des guerres d'Italie, et bientôt celui des guerres de religion. Les Richelieu ne sont pas encore des personnages assez considérables pour servir au premier rang dans les armées royales; ils suivent la bannière des hauts seigneurs de la province, les la Trémouille, les Montpensier, les Rochechouart. Leur nom commence cependant à se faire connaître.

Les deux cadets se signalèrent particulièrement : c'est François

---

(1) « Renatus du Plessis, filius Francisci II, domini de Richelieu et Annæ le Roy, dominæ du Chillou, Casæ-Dei monachus et prior de Coussay, erat abbas Niolii, die 15 sept. anni 1564, ex charta authentica regiæ biblioth. » (*Gallia Christiana*, p. 42). « Jacobus du Plessis de Richelieu, abbas Niolii circa 1580. « *Gallia Christiana* » (t. II, col. 1395). — V. aussi *Histoire de l'abbaye de Nieuil-sur-l'Autize*, par Ch. Arnauld, Niort, Clouzot, in-8° (p. 24). — Cfr. *Histoire du monastère et des évêques de Luçon*, par A.-D. de la Fontenelle de Vaudoré. Fontenay-le-Comte, 1847, in-8° (t. 1ᵉʳ, p. 333).

du Plessis, dit *Pilon*, surnommé encore, d'après De Thou, le *sage Richelieu*, et Antoine du Plessis, dit *le Moine*. On les confond souvent sous la même dénomination de *capitaine Richelieu*.

Du Plessis-*Pilon* était le plus âgé (1). Il se signala dans les guerres d'Italie. Avec les la Trémouille, les la Rocheposay, les Chavigny et d'autres seigneurs, ses parents et ses voisins, il fit partie de cette armée qui, sous les ordres du maréchal de Brissac, donna, en 1553, l'exemple de la discipline et du bon ordre et qui était, d'après Montluc, « l'école des gens de guerre ». Richelieu se distingua aux sièges de Lans et de Courtemille, petites places de la Lombardie. Montluc raconte en détail ce que fit ce capitaine, jeune encore, et il le loue comme un de ses meilleurs compagnons d'armes. Après la prise du château, le gouvernement de Courtemille lui fut confié.

Mais bientôt du Plessis-*Pilon* fut rappelé en France et dans sa province même, par les guerres de religion. A l'époque où nous sommes arrivés, le Poitou était une des régions de la France où le protestantisme avait eu les succès les plus prompts. Il fallait prendre un parti : être avec les catholiques ou avec les réformés, avec le roi ou avec les rebelles. Les Richelieu s'attachent de bonne heure au parti des Guise et, en particulier, à la fortune du duc de Montpensier (2). Le voisinage de Champigny-sur-Veude les engage naturellement dans la clientèle de cette grande famille.

Avec d'autres seigneurs de la province, les la Rocheposay d'Abein, les la Roche-Chèmerault, les Montpezat, ils mènent les bandes catholiques qui bientôt vont mettre le pays à feu et à sang.

(1) Sur du Plessis-Pilon, sieur de la Jabinière, voir André Duchesne, *loc. cit.*, p. 53. — De Thou, lib. XVII. Édit. Francfort, in-8° (t. I, p. 564). — *Histoire des princes de Condé*, par le duc d'Aumale (t. I, p. 245). — Montluc, *Commentaires*, liv. II, édit. 1617 (f° 139 et 163). — Boyvin de Villars, *Mémoires*, Collection Michaud et Poujoulat; — *Mémoires de* Castelnau. Édit. le Laboureur, in-f° (t. I, p. 157-161; addit. t. I, p. 862). — Le Père Anselme, *Histoire généalogique de la maison de France*, etc. (t. IV, p. 366). — Martineau, *loc. cit.* (p. 34).

(2) Louis de Bourbon, duc de Montpensier, fils de Louis de Bourbon, prince de la Roche-sur-Yon, et de Louise de Bourbon, sœur et héritière du connétable; vaillant et rude soldat, mais d'esprit borné et ennemi fanatique de l'hérésie, il joua, dans toutes les guerres de religion, le rôle le plus cruel. Il était digne de commander les « Enfants Perdus » qu'il dirigeait généralement à l'avant-garde. Brantôme raconte de lui des traits qui font frémir. Il disait « qu'il faut toujours tuer les protestants ». (Voir la lettre qu'il

François du Plessis, relativement plus modéré, trouve, pour cette œuvre, un secours redoutable dans son frère Antoine, dit *le Moine*. La confusion qui se fait entre les deux frères accable malheureusement l'aîné sous le poids de la triste renommée du plus jeune. Celui-ci est un véritable bandit. Dans son enfance, son oncle, Jacques le Roy, avait décidé qu'il en ferait un moine « pour avoir des bénéfices ». Antoine fut donc placé comme profès à l'abbaye de Saint-Florent de Saumur; il avait dix ans. Mais sa nature turbulente résistait déjà aux volontés de ses parents. Il disait « qu'il voulait aller à la guerre comme ses frères ». Le grand-oncle « le recommanda », et comme la vocation ne venait pas, « il le fit fesser ». Privations, coups, prison, rien n'y fit. L'enfant en revenait toujours à son refrain « qu'il n'étudierait point, qu'il ne serait point religieux, qu'il voulait aller à la guerre ». Il s'enfuit plusieurs fois; on le ramena à diverses reprises; enfin, il jeta le froc, gagna les camps et servit près de son frère, en Italie (1).

Mais ce fut surtout dans les guerres civiles qu'il donna carrière à ses fougueuses vertus. Il était l'âme damnée des Guise. En 1560, ils le mirent à la tête d'une compagnie d'arquebusiers à cheval, créée spécialement pour la garde ou, si l'on veut, pour la surveillance du roi, François II. Bientôt nous le trouvons à Tours : « Ceux de Guise ayant opinion que ceux de Tours leur avoient été adversaires, et avoient favorisé l'entreprise d'Amboise, mirent grosse garnison à l'entour de la ville et persuadèrent au roi qu'entre toutes

écrivit à Guillaume Harouys, sieur de la Seilleraye, à Nantes, au lendemain de la Saint-Barthélemy, dans MELLINET, *La Commune et la Milice de Nantes* (t. III, p. 255). Même s'il leur avait promis une capitulation, il les faisait égorger, disant « qu'on n'est pas tenu de garder la foi aux hérétiques ». Si on lui amenait un protestant prisonnier, il lui disait : « Vous êtes huguenot, mon ami, je vous recommande à M. Babelot ». M. Babelot était un cordelier, fort savant homme, qui ne quittait jamais le duc de Montpensier. Après avoir interrogé le prisonnier, il l'envoyait pendre. Si c'était une femme ou une fille, le duc de Montpensier disait : « Je vous recommande à mon guidon; qu'on la lui mène. » Ce guidon était un fort gaillard, dont on devine le rôle. Montpensier fut successivement gouverneur d'Anjou, Touraine et autres, puis lieutenant du roi en Guyenne, Poitou, Aunis, etc. — V. *Additions aux Mémoires de* CASTELNAU, (p. 800) et BRANTOME, édit. LALANNE ( t. V, p. 1, 25 ).

(1) Voir le procès-verbal de l'enquête faite par le cardinal Caraffa, en 1556-1557, pour relever Antoine du Plessis de ses vœux monastiques, publié par MARTINEAU, *op. cit.* (p. 38), d'après le Mss. DUPUY (vol. 625, f° 1).

les villes du royaume, elle lui portoit mauvaise affection... Cependant pour la rafraîchir, on y envoya un moine renié, nommé Richelieu, avec sa compagnie d'arquebusiers à cheval, levés pour la nouvelle garde du roi, et les mit-on en garnison dans la ville; ce que le Cardinal (de Lorraine) faisoit expressément pour les harasser, sachant bien que cette canaille, levée de gens vicieux autant que leur capitaine, ne demeureroit sans remue ménage, et que, se rebellant tant soit peu les habitants, on auroit argument de leur courir sus. Ce moine, accompli en toute vilenie et débordement, pour montrer sa pétulance, de première abordée, se vante à ses plus privés amis de la ville, qu'elle seroit la première mise à sac pour servir d'exemple aux autres, et leur dit avoir été expressément là envoyé par ceux de Guise pour les irriter et trouver la moindre occasion du monde de les attaquer, ce qu'il espéroit faire aisément, les connaissant gens peu endurants et aisés à s'émouvoir... » S'il ne réussit pas à provoquer le conflit et le pillage qu'il rêvait, ce fut grâce à la patience et à la prudence des habitants de la ville. Mais on ne s'étonne pas, après cela, de voir que ceux-ci eussent gardé contre lui un long ressentiment (1).

Cependant, son frère avait été nommé mestre de camp d'un régiment de nouvelle création (2). Nous le trouvons, en 1561, au

(1) Régnier de la Planche, *De l'état de la France sous François II*. Collect. Buchon ( p. 296). — Le récit de Théodore de Bèze, dans l'*Histoire des Églises réformées de France* (édit. de 1882, t. 1er, p. 166), est très complet et prouve que Richelieu *le Moine* était véritablement l'âme damnée du cardinal de Lorraine. — En juin 1562, Catherine de Médicis écrit au duc de Montpensier : « Quant à Tours, je vous prie en vous venant et passant par là regarder d'y laisser quelque honnête gentilhomme pour y commander, auquel vous enchargerez expressément qu'il donne bon ordre, qu'il ne soit fait aucune violence... ni qu'on les recherche pour les choses passées..., vous priant pour la fin que ce ne soit point le capitaine Richelieu pour ce qu'il y a entre eux quelque pique et j'aurais peur que cela fût cause de quelque tiraillerie, dont nous n'avons besoin pour cette heure. » *Lettres*. Collect. Doc. Inédits (t. I, p. 342). M. Hector de la Ferrière se trompe en identifiant ce « capitaine Richelieu » avec celui qui fut tué au Havre. Le passage de Régnier de la Planche prouve que c'est du *moine* qu'il s'agit.

(2) Brantôme dit, qu'à l'occasion des guerres civiles, on dut créer trois mestres de camp, tandis qu'il n'y en avait eu qu'un auparavant. « Pour l'infanterie furent élus et constitués... le capitaine Sarraboux l'aîné, le capitaine Richelieu l'aîné, qui avait été autrefois lieutenant d'une des couronnelles de M. de Bonnivet en Piémont et gouverneur d'Albe. » M. Lalanne, l'éditeur de Brantôme, identifie à tort le capitaine Richelieu avec Louis du Plessis, son neveu, qui fut tué par le sieur de Mausson des Brichetières (t. V, p. 337). Brantôme cite encore, parmi les lieutenants de M. de Montpensier, Cha-

siège de Bourges, où, dans un combat singulier, il reçoit d'un sieur de Saint-Martin, capitaine huguenot, un grand coup d'épée dans la cuisse. Il se distingue encore à Sully, et à Saint-Jean-d'Angely. Les deux frères viennent bientôt combattre sous les murs de Poitiers même. C'est au *Moine* qu'il faut attribuer un autre fait d'armes, ou plutôt un massacre que les historiens locaux racontent en ces termes : « Traqués comme des bêtes fauves, les huguenots prenaient partout la fuite. Ceux de Tours quittèrent la ville à l'approche de Montpensier et se dirigèrent vers le Poitou... Ils rencontrèrent ceux des villes du Poitou qui s'enfuyaient de leurs maisons, emportant ce qu'ils avaient de plus précieux... Tous ces fugitifs, au nombre de plus d'un millier, se dirigeaient vers Poitiers, lorsqu'arrivés près de Vendœuvre, ils furent découverts par les cornettes de la Rocheposay et de Villars, qui se mirent à leur poursuite. Le combat ne fut pas long... Ceux qui se sauvèrent furent massacrés par la populace soulevée. Une centaine, enfermés dans une église, furent tués de sang-froid, le lendemain, par un ancien moine, nommé Richelieu, qui s'amusait à tirer sur ces pauvres gens sans défense. » Au mois de septembre de la même année, il se dispose à « mettre le feu et détruire entièrement, sans pardonner et avoir égard à aucune personne » le village de Villiers, paroisse de Vouillé. On ne l'apaise qu'à force d'argent (1).

Poitiers pris, fut livré au pillage pendant huit jours. Il en fut de même de la Trémouille, Saint-Savin, Chauvigny, Fontenay. Tout ce qui entourait le château de Richelieu, à dix lieues à la ronde, apprit à connaître un nom qui se révélait sous ces sinistres auspices.

Cependant, le meilleur des deux Richelieu, le « sage Richelieu » allait bientôt mourir. Envoyé, avec les bandes de Charry et de Sarraboux, au siège de la ville du Havre qu'occupaient les An-

---

vigny, Puigaillard « deux très bons capitaines » et « le capitaine Richelieu qu'on appeloit le moine Richelieu, qui avoient tous fait de très belles preuves de leur valeur autrefois en Piémont ». (T. III, p. 13; voir encore : p. 405 et 419, et t. IV, p. 73.)

(1) Auguste Lièvre, *Histoire des protestants du Poitou*, Poitiers, 1856, in-8° (t. I$^{er}$, p. 123). Cfr. *Extraits des actes capitulaires de Sainte Radegonde de Poitiers*, dans les Mss. de Dom Fonteneau, à la bibliothèque de cette ville. (Vol. 79, f° 143.)

glais, il reçut un coup d'arquebuse, dont il mourut « regretté de tous, étant fort brave gentilhomme », dit Castelnau (1).

Le *Moine* poursuivit le cours de ses exploits. En 1567, il est à Blois qu'il défend contre les huguenots; en 1569 et 1570, il bataille dans le Poitou. On le retrouve, en juin 1574, toujours sous les ordres du duc de Montpensier, dans les environs de Poitiers. En juillet, il est à Saumur sous le même chef, avec les sieurs de Chavigny, de Puigaillard et Bussy d'Amboise. En avril 1576, la municipalité d'Angers lui adresse de très humbles remontrances, à lui et à M. du Bellay, son collègue, « pour protester contre le projet de faire entrer des soldats dans la ville d'Angers et dans le pays d'Anjou (2) ».

Entre temps, il avait pu se faire relever de ses vœux par le cardinal Caraffa, légat du Saint-Siège en France (3); avait été nommé gentilhomme ordinaire de la chambre du roi, et malgré « ses mœurs et débauches » (4) chevalier de l'ordre de

---

(1) Sa mort est postérieure au mois de juin 1563. Nous avons des détails précis sur une sortie des Anglais, où il joua un rôle important et où il fut blessé, car il avait besoin d'un médecin. Catherine de Médicis lui écrit, à cette date, pour le féliciter et en même temps pour le prier de ménager le sang de ses soldats : « Monsieur de Richelieu, j'ai entendu le bon et vaillant devoir que vos bandes ont fait ès deux saillies que les Anglais ont faites... de quoi je me réjouis infiniment espérant que continuerez et, comme j'espère que ferez de mieux en mieux... Quant au médecin et chirurgien que vous m'avez mandé, il y a été donné ordre, comme je vous écrivis par ma dernière lettre. » *Lettres de* CATHERINE DE MÉDICIS. (Coll. doc. inéd., t. 1, p. 55). M. DE LA FERRIÈRE identifie ce Richelieu avec Antoine du Plessis, tandis que c'est certainement François, dit *Pilon* — Voici encore le nom d'un Richelieu mêlé à l'histoire du Havre.

(2) Voir : *Lettres de* CATHERINE DE MÉDICIS (t. III, p. 80, 91). — *Journal de* DENIS GÉNÉROUX, publié par M. LEDAIN (p. 116-122). — Cfr. *Journal de* MICHEL LE RICHE, publié par DE LA FONTENELLE DE VAUDORÉ, Saint-Maixent, 1846, in-8°, (p. 178). — *Mémoires de l'état de la France sous Charles IX*, 1578, in 8° (t. III, p. 412). — *Archives municipales d'Angers*. Registres des conclusions (B. B. 35, f° 39). Les registres d'Angers donnent bien la date d'avril-mai 1576. Or le *Journal* de l'ESTOILE fait mourir Richelieu le Moine, le 19 janvier 1576. Il y a une erreur d'un côté ou de l'autre; mais probablement dans le *Journal* de l'ESTOILE. — Voir aussi MOURIN, *La Réforme et la Ligue en Anjou*, 1856, in-8° (p. 44 et 137). — BRANTÔME raconte que, lors de son arrivée à la cour, il fut présenté à M. de la Roche du Maine par M. de Richelieu (éd. LALANNE, t. III, p. 405).

(3) Voir MARTINEAU (p. 38).

(4) DE THOU le traite « d'homme abandonné à tous les genres de vices et de débauches » (lib. XXIV, p. 1108 et lib. XXX, t. II, p. 101). La compilation connue sous le nom de *Journal du cardinal de Richelieu* (édition 1665, t. II, p. 357), cite une épitaphe de de Thou, dans laquelle il est dit que le cardinal de Richelieu se vengea, sur l'ami de

Saint-Michel (1). Enfin, il mourut en janvier 1576, dans des circonstances dignes de sa vie entière : « Le 19 janvier, dit l'Estoile, le capitaine Richelieu, qui avait charge de vingt enseignes de gens à pied, homme mal famé et renommé pour ses larcins, voleries et blasphèmes, étant au reste grand ruffian et gruier de tous les bordeaux, fut tué à Paris, en la rue des Lavandières, par des ruffians comme lui étant avec des garses, en une maison prochaine dudit Richelieu, lesquels sur les dix ou onze heures du soir, il allait incréper et chasser dudit lieu, comme lui déplaisant de ce qu'ils entreprenaient ruffianer et bordeler, si près de son logis, à sa vue et à sa barbe... mort symbolisante à sa vie, » ajoute l'Estoile qui rédige ainsi, dans un style convenable au sujet, l'oraison funèbre d'un homme dont la triste carrière commença pourtant à répandre le nom de Richelieu, et dont les vices manifestent par leur excès même ce qu'il y avait de naturellement violent et âcre dans le sang de cette famille (2).

Des cinq enfants mâles de François du Plessis (3), il nous reste à parler d'un seul, l'aîné, Louis du Plessis ; il hérita des principales terres de la maison, devint lieutenant de la compagnie de cin-

Cinq-Mars, du jugement que le président DE THOU, dans son *Histoire,* avait porté sur l'un de ses ancêtres. En 1578, le Moine-Richelieu est raillé par D'AUBIGNÉ dans la *Confession de Sancy* (V. l'ESTOILE, *Journal de Henri III* (t. IV, page 154 et note, p. 168).

(1) 2 mai 1570. — « Reçu donné par Anthoine du Plessis, sieur de Richelieu et chevalier de l'ordre du Roy, d'une somme de 600 livres tournois à lui donnée par maître Raoul Moreau conseiller du Roy et trésorier de son espargne pour sa pension et entretènement au service du Roy durant la dernière année passée. Signé : A. du Plessis. — 22 janvier 1571. Reçu du même, gentilhomme ordinaire de la chambre du Roy, la somme de 600 livres à lui données par maître Guillaume Le Jars, conseiller du Roy et trésorier de sa maison, suivant ordonnance royale du 28 octobre 1570, pour ses gages de gentilhomme ordinaire de la chambre durant la dernière année passée. Signé : A. du Plessis. (Bibl. Nat., Cabinet des titres, dossier *Du Plessis-Richelieu,* 2.302-52.053, pièces 4 et 5).

(2) L'ESTOILE, *Mémoires-Journaux.* Edition Champollion, etc. 1875, in-8° (t. Ier, p. 111).

(3) Il y a quelque doute sur le nombre des enfants de François III du Plessis. Outre Louis, François dit *Piton*, Antoine dit *le Moine* et les deux ecclésiastiques Jacques et René, ANDRÉ DUCHESNE cite un autre François, seigneur de Beaulieu, qui épousa Françoise de Trion et qui mourut à Thérouane, lors du siège de cette ville par Charles-Quint. — Par contre, la *Lettre à Théopompe* écrite en 1627, sous les yeux du cardinal de Richelieu, signale un autre fils de François III qui aurait été chevalier de Malte et qui serait mort « au siège d'une certaine ville du Levant, où il aurait été tué avec Brichanteau, Haraucourt et Beauvais. » *Recueil de diverses pièces pour servir à l'histoire*, 1639, in-4° (p. 20).

quante hommes d'armes d'ordonnance d'Antoine de Rochechouart, épousa la fille de celui-ci, en 1542, occupa à la cour les emplois de gentilhomme de la chambre et d'échanson ordinaire du roi, combattit dans le Languedoc sous M. de Montpezat (1). Il mourut jeune, après 1551, laissant cinq enfants en bas-âge, trois fils et deux filles. Sa veuve était Françoise de Rochechouart, descendante de l'illustre famille de ce nom, et grand-mère de Richelieu.

Nous avons le texte du contrat de mariage qui unit Louis du Plessis à Françoise de Rochechouart. Tandis que le père de la future s'intitule « haut et puissant seigneur, messire Antoine de Rochechouart, chevalier, baron de Fauldouars, Montagut, seigneur de Saint-Amand, et sénéchal de Toulouze », Louis du Plessis n'est qu'un modeste « écuyer, seigneur de Richelieu et autres » (2). Les ennemis du cardinal, pour expliquer une alliance si disproportionnée, ont dit que Françoise de Rochechouart était, lors de son mariage, une vieille fille, aigrie, sans fortune, réduite à vivre comme demoiselle de compagnie, près de sa parente, Anne de Polignac. Il est certain que le mariage se fit à Verteuil, chez cette dame.

(1) « Nous Loys Duplessis, sieur de Richelieu, eschanson ordinaire du Roy, confessons avoir receu comptant de maitre Nicolas Berthereau notaire et secrétaire dudit seigneur et trésorier de ses officiers domestiques, la somme de cent livres tournois à nous ordonnées pour nostre estat d'eschanson durant le quartier d'avril, may et juing dernier passé, de laquelle somme de cent livres nous tenons pour comptant et en avons quicté et quictons ledit Berthereau et tous autres. En tesmoing de ce nous avons signé la présente de nostre main et faict sceller du scel de nos armes, le deuxiesme jour de septembre, l'an mil cinq cent cinquante et ung. Loys du Plessis. » (Bibl. Nationale, cabinet des titres, dossier du *Plessis-Richelieu*, 2302, 52,053, pièce 2).

(2) Sur les Rochechouart, outre la généalogie qu'a dressée et publiée ANDRÉ DUCHESNE, outre ce qu'il dit dans sa généalogie des du Plessis-Richelieu, voir THIBAUDEAU, *Histoire du Poitou* (t. II, p. 167). C'est là qu'on voit bien la différence qu'il y avait entre de si grands seigneurs et la famille des du Plessis. Celle-ci n'avait à l'époque du mariage aucune illustration effective, tandis que les Rochechouart marchaient de pair avec les plus grandes familles de France. Antoine de Rochechouart, beau-père de Louis du Plessis, « s'était élevé, par sa valeur, aux plus grands honneurs sous les règnes de Louis XII et de François Ier. » Il était sénéchal de Toulouse et d'Albigeois, gouverneur de Loumagne et de Rivière-Verdun, capitaine de cinquante hommes d'armes, chevalier de l'ordre du Roi. On lui donna le commandement de mille hommes de pied pour la défense de Marseille contre Charles-Quint. Il mourut des suites d'une blessure reçue à Cerisoles, en 1544. Il paraît cependant qu'il laissa ses enfants et ses petits-enfants dans de grands embarras d'argent. Voir *Mémoires de* GUILLAUME DE ROCHECHOUART, édit. Buchon (p. 89).

La dot de Françoise de Rochechouart n'est que de douze mille livres, dont le tiers seulement fut payé (1).

Le caractère de la noble épouse de Louis du Plessis paraît avoir laissé à désirer. Elle garda toujours le sentiment très vif de la grandeur de son origine, et de l'espèce de déchéance à laquelle les événements l'avaient contrainte. Un trait de son énergie, marqué au coin d'une grandeur presque barbare, est arrivé jusqu'à nous. Son mari, nous l'avons dit, était mort jeune, lui laissant peu de biens et la charge de cinq enfants. Quand l'aîné de ses fils, Louis du Plessis, fut arrivé à l'âge d'homme, il devint lieutenant de la compagnie d'ordonnances de Louis de Bourbon, duc de Montpensier, le grand protecteur de sa famille. Mais il périt bientôt, victime de la violence de ces temps cruels.

A une demi-lieue du château de Richelieu, sur le territoire de la paroisse de Braye, se trouvait un autre château-fort habité par la famille seigneuriale des Mausson. De toute date, les Mausson et les Richelieu avaient été rivaux. Richelieu, dans la vallée, plus riche et plus moderne, Mausson, sur la colline, dominant et rude, luttaient d'influence et de prétention. Les alliances qui rapprochaient parfois les deux familles voisines, n'aplanissaient les difficultés que pour un temps. Bientôt, les querelles recommençaient. Elles en vinrent au point le plus aigu après la mort de Louis du Plessis, alors que le fier veuvage de Françoise de Rochechouart soutenait et excitait l'imprudence de ses garçons. Une querelle éclata entre Louis du Plessis et le sieur de Mausson, au sujet d'une préséance dans l'église de Braye : Mausson surprit du Plessis dans une embuscade et le tua.

Le second fils de Françoise de Rochechouart était alors page à la cour du roi Charles IX. Sa mère le rappela, et le nourrit, à

---

(1) Voir ANDRÉ DUCHESNE, *op. cit.* (p. 135). Anne de Polignac menait, à Verteuil, un train presque royal. Elle reçut, dans ce château, l'Empereur Charles-Quint, en 1539. « L'Empereur passa à Verteuil, qui est une baronnie dans la terre de la Rochefoucault, où il fut accueilli et traité si magnifiquement avec les enfants de France, par Anne de Polignac, dame du lieu, qu'ils en reçurent tous un singulier contentement ; et l'Empereur dit tout haut qu'il n'étoit jamais entré en maison qui sentit sa grande vertu, honnêteté et seigneurie que celle-là. Cette dame étoit veuve de François II, comte de la Rochefoucauld. » DUPLEIX, cité dans THIBAUDEAU (t. II, p. 213).

Richelieu, dans la pensée unique de venger Louis. Le sieur de Mausson se méfiait, dit la tradition du pays. Pour sortir de son château, il suivait un souterrain qui le conduisait directement au gué de la rivière, dans la direction de Champigny. Mais il fallait passer le gué et c'est ici que l'attendait le jeune Richelieu. Un jour, celui-ci s'avisa de jeter dans l'eau une roue de charrette. Le cheval de Mausson, effrayé de cet obstacle, se cabra, renversa son cavalier. Richelieu était caché dans les saules de la rive avec quelques compagnons. Il se jeta sur Mausson, et le mit à mort. Ce rude fils d'une rude mère était François IV du Plessis, le père du cardinal de Richelieu (1).

Une vie commencée sous des auspices si tragiques, devait garder, jusqu'au bout, la marque du grand courage qui caractérisait cette famille et des grandes passions qui agitaient ce siècle. Au moment où il vengeait par la mort du seigneur de Mausson, celle de son frère aîné, François du Plessis était déjà page du roi Charles IX et lieutenant de la compagnie du prince de Dombes, héritier des Montpensier (2). Pour échapper aux conséquences du

---

(1) Cette histoire tragique, à laquelle Duchesne et Aubery font allusion, qui a été racontée avec des détails peu exacts dans les généalogies du manuscrit de Secousse est restée dans le souvenir des paysans de Braye et de Mausson. Mon étonnement a été grand de la rencontrer toute vivante encore dans la mémoire des gens du pays, alors que je la croyais oubliée sous la poussière des parchemins. Naturellement tous les récits ne concordent pas exactement. Beaucoup attribuent au Cardinal le meurtre commis par son père. D'autres disent que c'est un Mausson qui fit assassiner un Richelieu au gué de la rivière. Mais le fait du double meurtre est certain. J'ai combiné pour le mieux l'ensemble des renseignements parvenus jusqu'à nous et l'état des lieux. On voit encore à Mausson l'amorce du souterrain que suivait, paraît-il, le seigneur duditlieu. On trouverait le détail de l'affaire, si les documents subsistent encore, dans les archives de la maréchaussée de Châtellerault qui, d'après un document du dix-septième siècle, « fit le procès. » Mais elles sont au palais de justice de Poitiers, dans un grenier où personne ne pénètre, selon ce qui m'a été affirmé. — Cfr. André Duchesne (p. 65); le P. Anselme, Martineau (p. 48), et les tableaux généalogiques publiés par cet auteur (p. 80).

(2) « Messire Anthoine de Thiboutot, seigneur de Legny-Godart, lieutenant de cent hommes d'armes des ordonnances du Roy sous la charge de Monseigneur le prince de Dombes, âgé de quarante ans, dit qu'il a été nourri avec ledit seigneur de Richelieu, page en la maison du feu roi Charles et que depuis il l'a vu et fréquenté souvent, mêmement en la compagnie de monseigneur le prince de Dombes, de laquelle il étoit lieutenant et ledit sieur de Thiboutot enseigne... » Information sur la vie et mœurs de François IV de Richelieu requérant être reçu dans l'ordre du St-Esprit... dans A. Duchesne, *Généalogie des du Plessis* (p. 136).

FRANÇOIS DU PLESSIS, SEIGNEUR DE RICHELIEU,
PÈRE DU CARDINAL

d'après une sépia conservée à la Bibliothèque nationale (Clairembault. — St-Esprit).

procès qui lui fut intenté, il dut quitter la France (1). Il alla, dit-on, en Angleterre (2), en Allemagne, en Pologne, où les ambitions du duc d'Anjou appelaient nombre de Français. Il fut de la suite des seigneurs et gentilshommes qui se trouvèrent près de ce prince quand il fut élu roi. Il rencontrait là, plusieurs de ses compatriotes du Poitou : c'étaient la Rocheposay d'Abain, la Roche-Chèmerault, Jean Choisnin, le médecin Pidoux.

François de Richelieu sut se rendre utile. On l'employa dans diverses négociations, notamment dans celle du traité fait avec le prince Casimir et les reitres, en 1575. Il fut assez habile ou assez heureux pour se glisser dans la faveur du futur roi de France. On dit qu'il lui annonça le premier la mort de Charles IX, et qu'il lui fut d'un grand secours dans les préparatifs de son étrange fuite. Quoi qu'il en soit, il revint en France avec Henri III et suivit désormais les diverses phases de la fortune de ce prince (3).

(1) AUBERY dit que François de Richelieu assista à la bataille de Montcontour et qu'il secourut le duc d'Anjou, en lui prêtant son cheval. Mais il suffit de comparer les dates pour voir que la présence du père de Richelieu à Montcontour est plus que problématique. L'anecdote du cheval prêté est racontée par CASTELNAU; il s'agit non d'un Richelieu, mais du marquis de Villars. V. AUBERY (p. 4); CASTELNAU (t. I$^{er}$, p. 257). — En septembre 1572, François du Plessis n'était probablement pas en France. Il appert en effet d'un reçu conservé au cabinet des titres de la Bibl. Nat., qu'il fit payer « par les notaires » une somme que sa mère devait à une demoiselle de Ferrières. François du Plessis prend, dans ce document, les titres de « chevalier, sieur de Richelieu, du Chillou et de la Vervolière, gentilhomme ordinaire de la chambre de Sa Majesté, guidon de la compagnie de Monseigneur le prince-Dauphin (le fils du duc de Montpensier). Dossier *du Plessis-Richelieu (loc. cit.*, pièce 6).

(2) On dit qu'il accompagna en Angleterre, Barnabé Brisson, son compatriote. Cela n'est pas impossible, mais ce voyage aurait eu lieu beaucoup plus tard. En effet, Barnabé Brisson fut envoyé en Angleterre en 1580, comme l'un des commissaires chargés de la négociation du mariage de Monseigneur, fils de France, duc d'Anjou et d'Alençon, frère unique de Henri III, avec Élisabeth, reine d'Angleterre ». Les principaux de ces commissaires étaient : Louis de Bourbon, comte de Soissons, Louis de Bourbon, duc de Montpensier, Artus de Cossé, Loys de Lusignan, Bertrand de Salignac de la Motte-Fénélon, Michel de Castelnau, Barnabé Brisson, etc... » (Voir Bibl. Nat., *Cab. des Mss.*, fonds français, n° 3.308.)

(3) Il faut reconnaître que le nom du père de Richelieu n'est cité par aucun des auteurs qui nous ont laissé des détails précis sur le séjour de Henri III en Pologne. DE THOU énumère les principaux personnages français qui accompagnèrent le roi sans parler de Richelieu (lib. 57, t. II, p. 1267). Il ne le cite pas non plus parmi les courriers envoyés à Henri III pour annoncer la mort de Charles IX. — BEAUVAIS-NANGIS dit que ce fut la Roche-Chèmerault, ami et voisin de Richelieu qui, le premier, apporta la nouvelle. (V. *Mémoires* publiés pour la *Société de l'Histoire de France*, 1862 in-8° (p. 9). — Un autre compatriote de Richelieu, JEAN CHOISNIN, secrétaire de Jean de

Henri III le nomma d'abord prévôt de son hôtel, puis sur la recommandation particulière du duc de Joyeuse, grand prévôt de France, en 1578. Il n'avait que trente ans. Nous avons de nombreuses traces de l'activité avec laquelle il remplit ses fonctions. Henri III lui confia plus d'une mission importante et secrète (1).

Il lui donna la plus haute marque de sa faveur en le faisant chevalier de l'ordre du Saint-Esprit, dans le chapitre tenu le 1$^{er}$ janvier 1585. L'information sur la vie et les mœurs du nouveau chevalier est parvenue jusqu'à nous. Ceux qui furent appelés à déposer dépeignent François de Richelieu comme « un bon catholique », « un seigneur révéré et aimé de ses subjets et de tous autres pour le bon traitement et soulagement qu'il leur donne (2) ». D'après le dire d'un autre de ses contemporains, il était peu instruit « peu enrichi de lettres ». Mais on louait son « clair et prompt esprit », son « beau et fertile naturel » (3). Il se plaisait dans la conversation des hommes lettrés et tâchait de réparer ainsi les lacunes d'une éducation trop écourtée. Un sobriquet de cour nous donne sur son caractère une indication que semble confirmer un portrait qui nous reste de lui : sa figure était grave et pâle, son corps grand et grêle, son humeur était sombre : on l'appelait *Tristan l'Hermitte* (4).

Montluc, qui s'étend volontiers sur les Poitevins, ne parle pas du nôtre. (*Discours au vrai de ce qui s'est fait et passé pour l'entière négociation de l'élection du roi de Pologne*, Paris, 1574, in-8°, 124 feuilles.) J'ai également cherché en vain ce nom dans les *Mémoires de l'état de la France sous Charles IX*, très complets pourtant, en ce qui concerne les affaires de Pologne. Ce silence prouve au moins que le père de Richelieu, encore jeune, était considéré comme un petit personnage.

(1) M. Avenel cite deux lettres du père de Richelieu. Elles sont relatives à ses fonctions de grand prévôt et portent les dates du 27 juin 1587 et du 16 septembre 1588. (V. *Revue des Questions historiques*, t. VI, p. 151, note.) Le Cabinet des titres nous fournit, en outre, un assez grand nombre de documents sur cette période de la vie du père de Richelieu. Ce sont, pour la plupart, des reçus des sommes confiées au grand prévôt pour certaines affaires « dont le Roi ne veut qu'il soit fait mention ». Le premier de ces reçus est daté du 22 février 1575 et le dernier du 7 février 1589.

(2) Voir le procès-verbal de la promotion dans André Duchesne, *loc. cit.*, et Bibl. Nat., fonds Dupuy, (t. 752, f$^{os}$ 39 et 40). — Voir en outre : *Le Prévost de l'Hôtel et grand prévost de France...* par Pierre de Miraumont, Paris 1615, in-8° (page 144).

(3) Le grand prévôt savait être utile à ses amis. Voir sa conduite à l'égard d'Ant. de Beauvais-Nangis, dans les *Mémoires de Beauvais-Nancis*, édition de la *Société de l'Histoire de France* (p. 34).

(4) Un Poitevin, appartenant à une famille qui fut, de tous temps, dévouée aux Ri-

Assuré de l'amitié d'un prince qui péchait plutôt par excès de bienveillance pour ses favoris, François du Plessis mérita sa fortune par une activité et un dévouement sans bornes. Il était près du roi à la journée des Barricades et on dit qu'il protégea la retraite de Henri III hors de Paris (1). Il ne paraît pas avoir pris une part directe à l'assassinat des Guise; mais ce jour même, il arrêta, dans la salle des États, le président de Neuilly et les autres membres du Tiers, dont le roi crut devoir s'assurer (2).

En avril 1589, on le voit à Poitiers s'efforçant, avec le sieur de la Roche-Chèmerault, de maintenir cette ville dans le devoir. Les esprits échauffés contre les « Henrions » échappaient à toute discipline. Richelieu, après d'inutiles efforts, fut obligé de quitter Poitiers, dans des conditions assez piteuses. Il rejoignit Henri III

---

chelieu, écrivit en 1583, un livre d'érudition médiocre, intitulé ; *Discours des Hiéroglyphes œgyptiens, emblèmes, devises et armoiries, ensemble LIIII tableaux hiéroglyphiques pour exprimer toutes conceptions à la façon des Œgyptiens,...* le tout par PIERRE L'ANGLOIS escuyer, sieur de BEL-ESBAT, à Paris, pour Abel l'Angelier... 1583. 8°. — La seconde partie de cet ouvrage composée de cinquante-trois tableaux hiéroglyphiques, est dédiée « à Noble seigneur, Messire François du Plessis, sieur de Richelieu, conseiller au Conseil d'estat du Roy, Prévost de son hostel et grand prévost de France ». La préface est précédée d'un sonnet « à M. de Richelieu, sur l'anagramme de son nom : « *François du Plessis : Foi aus princes des Lys* ». Voici le passage le plus important de l'épitre dédicatoire... « ayant, à l'exemple de vos aïeux et de vos oncles et poussé de votre naturel instinct enclin à bien et fidellement servir, dès votre première jeunesse tant de fois et en tant d'endroicts, pour le service du Roy, porté les armes, et avec elles joint les négociations ausquelles votre fidélité et dextérité furent employées, ayant en l'un et l'autre exercice rapporté l'honneur plus grand que votre âge ne permettoit... » Il donne ensuite à M. de Richelieu les louanges rapportées au texte. — Le portrait auquel il est fait allusion est un dessin à la sépia conservé à la Bibl. Nat. *Fonds Clairambault*, Saint-Esprit (t. 1118, f° 120 et n° 1231, f° 178).

(1) Au mot PORTE DE LA CONFÉRENCE, le *Dictionnaire de la ville de Paris* d'HURTAUT ET MAGNY dit : « On trouve dans quelques auteurs que ce nom fut donné à cette porte, à l'occasion de la retraite de Henri III, le jour des barricades, et que ce fut là que François de Richelieu, grand Prévot de France, père du cardinal du même nom, arrêta les peuples excités par les ennemis du royaume qui vouloient suivre le Roi pour tâcher de le surprendre. Ce sage officier, en conférant avec eux, donna le temps au Roi d'avancer chemin et de s'eloigner de ces factieux, ce qu'il fit heureusement et alla coucher à Trappe, proche Versailles et le lendemain à Chartres où ses fidèles serviteurs l'allèrent trouver aussitôt qu'ils surent qu'il y etoit heureusement arrivé. » (t. IV, p. 125).

(2) Voir L'ÉPINOIS, *La Ligue et les Papes*, Palmé, in-8°, (p. 264). — Après avoir raconté l'assassinat du duc de Guise, l'ESTOILE dit : « Le roi envoya son grand prévôt de l'Hôtel, Richelieu (qu'on appeloit Tristan l'Hermite) en l'hôtel de la Ville où étoient assemblés les députés du Tiers-État, se saisir des personnes du président de Nully, de Marteau, dit la Chapelle, son gendre, prévot des marchands, de Compans et de Cotteblanche, éche-

et ne le quitta plus jusqu'au jour où ce prince mourut sous le poignard de Jacques Clément (1).

Le capitaine des gardes du roi, grand prévôt de l'hôtel et du royaume, joua, comme on le pense, un rôle important dans cette journée du 1<sup>er</sup> août 1589. Il arrêta Jacques Clément et fit, une heure après l'assassinat, une information qui, contenant les dépositions des témoins oculaires, nous est restée comme le témoignage le plus précis et le plus complet sur les diverses phases de cet événement (2).

A la mort du roi Henri III, la situation des seigneurs catholiques qui l'accompagnaient était difficile. Le sort de la nouvelle dynastie dépendait de la résolution qu'ils allaient prendre : leur adhésion à l'héritier légitime, quoique protestant, devait entraîner le concours de la majeure partie de la nation; leur abstention eût assuré le succès de la Ligue et probablement préparé le chemin à la famille de Guise. Malgré le passé *guisard* et *catholique* des siens, Richelieu fut de ceux qui se déclarèrent pour le Béarnais. Son attitude est

---

vins de Paris, et du lieutenant d'Amiens qui furent amenés au roi.... Entrant dans la salle, il leur dit : Messires, je viens de la part du Roi, pour vous dire qu'il veut que vous continuiez vos charges. Mais parce qu'on a voulu lui donner un coup de dague dans sa chambre, il vous commande à vous, prévôt des marchands, président de Nully, Compans et vous, lieutenant d'Amiens, de le venir trouver. Et partant, suivez-moi; car on lui a fait entendre que vous étiez de cette conspiration. » *Mémoires-Journaux de* L'Estoile (t. III, p. 200).

(1) Voir Ouvré, *Poitiers pendant la Ligue* (p. 91 et suiv.). Richelieu prononça devant le corps de ville un petit discours qui nous a été conservé et qui fait honneur à son tact et à son élocution. Voir, outre le récit de M. Ouvré, l'opuscule intitulé : *La grande trahison découverte en la ville de Poitiers sur les entrepryses de Richelieu et Malycorne;* à Paris, chez Denys Binet, 1589.

(2) Voir le P. Griffet, *Traité des différentes sortes de preuves qui servent à établir la vérité de l'Histoire* (p. 196). — Cf. Bibl. Nat. *Cab. des Mss.*, vol. 3,996, (f° 111). — Le Père Lelong (n° 19,077 supplément) indique l'existence d'un manuscrit ayant pour titre : « Procès fait à la mémoire de Jacques Clément, par François du Plessis-Richelieu, grand prévôt de l'Hôtel. » Ce ms. appartenait, au dix-huitième siècle, à M. de Nicolaï, premier président à la chambre des comptes. C'est le Père Griffet qui l'a mentionné le premier et le Père Daniel en a eu connaissance pour son *Histoire de France*. — Je ne pourrais dire si c'est ce texte qui a été imprimé en 1759, dans le recueil intitulé *Curiosités Historiques..* Amst. 1759 (t. II, p. 1-42) sous le titre : « Procès criminel fait au cadavre de Fr. Jacques Clément Jacobin ». — Le livre de Pierre de Miraumont intitulé : *Le Prévost de l'Hôtel et grand Prévost de France* (Paris, Chevalier, 1615, in-12), nous fait connaître exactement les attributions de ces deux charges qui furent réunies pour la première fois, en 1578, en la personne de François du Plessis de Richelieu (p. 144.)

mentionnée expressément par les écrivains contemporains (1). Elle n'allait pas d'ailleurs sans profit pour lui. Henri IV maintint le grand prévôt dans les fonctions qu'il occupait. Il lui confia également des missions importantes et en fit le compagnon de ses luttes journalières, pour la conquête du royaume (2).

François de Richelieu combattit à Arques et à Ivry (3), assista aux sièges de Vendôme (4), du Mans et de Falaise. Il suivit encore le roi au grand siège de Paris. Il était à Gonesse, dans le camp royal, lorsqu'une fièvre violente, suite des fatigues d'une vie si remplie, le saisit et l'enleva, le 10 juillet 1590, à l'âge de quarante-deux ans. Tous ceux qui l'avaient connu plaignirent sa mort. Henri IV garda de lui un souvenir ému. Si le grand prévôt eût vécu, il eût occupé, auprès du roi définitivement reconnu et obéi, un emploi digne de ses mérites et des services qu'il avait rendus.

En somme, la vie du père de Richelieu fut active, dévouée, vigoureuse (5). Cette noble race, à peine arrachée à l'engourdissement de sa province, s'essayait, par une série d'efforts successifs et toujours plus heureux, au grand service que, dans sa prochaine génération, elle allait rendre à la royauté et à la France (6).

(1) Voir le *Récit véritable de ce qui s'est passé au voyage du Roy Henri quatrième de Dieppe jusqu'à son retour, depuis le décès du roy Henry troisième* par CHARLES DUCHESNE, médecin du Roy... dans *Journal de l'ESTOILE* (édit. de 1741, t. IV, p. 287).

(2) Voir, outre les reçus du Cabinet des titres cités ci-dessus, *Lettres missives de* HENRY IV. (Collection des Documents inédits, t. III, p. 74.)

(3) Voir le *Récit véritable*, du médecin CH. DUCHESNE (*loc. cit.*, p. 302). J'avoue que j'ai peine à comprendre sa phrase : « Il ne faut pas oublier le sieur de Richelieu, à qui l'âge ancien n'empêcha pas qu'il ne retournât l'épée toute sanglante de cette rude mêlée. » François de Richelieu n'avait que quarante ans et, d'autre part, ses deux oncles étaient morts.

(4) Sur son rôle au siège de Vendôme, voir « *Continuation de ce qui est advenu en l'armée du Roy...* » etc., dans *Journal de l'ESTOILE* (t. IV, p. 458).

(5) Richelieu savait rappeler, au besoin, les services de son père. Par exemple, dans ce passage du « Caput apologeticum » écrit en 1618 : « Fils de père qui a toujours servi les rois, et en si peu qu'il l'a pu, l'a toujours faist luy-même, en son diocèse, dès le commencement. Le feu roy y a eu confiance ; depuis la reyne l'a continuée ». (Corresp., t. VII, p. 421.)

(6) Nous ne serions pas complet au sujet du père de Richelieu, si nous ne mentionnions, au moins, les bruits moins favorables que répandirent, à son sujet, les ennemis du cardinal. Dans les généalogies publiées par M. TASCHEREAU, il est dit que « le duc de Joyeuse lui avait procuré une place d'intéressé dans les affaires du roy, ayant eu l'engagement du domaine du Poitou, ce qui le ruina. » Il est dit encore que François du Plessis avait été destiné à l'Église du vivant de son frère, qu'à la suite du meurtre du seigneur de Mausson, il fut condamné à être rompu et qu'il le fut en effigie. Il se serait enfin attaché au président Brisson qui aimait Marguerite Duval, femme de Pidoux-Ma-

40   LES ANCÊTRES MATERNELS DE RICHELIEU; LES LA PORTE.

François de Richelieu s'était marié jeune. On n'a pas la date

laguet, bourgeois de Fontenay, et par ce moyen il aurait obtenu son abolition et fait sa fortune. On ajoute que « le président Brisson avait acquis la maison du sieur Mausson et l'avait donnée à Richelieu qui lui vendit en échange une terre en Picardie venant de sa femme; » (il est certain que les Richelieu prennent, à partir de François, le titre de seigneur de Mausson, et que, d'autre part, sa femme possédait des terres en Picardie; elle s'intitule, dans son contrat de fiançailles, dame de Farainvilliers et de Valescourt (actuellement département de l'Oise). On ajoute que Richelieu ayant gagné 4.000 écus en Angleterre, le président et son beau-père lui en prêtèrent chacun autant, moyennant quoi, il acheta, 36.000 livres, la charge de prévôt de l'hôtel, alors séparée de celle de grand prévôt; qu'il obtint cette place par le moyen du duc de Joyeuse, qui l'avait ci-devant intéressé dans les fermes du roi, et qui lui avait fait avoir l'engagement du domaine du Poitou; mais que cela ruina ses enfants à sa mort parce qu'il se trouva reliquataire. « Henri IV, ajoute-t-on, le fit capitaine de ses gardes, quoiqu'il n'eût jamais porté les armes; mais il mourut avant d'entrer en exercice. » (Voir Martineau, p. 80.) — Dans la *Cordonnière de Loudun*, on lit : « Son aïeul (du cardinal) ayant butiné quelque bien en l'état de notaire, dont il faisait profession, voulut s'élever au-dessus de son extraction par une lettre de noblesse qu'il acheta. Son père, gentilhomme, vint à Paris servir d'équinote au président Brisson, son compatriote, qui employa son crédit à lui faire épouser la fille d'un avocat; depuis il prit une petite entrée au Louvre, qu'il augmenta par un maquerellage signalé qu'il fit, en faveur du duc de Joyeuse, lors mignon du roi. De suite il s'acquit quelque bien par toutes les voies que l'impiété et l'athéisme lui purent fournir. Je voudrois... que vous voulussiez venir en notre Lodunois, vous en apprendriez bien d'autres. » (*Pièces curieuses, en suite de celles du Sr de Saint-Germain*, 1643, in-4°, pièce, p. 98.) — Dans le *Jugement sur la préface et diverses pièces curieuses*, on lit : « J'ai écrit que Duchesne ni Favin ne disent pas pour quelles raisons l'an 1585 qui fut l'année de la naissance du cardinal, le sieur de Richelieu fut fait chevalier, par la volonté absolue du roy Henri III, sans assembler le chapitre général, encore que quelques-uns qui étoient de ce temps-là nous assurent que c'étoit pour un service que j'ai voulu taire. J'ai dit que sa chevalerie paroissoit fort simple en ce que dans ses armes, qui sont représentées et blasonnées par ses ecrivains, il n'y a point de supports, de cimiers, de couronne, de tourtis, de bourrelet, que le timbre en profil est le plus simple qui se donne à la moindre noblesse... Je dis que les recherches sur la noblesse ne sont pas avantageuses à M. le cardinal; nous ne voyons dans sa famille qu'un petit fief, sa mère, fille d'un avocat, et rien ne paroit ni dans ses armes, ni dans les actions de ses ancêtres, ni dans leurs qualités, ni dans leurs charges, qui ne se trouve dans la plus commune noblesse; c'est ce que nous avons voulu dire. » (*Jugement sur la préface*, etc...) *Recueil de pièces*, in-8° (p. 682). — En faisant une balance équitable entre les apologistes et les détracteurs de parti pris, on peut dire, avec Tallemant des Réaux, que le père de Richelieu « étoit fort bon gentilhomme », mais pauvre et que, par-dessus le marché, « il embrouilla furieusement sa maison » (*Historiette du cardinal de Richelieu*, éd. Techener, 1865, t. I, p. 371). — Une femme qui n'est pas suspecte de tendresse pour le fils, M^me de Montpensier, dit également : « J'ai ouï dire à de vieux domestiques de mon grand-père (Henri IV), *qu'il faisoit cas de M. de Richelieu comme d'un homme de qualité* et, pour lors, les princes du sang ne vivaient pas si familièrement qu'ils font aujourd'hui et l'on pouvoit juger de la qualité des gens par le traitement qu'ils recevoient. » (*Mémoires*, édit. Michaud et Poujoulat, p. 7.) — Enfin Saint-Simon, compétent plus que personne en matière généalogique et qui a consacré aux du Plessis de Richelieu un long chapitre de ses *Duchés-Pairies*, dit en parlant du père du cardinal : « Voilà le premier de la maison qui se soit élevé, quoique noble et ancienne ». Les épreuves du tome VIII des *Mélanges de Saint-Simon* (p. 361), auquel ce passage est emprunté, nous ont été communiquées par M. le comte Menjot d'Elbenne.

exacte de l'union. Mais un écrivain érudit, M. Martineau, a retrouvé, sur les registres de l'église Saint-Séverin, à Paris, l'acte de fiançailles ainsi libellé : « Le 21 août 1566 furent fiancés noble homme François du Plessis, gentilhomme ordinaire de la chambre du roi et seigneur de Richelieu et de la Vervolière, et damoiselle Suzanne de la Porte, dame de Farivilliers et de Valescourt ». Le fiancé avait dix-huit ans et la future quinze ans, étant née le 13 février 1551. Elle était fille du sieur François de la Porte, avocat au Parlement de Paris.

Les généalogistes se sont efforcés de constituer des titres de noblesse à cette famille des la Porte. La vérité est qu'elle appartenait à la bourgeoisie, à cette bonne bourgeoisie de province et de Paris que la fortune, le mérite, les prétentions rapprochaient de la petite noblesse jusqu'à l'y rattacher par de fréquentes unions (1).

Les la Porte étaient originaires de Parthenay; ils étaient donc de la même province que les du Plessis-Richelieu. C'est ce qui explique le mariage. Il n'en dut pas moins être considéré comme une mésalliance dans une famille qui, au degré précédent, s'était unie avec les Rochechouart. On peut supposer, qu'à l'époque des

(1) ANDRÉ DUCHESNE dit que les la Porte étaient « la Porte de Vezins ». Mais M. de la FONTENELLE DE VAUDORÉ affirme qu'ils étaient d'une famille toute différente. (*Évêques de Luçon*, I, 358.) Cependant M. MARTINEAU croit que les la Porte de la Meilleraye étaient une branche cadette des la Porte de Vezins. Son argumentation me paraît peu concluante. Ce qui est certain, c'est que le père de Suzanne de la Porte était avocat et son grand-père, Raoul de la Porte, receveur pour le compte du duc de Longueville. (MARTINEAU, p. 92.) La terre de la Meilleraye ne vint dans cette maison qu'après 1563. Elle fut acquise par François de La Porte, probablement avec les bénéfices de sa charge d'avocat. (*Ibid.* p. 93.) Sur ce point comme sur beaucoup d'autres, TALLEMANT DES RÉAUX paraît bien renseigné ; mais avec une pointe de médisance. Il dit que le père de François de la Porte était un notaire et qu'il n'y avait nulle parenté sérieuse avec les la Porte de Vezins. *Historiette du Maréchal de la Meilleraye* (II, p. 60). Voir encore sur les la Porte : LA FONTENELLE DE VAUDORÉ, *Le Maréchal de La Meilleraye*, Poitiers, 1839, br. in-8 ; et BÉLISAIRE LEDAIN, *Histoire de la ville de Parthenay et de la Gâtine du Poitou*, Paris et Poitiers, 1858, in-8° (p. 309).

L'avocat la Porte, grand-père de Richelieu, habitait à Paris, rue Hautefeuille, dans la paroisse St-André-des-Arcs. Sa maison tenait à l'*hôtel du Cheval rouge* et de l'*Écu d'Albanie*, au coin de la rue des Deux-Portes. M. de la Porte en est dit propriétaire, dès 1552. La maison des la Porte était probablement celle désignée sous le nom de maison de *St-Christophe*, plus tard *hôtel de Miraumont*. Elle venait aux La Porte des Bochard. Il reste encore de cette habitation trois tourelles engagées dans la construction.
— Voir *Topographie historique du Vieux Paris*, région occidentale de l'Université (p. 446-448).

fiançailles, l'aîné des fils de Françoise de Rochechouart n'était pas mort, et que François de Richelieu n'était encore qu'un cadet. Il faut ajouter que, vers le milieu du XVIe siècle, les Richelieu, malgré les services qu'ils avaient rendus aux rois, étaient tombés dans une sorte de misère. Peut-être espérait-on rétablir les affaires par l'héritage de l'avocat. Sur ce point encore, on fut déçu ; car Suzanne de la Porte ne reçut d'autres biens que ceux qui lui appartenaient du chef de sa mère, Claude Bochart, morte en 1556 (1).

François de la Porte, père de Suzanne, et grand-père maternel du cardinal de Richelieu, n'était pas un homme ordinaire. Il était des plus distingués parmi ses collègues. Il fut le bâtonnier de leur ordre. Loysel, dans son *Dialogue des Avocats*, le cite, au premier

(1) SAINT-SIMON, toujours à l'affût des détails généalogiques, consacre un passage curieux à cette union des la Porte et des Richelieu : « Son nom (1) était la Porte. On prétend qu'il leur est venu de ce que leur auteur était portier d'un conseiller au Parlement, dont le fils (2) devint un très-célèbre avocat de Paris, lequel très-certainement était le grand père du maréchal de la Meilleraye. Cet avocat, la Porte, étoit avocat de l'ordre de Malte, et le servit si utilement que l'ordre, en reconnaissance, reçut de grâce son second fils (3), qui devint un homme d'un mérite distingué, et commandeur de la Magdelaine, près de Parthenay. Ce la Porte (4), qui s'étoit fort enrichi, étoit aussi avocat de M. de Richelieu (5). Il acquit quelque bien dans son voisinage, et s'affectionna tellement à sa famille, que, voyant qu' (6) après avoir mangé tout son bien et laissé sa maison ruinée, il prit un fils (7) qu'il avoit laissé, pour son gendre, qui, avec ce secours, se releva, et mourut en 1590 à quarante-deux ans, chevalier du Saint-Esprit, capitaine des gardes du corps et prévôt de l'hôtel, qui est ce que mal-à-propos on nomme grand prévôt de France. Sa femme étoit morte dès 1580 (8). Ce furent le père et la mère du cardinal de Richelieu, et d'autres enfants dont il ne s'agit pas ici. L'avocat la Porte survécut son gendre et sa fille. Il avait chez lui un clerc qui avoit sa confiance, qu'il avoit fait recevoir avocat, et qui s'appeloit Bouthillier (9). En mourant il lui laissa sa pratique ; et lui recommanda ses petits-enfants de Richelieu qui n'avoient plus de parents (10). Bouthillier en prit soin comme de ses propres enfants, et c'est d'où est venue la fortune des Bouthillier..... » Ce morceau est emprunté, en grande partie, aux *Mémoires de* MONTGLAT. Il contient cependant quelques détails nouveaux que Saint-Simon pouvait tenir de son père. Il faut comparer le passage des *Duchés-Pairies*, cité ci-dessus (p. 42, *note*).

(1) Il parle du maréchal de la Meilleraye.
(2) C'est François de la Porte.
(3) C'est Amador de la Porte.
(4) L'avocat.
(5) Père du grand prévôt.
(6) Il manque ici quelques mots, comme : « voyant *qu'il était mort* ».
(7) C'est le grand prévôt.
(8) Saint-Simon se trompe : Suzanne la Porte ne mourut qu'en 1616.
(9) Denys Bouthillier.
(10) Ils avaient encore leur mère.

rang, près des Christophe de Thou, des Guillaume Boucherat, des Charles du Moulin ; il parle de sa « confidence et hardiesse, » de son érudition technique ; il rappelle avec éloge la réponse vigoureuse que Fr. de la Porte fit au président de Thou, alors que celui-ci interrompait un avocat qui plaidait : « Vous avez tort, reprit La Porte, de vous en prendre à un homme qui en sait plus que vous-même n'en saurez jamais (1). »

François de la Porte fut un des avocats qui parlèrent dans le fameux procès de Cabrière et Mérindol. Il s'acquit une grande réputation, et Dreux du Radier n'est que l'écho des témoignages contemporains, quand il s'exprime ainsi à son sujet : « Il brilla à Paris dans la profession d'avocat, par tous les talens qui font le grand homme. Le public auquel il s'était consacré n'admirait pas moins son désintéressement et son affabilité que ses lumières. Si la vanité peut paraître excusable, personne n'eut plus d'excuses que François de la Porte (2). » La vanité paraît avoir été, en effet, le défaut du brillant avocat. Nous verrons, par la suite, que ses descendants n'en laissèrent pas tomber l'héritage.

Cette vanité fut peut-être satisfaite par le mariage de sa fille avec un descendant de la famille des du Plessis-Richelieu, et par la carrière inespérée du grand prévôt de France. Mais ces succès même devaient faire sentir plus cruellement à l'orgueilleuse mère de François le regret de la mésalliance, et Suzanne de la Porte, jeune, pauvre, effacée, obligée de vivre sous la rude tutelle de sa belle-mère, ne fut pas heureuse. De cette union assez mal assortie, naquirent cinq enfants : trois fils et deux filles. A la mort de François du Plessis-Richelieu, le 10 juin 1590, l'aîné de ces enfants, Henri du Plessis, avait environ dix ans ; le second, Alphonse du Plessis, avait six ou sept ans ; le troisième, Armand-Jean, avait cinq ans ; la plus âgée des deux filles, Françoise, avait douze ans, et la cadette, Nicole, en avait trois ou quatre.

Ainsi, la jeune veuve de quarante ans dut s'arracher aux espérances d'une destinée si brillante pour s'en aller, au fond d'une

---

(1) Voir ANTOINE LOYSEL, *Pasquier ou Dialogue des advocats du Parlement de Paris*. édit. Dupin, Paris, 1844, in-12 (p. 75, 84, 93).

(2) DREUX DU RADIER, *Histoire littéraire du Poitou*, edit. 1849, in-8° (t. II, p. 336).

province éloignée, sous l'œil d'une belle-mère âgée et fière, dans le silence « de la vieille maison de pierres, couverte d'ardoises », dont parle Tallemant des Réaux, se consacrer à la lourde tâche de la restauration de sa fortune et de l'éducation de ses enfants.

Le savant Le Laboureur raconte qu'au moment où François du Plessis, grand prévôt de France, mourut, il était si pauvre qu'il fallut engager son collier de l'ordre pour subvenir aux frais de ses funérailles. Tous les contemporains qui ont su quelque chose de la famille des Richelieu, constatent cette détresse. Mais presque tous aussi s'accordent à dire que, par sa prudence et son habileté, la fille de l'avocat la Porte parvint à rassembler et à restaurer les débris d'une fortune que le malheur des temps et la mort prématurée de son mari avaient si gravement compromise (1).

La mère de Richelieu paraît avoir été une femme discrète, sage, modeste, toute préoccupée de la santé, de l'éducation, de l'avenir de ses enfants. Nous avons quelques lettres d'elle. On n'y trouve guère qu'une grande sollicitude pour tout ce qui touche aux siens. Elles sont teintes de mélancolie, écrites avec simplicité (2).

Un poète contemporain compare M<sup>me</sup> de Richelieu à « la colombe ». Il ne loue ni sa beauté, ni son esprit, ni son charme; mais seulement « sa fidélité conjugale » :

> D'un vœu plein d'humanité
> Je donne la tourterelle,
> Je donne la colombelle,

(1) V. additions aux *Mémoires de* Castelnau, liv. V (t. II, p. 297); — *Mémoires de* Montglat. édit. Michaud et Poujoulat (p. 10); — *Mémoires de* Fontenay-Mareuil, et, enfin, Borély, *Histoire du Havre* (t. II, p. 354).

(2) M. Avenel a publié une lettre de la mère de Richelieu, et M. Martineau l'a reproduite en y joignant deux autres lettres. L'une d'elles est adressée à M. Dupont, ami de la famille (probablement le Dupont, avocat à Parthenay, dont il est question dans le *Journal des* le Riche, p. 153). Les deux autres sont adressées à Marguerite Guiot des Charmeaux, fiancée, puis femme d'Henri du Plessis, fils aîné de M<sup>me</sup> de Richelieu. Elles proviennent du Ms. fonds Sorbonne, 1135, (aujourd'hui B. N., fonds fr. 23.200); c'est un recueil de copies. V. Martineau (p. 107-110). — M. l'abbé Lacroix a publié trois autres lettres de la mère de Richelieu d'après les archives de la famille qui lui ont été communiquées. On y relève les traces de l'affection tendre qui unissait la mère et le fils et notamment ce mot exquis d'abnégation maternelle : « L'inquiétude que j'ai me tue et je vois bien que je n'aurai jamais de joie que lorsque, vous sachant tous heureux, je serai en paradis. » (*Richelieu à Luçon*, p. 138.)

Portraits de fidélité,
A une dame loyale
Qui, de la foi conjugale
Tout l'honneur a mérité.

Simple et douce comme une colombe, telle aurait été la mère de ce terrible cardinal. La petite bourgeoise qu'elle était, devait se trouver bien gênée dans cette maison de Richelieu que les prétentions emplissaient, plus encore que les titres et les services (1).

Pourtant ces qualités modestes ne restèrent pas sans emploi. Elle avait pris, dans l'air de l'étude, une teinture des affaires que la nécessité accrut et développa. Si les poètes parlent fort peu d'elle, les notaires la connaissent et ont souvent écrit son nom. Elle avait ce que nous appelons aujourd'hui le sens pratique. Richelieu pensait probablement à sa mère lorsqu'il écrivait, quelque temps après l'avoir perdue : « La science d'une femme doit consister en modestie et retenue. Celles doivent être dites les plus habiles qui ont le plus de jugement. Je n'en ai jamais vu de fort lettrée qui n'ait tiré beaucoup d'imperfection de sa grande connoissance » (2). Cette qualité du jugement, — rare chez toutes les femmes, un peu moins rare peut-être chez nos Françaises, — appartenait à la fille des la Porte et des Bochart. Sa fortune et celle de ses enfants furent remises peu à peu, par elle, en meilleur état.

A ce point de vue, la situation de la veuve du grand prévôt était vraiment pénible. On peut faire, d'après les titres originaux, l'énumération des domaines que F. de Richelieu avait laissés en mourant. Ils sont assez nombreux. C'est d'abord Richelieu, avec ses dépendances, Neuville et les fiefs de Nueil (3); c'est la terre patri-

---

(1) Voir ci-dessus, p. 39, la note sur Langlois de Belestat.
(2) V. *Maximes d'État et Fragments politiques du cardinal de Richelieu* publiés dans la collection des documents inédits de l'Histoire de France (p. 771, fragment 93). La plupart de ces notes ont été rédigées par Richelieu de 1617 à 1624. Sa mère était morte en 1616.
(3) Ces renseignements sont empruntés, pour la plupart, à l'intéressant ouvrage de M. Martineau. Il a eu entre les mains un manuscrit qui faisait partie de l'étude de M. Baranger, notaire à Richelieu, et qui contenait les actes relatifs aux biens patrimoniaux de la famille. Ce Ms. n'est plus conservé dans l'étude du successeur de M. Baranger. Voir Martineau (p. 110, 113, 115). — Richelieu donne, sur sa fortune patrimoniale, les renseignements suivants qui sont certainement exagérés : « Lorsqu'il étoit venu au service de la reine mère, il n'avoit que 25.000 livres de rentes *en bénéfices* et par le malheur de sa maison

moniale de la Vervolière, avec son château, moins considérable, mais dont l'aspect est encore très satisfaisant (1); c'est Mausson, sur la côte, au sud de Richelieu, dans une contrée riche et bien plantée (2); c'est la maison de Coussay-lès-Bois (3); le petit-Puy, dans la même paroisse; la terre de Beçay (4); les domaines de Chillou (5) et de Châteauneuf, avec le château de ce nom (6); le domaine et le prieuré de Coussay, près Mirebeau (7); on peut citer encore des revenus et rentes foncières sur certains domaines des environs; quelques dîmes et rentes féodales; une rente de cinq cents écus sur la ville de Paris, cédée au grand prévôt, en

(par suite de la mort de son frère), il lui *en étoit resté autant en fonds de terre*. Tout ce qu'il avoit de plus et qui n'étoit pas peu, il le tenoit des libéralités et grâces de Leurs Majestés. »... Un inventaire des revenus de Richelieu fait par devant notaires, en 1634, fait monter le revenu de Richelieu à la somme de 502.707 livres, *toutes charges déduites et sans compter la valeur des objets de luxe, châteaux de plaisance*, etc. On ne s'appauvrissait pas, à cette époque, dans les affaires. (Bibl. nat., cabinet des Mss., fonds français, vol. 3949.) — Cfr. D'AVENEL, *Richelieu et la monarchie absolue*. Plon, 1884, in-8°, (t. I, p. 41). Neuville et Neuil-sous-Faye sont situés dans le voisinage de Richelieu. Nous avons plusieurs documents donnant le détail des fiefs appartenant aux Richelieu dans cette région. Voir notamment, aux Archives municipales de Richelieu : « Aveu et dénombrement à Louis Clérembault, seigneur de Richelieu, par Guillaume Messeau, à cause de sa femme, fille de Charles Gane » (quinzième siècle). — « Aveu fait à Messire Henry Duplessis, chevalier, gentilhomme ordinaire de la chambre du Roi, seigneur de Neufville et Mosson, par divers. » (9 septembre 1610.) — « Aveu fait à Suzanne de la Porte pour les fiefs de Couraye et de Nueil par Philippe Messeau ». (Sans date.)

(1) Châtillon nous a laissé une image du château de la Vervolière. Le corps principal du logis formait un quadrilatère régulier ayant aux coins, quatre tours coiffées en poivrière; au milieu de la cour intérieure, s'élevait un donjon carré. Le château était ceint d'une muraille sur laquelle s'appuyaient des communs assez importants. — Aujourd'hui la Vervolière appartient à la famille de la Rochejacquelin.

(2) Il ne reste plus de Mausson que des ruines insignifiantes, sauf l'entrée d'un souterrain qui paraît être une construction du treizième siècle.

(3) Coussais-les-Bois, dans la Vienne, canton de Pleumartin.

(4) Beçay, terre située dans la commune de Saint-Léger, actuellement canton des Trois-Moutiers dans la Vienne.

(5) Le Chillou, dont Armand du Plessis prit le nom pendant quelque temps, était venu dans la famille des du Plessis par leur alliance avec les le Roy, seigneur du Chillou. Il était situé, ainsi que Châteauneuf, qui dépendait du Chillou, dans la paroisse de Jaunay, actuellement canton de Saint-Georges.

(6) Châteauneuf contenait « maison seigneuriale, cour et forteresse à part, fermée de hautes murailles, hôtel de la métairie à part, granges, étables, toits à bêtes, cour, bails, aisances, espaces et commodités d'icelle, la faye et deux clos de vigne fermés de hautes murailles, fiefs, droits et profits d'iceux, garenne, grand bois, bois taillis, la métairie et les terres qui en dépendent, « le tout évalué (en 1610) à la somme d'environ 4,000 livres. » Voir MARTINEAU (p. 113).

(7) Sur le prieuré de Coussay, voir ci-dessous (p. 140).

1587, par sa belle-mère, Françoise de Rochechouart (1); enfin les bénéfices qui résultaient de la gestion de l'évêché de Luçon par une sorte de *locum-tenens* de la famille de Richelieu, et notamment des droits sur l'abbaye de l'Absie-en-Poitou (2).

Il ne faut pas croire cependant que tous les titres et seigneuries énumérés dans les actes qui nous sont parvenus représentassent des valeurs effectives, des revenus correspondant à l'importance territoriale de ces domaines. Dans le système féodal, la superposition du droit de seigneurie et du droit de propriété se faisait en vertu de combinaisons très complexes qui, le plus souvent, ne conservaient au *seigneur* que la vanité du titre, laissant à d'autres, moyennant des redevances insignifiantes, la jouissance effective et le bénéfice réel. Je citerai le préambule d'un des « aveux » adressés à M$^{me}$ de Richelieu. On y verra comment la pompe et l'ostentation des formules recouvrent la pauvreté du fond.

« De vous, ma très chère et très honorée dame, Suzanne de la Porte, veuve de défunt haut et puissant seigneur François du Plessis, vivant chevalier des ordres du Roi, capitaine des gardes du corps de S. M., conseiller en ses Conseils privé et d'Etat, grand prévôt de France et prévôt de son hôtel, seigneur de Richelieu et Mausson, le Chillou, Neuville et la Vervolière, je, Philippe Messeau, écuyer, seigneur de la Girardière et des fiefs de Couraye et de Nueil, tiens et avoue à tenir de vous à foi et hommage-lige... à cause de votre seigneurie de Richelieu, c'est à savoir.... (suit une longue énumération de propriétés faisant partie de la seigneurie de Richelieu).... Puis l'« aveu » : « Je tiens en procès pour faire reconnoître mes devoirs en toutes et chacunes les choses

---

(1) Voir « Transport fait par dame Françoise de Rochechouart, l'une des dames de la Reyne, veuve de feu messire Louis du Plessis, vivant chevalier, sieur de Richelieu » à « haut et puissant seigneur François du Plessis son fils, sieur de Richelieu, chevalier de l'ordre du Roy, conseiller des conseils d'État et privé, prévôt de son hôtel et grand-prévôt de France, à ce présent, » de 50 écus 40 sols tournois de rente annuelle lui appartenant et à elle vendus et constitués par messieurs les prévôts des marchands et échevins de la ville de Paris. 1$^{er}$ juin 1587. Bibl. Nat. Cabinet des Titres. Dossier *du Plessis-Richelieu* (n$^{os}$ 14, 15, 16 et 17).

(2) Ces droits, ainsi que les revenus de l'évêché de Luçon, étaient mis sur la tête d'Alphonse de Richelieu, le second des enfants mâles de madame de Richelieu. Voir MARTINEAU, (p. 110) et ci-dessous, (p. 78.)

dessus dites, leurs circonstances et dépendances, je les avoue de haute justice et basse, voire avec tous et chacun droits qui en dépendent ou peuvent dépendre, à la forme et manière que mes prédécesseurs et moi en avons joui et usé ou accoutumé jouir et user, par raison d'icelles, de vous, madite très honorée et puissante dame, comme dit est ci-dessus, en foi et hommage-lige, quinze sols aux loyaux... avec aussi honneur, service, redevance, toute vraie soumission et obéissance, telle comme homme de foi-lige doit à son seigneur. En témoignage de quoi, je vous rends le présent aveu (1). »

En somme, Philippe Messeau tenait une bonne partie du domaine de Richelieu et en échange, outre la foi, hommage, soumission, et autres déclarations de pure forme, il payait « quinze sous aux loyaux », — une obole. Il en était de même de la plupart des autres domaines. L'apparence de la richesse, et non la richesse elle-même, telle était la situation, à tous les points de vue ruineuse, de la noblesse de province aux temps dont nous parlons.

Il faut soustraire encore, des revenus effectifs, les lourdes charges de la garde et de l'entretien. Une famille peu riche, en somme, se trouve posséder, en même temps, trois ou quatre châteaux avec tours, remparts, fossés, communs, fontaines, moulins, chevaux, hommes d'armes. Tout cela coûte. Surtout dans ces temps troublés, la garde est particulièrement onéreuse. On ne peut vivre qu'entouré d'un personnel nombreux; il faut dans chaque maison une petite garnison propre à résister du moins à un coup de main. A supposer même que ces troupes ne restent pas inactives et qu'elles fassent, de temps à autre, sur le territoire des voisins hostiles, une excursion profitable, les bénéfices n'égalent pas les pertes. Pour comble de malheur, les champs restent en friche. Si une maigre moisson mûrit, c'est l'ennemi qui fait la récolte. Les métairies, les granges incendiées, les paysans réfugiés dans les bois, les villages déserts mettent une cause de dépenses nouvelles à la place de la source ordinaire des revenus.

(1) Le document original est conservé aux archives municipales de Richelieu. Il n'y a pas de date dans le corps de l'acte La mention de 1617 écrite au dos est fautive, puisque Suzanne de la Porte mourut en 1616.

La fortune des Richelieu était, d'ailleurs, grevée de charges spéciales. La famille s'était laissée entraîner à des dépenses de faste hors de proportion avec ses ressources. Le service des rois avait commencé une ruine que le *paroistre* de la cour et des spéculations imprudentes avaient précipitée.

On devait un peu à tout le monde, à la famille, aux amis. Une première dette très lourde avait été contractée, en février 1551, à l'égard de la grand-mère, Françoise de Rochechouart. A cette date, transigeant avec ses propres enfants, elle avait reçu comme remploi de son douaire, montant à 10,000 livres, les terres et seigneurie de Richelieu, Neuville, les dîmes de Faye et autres droits qui en dépendaient, et, en outre, la maison et le domaine de la Vervolière avec leurs dépendances. C'était le plus clair de la fortune patrimoniale et assurément, Françoise de Rochechouart garda cette garantie jusqu'à sa mort (1).

Nous savons également qu'on devait une somme de deux mille livres à dame Françoise du Plessis, sœur du grand prévôt. En 1610, Suzanne de la Porte, pour payer cette dette, abandonne à son fils aîné, devenu héritier de sa tante, « la seigneurie, maison et hôtel de Châteauneuf consistant en maison seigneuriale, cour et forteresse à part, fermés de haute muraille... et en outre, les métairie, grange, étables, toits à bêtes, etc... » Cet acte nous permet d'évaluer l'importance réelle d'un des principaux domaines de la famille (2).

Quand le fils aîné de Suzanne de la Porte, Henri du Plessis, vint à l'âge d'homme, il réclama sa part de l'héritage paternel. En vertu de la coutume particulière de la baronnie de Faye-la-Vineuse, dont Richelieu n'était qu'une seigneurie, le préciput de l'aîné se bornait au vol du chapon (3). Chacun des enfants entrait

---

(1) Voir le texte de la transaction dans ANDRÉ DUCHESNE (*loc. cit.*, p. 135).

(2) Voir le parchemin original au dossier de la famille de Richelieu dans les Archives départementales de la Vienne. Au dos : « Transaction passée entre M<sup>me</sup> de Richelieu et moi par laquelle elle me rend la terre et seigneurie de Châteauneuf. » Le texte de l'acte a été publié par M. MARTINEAU (p. 111).

(3) Voir « Histoire manuscrite de Faye-la-Vineuse au moyen de documents recueillis dans les Archives du département de la Vienne, à l'abbaye de Ligugé et chez M. Poirier propriétaire à Faye. » (Communiqué par M. Poirier de Faye-la-Vineuse). — On appelait « Vol

donc pour sa part dans la propriété ; c'était encore une cause de démembrement qui, jointe à tant d'autres, explique la pénurie relative dans laquelle se trouvait, à la fin du XVI° siècle, malgré une série de si beaux mariages, la branche des du Plessis de Richelieu.

Pour en finir avec ces questions d'argent, il suffira d'ajouter que Henri IV n'était pas resté dans l'ignorance de cette situation pénible : « Quand ses serviteurs mouraient devant que d'avoir récompense, dit Fontenay-Mareuil, il la donnoit à leurs héritiers, comme il se vit en ceux du grand prévôt de Richelieu qui laissa sa maison fort endettée et ses affaires en un mauvais état, donnant plusieurs bénéfices à son second fils, lequel les ayant quittés pour se faire chartreux, il les redonna au troisième qui a été depuis le Cardinal de Richelieu ; et quant au fils aîné, il eut douze cents écus de pension dès qu'il fut en âge de venir à la cour (1) ».

Les documents nous apprennent, en effet, que le 26 janvier 1593, « le conseil d'État rendit un arrêt réglant l'acquit d'une somme de 20,000 livres due à Suzanne de la Porte, veuve du sieur de Richelieu, grand prévôt de France » (2). En 1594, dans un « état des certifications qui ont été signées par M. de Beaulieu-Ruzé », on lit : « à Madame de Richelieu, pour récompense de l'abbaye de Saint-Urbain, 15,000 livres (3) ». Sur « l'état des pensions du roi, pour l'année 1608 », M. de Richelieu, c'est-à-dire Henri du Plessis, l'aîné des fils du grand prévôt est inscrit pour 3,000 livres (4). On peut considérer enfin comme une preuve de la sollicitude du roi, le soin qu'on prit de laisser l'évêché de Luçon sans titulaire effectif, jusqu'à ce que les jeunes fils de M$^{me}$ de Richelieu fussent arrivés à l'âge d'homme. La famille conserva ainsi la jouissance des revenus dont l'administration fut confiée au chapelain de Richelieu. Grâce à ces divers secours, la veuve du grand prévôt put

---

du Chapon », le droit reconnu à l'aîné de prendre le manoir principal avec ses dépendances et, en plus, un arpent tout autour.

(1) *Mémoires de* FONTENAY-MAREUIL (p. 23).
(2) Archives Nationales. *Inventaire des arrêts du conseil d'État. Règne de Henri IV* publié par M. N. VALOIS, in-4°, n° 127 (p. 10).
(3) Archives du Ministère des Affaires Étrangères. *Mémoires et Documents*, France, vol. 762 (f° 150).
(4) « État des pensions du roi pour l'année 1608. » Affaires étrangères. France, vol. 767 (f° 76).

mener à bonne fin la double tâche qu'elle avait si vaillamment assumée.

Il faut essayer maintenant de se représenter la vie que menait, à la fin du XVIe siècle, au fond d'une province désolée, la famille que dominait l'altière Françoise de Rochechouart, et sur laquelle s'inclinait la gracieuse et touchante Suzanne de la Porte.

On habitait généralement le château de Richelieu.

Au milieu d'une plaine grasse, fertile, laissant la vue s'étendre au loin sur un horizon plat, les eaux du Mable, affluent de la Veude, déterminent un îlot carré d'environ cent mètres de côté. Sur cet îlot, s'élevait le manoir. La terre et seigneurie avaient appartenu originairement aux Mausson, ancienne famille du voisinage. En 1201, un Mausson, avait obtenu, de l'abbé de Saint-Cyprien de Poitiers, la permission de construire une chapelle dans la paroisse de Braye, à l'endroit appelé *Dives Locus*. On trouve cette chapelle mentionnée plusieurs fois sous le nom de *Richeloc*, *Rikeloc*, puis *Richelieu* (1). Les Mausson, de très bonne heure, avaient trouvé ce séjour agréable et y avaient fait construire un château. Or, une fille des Mausson, Gilette, avait épousé, dans les premières années du XVe siècle, Jean Clérembault, et lui avait transféré la propriété de ce domaine (2). Jean et Gilette, sa femme, eurent pour fils Louis et pour fille Perrine, qui épousa Geoffroy du Plessis (3). Louis Clérembault, héritier de son père et de sa mère, reçut Richelieu dans le partage ; mais comme il n'eut pas d'enfant, il le laissa par testament à son neveu, François du Plessis, sieur de la Vervolière. Ainsi des Mausson aux Clérembault, et des Clérembault aux du

---

(1) Voir MARTINEAU (p. 22 et suiv.). Cfr. L'ABBÉ BOSSEBOEUF. *Richelieu, Monuments et Souvenirs*, Tours, 1888, in-8° (p. 9).

(2) « En 1407, le seigneur Jean de Clérembault rendit hommage à la châtelaine de Faye-la-Vineuse « très noble et puissante dame, Mme la Dauphine d'Auvergne, comtesse « de Clermont et de Sancerre » pour « l'hostel de Richelieu avec la cloison, douves, pour- « pris d'icelui, ensemble le moulin, les vergers, le cours de l'eau, pêcherie et étang. » L'ABBÉ BOSSEBOEUF (*op. cit.*, p. 11).

(3) Voir « Partage fait entre Louis Clérembault, écuyer, seigneur de Richelieu et Perinne Clérembaut sa sœur, femme de Geofroy du Plessis, seigneur de la Vervolière, de la succession de Gilette de Mausson, mère commune desdits Clérembault. » (27 juin 1457) Copie ancienne aux *Archives d'Indre-et-Loire*; Dossier des familles, liasse 146.

Plessis, le domaine de Richelieu était venu aux ancêtres du cardinal.

Mais les Clérembault l'avaient singulièrement transformé. Jean Clérembault, avait obtenu, en 1429, l'autorisation de bâtir un château auprès de l'antique chapelle, et de le fortifier. On était en pleine guerre de Cent ans. Tout le pays se hérissait de forteresses. Les architectes munirent Richelieu aussi solidement que le permettait la disposition des lieux. Ce furent eux qui dérivèrent les eaux du Mable et qui aménagèrent les belles douves qui marquent encore aujourd'hui l'emplacement de l'ancien manoir.

Celui-ci était bâti en pierres de taille, couvert en ardoises, entouré de beaux jardins et d'un grand parc aux avenues bien plantées. Sur la façade du nord se trouvaient la chapelle et la grande salle où se tenait habituellement la famille (1). Non loin, on montrait la chambre où, selon la tradition, avait été conçu le futur cardinal (2).

Les souvenirs de l'enfance passée dans ce vieux castel étaient restés bien vifs pour lui. Quand, parvenu au comble de la puissance et de la richesse, il résolut de faire construire, dans son pays même, un château digne de sa gloire, il ne voulut rien changer ni à l'emplacement ni à la disposition générale de l'édifice.

Il imposa à son architecte, Jacques le Mercier, un plan qui respectait, le plus possible, la forme intérieure de l'ancienne demeure. On dut, sur sa volonté expresse, conserver notamment la chapelle, la grande salle et la chambre qu'avait habitée sa mère. Ses contemporains lui reprochèrent même d'avoir gâté la belle ordonnance du plan de le Mercier. Ce sentiment qu'ils considéraient

---

(1) Nous ne savons rien de plus sur l'ancien manoir des Richelieu. Dans la première édition du présent ouvrage, trompé par le titre erroné d'une estampe appartenant aux collections de la Bibliothèque Nationale (Indre-et-Loire V. A. 72), j'ai décrit et reproduit, comme étant l'ancien manoir de Richelieu, une gravure qui représente en réalité une vue de Chantilly. Je ne puis que reconnaître une erreur qui a été suivie par l'ABBÉ LACROIX dans son ouvrage intitulé : *Richelieu à Luçon*.

(2) « Il naquit le 5 de septembre 1585. On dit à Richelieu *qu'il y avait été conçu* et que l'on y voit encore, dans le château, la même chambre où François et Suzanne, ses père et mère, couchoient alors. » — *Mémoire* D'AMELOT DE LA HOUSSAYE, faisant partie du mss. Secousse, cité ci-dessus. — Voir aussi Bibliothèque Nationale f. fr. n° 6651.

comme un trait de vanité n'était, peut-être, qu'un souvenir touchant (1).

C'est donc dans cette rude demeure qui, construite en pleine guerre de Cent ans, retrouvait tout son usage à la fin du XVIe siècle, c'est dans ce vieux château que s'écoulèrent les années d'enfance d'Armand du Plessis.

Dès cette époque, le domaine de Richelieu présentait un luxe réel : celui des jardins et des plantations. Le pays est fertile et naturellement fleuri. Des bois assez bien plantés montaient vers les collines et s'étendaient jusqu'à Mausson, jusqu'à Braye (2). Braye était la paroisse de Richelieu. Le vieux clocher de pierre du modeste village émergeait du bois à quelque cent mètres. Il est resté aujourd'hui tel que le vit l'enfance du futur cardinal. Le curé de Braye était le chapelain de Suzanne de la Porte ; il venait à pied, au château, célébrer l'office. Dans la crypte

---

(1) Voir les plans du nouveau château, tels qu'ils ont été publiés par l'architecte Marot. — Tallemant des Réaux parlant de cette reconstruction dit : « Le cardinal y a fait des fautes considérables : le principal corps de logis est trop petit et trop étroit, par la vision qu'il a eue de conserver une partie de la maison de son père, où l'on montre la chambre où le cardinal est né, et cela pour faire voir que son père avoit une maison de pierre de taille, couverte d'ardoises, en un pays où les maisons des paysans sont de même. » *Historiette du cardinal de Richelieu* (Ed. Techener, in-12, t. I, p. 408). — Et La Fontaine : « Il devoit choisir un autre endroit et il en eut la pensée ; mais l'envie de consacrer les marques de sa naissance l'obligea de faire bâtir autour de la chambre où il étoit né. Il avoit de ces vanités que beaucoup de gens blâmeront et qui sont pourtant communes à tous les héros. » *Lettres à sa femme*, de Châtellerault, le 3 sept. 1663. Ed. Lefèvre (t. II, p. 646).

(2) « Peut-être aussi que l'ancien parc de Richelieu et les bois de ses avenues qui étoient beaux, semblèrent à leur maître dignes d'un château plus somptueux que celui de son patrimoine. » La Fontaine. — « Les canaux sont de belle eau, dit Tallemant des Réaux... Le parc et les jardins sont beaux. » Il observe pourtant, avec raison, que le bois n'est pas très élevé. Le chênes poussent mal dans ces terrains de marécages et de tourbières. Les jardins et le parc ont été aménagés, avec le plus grand luxe, par le propriétaire actuel de Richelieu, M. Heine, et donnent une idée de ce qu'ils étaient du temps de Richelieu. Malheureusement, il ne reste plus du château construit par le cardinal, qu'un dôme isolé, ayant fait partie de la cour d'honneur, et quelques communs. — Sur le château de Richelieu, voir : « *Le magnifique château de Richelieu avec élévation, profils et plans* » par l'architecte Jean Marot, album in-4º — Vignier, *Le Château de Richelieu*, Saumur, chez Desbordes, 1676, in-8º. — *Les Promenades de Richelieu ou les Vertus chrétiennes*, par Jean Desmarest. Paris, Henri le Gros, in-8º. — *Description du Poitou* par le sieur du Carroy serviteur des Richelieu, manuscrit appartenant à M. Poirier, à Faye-la-Vineuse. — Voir en outre les estampes de Perelle et d'Israel Sylvestre. — Dulaure, *le Poitou*, Paris, in-8º. — L'Abbé Bosseboeuf, *Richelieu. Monuments et souvenirs*. Tours, 1888, in-8º.

de son église reposaient les corps des Clérembault et des Richelieu, depuis qu'ils étaient venus s'établir en Touraine (1).

A mi-côte de la colline, dans la direction de Faye-la-Vineuse, se trouvait Mausson, château plus ancien que Richelieu, mieux situé sur une motte assez forte. Les du Plessis, après une longue lutte, l'avaient emporté sur les Mausson. Ils avaient acquis le domaine de leurs anciens rivaux; leur rancune persistante allait bientôt le démolir et n'en laisser que quelques ruines insignifiantes.

Au pied de Richelieu même, passait la route de Chinon à Châtellerault, seule voie de communication le rattachant au reste du monde.

Suivant le cours de la Veude, puis du Mable, elle venait de Champigny, ce fameux et fastueux Champigny qui appartenait aux Montpensier et dont la proximité écrasante fut pour les Richelieu un objet de déférence, puis d'envie, jusqu'au jour où le fils de la petite famille vassale acheta le grand palais princier, le rasa, comme on avait fait de Mausson, et employa les pierres à la construction d'un autre château plus riche encore (2).

Au sud, la route de Châtellerault se dirigeait vers le village ou plutôt la villette de Faye-la-Vineuse. Richelieu dépendait de cette

---

(1) TALLEMANT, qui sait tout, dit : « Il a encore affecté de laisser au coin de son parterre (c'est-à-dire du parc), une église assez grande, à cause que ses ancêtres y sont enterrés. »

(2) TALLEMANT dit encore : « Pour n'avoir pas une belle maison dans son voisinage, et qui ne pouvoit manquer d'être à un prince, puisqu'elle appartenoit à Mademoiselle, il obligea M. d'Orléans, comme tuteur, à faire l'échange de Champigny contre Bois-le-Vicomte et de raser le château. Il voulut faire aussi raser la sainte chapelle qui y est, et où sont les tombeaux de MM. de Montpensier ». La chapelle, avec les magnifiques vitraux de Pinaigrier, a été conservée. Elle permet d'apprécier quelle était la beauté du château de Champigny et de mesurer l'erreur de Richelieu : « Regardez quelle faiblesse a cet homme, dit TALLEMANT, qui eût pu rendre illustre le lieu le plus obscur de France, de croire qu'un grand bâtiment ajouté à la maison de son père feroit beaucoup pour sa gloire. » — Il faut voir aussi les *Mémoires de* Mlle DE MONTPENSIER. Collection Michaud et Poujoulat, année 1637. « J'allai me promener à Richelieu... je passai dans un bourg appelé Champigny, qui m'avoit appartenu et qui venoit de Messieurs de Montpensier; c'étoit de leur vivant, leur demeure de plaisir; et ce qui me fit perdre cette terre fut qu'elle étoit jointe à une autre dont Richelieu relevoit en partie; le cardinal voulut l'avoir : Monsieur n'osa le refuser; de sorte que, comme mon tuteur, il en fit l'échange avec Bois-le-Vicomte, et consentit même à la démolition de ma maison avant que d'exécuter l'échange... » (Voir le reste, p. 7.)

châtellenie. Faye était le véritable centre d'approvisionnement de la région. Grimpée fort joliment sur le haut des collines crayeuses qui dominent de loin Richelieu, elle offrait aux regards son enceinte fortifiée, l'ensemble pittoresque de ses toits serrés les uns contre les autres, et ses trois clochers pointus.

Du château de Richelieu, en face vers le couchant, on apercevait la fumée des chaumières de l'humble village de Pouant. Mais il fallait grimper sur les collines qui entourent la vallée, pour distinguer, dans cette même direction, le donjon de Loudun, profilant sa masse robuste et carrée, à une distance d'environ quatre lieues.

Chinon, l'Ile-Bouchard, la Roche-du-Maine, Champigny-sur-Veude, Fontevrault, au nord ; Loudun, Thouars, Montcontour, à l'ouest ; Mont-sur-Guesne, Mirebeau, Lencloître, Châtellerault, au sud ; la Guerche, la Haye-Descartes, Sainte-Maure, sur la route de Paris, à l'est ; telles étaient les principales villes et les plus importants châteaux du voisinage, ceux dont les noms durent frapper pour la première fois les oreilles des enfants de Suzanne de la Porte. Tours au nord, Poitiers au midi, étaient les deux capitales qui se disputaient la souveraineté de cette région intermédiaire. L'évêque résidait à Poitiers ; mais les impôts se payaient à Tours. On disait à Braye, en manière de proverbe : « Nous sommes du bon Dieu de Poitiers et du diable d'Angers ».

La dame de Richelieu vivait confinée dans son château. C'est à peine si elle sortait de chez elle pour aller dans sa propre famille, à Parthenay, à la Meilleraye où, au dire d'un contemporain, elle eût trouvé « bonne compagnie ». Les chemins n'étaient pas sûrs et, pour bien des raisons, on n'avait pas le cœur au divertissement. Durant toute cette fin du XVI° siècle, les malheurs publics s'ajoutaient aux malheurs privés et les aggravaient.

Il y avait trente ans, pour le moins, que cette région n'avait pas respiré. Restée catholique, mais prise dans le triangle protestant de la Rochelle, Châtellerault, Saumur, elle était le continuel lieu de passage et de rencontre des troupes des deux partis. Tous les genres d'horreurs, suites d'une guerre civile dans laquelle chaque village, chaque famille avait dû prendre parti, pesaient sur elle. Les personnes âgées pouvaient raconter aux nouveaux venus les premiers progrès des hérétiques, les prédications secrètes de Calvin dans les grottes de Croutelles, les premiers psaumes, les premiers massacres.

Puis, c'étaient les grands sièges de Poitiers, en 1562 et en 1569, où les deux capitaines du nom de Richelieu s'étaient distingués par leurs exploits et par leur cruauté ; puis les diverses fortunes du château de Lusignan, sur les ruines récentes duquel planait le souvenir de la fée Mélusine ; puis les grandes batailles de Jarnac et de Montcontour, dont la canonnade, entendue de loin, retentissait encore dans les cœurs (1).

Au lendemain de Montcontour, l'amiral de Coligny était venu camper à Faye-la-Vineuse. Ses troupes y avaient commis les plus effroyables excès. Un champ voisin de Faye s'appelle la *Plaine des morts* et l'on dit que c'est en souvenir d'un combat d'arrière-garde qui fut livré à cet endroit même. Les troupes de Coligny y auraient été vaincues par les troupes royales, et les fuyards massacrés par les paysans exaspérés.

Jusqu'à la fin du siècle, la contrée souffre tout ce que ce genre de guerre réserve de misères aux gens « du plat pays ». C'est un perpétuel mouvement de troupes, de pionniers, de voituriers, de marchands d'armée ; ce sont les levées promptes des hommes d'armes, les courts séjours des maris et des pères, les continuelles alertes, la guerre et l'embuscade de bourg à bourg, de château à château, de maison à maison. « En ce temps-là, écrit un contemporain, sous l'année 1574, n'étoit question que de briganderie, de manière que personne n'osoit se mettre en chemin. » Deux ans après : « En ce temps-là, écrit-il encore, l'on disoit que les communes de Gascogne, d'Agenois, de Quercy et du pays de Périgord s'étoient levées, avoient pris les armes et avoient pour devise : « Nous sommes las ! » *Nous sommes las,* c'est le cri qui sort de toutes les poitrines. En 1575, les gens de Poitiers jetaient leurs plaintes vers le roi : « Les huguenots

---

(1) Sur tous ces faits, voir THIBAUDEAU, *Histoire du Poitou* (t. III). — LIÈVRE, *Histoire des protestants du Poitou*. — En particulier sur la légende de la Mélusine, voir DREUX DU RADIER, *Bibliothèque historique du Poitou* (t. II, p. 230).

n'ont cessé de piller et ravager notre province du Poitou trop voisine, hélas! de leur retraite. Pour les soldats qui viennent à notre défense, entre l'ami et l'ennemi, aux déportements de l'un et de l'autre, nous ne connoissons point de différence. »

En effet, les soldats réguliers, mal payés, se débandaient et, par troupes de quarante ou cinquante, allaient par le pays, escaladant les châteaux mal gardés, forçant les villages et les fermes, pillant, violant, tuant. En 1585, l'année de la naissance de Richelieu, le peuple des environs de Poitiers quitte les campagnes et se réfugie dans les villes, emportant tout ce qu'il peut, pour échapper aux passages des gens de guerre, « et les gentilshommes mêmes quittaient leurs maisons ». En 1586, les horreurs de la peste se joignent à celles de la guerre et les habitants de ces contrées, de deux maux, forcés de choisir le moindre, sortent des villes pour habiter les campagnes, « malgré le grand nombre des brigands de ce temps ».

L'avènement de Henri IV ne change rien aux choses. Après avoir hésité quelque temps, Poitiers s'était jeté dans la Ligue. Les protestants devenus royalistes rôdent sans cesse autour de cette ville, essayant de la surprendre. On se bat à Saint-Savin, à Chauvigny, à la Rocheposay, à la Guerche, à Mirebeau. En 1591, Poitiers est assiégé une fois encore. En 1593, Faye-la-Vineuse est pris par un corps de troupes que commandaient les capitaines de Coulanges, Landrian et Le Courbe. La ville fut livrée au pillage et à l'incendie, les hommes tués, les femmes violées, l'église mise à sac. Les chefs de la bande ne consentirent à se retirer qu'après avoir reçu une rançon de 950 écus qui furent versés grâce à la générosité d'une dame dont le nom est resté populaire dans le pays : Bricette Champeigne. Enfin, en 1594, Poitiers rentre dans le devoir et se rend au roi (1).

Mais ce n'est pas fini encore. Les ligueurs du Poitou appellent à leur secours les gens de l'Anjou et de la Bretagne, qui obéissent au

---

(1) Voir le *Journal de* Michel le Riche (pages 185, 210, 250, 314, 412, 462). — Thibaudeau, *Histoire du Poitou* (t. III, p. 12 et p. 40). — L'abbé Lalanne, *Histoire de Châtellerauld et du Châtelleraudais* (t. II, p. 63). — Carré de Busserolles, *Dictionnaire d'Indre-et-Loire*, au mot *Faye-la-Vineuse* (t. III, p. 46).

duc de Mercœur; Italiens, Espagnols, Albanais, aventuriers de toutes races et de tous pays, forment le gros de ces renforts. On peut penser ce qu'ils font endurer à des contrées qui, quel que soit le parti, sont toujours pour eux pays conquis : « Le duc de Mercœur, faisant sa demeure à Nantes, étoit enfin demeuré chef du parti ligueur, et particulièrement en Bretagne, Anjou et Poitou... Son parti prenoit, comme il pouvoit, maisons, châteaux, et si il y avoit des fossés seulement autour, ledit sieur de Mercœur y mettoit garnison; par le moyen desquels il levoit des tailles au plus loin qu'il se pouvoit étendre, faisoit contribuer de tous côtés, et lesdites garnisons voloient et pilloient partout... » En 1597, l'hôtel de ville de Loudun délibère encore « sur les moyens de résister aux ravages, pilleries et exactions de la garnison qui est dans la ville de Mirebeau ». Il ne fallut pas moins que la constitution d'une sorte de gendarmerie volontaire, enrôlée, sur l'ordre du roi, parmi les nobles de la province, pour venir à bout des coureurs, des *bandeurs*, selon le mot du temps, que la Ligue, même désorganisée, avait laissés derrière elle (1).

Ces traits suffisent pour faire connaître l'état de la province où était situé le château de Richelieu, entre 1585 et 1595. On peut imaginer l'isolement, les terreurs muettes des femmes et des enfants, l'appréhension des voisinages ennemis, les familiers mêmes et les serviteurs suspects, les ponts levés à la moindre alerte, les longues nuits sans sommeil ou les réveils en sursaut avec des bruits d'attaque au pied des murs et des lueurs d'incendie sur l'horizon.

Il faut joindre à tant de causes de tristesse, les difficultés domestiques, le souvenir des grandeurs passées, les espérances déçues, l'inquiétude de l'avenir et jusqu'au mirage d'on ne savait quel retour de fortune qui viendrait, un jour, de là-bas, de Paris, de ces

---

(1) *Mémoires pour servir à l'histoire tirés du cabinet de Messire* Léon du Chastelier Barlot *depuis l'an* 1596 *jusqu'en* 1636. A Fontenay, 1643, in-8° (p. 1-4). — Comparer dans les Mss. de Dom Fonteneau, à la bibliothèque de Poitiers, « 1597, 12 juillet. Délibération de l'Hôtel de ville de Loudun sur les moyens de résister aux ravages, pilleries et exactions de la garnison qui était dans la ville de Mirebeau ». (Reg. du greffe de Loudun, t. 18, p. 227.)

rois qu'on avait servis si fidèlement et qui, peut-être, n'avaient pas pour toujours oublié.

Nous savons que Françoise de Rochechouart ne mourut qu'après 1595. On peut supposer que le contact continuel avec une femme d'un âge, d'un rang et d'un caractère tout différents du sien, fut pénible pour Suzanne de la Porte. Richelieu lui-même, dans une lettre écrite au moment de la mort de sa mère, dit « qu'elle avait éprouvé en ce monde nombre de traverses, d'afflictions et d'amertumes ». Ce dernier mot parait bien s'appliquer à des chagrins domestiques.

Une autre femme vivait à Richelieu, c'était Françoise du Plessis, dame de Marconnay, veuve de messire Pierre Frétart, chevalier de Saulve et Primery, belle-sœur de Madame de Richelieu. Elle était la compagne habituelle des enfants et se rendait populaire parmi les gens du pays. Elle laissa toute sa fortune au fils aîné de Madame de Richelieu, Henri du Plessis. On recevait au château la visite de quelques parents. Tout d'abord, le grand-oncle des enfants, Jacques du Plessis, évêque de Luçon à partir de 1584, mort seulement en 1592, et qui avait été le tuteur du père de Richelieu. Il aidait Suzanne de la Porte dans la gestion de sa fortune. Elle paraît s'être confiée surtout à son propre frère, Amador de La Porte, homme de haut mérite, vif d'esprit et de caractère, appelé à jouer plus tard un rôle important près de son neveu qu'il avait su deviner (1).

C'est encore dans sa famille propre, que Madame de Richelieu rencontre un autre conseiller et confident, M. Dupont de Saint-Bonnet. C'est à lui qu'elle raconte ses inquiétudes sur la santé de ses enfants, qu'elle parle tendrement de son *aîné* « qui s'est démis une épaule en tombant du cheval »; de son *pauvre chartreux* « qu'elle espéroit voir, mais Dieu en a disposé autrement »; de son *malade* enfin (c'est le futur cardinal) « toujours tourmenté de ses fièvres » dont elle souhaite si vivement pour lui « une heureuse délivrance » (2).

(1) V. Le Laboureur, Additions aux *Mémoires de* Castelnau (t. II, p. 297). L'un des actes de baptême conservés dans les archives de la commune de Braye-sous-Faye, signale la présence à Richelieu d'Amador de la Porte, en janvier 1592. Il est parrain avec M^me de Marconnay.
(2) M. Dupont de Saint-Bonnet était un parent de M. Dupont de Courlay qui avait

Enfin un ami intime de François de La Porte, l'avocat Denys Bouthillier, restait, à Paris, le fidèle correspondant et le défenseur utile de la fille de son collègue. Aussi loin que l'on remonte dans la vie du cardinal, on rencontre le nom des Bouthillier (1).

Les actes de la paroisse de Braye nous ont conservé quelque trace de la présence des seigneurs de Richelieu dans le pays. Ils tenaient fréquemment sur les fonts baptimaux les enfans de leurs paysans. On garde aujourd'hui, dans l'humidité d'une mairie délabrée, ces papiers rongés par le temps, où les fils de Madame de Richelieu ont, il y a trois cents ans, écrit, d'une plume incertaine, leurs premières signatures.

Les premiers de ces actes de baptême sont de 1592. Les noms des divers membres de la famille se rencontrent assez fréquemment, en 1592 et 1593. Ils disparaissent de 1593 à 1595, comme si, dans cette période, M$^{me}$ de Richelieu et les siens s'étaient éloignés; puis le nom de Henri du Plessis, celui de la tante Françoise, de la petite sœur Nicole, se retrouvent. On voit même mentionnée une Rose du Plessis dont c'est la seule trace relevée jusqu'ici. De 1596 à 1600, pas une seule mention des garçons. Ils sont à Paris où ils font leurs études. Le 21 juin 1600, Henri du Plessis est parrain du fils d'un des domestiques, Jacques du Carroy; sa mère et sa sœur Nicole sont les marraines. Nous retrouvons les signatures de Nicole et de la tante Marconnay jusqu'en février 1611 où le registre mentionne la mort de cette dernière, qui fut inhumée à Saulve. Le nom d'Armand-Jean du Plessis, le futur cardinal, ne figure pas une seule fois sur ces actes.

Madame de Richelieu y est nommée une fois encore; c'est pour la mention de sa mort : « Le 14$^e$ de novembre 1616, environ sur les

---

épousé une fille de M$^{me}$ de Richelieu. Une lettre que lui adressa M$^{me}$ de Richelieu, aux environs de 1608, a été retrouvée et publiée par M. Martineau (p. 107).

(1) « L'avocat la Porte avait pour principal clerc Denys Bouthillier auquel il laissa sa clientèle, » dit M. Avenel, Rev. des Quest. histor. (loc. cit., p. 174). Denys eut quatre enfants : Claude, qui fut surintendant des finances; Sébastien, doyen de Luçon et abbé de la Cochère, dont il sera question plus loin; Victor, plus tard évêque de Boulogne et archevêque de Tours; Denis, baron de Rancé, secrétaire des commandements de Marie de Médicis. Celui-ci fut le père de l'abbé de la Trappe. (Voir aussi le passage de Saint-Simon, cité ci-dessus, p. 44.)

dix heures du matin, est allée de vie à trépas noble dame Suzanne de La Porte, dame de Richelieu. — Le 8° dudit mois et an de décembre de 1616 a été faite l'obsèque de défunte noble dame Suzanne de La Porte, dame de Richelieu. »

Cependant, les enfants ont grandi. Henri du Plessis, l'aîné, s'est marié avec Marguerite Guiot des Charmeaux. Ils ont un enfant. Les registres de Braye parlent encore : « Le 14° octobre 1618 est né François-Louis du Plessis, fils de Henri du Plessis, seigneur de Richelieu et de Dame Marguerite Guiot, lequel a été baptisé par moi, curé de Braye, le 21° dudit mois audit an, et fut nommé en la chapelle de Richelieu, par pauvres orphelins, qui sont Louis Fouré et Jehanne Thomas, assistés de dix autres pauvres et lui donnèrent le nom de François-Louis (1) ».

Mais la mère meurt, en donnant le jour à cet enfant. « Le 15° jour d'octobre trépassa dame Marguerite Guiot, dame de Richelieu, laquelle a été administrée des saints-sacrements et assistée par moi, curé, et le 19° dudit mois et an fut porté le corps en l'église de Braye en laquelle fut fait service et assisté tant à la conduite dudit corps que service, M. le Prieur, messire Vincent, M. le curé de Sablon, M. le vicaire de Chantraut et Jean Angeleaume, sacristain. » L'enfant suit bientôt la mère : « Le 8° décembre 1618, le corps de défunt Louis du Plessis, ci-dessus nommé, a été porté du châtel de Richelieu en l'église de Braye... » Enfin le père ne tarde pas à rejoindre, dans le caveau de la famille, sa mère, sa femme et son fils. Il fut tué en duel, comme nous le verrons par la suite : « Le 22° juillet 1619, a été faite l'obsèque du corps de défunt messire Henri du Plessis, en son vivant seigneur de Richelieu, Mausson, Primery, le Chillou, la Vervolière. »

C'est la dernière mention concernant les enfants de M$^{me}$ de Richelieu. Les autres ont quitté le pays pour suivre la fortune de leur frère le plus illustre. Les ossements de la famille ont reposé dans l'église de Braye jusqu'à la Révolution française. A cette époque,

---

(1) C'était un usage très répandu, sous l'ancien régime, de faire baptiser les enfants des seigneurs par de très pauvres gens. De même, on remarque que, d'habitude, quand il s'agissait d'un garçon, il y avait plusieurs parrains, et plusieurs marraines quand il s'agissait d'une fille.

les caveaux furent ouverts, violés, les cendres jetées au vent. Il ne reste, aujourd'hui, aucune trace du tombeau, pas une pierre, pas une inscription. Récemment, le caveau a été visité par le curé de la paroisse, assisté de deux médecins. On n'a rien trouvé qu'un ossement d'enfant.

## CHAPITRE TROISIÈME.

### LA NAISSANCE, L'ENFANCE, LES ÉTUDES.

Tout porte à croire qu'Armand-Jean du Plessis, dernier enfant mâle de François du Plessis et de Suzanne de la Porte, est né à Paris, le 9 septembre 1585.

Cependant plusieurs écrivains du XVIIe siècle ont affirmé qu'il vit le jour à Richelieu. Quelques années seulement après sa mort, on montrait dans le château reconstruit « la chambre où son illustre mère accoucha heureusement de cet illustre fils. » Cela suffit pour que les auteurs poitevins aient revendiqué comme un titre d'honneur le fait matériel de la naissance de leur compatriote parmi eux (1).

(1) Il est curieux que le problème historique du lieu de naissance de Richelieu ne soit pas encore résolu. Des deux derniers biographes du cardinal, l'un, M. MARTINEAU, se prononce pour le Poitou, l'autre, M. AVENEL, pour Paris. Les raisons qui militent pour le Poitou sont fortes, il faut le reconnaître. Mlle DE MONTPENSIER, qui voyagea dans ces régions, en 1637, et qui descendit à Richelieu, *avec la nièce du Cardinal*, dit : « C'est une chose inconcevable que les appartements répondent si mal pour leur grandeur à la beauté du dehors. J'appris que cela venoit de ce que le cardinal avoit voulu que l'on conservât la chambre où il était né. » (*Mémoires*. Michaud et Poujoulat, p. 7). Il convient de remarquer cependant que Mademoiselle écrivit ses Mémoires longtemps après avoir visité le château. — La Fontaine et Tallemant des Réaux, dans les deux passages que nous avons cités ci-dessus (p. 53), ne sont pas moins affirmatifs. VIGNIER dans sa description du *Château de Richelieu* dit la même chose. — MAROT, architecte contemporain, qui nous a laissé les plans et devis du château de Richelieu indique avec précision, à côté de la « sale de l'ancien bâtiment », la « chambre de l'ancien bâtiment dans laquelle naquit le grand cardinal de Richelieu ». — Un écrivain local, descendant d'une famille qui longtemps avait servi les Richelieu, M. DU CARROY décrit, au dix-huitième siècle, cette même chambre « où l'illustre mère accoucha de l'illustre fils. » — Enfin, on a cité récemment les deux discours d'inauguration de l' « Académie » de

Il faut s'incliner cependant devant le témoignage d'autres contemporains mieux informés et surtout devant l'affirmation de Richelieu lui-même. André Duchesne, qui écrit du vivant du cardinal de Richelieu et qui dresse, sous les yeux du ministre, la généalogie des du Plessis, André Duchesne, dont on connaît l'exactitude et qui avait entre les mains tous les papiers de la famille, dit « qu'il naquit à Paris, ville capitale du royaume. » Aubery, auquel M$^{me}$ d'Aiguillon, nièce du cardinal, confia le soin de composer, immédiatement après la mort du cardinal, une histoire de sa vie et de son ministère, Aubery dit « qu'il naquit et mourut dans un même hôtel » (1). Le géographe Baudrand affirme et répète « qu'il naquit à Paris, rue de Jouy, où est à présent l'hôtel d'Aumont » (2). Un des adversaires les plus ardents de Richelieu, Mathieu de Mourgues, dit, quelques mois après la mort du grand ministre : « Il

Richelieu adressés au cardinal lui-même et qui contiennent les phrases suivantes : « Monseigneur, il semble que la Grèce, l'Italie... se soient dépouillées de tout ce qu'elles avaient de précieux *pour honorer le lieu de votre naissance...* ». « Votre Éminence a voulu laisser à la postérité *dans le lieu de sa naissance* un modèle accompli de l'éducation de la noblesse... etc. » (Article de M. Ariel Mouette dans le *Monde*, du jeudi 7 novembre 1889). — Je ne parle pas des autres auteurs cités par M. Martineau, parce qu'ils écrivent de seconde main et que leur témoignage n'a pas la valeur d'un renseignement original. La concordance des sept ou huit textes que nous venons de rapprocher n'en forme pas moins un ensemble très imposant. Il convient de remarquer cependant que ces documents ont pour la plupart un point de départ commun, la description du château, et la recherche d'une explication pour l'étroitesse relative de certaine partie du bâtiment. Or, chose curieuse, dans le palais qu'il éleva, à Paris, le Cardinal ordonna également de conserver une chambre particulière. Tallemant dit : « A Paris, il s'est amusé encore à garder une chambre de l'hôtel de Rambouillet et, par cette fantaisie, a gâté son principal corps de logis. » C'est ce détail, qui, évidemment, permet à Aubery de dire qu' « il était né et mort dans un même hôtel. » Si bien que les deux traditions contraires se détruisent. Il faut donc chercher ailleurs. Je pense que les preuves imprimées dans le texte tranchent la question en faveur de Paris; notamment le passage de la *Lettre de Timandre à Théopompe* me paraît catégorique. La *Lettre déchiffrée* est une réponse à la « *Vie de l'illustrissime cardinal, écrite en latin dernièrement* ». L'auteur, qui pouvait bien être André Duchesne, dit : « J'ai vu presque tous les titres de la maison. » — Il faut aussi attacher un grand prix aux deux documents qui ont été publiés par M. de Boislisle, ainsi qu'aux renseignements provenant de l'abbé de Pure. — La légende du portrait de Richelieu, publié chez Daret, en 1652, dit : « La mort le ravit, à nos yeux, à Paris qui l'avoit vu naître. »

(1) *L'Histoire du Cardinal duc de Richelieu*, par le sieur Aubery, advocat au Parlement et aux conseils du Roy. A Paris, chez Antoine Bertier, 1670, in-f°; et du même, *Histoire de Mazarin* (t. I, p. 113).

(2) Michael Antonius Baudrand, *Lexicum geographicum*, etc., 1670, in-f°, article *Richeleum seu Ricolocus*, et *Dictionnaire géographique historique*, v° Richelieu.

est mort à Paris, où il était né cinquante-sept ans et trois mois auparavant (1). » En 1627, dans un pamphlet rédigé sous ses yeux, en réponse aux attaques de ses ennemis (2), Richelieu fait écrire : « Sachez donc qu'il naquit l'an 1585, non pas du côté de Tours, comme s'est imaginé ce conteur qui ne dit rien que ce qu'il ne sait, mais dans Paris même. » Richelieu encore, dans une lettre écrite en 1633, dit en propres termes : « Si je n'étais Parisien, vous pourriez trouver étrange que je sollicitasse les affaires de Messieurs de Paris; mais ma naissance m'ayant rendu tel, il m'est impossible de ne pas suivre l'inclination que j'ai de servir *une ville où je suis né* (3). »

Enfin, un écrivain dont le témoignage est précieux, parce qu'il fut un des familiers de la maison de Richelieu, l'abbé Michel de Pure, écrit « qu'il naquit à Paris, environ le mois de septembre 1585; » il ajoute « que l'accouchement fut pénible, qu'il faillit coûter la vie à la mère, que l'existence de l'enfant lui-même resta longtemps incertaine, et que, lorsque le baptême eut lieu à l'église Saint-Eustache, huit mois après la naissance, on ne fit aucune fête, le péril qu'avaient couru l'enfant et la mère portant plutôt au deuil qu'à la joie » (4).

(1) *Abrégé de la vie du cardinal de Richelieu, pour lui servir d'épitaphe.* Édition d'Anvers, in-12 (f° 63). — V. *Le Politique très chrétien.* Ed. 1657 (p. 29).
(2) « *Lettre de Timandre à Théopompe...* » dans le *Recueil de diverses pièces pour servir à l'histoire*, 1639, in-4° (p. 16).
(3) Extraits des archives de l'Hôtel de ville, publiés par M. A. DE BOISLISLE dans *Annuaire-bulletin de la Société de l'Histoire de France*, 1874 (p. 181).
(4) *Vita Eminentissimi cardinalis Arm. Joan. Plessei Richelii; vitæ et fortunæ exordia ab ann. rep. s.* 1585, *ad annum* 1619 A. M. D. P. Parisiis, apud Alexandrum Lesseln, juxta Palatii porta sub signo urbis Lugduni, M. DC. LVI. Tous les bibliographes s'accordent à traduire A. M. D. P. par Autore Michæle de Pure. Cet écrivain, né à Lyon, en 1634, fut le protégé d'Alphonse de Richelieu, dont il écrivit la vie. Le frère du Cardinal lui fournit probablement plus d'un détail intéressant sur son illustre cadet. C'est ainsi qu'il put écrire l'ouvrage le plus complet que nous ait laissé un contemporain sur la jeunesse du Cardinal. Malgré un ton d'éloge outré, il faut tenir compte des renseignements fournis par l'abbé de Pure. Ceux que contrôlent d'autres documents sont toujours vrais. Ainsi ce livre est le seul qui ait rapporté que le baptême de Richelieu avait eu lieu à Saint-Eustache. Vérification faite, l'indication est exacte. M. AVENEL, après avoir, sur la foi des railleries de Boileau, mis en doute l'autorité de l'ABBÉ DE PURE, a fini par reconnaître que, si ses poésies tombaient justement sous les critiques du « législateur du Parnasse », ses ouvrages d'histoire méritaient plus d'attention.

Ces témoignages concordants, et notamment ces deux dernières affirmations si positives, l'emportent évidemment sur la tradition qui rattache la naissance au château de Richelieu. Le passage de l'abbé de Pure donne la solution du problème qui avait jusqu'ici préoccupé les biographes, à savoir les causes du retard apporté au baptême. On croyait les rencontrer dans le temps nécessaire pour accomplir le voyage du Poitou à Paris. Nous savons maintenant qu'elles tenaient uniquement à la santé de la mère et de l'enfant, ainsi qu'à l'absence du père, qui, au témoignage du même abbé, était éloigné de Paris, au moment de la naissance de son fils.

Le texte de l'acte de baptême a été retrouvé. Le voici tel qu'il a été conservé en original, pendant trois siècles, sur les registres de la paroisse Saint-Eustache.

« — 1586, le v$^e$ jour de may.

« — Fut baptizé Armand Jehan, filz de mesire Françoys Duplicis, signeur de Richelieu, chevalier des ordres du roy, conseillier en son conseil detast, pruvost de son ostel et grand preuvost de Franche, et de dame Suzane de la Porte, sa femme, demeurant en la rue du Bouloy et ledict enfans fust né le neuviéme jour de septembre 1585 : Les parains mesire Armand Gontauld de Biron, chevalier des ordres du roy, conseillier en son conseill detast, capitaigne de cent hommes d'arme de ces ordonanses et maréchal de France, et mesire Jehan Daumon, aussi marechal de Franche, chevalier des ordres du Roy, conseillier en son conseil detast, capitaine de 1 cent hommes d'arme desdict ordonance. La mareine, dame Françoise de Rochechouart, dame de Richelieu, mere dudict Richelieu » (1).

Il résulte de ce document que le père et la mère de Richelieu donnaient, à cette époque, comme indication de leur domicile à

---

(1) Cet acte a été publié, pour la première fois, par M. JAL (1867), *Dictionnaire critique de biographie et d'histoire*, v° Richelieu. — M. AVENEL l'a aussi publié dans les *Lettres et instr. diplomat.* (t. VIII, p. 5). Nous empruntons le texte que nous donnons au livre de M. MARTINEAU qui a publié une sorte de fac-simile de l'original. (*Op. cit.*, p. 130.) Les registres de l'église Saint-Eustache sur lesquels cet acte était inscrit ont péri, en 1871, dans les incendies de la Commune avec les archives de l'Hôtel de ville. M. MARTINEAU a insisté avec raison sur un détail, à savoir que les mots « demeurant en la rue du Bouloy », ont été inscrits en marge et après coup, ce qui paraît marquer une certaine hésitation dans l'indication du domicile à Paris de la famille du Plessis.

Paris, la rue du Bouloy. C'est probablement là que Richelieu vit le jour. La proximité de la rue du Bouloy et du futur palais-cardinal explique le mot d'Aubery : « né et mort dans un même hôtel. » Le fait que le maréchal d'Aumont fut l'un de ses parrains peut se rapporter à ce que dit Baudrand. Il résulte enfin de ce même acte que la marraine de Richelieu fut sa grand-mère, Françoise de Rochechouart. Il fallut lui laisser le temps de venir du Poitou.

La présence de la famille de Richelieu à Paris, vers l'époque de la naissance, n'a rien qui puisse étonner. Les fonctions du grand prévôt l'appelaient à résider, le plus souvent, auprès du roi. En outre, dans cette année 1585, il faisait les démarches pour l'enquête qui devait précéder sa réception dans l'ordre du Saint-Esprit. M$^{me}$ de Richelieu paraît avoir rempli aussi quelque charge à la cour (1). On ne peut accepter que sous ces réserves le témoignage d'un contemporain disant « qu'ils faisaient leur résidence habituelle à Richelieu » (2), et il faut conclure de cet ensemble de faits et de rapprochements que Richelieu est né à Paris (3).

Mais la mort du grand prévôt ayant, comme nous l'avons dit, ramené Madame de Richelieu dans le Poitou, c'est dans cette province que l'enfant passa ses premières années. Il avait cinq ans quand son père mourut. Sa santé fut toujours délicate. Cependant il fut mis de bonne heure à l'étude. Son premier maître fut un prieur de l'abbaye Saint-Florent de Saumur qui s'appelait Hardy Guillot. Celui-ci était bon, grand donneur d'aumônes et son nom devait rester en vénération auprès des frères du couvent (4).

---

(1) Le P. Anselme affirme que la femme du grand prévôt fut dame d'honneur de la reine, femme de Henri III. Cf. aussi : *Les Amours du grand Alcandre;* en appendice au *Journal* de l'Estoile.

(2) C'est la déposition d'un témoin dans l'enquête faite au sujet de la promotion du grand prévôt dans l'ordre du Saint-Esprit. (V. A. Duchesne, p. 137.)

(3) Richelieu est Parisien, et Paris, si prodigue de statues, n'a pas encore songé à en élever une à l'un de ses plus glorieux fils. L'emplacement est tout indiqué; c'est sur la place du Palais-Royal, construit par lui, la figure tournée vers le Louvre, demeure de ces rois qu'il a si utilement servis.

(4) M. Martineau dit que ce premier maître de Richelieu, désigné seulement par Aubery sous l'appellation de prieur de Saint-Florent de Saumur, se nommait Charles Cerveau. L'examen de l'histoire manuscrite de Saint-Florent porte à croire que ce fut plutôt Hardy Guillot qui exerça la charge de prieur, au nom du cardinal de Joyeuse, jus-

Mais les éléments d'une instruction quelque peu étendue manquaient dans ce château isolé. Dès que l'enfant eut grandi et que les temps furent devenus moins sombres, son oncle, Amador de La Porte (1), offrit à M^me de Richelieu «˳qu'il avoit fort assisté dans sa viduité » de se charger de lui. Il l'amena à Paris et le fit entrer au collège de Navarre où il l'entretint. C'était dans ce collège que le père et les oncles de Richelieu avaient fait leurs études. Il était au premier rang parmi ces antiques maisons d'éducation qui se pressaient sur la montagne Sainte-Geneviève. Le duc d'Anjou, plus tard Henri III, Henri de Bourbon, plus tard Henri IV, s'étaient assis sur ses bancs (2).

A l'époque où le jeune Armand du Plessis y entrait à son tour, c'est-à-dire vers 1594, ce collège était bien déchu de son antique splendeur. Les longs désordres de la Ligue avaient suspendu la vie de l'Université parisienne. Les collèges avaient dû renvoyer leurs élèves. Pendant les deux sièges, leurs grands bâtiments vides s'étaient remplis de vagabonds, de soldats, de paysans fuyant les campagnes. « Vous n'oyez plus aux classes ce clabaudement latin des régens qui obtondoient les oreilles de tout le monde. Au lieu de ce jargon, vous y oyez à toute heure du jour l'harmonie argentine et la vraie idiome des vaches et veaux de lait ou le doux rossignolement des ânes et des truies qui nous servent de cloches ». La plupart des professeurs s'étaient enfuis, et les histoires spéciales citent avec grands éloges ceux d'entre eux qui, par amour du devoir ou par attachement à la prébende, étaient restés à leur poste. Les cours furent repris dans les collèges vers 1594. Mais les

---

qu'en juin 1597. Charles Cerveau ne fut prieur qu'à partir de 1606. (V. *Histoire de l'abbaye de Saint-Florent de Saumur.*, Biblioth. nat. Cabinet des Mss., n° 19.862, f° 447.)

(1) Amador de la Porte, frère puîné de Suzanne, baptisé le 1^er juillet 1568. Son père qui était avocat de l'ordre de Malte avait pu le faire recevoir chevalier. Il devint commandeur, puis grand prieur de l'ordre et c'est sous l'un ou l'autre de ces deux noms qu'il figure dans la Correspondance du cardinal de Richelieu et dans les Mémoires du temps. C'était un homme sincère, hardi, ayant son franc-parler. Il fut plus d'une fois utile au cardinal de Richelieu et il se plaignait que celui-ci ne lui eût pas marqué une bien grande reconnaissance. (V. TALLEMANT DES RÉAUX, *Historiette de la Meilleraye.* — *Mémoires* DE CASTELNAU (t. II, p. 297). — DE LA FONTENELLE DE VAUDORÉ, *Histoire de la maison de la Porte de la Meilleraye.*

(2) LAUNOEI, *Regii Navarræ Collegii Historia* (t. I, p. 841).

suites funestes d'une si longue interruption ne disparurent que bien lentement (1).

Ainsi les premières impressions d'Armand du Plessis, en arrivant à Paris, ne différèrent pas de celles que son enfance avait reçues dans sa province : partout le spectacle de la ruine, de la misère, de la désolation, conséquences du désordre public et de l'indiscipline sociale.

Entré à Navarre, il poursuivit ses études selon les programmes et les méthodes alors en usage. On ne le destinait nullement à l'Église. Sa première éducation fut purement laïque. Ébauchée au collège, elle devait se terminer à l'Académie. Les cours ordinaires se divisaient en trois parties : la *grammaire*, les *arts*, la *philosophie*. Pour un gentilhomme, il n'était guère question que des deux premières facultés. Il fallait, en effet, précipiter les études pour que l'Académie le reçût encore jeune et souple et le rendît de bonne heure à une carrière généralement très hâtive.

Les exercices de la grammaire duraient deux ou trois ans. Outre le catéchisme et les principes de la religion, les enfants apprenaient le *rudiment,* c'est-à-dire les règles de la langue latine. Même dans le cours ordinaire de la vie, les écoliers étaient tenus de parler latin. Ils s'élevaient ensuite à l'explication des auteurs, en commençant par les *Épîtres familières* de Cicéron, les *Comédies* de Térence, les *Églogues* de Virgile. En quatrième, on abordait les *Discours* de Cicéron, quelques *Satires* d'Horace et de Juvénal puis les *Tusculanes,* les *Traités de critique* de l'orateur romain et de Quintilien. A partir de la quatrième, on commençait à joindre à l'étude du latin les éléments de la langue grecque que Ramus et les Ronsardisants avaient mise à la mode (2).

(1) QUICHERAT, *Histoire de Sainte-Barbe;* Paris, 1862, in-8° (t. II, p. 63). Le passage du discours de Guillaume Rose dans la *Satyre Ményppée* est d'autant plus curieux que ce fameux ligueur s'était fait nommer grand-maître de Navarre, à la faveur des troubles. V. LAUNOI (t. I, p. 376).

(2) J'ai emprunté la plupart de ces renseignements au très intéressant ouvrage de M. COMPAYRÉ, *Histoire critique des Doctrines de l'éducation en France depuis le douzième siècle.* Paris, 2 vol. in-12, 1889 (t. I, p. 403 et suiv). Il faut lire aussi : JOURDAIN, *Histoire de l'Université au dix-septième et au dix-huitième siècle,* in-f° (t. I, p.3 et suiv.). — LANTOINE, *Histoire de l'Enseignement secondaire en France au dix-septième siècle.* — QUICHERAT, *Histoire de Sainte-Barbe,* 1863, 3 vol in-8°. — EMOND.

La grande méthode d'instruction, en dehors de la lecture et de l'explication des auteurs, c'était le développement littéraire, que l'on qualifiait *chria* ou *sententia*. On empruntait les sujets de ces développements aux livres éminemment classiques du rhéteur Aphtonius (1); par exemple, il fallait prouver par principes et par points « que les racines de la science sont amères, mais que ses fruits sont doux, » — ou bien il fallait déclamer « contre la tyrannie » (2). Les écoliers mettaient en prose ou en vers « les paroles d'Hécube après la prise de Troie »; — « les plaintes de Niobé sur la mort de ses enfants. » Les cahiers de notes, de tours de phrase, de sentences littéraires ou philosophiques, étaient en grand usage; des collèges, ils avaient gagné la littérature, le barreau, la chaire, et les avaient cruellement infestés.

Un jeune gentilhomme pouvait en rester là, et c'était déjà beaucoup s'il accomplissait le cycle de ces études littéraires. Bien peu abordaient la *philosophie*, qui les retenait deux ans encore. La philosophie, c'était, à proprement parler, la logique et les sciences, ou plutôt c'était la lecture et le commentaire des œuvres d'Aristote; les *Catégories* d'abord, puis les *Analytiques*, les *Topiques*, l'*Éthique;* enfin, dans la seconde année, la *Physique* et la *Métaphysique*, qui se complétaient par les notions de la *sphère* et

---

*Histoire du Collège Louis le Grand*, Paris, 1845, 1 vol. 8°. — L'abbé Puyol, *Edmond Richer*, Paris, 1876, 2 vol. 8°. — P. Prat, *la Compagnie de Jésus en France au temps du P. Cotton*. Paris, 1876, 5 vol. in 8°. — Richelieu fit ses études à une époque de troubles et de transformation. Il quittait le collège au moment même où Henri IV chargeait une commission importante de la grande réforme universitaire. Ses contemporains se sont parfois moqué de quelques lacunes que paraissait présenter son instruction. On sait qu'on lui reprocha d'avoir cité *Terentianus Maurus* en appelant cet auteur le *Maure de Térence*, comme si c'eût été une comédie du poète latin. — Dans la grande lutte qui allait s'engager entre l'Université et les jésuites, Richelieu ne voulut pas prendre parti. Il craignait ceux-ci et les ménageait. Sur ces diverses questions, son opinion est exprimée dans le chapitre de son *Testament politique* intitulé : *Des Lettres*.

(1) Aphtonii Ausonii *sophistæ Præludia*, *Hermogenis rhetorica;* in ædibus Juntæ, 1515. — Aphtonii *Progymnasmata*, gr. et lat., edente Dan. Heinsio. Lugd. Bat., 1625, in-8°. Il y a une édition de 1642, chez Louis Elzevir.

(2) On sait que le pamphlet de La Boétie publié sous le titre de la *Servitude volontaire* n'était rien autre chose à l'origine qu'un de ces exercices de rhétorique : « Ce subject fut traité par luy (dit Montaigne) en son enfance, par manière d'exercitation seulement, comme subject vulgaire et tracassé en mille endroicts des livres. » (*Essais*, édit. Charpentier, t. I, p. 277.) — Voir les *Progymnasmata* d'Aphtonius, édit. 1642 (p. 163).

des premiers livres d'*Euclide*. Les « philosophes » s'habituaient à parler en public. A certaines époques de l'année, ils se disaient prêts à disputer contre tout venant.

Cette éducation était sévère, étroite, toute de méthode et de rigueur. Elle se pliait peu à l'enfant, mais le pliait. Il est à croire que la rigidité même du système le rendait d'une application difficile et rare. Il réservait toute sa rudesse pour les vaillants fils du peuple venus à pied du fond de leur province, afin d'entendre, sur la paille de la rue du Fouarre, les *lectures* des professeurs célèbres. Mais il se montrait moins exigeant pour l'essaim des jeunes gentilshommes qui arrivaient le matin au collège en externes, déjà vêtus de dentelles et de plumes, les bottes molles, et, derrière, le précepteur domestique avec les livres et le carton (1).

On a conservé quelque trace du passage de Richelieu au collège de Navarre, et l'historien de ce collège dit qu'il y avait fait sa *grammaire* et sa *philosophie*, en souvenir de quoi il y fonda, en 1638, une chaire de controverse théologique. Le même écrivain rapporte qu'en 1597, sous le troisième rectorat de Jean Yon, le jeune Armand du Plessis, en costume d'enfant de chœur, accompagna ce même Yon qui conduisait la procession des membres de l'Université au tombeau de saint Denis. Ce souvenir, paraît-il, resta gravé dans la mémoire du futur cardinal. Quand, par la suite, l'Université envoyait une délégation auprès de lui, on y joignait toujours le vénérable Yon. « C'était, dit de Launay, un homme de conduite honnête, de maintien sérieux, de tenue soignée; il eût fait bonne figure dans un sénat, mais il préféra le repos et la lecture de Cicéron, dont il faisait ses délices. » Richelieu le recevait avec plaisir, le traitait avec affabilité et lui rappelait le souvenir de la cérémonie à laquelle ils avaient pris part. Il ajoutait en souriant qu'il

---

(1) Si l'on en croit TALLEMANT DES RÉAUX, Armand du Plessis aurait eu, dès ce temps, à son service Le Masle, prieur des Roches, plus tard secrétaire et familier du Cardinal. Il dit... « des Roches le Masle..., autrefois petit valet du cardinal de Richelieu au collège... », etc. — *Historiette du chancelier Séguier* (t. III, p. 58). — Un document du temps, que nous citerons plus loin, donne au jeune Armand du Plessis, tandis qu'il était au collège, pour précepteur, M. Mulot et pour valet de chambre, Desbournais, qui resta près de lui en cette qualité. M. Mulot était docteur et devint plus tard confesseur du Cardinal. V. *Correspondance* (t. I, 566). Il passait pour bouffon. — V. DE MOURGUES et TALLEMANT cités par AVENEL (*Correspondance*, t. III, 327; IV, 454).

ne voyait pas entrer son ancien maître sans éprouver encore un sentiment de respect et de crainte, — preuve, ajoute judicieusement l'écrivain, — que la discipline était sévère au collège de Navarre.

Cette discipline ne fut pas toujours supportée d'une âme égale par le jeune du Plessis. Il était vif, bouillant, impatient du joug. On tirait tout de lui par les louanges et les récompenses. Mais on employait en vain les menaces et la crainte. L'historien de son enfance, Michel de Pure, trouve des traits qu'il faudrait citer dans leur latin pour dépeindre la promptitude de son esprit, la violence, la *colère* de ses ambitions et de son émulation enfantine : « Il avait une soif de la louange et une crainte du blâme qui suffisaient pour le tenir en haleine. Il avala comme d'un trait toute la grammaire. Bientôt il brilla d'un éclat subit. Ce que les autres enfants font en enfant, lui, il le fit avec méthode : il était conscient de tout ce qu'il disait et faisait. Si on l'interrogeait, il savait, avant de répondre et par des questions embarrassantes, prévenir les questions suivantes. Et l'on ne peut dire enfin les admirables dons d'un esprit vraiment beau qui apparaissaient et jaillissaient sans cesse en étincelles éblouissantes (1). »

Devenu plus grand, ce caractère vif, indomptable, se déploya dans l'exubérance de la jeunesse. Il était maigre, avait la figure fine, les yeux aigus. Une flamme brillait en lui. On le sentait propre à tout, mais, quelque carrière qu'il embrassât, capable de grandes choses. — « Son audace, dit encore le biographe, était supérieure à ses forces, mais non à son génie ». Il se montrait tenace, et dans les luttes du collège, il ne savait ni pardonner ni oublier.

Ce tempérament le portait vers les choses de la guerre. Quand les études touchèrent à leur fin, Suzanne de la Porte rassembla un conseil de famille pour se décharger du poids de la responsabilité qui lui incombait. Il fut décidé que le jeune Armand se destinerait aux armes. Il prit donc le nom de marquis du Chillou, ceignit l'épée et se fit inscrire à l'Académie : « Les marques d'une générosité singulière brillaient déjà sur son visage (2). »

(1) MICHEL DE PURE, *loc. cit.* (p. 7).
(2) V. ANDRÉ DUCHESNE, *op. cit.* (f° 73, v°).

Des mains du bon Yon, Armand du Plessis passa dans celles de M. de Pluvinel.

Antoine de Pluvinel, gentilhomme dauphinois, était le fondateur d'un genre d'établissement qui répondait parfaitement aux nécessités du temps et qui eut une très grande vogue dans tout le cours du dix-septième siècle : l'*Académie*. Prenant les écoliers à la sortie du collège, M. de Pluvinel avait pour idéal d'en faire des hommes et surtout des soldats (1).

Il avait tout ce qu'il fallait pour réussir dans ce genre d'entreprises. Cavalier de grand mérite et de haute tenue, il avait l'expérience de la cour et celle des camps ; son assurance, quelque peu gasconne, ajoutait au prestige du mérite et de l'âge. Il avait beaucoup voyagé, s'était inspiré des exemples des maîtres italiens, avait visité la Hollande, cette école des gens de guerre. Comme le père de Richelieu, il avait accompagné Henri III en Allemagne et en Pologne, remplissant près de ce prince, les fonctions de premier écuyer. Henri IV devait lui confier bientôt le soin de l'éducation physique de Louis XIII.

Antoine de Pluvinel et le « Manège » où s'exerçaient ses élèves vivent pour nous dans les admirables gravures de Crispian de Pas.

(1) Les détails que nous donnons sur les exercices de l'Académie sont empruntés au volume si recherché des bibliophiles, intitulé : *Maneige royale, où l'on peut remarquer le défaut et la perfection du chevalier en tous les exercices de cet art... fait et pratiqué en l'instruction du roy*, par ANTOINE DE PLUVINEL, *son écuyer principal* (publié par J. D. Peyrol); *le tout gravé et représenté en grandes figures en taille douce*, par CRISPIAN DE PAS. Paris, Cramoisy, 1623, in-fol°. — Le manège de M. Pluvinel était installé rue Saint-Honoré, près de la rue du Dauphin, dans l'hôtel précédemment nommé la *Corne-de-Cerf*. (V. *Topographie historique du Vieux Paris...* Louvre et Tuileries t. I, p. 234). — L'ambassadeur vénitien, Pietro Duodo, parle en termes précis des exercices de l'Académie. « Sa Majesté, écrit-il en 1598, pour élever sa noblesse le plus vertueusement possible a fondé une Académie à Paris, où chaque jour les exercices sont conduits par le grand écuyer du roi. Celui-ci doit fournir aux jeunes gens des chevaux qu'il tire d'ailleurs des écuries royales. Il leur enseigne à monter à cheval et tous les exercices qui se rapportent à l'équitation. Il leur procure des maîtres d'escrime, de table, de musique, de mathématique, et il leur fournit un ou deux valets selon la qualité de chacun d'entre eux ; le tout moyennant une somme de 700, 800 ou 1,000 écus l'an. A l'exemple de cette Académie, d'autres se sont établies dans différents villes du royaume, à Rouen, à Toulouse. Si cela continue, il est à croire que l'on verra beaucoup moins de jeunes Français en Italie et que notamment, la ville de Padoue en souffrira. » *Relaz. deg. Ambasc. Veneti*. APPENDICE (t. XV, p. 103). — M. de Pluvinel « tenait table ouverte pour les jeunes gentilshommes attachés à la cour ». (V. *Mémoires de* LA FORCE, publiés par M. le marquis DE LA GRANGE, 1843, in-8° (t. II, p. 309.)

Tout l'art de l'homme du monde, du cavalier et du courtisan est exposé dans ces doctes et gracieuses leçons. Ce qu'on apprenait à l'Académie, ce n'était pas seulement les exercices du corps, le maniement du cheval, le manège, l'escrime, la bague, la quintaine; c'était la tenue, l'aptitude physique et intellectuelle, la promptitude de l'esprit et du corps, l'élégance, la bravoure et l'honneur. Le vieux serviteur de Henri III et de Henri IV enseignait à la jeunesse qui se pressait autour de lui l'usage du monde, la façon de se présenter, de saluer, de s'expliquer d'un geste ou d'un sourire. Sa faconde méridionale abondait en traits instructifs, en belles reparties, en beaux exemples. Les jeunes gens les recueillaient de sa bouche, dans de jolies attitudes de page, le sourire aux lèvres, le poing sur la hanche.

Pluvinel aimait à citer ces excellents points des histoires qui ornent l'esprit et rehaussent le cœur. Il désignait aux jeunes gens les gentilshommes qu'ils devaient prendre pour modèles : les Bellegarde, les d'Épernon, les Bassompierre. Il soulignait leurs mérites d'un mot, ou, d'un sourire, leurs défauts. Il avait un avis sur la hauteur du chapeau, la frisure des plumes, la longueur du manteau, l'empesé des fraises et du collet.

Le marquis du Chillou prit un grand plaisir à ces exercices. Fils de soldat, cadet, destiné par sa naissance, par son peu de fortune, à devenir un de ces « gens de main » qu'il désigne lui-même comme l'élite de la noblesse française, il embrassait, avec l'ardeur qu'il mettait en toutes choses, des exercices et des études qui devaient faire de lui un homme.

Toute sa vie, il conserva le pli que cette éducation lui avait donné. Il aima toujours les choses de la guerre. Une estampe de Callot le représente devant la Rochelle, à cheval, la robe relevée, les jambes bottées, l'épée à la main. Les contemporains se moquaient de cet accoutrement. Il en paraissait, tout au contraire, fort satisfait. Sous le prêtre, on retrouve toujours en lui le soldat.

Un enchaînement de circonstances qui marque bien le caractère du temps, changea soudain, et du tout au tout, la carrière d'Armand-Jean du Plessis. Dès l'année 1584, et peut-être quelque temps auparavant, Henri III, voulant gratifier le grand prévôt, lui avait accordé la disposition de l'évêché de Luçon (1). L'argent manquait dans les caisses de la royauté ; elle avait trouvé ce moyen de battre monnaie et de récompenser ses serviteurs. Pour les abbayes et les bénéfices réguliers, cette façon d'agir était entrée dans les mœurs; pour les bénéfices séculiers, et surtout pour les évêchés, la chose était plus rare et avait véritablement un caractère scandaleux, simoniaque.

Le grand prévôt, et, après sa mort, sa veuve, n'en jouissaient pas moins des revenus consistoriaux de Luçon, par l'intermédiaire d'administrateurs qui n'étaient que des prête-noms. Pendant près de cinquante ans, l'évêché se transmit ainsi, au gré de la famille. Le premier de ces évêques confidentiaires fut René de Salla (2); puis vint Jacques du Plessis de Richelieu, qui, quoiqu'il eût pris les ordres, ne résida jamais (3). Un certain François Yver, curé de Braye, d'une famille très dévouée aux du Plessis, reçut le titre d'évêque de Luçon, en l'année 1592 (4). Dès cette époque, on disait que l'un des fils de Madame de Richelieu serait effectivement évêque

---

(1) Pour tout ce qui touche à l'évêché de Luçon, je me suis servi du savant et judicieux ouvrage de M. DE LA FONTENELLE DE VAUDORÉ, *Histoire du monastère et des évêques de Luçon*, Paris, 1847, 2 vol. in-8º (p. 322 et suiv.). — Voir aussi l'*Histoire des moines et des évêques de Luçon* par l'abbé du TRESSAY. Paris, 1869, in-8º (t. II, p. 149 et suiv.).

(2) Les renseignements recueillis par M. DE VAUDORÉ ne permettent pas d'affirmer que René de Salla fut chargé des intérêts de la famille de Richelieu. Peut-être tenait-il la place d'une autre famille du Poitou : les Belleville. On lit dans le cartulaire de Luçon : « *Hic erat confiduciarius defuncti domini de Belleville* », et l'on voit plus tard Richelieu réclamer des titres relatifs à l'évêché qui auraient été détenus par M. de Belleville, évêque de Luçon. » Cf. FONTENELLE DE VAUDORÉ (p. 323) et *Correspondance* (t. I, p. 17).

(3) Jacques du Plessis était l'oncle du grand prévôt : quoiqu'il ne fût, en 1563, qu'un simple tonsuré, il prenait le titre d'aumônier du Roi. Il fut abbé de Nieuil-sur-l'Autise et de la Chapelle-aux-Planches, en Champagne, doyen de l'église de Poitiers. Dans un acte de lui qui se trouve dans les Archives du Ministère des Affaires Étrangères (Provision de la prévôté de Parthenay en faveur de René Champigny), il s'intitule « conseiller et aumônier ordinaire du roi » (*Mémoires et documents, France*, vol. 761, f° 20). — Voir, en outre, l'*Histoire de l'abbaye de Nieuil-sur-l'Autise*, par Ch. ARNAULT, Niort, Clouzot, in-8º.

(4) Sur la famille Yver, originaire de Niort, voir l'article de DREUX DU RADIER, *Bibliothèque du Poitou* (t. II, p. 493).

et qu'Yver administrait seulement pour le temps où « ces messieurs étaient aux universités ».

Cependant, les chanoines de Luçon supportaient très mal de tels procédés. A la rigueur, ils se seraient passés d'évêque. Mais l'administrateur, qui prélevait les rentes avec une exactitude ponctuelle, refusait de faire aucun des sacrifices qui incombaient à sa charge. On plaida. Se sentant un peu pressée, Madame de Richelieu fit entendre que le premier de ses cadets, Alphonse, allait hâter ses études. On prit même, dès lors, la précaution de le faire nommer par le roi. A partir de 1595, n'ayant encore que douze ans, il recevait parfois le titre d'évêque (1).

Mais cet Alphonse, honnête homme, très dévot et bizarre, ne voulut pas se prêter longtemps à de pareils arrangements. Fut-ce excès de scrupule, ou quelque autre motif? Le jour venu, il refusa tout net de coiffer la mitre. Il se fit moine et alla s'enfermer à la Grande Chartreuse. Ce coup de tête rompait toutes les mesures de Madame de Richelieu. L'évêché allait-il lui échapper? Heureusement, elle avait un troisième fils. Celui-ci avait l'intelligence vive, prompte, prête à tout. Ce n'était pas un rêveur. Sa mauvaise santé pouvait lui être un grand obstacle dans la carrière des armes où il prétendait entrer. Tout bien pesé, cet autre cadet prit la soutane et sauva l'évêché (2).

Ceci se passe aux environs de l'année 1602. Armand du Plessis avait dix-sept ans. Il quitte l'Académie et se remet à l'étude. Il avait déjà fait une philosophie à Navarre. Il en fit une autre à ce même collège, ou peut-être au collège de Lisieux. Puis il aborda la théologie. Son premier maître en cette science fut Jacques

_____

(1) Nous ne connaissons pas sûrement la date de la naissance d'Alphonse de Richelieu. D'après certains renseignements, je l'avais fixée à 1584. Mais je vois que, d'autre part, on le fait mourir en 1653, à l'âge de soixante et onze ans ; il serait donc né en l'année 1582. (V. Sa *Vie*, par l'abbé de Pure et ce qu'en dit Tallemant des Réaux). — Le Père Anselme, suivi par Saint-Simon, dit qu'Alphonse de Richelieu mourut, le 23 mars 1653, à 73 ou 74 ans, renseignement qui reculerait la naissance jusqu'en 1579 ou 1580. — M. Avenel la met approximativement, vers 1583 (t. I, p. 180).

(2) M. Bonneau-Avenant, dans sa *Vie de M*$^{me}$ *d'Aiguillon*, et M. l'abbé Lacroix, après lui, citent une lettre que Richelieu aurait écrite à son oncle, Amador de la Porte, au moment où il prenait le parti de quitter l'épée pour la robe et où se trouverait la phrase suivante : « Que la volonté de Dieu soit faite; j'accepterai tout pour le bien de l'Église et la gloire de notre nom. » Je ne sais où ces messieurs ont puisé ce document.

Hennequin, homme docte qui enseignait au collège de Calvi. Dès 1603, Armand du Plessis suivait ses leçons (1).

Mais la promptitude de son esprit se lassa vite des lentes méthodes usitées dans l'enseignement. Il délaissa les cours publics et se livra, chez lui, à des études personnelles qu'il poursuivit avec une application extraordinaire (2). C'est à cette époque que Richelieu paraît avoir eu pour maître de controverse l'Anglais Richard Smith, un des esprits les plus libres parmi les théologiens du temps (3).

Richelieu, soit de son propre mouvement, soit par l'impulsion qu'il recevait de ce maître particulier, embrassait alors, avec une passion fougueuse, les doctrines des « philosophes ». Il voulut manifester ses sentiments à ce sujet et demanda aux maîtres de la maison de Sorbonne l'autorisation d'ouvrir une dispute publique dans leurs bâtiments. Les sorboniens, inquiets, ne voulurent pas se prêter à son désir « et la raison du refus, dit l'écrivain qui nous rapporte ces faits, était la même que celle de la demande : à savoir que cela ne s'était jamais fait ». Richelieu ne se tint pas pour battu. Il s'adressa à ses anciens maîtres du collège de Navarre, et il livra là son combat philosophique, sous la présidence d'un certain personnage du nom d'Itain, qui n'était ni docteur ni même bachelier et qui se contenta d'accorder sa présence muette aux exploits irréguliers de l'abbé de Richelieu. Cela se passe en 1604.

A cette époque de la vie de Richelieu se rapporte une autre

---

(1) DE LAUNOY (*op. cit.* p. 191). — AUBERY (*loc. cit.*, p. 6). D'ARGENTRÉ, cité par AVENEL, *Jeunesse de Richelieu* (p. 165). — Cf. *Vie de Richelieu*, par M. de PURE : « Domestica studia publicis coronavit. Hennequinum in Calvico audiit... Hic Logicam et Æthicam ab Hennequino professore edoctus est anno millesimo sexcentesimo tertio. »

(2) Voici le passage de la *Réponse à la Lettre déchiffrée* relatif aux études théologiques de Richelieu : « A cet effet il se mit sur les bancs de la Sorbonne ; et après y avoir acquis, par-dessus les titres ordinaires, toute la réputation que l'on peut attendre de ce lieu-là, se retira en diverses maisons des champs proches de Paris où il conféra deux ans entiers avec un docteur de Louvain (on croit que c'est Cospéau) pour se consommer entièrement en l'étude des Saintes Lettres. Il se jeta de là dans les controverses avec tant de contention et d'assiduité qu'il y mit, quatre ans durant, tous les jours règlement huit heures. Ce qui altéra tellement sa complexion assez délicate et faible d'ailleurs que le corps se ressent à cette heure des efforts de l'esprit... *Recueil de diverses pièces*, etc. (p. 21).

(3) V. SAINTE-BEUVE, *Port-Royal* (t. I, p. 314). Voir ci-dessous (p. 113.)

anecdote qui, en elle-même, est peu de chose; mais il ne faut perdre aucun trait de la jeunesse des grands hommes. Laissons donc parler l'écrivain contemporain : « M. le cardinal, étudiant en philosophie, occupoit un corps de logis en son particulier qui avoit une entrée dans le jardin du collège de Saint-Jean-de-Latran, dont le jardinier étoit de Chinon et nommé Rabelais. Quarante ans après, Son Éminence, rappelant dans sa mémoire ce temps-là, témoigna à Desbournais (son valet de chambre) qu'il auroit joie de sçavoir ce que ce jardinier étoit devenu et ses deux filles, et lui donna ordre de se transporter le lendemain à ce collège et, s'ils étoient encore en vie, de les lui amener avec toute leur famille, ce que Desbournais ayant exécuté ponctuellement, lui présenta, à l'issue de son dîner, le bonhomme Rabelais, accompagné de ses deux filles et de leurs enfants, lesquels, se jetant tous à genoux, lui demandoient pardon, protestant n'avoir jamais mal parlé de Son Éminence qui, riant de son ingénuité, lui commanda de se relever et lui dit : « N'ayez point de peur, bonhomme; me reconnaissez-vous bien? — Hélas! bon seigneur, répondit Rabelais, nous ne vous avons jamais vu. — Vous souvenez-vous bien d'un jeune écolier, repartit M. le cardinal, qui avait pour précepteur M. Mulot et pour valet de chambre Desbournais, de votre pays, et un laquais à livrées rouges. — Oui déa, Monseigneur, répondit Rabelais. Ils ont bien croqué de mes pavis et de mes pêches, sans m'en dire mot. — C'est moi, mon bonhomme, je veux vous payer vos fruits. Desbournais, qu'on lui donne cent pistoles, et à chacune de ses filles deux cents. N'êtes-vous pas satisfaits de moi?.. » L'on peut juger de leur joie... »

L'étudiant avait, comme on le voit, un certain train de maison : habitation à part, précepteur, valet de chambre, laquais. Il se sentait déjà de l'évêque; et si les fruits du bonhomme Rabelais souffraient du voisinage, si ses filles même étaient approchées d'un peu près, c'était, en somme, beaucoup d'honneur (1).

(1) *Mémoires de* Claude Courtin. Manuscrit de la biblioth. de l'Arsenal, fonds Conrard, n° 4651, fol. 268 et suiv. — Tallemant raconte une anecdote qui a sa place ici : « En ce temps-là, dit-il, le cardinal dit en riant à Quillet, qui est de Chinon : « Voyez-vous ce petit homme-là, il est parent de Rabelais, et médecin comme lui. — Je n'ai pas

Cependant, les études de théologie furent menées rondement. Outre le caractère de l'homme, qui n'avait rien de languissant, le temps pressait. Vers 1603, le sieur Yver, agissant au nom de Madame de Richelieu, avait été condamné, par arrêt du parlement, à donner un tiers du revenu de l'évêché pour réparer l'église cathédrale et les bâtiments du palais épiscopal. Pour gagner du temps, Madame de Richelieu avait demandé à transiger. Deux chanoines de Luçon s'étaient rendus à Paris; des arbitres avaient été nommés, et la famille de Richelieu avait dû s'engager à faire les réparations réclamées depuis si longtemps. Cet engagement absorbait les principaux revenus de l'évêché. La situation du sieur Yver, évêque non consacré de Luçon, devenait insoutenable. Dès octobre 1604, on faisait figurer dans les actes rendus au nom de l'évêque, un N... de Richelieu; le nom restait en blanc, comme si on eût hésité encore entre Alphonse et Armand.

Il fallait en finir. Vers la fin de 1606, sans attendre l'obtention de ses grades, et cinq ans avant d'avoir atteint l'âge canonique, l'abbé de Richelieu fut « nommé » évêque de Luçon. En même temps, le roi Henri IV, qui continuait à protéger la famille du grand prévôt, sollicitait du pape la dispense nécessaire pour la consécration.

Richelieu avait dès lors, près du roi, un protecteur dévoué et influent. C'était son propre frère, Henri du Plessis. Cet aîné, dont nous avons à peine prononcé le nom jusqu'ici, mérite de nous arrêter un instant. On ignore la date de sa naissance; mais on peut penser qu'il était de cinq ou six ans plus âgé que son frère. C'était un jeune homme vif, brillant, aimable, d'un cœur tendre et prompt, d'un esprit ouvert et délié. Dès qu'il fut en âge de paraître à la cour, il vint à Paris et, en partie par la faveur

l'honneur, dit Quillet, d'être parent de Rabelais. — Mais, ajouta le cardinal, vous ne nierez pas que vous ne soyez du pays de Rabelais. — J'avoue, Monseigneur, que je suis du pays de Rabelais, reprit Quillet, mais le pays de Rabelais a l'honneur d'appartenir à Votre Éminence. » Cela était hardi, ajoute Tallemant, et il raconte à la suite quelques traits un peu bizarres qu'il attribue à M. Mulot, justement cet aumônier du cardinal dont il est question dans le texte. Quant à Desbournais, il resta toute sa vie le valet de chambre du cardinal. On retrouve souvent son nom. — V. TALLEMANT, *Historiette de Richelieu* (t. I, p. 426).

de son nom, en partie par la complaisance de ses services, sut s'attirer l'amitié du roi. Nous avons vu que, de bonne heure, il s'était fait inscrire sur la liste des pensionnaires, libéralité d'autant plus remarquable de la part de Henri IV, que ce prince ne passait pas pour prodigue. Malgré ses modiques ressources, Henri de Richelieu s'était mêlé à tout ce qu'il y avait de galant à la cour. Il était l'un des *dix-sept seigneurs* qui donnaient le ton et réglaient la mode.

Actif, insinuant et brave, il était digne, en tous points, du nom qu'il portait. Les mémoires contemporains le montrent mêlé aux intrigues de la cour. Dès 1605, il portait ombrage au puissant favori du roi, Rosny. Il servait d'intermédiaire dans une négociation où les jésuites étaient intéressés. Le père Cotton l'utilisait (1).

Il s'appuyait lui-même sur son beau-frère, du Pont de Courlay. Celui-ci, de beaucoup plus âgé que lui, d'abord gentilhomme de la chambre, puis capitaine des gardes du roi, combattant d'Arques et d'Ivry, peut-être huguenot converti, était un homme actif et d'ambitions très inquiètes, malgré « sa noblesse douteuse ». Il avait épousé, le 23 août 1603, Françoise du Plessis, sœur de Henri et d'Armand. Ils formaient, tous ensemble, une petite cabale dévouée à la reine Marie de Médicis. « Bons joueurs de luth, » courtisans élégants et souples, ils avaient leur entrée dans les cabinets et jouissaient d'une espèce de faveur occulte qui devait porter ses fruits sous la régence (2).

Henri de Richelieu aida toujours, et de la meilleure grâce du monde, à la fortune de son cadet.

Les lettres par lesquelles le roi Henri IV recommanda à son ambassadeur près du pape l'affaire de l'évêché de Luçon sont honorables pour l'un et l'autre frères.

« Monsieur d'Halincourt, dit le roi, j'ai naguère nommé à notre saint père le pape, M. Armand-Jehan du Plessis, diacre du diocèse

---

(1) V. TALLEMANT DES RÉAUX, *Historiette de Richelieu* (t. I, p. 372). — Cfr. *Économies Royales*, édit. Petitot (t. VI, p. 83); et PRAT, *la Compagnie de Jésus en France au temps du P. Cotton* (t. II, p. 317).

(2) Cfr. Notes sur la *Confession de Sancy*, dans le *Journal de* L'ESTOILE, édit. de 1746 (t. IV, p. 31). — TALLEMANT, *loc. cit.*; — BONNEAU-AVENANT, la *Duchesse d'Aiguillon*; Paris, 1879, in-8°, (p. 4 et 5). — *Lettres missives de Henri IV* (t. VII, p. 599).

de Paris, frère du sieur de Richelieu, pour être pourvu de l'évêché de Luçon, en Poitou, par la démission et résignation qu'en a faite à son profit M. François Hyver, dernier titulaire d'icelui; et parce que ledit du Plessis, qui est déjà dans les ordres, n'a encore du tout atteint l'âge requis par les saints décrets et constitutions canoniques pour tenir ledit évêché, et que je suis assuré que son mérite et suffisance peuvent aisément suppléer à ce défaut, je vous écris cette lettre afin que vous fassiez instance de ma part à Sa Sainteté, avec mon cousin le cardinal de Joyeuse, à qui j'en écris de telle sorte que cette grâce ne lui soit refusée, parce qu'il est du tout capable de servir en l'Église de Dieu et que je sais qu'il ne donne pas peu d'espérance d'y être grandement utile (1). »

Quoiqu'il y ait lieu de faire, dans ces sortes de documents, la part de la formule courante, les éloges donnés par le roi à l'évêque qu'il venait de nommer ont un caractère particulièrement flatteur. Déjà, il avait distingué le jeune abbé dont l'empressement cherchait à s'approcher de lui et à gagner ses bonnes grâces.

Pendant que l'ambassadeur mettait en train, à Rome l'affaire de la dispense, à Paris l'abbé de Richelieu brûlait les étapes de sa carrière théologique. En juin ou juillet 1606, il obtenait son premier brevet d'études; en août de la même année, il demandait et obtenait la dispense du temps requis pour accomplir en son entier, le premier cours. Le texte de cette demande nous est parvenu. La réponse est libellée en termes élogieux qui méritent d'être cités : « Extrait des actes de la sacrée Faculté de Paris, année 1606. — *Magister Armandus du Plessis de Richelieu designatus episcopus Lucionensis supplicavit ut secus dispensaretur de tempore requisito in statutis ante quam recipiatur ad primum cursum. Dispensatum est ex illo et receptus est ad primum, habita ratione dignitatis, doctrinæ et capacitatis illius* (2). » Richelieu passe bientôt un nouvel examen,

---

(1) BERGER DE XIVREY, *Lettres missives de Henri IV* (t. VII, p. 53-55).
(2) M. AVENEL a publié un extrait d'un brouillon relatif à cette demande de dispense. Mais il n'a pas connu le texte complet tel que nous l'a transmis l'abbé de Pure. Cfr. AVENEL, *Jeunesse de Richelieu* (p. 167), et DE PURE, *op. cit.* (p. 19).

et, tout à coup, impatient des lenteurs de la chancellerie pontificale, il se décide à aller faire lui-même ses propres affaires et part pour Rome. M. d'Halincourt fit au jeune prélat désigné un excellent accueil; il l'introduisit à la cour pontificale et le présenta au pape, qui était alors Paul V (1).

Le court séjour que Richelieu fit à Rome eut sur le reste de sa carrière une réelle influence. Il vit, à l'âge où les impressions sont vives et durables, cette ville qui était à la fois la capitale du monde catholique et le centre du monde civilisé. Son œil perçant put distinguer le fort et le faible de cette cour, de ces congrégations, de ces cercles qui passaient pour les retraites de la politique la plus haute et la plus raffinée. Il vit de près ce que, de loin, on appelle les grandes choses.

Il s'insinua dans la faveur de plusieurs cardinaux, les Borghèse, les Givry, les Joyeuse. La tenue de la cour romaine, où les longues ambitions se couvrent si longtemps du manteau de l'humilité et du désintéressement, le frappa. Il s'appliqua dès lors à contenir ce que sa nature avait de naturellement impétueux et soumit son attitude extérieure à la discipline de ses ambitions.

Il étudia les langues qu'on parlait à Rome, l'italien et l'espagnol. Cette dernière surtout était préférée par tout le monde galant. Il s'y consacra jusqu'à dédaigner l'usage du français. Il rechercha aussi les occasions de se faire remarquer dans les discussions littéraires et théologiques. Il y brillait par l'étendue de sa science, la sûreté de sa mémoire, la vivacité de son esprit, la modestie de son maintien. Le pape Paul V, dont l'abord était plutôt sévère, s'intéressa au jeune prélat. Il eut avec lui de longues et graves conversations. Il alla jusqu'à lui confier les inquiétudes que la conduite de Henri IV inspirait au Saint-Siège : « Ce prince, à peine arraché aux erreurs de l'hérésie, disait le pape, s'abandonne à toutes les tentations des sens et se livre à tous les plaisirs. Ne pouvons-nous pas craindre justement qu'une pareille conduite ne l'éloigne de la voie droite et ne le rejette vers ses anciennes erreurs? » Richelieu, après avoir laissé passer le flot

(1) V. *Lettres missives de Henri IV* (t. VII, p. 115).

des plaintes du saint-père, reprenait doucement la défense de son roi, et il le faisait en termes si heureux que Paul V terminait l'entretien par cette plaisanterie pontificale : « *Henricus Magnus armandus Armando* — (Henri le Grand armé par Armand) (1). »

Une autre fois, un des prédicateurs de la cour ayant prononcé un long sermon devant un nombreux auditoire, Richelieu le récita, d'un bout à l'autre, à la sortie de l'église. Le fait fut rapporté au pape qui, quelques jours après, demanda au jeune abbé de répéter le sermon. Il réussit et, pour mettre le comble à l'admiration que ce trait avait excité, le lendemain, il fit un autre sermon de son crû, sur le même sujet, et cela, dit son historien, « avec une telle abondance d'idées et de citations, avec une telle splendeur de l'âme, un tel choix des sentiments et des paroles, que l'on criait au miracle (2). »

La faveur dont Richelieu paraissait jouir auprès du saint-père lui valut des ennemis. Il fut accusé d'avoir écrit contre un cardinal espagnol, sur un ton de louange feinte qui, au fond, voilait la plus mordante ironie. Il dut se défendre, mais il le fit avec bonheur et, bien loin de le considérer comme ayant insulté le collège des cardinaux, on pensa plutôt « qu'il était digne d'en faire partie. » Après s'être rendu compte par lui-même des mérites de Richelieu, le souverain pontife se décida enfin à lui accorder la dispense qu'il était venu solliciter. Les panégyristes de Richelieu disent même que Paul V se serait exprimé en ces termes flatteurs : *Æquum est ut qui supra ætatem sapis infra ætatem ordineris.* — « Il est juste que l'homme qui montre une sagesse au-dessus de son âge soit ordonné avant l'âge. » Mais les adversaires du cardinal racontent, au contraire, que Richelieu se serait trouvé dans la nécessité d'exhiber un faux acte de baptême, et qu'une fois les bulles obtenues, il s'en serait confessé au pape lui-même. Celui-ci aurait pris la chose du bon côté, mais en ajoutant seulement que ce jeune homme « serait un grand fourbe (3). »

---

(1) L'Abbé de Pure, *op. cit.* (p. 24 et suiv.).
(2) *Ibid.* (p. 28-30).
(3) La première mention de cette anecdote, souvent répétée, se trouve dans un pamphlet des plus violents contre Richelieu, rédigé par un de ses anciens amis, l'abbé de

Il faut prendre ces anecdotes pour ce qu'elles valent. Ce qui est certain, c'est que Richelieu fut sacré à Rome, à l'occasion des fêtes de Pâques, le 17 avril 1607, par le cardinal de Givry. Il n'avait pas vingt-trois ans.

Aussitôt, Richelieu revint à Paris. Ses études théologiques étaient restées en suspens. Étant homme à ne pas laisser languir la fortune, il ne négligeait rien de ce qui peut la fixer. Il se remit au travail avec une nouvelle ardeur. La hâte de ses ambitions l'emporta bientôt sur la force des lisières dont la tradition scolastique embarrassait ce genre d'études. Au mois d'août 1607, il sollicita la faveur de soutenir le premier acte de théologie. Le 29 oc-

Morgues St-Germain : *La très humble, très veritable et très importante Remontrance au Roy* (édit. in-12, p. 26). — L'abbé De Pure a déjà répondu à ce récit, que l'objet du voyage de Richelieu à Rome étant précisément d'obtenir une dispense d'âge, on ne comprend pas dans quel intérêt il aurait menti, d'autant plus que ces dispenses étaient accordées facilement. L'abbé de Pure ajoute que Henri IV aurait lui-même pris la peine de démentir ce mauvais bruit qui s'était répandu de son vivant : « Il l'a mérité, dit-il, il n'a pas trompé, il l'a dû à la faveur papale, à sa vertu et non à la tromperie. » La lettre de Henri IV que nous avons publiée ci-dessus vient à l'appui de ce récit et de ce raisonnement. Cependant un document nouveau, cité récemment, donne quelque valeur au récit de Mathieu de Morgues, répété par Vittorio Siri. Dans son *Histoire des évêques de Metz*, Dom Meurisse (Metz, 1633, in-4°, p. 660), cité par l'abbé Lacroix (*Richelieu à Luçon*, 1890, in-8°, p. 52), donne des détails curieux sur le rôle que le cardinal de Givry joua dans l'élévation d'Armand-Jean du Plessis à l'épiscopat. La proposition fut faite, par ce cardinal, au consistoire de l'an 1606, le 17 septembre. La dispense fut accordée par Paul V, le 9 décembre de la même année. Le bref rédigé en termes très élogieux pour Richelieu est reproduit dans l'*Histoire des Évêques de Metz*. Il y est dit que la dispense est accordée au jeune évêque, non à cause de la recommandation du roi, mais en raison de ses mérites personnels et le pape ajoute « licet ipse sicut accepimus in vigesimo tertio aetatis anno tantum constitutus existas », « quoique, ainsi qu'il nous a été affirmé, vous soyez encore dans votre vingt-troisième année. » Or, en décembre 1606, Richelieu entrait seulement dans sa vingt-deuxième année. Il y a donc une erreur d'un an dans l'indication donnée au pape. Que cette erreur ait été ou non volontaire, elle n'a probablement eu aucune influence sur la décision de Paul V ; car les nominations d'évêques contraires aux règles du droit canonique sont très fréquentes à cette époque. — Richelieu a saisi souvent l'occasion de rappeler la marque de confiance que Henri IV lui avait donnée en cette circonstance, par exemple dans ce passage du *Caput apologeticum* écrit en 1618 : « La bonne opinion que le feu Roi en avait conceu dès son jeune âge lui doit estre une marque de grande approbation. Le feu roi l'a voulu promouvoir en la charge à laquelle il est, devant qu'il eust l'âge requis. » Il ajoute : « A Rome, il a esté reçu avec contentement et a obtenu plus de grâces qu'il en désirait, ni même que le feu roi en demandoit. Le pape en ayant rendu des témoignages singuliers, l'ayant dispensé à *vingt deux ans*, remis pour plus de six mille escus de bulles. » *Corresp.* (t. VII, p. 422). — Il convient de faire observer en terminant que l'on n'a aucun renseignement précis sur la date de l'ordination de Richelieu. Il arriva à Rome diacre et en partit évêque. Il avait probablement été ordonné prêtre au moment des cérémonies de son sacre.

tobre de la même année, devant un auditoire nombreux, étonné de cette exceptionnelle circonstance d'un évêque sur les bancs des écoles, il soutint un examen « en manière de résompte » sur une chaire basse, sans président, la tête couverte, en considération de son titre épiscopal.

On dit qu'il avait inscrit comme épigraphe à ses thèses ces paroles orgueilleuses de l'Écriture : *Quis erit similis mihi?* On dit aussi que la force de son argumentation provoqua l'admiration des vieux théologiens et qu'elle souleva dans l'auditoire un applaudissement universel.

Deux jours après l'examen, l'évêque de Luçon sollicitait l'honneur de figurer parmi les membres du collège de Sorbonne ; par une dernière faveur, et une dernière dérogation aux usages, le corps des sorbonnistes s'ouvrit immédiatement pour lui, en raison de sa dignité ; le 31 octobre, « il était admis dans l'hospitalité de la maison » (1).

(1) Grâce aux diverses dispenses et faveurs qu'il obtint, Richelieu gagna environ quatre ans sur le temps ordinaire des études de théologie. Pour obtenir le grade de docteur, il était nécessaire à un maître ès arts (c'est-à-dire à un jeune homme ayant fait ses deux années de philosophie) de suivre les cours et de passer les examens suivants : Préparation du *Baccalauréat simple :* trois ans de cours, deux examens. *Baccalauréat formé :* deux ans de cours, deux examens, une thèse. *Licence :* deux ans de cours, trois thèses (mineure, majeure, sorbonique). DOCTORAT : un an de cours, trois thèses (vespéries, aulique, résumpte). Il est vrai que, de tout temps, on accorda des avantages signalés aux princes du sang et aux évêques. Voir : *Statuta sacræ facultatis theologiæ parisiensis...,* etc. Paris, 1715, in-4°. — Cfr. ANDRÉ DUVAL, cité par AVENEL, *Jeunesse de Richelieu* (p. 170), et AUBERY (p. 8). Les dates et les détails précis au sujet des dispenses et des examens de Richelieu en Sorbonne ont été élucidés, pour la première fois, par M. AVENEL dans ses articles sur la *Jeunesse de Richelieu*. Il s'est servi d'un registre de notes qu'il a découvert aux archives Nationales. L'abbé de Pure, plus complet, nous donne le texte qu'il a extrait lui-même des registres officiels de la faculté, registres qui ont disparu aujourd'hui : « Tractum ex monumentis facultatis theologiæ parisiensis. Anno Dom. 1607. Die julii 1606, Dominus Joannes Armandus de Richelieu, Lucionensis episcopus designatus, instituit in Facultate suplicationem pro primo cursu theologico cum quo Facultas dispensavit de tempore studii. Antequam publice responderet, Romam perexit et bullas quas vocant obtinuit, quibus mediantibus, Episcopus consecratus, secundam scripto habuit suplicationem, prima augusti 1607, hac formula conceptam : « *Dignissime Domine Decane, vosque S. S. M. M. N. N. supplico ut statuatis apud vos qua tandem ratione de actibus theologicis quos jam diu meditor me respondere oporteat ut tum Regis voluntati tum votis meis satisfaciam. Num vobis probetur ut de primo actu more solito uno, dempto præside necne ; de Sorbonica juxta perpetuam consuetudinem ; de tertio instar resumptæ? Quidquid eligeritis, vestris stabo decretis. Vestri ordinis observantissimus,* ARMANDUS JOAN. EPISCOPUS LUCIONENSIS. » Cui postulationi annuente Fa-

Ainsi, menant de front à la fois toutes les études et toutes les ambitions, le jeune prélat justifie les unes par les autres. En moins de trois ans, sa nouvelle carrière est tracée, déblayée. Bientôt, sa jeunesse elle-même ne lui sera pas un obstacle, et il n'en rencontrera plus d'autre que la trop évidente supériorité de son génie.

L'année 1608, qui termine pour Richelieu cette période laborieuse, le trouve malade, dévoré des fièvres qui seront, toute sa vie, la rançon de son immense dépense d'activité et d'énergie. Cependant à Paris, où il demeure un an encore, il ne perd pas son temps. Il prêche, et se place déjà au rang des orateurs écoutés; il suit la cour, et s'empresse auprès d'un roi qui l'aime, et qui l'appelle familièrement *son évêque*.

Il étend ses relations dans le clergé, s'attache particulièrement à la haute et influente personnalité du cardinal du Perron, et se met, en quelque sorte, dans son ombre (1). Il fréquente aussi à la ville, y renoue les anciennes relations, en crée de nouvelles. On pourrait croire qu'il va devenir un de ces prélats de cour que les mœurs du temps tolèrent, et qui, parmi les intrigues et les complaisances, cherchent le chemin de la faveur et des hauts emplois. Il a déjà des visées politiques. On le sait, on le sent. Paris et la cour sont le lieu des grâces, des sollicitations, des hasards imprévus qui distinguent un homme et le mettent soudain sur le pinacle. Tous les désirs et toutes les combinaisons roulent à la fois dans cette jeune tête. Enfin, il se décide. Mais, tout au contraire de ce qu'on eût pensé, il prend sur lui de quitter Paris, la cour, les premières espérances et les premiers succès. Il part et va s'enterrer au fond de la province, à l'extrémité du royaume, dans son évêché de Luçon. Au lieu d'un prélat de coterie et d'intrigues,

cultate respondit : de primo actu theologico, die 29 octobr. 1607, operto capite, sine præside, in cathedra inferiore, disputantibus primæ licentiæ baccalaureis per Facultatem designatis, videlicet Hennequin, Flavigny, etc. » (*loc. cit.*, p. 44).

(1) La première lettre que nous ayons de Richelieu (en dehors des requêtes latines publiées ci-dessus), est adressée au cardinal du Perron. Richelieu s'excuse sur sa mauvaise santé, de ne pouvoir prêcher devant le Roi, le jour de Pâques 1608. (V. *Correspondance*, t. VII, p. 317.) — Cfr. Aubery (p. 8); Michel de Pure (p. 35).

Richelieu, déjouant toutes les prévisions, devient un évêque sérieux et *résident*.

Après avoir mis ordre à ses affaires, fait de nombreuses visites d'adieu, s'être bien assuré, par des promesses de correspondance réciproque, qu'il ne serait pas trop oublié; après s'être recommandé à tout ce qui pouvait lui être utile, depuis le roi jusqu'aux simples commis de la poste, notre évêque emprunte à son ami, M. de Moussy, un carrosse tiré par quatre chevaux, et malgré l'épuisement d'une longue maladie et d'une lente convalescence, malgré les rigueurs de la saison, il se met en route pour le Poitou.

Parmi les difficultés d'un voyage d'hiver à cette époque, il arrive dans son évêché vers la mi-décembre 1608. Avant d'y pénétrer, il s'arrête à Fontenay-le-Comte, ville assez importante du Poitou. Ses habitants étaient un peu glorieux et se piquaient de belles-lettres. Ils allèrent en corps saluer l'évêque. Celui-ci les harangua courtement, mais poliment : il se félicite d'avoir son évêché proche d'une ville « qui est renommée pour avoir donné une infinité de beaux esprits à la France ». Il veut bien rechercher leur amitié, « toutes les sciences, comme disent les anciens, se tenant par la main, » et il se met de bon cœur à leur service, si l'occasion se présente de leur être utile.

Les délégués du chapitre de Luçon étaient venus au-devant de leur évêque jusqu'à Fontenay. Avec eux, la situation était particulièrement délicate. Depuis si longtemps que le chapitre se plaignait de la famille de Richelieu, surtout depuis qu'un procès était engagé, il y avait eu bien des aigreurs de part et d'autre. L'évêque indiqua les choses d'un mot, voulut bien faire allusion à sa trop longue absence, et parut accepter sa part des torts. Mais le lendemain, quand il fut tout à fait sur son terrain, à Luçon même, il le prit d'un peu plus haut, et s'il voulut bien convier les chanoines à ne faire avec lui qu'un seul cœur et qu'une seule âme (*cor unum et anima una*) pour le bon exemple et le bien du diocèse, il ne manqua pas de faire sentir ce qu'il y avait de généreux, de sa part, dans une pareille condescendance. Il accordait l'amnistie, « l'amnistie d'oubliance, » comme il disait; mais il rappelait à ceux qui lui avaient été « si fort contraires » combien ils avaient manqué à l'homme que « Dieu avait rendu leur chef » (1).

Le peuple eut aussi sa petite part de l'éloquence épiscopale, et même les protestants ne furent pas oubliés ; il y en avait un assez grand nombre à Luçon. Richelieu leur promit sa bienveillance et leur déclara que « tout en étant désuni de croyance, on pouvait être uni d'affection (2) ».

En somme, c'était un fort bon début, digne, grave et conciliant. Le 21 décembre 1608, jour de la fête de saint Jacques, lorsque le nouvel et jeune évêque célébra pontificalement la messe d'inauguration dans sa cathédrale depuis si longtemps abandonnée, il dut y avoir chez tous les assistants un mouvement de joie, et l'évêque en particulier dut ressentir pleinement la satisfaction d'avoir su faire si à propos et si élégamment son devoir.

Cette satisfaction, l'histoire la partage. Il est bon, en effet, de voir un homme que tant de raisons diverses portaient vers les hautes ambitions, qui les avait toutes, mais qui réfléchissait aux meilleurs et aux plus solides moyens de les satisfaire, de voir cet homme reconnaître, de lui-même, que le parti le plus modeste et le plus digne est, en même temps, le plus avantageux et le plus prompt. Ce coude, ce crochet vers la province, fut certainement longuement médité ; il est particulièrement significatif dans les débuts du jeune prélat que tant de raisons diverses et l'exemple de nombre de ses collègues eussent pu retenir à Paris.

Parmi les motifs qui déterminèrent Richelieu, le plus fort vient

---

(1) *Correspondance* (I, p. 11-13-14).

(2) *Correspondance* (p. 15). Voici le texte de la petite harangue adressée *au peuple :* « Messieurs, venant pour vivre avec vous et faire ma demeure ordinaire en ce lieu, il n'y a rien qui me puisse être plus agréable que de lire en vos visages et reconnaître par vos paroles que vous en ressentez de la joie ; je vous remercie du témoignage que vous me rendez de votre bonne volonté, que je tâcheral de mériter par toutes sortes de bons offices, n'y ayant rien que j'aie en plus grande affection que de vous pouvoir être utile à tous et en général et en particulier. Je sais qu'en cette compagnie, il y en a qui sont désunis d'avec nous quant à la croyance ; je souhaite en revanche que nous soyons unis d'affection ; je ferai tout ce qui me sera possible pour vous convier à avoir ce dessein, qui leur sera utile aussi bien qu'à nous et agréable au Roi, à qui nous devons tous complaire. Le temps vous donnera plus de connaissance de l'affection que je vous porte, que mes paroles ; c'est ce qui fait que je me réserve aux effets pour vous faire paraître que toutes mes intentions ne tendent qu'à ce qui est de votre bien. »

assurément d'une sorte d'honnête calcul. Il se sentait, bien jeune encore, exposé à tous les hasards d'un terrain mouvant et dangereux. De situation médiocre et d'aspect maigre, sans poids, sans famille et sans argent, jouer sa vie dans de telles conditions, c'était avoir toutes les chances contraires. Son intelligence, le peu qu'il avait d'expérience, ce flair que l'homme politique emploie d'abord à s'assurer des moyens de parvenir, ne pouvaient guère lui servir, au point où il en était, qu'à lui signaler les dangers d'une trop grande précipitation.

L'éloignement de Paris convenait à sa pauvreté, le titre d'évêque à sa dignité, l'administration d'un diocèse à son activité. S'emparer de ce qu'il avait à faire pour prouver ce qu'il savait faire, c'était l'inspiration naturelle d'un génie fait d'énergie et de modération. Il faut tout gagner dans la vie, même le temps.

D'ailleurs, la province a du bon. Elle donne de l'assiette, crée les relations fortes et sûres, apprend à connaître le détail étroit et précis des intérêts humains, rapproche de la réalité. Tenir à quelque chose a été, de tout temps, une grande force.

Un homme que l'encombrement de la cour étouffait, devait se sentir plus à l'aise dans son pays. On savait, du moins, là, qui il était, d'où il venait, ce qu'il valait. On jalousait peut-être un peu sa trop écrasante supériorité. Mais ce sentiment lui-même était un hommage arraché à la curiosité perspicace de la province.

Le plan de Richelieu était clair : gagner quelques années, compléter ses études, acquérir un bon renom d'homme de devoir et d'administrateur capable, se désigner à l'estime de ses concitoyens et attendre les occasions, prêt à les saisir toutes, mais sans se précipiter sur aucune. Il a quitté Paris avec l'espoir du retour. Il y reviendra plus âgé, plus expérimenté, plus connu, mieux apprécié. Il s'éloigne de la cour, écolier encore ; elle le reverra homme fait, avec l'autorité et la confiance en soi-même qu'inspire le sentiment du devoir accompli.

## CHAPITRE QUATRIÈME.

### L'ÉVÊCHÉ DE LUÇON.

Le diocèse de Luçon avait besoin d'un bon évêque. Au XVIIe siècle, le pays était pauvre, stérile, fiévreux. Un voyageur contemporain nous le décrit dans les termes suivants : « Luçon ne devroit pas être mise au rang des villes, si on ne considéroit la qualité qu'elle porte d'évêché. Elle est située dans le Bas-Poitou, sur un petit ruisseau, au milieu de grands marais qui s'étendent principalement du côté par où nous arrivâmes, étant éloignée de la mer seulement de deux lieues... Aux environs, les chemins y sont entre deux fossés où souvent, si on ne prend garde à soi, on peut s'égarer par la quantité des chemins qui ne sont pas frayés et qui se dispersent en plusieurs endroits de ces marais, pour aller à de petites chaumières qui sont la retraite de pauvres gens, qui ne vivent que d'un peu de blé qu'ils sèment sur la terre qu'ils ont tirée des canaux et des pâturages où ils nourrissent quelque peu de bétail; et n'y ayant point de bois pour se chauffer, ils usent des bousats de vaches séchés au soleil qui brûlent comme des tourbes. En un mot, je ne sais point de gens plus pauvres dans la France, que dans les marais du Bas-Poitou » (1).

Ce voyageur, Jouvin, de Rochefort, écrivait à une époque de prospérité relative. On peut s'imaginer ce qu'étaient le séjour de Luçon et l'aspect de l'évêché dans les années qui suivirent les

---

(1) Le *Voyageur d'Europe où sont les voyages de France*, *d'Italie et de Malthe*, etc., par M. A. JOUVIN, de Rochefort, Paris, 1672, in-12. *Voyage de France* (t. I, p. 190)

misères de la Ligue! Richelieu rencontrait, du premier coup, une tâche digne d'exercer sa piété et son génie.

Il était pauvre, nous l'avons dit. Mais il était fier et comptait sur lui-même. Il avait vingt-trois ans. Il se mit à l'œuvre avec la décision qui était dans son caractère et qui est, d'ailleurs, si naturelle à cet âge.

Il fallut d'abord s'installer commodément. A ce point de vue, il avait tout à faire (1). Laissons-le parler lui-même : « Je suis extrêmement mal logé, car je n'ai aucun lieu où je puisse faire du feu à cause de la fumée; vous jugez bien que je n'ai pas besoin de grand hiver, mais il n'y a remède que la patience. Je vous puis assurer que j'ai le plus vilain évêché de France, le plus crotté et le plus désagréable; mais je vous laisse à penser quel est l'évêque! Il n'y a ici aucun lieu pour se promener, ni jardin, ni allée, ni quoique ce soit, de façon que j'ai ma maison pour prison » (2).

Cette prison, il s'efforce d'en faire un réduit sortable, et même honorable. La pointe de vanité qui se mêle à toutes ses actions se montre surtout par le soin avec lequel il s'applique à s'installer, à se procurer des domestiques faisant figure, du mobilier d'apparat, de la vaisselle plate. On sent qu'il est flatté de pouvoir écrire, après quelques mois de séjour, « qu'on le prend pour un grand monsieur dans le pays. » — « Je suis gueux, comme vous savez, écrit-il encore, dans un mouvement d'un joli tour, je suis gueux; mais toutefois, lorsque j'aurai plat d'argent, ma noblesse en sera fort relevée (3) ».

On trouve, dans toute la correspondance de l'évêque avec une bonne amie, M$^{me}$ de Bourges (4), les traits curieux d'une applica-

---

(1) La Fontenelle de Vaudoré, *Évêques de Luçon* (t. I$^{er}$, p. 318-348).
(2) *Correspondance* (I, p. 24).
(3) *Ibid.* (p. 25, 27).
(4) M. Avenel a cherché en vain à identifier cette M$^{me}$ de Bourges, qui fut la correspondante assidue et l'amie particulière de Richelieu, alors qu'il était encore évêque de Luçon. Tout ce que l'on sait d'elle, c'est qu'elle demeurait rue des Blancs-Manteaux, et qu'elle vivait encore en 1629. (*Correspondance*, I, 642). M. Avenel indique cependant qu'en 1648, un sieur de Bourges, docteur régent en la faculté de médecine, était premier échevin de la ville de Paris. Grâce aux renseignements qui nous ont été obligeamment fournis par la famille de Bourges, encore existante, nous pouvons ajouter que ce de Bourges se nommait Jean, qu'il était déjà échevin en 1642 et docteur en mé-

tion aux détails, d'une précision méticuleuse, et un souci du *qu'en dira-t-on*, qui sont comme les premiers linéaments provinciaux du genre de génie qu'il devait consacrer à la conduite de sa propre fortune et à la direction des affaires publiques. On y rencontre aussi des renseignements intéressants sur tout ce qui touche aux facultés d'administration du jeune prélat. Ses intérêts, en tant qu'évêque et baron de Luçon, sont l'objet de ses vives préoccupations (1).

Sa sollicitude s'étend d'ailleurs à tout son troupeau. Dans la grande misère qui accable ses administrés, il essaye, par tous les moyens, de leur venir en aide. Il s'efforce d'obtenir des secours ou du moins des dégrèvements d'impôts, et, pour cela, s'adresse un peu à tout le monde, aux personnes chargées de faire l'assiette de la taxe, aux habitants des villes voisines qui doivent supporter une part des charges communes (2); même au surintendant des finances, au tout puissant Sully, près duquel il agit par l'intermédiaire du marquis de Richelieu, resté à Paris. Il faut souligner, en passant, cette première trace des relations qui bientôt se noueront plus étroitement entre le ministre de Henri IV et celui qui devait être le ministre de Louis XIII. Actuellement, Richelieu est le solliciteur. C'est dans les termes du plus humble respect qu'il s'adresse au favori du roi. Plus tard, les rôles changeront, et les attitudes changeront avec les rôles (3).

La famille de Richelieu était, on s'en souvient, engagée dans un procès avec le chapitre de Luçon, au sujet de l'emploi des revenus de l'évêché pendant la vacance du siège. Armand du Plessis prend en main cette affaire et la règle par une transaction où, pour parler avec un des historiens de l'évêché de Luçon, « un

---

decine, dès 1620. La famille des de Bourges, originaire du château de Chauvigny, en Poitou, vint s'établir à Paris vers le milieu du seizième siècle, y exerça la médecine et, depuis lors, fut mêlée activement à la vie municipale de Paris. Il y eut trois échevins de ce nom. L'origine poitevine de la famille et la profesion médicale qui la rapprochait des Pidoux, grands amis des la Porte, peuvent expliquer les relations intimes des de Bourges avec les du Plessis. — Dans un des tableaux de Philippe de Champagne, conservés au Louvre, salle Las-Cazes, un de Bourges est représenté en costume d'échevin de Paris. C'est probablement le nôtre.

(1) *Correspondance* (I, 17 décembre 1608).
(2) *Ibid.* (p. 18-19), et *passim*.
(3) *Ibid.* (p. 90, lire la note de M. Avenel).

prélat jeune encore et âgé seulement de vingt-quatre ans fit la loi à son chapitre et donna des preuves de la supériorité de son esprit sur tout ce qui l'entourait. » L'une des conditions de cet arrangement fut la réparation, faite en commun, de la belle cathédrale de Luçon dévastée et à demi-ruinée par les guerres des protestants (1).

Richelieu ne s'occupe pas seulement du temporel; il donne au spirituel tous ses soins. Il met sa gloire à arracher, de son diocèse, l'ivraie qui l'obstrue. Selon les prescriptions des Conciles, il fait, à Pâques de l'année 1609, sa tournée épiscopale. Il organise partout des prédications de capucins, des oraisons et des neuvaines « pour échauffer à la dévotion et à la piété les âmes qui se sont refroidies » (2). Il met un zèle particulier au choix de ses curés. Tandis que, partout ailleurs, ils sont nommés par la simple faveur, ou sur la recommandation de personnes influentes, il décide que, dorénavant, toutes les cures à sa collation seront données au concours, et, malgré son désir d'être agréable à ses amis, il écarte ceux de leurs protégés qu'il considère comme incapables (3). La difficulté du recrutement le frappe, comme elle touche tous ceux qui ont à cœur les intérêts de l'Église. Il prend sa part dans ce grand mouvement qui va faire, du XVII⁰ siècle, le siècle catholique par excellence. Un des premiers, parmi ses confrères, il songe à éta-

---

(1) FONTENELLE DE VAUDORÉ, *op.*, *cit.* (p. 369). — Les armes de Richelieu figurent sur la face principale de l'évêché, celle qui regarde le chœur de la cathédrale. Cette partie du monument est certainement du quinzième siècle. Cependant on dit à Luçon que les appartements qu'occupa Richelieu se trouvaient en retour d'équerre sur le jardin et qu'ils n'existent plus. On peut conclure de là que Richelieu avait habité un bâtiment plus ancien construit probablement à la suite et dans le style du gros pavillon qu'une voûte relie à la cathédrale. Ce bâtiment aura été démoli après la reconstruction, par Richelieu, de l'évêché actuel. — La cathédrale est un beau monument des quatorzième et quinzième siècles dont les vastes proportions et la flèche hardie dominent la petite ville et la campagne au loin. On y a dépensé beaucoup d'argent du temps de Richelieu; les motifs modernes et le style Louis XIII se marient sans cesse, d'une façon qui n'est, heureusement, pas trop choquante au beau gothique élancé de cette région de la France. Le cloître si coquet, du quinzième siècle, est intégralement conservé. Je n'ai pu découvrir, dans les clefs de voûte de l'église, les armes de Richelieu; mais on montre encore la vieille chaire en bois, où, dit-on, il a prêché. Ses panneaux sont décorés de fleurs peintes dans la manière hollandaise.

(2) *Correspondance* (t. I, p. 21-22 et p. 78). — Cfr., sur une conférence tenue à Châtellerault, en 1611, Ch. READ, *Daniel Chamier*, Paris, 1858, in-8° (p. 319).

(3) *Ibid.* (p. 29). — Cfr. *Testament Politique*, ch. 2. (édit. Foncemagne, p. 159).

blir chez lui un séminaire. Henri IV lui recommande les Jésuites. Le père Cotton s'adresse à lui, invoquant la « particulière bienveillance dont il honore la Compagnie (1). » Richelieu se tient, il est vrai, sur la réserve, en ce qui concerne ces messieurs ; mais il n'en poursuit pas moins son entreprise, et elle aboutira bientôt par le concours de Bérulle et des pères de l'Oratoire (2).

Ce devoir de bon pasteur, Richelieu le remplit, en assistant aux conférences alors si à la mode, où les apologistes de la foi catholique joutent contre les ministres protestants (3). Il s'efforce d'arranger les querelles qui divisent les gentilshommes de son voisinage et considère « comme un devoir de sa profession » d'empêcher, par ses conseils, les duels contre lesquels il dirigera, plus tard, toute la rigueur des ordonnances royales (4).

Il adresse aux grands, ou à ses amis de la Cour, quelquefois même à de simples connaissances, des lettres de condoléance, écrites dans un style bizarre et contourné qui montre tout l'embarras de la raison aux prises avec les sentiments (5). Rien de plus

(1) Prat, *La Compagnie de Jésus au temps du P. Cotton* (t. II, p. 330). En mai 1610, nous trouvons encore Richelieu en correspondance avec le P. Cotton. L'abbé de la Cochère écrit à Richelieu qu'il a remis au révérend père les lettres à lui adressées : « Il m'a dit qu'il vous avoit voué beaucoup de service. » *Archives des Affaires Étrangères*. Mémoires et documents ; *France* (vol. 767, f° 205).

(2) On montre encore à Luçon, une vieille porte datée de 1612 et qui, dit-on, est celle du séminaire que Richelieu a fait construire. — Sur cette question du séminaire qui occupa très longtemps l'attention de l'évêque, il faut rapprocher : *Correspondance* (t. V, p. 85) ; La Fontenelle de Vaudoré (t. I, p. 398) ; et *Mémoires de Richelieu ;* édit. Petitot, t. V, (p. 61). La fondation n'eut lieu effectivement qu'en 1661. — V. *Une maison du dix-septième siècle à Luçon*, dans *Revue de la Société littéraire de la Vendée*, 1886 (p. 136).

(3) *Correspondance* (I, 79).

(4) *Ibid.* (p. 114).

(5) A sa sœur (p. 46 et p. 74) ; à la comtesse de Soissons, sur la mort de son mari (p. 93) ; à M. de Villeroy, sur celle de sa fille (p. 112). Voir encore p. 20, p. 92, p. 109. — Il faut citer un exemple de ce style obséquieux qui fut, pendant quelque temps, celui de Richelieu, quand il s'adressait aux grands. Il écrit à Sully : « Monsieur, si j'avais autant de moyen de vous servir, comme j'ai d'occasion de vous importuner, je vous rendrais les preuves de mon affection et de mon devoir avec autant de contentement que je prends la plume avec déplaisir pour mendier les témoignages non-mérités de votre bienveillance ; ce que je n'eusse jamais osé, si je n'eusse su que ceux qu'avec vérité on peut dire grands, plus encore pour les qualités qui sont en eux que pour leurs charges, sont bien aises d'avoir l'occasion d'obliger leurs inférieurs pour faire paroître que si leur pouvoir les rend recommandables, leur bonne volonté le fait encore davantage... » et cela est écrit en 1612, deux ans après la mort de Henri IV, alors que la faveur de Sully

curieux, cependant qu'une longue épître « à une pénitente inconnue, » qui, sur le point de quitter le monde et ne se sentant pas la force de s'appliquer à la méditation religieuse, s'était adressée au jeune évêque. Elle lui faisait part du trouble de son âme, et de la lassitude, même physique, que produisaient en elle l'oraison et la contemplation prolongées. Il l'aide, la relève, la soutient avec les marques d'une attention plus forte encore que tendre. Il la supplie d'écarter tout effort, toute peine de l'œuvre de son salut. Il lui trace une ligne de conduite sage, modérée, adaptée à la faiblesse du sexe et à la médiocrité de l'entendement humain. Ses paroles sont claires, vives, pressantes; elles ne s'embarrassent d'aucune érudition subtile, d'aucun élan mystique. Ce n'est pas le docteur qui parle au disciple; mais ce n'est pas non plus l'âme qui parle à l'âme. C'est plutôt le bon sens sain qui s'adresse à un sens fatigué et qui tâche de le réconforter avant de le lancer dans la voie pénible du salut et de l'amour de Dieu.

On peut se demander si ces conseils, dans leur sécheresse, convenaient à l'âme blessée qui les implorait. On y trouve des prescriptions pour l'hygiène normale du cœur, mais non des remèdes pour le soulagement d'une âme défaillante. Le miel de François de Sales et le sucre de Bérulle eussent été plus efficaces. Cependant, il faut croire que, dans ce siècle vigoureux, il y avait, en France, des femmes pouvant entendre un tel langage. Les fidèles de Port-Royal et les pénitentes de Bossuet l'eussent accepté probablement. Elles eussent écarté les épines d'une parole un peu rude pour atteindre les fleurs de sens et de droite raison qui s'y trouvent cachées (1).

La réaction d'une personnalité aussi forte que celle de Richelieu sur les choses de la foi mérite d'être étudiée avec soin.

Poussé par le hasard vers la carrière ecclésiastique, il trouvait,

---

avait pris fin, et que l'évêque de Luçon commençait à s'assurer de son rang et de son mérite. La première moitié du premier volume de la *Correspondance* est pleine de lettres de ce style qui ne laissent guère deviner le ton sec et impérieux qui domine dans les derniers volumes de la publication de M. Avenel.

(1) *Correspondance* (t. I, p. 38).

dans la religion, le repos de l'esprit tel que le désirait un honnête homme de son temps ; il recherchait, dans le triomphe de l'Église, l'accomplissement d'un devoir professionnel ; enfin, il rencontrait, dans l'organisation de la hiérarchie catholique et dans l'autorité qu'elle exerçait sur le monde, un secours puissant pour sa carrière politique.

A l'époque où il vivait, les croyances religieuses étaient, si l'on peut dire, le tout de l'homme. Hors quelques rares esprits indépendants n'ayant à répondre que d'eux-mêmes et des caprices de leur propre entendement, à part quelques sceptiques, les Montaigne et les le Vayer, tout membre d'une société politique se sentait tenu d'avoir une foi. Depuis un siècle, l'Europe s'agitait autour des questions religieuses. Non seulement on avait vu les États se jeter les uns sur les autres au nom de ces idées, mais, dans chaque État, chaque citoyen avait dû prendre position et s'engager dans une croyance, non pas seulement avec sa conscience, mais avec ses intérêts, ses passions, sa vie tout entière.

Le XVI$^e$ siècle avait établi cette maxime que le citoyen doit professer la religion de l'État auquel il appartient (*cujus regio, ejus religio*), et, de bonne foi, on en était venu à confondre les hérétiques avec les rebelles : seulement, en pays protestant, ce nom s'appliquait aux catholiques, et aux protestants en pays catholique. Croire était un devoir civique. D'ailleurs, l'hésitation ne pouvait guère naître dans les esprits. Ils étaient ainsi faits qu'ils acceptaient la foi docilement, à peu près comme nous faisons aujourd'hui l'idée de patrie. Le caractère individuel ne se marquait que dans la nuance des opinions théologiques ou dans le choix des arguments invoqués pour défendre chacun la sienne

Au début du XVII$^e$ siècle, la lutte était encore ardente entre protestants et catholiques. Un peu plus tard, elle se transforme et porte, en France du moins, sur les débats du gallicanisme et de l'ultramontanisme ; c'est le temps des Richer, des Duval et des Bellarmin. Un peu plus tard, la querelle se raffine encore et c'est le jansénisme qui s'insurge contre le molinisme. On dispute sur les problèmes, pour nous si fastidieux, de la grâce, de la contrition et de l'attrition. Nous faisons un effort pour essayer de comprendre l'intérêt que nos pères portaient à ces questions. Il n'y avait pas alors un homme du monde, une femme qui ne se passionnât pour leur solution. Les *Provinciales* de Pascal devaient être le grand livre du siècle.

La vie sociale et l'existence individuelle, le jeu des passions et celui des intérêts aboutissaient là, comme ils aboutissent, de nos jours, aux dissentiments politiques. Les problèmes qui nous remuent seront pour l'avenir un sujet d'étonnement, comme nous nous étonnons des passions d'un siècle, pourtant si rapproché du nôtre (1).

Le sentiment religieux était donc le grand ressort de la scène politique : les ecclésiastiques y jouaient naturellement les premiers rôles. On citait les exemples du chancelier-cardinal Duprat, du cardinal de Tournon, du cardinal de Lorraine, du cardinal Renaud de Beaune, du cardinal d'Ossat, du cardinal du Perron. Non seulement une grande autorité morale, la familiarité des princes, une sorte de situation cosmopolite mettant à l'abri des revers de la fortune, appartenaient à ceux qui avaient reçu les hautes dignités de la cour romaine ; mais ils obtenaient en même temps la fortune, les riches prébendes, les abbayes, le rang et le pas sur les dignitaires du royaume.

Il fallait donc être croyant; il était bon d'être ecclésiastique; pour les hommes qui n'appartenaient pas à la haute aristocratie domaniale, la suprême ambition était la pourpre.

Un homme comme Richelieu, lancé dans cette voie, prétendait aller jusqu'au bout. Il avait sous les yeux la carrière du cardinal du Perron, dont la capacité médiocre, débutant dans l'obscurité de la polémique théologique, avait fini par s'emparer de l'attention publique, de la confiance du monarque, d'une autorité exceptionnelle à Rome et dans le royaume. La fortune du cardinal du Perron eut, sur la première partie de la vie de Richelieu, la plus grande influence. Nous l'avons déjà vu sollicitant les bonnes

---

(1) « La conversation du maréchal d'Hocquincourt avec le Père Canaye », racontée si spirituellement par Saint-Evremont, lève un coin du voile qui recouvre les intérêts pratiques dissimulés sous les luttes théologiques des Jésuites et des Jansénistes. — Voir aussi l'ouvrage, d'ailleurs partial, de Varin : *la Vérité sur les Arnauld*. 1847, 2 vol. in-8°.

grâces de ce cardinal; nous le verrons bientôt implorant son aide et se réjouissant de son approbation. Il l'admire et il l'imite.

Comme lui, il aspire au mérite et à la louange de la chaire et de la polémique. L'évêque de Luçon prêche et le docteur de Sorbonne écrit. Il le fait avec ardeur, avec courage, avec bonne foi. Il faut connaître la suite de sa destinée pour deviner, dans ce premier élan d'un zèle si pur, la préoccupation invisible, mais toujours présente, de ses ambitions d'homme d'État.

Il avait déjà prêché à la cour.

Les avis des contemporains diffèrent sur la valeur de Richelieu comme orateur de la chaire. On peut dire, en somme, que tant qu'il ne se trouva pas mêlé à la politique, ses sermons furent goûtés. Dès l'année 1608, le cardinal du Perron, en sa qualité de grand aumônier de France, le désignait pour dire l'office et prêcher le jour de Pâques devant le roi; par les termes mêmes de la lettre que Richelieu lui écrit pour s'excuser, on voit que celui-ci considérait déjà la chose comme toute naturelle (1).

Les personnes compétentes avaient, en général, une bonne opinion des mérites oratoires de l'évêque de Luçon. Lors de la mort de Henri IV, le doyen de Luçon, Bouthillier, de séjour à Paris, regrette qu'on ne lui ait pas confié le soin de prononcer l'oraison funèbre du défunt : « eussent esté actions dignes de vous, lui écrit-il, si vous vous fussiez trouvé ici. » A la même époque, ce même doyen, écrivant à Richelieu, lui parle avec joie « de la réputation que ses mérites lui ont acquise par toute la France » (2). C'est l'avis de du Perron lui-même, et le complaisant abbé ne manque pas d'en prévenir son cher évêque : « M. le cardinal du Perron fait paroître en toute occasion l'estime qu'il fait de vous... Quelqu'un étant venu à vous nommer parmi les jeunes prélats et à vous louer, selon la réputation que vous avez acquise, M. le cardinal dit lors qu'il ne vous falloit point mettre entre les jeunes prélats; que les plus vieux devoient vous céder et que, pour lui, il en désiroit mon-

---

(1) *Correspondance* (t. VII. p. 317).
(2) Affaires Étrangères, *France* (vol. 767, f° 205).

trer l'exemple aux autres... » Il faut rappeler enfin, que l'ordre du clergé réuni, en 1614, en l'assemblée des états-généraux, allait confier bientôt à l'évêque de Luçon la mission de parler au nom de tout le corps ecclésiastique.

La haute idée que l'on se faisait généralement des mérites oratoires de Richelieu paraît donc sérieusement établie. Mais il faut reconnaître que le goût de l'époque était loin d'être épuré. Il restait encore assez de la barbarie du moyen âge et du pédantisme de la renaissance, pour qu'un bon orateur du temps de Henri IV fût très éloigné de la perfection du genre. Lingendes n'avait pas encore paru. Du Perron, Richeome, Cotton, tenaient les oreilles de la cour et de la ville. La plus grande louange était pour les plus compliqués, les plus chargés d'érudition fastueuse ou de pointes ridicules. La vigueur grossière et parfois acérée des prédicateurs de la Ligue avait fait place à une sécheresse pénible et ampoulée. L'abus des citations mêlait la mythologie profane à l'hagiographie chrétienne, la médecine à l'histoire, Pline à saint Augustin. Nous voyons, dans un seul et même sermon, Jupiter, Sémélé et le colosse de Rhodes accourir à l'appel du prédicateur, pour expliquer aux fidèles le mystère de l'Incarnation (1).

C'était la mode. Richelieu n'échappe pas à cette influence. Il nous est resté de lui quelques rares sermons. Si ce n'était la bouche qui les prononça, on ne songerait pas à les lire. Ils sont pourtant sensiblement meilleurs que la plupart de ceux que nous a laissés cette époque. Ce sont bien encore les concetti, le gongorisme, le pédantisme et l'étalage presque dégoûtant de la comparaison scientifique ou médicale. Mais il semble qu'on y trouve parfois autre chose. Écoutons le jeune évêque s'adressant, le jour de Noël, aux fidèles de son diocèse.

« *Verbum caro factum est*. Nous lisons dans le texte de notre Évangile que, lorsque l'ange annonça la naissance de Jésus-Christ, les pasteurs furent les premiers auxquels il s'adressa et commit cette sainte nouvelle pour, après, l'épandre par le monde.

(1) *Bibliothèque nationale*. Cabinet des Manuscrits, *fonds français*, n° 22.661, (f° 139) : « Discours à Monseigneur le révérend évêque de Luçon pour le jour de Noël. » Ce discours doit être de le Masle.

« J'ai cru, peuple catholique, que la divine providence, qui conduit toutes choses avec une infinie sagesse, en avait ainsi usé pour nous apprendre que c'est particulièrement à ceux que Dieu a établis pasteurs de son église à qui il appartient de faire entendre au peuple que le Fils de Dieu est venu au monde *voilé* de notre humanité pour nous ôter le *voile* du passé, qu'il est *sorti* du ventre d'une vierge pour nous faire *sortir* de nos misères,.. etc. »

Voilà pour les pointes ; toute la partie théologique du sermon en est ainsi hérissée. Mais tout à coup, le style s'échauffe, s'anime, prend vie, force et clarté. Le prédicateur se dépouille de son apparat théologique. Il se souvient qu'il parle au peuple, que ce peuple souffre, et que, pour oublier ses souffrances, il a besoin d'être soutenu, conduit, dirigé. Il se souvient que lui-même, comme évêque, a un devoir d'autorité et de direction. Il s'exprime en phrases brèves, nettes comme des axiomes, claires et vives comme des ordres.

« Dieu, par sa bonté, a tellement favorisé les armes de notre roi, qu'apaisant les troubles, il a mis fin aux misères de son État. Nous ne voyons plus la France, armée contre soi-même, épancher le sang de ses propres enfants. La paix est dans ce royaume, mais ce n'est point assez pour inviter le doux Jésus à venir faire sa demeure en nous. Il faut qu'elle soit en nos villes, en nos maisons et principalement en nos cœurs.

« La paix publique s'entretient par l'obéissance que les sujets rendent à leur prince, se conformant entièrement à ses volontés, en ce qui est du bien de son État.

« La paix se maintient aux villes, lorsque les personnes privées se maintiennent modestement dans le respect qu'elles doivent aux lois et aux ordonnances de ceux qui ont autorité.

« La paix est aux maisons, quand ceux qui demeurent ensemble vivent sans envie, sans querelle, sans inimitié les uns contre les autres.

« La paix est en nos cœurs, lorsque la raison commande comme reine et maîtresse ; que la partie inférieure, qui contient le peuple séditieux de nos appétits, obéit ; et que toutes deux se soumettent à la raison éternelle, de laquelle la nôtre emprunte ce qu'elle a de lumière. »

Ne voilà-t-il pas, en quelques traits, le futur cardinal-ministre, le contemporain de Descartes et de Corneille?

Mais il n'oublie pas que ce peuple qui doit obéir, a besoin de tendresse et de miséricorde. Il se penche sur lui, et, avec lui, il élève vers Dieu une supplication d'une belle venue, touchante et attendrie.

« Je proteste que j'emploierai si peu que j'ai d'esprit, si peu que j'ai de force pour maintenir l'union, de laquelle dépend notre conservation.

« Je vous conjure d'en faire autant; je vous conjure de me seconder en ces saintes intentions. Le Tout-Puissant bénira nos desseins, principalement si nous l'en supplions avec émotion...

« Seigneur! toute cette assemblée se prosterne à vos pieds, pour vous supplier humblement de nous vouloir donner la paix; la paix en son âme, la paix avec son prochain, la paix avec vous; elle dresse ses vœux vers Votre Majesté; elle implore votre aide, sachant que vous êtes le père de la paix, sachant que vous êtes celui qui la donne, qui la maintient et qui l'augmente. Bon Dieu, regardez cette troupe de votre œil de pitié; exaucez ses prières!.. »

Ce sermon, où se remarque déjà une si ferme conscience du rôle que devait remplir le ministre de Louis XIII, fut prêché probablement en décembre 1609, quelques mois avant la mort de Henri IV (1).

Dix-sept ans plus tard, dans un autre sermon prononcé en des circonstances autrement solennelles, nous retrouvons le même contraste entre l'affectation embarrassée du théologien et la fermeté éloquente du politique.

C'était en 1626, trois jours après la condamnation, quatre jours avant l'exécution du malheureux Chalais. Le cardinal-ministre s'était senti, pour la première fois, sérieusement menacé par les intrigues de la cour. Le jeune frère de Louis XIII, Gaston, était le confident du complot qui venait d'être découvert et qui allait être

---

(1) Ce sermon est conservé à la Bibliothèque Nationale, *cabinet des Manuscrits*, f. fr. vol. 25,666. Il nous a été transmis par le Masle, secrétaire de Richelieu, qui, par une note manuscrite, l'attribue à l'évêque de Luçon. — Sur nos indications, ce sermon a été publié par le P. Ingold, de l'Oratoire, dans la *Semaine catholique de Luçon* du 22 décembre 1888.

puni. S'exerçant à sa première lâcheté, il avait lui-même dénoncé et livré les coupables. Il était encore incertain sur son propre sort. Il tremblait.

C'est alors que, à l'occasion de la fête de l'Assomption, Richelieu, se souvenant de son caractère ecclésiastique et cherchant à terrifier, une bonne fois, l'âme pusillanime du jeune prince, Richelieu, avant de donner lui-même l'eucharistie au roi, à la reine-mère et à Gaston, réunis auprès de la sainte-table, monte en chaire.

C'est un sermon d'abord; mais bientôt c'est une harangue politique, c'est une plainte hautaine, c'est une menace :

« Dieu descend non-seulement en vous, Sire, mais qui plus est, en la reine votre mère et en Monsieur, votre frère, qui vont le recevoir avec vous.

« Bien qu'il ne soit qu'un, il descend en vous trois, pour vous montrer que, tous ensemble, vous ne devez être qu'un en lui.

« Il vous unit en terre : vous, Sire, et votre mère, et celui que vous tenez et traitez comme votre fils, — fils qui vous doit aimer, respecter et craindre toute sa vie, non-seulement comme son vrai roi, mais comme son vrai père, et qui ne peut faire autrement sans avoir lieu d'appréhender une seconde descente du grand Dieu sur sa personne, non en manne, comme celle d'aujourd'hui, mais en feu et en tonnerre (1)! »

C'est ainsi que tous les moyens sont bons à ce vigoureux ouvrier de sa propre carrière et de notre unité politique. La religion est une arme dont son ambition dispose, que ses calculs utilisent et que son esprit, si réellement moderne, met, comme instinctivement, au service de sa politique.

Évêque assidu, bon administrateur, prédicateur renommé, Richelieu accepte sans hésitation les diverses charges que sa fonction lui impose.

Il ne s'en tient pas là et son activité emploie ses loisirs à la ré-

---

(1) Ce second sermon de Richelieu est conservé également dans le vol. 25,666 du f. fr. à la Bibl. Nationale. Il a été publié dans les Mélanges de la *Collection des documents inédits*. Voir le recueil des *Maximes d'État et Fragments politiques du cardinal de Richelieu*, in-4° (pages 809 et suiv.).

daction de livres édifiants qui ne sont pour lui qu'une des formes du devoir épiscopal. Deux des écrits théologiques qu'il publia se rattachent à cette époque de sa vie et nous renseignent sur les graves délassements de ce prêtre solitaire que la fortune réservait à une si haute destinée.

L'évêque de Luçon fit paraître tout d'abord, en 1613, les *Ordonnances synodales* à la suite de l'*Instruction pour les confesseurs* de son grand vicaire J. H. de Flavigny (1); puis en 1618, *les Principaux Points de la foy de l'Église catholique*, en réponse aux ministres de Charenton (2). En 1619, *l'Instruction du Chrestien* dont la rédaction paraît remonter, en réalité, aux premiers temps de son épiscopat (3). En mentionnant immédiatement le *Traité de la perfection du chrestien*, publié en 1646 (4) et *la Méthode pour convertir ceux qui se sont séparés de l'Église* (5), nous aurons cité tout ce qui a paru de l'œuvre théologique de Richelieu. Mais il convient d'a-

(1) On doit à M. AVENEL la découverte de ce rarissime opuscule. Voir ce qu'il en dit : *Revue des Questions historiques*, 3ᵉ année (t. VI, p. 190). « *Briefve et facile instruction pour les confesseurs, composée par Maistre J. H. Flavigny docteur en théologie et grand vicaire de Mgr l'évêque de Luçon*, à Fontenay, chez Pierre Petit-Jean, 1613. Petit in-12 de 78 feuillets. Les ordonnances synodales suivent immédiatement sans feuille de titre, sans interruption de pagination, cotées 79-98; et si on ne lisait en tête ces mots: « *Nous Armand-Jean du Plessis de Richelieu par la grâce de Dieu évêque de Luçon au clergé et peuple de nostre diocèse, salut* », il semblerait que c'est la suite du livre de Flavigny. » M. Avenel fait observer fort justement qu'il est peu probable que Richelieu, qui aimait tant alors à écrire sur ces matières, ait laissé à son grand vicaire le soin de parler en son nom.

(2) Voici le titre de la quatrième édition luxueusement imprimée en 1629 : « *Les principaux poincts de la foy de l'Eglise catholique défendus contre l'escrit addressé au Roy par les quatre ministres de Charenton, par Armand Jean du Plessis, cardinal de Richelieu, alors evesque de Luçon. Quatriesme édition*. A Paris, chez Sébastien Cramoisy, rue Sainct-Jacques, *aux Cicognes. Avec privil. du Roy*, in-4°. — Une édition plus luxueuse encore est sortie des presses de l'imprimerie du Louvre en 1642, in-f°. J'ai entre les mains l'exemplaire qui a appartenu au cardinal Mazarin.

(3) *Instruction du Chrestien par R. Père en Dieu, messire Armand Jean du Plessis, cardinal de Richelieu*. A Paris, chez Nicolas de la Vigne, près la porte Saint-Marcel, M. D. C. XXVI. Avec approbation. La préface est datée d'Avignon, le 1ᵉʳ septembre 1618. Les réimpressions de cet opuscule sont nombreuses. J'ai sous les yeux les éditions de 1642 et celle de 1667, avec la mention « reveue, corrigée, augmentée et remise en meilleure ordre par S. E. peu de temps avant sa mort ».

(4) *Traité de la perfection du Chrestien* par le CARDINAL DUC DE RICHELIEU, Paris, Antoine Vitré, M. D. C. XLVI, in-4°.

(5) *Traitté qui contient la méthode la plus facile et la plus asseurée pour convertir ceux qui se sont séparés de l'Eglise*, par le CARDINAL DE RICHELIEU. Paris, Sébastien Cramoisy, M. D. C. LVII, in-4°. La première édition est de 1651, in-f°.

jouter qu'il avait écrit beaucoup sur ces matières, et les éditeurs de la *Méthode* parlent de plusieurs autres ouvrages qu'il avait composés (1).

Ceux que nous avons suffisent amplement pour faire connaître la direction qu'il donnait lui-même à ses études sur ce sujet. D'une part, elles avaient un caractère catéchiste et tendaient à l'instruction religieuse des chrétiens et, en particulier, des fidèles de son diocèse; d'autre part, elles avaient un caractère polémiste et se donnaient pour objet de vaincre ou de ramener les prétendus réformés.

Ce double trait rattache immédiatement les études théologiques de Richelieu à l'ensemble de sa carrière. Il est un évêque assidu, gouvernant, prêchant, enseignant. Il se sert de la plume comme de la parole pour diriger, éclairer, conduire son troupeau.

Mais la Rochelle n'est pas loin; les protestants sont à Saumur, à Fontenay, à Luçon même. Il lutte contre leurs ministres dans des conférences solennelles; plus tard, il détruira leur force politique, ou bien il essayera de les faire rentrer dans le giron de l'Église, poursuivant cette chimère de la *réunion* qui a séduit tant de grands esprits. Sa vie tournera ainsi, sans cesse, autour de ce laborieux problème que la politique du dix-septième siècle dispute à la religion.

Il indique lui-même l'unité de son existence à ce point de vue, alors qu'au début de sa *Méthode*, il embrasse, dans une seule phrase, les diverses préoccupations qui, pendant si longtemps, l'avaient absorbé. « Il y a plus de trente ans, dit-il, qu'étant attaché aux fonctions de l'épiscopat dans le diocèse de Luçon, près la Rochelle, je pensais souvent, dans une profonde paix, aux divers moyens de ranger cette place dans l'obéissance du roi. Ces pensées passaient alors dans mon esprit comme des songes ou de

---

(1) On trouve à la Bibliothèque Nationale, dans les manuscrits qui viennent de LE MASLE, une collection très importante de registres contenant des extraits de lectures, pour la plupart théologiques. En marge de ces manuscrits, on lit des renvois qui semblent indiquer que ces morceaux ont dû servir à d'autres travaux. J'inclinerai à croire qu'on se trouve en présence des extraits que Richelieu faisait faire, par le plus ancien et le plus intime de ses secrétaires, pour les œuvres théologiques, politiques ou littéraires qu'il méditait (f. fr., volumes 22.960 et suivants).

vaines imaginations; mais Dieu ayant voulu depuis que l'on entreprit ce qui ne m'avoit semblé autrefois que des chimères et que l'on attaquât cette place pour la réduire à son devoir, je pensois durant ce siège à retirer de l'hérésie par la raison, ceux que le roi retirait de la rebellion par la force. »

On voit ce qu'il y avait encore de politique, au fond de cette activité *livresque* que l'on est de prime abord, tout surpris de rencontrer, à ce degré, chez un pareil homme.

Il aimait la théologie, soit pour la subtilité des problèmes qu'elle débat, soit pour l'autorité avec laquelle ses décisions s'imposent, soit pour l'étalage de science qu'elle autorise. Curieux de tous les genres de gloire, il ne dédaignait même pas l'espèce de dilettantisme qui détourne un homme d'État de ses occupations ordinaires pour exercer sa vigueur dans les jeux de l'esprit ou la détendre dans le repos des lettres.

On ne peut reconnaître à la courte publication des *Ordonnances synodales* le caractère d'un livre théologique. En les écrivant, Richelieu remplissait tout simplement son devoir d'évêque. S'adressant au clergé et au peuple de son diocèse, il lui donnait des conseils et des ordres pour une conduite chrétienne, lui enseignait les préceptes de la morale particulière et de la discipline publique, dans des termes qui montrent combien l'une et l'autre étaient oubliées dans ces malheureux temps (1).

L'évêque de Luçon défend aux prêtres, sous peine d'amende, d'entretenir des concubines au logis, de boire et de faire la débauche, de se rendre en bandes dans les lieux publics, pour y prendre part aux réjouissances populaires : « et d'autant que nous avons reconnu à notre grand regret que plusieurs souvent se trouvent en bandes ès foires et marchés des plus gros bourgs voisins de leurs demeures, comme Mareuil, Saincte-Hermine, Puybéliard, Chantaunay, les Essards, les Herbiers, Talmond, Montaigu et autres, nous enjoignons aux curés des lieux sus-dits d'y prendre garde, et nous les dénoncer ou à notre official, sur peine de nous en prendre à eux-mêmes (2) ».

(1) *Ordonnances synodales* (f° 81).
(2) *Ibid.* (f° 82, 84).

A ces mêmes prêtres, il recommande une tenue décente, et qui les distingue des laïcs, le soin des vêtements et des ornements ecclésiastiques, l'attitude respectueuse durant la célébration des offices, la lecture du bréviaire : « et afin que nul ne puisse prendre excuse sur la grosseur des bréviaires de Poitou, nous convions un chacun de prendre l'Office du Concile, tant pour ce qu'il s'imprime en volume plus portatif que parce que cet usage est préférable à tous les autres (1). »

Il exhorte le peuple à assister, au moins de trois dimanches l'un, à la messe paroissiale, à communier au moins quatre fois l'an, « à éviter les occasions de débauche, comme les fiançailles célébrées après le coucher du soleil : les ténèbres et le vin ôtant tout le respect (2). »

Selon les ordres du Concile, Richelieu veille particulièrement à empêcher les mariages clandestins. On voit dans un passage des *Ordonnances* qu'il n'est pas loin de partager sur certain point des rapports conjugaux, les croyances populaires : « d'autant que nous craignons que l'ignorance de quelques-uns ne les porte à quelque superstition, nous déclarons n'être point licite de repousser de nouveau ceux qui, par quelque maléfice, sont troublés en la consommation de leur mariage et défendons aux curés de se laisser aller en ce, au désir que la simplicité pourroit faire naître en plusieurs âmes moins instruites que de raison (3) ».

Les *Ordonnances* règlent encore les fêtes qui doivent être chômées et la liste, ainsi dressée, n'est pas moindre de cinquante par an, sans compter les dimanches; elles établissent des conférences où les prêtres s'enseigneront les uns aux autres « la bienséance en la célébration du divin service »; elles recommandent aux fidèles

---

(1) *Ordonnances synodales* (f° 88, 89).
(2) *Ibid.* (f° 90).
(3) En note, Richelieu ajoute : « Quand une chose produit un effet et que nous reconnoissons qu'elle n'a point cette vertu par sa nature; et que d'autre part Dieu n'a point promis de lui en donner la force surnaturellement, telle chose doit rester condamnée comme diabolique. Exemple : ceux qui noüent l'esguillette ou la denoüent ou font denoüer; voir la lune à gauche, estimer les jours heureux ou malheureux, avoir confiance en certains nombres de chandelles, etc. »

quelques saintes lectures, notamment « la *Guide des Pécheurs*, » composée par Grenade « et, pour ceux qui ne savent pas lire, les prêtres leur enjoindront d'avoir des chapelets et leur en apprendront l'usage ».

On voit à quels besoins devait pourvoir l'évêque de Luçon. Le désordre et l'ignorance chez les fidèles, même chez les prêtres, étaient la suite de longs troubles civils. Sur le champ restreint où il agissait, Richelieu s'exerçait à la même œuvre de restauration qu'il devait, par la suite, étendre à tout le royaume.

Son zèle ne se borne pas à la rédaction et à la publication des *Ordonnances synodales*. Il étend à l'ensemble du public chrétien le fruit de son expérience épiscopale. Pensant que les mêmes maux régnaient ailleurs, il crut bon de répandre l'usage du remède qu'il avait lui-même employé. Il paraît avoir été frappé surtout du manque de livres facilement lisibles et maniables, faits pour les simples d'esprit et de cœur. C'est pour eux qu'il écrivit son *Instruction du Chrétien*, publiée seulement en 1618, mais dont la rédaction remonte certainement à l'époque du long séjour dans l'évêché de Luçon : « Le plus grand soin de l'auteur, dit-il lui-même, en débutant, a été de s'abaisser, son but étant plutôt de paître les colombes que les aigles... Pour cet effet, il a laissé tout ornement et omis plusieurs choses qui eussent pu marquer quelque érudition en lui et plaire aux doctes ».

Cette simplicité fait tout le mérite, mais le mérite presque extraordinaire, de ce petit livret. C'est un catéchisme très clair, tout usuel, qui met les vérités de la foi à la portée des âmes les plus naïves. Il y avait peu de tels écrits à cette époque, et je doute qu'on en ait beaucoup publié, depuis lors, répondant mieux à la pensée de venir en aide aux humbles et aux ignorants. Une explication et un court commentaire du *Credo*, des commandements de Dieu et de ceux de l'Église, de l'Oraison dominicale et de la Salutation angélique, c'est là tout le livre, et c'est tout ce qu'il faut à la grande masse des chrétiens.

Pas de doctrine, un soin particulier d'éviter les discussions oiseuses et les difficultés stériles, peu de chaleur, de la clarté et de la lumière. Il y a quelque chose de véritablement touchant dans le zèle avec lequel un esprit si vigoureux s'abaisse vers les faibles et se met à leur portée.

Faut-il signaler quelques passages particulièrement frappants, ou seulement piquants pour la curiosité moderne; quelques traits échappés à un esprit qui se surveille toujours? Pour expliquer la puissance de Dieu, il ne trouve rien de mieux que la comparer à celle du Roi : « Un Roi souverain en France témoigne qu'il n'y a personne qui soit égal à lui, et que tous ceux qui y sont, sont ses inférieurs : ainsi Dieu, souverain Roi du monde, témoigne qu'il n'a point d'égal et qu'il est unique. » Tout un long passage consacré aux diverses superstitions du temps prouve encore que Richelieu n'avait pas su se dégager de toute erreur à cet égard. Il condamne « ceux qui, par le moyen des magiciens et sorciers invoquent les démons, en quelque façon et pour quelque fin que ce puisse être, qui se servent de tels monstres ou de leur art pour découvrir les choses cachées,... ceux qui, par sortilège, empêchent l'effet du mariage ou après l'avoir empêché défont ou font défaire le maléfice dont ils avaient usé par même voie au lieu de recourir au remède de l'Église. » C'est bien là le langage de l'homme qui devait laisser poursuivre Urbain Grandier.

Un autre trait des mœurs du temps mérite d'être noté : Richelieu reconnaît qu'un homme doit le mariage à une fille qu'il a mise à mal sous prétexte de l'épouser, « si ce n'est, ajoute-t-il, qu'elle soit de condition tout à fait inégale, auquel cas il suffit de la dédommager par argent et lui donner mariage (c'est-à-dire la faire épouser par un autre). » C'est le même sentiment qui lui fait écrire ailleurs : que « celui qui épouse une femme non de sa condition contre la volonté de son père pèche mortellement : si elle est de sa condition, il ne pèche que véniellement. » Enfin, je ne mentionnerai qu'en passant la réserve parfaite et la discrétion avec lesquelles Richelieu aborde certains sujets délicats sur lesquels s'étendait beaucoup trop complaisamment la dialectique des casuistes contemporains (1).

Ce livre eut, paraît-il, un grand succès. Il fut très répandu en

---

(1) Page 157.

France et fut traduit en plusieurs langues. On peut le louer d'un seul mot que répètent plusieurs contemporains : il fit beaucoup de bien (1).

Dans cette première partie de son œuvre théologique, Richelieu, comme on le voit, ne se mêle nullement à la controverse. Il vivait cependant dans une société qui frémissait encore des grandes luttes du seizième siècle, et qui sentait s'agiter en elle les brillantes et bruyantes polémiques du gallicanisme et du jansénisme. Nourri dans la Sorbonne, fier de sa rapide annexion à ce grand corps, l'évêque de Luçon ne pouvait se tenir bien longtemps à l'écart de la lutte. Comme le dit un écrivain contemporain, la haute réputation du cardinal du Perron « lui était à peu près ce qu'étaient autrefois à Thémistocles les trophées de Miltiades ».

Les ouvrages de polémique qu'il publia par la suite furent certainement préparés dans ces laborieuses années de l'évêché ; sans entreprendre de les analyser ici, il faut du moins essayer d'indiquer la direction que, dans ce genre d'études se donnait à lui-même ce puissant esprit. Dans une nature aussi entière et si j'ose dire aussi compacte que celle de Richelieu, il est impossible de séparer les diverses manifestations du génie. Tout en lui concourt au même but. Ce serait mal connaître le grand politique que d'ignorer le catholique et le théologien.

---

(1) Voici comment le P. Senault s'exprime sur les ouvrages théologiques de Richelieu et notamment sur l'*Instruction du chrétien*, dans « l'Épître dédicatoire » qu'il a mise en tête de son livre l'*Usage des passions* : « Nous lisons vos ouvrages avec respect, nous y allons chercher la pureté du langage et nous y apprenons avec quelle majesté il faut traiter les mystères de la religion et de l'État. Quelles vérités comprend notre créance qui ne soient autrement expliquées en ce divin catéchisme que vous composâtes autrefois pour l'instruction de votre diocèse? Sous un nom humble, il cache de hautes pensées et, dans un entretien familier, il enseigne toute la théologie... »

## CHAPITRE CINQUIÈME.

### LES ÉTUDES DE THÉOLOGIE. — LES AMIS DE JEUNESSE.

Tous les biographes de Richelieu sont d'accord pour dire qu'il prit, dans sa jeunesse, les leçons d'un docteur de l'Université de Louvain (1). Ils ajoutent qu'il s'était enfermé, avec ce théologien à la campagne, aux environs de Paris, et qu'il s'était jeté avec une telle ardeur dans ces études, que sa santé même s'en était ressentie. Le nom de ce docteur n'est pas donné. Mais tout nous porte à croire qu'on le taisait pour cause : c'était probablement l'Anglais, Richard Smith (2). Nous savons aussi que Richelieu avait étudié sous le célèbre docteur français, Jacques Hennequin.

(1) L'Université de Louvain jouait alors un rôle important dans l'Église. Mais certains de ses docteurs paraissent avoir eu une tendance à s'égarer vers les questions difficiles ou suspectes; ils étaient surveillés de près par les Jésuites. De Baïus à Jacques Jansson et de Jansson à Jansénius et à Duvergier de Hauranne, la tradition, à Louvain, est ininterrompue dans le sens de l'augustinianisme. C'est même par là qu'on saisit le fil qui relie historiquement le jansénisme au calvinisme.

(2) Le nom de Richard Smith, tout à fait oublié aujourd'hui, eut son heure de célébrité. Théologien instruit, caractère ferme, âme d'élite, il crut qu'il était de son devoir, en qualité de vicaire apostolique en Angleterre, de réclamer toute l'autorité épiscopale sur les fidèles et, par conséquent, de retirer aux religieux le pouvoir de conférer les sacrements sans une autorisation spéciale de *l'ordinaire* ou de son official. Ces mesures, imprudentes peut-être, dans un pays où les catholiques étaient persécutés, excitèrent contre lui l'hostilité des moines et notamment des Jésuites. Une polémique s'engagea entre ceux-ci et les défenseurs de Richard Smith, au premier rang desquels on compta Duvergier de Hauranne qui écrivit à cette occasion son fameux *Aurelius*. L'assemblée du clergé de France prit également partie dans la querelle et se prononça en faveur du vicaire apostolique.

Ceux qui sont au courant du détail de l'histoire ecclésiastique au dix-septième siècle, comprendront quelle importance il convient d'attacher à ce fait que Richard Smith fut le maître de Richelieu en théologie. On nous pardonnera donc, malgré la longueur, de citer ici quelques-uns des textes qui établissent la nature de ces relations : le PÈRE RA-

L'ensemble de ces renseignements nous permet de distinguer, parmi les diverses écoles du temps, celle à laquelle Richelieu paraît se rattacher tout d'abord. De famille noble, sorbonnien, évêque, il fut un gallican, un épiscopaliste. Le jansénisme même paraît l'avoir approché d'assez près. C'est comme une sorte de prédestination qui, à l'origine, réunit autour de lui les plus illustres protagonistes de la secte.

Jansénius, Belge, après avoir étudié à Louvain, vint à Paris vers 1605, et y resta jusqu'en 1610. Il se fit remarquer en Sorbonne, précisément à l'époque où Richer en était le syndic et où Richelieu y prenait ses grades. Richer, Richard Smith, de Do-

PIN dit, dans son *Histoire du Jansénisme* : « Richard Smith était un homme qui paraissait avoir les qualités requises pour bien servir l'Église. Il était venu en France pour y faire profession de la religion et pour s'en instruire à fond; il s'appliqua même à étudier les controverses pour combattre les hérétiques en son pays, quand il y retournerait et il s'était tellement exercé dans cette étude qu'il y devint assez habile, ce qui engagea l'abbé Duplessis, depuis cardinal de Richelieu, à le prendre dans sa maison, dans le temps qu'il étudiait en Sorbonne, [pour apprendre] avec lui les controverses, afin de servir l'Église par cette science à l'imitation du cardinal Duperron, qui s'éleva à la pourpre par cette voie et devint si utile à la religion. Comme cet abbé (Richelieu) avait de l'esprit et encore plus de l'ambition, il prit la résolution d'étudier l'histoire ecclésiastique avec les controverses sous Richard Smith, qui lui ouvrit le chemin dans l'une et l'autre science qu'il savait également bien, et lui en découvrit les principes. Mais l'abbé, rebuté du peu de talent qu'il avait de retenir ce qu'il apprenait et de son peu de mémoire, renonça à cette étude et se retrancha à la seule scolastique que son docteur anglais lui apprit et dont il fit un ami après l'avoir eu assez longtemps pour précepteur..... Tout le monde sait que le cardinal prit soin de lui et qu'il fut son protecteur dans toutes les occasions où il eut besoin de son assistance. » (Extrait des *Mémoires* du P. RAPIN, publié sous le titre d'*Histoire du Jansénisme*, par L'ABBÉ DOMENECH, Paris, Gaume, 1836, in-8°, p. 213-214). — Voir aussi SAINTE-BEUVE, *Port-Royal* (édit. in-12, t. I, p. 314).
— La correspondance de Richelieu confirme les principaux traits du récit du P. RAPIN. En 1611, un « sieur Richard », qui est probablement Richard Smith, est envoyé par Richelieu à Rome. Il écrit, de là, à l'évêque de Luçon une lettre dont nous n'avons malheureusement que l'analyse ainsi conçue : « Lettre du sieur Richard que l'évêque de Luçon avait envoyé à Rome, par laquelle il paraît que ce prélat avoit déjà de grandes vues. » (*Mémoires d'A. du Plessis de Richelieu*, publié par ARMAND BASCHET, Plon, 1880, in-8°, p. 39). — Lorsque Richard Smith fut obligé de quitter l'Angleterre, en 1624, Richelieu lui fit bon accueil et lui fit donner l'abbaye de Charroux, que Mazarin d'ailleurs lui retira. — En 1624, Richelieu écrivait à la jeune reine d'Angleterre, Henriette-Marie, d'avoir recours aux conseils de Richard Smith. (*Correspondance*, II, 132). En 1629, le cardinal écrit au théologien de venir le voir en France, déguisé, (*ibid.*, III, 423). En décembre de la même année, il le recommande au roi d'Angleterre : « connaissant son innocence comme je fais, et que c'est un homme qui n'a pour but que de prier Dieu et de feuilleter ses livres » (t. III, p. 498). Enfin, plus tard, lorsqu'il sollicite pour lui une abbaye, il le qualifie « homme de vie exemplaire et de grande doctrine ». (T. V, p. 356.) — V. *Fonds Godefroy*. Vol. XV, deux lettres de R. Smith à Richelieu.

minis, archevêque de Spalatro, tenaient alors la tête de la doctrine épiscopale et gallicane et menaient vivement la campagne contre la phalange romaine et ultramontaine des Jésuites (1).

Dans ce long séjour à Paris, Jansénius se lia avec Duvergier de Hauranne, plus tard abbé de Saint-Cyran, l'autre père du jansénisme. Ce Saint-Cyran est une figure d'athlète. L'ambition le dévore : l'ambition la plus haute, la plus désintéressée, mais l'ambition. Il y a en lui je ne sais quel feu sombre qui ne trouve son aliment que dans la domination, je ne sais quelle soif ardente de se distinguer du reste du monde et d'être de ceux que rien n'émeut. « Les grands sont si peu capables de m'étonner, écrit-il, que si j'avois trois royaumes, je les leur donnerois, à condition qu'ils s'obligeroient à en recevoir *de moi* un quatrième dans lequel je voudrois régner avec eux ; car je n'ai pas moins *un esprit de principauté que les plus grands potentats du monde*... Si nos naissances sont différentes, nos courages peuvent être égaux. » Tête ronde, tourmentée, brutale, esprit paradoxal, autoritaire, qui cherche à s'isoler de la foule, des passions communes et des idées courantes ; qui hait les Jésuites, peut-être autant pour ce qu'ils ont de trivial, que pour leur prétention exclusive à la domination des âmes (2).

Or, ce Duvergier de Hauranne fut le grand vicaire de l'évêque de Poitiers, Chasteigner de la Rochepozay ; il fut aussi l'ami intime de Bouthillier, abbé de la Cochère, doyen de Luçon, confident et serviteur fidèle de notre évêque.

Ces deux hommes méritent l'attention de l'histoire : le premier, par ce que sa destinée a eu de singulier, de piquant, de dépaysé, dans le siècle où il vécut ; le second, par la façon étroite dont il fut mêlé aux débuts de Richelieu et aux premières luttes du jansénisme.

Chasteigner de la Rochepesay d'Abain était fils de ce la Roche-

---

(1) Nous aurons l'occasion de revenir sur le rôle politique de Jansénius et sur ses relations avec Richelieu, à propos du pamphlet rédigé par l'évêque d'Ypres et intitulé *Mars Gallicus*. — Sur les rapports de Richelieu avec Marc-Antoine de Dominis, archevêque de Spalatro, voir *Corresp.*, (t. VII, p. 922). — Cfr. les lettres de Bentivoglio (nonce en France, notamment celle du 1<sup>er</sup> février 1617, où il appelle la déclaration de *De Dominis* « diabolique » et où il parle de la publication de sa *République chrétienne* (t. I, p. 70).

(2) SAINTE-BEUVE, *Port-Royal* (II, p. 286).

posay d'Abain, célèbre parmi les combattants des guerres de religion et ami particulier du père de Richelieu. Les deux pères, tous deux Poitevins, avaient été parmi les serviteurs de Henri III en Pologne; tous deux, ils avaient, aux époques de crise, servi la cause royale dans leur province.

L'amitié des deux pères créa l'amitié des deux fils. En 1608, l'année même où Richelieu devenait évêque de Luçon, la Rocheposay était désigné pour l'évêché de Poitiers. Il coiffa la mitre en 1611.

Au début, il avait, moins encore peut-être que Richelieu, la vocation ecclésiastique. C'était un tempérament vif sous les aspects de la froideur, un esprit très ouvert, un cœur très ferme et très vaillant. Parmi les évêques de cette époque, beaucoup n'ont rien d'ecclésiastique; lui moins que tout autre. Sa ronde figure au regard jeunet, telle que nous la montre un portrait conservé dans la salle capitulaire de l'église de Poitiers, est charmante (1). Mais cette physionomie a surtout de la fermeté et la bouche, à la moue épaisse, respire la résolution. C'est la ressemblance frappante du père, le combattant des guerres de religion.

Le fils était, lui aussi, un homme d'action. Il aimait la discussion, la lutte et même la bataille. Son rôle à Poitiers, durant la régence de Marie de Médicis, fut tout de combat. « Arrivé à Poitiers en 1612, au milieu de la lutte des partis, il voulut prendre part au gouvernement de la ville, disant qu'il était d'assez bonne maison pour cela, alléguant les devoirs de sa charge, la tranquillité publique, la loi suprême de la nécessité. » C'est lui qui fit assassiner, sans autre forme de procès, un certain Latrie, envoyé par le prince de Condé, à Poitiers, durant l'époque des troubles. Il allait « cuirassé et la pique à la main, assisté de douze cavaliers avec le pistolet à l'arçon de la selle, et quelque quarante hommes à pied, ayant chacun la carabine sous le manteau et conduits par le sergent de la compagnie, l'abbé de Notre-Dame. » — « Ce bon

---

(1) Voir le portrait de H.-L. de la Rocheposay dans la galerie des portraits d'évêques à la cathédrale de Poitiers. Il a été gravé par Briot, sous la date de 1619. — Comparer avec le portrait du père, Loys Chasteigner, seigneur d'Abain et de la Rocheposay, gravé par Picart.

évêque, dit un pamphlet du temps, ce bon évêque « ad utrumque paratus » a fait croire à ceux qui en voulaient ignorer que la cuirasse ne lui est pas moins séante que le surplis, le haussecol que le rochet, le morion que la mitre, la pertuisane que la crosse et qu'un bon cheval d'Allemagne lui est aussi facile à manier comme seroit la haquenée blanche..... Toujours les chasteigners ont porté des fruits dignes des rois et pour en dire la vérité, il est malaisé de les chatouiller sans en emporter quelque blessure » (1).

C'était, comme on le voit, un fier évêque. Il était fait pour s'entendre aussi bien avec Richelieu qu'avec Duvergier de Hauranne.

Il prit, en effet, celui-ci pour son grand-vicaire, le nomma chanoine de son église et le désigna pour l'abbaye de Saint-Cyran (2). En revanche, c'est pour défendre la conduite de son évêque que le futur chef du jansénisme français écrivit l'opuscule célèbre : *Contre ceux qui disent qu'il est défendu aux ecclésiastiques de porter les armes en cas de nécessité* (3).

Des relations d'amitié très étroites se nouèrent entre les deux évêchés voisins de Poitiers et de Luçon. Bouthillier, abbé de la Cochère, doyen de Luçon, servit de trait d'union. Adroit, souple, insinuant, il est le grand agent de la première fortune de Richelieu; comme tous les Bouthillier, excellent au second rang.

---

(1) Cité par H. OUVRÉ, *Essai sur l'histoire de Poitiers depuis la fin de la Ligue*. Poitiers, 1856, in-8° (p. 59 et 101). — Cfr. THIBAUDEAU, *Histoire du Poitou* (t. III, p. 191). Plus tard l'évêque de Poitiers se calma. Il porta vers les études et les discussions théologiques les ardeurs de son tempérament. On a de lui : CASTANEI DE LA ROCHEPOSAY, *Celebriorum distinctionum tum philosophicarum, tum theologicarum Synopsis*, Antoine Mesnier, 1619, in-f°. — *Dissertationes Ethico-Politicæ*, Pictavii, 1625, in-8°. — *Exercitationes in Marcum, Lucam, et Acta Apostolorum*, Poitiers; Ant. Mesnier, 1626. — *Ad D. Matthæi Evangelium Notæ*, e sermone gallico in latinum translatæ, Poitiers, 1627. — *Exercitationes in libros psalmorum*, 1640.

(2) Au sujet de la transmission de l'abbaye de Saint-Cyran-en-Brenne à Duvergier de Hauranne, voir une note de M. MARTINEAU, *le Cardinal de Richelieu* (t. I, p. 298). Cf. P. RAPIN, *Histoire du Jansénisme*, (p. 93).

(3) Sur l'état des esprits à Poitiers, notamment à l'égard des Jésuites, voir l'*Histoire du Jansénisme* du P. Rapin, (p. 69 et suiv.) : « Il y avait à Poitiers des gens d'école et d'université auxquels les Jésuites donnaient de l'ombrage; il y en avait d'autres qui par bizarrerie donnoient dans des sentiments écartés; il y en avait de sombres et mélancoliques. Saint-Cyran se fit d'abord écouter de tous ces gens-là... », etc. (p. 74).

On le trouve partout. C'est un intermédiaire, un officieux. Il fit de Richelieu un cardinal, et c'est sous ses auspices que le jansénisme se fonda : en 1620, il présenta l'abbé de Saint-Cyran, son ami (il était l'ami de tout le monde), à son autre ami, Arnaud d'Andilly : « Voilà M. d'Andilly, dit-il, voilà M. de Saint-Cyran. » Et il les laissa aux prises.

L'abbé de la Cochère mettait, dans les relations des évêques de Poitiers et de Luçon, et du grand-vicaire de Poitiers, le liant qui eût fait défaut dans ce trio de personnalités vigoureuses. Il allait de l'un à l'autre, ne perdant jamais de vue les intérêts de son maître. On a déjà cité ce texte de Lancelot : « La liaison du cardinal de Richelieu et de M. de Saint-Cyran avait commencé dès qu'il était évêque de Luçon et que M. de Saint-Cyran demeurait chez M. de Poitiers ; car M. de Luçon venait souvent s'y divertir (1). »

La nature de ce « divertissement » nous est attestée par plusieurs contemporains ; il s'agissait de sérieuses et profondes études de théologie et de controverse. Un autre prélat, ami de l'évêque de Luçon, Gabriel de l'Aubespine, évêque d'Orléans, était renseigné sur les travaux de ce cénacle, et sa bonne humeur enviait parfois leur austère fécondité : « J'irai à carême-prenant à Orléans, écrit-il à son ami, pour y étudier un peu, pour vous imiter et composer mes études et mes passe-temps à vos entretiens... » Dans une autre lettre : « J'ai reçu toutes vos lettres et me plains que, vous étant mis à la controverse, vous ne m'en mandiez rien ; et ayant emmené deux Anglais pour vous y servir (2), vous ne m'en ayez ni parlé, ni écrit... J'ai toujours fait grand état de votre courage ès choses spirituelles et ecclésiastiques, ajoute-t-il, et maintenant que vous étudiez si âprement, vous en augmentez l'opinion, estimant que vous ne prenez pas tant de peine sans quelques grands desseins (3). »

Ces desseins sont arrivés, en partie, du moins, à leur réalisation ;

(1) *Mémoires pour servir d'éclaircissement à l'histoire du Port-Royal*, Cologne, 1701, 2 vol. in-12 (t. I<sup>er</sup>, p. 91). Cf. Avenel, *Jeunesse de Richelieu* (p. 199) et Sainte-Beuve, *Port-Royal* (I, 306-335).
(2) C'est probablement une allusion à Richard Smith.
(3) Affaires étrangères, *loc. cit.*

ce sont ces ouvrages de polémique contre les protestants, qui furent publiés par la suite. Ils avaient été préparés durant les longues veilles d'une jeunesse laborieuse, dans le silence de la province, dans la fréquentation des hommes illustres que le hasard avait réunis à Poitiers, non loin de ce prieuré de Coussay dont Richelieu faisait alors son séjour favori.

Si Richelieu quittait Coussay pour se rendre à son prieuré des Roches, il se rapprochait d'un autre centre d'études et d'amitiés. Tout près de là s'élevait, à mi-chemin, entre Chinon et Saumur, l'illustre monastère de Fontevrault.

Fontevrault, fondé par Robert d'Arbrisselles, se glorifiait de ne compter, depuis près de deux siècles, parmi ses abbesses, que des personnes appartenant à la famille royale. Seul peut-être de tous les monastères de la chrétienté, il était placé sous la domination absolue d'une femme, tant au spirituel qu'au temporel. Ses richesses étaient immenses. Son influence s'étendait au loin. Des prieurés en grand nombre dépendaient de la maison-mère; des moines lui étaient soumis et recevaient de l'abbesse leur délégation et leur prébende. Il ne manquait guère à celle-ci que les ordres : « J'ai ouï conter, dit même Rabelais, qui, en qualité de voisin pouvait se croire bien renseigné, j'ai ouï conter que le pape Jean XXII, passant par Fontevrault, fut requis de l'abbesse et des mères discrètes leur concéder un indult moyennant lequel se pussent confesser les unes aux autres, alléguant que les femmes gardaient mieux le secret que les hommes. »

Au début du XVIIe siècle, cette abbaye toujours remarquable par sa puissance et par son caractère exceptionnel, était tombée en décadence. Les religieuses n'obéissaient plus à la règle sévère de l'ordre. Elles violaient le vœu de pauvreté en se réservant des pensions personnelles; elles rompaient le silence au réfectoire et au dortoir; elles recevaient, sous prétexte d'hospitalité, des personnes étrangères au couvent. Des scandales plus graves avaient été signalés. Mais nous sommes précisément à l'époque où un esprit de réforme souffle sur les ordres réguliers français. Fontevrault suit le courant qui emporte le siècle.

L'initiateur de cette réforme est un homme dont le nom, prononcé pour la première fois dans ces pages, accompagnera désormais celui de Richelieu : c'est le père Joseph.

François le Clerc du Tremblay, issu d'une bonne famille de l'Anjou, était né à Paris, le 4 novembre 1577. Il était donc de huit ans plus âgé que Richelieu. Destiné tout d'abord, comme son illustre ami, à la carrière des armes, une vocation qui unissait la sincérité d'une piété profonde à la décision d'un caractère énergique, l'avait, malgré les instances de sa famille, porté vers la vie ecclésiastique. Il s'était fait moine et avait revêtu l'habit de Saint-François, en février 1599. Bientôt prêtre, puis professeur, puis prédicateur, il s'était signalé par son talent, par son zèle, par son génie organisateur. Il avait l'imagination ardente et l'esprit froid; il était passionné et désintéressé; fait pour commander, il savait obéir. Sous la bure du capucin, il est facile de découvrir en lui l'homme d'entreprises et l'espèce de grand aventurier qu'il était au fond. Toujours rempli de vastes desseins, il ne dédaignait pas de descendre aux détails de l'exécution, et il y excellait, parce qu'il connaissait les hommes. Il les regardait d'un œil qui les perçait jusqu'à l'âme. Admirable directeur de consciences et surtout de consciences féminines, — car il paraît que c'est là l'attrait suprême, — il aimait à se jouer des passions humaines pour les précipiter d'une pente insensible aux pieds du Christ qui était sa passion à lui. Il aimait le bien pour le bien et un peu aussi pour la peine qu'on a à le faire ici-bas. La difficulté l'attirait, et c'est par là qu'il tenait au monde. Il ne rêvait qu'à de grandes choses, parfois chimériques. Il parlait tous les langages, jouait tous les personnages, était propre aux œuvres religieuses comme aux œuvres politiques (1).

(1) Voir, sur tout ce qui touche aux relations de Richelieu avec Fontevrault : les deux ouvrages de l'abbé RICHARD : *Histoire de la vie du Père Joseph*. Paris. 1702; 2 vol. in-12; et *le Véritable Père Joseph, contenant l'histoire anecdote du Cardinal de Richelieu*. Saint-Jean de Maurienne, in-12; 1704. — les Etudes de M. FAGNIEZ citées ci-dessous. — *Fontevrault et ses monuments*. par l'abbé ÉDOUARD. Paris, 1873, 2 vol. in-8°. — *La Vie de la mère Antoinette d'Orléans, fondatrice de la congrégation de Notre-Dame du Calvaire*, par un religieux Feuillant, publiée par l'abbé Petit. Paris, René Haton, 1880, in-8°; et enfin, par-dessus tout, le manuscrit de la *Vie du Père Joseph*, par le Pré Balain, conservé par les capucins de la rue de la Santé

Sa valeur se fit bientôt connaître et ses supérieurs l'envoyèrent au fort du combat, là où s'étaient engagées les plus chaudes et les plus glorieuses mêlées, dans ce Poitou qu'il connaissait, à la porte de ce Saumur qui avait pour gouverneur le plus illustre champion du protestantisme, Duplessis-Mornay. A partir de l'année 1607, le père Joseph manœuvre sur ce terrain, comme sur un champ de bataille. Chinon est son quartier général. De là il rayonne sur Saumur, Châtellerault, Poitiers, Fontenay, Fontevrault, Loudun, Angers, se portant partout en personne, surveillant tous les combats, décidant de la victoire par l'élan de sa vigoureuse éloquence; d'une main, ébranlant la citadelle de l'hérésie, et, de l'autre, restaurant les remparts de la véritable religion.

Il lie bientôt connaissance avec ceux qui, non loin de lui, luttent pour la même cause, avec les évêques de Poitiers et de Luçon. Dès février 1609, celui-ci est en relation avec les capucins de Fontenay; il les engage à prêcher le carême à Loudun, les prie de venir faire, à Luçon, « les prières des quarante heures ». C'est probablement à cette date que remonte l'origine des relations du futur cardinal et de la future Éminence grise.

Bientôt ils sont tous deux mêlés à une affaire importante, qui réclama, pendant plusieurs années, leurs soins; et c'est justement la réformation de Fontevrault.

Le monastère avait pour abbesse Éléonore de Bourbon, tante de Henri IV. Mais le pouvoir effectif était passé, à la suite de démêlés assez obscurs, entre les mains d'Antoinette d'Orléans, nommée, dès 1604, coadjutrice. Veuve à vingt-huit ans de Charles-Albert de Gondi, marquis de Belle-Isle, elle avait quitté toutes les obligations mondaines, laissé sa famille et ses jeunes enfants pour entrer en religion. C'était un caractère singulier, mystique, brûlant du désir de se signaler par des vertus excessives. Elle avait longtemps refusé de quitter le couvent des Feuillantines de Toulouse, son premier refuge, pour venir à Fontevrault, où l'appelaient le vœu de ses amis et les ordres réitérés du roi et du pape. A peine arrivée, elle semait dans l'ordre l'inquiétude et la discorde par ses projets de réforme. Le père Joseph était son directeur et un peu son tyran. Il l'avait imposée au couvent; il prétendait la forcer à accepter cette charge. Il lutte avec elle, par elle et contre elle. Tout plie à la fois sous la volonté du capucin ou succombe devant ses intrigues. Cherchant un appui autour de lui, il s'adresse à l'évêque de Luçon. Celui-ci, profitant du voisinage, voit quel parti il peut tirer de cette circonstance pour pénétrer dans le dédale d'une affaire où tant de hauts personnages sont directement intéressés. Le moine et l'évêque se sont mesurés d'un coup d'œil : ils se sont compris.

A la mort d'Éléonore de Bourbon, en 1611, le père Joseph, poursuivant son dessein, résolut d'élever Antoinette d'Orléans au rang d'abbesse; celle-ci avait obtenu, dès 1609, du pape Paul V, l'autorisation de se dérober et de choisir le lieu de sa retraite. Le P. Joseph fit intervenir l'évêque de Luçon qui se rendit à Fontainebleau pour entendre les ordres du roi et de la régente; mais la résolution d'Antoinette d'Orléans était prise; le chapitre dut choisir une autre sœur, et l'élection, présidée par l'évêque de Luçon, éleva Madame de Lavedan-Bourbon à la dignité abbatiale (1).

Quant à M$^{me}$ d'Orléans, elle se retira à Lencloître, prieuré de Fontevrault. Elle devait bientôt le quitter encore et fonder à Poitiers, sous l'œil de l'évêque de Luçon et sous la direction persévérante du père Joseph, cet ordre des *Filles du Calvaire* qui restaura, en plein XVII$^e$ siècle, les sévères prescriptions et la minutieuse austérité de la règle de saint Benoît (2).

(1) Sur tous ces faits, conférer les diverses sources indiquées *supra* et notamment la *Vie de la Mère Antoinette d'Orléans* publiée par l'ABBÉ PETIT. Le récit de l'ABBÉ ÉDOUARD, *op. cit.* (p. 416) est souvent fautif. — Voir aussi AVENEL, *Jeunesse de Richelieu. Rev. des Quest. histor.* (p. 215) et *Correspondance* (t. I, p. 42).

(2) Le « véritable P. Joseph », pour parler comme l'abbé Richard, n'est pas connu jusqu'ici. Heureusement, l'érudition actuelle commence à fouiller les détails de cette figure singulière. L'ordre des Capucins et celui du Calvaire, dont le P. Joseph fut le fondateur, ont fini par comprendre l'intérêt historique et religieux qui s'attache à ce que l'histoire soit renseignée autrement que par les plaisanteries des contemporains et par les rancunes de l'abbé Richard. Les documents précieux conservés dans les archives de ces ordres ont vu la lumière ou ont été communiqués complaisamment aux écrivains de bonne foi qui ne demandent qu'à rendre justice aux gloires de la France. Je dois une reconnaissance personnelle à l'aimable obligeance du P. Emmanuel de Lanmodez qui m'a facilité l'accès de ces documents et notamment de la *Vie du P. Joseph*, par le Pré Balain dont on ne connaissait que des fragments, mal à propos baptisés du titre de *Sup-*

C'est au milieu d'affaires qui nous paraissent aujourd'hui mesquines, parmi les intrigues de cornettes et les ambitions de cloîtres, que se nouèrent les premières relations entre ces deux hommes d'État dont la collaboration devait porter la France au comble de la grandeur militaire et politique. La première lettre de Richelieu au père Joseph qui nous ait été conservée est relative à une recommandation de minime importance. Datée de 1611, elle est écrite sur un ton de cordialité qui prouve qu'une affection réelle unissait déjà ces deux hommes extraordinaires.

plément aux *Mémoires de Richelieu*. J'ai pris un vif plaisir à parcourir ce manuscrit et aussi les nombreuses lettres du P. Joseph conservées soit à la bibliothèque Mazarine, soit au couvent de la rue de la Santé. On y découvre, peu à peu, un P. Joseph inconnu, plein de zèle et d'entrain, passionné pour les choses de la religion, animé d'un feu littéraire où luit plus d'une étincelle de génie. Les poésies du P. Joseph mériteraient d'être publiées du moins par extrait. Il me semble qu'on lira avec plaisir les strophes suivantes détachées d'une pièce intitulée « Complainte de la pauvre Grèce, au roi Louis le Juste » et qui est une sorte de prosopopée que la Grèce, esclave des Turcs, adresse à la France :

> Je vois le ciel et les anges d'élite
> Baissant leurs ailes d'or, par troupes, fendre l'air.
> Un nuage d'azur voile cet exercite (armée)
> Plus mêlé que l'Iris, plus brillant qu'un éclair,
> Leurs trompettes d'argent, leurs grands clairons d'ivoire
> Font partout éclater ce foudre impérieux...
> .............................
> Mais la France toujours aux grands exploits ouverte,
> Qui rendit tant de fois le jour à l'Orient,
> D'anges et de chevaliers me semble être couverte,
> Dont je pleure de joie; eux s'arment en riant...

On me pardonnera d'insérer ici les réflexions qui m'ont été inspirées par la lecture des œuvres d'édification du P. JOSEPH et notamment des recueils rarissimes intitulés : *Epistres écrites à plume volante aux religieuses bénédictines de la congrégation de N.-D. du Calvaire par leur fondateur de Sainte Mémoire le T. R. P. Joseph de Paris, capucin.* Imprimé à Paris chez Gabriel Martin, 1677, suivi de : *Plusieurs Épistres fort spirituelles du T. R. P. Joseph de Paris, Capucin d'heureuse mémoire écrites à plume volante à une illustre religieuse, grande servante de Dieu, sa disciple* (Mᵐᵉ Antoinette d'Orléans) et de : *Autres Epistres du même auteur écrites à deux des premières principales Mères de la Congrégation du Calvaire;* le tout réuni en un seul volume paginé 1 — 221 et 1 — 237 pages.

« Ce livre ne contient rien autre chose que l'œuvre de direction immédiate et en quelque sorte journalière du père Joseph sur la congrégation du Calvaire. Les choses du siècle y apparaissent à peine par endroits et toujours ramenées à la considération des choses divines. C'est donc le P. Joseph, directeur d'âmes et fondateur d'ordre, qui se découvre ici.

« Il n'y a rien de plus intéressant que ce coin de sa vie ainsi réservé par cet homme

Il faut encore rapporter à cette époque de la vie de Richelieu, sa première liaison avec le futur cardinal de Bérulle. Le fondateur de l'Oratoire était à la fois un très saint homme et un courtisan très souple. Il n'était pas sans visées politiques. Il avait su

éminent aux saintes occupations de sa profession. Au milieu de ses plus grands travaux, il pense à ses pauvres filles perdues ou malades au fond d'un monastère du Poitou. Leur congrégation reste, pour lui, la source lointaine où il retrouve la première fraîcheur de ses impressions juvéniles. C'est sur le ton de la confiance ou de l'abandon qu'il écrit à ses « chères filles, » à ses chères « colombes » : « J'implore le secours assidu de vos communes prières dans mes incroyables travaux, au milieu des affaires où je suis employé, que vous savez importantes à l'honneur de La Majesté divine... et où j'espère plus de vos larmes et prières que de tout ce qui est de la force des hommes. » Il leur écrit de Cazal, de Ratisbonne, leur indique, avec une sorte d'orgueil modeste, les grandes affaires où il est mêlé et aussi les grandes inquiétudes dont il est assailli : « Celui que vous connaissez a jugé à propos de venir par le commandement de ses maîtres en ce lieu où l'Empereur et plusieurs autres grands princes sont assemblés pour chercher quelque remède à tant de maux. Pour le présent, je ne puis vous dire autre chose sinon que cette personne a été fort bien reçue et trouve de grandes dispositions dans l'âme des princes... mais il n'y a rien d'assuré; le combat des méchants est horrible. J'ai cru être utile de vous avertir qu'ils font courir des libelles diffamatoires contre celui que vous savez, pleins de si grands blasphèmes et calomnies que cela ne se peut bien représenter et le menacent de la vie, envoyant ces libelles par toutes les provinces et lieux de la chrestienté, disant que cet homme est la peste du monde ou l'ennemi public de Dieu. » (Il craint que ces libelles ne les troublent dans leur foi pour lui) : « Mais cette personne vous mande qu'en cela elle reconnaîtra les âmes qui sont fidèles à ce vrai Dieu : ce seront celles qui ne s'étonneront point de ces injures et menaces et qui se confieront avec lui dans ces opprobres... »

« Ces lettres spirituelles sont, la plupart du temps, je l'ai dit, consacrées à l'amour de Dieu, à la pratique des vertus claustrales; il n'y faut pas chercher autre chose. On ne peut, à ce point de vue, qu'admirer la douce et touchante familiarité mi-humaine, mi-mystique, qui s'établit entre ces âmes. Il faut se dire que les filles du Calvaire étaient, la plupart, dignes d'une telle correspondance. Elles appartenaient aux meilleures familles. Plusieurs d'entre elles : leur fondatrice Antoinette d'Orléans, une autre, la mère Marie Drouin, étaient des femmes éminentes. Le style des lettres du P. Joseph est généralement pur, correct, élevé, d'une simplicité noble. Plusieurs sont véritablement éloquentes. Elles montrent tout ce qu'il y avait de chaud, d'ardent, d'enflammé, dans l'imagination du bon Père. C'est un mysticisme sain et admirablement mesuré dans son élan, qui rattache cette personnalité à ce qu'il y a eu de plus heureusement équilibré dans la piété du grand siècle. Mais ce qui le distingue surtout, c'est l'esprit d'organisation, l'autorité, le sens de la direction. Le berger conduit son gracieux troupeau avec une mesure, un tact, un ton de commandement vraiment admirables. Toutes ces figures pâles tournées vers sa figure grave, cherchaient, dans la plus mobile nuance de ses traits, la manifestation de ses sentiments intérieurs, et leurs âmes s'efforçaient de se mettre en rapport direct avec son âme.

« La constitution que le P. Joseph donna à l'ordre du Calvaire, les commentaires qu'il fit de cette constitution sont des chefs-d'œuvre de force, de prudence, de haute psychologie féminine. Il devine les moindres mouvements du cœur, les analyse, les règle avec une sûreté de coup d'œil qui fait que des âmes ainsi devinées et dominées ne peuvent lui échapper. Il les tient toutes palpitantes dans sa main. Ce côté de la vie du s'insinuer, de bonne heure, dans la faveur de Marie de Médicis. Richelieu n'était probablement pas sans arrière-pensée lorsqu'il appela Bérulle dans son diocèse pour y fonder un séminaire. Nous avons vu qu'il avait décliné, à ce sujet, les offres des jésuites. Le monde dans lequel il vivait, évêques gallicans, futurs jansénistes, théologiens anglais, capucins, oratoriens, était plutôt hostile à la Compagnie. Le projet de séminaire n'aboutit pas, du moins tel que Richelieu l'avait conçu. Mais les oratoriens n'en vinrent pas moins s'établir à Luçon, et Richelieu nous apprend qu'ils trouvèrent dans cette ville « la seconde maison qu'ils possédèrent dans le royaume. »

Bérulle se lia d'une amitié assez étroite avec Richelieu. Il fut de ceux qui contribuèrent à la fortune de l'évêque de Luçon et qui l'aidèrent à gagner, après la mort de Henri IV, le premier rang dans l'intimité de la reine-régente (1).

Il est vrai que Richelieu ne se souvint pas toujours de ce service. Mais une telle conduite n'a rien qui doive nous étonner de sa part.

---

P. Joseph explique, en partie, sa vie politique. Il découvre l'assiette solide où s'appuyaient ces croyants. Il montre le fond de leurs âmes, cette aspiration au repos, au silence, à la prière qui les suivait jusque dans l'agitation du monde. »
Pour la bibliographie des ouvrages ou documents relatifs au P. Joseph voir : *Le Père Joseph du Tremblay*, suivi d'un *Essai bibliographique* par l'abbé Dedouvres. Paris, Retaux-Bray, 1889, in-8°. — Fagniez, *Le Père Joseph et Richelieu. La jeunesse du P. Joseph*. — *La succession politique de Richelieu*, extrait de la *Revue historique*, 1888, in-8°, *Le Père Joseph et Richelieu; le Projet de croisade;* extrait de la *Revue des Questions historiques*, 1883, in-8°; *le Père Joseph et Richelieu, l'avènement de Richelieu au pouvoir et la fondation du Calvaire*. Paris, Alph. Picard, 1889, in-8°; *Richelieu et l'Allemagne*, 1124-1630. Extrait de la *Revue historique*, Paris, 1891, in-8°, *Le Père Joseph et Richelieu, la déchéance du Protestantisme et la première campagne d'Italie*, 1628-1638. Extrait de la *Revue des Questions historiques*, 1890, in-8°. — Voir, en outre, *Remarques sur la vie et la mort du T. R. P. Joseph le Clerc du Tremblay*, par le P. Hyacinthe de Reims, publié par le P. Emmanuel. Calais, 1888, in-8° et *Discours funèbres sur la mort du P. Joseph du Tremblay* publiés par le même, à Nantes, 1888, in-8°. — Cfr. *Correspondance* (I, p. 64). M. Martineau fait observer, avec raison, que les premières relations de Richelieu avec P. Joseph devaient être antérieures à 1611. Il me semble qu'on peut les faire remonter au moins jusqu'en février 1609, époque à laquelle l'évêque de Luçon écrit aux capucins de Fontenay. *Correspondance* (I, p. 21).

(1) Sur les premières relations de Richelieu avec Bérulle, voir *Correspondance* (I, P. 84-85). *Mémoires de Richelieu*, Édit. Michaud et Poujoulat; l'abbé Houssaye, *le Père Bérulle et l'Oratoire*. Plon, 1874, in-8° (p. 195).

Il avait une sensibilité larmoyante, toute de surface, qui pouvait, au premier abord, tromper les âmes tendres, dominées d'ailleurs par la force de son esprit; mais le fond de son cœur était froid. Jamais un sentiment ne l'écarta de la ligne que ses calculs lui avaient tracée.

Beaucoup l'aimèrent. Il aima peu. Il n'eut jamais qu'une passion, celle du commandement. Tous les autres sentiments tenaient peu de place en son cœur. Au fur et à mesure qu'il avança dans la vie, il les comprima et les desséoha de plus en plus. La force des hommes d'État se nourrit ainsi des faiblesses ordinaires de l'humanité. Les esprits de domination commencent par se dompter eux-mêmes. C'est leur première épreuve, la plus rude, mais dont l'amer succès les remplit d'une orgueilleuse joie.

Richelieu devait abandonner tous ces amis de sa jeunesse, tous ces compagnons de ses premiers travaux, tous ces hommes dont le mérite avait su le comprendre et qui faisaient reposer sur lui leurs plus pieuses, leurs plus chères espérances. A cette époque, un même zèle ecclésiastique les unissait tous. Mais, pour Richelieu, ce n'était qu'un voile couvrant d'autres desseins. Ces gallicans, ces jansénistes, ces *catholiques* enfin, — et ce mot avait, à cette date, un sens politique tout spécial, — ces *catholiques* devaient voir le cardinal arrivé et choisi par eux, soudainement leur tourner le dos, rechercher l'alliance des politiques et des protestants, les pourchasser et les combattre jusqu'à l'exil, jusqu'à la prison, jusqu'à la mort.

Seul de ses amis des premiers temps, le père Joseph resta près de lui. La politique, qui les sépara des autres, les unit au contraire plus étroitement. Ils s'accompagnèrent dans toutes les vicissitudes de la fortune. Une confidence grave et forte s'établit entre eux. Ils savaient tout l'un de l'autre. Ils portaient sur les hommes et sur les choses un même jugement; Richelieu, pourtant, plus précis, plus pratique, avec quelque chose de dominateur, une clarté et une gaieté d'homme d'action; le père Joseph, plus ténébreux, muet, embrassant plus encore peut-être, mais avec un sens moins net du possible; couvrant ses desseins vastes, ses menées complexes, ses voies tortueuses, de l'humilité réelle du capucin; attaché durant toute sa vie, à je ne sais quel rêve de croisade qui ne pouvait aboutir, mais, entre temps, se soumettant à l'exécution des volontés de son ami et travaillant à réunir la Lorraine et l'Alsace à la France.

Quel que dût être l'avenir de tous ces hommes éminents qu'une même profession, un même séjour, des goûts analogues, des intérêts communs rapprochaient, on croira facilement que la vigoureuse intelligence de l'évêque de Luçon était appréciée par eux à sa juste valeur. On le considérait déjà, malgré sa jeunesse, comme une lumière de l'Église; on comptait sur lui pour illustrer ce Poitou qui, pour la plupart d'entre eux, était la terre d'origine.

Poitiers, qui s'enorgueillissait encore, à cette date, de son université, de l'affluence des étudiants étrangers, du goût de sa bourgeoisie pour les lettres et les sciences, Poitiers commençait à faire au commensal de son évêque un cortège d'approbation et d'honneur. Les Citoys, les Pidoux, les Sainte-Marthe, les Bouthillier, médecins, littérateurs, avocats, les la Rochepozay, les Duvergier de Hauranne, à la fois personnages publics et hommes de haut savoir, s'attachaient au jeune évêque, s'ingéniaient à tirer l'horoscope de sa fortune, escomptaient peut-être déjà ses futures bonnes grâces.

C'est au milieu de cette réunion de solides esprits que s'écoulent les années de l'évêché. Richelieu se livre, en compagnie de ces ecclésiastiques et de ces légistes, à de vastes études qui forment en lui, à la fois, le théologien et le politique. Il développe ses aptitudes à la controverse, à la polémique écrite et parlée. Il prépare par une lecture immense, ces grands ouvrages de théologie dont la rédaction fut toujours pour lui un loisir grave, un repos fortifiant, une consolation dans les temps d'épreuves. Richelieu reçoit ainsi à Poitiers une nourriture intellectuelle qui, dans son ragoût provincial, n'en est pas moins substantielle. C'est par là qu'il se rattache au XVIe siècle et qu'il en garde, dans l'amoindrissement du siècle suivant, l'originalité et la vigueur.

Les succès obtenus dans ce monde choisi et très renseigné d'une université provinciale donnèrent de bonne heure, au jeune évêque, confiance en lui-même. Dès 1610, ce sentiment se manifeste par l'ambition qui lui vient de représenter la province ecclésiastique de Bordeaux, dont il était suffragant, à l'assemblée du clergé qui allait se réunir à Paris. Quoique malade, il s'agite, se pousse. Son métropolitain était alors Sourdis, archevêque de Bordeaux. Richelieu lui écrit maintes lettres obséquieuses. Ce n'est pas qu'il se présente, mais « quelques-uns des diocèses circonvoisins « ont pensé à lui (1). Il ne fait que se rendre à leur désir. En réalité, il y tient beaucoup : ce serait une première occasion de se signaler. L'élection doit avoir lieu à Bordeaux, sous l'œil du métropolitain qui ne paraît pas favorable. Richelieu, au moment décisif, envoie sur le terrain son fidèle vicaire, Bouthillier. Celui-ci multiplie les intrigues, remue ciel et terre et tient son évêque au courant de tout ce qu'il fait. Mais la réputation de Richelieu n'a pas encore dépassé les limites du Poitou. Les autres évêques s'étonnent de cette ambition prématurée. L'assemblée élit l'archevêque lui-même, M$^{gr}$ de Sourdis, et l'évêque d'Aure, coadjuteur de Condom. Bouthillier revient à Luçon rapportant, pour se justifier, le procès-verbal de l'élection et le compte-rendu des intrigues auxquelles s'étaient livrés les concurrents du jeune prélat (2).

Ce premier échec paraît lui avoir été pénible. Il se replie sur lui-même. C'est dans ces moments qu'il sent le poids de ce long séjour en province, qu'il s'enfonce dans son ermitage de Coussay, qu'il s'abandonne à son humeur mélancolique.

Mais ces moments de découragement, que le mauvais état de sa santé aggrave encore, ne tardent pas à se dissiper. En d'autres temps, il se rend justice à lui-même, goûte les succès qui lui viennent, se félicite des grandes relations qu'il se crée. De Paris même, on lui écrit que sa réputation va grandissant et que le cardinal du

---

(1) Voir *Correspondance* (I, p. 100-101). M. Avenel date, par erreur, ces documents de 1612. Ceux que nous citons ci-dessous et qui sont conservés aux Archives des affaires étrangères, donnent à cette négociation où se manifestent les premières ambitions de Richelieu, la date de 1610.

(2) La date de la convocation est de janvier 1610. La réunion de l'assemblée provinciale eut lieu à Bordeaux, en février 1610, ainsi qu'en fait foi le procès-verbal. Bouthillier s'en fit délivrer une copie qu'il rapporta à Richelieu et qui est conservée au Ministère des Affaires Étrangères. *Mémoires et Documents*. France (t. 767, f° 157, f° 165).

Perron le donne comme exemple aux jeunes prélats; l'évêque d'Orléans lui adresse, sur le mode ironique, des lettres, au fond, pleines de respect et d'éloges ; le père Cotton lui écrit d'un ton déférent Tant de travail, de prudence et de réserve n'est donc pas en pure perte. Une occasion manquée, d'autres se retrouvent. Il faut seulement être toujours prêt à les saisir, et, sans se laisser décourager par des échecs momentanés, s'assurer le succès définitif en y pensant toujours.

## CHAPITRE SIXIÈME.

**LES PREMIÈRES VISÉES POLITIQUES. — L'ÉLECTION AUX ÉTATS GÉNÉRAUX DE 1614. — LE RETOUR A PARIS.**

Que Richelieu, simple évêque de Luçon, fût préoccupé de la carrière politique à laquelle il se destinait (1), c'est ce qui résulte, avec la dernière évidence, d'un des documents les plus intéressants que nous ait laissés la jeunesse d'un grand homme : les *Instructions et maximes que je me suis données pour me conduire à la Cour;* curieux mémoire retrouvé et publié par M. Armand Baschet (2).

Sur des feuillets détachés, une écriture hâtive a jeté comme le trop-plein des réflexions qui occupaient les loisirs du jeune évêque. Avide de clarté, il fixe ses pensées, leur donne, par la rédaction, le caractère précis et ferme de la chose mûrement délibérée, écrite. Ce procédé, il devait l'employer toute sa vie. Pas une résolution importante qu'il n'ait ainsi étudiée, discutée avec lui-même, la plume à la main.

Cette fois, c'est une sorte de bréviaire portatif de l'ambitieux de cour, qu'il écrit pour son usage personnel. L'ensemble du texte ne peut laisser de doute sur la date de la rédaction. Elle remonte, évidemment, au temps de Henri IV. C'est donc avant le mois de

---

(1) C'était une idée courante chez les contemporains : « On a remarqué, dit Tallemant des Réaux, que, de tout temps, il a tâché à se pousser et qu'il a prétendu au maniement des affaires. »

(2) Paris, PLON, 1880, in-12. — Voir, à la fin du présent volume page 551, une note au sujet de l'origine du *Mémoire* publié par M. Armand Baschet.

mai 1610, probablement vers la fin de 1609, qu'il convient de la placer.

Pénétrons, à l'aide de ce mémoire, dans le secret le plus intime de cette âme ambitieuse. Tous les pas sont comptés, toutes les paroles sont pesées, tous les gestes sont surveillés; rien n'est abandonné au hasard de l'improvisation. Un continuel empire sur soi-même subordonne toutes les manifestations de la pensée à la discipline d'une volonté toujours en éveil.

Dans son rêve, le rédacteur du mémoire quitte Luçon pour Paris.

Une fois arrivé, il choisira son logement « et ne l'éloignera ni de Dieu ni du roi ». Les premiers instants de la journée seront donnés à Dieu. Ce devoir rempli, on peut penser à autre chose.

En ce qui concerne le roi, c'est un grand art de savoir quand et comment il convient de le visiter. Sans être importun, il faut se trouver là pourtant, aux moments propices : une fois par semaine à Paris, tous les deux jours à Fontainebleau, c'est la bonne mesure. Un joli portrait de Henri IV témoigne de l'attention psychologique du jeune courtisan : « Les mots les plus agréables au roi sont ceux qui élèvent ses royales vertus. Il aime les pointes et les soudaines reparties. Il ne goûte point ceux qui ne parlent pas hardiment, mais il y faut du respect. L'importance est de considérer quel vent tire et de ne le prendre point sur des humeurs auxquelles il ne se plaît de parler à personne, se cabre à tous ceux qui l'abordent;.. » et terminant par un trait de fine observation : « Prendre garde d'arrêter le discours quand le roi boit ».

C'est du roi que dépend désormais, en France, la fortune de tout ambitieux politique. Il tient une grande place dans ce court mémoire. « Bon de toujours tomber sur cette cadence que ç'a été par malheur que jamais on ne lui a pu faire service qu'en petites choses et qu'il n'y a rien d'impossible à une bonne volonté pour un si bon maître, un si grand roi » (1).

---

(1) Tallemant des Réaux dit encore: « Estant sur les bancs de Sorbonne, il eut l'ambition de faire un acte sans président; il dédia ses thèses au roi Henri IV, et quoiqu'il fût fort jeune, il lui promettoit dans cette lettre *de rendre de grands services*, s'il estoit jamais employé. »

Il faut aussi avoir égard aux grands, à la cour dont le suffrage désigne souvent pour les hauts emplois. Il faut fréquenter le monde, les tables, mais sans excès, avec dignité ; se tenir à égale distance du reproche d'orgueil et de celui d'importunité ; se taire, écouter, « n'avoir point l'esprit distrait, ni les yeux égarés, ni l'air triste ou mélancolique quand quelqu'un parle, et y apporter une vive attention, ainsi que beaucoup de grâce, mais plus par l'attention et le silence que par la parole et l'applaudissement. »

Puis, par une réflexion qui bride l'élan de son âme impétueuse : « En traitant ou parlant avec des seigneurs de qualité, j'ai eu de la peine à me tenir et me resserrer en moi-même. Là, plus on est honoré et respecté, plus il faut faire l'humble et le respectueux... De toutes choses, il faut dire son opinion avec respect et ne jamais ni juger ni conclure. »

Si, dans la conversation, quelque beau mot échappe, il faut le noter ; il faut noter également les principaux faits dont on est le témoin. La correspondance demande un soin particulier ; écrire le moins possible ; penser d'avance aux conséquences qu'on peut tirer de telle phrase jetée imprudemment ; tenir copie des lettres les plus importantes ; répondre à tous ceux qui vous écrivent, fussent-ils inférieurs ; lire et relire plusieurs fois les lettres que l'on reçoit et celles que l'on envoie : « Le feu doit garder celles que la cassette ne peut garder qu'avec péril. »

Enfin, Richelieu s'arrête sur la vraie science du courtisan : la dissimulation. Il en dégage, avec précision, les principes. La dissimulation supérieure se fait par le silence. Le silence garde les secrets qui vous sont confiés ; cache les desseins qui ne pourraient réussir, une fois éventés ; ménage l'amour-propre des gens sur lesquels on porte, au fond, un jugement sévère. Le silence sert à tromper les adversaires qui croient que l'on ignore leurs mauvais desseins ; il dévore les offenses que l'on vengera par la suite ; il écarte les brouilles et les querelles stériles, en un mot, il évite le tort que des paroles inconsidérées feraient à autrui et à soi-même.

Il est dur, dira-t-on, de vivre dans une telle contrainte avec ses amis. Mais il faut toujours penser au plus grand mal qui peut advenir. Cette dissimulation par le silence a même l'avantage d'épargner l'autre, bien plus périlleuse, « celle qui se fait par la parole et qui conduit l'esprit entre deux écueils, le blâme de la menterie et le péril de la vérité ». Si pourtant on est acculé et qu'on ne puisse pas se taire? Alors, le jeune évêque n'ose aller jusqu'au bout de sa pensée et conseiller le mensonge; il s'en tire par une jolie métaphore, empruntée au langage des camps : « Il faut, en ces occurrences, dit-il, faire des réponses semblables aux retraites qui, sans fuir, sans désordre et sans combattre, sauvent les hommes et les bagages. »

Ce court mémoire donne une juste idée de l'âme du jeune Français qui se préparait à affronter, vers l'année 1610, les périls de la carrière politique. Le but qu'il se propose, c'est la faveur du roi; son champ d'action, c'est la cour; ses moyens sont la persévérance, la souplesse, la dissimulation.

L'intrigue n'a pas le caractère extérieur et tempêtueux des siècles de liberté. Elle est couverte, attentive, repliée sur elle-même, jusqu'au jour où elle s'élance d'un bond. L'exercice constant de la volonté, le zèle et la grâce souriante, telles sont les qualités qui assurent le succès. Ce sont éminemment des qualités sociables. Tout repose sur les relations du monde, sur la confiance qu'on inspire ou, mieux encore, sur le charme qu'on exerce. Tout dépend d'une fantaisie, d'un caprice du monarque, — il faut répéter le mot, — de sa faveur.

Richelieu, dans ce court mémoire, ne parle pas des femmes. Il leur devra pourtant ses premiers succès. Le jeune prélat élégant, fin, à l'œil clair, dont la robe dissimulait à peine la tournure de cavalier, devait penser souvent à elles. Mais Henri IV vivait encore. Richelieu ne pouvait prévoir le gouvernement de Marie de Médicis, ni l'étrange fascination qu'il devait, un jour, exercer sur elle.

La mort de Henri IV fut, pour le jeune évêque, un événement décisif. Il l'apprit par une lettre (1), pleine des détails les plus circonstanciés, que lui adressa, le lendemain du crime, son doyen Bouthil-

(1) Nous croyons devoir donner, en appendice, cette lettre tout entière ainsi que quelques extraits des lettres suivantes. Cet ensemble forme un récit nouveau et complet des événements qui accompagnèrent et qui suivirent la mort de Henri IV. Ces documents sont

lier, qui se trouvait à Paris. Après s'être ému, comme il convenait, du tragique de l'aventure, Richelieu se demanda quel parti il pouvait en tirer. Jusque-là, il avait bien eu des velléités d'agir. Il parlait souvent de ce voyage à Paris, de cette installation définitive à laquelle il fait allusion dans le *Mémoire*. Cependant, il hésitait.

Cette cour, composée de personnages déjà vieux, de soldats à la figure rébarbative, au geste rude, la bouche toujours pleine des grands services qu'ils avaient rendus au Béarnais, en imposait à sa jeunesse, à ses ambitions provinciales. Il exagérait près d'eux le respect, la déférence, l'obséquiosité, dans un effort qui devait coûter à sa fière nature. Par l'avènement d'un roi enfant, d'une reine étrangère, d'un personnel de femmes, de favoris, et de prêtres, il vit s'ouvrir un monde nouveau.

Il paraît avoir eu l'intuition très vive de ce changement favorable. Avec une précipitation qui fut longtemps un de ses défauts, il s'agite tout à coup, s'efforce d'attirer sur lui l'attention, écrit à tout le monde. Il avait, près de la reine, un appui naturel; c'était son frère aîné, le brillant Henri de Richelieu. Beau et bien fait, mêlé aux intrigues, celui-ci avait ses entrées dans ce qu'on appelait les *cabinets*, c'est-à-dire dans les petits cercles où se plaisait la reine. A peine Henri IV est-il mort, que nous le voyons mentionné avec son beau-frère, du Pont de Courlay, sur la liste des seigneurs auxquels la régente distribue les sommes péniblement amassées par le sage Sully (1).

Dans l'entourage de la reine, l'évêque de Luçon avait en outre

conservés au ministère des Affaires Étrangères. Mémoires et documents. *France*. Vol. 769, pièces 67 et suivantes. (V. *Appendice*, à la fin de l'ouvrage.)

(1) Voir la mention des dons faits aux deux beaux-frères par Marie de Médicis, le 26 février 1611, dans les registres de cette reine : Bibliothèque nationale ; Cabinet des Mss ; *Cinq Cents Colbert*, vol. 91, f° 4. — Je crois devoir transcrire, sur du Pont de Courlay, un extrait d'une note de l'éditeur de la *Confession de Sancy*. Appendice au *Journal de Henri III*. Édition de 1746, in-12. (t. IV, p. 32) « *Les Mémoires de Sully* sur l'an 1604, (édit. Petitot, t. V, p. 248), parlent d'un sieur du Pont de Courlay « qui s'entendait avec Armand du Plessis, depuis cardinal de Richelieu, contre le marquis de Rosny et les huguenots. » (Il ne s'agit pas ici d'Armand du Plessis, mais bien de Henri du Plessis, son frère aîné). « Ce du Pont de Courlay est René de Vignerod, sieur du Pont de Courlay en Poitou, que Guy Patin dit avoir été l'un des espions du marquis d'Ancre à mille livres par an, avoir eu pour père un notaire de la ville de Bressuire en Poitou et avoir épousé Françoise de Richelieu, l'une des sœurs du cardinal de Richelieu... Une chose m'embarrasse, c'est de savoir si ce Pont de Courlay était un converti. »

une protectrice à laquelle la plupart des mémoires du temps attribuent une certaine influence sur les débuts de sa carrière politique. C'est Antoinette de Pons, marquise de Guercheville, qui avait été mariée, en premières noces, au comte de La Roche-Guyon (1).

Il faut mentionner encore le nom d'une demoiselle Selvage qui, au début de l'année 1613, lui écrivait de revenir bientôt auprès de la reine et lui disait « qu'elle parlait souvent de lui à Sa Majesté, comme il le désirait » (2). Enfin, il pouvait se réclamer du père Cotton, du père de Bérulle, du père Joseph, de tout ce personnel ecclésiastique qui enserrait déjà la dévote Italienne.

Dès qu'il eut appris la mort du roi, Richelieu crut faire un coup de maître en adressant à la reine un serment de fidélité, rédigé en des termes particulièrement expressifs. Après avoir déploré l'évènement, il jurait, en son nom et au nom de son clergé de Luçon et de Coussay, « de se comporter, envers le roi Louis XIII, à présent régnant, tout ainsi que les très humbles, très affectionnés et très fidèles sujets doivent faire envers leur légitime seigneur et roi. » Il ne s'en tenait pas là; une adroite flatterie se glissait jusque dans l'ordinaire banalité de ces sortes de formules : « Nous certifions que, bien qu'il semble, qu'après le funeste malheur qu'une homicide main a répandu sur nous, nous ne puissions plus recevoir de joie, nous ressentons toutefois un contentement indicible de ce qu'il a plu à Dieu, nous donnant la reine pour régente de cet État, nous départir ensuite, de l'extrême mal qui nous est arrivé, le plus utile et nécessaire bien que nous eussions pu souhaiter en nos misères, espérant que la sagesse d'une si vertueuse princesse maintiendra toutes choses au point où la valeur et la prudence du plus grand roi que le ciel eût jamais couvert, les aient établies. Nous jurons, sur la part qui nous est promise en l'héritage céleste, de lui porter obéissance, etc. »

Ce serment, dont les termes étaient si soigneusement pesés et

---

(1) La marquise de Guercheville avait été mariée avec Charles du Plessis, seigneur de Liancourt, premier écuyer et gouverneur de Paris, etc. Il y avait peut-être quelque alliance entre ce du Plessis et les du Plessis-Richelieu. — V. les *Mémoires de Saint-Simon*. édit. CHÉRUEL. Hachette, in-12 (t. IX, p. 391). — *Correspondance* (I. 603 ).

(2) Analyse de la Correspondance de Richelieu faite par l'abbé LEGRAND. Bibliothèque Nationale, Cabinet des Mss. *Mélanges de* CLÉREMBAULT, vol. 521. année 1613.

paraissaient devoir être si agréables, en un temps où la cour était pleine d'inquiétude sur la fidélité des provinces et notamment des provinces de l'ouest, ce serment fut immédiatement envoyé à Paris. Richelieu priait son frère de remettre le document à la reine elle-même. La Cochère devait informer son évêque de l'effet produit (1).

Malheureusement les choses ne se passèrent pas comme l'impatience de celui-ci l'avait espéré. Les amis de Paris furent d'avis que, par une telle démarche, on affichait un excès de zèle presque ridicule : « Je crois, écrit Bouthillier, que M. de Richelieu vous aura averti qu'il n'a point présenté l'acte de fidélité que vous aviez envoyé, ayant su que cela n'avait été pratiqué par personne, comme, de mon côté, je l'ai particulièrement appris. » L'évêque en fut pour ses frais de rédaction; mais ses ardeurs n'en furent nullement refroidies.

En effet, au même moment, il décidait brusquement son départ pour Paris. Il écrivait à sa bonne amie, M$^{me}$ de Bourges, la priant de lui trouver un logis, de lui acheter des meubles : « dorénavant, j'espère faire un tour à Paris tous les ans, » ajoute-t-il. Comme son frère, il force sa misère pour subvenir à la première mise de son ambition. Il faut à tout prix faire figure : « C'est grande pitié que de pauvre noblesse, dit-il; mais il n'y a remède; contre fortune bon cœur; » et encore : « tenant un peu de votre humeur, c'est-à-dire étant un peu glorieux, je voudrais bien, étant plus à mon aise, paraître davantage, ce que je ferai mieux ayant un logis à moi (2). »

Tandis que l'abbé de La Cochère et M$^{me}$ de Bourges veillaient sur les premiers pas de leur ami, celui-ci écrivait à divers personnages, à son métropolitain, M. de Sourdis, alors à Paris, à l'évêque de Maillezais, frère de ce cardinal, au père Cotton, que la reine retient à la cour et dont elle demande les avis, à d'autres encore. C'est toujours le fidèle doyen qui est chargé de remettre les lettres, dont le texte nous manque. Mais nous savons, par les réponses de l'abbé,

---

(1) *Correspondance* (t. I$^{er}$, p. 53).
(2) *Correspondance* (t. I, p. 55). « Je choisirai un logis (à Paris) qui ne soit loin ni de celui de Dieu, ni de celui du Roi. » *Mémoire* publié par A. BASCHET (p. 11).

qu'elles produisaient leur effet, que le père Cotton « assurait l'évêque de tout son service » ; que M. de Souvré disait beaucoup de bien de lui « selon la réputation que vos mérites vous ont acquise par toute la France. » On ajoutait même que, si le jeune évêque se fût trouvé à Paris, on eût probablement confié à son éloquence l'oraison funèbre du roi défunt (1).

Ce séjour à Paris, sur lequel on comptait tant, ne paraît pas avoir produit de résultats immédiats. La reine, absorbée par les premiers soucis du pouvoir, assiégée par les convoitises des grands, n'avait pas encore pris la direction effective des affaires. Les anciens ministres de Henri IV continuaient à gérer les intérêts publics. La place n'était pas prête pour les nouveaux venus.

Richelieu quitta bientôt Paris, abattu, découragé, rongé par la fièvre. Il ne rentra pas à Luçon. L'air des marais lui était tout à fait contraire. Il avait des difficultés graves avec son chapitre, avec ses grands vicaires ; il écrit à ceux-ci dans des termes violents, qui ne sont pas de sa manière habituelle, mais qui découvrent le fond d'un caractère autoritaire et passionné : « Vous êtes tous deux mes grands vicaires, et comme tels vous devez n'avoir d'autre dessein que de faire passer toutes choses à mon contentement, ce qui se fera, pourvu que ce soit à la gloire de Dieu. Il semble par votre lettre que vous étiez en mauvaise humeur, lorsque vous avez pris la plume. Pour moi, j'aime tant mes amis que je désire ne connoître que leurs bonnes humeurs et il me semble qu'ils ne devroient point en faire paroître d'autres. Si une mouche vous a piqués, vous la deviez tuer et non en faire sentir l'aiguillon aux autres... Je sais, Dieu merci, me gouverner et sais davantage comme ceux qui sont sous moi doivent se gouverner. Vous me mandez qu'il ne vous chaut de ce qui se passe, disant que l'affaire me touche plus qu'à vous. Je trouve bon que vous m'avertissiez des désordres qui sont en mon diocèse ; mais il est besoin de le faire plus froidement, n'y ayant point de doute que la chaleur piqueroit, en ce temps-cy, ceux qui ont le sang chaud comme moi... Vous dites que vous renonceriez

(1) Voir les lettres publiées en appendice et comparer *Correspondance* (t. VIII, p. 5).

volontiers au titre que je vous ai donné; je l'ai fait pour vous obliger, vous croyant capable de servir l'Église. Si je me suis trompé, en ce faisant, vous désobligeant au lieu de vous gratifier, j'en suis fâché; mais je vous dirai qu'à toute faute il n'y a qu'amende; je ne force personne à recevoir du bien de moi. Vous prêchez aux autres le libre arbitre; il vous est libre de vous en servir... » (1).

Ce sont là les paroles d'un homme ulcéré, peu maître de lui. A cette époque, Richelieu se plaignait continuellement de sa santé, des tourments qu'il endurait. Son humeur s'aigrissait. Autour de lui, on était inquiet; on le ménageait. Sa nature, d'habitude si résolue, passait par des périodes d'abattement et de mélancolie (2).

Il habitait parfois son prieuré des Roches, d'où il avait l'œil sur les affaires de Fontevrault; mais, le plus souvent, il se renfermait dans son prieuré de Coussay, près de Mirebeau, non loin de Poitiers, dont le voisinage l'attirait. Il se plaît dans cette région montueuse, aux horizons étendus, aux longues promenades pleines de rêves fouettés par le vent.

Un joli castel du XVI⁰ siècle, muni de tours, environné de fossés et de douves profondes aux eaux jaillissantes, lui offrait un abri coquet, riant et sûr. Ce château avait été construit, vers le milieu du siècle précédent, par Bohier, évêque de Saint-Malo, dans le style le plus charmant de la Renaissance (3). Il cachait (et

---

(1) *Correspondance* (t. I, p. 59).

(2) A l'occasion de la mort de leur tante, Mᵐᵉ de Saulves, son frère lui écrit : « Je m'assure que cet accident, arrivé en votre présence, vous aura bien touché, et je crains que ce déplaisir n'augmente encore votre humeur mélancolique et votre fièvre par conséquent. » 14 février 1611. (Affaires Etrangères. *Mémoires et documents. France*, t. 768, pièce 13). Richelieu, lui-même, ne dissimule pas ses défaillances momentanées : « Qui feroit état de passer cette vie sans traverse, écrit-il, se mécompteroit bien fort. Quelque prudence qu'un homme puisse avoir, il doit se souvenir qu'on se trompe souvent aux choses mêmes auxquelles il semble qu'on ait le mieux pourvu. » *Correspondance* (I, p. 34).

(3) J'ai dit dans le texte, d'après un document daté du 2 février 1563, que Coussay avait été bâti par Bohier, évêque de St-Malo. Ce serait peut-être plutôt par son prédécesseur, Guillaume Briçonnet. « Guillaume Briçonnet, connu sous le nom de Cardinal de St-Malo, surintendant des finances sous Charles VIII, étant devenu veuf, était entré dans les ordres et s'était fait donner l'évêché de Saint-Malo, en 1491, et l'archevêché de Reims en 1494. Privé de la pourpre par Jules II et excommunié, il fut absous par Léon X qui lui donna l'évêché de Narbonne où il mourut en 1514. » Voir sur tout ce qui le concerne, ainsi

cache encore) dans un repli de terrain, les quatre tours coiffées en poivrières et l'élégant donjon qui domine la vallée. Tout à l'entour, le paysage est vaste, solitaire, plein de repos.

Richelieu y séjourne; il s'arrange un promenoir où se perdent ses pas méditatifs. Il se renferme dans le cabinet de la tour maîtresse, près de la chapelle, où il dit la messe, ayant sous la main ses livres, l'armoire secrète où il cache les papiers précieux, les notes où se fixent ses premiers desseins. C'est son « hermitage ». Il y mène l'existence « d'un pauvre moine réduit à la vente de ses meubles et à la vie rustique ».

Cette pauvreté relative est toujours son grand souci. Il s'en plaint souvent, s'efforce d'y remédier par un soin attentif, des discussions d'affaires, des procès sans fin. Il prend même en main les intérêts de sa famille, s'attendrit à la nouvelle de la mort d'une petite nièce, fille de sa sœur, mais beaucoup plus, à ce qu'il semble, en apprenant une perte d'argent qui survient à cette même sœur, M<sup>me</sup> du Pont de Courlay (1).

que son fils, Guillaume évêque de Meaux, un article de l'abbé Dufour dans *Bulletin de la Société de l'Histoire de Paris*. 1884 (p. 118) — Richelieu avait pris possession du bénéfice de Coussay à la mort de son oncle, Jacques du Plessis, avant lui évêque de Luçon. Le souvenir de Richelieu s'est conservé intact dans le village reculé qui entoure le château encore debout. Les métayers qui habitent cette charmante demeure connaissent le nom de leur illustre prédécesseur et le curé de la paroisse s'intitule volontiers comme le cardinal, « prieur de Coussay ». Malheureusement le délabrement de l'intérieur du monument ne répond guère à l'élégance encore frappante de l'extérieur. On trouve aux Archives de la Vienne quelques documents intéressants relatifs au prieuré de Coussay : — « 2 février 1563. Édit du Roi pour le rachat du domaine ecclésiastique du prieuré de Coussay au profit de « notre cher ami et féal conseiller et aumônier ordinaire, Messire François Bohier, évêque de St-Malo et prieur de Coussay. » — 12 mai 1623. « C'est la déclaration des choses héréditaux, dommaynes et héritages que nous Vincent et Guiot Bouttement père et fils, meusniers, demeurant aux moulins de Brissay, paroisse de Coussay, M<sup>e</sup> Pierre Rovier sergent et Pierre Derouette, demeurant à Brissay, paroisse dudit Coussay, avouons et advouerons tenir à Vous, nostre seigneur l'Illustrissime Cardinal de Richelieu, prieur et chastellain de Coussay, et ce, à cause de vostre dict prieuré de Coussay... » — XVIII<sup>e</sup> siècle. Déclaration que donne à Messieurs de la Chambre ecclésiastique du diocèse de Poitiers, D. G. Marie Cunat, prêtre, religieux bénédictin de la Congrégation de St-Maur, prieur titulaire du prieuré simple et régulier de Saint-Paul de Coussay, diocèse de Poitiers, membre dépendant de l'abbaye royale de St-Paul de Cormery... pour satisfaire à la déclaration du Roi du 17 août 1750. » Il résulte de cette déclaration et d'un bail qui y est joint, qu'en 1751, le revenu du prieuré était évalué à la somme de 3844 livres desquelles il fallait déduire 2164 livres, à cause des grands frais d'entretien du château. Déjà, à cette époque, la moitié du château était habitée par des métayers.

(1) Voir une lettre de Richelieu à son frère qui a échappé aux recherches de M. Avenel

Cependant ces chagrins et ces préoccupations ne le détournent pas de son éternelle pensée : la cour, Paris.

Il est aux écoutes. Le moindre bruit qui vient de là-bas, l'éveille. M. de Vic est envoyé à Poitiers pour apaiser les différends qui subsistent entre les protestants et les catholiques (fin de 1611). Richelieu lui écrit et se met à sa disposition (1). Il s'adresse également à Phelypeaux de Pontchartrain, secrétaire d'État chargé particulièrement des affaires de la religion, homme actif et laborieux, qui tenait très sérieusement en main la direction des affaires intérieures de la France (mars 1612) (2). Richelieu se met en relations suivies avec ces deux personnages, devient, pour eux, une sorte d'agent officieux, leur donne des renseignements précis sur l'attitude des huguenots. Il est question, à un certain moment, de l'envoyer à la Rochelle « pour haranguer ces messieurs (3) ». Il s'entremet, de lui-même, auprès de

---

et qui est mentionnée en ces termes dans le catalogue d'autographes d'Étienne Charavay, 28 novembre 1881, n° 135 : RICHELIEU (L.-F. Armand DU PLESSIS, cardinal de). — L. aut., sig. d'un monogramme, à son frère; 26 déc. 1611, 2 p. 3/4 in fol., cachets Richelieu donne, dans cette lettre, son avis sur une délicate question de propriété et raconte les démarches qu'il a faites pour trancher à l'amiable une contestation intéressant son frère. Il ne croit pas qu'on puisse obtenir satisfaction. « Vous pouvez croire que je sçay quel est vostre courage que je croy aussy franc qu'il y en ait au monde, et partant que je ne dis rien pour penser flatter vostre humeur, mais au contraire pour l'empescher de suivre les voyes à quoy d'elle-mesme elle se porte. Nous sommes frères ; je vous parle à cœur ouvert en ceste qualité. Je vous prie de le trouver bon et croire que personne ne désirera jamais votre contentement et vostre honneur avec tant de passion que moy... » — Voir aussi *Correspondance,* année 1613 et 1614, *passim* (notamment p. 117 et suiv. p. 125 ; etc). — Voir enfin les lettres à lui adressées par Bouthillier et la lettre, déjà citée ci-dessus, que son frère lui écrivit, en février 1611, à l'occasion de la mort de leur tante, M$^{me}$ de Saulves. Elle avait désigné l'évêque de Luçon comme son exécuteur testamentaire. (Archives des Affaires Étrangères. *France,* t. 768, pièce 13.)

(1) *Correspondance* (t. I, p. 72)

(2) *Correspondance* (t. I, p. 82). Voir sur l'importance du rôle de Phelypeaux de Pontchartrain, ses *Mémoires* dans la Collection Michaud et Poujoulat. Il dit en propres termes que « l'évêque et le lieutenant criminel Nouzières appuyaient le parti de la Cour, » (p. 331). — Voir encore une lettre du prince de Condé au président Jeannin : « Monsieur, j'ai reçu un si sanglant déplaisir à Poitiers, que dis-je, déplaisir ? mais affront si grand qu'il n'est pas possible de plus, *qui sont les effets des correspondances que M. Phelypeaux a dans les villes.* » Bibl. Nat. Cabinet des Mss., n° 3799, f° 1. — Voir aussi les lettres de M. de Vic à l'évêque de Luçon, datées du 25 août 1612, du 9 septembre 1612, du 24 mars 1613, aux archives des Affaires Étrangères. *France* (t. 768, pièces 33 et 35 ; t. 26, pièce 4).

(3) Lettre adressée à l'évêque de Luçon par son ami, G. de l'Aubespine, évêque d'Orléans (8 octobre 1612). Affaires Étrangères, *France* (t. 768, pièce 38).

du Plessis-Mornay, son illustre voisin; approuve la conduite de la reine mère, l'engage à venir dans le pays à la tête de l'armée que commande M. de Themines et achève sa lettre à Pontchartrain par une insinuation qui vise plus haut : « Cependant, si vous jugez à propos de faire entendre à la reine ce que je vous mande, parce qu'elle me commanda, lorsque je partis, de l'avertir de ce qui se passerait par-deçà, vous en userez comme vous le jugerez bon. » Il avait vu Marie de Médicis lors de son voyage à Paris; ses offres de service avaient été reçues un peu froidement : il les renouvelle sans se rebuter.

Il suit les événements politiques avec l'assiduité d'un homme qui se prépare. Nous n'avons que de rares échappées sur ses pensées d'alors; elles paraissent déjà pleines de grandeur : « Encore que les brouilleries présentes et plusieurs pronostics fâcheux semblent nous augurer et présager la guerre, néanmoins, je ne crois pas qu'elle puisse sitôt éclore, les moyens de la faire naître étant beaucoup moindres que la volonté de ceux qui la pourraient désirer. La sage conduite et l'affection et fidélité de plusieurs bons serviteurs nous garantiront des maux du dedans. Pour ceux du dehors, je les baptiserai d'un autre nom s'ils nous font naître les occasions d'accroître nos limites et de nous combler de gloire aux dépens des ennemis de la France (1). » Ces fières paroles sont écrites, en 1612, du fond de sa province, par un ecclésiastique à peine âgé de vingt-sept ans!

D'ailleurs, ses mérites finissent par percer. Malgré son échec dans l'affaire de l'assemblée du clergé, on a pensé à lui. On reconnaît son obligeance, son zèle; on lui tient compte de son humilité, du moins apparente, de son loyalisme toujours en éveil. Ses relations s'étendent; il ne manque pas à ses propres maximes et s'empresse auprès des grands, multipliant auprès d'eux ses protestations, « comme on offre des sacrifices aux dieux mêmes non favorables ». A la mort du comte de Soissons (novembre 1612), il adresse à la comtesse une longue lettre de condoléances écrite dans le style le plus amphigourique; il offre

---

(1) *Correspondance* (t. I, p. 86). Lettre à M. des Preaux.

ses services au duc d'Épernon, alors très en faveur; à Sully, que sa qualité de gouverneur du Poitou mettait en contact plus direct avec lui; à Villeroy, qu'il console tout aussi longuement de la mort de sa fille.

Il est, à cette époque, très bénin, trés épiscopal. La sécheresse de sa nature s'ingénie à trouver des paroles émues et tendres. Il s'adresse beaucoup aux ecclésiastiques, à l'archevêque d'Aix, au général des chartreux, à l'archevêque de Toulouse, au cardinal de la Rochefoucauld, dont la haute personnalité religieuse pouvait être d'un utile appui. Il demande au père Georges « une part dans ses prières. »

Il arrange les différends, apaise les querelles; s'emploie pour ses diocésains, pour M. de Boisverbert, « un de ses meilleurs amis, » pour MM. de Fontmorin, de la Brosse, de la Mabillière et du Coustau, « de bons gentilshommes, ses amis et ses voisins de campagne », qu'on poursuit injustement; heureux, enfin, de pouvoir se rendre à lui-même ce témoignage : « Je suis maintenant en ma baronnie, aimé, ce me veut-on faire croire, de tout le monde (1). »

Évidemment, il se rend compte de l'importance que sa province va prendre dans les destinées générales du pays. Par la mort de Henri IV, le lien de la centralisation s'est relâché. Le parti protestant relève la tête; les revendications locales reprennent quelque vigueur. La cour a besoin de tout le monde : c'est l'heure de s'imposer à la cour.

Le personnel que Henri IV avait choisi, et que sa mort avait groupé autour de la régente, commençait à se lasser et à lasser. Ceux qui avaient le mieux personnifié le caractère parfois autoritaire et dur de la politique de l'ancien roi avaient disparu les premiers : ainsi, le duc de Sully. Villeroy, Sillery, plus souples, étaient restés. Mais leur influence allait en diminuant.

Nous sommes à l'époque de la faveur de Concini; faveur inquiète, toujours précaire, cherchant en France des appuis que l'esprit français lui refuse.

(1) *Correspondance* (t. I, p. 93-123).

Un habile homme peut tirer parti de cette situation difficile. Dans un pareil temps, les dévouements sont précieux. Le tout est de se faire valoir, de se faire aimer ou craindre ; pour cela, le séjour dans une province agitée est extrêmement favorable.

C'est vers cette époque, que se dessine nettement la première partie de la carrière politique de Richelieu. Il ne s'agit nullement alors de grandes conceptions ou d'actions politiques étendues. Il ne s'agit pas de savoir ce que l'on fera quand on sera au pouvoir, mais seulement d'y parvenir. Tout ambitieux porte en lui la conviction que les affaires ne peuvent prospérer que par lui. Il se donne d'abord pour tâche d'en saisir la direction ; c'est la première partie de sa carrière, et c'est par là aussi que ses qualités se révèlent. Les actes viennent ensuite et distinguent, selon le succès, l'orgueil légitime de la folle présomption.

Richelieu profite de son caractère ecclésiastique; il se souvient de son voyage à Rome, envoie, près du pape, un émissaire qui traite, paraît-il, de grandes choses; il affiche des sentiments ultramontains. La cabale qui est aux affaires est catholique, papiste, espagnole. Le futur adversaire de la maison d'Espagne, le futur allié de Gustave-Adolphe, le futur chef des « politiques, » s'y enrôle sans hésiter.

Dans le Poitou, il prend nettement position. La correspondance qu'il entretient avec M. Phelypeaux et avec M. de Vic le montre de plus en plus engagé dans le parti royal. Il écrit que « c'est cracher contre le ciel que de vouloir heurter l'autorité du roi et de la reine » (1). Bouthillier, son fidèle doyen, a l'ordre de l'instruire des menus faits de la cour et de ne pas perdre de vue le Père Cotton, le cardinal du Perron, les favoris.

Richelieu fait un nouveau voyage à Paris, sur la fin de 1613. Il prend langue, à cette date, avec Concini. Celui-ci, précisément, semble menacé d'une disgrâce. Tous les princes ont quitté la cour. La guerre civile est en perspective. C'est le moment choisi par Richelieu, qui, au fond, ne faisait nul cas de cet Italien, pour

---

(1) Richelieu répète cette expression trois ans plus tard, dans un passage du « Caput apologeticum » qu'il écrit après sa chute du premier ministère. Il rappelle d'ailleurs qu'il a toujours été fidèle à la royauté. V. *Corresp.* (t. VII, p. 420).

adresser à celui-ci une lettre pleine de protestations : « Monsieur, honorant toujours ceux à qui j'ai une fois voué du service, je vous écris cette lettre pour vous en continuer les assurances; car j'aime mieux vous témoigner la vérité de mon affection aux occasions importantes que de vous en offrir, hors le temps, les seules apparences... Je vous supplierai seulement de croire que mes promesses seront toujours suivies de bons effets et pendant que vous me ferez l'honneur de m'aimer, que je vous saurai toujours très dignement servir... » (1). Cette lettre est précieuse; de tels concours, ainsi offerts, ne se refusent pas; mais aussi on ne les accepte pas gratuitement. L'évêque de Luçon s'engage à fond dans la cause du maréchal qui, bientôt, l'appellera au ministère.

Nous sommes arrivés, d'ailleurs, à cette année 1614, qui marque une date importante dans le règne de Louis XIII. Les fonds amassés par Henri IV dans les caves de la Bastille avaient été dépensés pendant les trois premières années de la régence. Les princes du sang, les seigneurs de la cour, les protestants s'agitaient et cherchaient quelque occasion de troubler la tranquillité, qui, malgré tout, persistait dans le royaume. Sur la fin de 1612, un prétexte, le plus futile des prétextes, s'était présenté. Le prince de Condé, pour le moment d'accord avec le marquis d'Ancre, s'était montré froissé du refus qu'on lui avait fait du gouvernement de Château-Trompette et aussi de la faveur dans laquelle la reine tenait les Guise et d'Épernon. Il s'était retiré de la cour. Mayenne, Nevers, Bouillon et le marquis d'Ancre lui-même avaient fait comme Condé.

Au bout de quelques mois, Concini était revenu à la cour, avait repris sa place dans la faveur de la reine, et s'était séparé de la cabale de Condé pour se rapprocher des vieux ministres, Villeroy et Sillery. Cette fois, Condé, très irrité, ne ménage plus rien. Il se persuade que ces intrigues de cour ou d'alcôve intéressent toute la France. Il profite du mécontentement vague que la puissance du favori répand dans le royaume; il lance un manifeste plein de reproches et de menaces.

Au fond, ce manifeste n'était qu'une adroite exploitation de tous

---

(1) *Correspondance* (t. I, p. 121).

les mécontentements : « L'Église n'a plus de splendeur ; nul ecclésiastique n'est employé aux ambassades et n'a plus rang au conseil; la noblesse appauvrie et ruinée est maintenant taillée, chassée des offices de judicature et de finances faute d'argent, privée de la paie des gens d'armes et esclave de ses créanciers; le peuple est surchargé par des commissions extraordinaires et tout tombe sur les pauvres pour les gages des riches ».

Ce sont là des plaintes qui peuvent se renouveler de tout temps, et qui, de tout temps, flattent les passions de ceux que leur sort ne satisfait pas. Condé ne se mettait pas en peine d'indiquer un remède précis aux maux qu'il dénonçait. Mais il essayait de rendre sa conjuration populaire, en réclamant énergiquement la convocation des États généraux.

En un mot, on voulait brouiller. « Ce temps étoit si misérable, dit Richelieu lui-même, que ceux-là étaient les plus habiles, parmi les grands, qui étoient les plus industrieux à faire des brouilleries, et les brouilleries étoient telles et il y avoit si peu de sécurité en l'établissement des choses, que les ministres étoient plus occupés aux moyens nécessaires pour leur conservation qu'à ceux qui étoient nécessaires pour l'État (1). » Le gouvernement de la reine, timide, tiraillé, sans prestige, se défendait mollement contre des accusations insaisissables ou contradictoires. Pour les écarter, il eût suffi qu'un mot fût prononcé avec autorité. Mais c'est justement l'autorité qui manquait à ce gouvernement, qu'on accusait d'abuser de la sienne.

Aussitôt la publication de son manifeste, Condé esquissa quelque chose comme une prise d'armes. Le peuple ne bougea pas. Tout était tranquille. Si le gouvernement de la reine n'était pas fort, il était doux. On avait le souvenir encore présent des misères civiles. On végétait dans une sorte d'indifférence que les objurgations intéressées de Condé et de ses amis ne pouvaient secouer.

Le gouvernement de la régente rassembla une armée. Les conjurés, mal préparés, prirent peur. La reine ne demandait qu'à composer. Elle craignait que sa force ne se brisât, si elle en faisait seulement l'essai. Des pourparlers furent engagés à Soissons, d'a-

_____
(1) *Mémoires de Richelieu*. Coll. Michaud et Poujoulat (t. I, p. 57).

bord, puis à Sainte-Menehould. Les princes obtinrent à peu près tout ce qu'ils voulurent : des places, des châteaux, des gouvernements, de l'argent, et, enfin, pour ne pas abandonner tout leur programme populaire, la promesse de la réunion des États généraux.

La rébellion des princes n'avait fait que rider la face du royaume; pourtant, elle avait agité un peu plus profondément le Poitou (1).

Au cours de ses pérégrinations, Condé, se rendant à sa maison de Rochefort-sur-Creuse, s'était approché de Poitiers. Les magistrats municipaux avaient résolu d'aller, comme de coutume, au-devant de lui. Sur ces entrefaites, arrive une lettre de la reine, datée du 13 février 1614, qui se plaignait vivement du prince. Les ennemis du maire répandirent aussitôt le bruit que le projet de voyage annoncé n'avait d'autre objet que de livrer la ville au prince de Condé. On disait aussi que la reine, mécontente de Poitiers, avait conçu le dessein d'y construire une citadelle et d'y mettre une garnison.

Un vif mouvement d'opposition se produisit alors contre le maire, Scévole de Sainte-Marthe (2). Celui-ci se trouvait ainsi, bon gré mal gré, rejeté dans le camp du prince; ses adversaires exagéraient leur royalisme pour l'expulser du sien. A la tête de ces adversaires, était le jeune évêque, Chasteignier de La Rocheposay, l'ami de Richelieu. Il était en correspondance avec la reine et avec Phelypeaux; il se sentait soutenu par le gouvernement. Il prit bientôt une attitude violente, agressive, peu convenable à un évêque. Il fit assassiner un émissaire du prince de Condé, Latrie (3). Il fit fermer les portes au prince lui-même qui s'avançait vers la ville et, enlevant la direction effective des affaires au maire et à ses échevins, il se mit en posture de soutenir un siège (4).

---

(1) V. THIBEAUDEAU. *Histoire du Poitou* (t. III, p. 183 et suiv.) OUVRÉ. *Essai sur l'Histoire de Poitiers depuis la fin de la Ligue jusqu'à la prise de La Rochelle* (1595-1628). Poitiers, 1856, in-8°, (p. 60 et suiv).

(2) Richelieu dit que Sainte-Marthe avait été nommé à la mairie de la ville par suite des menées du prince de Condé. *Mémoires* (t. I, p. 71.)

(3) Latrie ne fut que blessé; mais un laquais qui l'accompagnait fut tué. V. OUVRÉ (p. 73).

(4) C'est à cette époque que Duvergier de Hauranne composa son pamphlet pour prouver « qu'il est permis à un ecclésiastique de porter les armes. »

Le gouverneur, le duc de Roannès (1), instruit des faits, accourut en toute hâte avec des paroles de conciliation. On ne voulut pas l'entendre. Il fut menacé, maltraité par les partisans de l'évêque; il ne dut la vie qu'à sa prudence et il fut forcé de quitter la ville (2).

Cependant, la paix avait été signée à Sainte-Menehould. La reine s'avança elle-même, à la tête d'une armée assez importante pour pacifier les provinces de l'ouest. Elle délivra à MM. Mangot et Mazuyer, maîtres des requêtes, une commission qui leur donnait charge d'entendre les deux partis et de calmer les esprits. Le duc de Roannès revint « pour un jour » à Poitiers. L'assassinat des compagnons de Latrie fut oublié, tout rentra dans l'ordre. L'évêque La Rocheposay, qui avait affiché un royalisme si intolérant, garda toute son influence.

Or c'est précisément à cette influence, à l'appui que lui donna son ami, que Richelieu dut, en août 1614, son élection aux états généraux. Le peu de renseignements que nous avons sur cette période de sa vie nous le montre se prononçant très nettement contre les princes. Résidant dans son prieuré de Coussay, il soutient de ses conseils l'énergie de son collègue de Poitiers. Ils étaient, à cette époque, très unis (3).

Comme les bandes de Mayenne, allié de Condé, parcouraient le Poitou, elles n'eurent pas, pour le château de Richelieu, les égards auxquels avait droit la veuve du grand prévôt. Richelieu, en écrit de bonne encre à un lieutenant du duc de Mayenne, et il lui fait savoir qu'il comptait sur plus d'attention de la part du duc : « Je lui en eusse volontiers écrit, dit-il, si je n'eusse reconnu par le traitement qu'il a fait à ma mère, ou qu'il ne me croit plus au monde, ou qu'il me tient du tout incapable de lui rendre jamais service. » C'est là une parole assez fière et qui ne sent plus son débutant.

---

(1) Richelieu dit qu'il était « affidé à M. le Prince » (p. 71).
(2) Condé resta aux environs de Poitiers « muguetant la ville et cherchant à la surprendre. » *Mémoires de Richelieu* (p. 71).
(3) Le récit de Richelieu dans ses *Mémoires* est visiblement favorable à La Rocheposay. — J'avais cru trouver une autre preuve de cette entente des deux évêques contre le prince de Condé, en lisant sur le catalogue du fonds Moreau, à la Bibliothèque na-

Lors de la signature de la paix de Sainte-Menehould, Richelieu avertit lui-même les fidèles de son diocèse ; mais il se hâte d'ajouter que le mérite de cette heureuse conclusion appartient tout entier à la reine, « dont la prudence a veillé pour assurer notre repos » (1). L'évêque ne perd, on le voit, aucune occasion d'affirmer sa fidélité à la cause de la régente. C'est à titre de royaliste avéré qu'il fut choisi pour représenter à Paris le clergé de la province.

L'occasion était guettée par lui depuis longtemps. Avant même que les lettres de convocation fussent lancées, un de ses amis, aposté dans la chancellerie, avait envoyé à M. de Bouthillier un double du projet de rédaction de ces lettres : « Voici ce que je vous ai promis, écrivait cet affidé ; vous en savez l'importance qui fera que vous le tiendrez secret, comme je vous en prie (2). »

Ainsi, Richelieu avait pu lire avant tout le monde, non seulement la lettre du roi aux baillis et sénéchaux, lettre purement officielle, et toute de formules, mais celle de la reine régente. Il avait pu voir que les états étaient convoqués pour le mois de septembre en la ville de Sens, que les baillis étaient invités non seulement à présider l'élection, mais à la surveiller de très près. « Je vous prie, disait la reine, de vouloir bien exhorter les uns et les autres d'apporter en cette action un esprit de paix et d'obéissance avec une bonne inclination et entière disposition de n'avoir autre but que celui que de bons et fidèles sujets doivent porter à ces occasions. Vous prendrez aussi soigneusement garde et avertirez ceux que vous estimez être à propos, à ce que le choix et l'élection de ceux qui doivent être députés soient faits de personnages d'honneur qui soient recommandables tant par leur probité et intégrité que pour leur affection au service du roi, mondit sieur et fils, et au bien et au repos de ses sujets (3). »

tionale, la mention d'une « lettre du prince de Condé à la reine mère contre l'évêque de Luçon, » datée du 4 juillet 1614. Vérification faite, ce n'est pas de Richelieu, mais de La Rochepozay qu'il est question dans ce document qui n'est d'ailleurs qu'une copie d'un original conservé dans le vol. 3799 du cabinet des Manuscrits
(1) *Correspondance* (I, 126).
(2) *Ibid.* (I, p. 124).
(3) Archives des Affaires Étrangères ; *France* (t. 768, f° 173).

Richelieu, prévenu à l'avance, pouvait préparer ses batteries. Pour qui savait lire entre les lignes, il était clair que la « candidature officielle » allait faire jouer tous ses ressorts.

Quelques jours après (23 juin 1614), l'évêque de Luçon reçut du duc de Sully, gouverneur de Poitiers, l'ordre de convocation des trois ordres de son diocèse : « Vous tiendrez, s'il vous plaît, la main, écrivait le vieux huguenot disgracié, à ce que toutes choses se fassent avec douceur; et, en tant que vous pourrez, qu'il soit député une personne de chacun ordre, de probité, qualité, et pouvoir suffisant et convenable au sujet... Votre piété et affection au service du roi me fait espérer que vous les témoignerez tout entières en une si importante occurrence... Je vous prie de croire, ajoutait-il obligeamment, que j'honore votre vertu et fais état de votre amitié, comme je vous conjure de vous assurer de la mienne (1). » Pour obtenir de pareilles protestations de la part d'un homme si hautain, il fallait que Richelieu fût décidément devenu un personnage dans la province.

Ses amis, en effet, ne s'endormaient pas. Le 3 juillet 1614, La Rocheposay, au fort de la querelle contre le prince de Condé, écrivait à son collègue une lettre qui établit l'entente, en vue de l'élection : « Monsieur, je fis hier réponse à M. de Sully et le priai de me mander le jour auquel il désiroit que se fît l'assemblée pour l'élection des députés, parce qu'il ne me l'avoit pas spécifié. Toutes les affaires sont en bon état, ajoutait l'évêque de Poitiers, tant au dedans qu'au dehors, de sorte qu'on ne peut espérer que bien, la reine ayant offert à M. le prince toute satisfaction et justice. Vous m'obligez trop d'avoir souvenance de moi et de me plaindre de mes peines; j'y suis tellement accoutumé depuis cinq mois, que je ne les ressens comme point, ayant aussi la résolution de ne rien appréhender en m'acquittant de mon devoir. »

Un mois après, à la veille même de l'élection, il prenait ses dernières mesures avec Richelieu et lui indiquait comment il avait aplani toutes les difficultés : « Je vous envoie M. le prieur de Sainte-Radegonde pour vous dire l'ordre que nous mettons ici pour l'as-

---

(1) Affaires Étrangères; *France* (t. 768, pièce 33).

semblée du clergé et savoir de vous celui que vous avez apporté à votre diocèse. Ceux de Maillezais sont avertis de se trouver ici. On ne nommera qu'un député, parce que celui duquel je vous avois parlé ne peut accepter la charge, à cause de son âge, de sorte que vous serez seul, ce qui sera bien à propos pour beaucoup de raisons... (1). »

Le lendemain, 10 août, les cloches sonnèrent dans chaque paroisse et les habitants députèrent quelques-uns d'entre eux pour aller à Poitiers procéder à l'élection.

Le terrain, comme on le voit, était bien préparé. La candidature de Richelieu était seule présentée. Ce jour même, pour apaiser les dernières inquiétudes de l'évêque de Poitiers, la reine régente avait signé le pouvoir de MM. Mangot et Mazuyer, chargés de rétablir l'ordre et le calme dans les esprits.

Le mardi 12, la réunion des électeurs du tiers état eut lieu au palais, par-devant l'assesseur, en l'absence du lieutenant-général; celle du clergé se tint en la salle de l'évêché; celle de la noblesse en la salle de l'audience du palais. Cette première réunion avait pour objet une entente préalable tant sur le choix des candidats que sur la rédaction des cahiers.

Dès le 19, l'élection de Richelieu était assurée. Duvergier de Hauranne l'avait averti le premier, au nom de son évêque. Celui-ci prend bientôt la plume. On n'avait pu obtenir, du clergé de Poitiers, la nomination d'un unique député : il avait fallu donner, comme adjoint à l'évêque de Luçon, le doyen de Saint-Hilaire. En outre, le diocèse de Maillezais n'avait pas voulu se joindre au vote. La Rocheposay s'en explique : « Monsieur, vous savez par M. de Saint-Cyran comme vous fûtes hier nommé député pour ce diocèse, et M. le doyen de Saint-Hilaire avec vous, qui est un homme aussi paisible qu'on en sauroit désirer. On a été obligé de vous donner cet assistant parce que ceux de la ville eussent murmuré s'il n'y en eût eu un de la ville (encore qu'on n'a pas laissé de dire que les évêques vouloient tout faire, qu'un évêque seroit plus que quatre capitulaires et qu'on avoit toujours accoutumé d'en nommer un de

---

(1) Voir Affaires Étrangères; *France* (vol. 1696, f°⁸ 22 et suiv.) — Cfr. THIBAUDEAU. *Histoire du Poitou* (t. III, p. 203-204).

Saint-Pierre), outre qu'on en nomme deux partout et qu'on compte aux états, à ce qu'on dit, les voix des députés et non pas les provinces. La considération que vous serez député pour les trois évêchés a fort servi pour contenter les capitulants, qui seuls font les difficultés; mais, à ce que j'entends, Maillezais va à Fontenay pour faire bande à part, ce qui ne leur réussira pas. Vous y remédierez, s'il vous plaît, comme à ce qui est de Luçon, et puisque vous me voulez l'honneur de venir ici, j'oserois vous supplier que ce fût lundi au soir, parce qu'on a pris le mardi suivant pour aviser aux cahiers et mettre ce qui est des trois diocèses en un cahier. Je me remets à M. de Saint-Cyran pour les autres particularités... (1). »

Ces documents montrent les trois amis de Richelieu, La Rocheposay d'Abain, Saint-Cyran, et le fidèle doyen Bouthillier (car celui-ci n'avait pas quitté Poitiers durant tout le temps de l'élection), s'employant ensemble à préparer la carrière de leur ami, écartant devant lui tous les obstacles, lui mettant, selon une métaphore du temps, le pied à l'étrier.

Il ne restait plus qu'à donner, au travail qui s'était fait sous le manteau, une consécration officielle. Le 24 août, chacun des ordres fut convoqué pour élire définitivement ses députés : « Ceux de l'église s'assemblèrent en la chambre du conseil; ils désignèrent M$^{gr}$ l'évêque de Luçon et le doyen de Saint-Hilaire; ceux de la noblesse, en la chapelle; ils nommèrent MM. de la Chateigneraie et de la Noue; ceux du tiers état, en la salle de l'audience, nommèrent MM. Desfontaines-Brochard, ancien conseiller et échevin, Brisson, sénéchal de Fontenoy-le-Comte, et Arnaud, marchand (2) ».

Les quelques semaines qui suivirent furent consacrées à la rédac-

(1) La ville de Fontenay prétendit avoir sa députation spéciale et ne pas confondre ses votes avec ceux de la sénéchaussée du Poitou. Une élection eut donc lieu dans cette ville. Mais une fois arrivés à Paris, les députés du Poitou, ayant à leur tête Richelieu, se pourvurent devant le Conseil du Roi et obtinrent un arrêt, qui interdisait aux députés de Fontenay d'entrer aux états et qui leur ordonnait de faire remise de leurs cahiers et remontrances aux députés de la Sénéchaussée. Voir sur cet incident, *Procès-verbal de la Chambre Ecclésiastique des états généraux de 1614*. Paris, 1650, in-8° (p. 112).

(2) *Mémoires de M. de Raze*, cités par THIBEAUDEAU, p. 204. Malheureusement les lettres de Saint-Cyran nous manquent.

tion du cahier du clergé. Richelieu vint exprès à Poitiers pour prendre part à la discussion. L'exemplaire qui lui fut remis est parvenu jusqu'à nous (1). Il garde, dans le fond comme dans la forme, de nombreuses traces de sa collaboration. En ce qui concerne les privilèges ecclésiastiques, le souci de la décence et du respect dans les actes religieux, l'obéissance au concile de Trente, le désir de voir s'étendre l'instruction des prêtres, l'abolition des duels, sur tous ces points, les cahiers du clergé de Poitou sont d'accord avec les pensées personnelles de l'évêque de Luçon. Ils sont aussi en conformité absolue avec les idées ou les préjugés du temps. Richelieu, mandataire des membres du clergé poitevin, s'élève peu au-dessus d'eux. Si, déjà, il avait conçu quelque vague idée de son œuvre future, il se taisait. Pour le moment, il fallait réussir, et pour réussir, il fallait parler le langage des hommes dont il sollicitait la confiance.

Le 4 septembre 1614, la rédaction définitive du cahier lui fut remise, ainsi qu'à son collègue, le doyen de Saint-Hilaire. Le temps pressait, d'ailleurs. La réunion des états, d'abord indiquée comme devant avoir lieu à Sens, avait été plusieurs fois retardée; on venait de décider qu'elle se ferait à Paris, dans les premiers jours d'octobre.

Le jeune évêque, après avoir fait ses adieux à tous ceux qui l'avaient si généreusement servi dans cette circonstance, monta en carrosse, et accompagné du doyen de Saint-Hilaire, collègue peu embarrassant, il refit en hâte ce chemin que, six ans auparavant, il avait parcouru en sens contraire. Le séjour qu'il avait fait en province n'était pas perdu. C'était la province qui, maintenant, le désignait à la cour. Il recevait d'elle un mandat qui lui donnait qualité pour se mêler au monde politique et pour s'occuper des affaires de l'État.

Au moment où il rentre à Paris, ce jeune homme, que la vie

(1) Affaires Étrangères; *France*, vol. 789, f° 180 et suiv... — Nous avons trouvé mention de l'indemnité payée à l'évêque de Luçon et à son collègue : voir le curieux document conservé aux archives de la Vienne : « Taxe de 75 livres, 2 sous, dix deniers imposée sur le chapitre de Saint-Hilaire pour subvenir aux frais faits par l'évêque de Luçon et le doyen de Saint-Hilaire, députés des trois diocèses de Poitiers, Luçon et Maillesais aux états généraux du royaume assemblés à Paris. » Archives de la Vienne, G, 540. reg.

publique va saisir, pétrir, déformer, est encore intact, droit, frais, tel, ou à peu près, qu'il est sorti des mains de la nature ; il respire encore l'arome du champ paternel. Il n'a pas trente ans.

Sur un corps maigre, droit, élancé, une figure longue et pâle, encadrée d'une chevelure noire, tombant en boucles abondantes, un nez long, fort, busqué, se rattachant, par deux sourcils élevés, comme étonnés, à un front imposant et grave, une bouche charmante, pleine à la fois de volontés et de sourires, l'ensemble de ces traits expressifs caractérise une physionomie dont la forte construction aquiline se dissimule encore sous les grâces de la jeunesse. La moustache, relevée galment « à la soldade » et la royale, taillée en pointe, affinent et allongent encore cette figure triangulaire qui s'aiguise et luit dans l'acier d'un regard vif et tranchant.

L'œil parle : il résume, dans sa mobilité profonde, les contradictions de ce grand corps à la fois anguleux et souple, de cette physionomie dure et souriante. Il y a, dans cet œil, la clarté, la sûreté du regard poitevin. Parfois pourtant la paupière tombe, et l'œil se voile des ombres épaisses qu'amasse la réflexion intérieure. Un sourire l'égaie, une larme le mouille, avec une mobilité nerveuse, tout d'abord sincère, plus tard calculée et voulue.

Vêtu de la robe violette, coiffé du bonnet carré, portant le large col blanc qui convient à la pâleur de son teint, la main en avant, allongée et très fine, jeune, prompt, fébrile, l'évêque de Luçon s'avance, dans la foule des inconnus, du pas ferme d'un homme qui se sent parti pour les longs chemins.

Il est fier de sa noblesse, des services rendus par ses aïeux, par son père. Le souvenir n'en est pas totalement perdu ; il saura le faire revivre. Les grandes alliances, les amitiés ne lui manquent pas. Son père, le grand prévôt, a laissé plus d'un compagnon d'armes parmi les hommes qui entourent la régente. Son frère a déjà renoué les fils de ces anciennes relations. Du côté de la mère, il est vrai, les alliances sont moins illustres. On ne s'en vante pas ; mais on ne dédaigne pas leur utilité. Les Bouthillier, personnages insinuants, amis des La Porte, fréquentent le monde parlementaire. Ce sont de ces gens qui se glissent par les passages secrets, alors que les grandes portes sont closes. L'évêque-député les met au service de sa fortune. Il a ainsi un pied dans les deux mondes, celui de la noblesse et celui de la haute bourgeoisie.

Ce n'est pas seulement qu'il se mêle à l'un ou à l'autre de ces deux mondes; il les résume en sa personne. Fils d'une race de soldats, il est homme d'action; petit-fils d'un avocat célèbre, il a le sens des lois et des affaires; prêtre, évêque, il cache, sous sa robe, les doubles ambitions et les doubles facultés qui lui viennent de ces deux origines. Trois classes, clergé, noblesse et tiers état, divisent alors la nation française. Richelieu prend quelque chose à chacune d'elles; il se trouve, si je puis dire, placé exactement à leur point d'intersection. Sa carrière est la résultante de leur action historique.

Le hasard l'a fait naître à Paris, dans les dernières années, si troublées, de la dynastie des Valois. Peut-être son enfance a-t-elle gardé l'étonnement de cette journée des barricades qui chassa le roi de sa capitale et mit en péril l'unité du royaume? Son père concourt à l'avènement des Bourbons et crée ainsi le lien qui rattache une famille, toujours fidèle, à la nouvelle race des rois. Ce père meurt.

La mère retourne à Richelieu, ramassant autour d'elle, avec ses fils, les débris d'une fortune que les révolutions ont détruite. Tout le monde souffre dans le royaume; la province où elle se réfugie, plus que nulle autre. La petite famille est exposée à tous les hasards de ces temps sombres. On vit, dans ce château lointain, serrés les uns contre les autres, en proie à toutes les émotions, à toutes les terreurs, à toutes les misères privées qui suivent les malheurs publics. La guerre, la rébellion, frappent aux portes, à coups répétés, et enfoncent, dans ces âmes impressionnables, l'horreur et la haine de la rébellion et de la guerre.

La source du mal n'est pas loin : elle est à la Rochelle, à Saumur, à Loudun : c'est l'hérésie. C'est elle qui engendre l'insoumission, les luttes individuelles, le désordre. Elle est la mère funeste de tous les maux dont on souffre.

L'enfant revient à Paris pour y poursuivre des études commencées dans le tumulte. A Paris, même spectacle. La honte et la désolation s'étalent jusque dans le paisible séjour des écoliers, sur cette Montagne-Sainte-Geneviève que la guerre civile n'a pas respectée. Les esprits sont sur le qui-vive. Il semble toujours que les maux passés vont reparaître; l'inquiétude renaît à la moindre alerte.

Pourtant, le pouvoir royal s'est ressaisi, sous la direction d'un prince vaillant, habile, autoritaire. Cette enfance s'achève dans le calme et la prospérité relative des dernières années du règne de Henri IV. On avait tant souffert que le contraste grandit encore le grand roi auquel on devait ce bonheur. Il suffit de quelques années heureuses pour rendre à tous les Français cette inclination vers le pouvoir personnel qui leur est si naturelle.

Le jeune adolescent recueille bientôt les premiers bénéfices des services rendus par son père à la nouvelle dynastie. Le roi le remarque, le connaît, l'appelle. Par les soins du prince, ses études sont facilitées; sa carrière est ouverte. Rome, à la demande du roi, passe sur les exigences habituelles de la hiérarchie. Henri IV fait de Richelieu un évêque, *son évêque*.

Celui-ci retourne dans sa province. Il y attend, dans le repos laborieux des lettres, l'heure de se distinguer; il y acquiert le premier sentiment de sa force, une première expérience des affaires.

Le roi meurt. L'inquiétude renaît. La France est agitée de nouveau. On sent passer le souffle des anciennes discordes, des anciennes rébellions, si détestables. Le lien de l'autorité royale, quoique relâché, ne se rompt pas : mais tous les bons citoyens sentent qu'il est en péril. Ils se groupent autour du pouvoir pour maintenir, à tout prix, la paix civile.

La province, avec son calme, son sang-froid, son discernement, s'emploie à cette œuvre. La royauté s'appuie sur elle, pour résister aux attaques de ses vieux adversaires : la haute féodalité seigneuriale et le parti huguenot. Les États vont se réunir. L'influence de la reine s'est fait sentir dans les élections qui envoient à Paris tant de fidèles serviteurs de la cause royale.

Richelieu est de ceux-ci. Il a la conception très claire de l'œuvre qu'on allait entreprendre en commun. Ses ancêtres ont déposé en lui une tradition de loyalisme qu'ont encore développée les impressions de son enfance, son éducation classique, un voyage à Rome qui, en ouvrant son esprit, lui a donné le sentiment des intérêts supérieurs de la patrie commune. Cet ensemble de traditions, d'impressions, de préjugés mêmes, race, famille, caste, profession, se fondent dans une personnalité qui se complète par une longue réflexion et un grand empire sur elle-même.

Intelligence et volonté, telle est, en deux mots, cette personnalité. Elle met un parfait équilibre des facultés au service d'une passion violente, l'ambition. Cet homme veut commander. Mais il est digne du commandement. Ce Français, Français de père, de mère, de naissance, d'éducation, a le sentiment très net de ce qu'est la France; il l'a vue au dedans et du dehors; il en a fait le tour. Il sait aussi ce que la France doit à un homme comme lui.

Ses ambitions sont exigeantes, très personnelles. Il a, dans les veines, le sang « convoiteux » des vieux chasseurs de La Brenne. Il est, comme eux, âpre à la curée. Mais ces instincts violents n'apparaissent qu'à peine. Il les surveille et ne laisse rien percer. Il s'essaye à la dissimulation et déjà il y réussit.

Un tempérament susceptible, orgueilleux, fourbe, que peu à peu l'âge et l'exercice du pouvoir manifesteront, ne montre encore que ses beaux côtés, l'ardeur, la finesse, la grâce souriante, le désir des grands services et l'amour de la gloire. Il est empressé, souriant, charmant, dans la gravité ecclésiastique d'une jeunesse déjà mûre. N'ayant pas encore reçu beaucoup, il n'a pas eu le temps de se montrer ingrat.

Justement, le gouvernement d'une reine ouvre devant ce jeune homme, devant ce prêtre, la voie rapide de la faveur; faveur actuellement prodiguée à des étrangers indignes. Mais il n'est pas si difficile de les remplacer, de reprendre, à un point de vue français, la politique étroitement royale qui est naturellement celle des favoris. Si cette entreprise est facile à concevoir que d'habileté, de persévérance, de prudence pour l'achever! Il faut jouer un jeu si serré et si couvert que personne ne s'aperçoive des desseins obscurs qu'on a peine à s'avouer à soi-même.

L'occasion s'est offerte à Richelieu. Il l'a saisie. Le voilà rentré à Paris, portant en lui l'amas confus de ses aspirations, de ses projets et de ses rêves. Son activité, son flair, sa souplesse sont en jeu. Il hume l'air de la cour.

Il se jette dans la mêlée avec une résolution contenue, qui se domine jusque dans l'ardeur du combat. Se taire, dissimuler, attendre, ce sont ses premiers jeux. Plaire, émouvoir, séduire, ce sont ses premiers succès. Comme il est adroit, comme il est prompt, comme il est beau, ce jeune et gracieux lutteur, fils de Paris, fils de la province, fils de la France, qui va paraître dans une grande assemblée, se faire écouter par les trois ordres, obtenir la confiance du premier d'entre eux, étonner la cour, fasciner une reine, s'emparer enfin du pouvoir; — de ce pouvoir tant désiré, qui n'est encore que le but, mais qui, une fois saisi, deviendra l'instrument!

# LIVRE DEUXIÈME

# LE ROYAUME ET LA ROYAUTÉ

### EN 1614

# LIVRE DEUXIÈME

# LE ROYAUME ET LA ROYAUTÉ

### CHAPITRE PREMIER

LA FRANCE EN 1614; APERÇU GÉOGRAPHIQUE.

#### I. — Les Provinces (1).

Le territoire de la France, en 1614, était d'environ les quatre cinquièmes de ce qu'il est aujourd'hui. Il lui manquait, à l'est, une bande comprenant l'Artois et les Flandres, la Lorraine et l'Alsace, la Franche-Comté, la Savoie et Nice; il lui manquait, au sud, le Roussillon, et dans la Méditerranée, la Corse. A l'intérieur, plusieurs petites principautés, dont la plus importante était le comtat d'Avignon, restaient indépendantes.

(1) Il serait superflu de citer ici en note les témoignages contemporains sur lesquels s'appuie ce que la description de la France en 1614 peut contenir de nouveau. Qu'il suffise de dire qu'on a fait grand usage des récits des voyageurs, de Thou, Abr. Golnitz, Jod. Sincerus, Th. Coryate, Jouvin de Rochefort, les ambassadeurs vénitiens, *le Voyage de France*, par de Varenne ; des livres des géographes, Papirius Masson, Merula, Pontanus, André Duchesne, François des Rues, J. Le Clerc. On a toujours eu sous les yeux les recueils d'estampes, ceux de Châtillon, de Chiquet, d'Israel, de Perelle, de Méryan, les séries d'Abraham Bosse, Callot, Della Bella; on a cru devoir emprunter plus d'un trait aux proverbes qui condensent en quelques mots l'expérience populaire. Enfin on pourrait citer nombre de monographies locales, d'histoires des provinces et de livres modernes; il faut du moins mentionner le livre de M. BABEAU, *les Voyageurs en France depuis la Renaissance jusqu'à la Révolution*, et l'ouvrage de M. le vicomte G. D'AVENEL, *Richelieu et la Monarchie absolue*.

Les Français avaient conscience que leur pays n'était pas encore arrivé à son entier développement et qu'il était en voie de formation ; au fond de leur cœur, résidait le sentiment historique que les limites de la France doivent être celles de l'ancienne Gaule :

> Quand Paris boira le Rhin
> Toute la Gaule aura sa fin,

disait le proverbe. De même, les géographes : « De la Belgique le roi de France ne tient que la seule Picardie, et c'est ici que gît une des principales pertes de nos rois sur la possession de leur ancien héritage. » Enfin, les hommes d'État observaient que les intentions de Henri IV, si la mort ne l'eût surpris, « étaient de rendre le Rhin la borne de la France » (1).

Cette France, plus petite, était aussi plus rude. A vol d'oiseau, elle apparaissait, — comme nous la montrent les cartes naïves du temps, — couverte de forêts encore épaisses, hérissée de clochers, de créneaux et de moulins (2). La vie était plus haut perchée qu'aujourd'hui. Elle s'accrochait aux pentes des montagnes, aux collines, aux côtes escarpées. Dans les pays de plaine, elle s'installait sur des *mottes* élevées de main d'homme.

Les forêts des Ardennes, de Cuise, de Compiègne, de Fontainebleau, de Montargis, les grands bois du Maine, du Poitou, de la Basse-Bretagne, la forêt de Brancôme en Angoumois, se rejoignaient presque, étendant, sur d'immenses contrées, un mystère continu. Des ours, des loups, des renards, des cerfs à tête noire offraient aux gentilshommes chasseurs un gibier abondant. Sous

---

(1) Leroux de Lincy, *Le livre des Proverbes français* (I, 830). — *Le Voyage de France* (éd. 1647, p. 3). — *Mémoires* de Richelieu. Coll. Michaud et Poujoulat (t. I, p. 12). — Cfr. *Mémoires* de Tavannes (Coll. Petitot, t. XXV, p. 250). — M. Albert Sorel a réuni la plupart des textes historiques relatifs à la « frontière du Rhin », dans un des chapitres de son beau livre, l'*Europe et la Révolution française ;* Plon, 1882, in-8º (t. I, p. 244 et suiv.).

(2) D'après le Tasse, les grandes plaines de la France sont battues par les vents, de telle sorte qu'on voit s'y dresser, surtout en Franche-Comté et en Champagne, de nombreux moulins à vent : « l'inconstance du climat, ajoute-t-il, est en grande partie cause de l'inconstance des habitants. » (Cité par Babeau, *les Voyageurs en France depuis la Renaissance jusqu'à la Révolution ;* Didot, 1885, in-12, p. 44.)

ces voûtes sombres, se perpétuaient des races de bûcherons et de charbonniers vivant dans l'isolement et gardant, à travers les siècles, les coutumes et les superstitions antiques. L'hiver venu, on entendait leur hache cogner au fond des taillis et, pour faire le charbon, ils allumaient, dans les clairières, les tertres mystérieux dont la lente cuisson couronne de fumée la cime ondulée des bois (1).

La terre était encore toute barbare. Quoique Henri IV eût entrepris le desséchement des marais, il n'en restait pas moins en Poitou, en Provence, dans les Dombes, en Sologne, des terrains immenses, couverts par les eaux, perdus pour l'agriculture. Des populations misérables, rebut de l'humanité, objet d'horreur plus encore que de pitié, colliberts, cagots, crétins, goîtreux croupissaient dans leurs miasmes (2).

Les rivières non endiguées débordaient plus souvent et leurs rives, fréquemment envahies, étaient malsaines. Pourtant elles étaient les grandes voies de communication. Les villes bâties dans leurs îles ou sur les collines avoisinantes, apparaissaient de loin, ceintes de murailles et de tours, fermées de portes étroites, déchiquetant le ciel de leurs édifices pointus (3).

(1) Voir ALFRED MAURY, *Histoire des grandes forêts de la Gaule et de l'ancienne France;* Paris, Leleux, 1850, in-8°. L'auteur donne les détails les plus curieux sur la longue permanence des forêts de l'ancienne Gaule. Elles disparurent plus tôt dans le Sud que dans le Nord, pour diverses raisons qu'il expose également. On commença à défricher avec excès à partir du seizième siècle. Henri IV lui-même, poussé par le besoin d'argent, fit faire de nombreux déboisements, malgré le mot de Sully que « la France périrait faute de bois ». — Voir encore, dans MAURY, de curieux détails sur les nombreux fauves qui habitaient les forêts; sur les habitants qui se perpétuaient dans les vastes clairières et se consacraient aux travaux des bois; sur les agglomérations sylvestres qui donnèrent naissance par la suite à des villages et à des bourgs. Il y a là tout un côté de la vie de la vieille France que seules quelques traditions ou quelques souvenirs locaux permettent de reconstituer et auquel se rapportent les merveilleuses légendes de la forêt d'Ardenne. — Sur les forêts de France, voir encore un bon passage dans *Voyage de France* (par DE VARENNE), édit. 1647, in-8° (p. 7).

(2) V. l'ouvrage du COMTE DE DIENNE, *Histoire du dessèchement des lacs et marais en France avant 1789;* Paris, Champion, 1891, in-8°.

(3) Voir les recueils de gravures et notamment ceux de Perelle qui rend si bien ces profils de villes toutes hérissées de clochers. Ce trait frappe aussi les étrangers: Voir LE TASSE cité par BABEAU (p. 44); et le joli croquis de LA BRUYÈRE : « J'approche d'une petite ville, et je suis déjà sur une hauteur où je la découvre. Elle est située à mi-côte; une rivière baigne un mur, et coule ensuite dans une belle prairie..... Je la vois dans un jour si favorable que je compte ses tours et ses clochers; elle me paroit peinte sur le penchant de la colline. » (Édit. des Grands Écrivains, I, p. 233.)

Dans la campagne, les châteaux étaient nombreux, trop nombreux même, suivant le proverbe : « En France, trop de châteaux » (1). La plupart d'entre eux avaient gardé l'aspect renfrogné et les hautes murailles du moyen âge. Les fossés, les tours, les mâchicoulis, les créneaux avaient été réparés pendant les guerres de la Ligue. On avait seulement percé quelques embrasures par où passait la tête des couleuvrines.

Cependant le règne de Henri IV ayant ramené la paix, les constructions neuves se multipliaient. Sous les toits d'ardoises des pavillons symétriques, elles étalaient les façades de briques encadrées de pierres, les vastes perrons à balustrades, et les fenêtres à vitres où se brisent les rayons du soleil : « De Paris à Étampes, dit un voyageur, on voit, des deux côtés de la route, une infinité de belles maisons qui semblent autant de palais sur les collines (2). »

Au pied de ces demeures seigneuriales, à l'orée d'un bois, au gué d'une rivière, des chaumines serrées comme des poussins près du toit modeste des églises rurales, formaient ce qu'on appelait des *paroisses*. Derrière l'église, le cimetière ombreux et moussu; devant, une place avec les ormes, le crucifix et l'abreuvoir où les bestiaux viennent boire; le long d'une route herbue, des maisons basses presque enfoncées dans la terre et couvertes de longs toits de chaume où pendent les gouttes de pluie (3), sur le pas des portes,

---

(1) « Trop de châteaux en France et de là trop de pauvres. » *Adages français* du seizième siècle. Cité par Le Roux de Lincy, *Le Livre des proverbes français*; Delahaye, 1859, in-8° (t. II, p. 348).

(2) « Sur le sommet d'une colline, au milieu d'un parc magnifique, un splendide palais, construit en belle pierre de taille blanche avec un grand nombre de tourelles élevées. Cet endroit se nomme Écouen... Il appartient à M. de Montmorency le connétable de France. Dix-sept villes et paroisses relèvent de cette seigneurie à laquelle elles sont presque contiguës. » Corvate. *Voyage de Paris en* 1608. (*Mém. Soc. Hist. de Paris*, t. VI, p. 87). — Cfr. *L'Ulysse François ou le Voyage de France, de Flandre et de Savoie*, par le Sieur Coulon : Paris, chez Gervais Clousier, 1643, in-8°.

(3) Les chaumières des paysans étaient souvent sans cheminée et sans fenêtre, le jour, l'air et la fumée passant par la porte unique. Dans le voyage qu'elle fait en France avec la cour, la Grande Mademoiselle ne trouve plus d'une fois d'autre logement dans les villages : « A Perpignan, il n'y a pas de cheminée dans les chambres... Ici elle est forcée de coucher dans un cabinet sans cheminée; là elle est installée dans une vieille maison qui tombe; au-dessus de son lit, il y a un trou dans le plafond... En Franche-Comté, elle a pour logis une petite maison de village sans fenêtres. Elle est forcée de se

des commères en cotte et jupe de futaine, la tête couverte d'une coiffe à la Catherine de Médicis, faisant trois pointes, une sur le front, deux sur les oreilles; des enfants demi-nus; un pauvre loqueteux et béquilleux; un valet de ferme avec le grand chapeau, les larges braies et les jambes ballantes sur un cheval étique, c'est ainsi que le burin d'Israël nous montre une de ces agglomérations rurales. Moins denses, moins peuplées que nos villages, elles montaient, d'après les évaluations des premiers statisticiens, au chiffre de 23,000. On comptait, en France, 44,000 clochers, et on évaluait la population totale du pays à environ 16 millions d'habitants (1).

coiffer par le jour de la porte... » Cité par BABEAU, *Voyageurs* (p. 126). — « Il n'y a personne qui ne fût touché de compassion si je racontais qu'étant entrés dans une de leurs petites chaumières (des paysans du Bas-Poitou), nous vîmes six petits enfants tout nus, la plupart sans chemises, auprès d'un feu de bouzats de vaches... Leur lit n'était que de la paille sur des ais qui faisoit le plus beau meuble de la maison, avec une hache où il n'y avoit rien dedans. Les murailles de cet appartement, les toits et la porte même n'étoient que de la paille où le vent par les temps d'hiver passe tout outre et le parterre leur servoit de sièges. » *Le Voyageur d'Europe*, par Jouvin de Rochefort (édit. de 1672, p. 194). — Il y avait, bien entendu, des régions où l'habitation des paysans était moins primitive et moins misérable ; mais c'était l'exception ; une aisance générale ne commença à se répandre dans les campagnes que vers le milieu du dix-huitième siècle.

(1) On n'a aucune statistique précise permettant d'évaluer le chiffre de la population au début du dix-septième siècle. On peut consulter, à ce sujet, le mémoire de M. LEVASSEUR sur la *Population de la France depuis la période féodale jusqu'au dix-huitième siècle*. (Comptes rendus de l'Académie des Sciences morales et politiques, 1881, 2ᵉ semestre); et aussi une note très précieuse de FOURNIER dans les *Variétés Historiques et Littéraires*, (VI, p. 90). — Il faut, tout d'abord, écarter une erreur qui s'est glissée dans presque tous les auteurs anciens et qui, de là, a passé chez quelques auteurs modernes et d'après laquelle le nombre des paroisses, au quinzième siècle, aurait été de 1,700,000. On trouve ce chiffre pour la première fois dans le *Calcul et Dénombrement de la valeur et du royaume de France*, de Jacques Cœur ; puis dans MACHIAVEL ; dans les ambassadeurs vénitiens (ZACCHARIO CONTARINI, 1492 ; PIETRO DUODO dit 130,000 paroisses, c'est encore excessif; et enfin dans CHATEAUBRIAND, etc. — Dans le document publié par FOURNIER (*loc. cit.*) ce chiffre est ramené à celui beaucoup plus plausible de 23,140; c'est celui que nous adoptons. — Voici quelques autres indications. PIETRO Duono évalue, en 1598, la population totale du royaume à 16,000,000 de personnes formant 3,500,000 familles. (Coll. ALBERI, t. XV, p. 78 et 79). En 1608, ANGELO BADOER, autre ambassadeur vénitien, donne le chiffre de 15,000,000 d'habitants. (Collect. BAROZZI. *Francia*, t. I, p. 85). — Dans sa *Relatione de gli Ugonotti di Francia*, BENTIVOGLIO évalue la population de la France à 15,000,000 d'âmes, sur lesquelles, dit-il, il y a un million de Huguenots ou un peu plus. (Édit. 1646, in-12, p. 250-251).
— Enfin DES ROES, qui écrit en 1611, s'exprime ainsi : « Auquel royaume, le peuple a toujours été catholique et zélateur de l'honneur de Dieu, eu égard qu'il y a 17 archevêchés ou églises métropolitaines et 115 évêchés, 132,000 clochers ou paroisses; ce qui démontre que la France est bien peuplée. Comme aussi, il y a 3,500,000 familles ou maisons,

Pas ou peu de chemins. Les larges roues des chariots creusaient dans la terre les ornières qui marquaient les routes. En été, cela passait encore; en hiver, on ne pouvait circuler. Aussi les voyages par eau étaient en grand honneur. Les coches très fréquentés faisaient un service assez régulier. Et puis on allait à cheval, à pied, en chaises, en brancards. Le temps ne comptait pas. Pourtant quelques routes pavées, sur lesquelles galopaient les postes du roi, reliaient entre eux les grands centres.

Une vie nomade active, que la régularité de l'existence moderne a tuée, peuplait ces chemins, si mauvais qu'ils fussent. L'humeur voyageuse de nos pères revit dans les pages du *Roman Comique* ou dans les images de Callot : cavaliers de fortune se rendant à la cour avec deux laquais armés jusqu'aux dents; dames ou prélats en carrosse et, derrière, les mulets portant les bagages; comédiens en troupe étalant le débraillé de costumes où tous les âges et toutes les modes se mêlaient grotesquement; compagnons du tour de France allant, de ville en ville, apprendre le métier et poussant, à la rencontre, le hurlement des « dévorants »; colporteurs courbés sous le poids de leurs hautes caisses aux tiroirs précieux; étudiants français ou étrangers dissertant par les chemins comme l'écolier limousin; longs convois de chariots aux jantes épaisses, gémissant sous le poids du blé et de la farine; marchands de bestiaux « avec le manteau agrafé par le collet » (1); et enfin autour d'une charrette traînée par un cheval étique, ces étranges familles « venues d'Égypte » avec la marmaille dépenaillée, les pères aux mines suspectes, les grandes filles demi-vêtues dardant des regards luisants, oiseaux de passage que le paysan regardait avec une terreur superstitieuse et qui allaient, cherchant par le monde un repos qu'ils ne trouvaient jamais :

> Ces pauvres gueux pleins de bonaventures
> Ne portant rien que les choses futures! (2)

---

12 pairies, 12 généralités, 70,000 fiefs et arrière-fiefs ou environ. » Des Rues. *Description... du Royaume de France;* à Rouen, chez Jean Petit, 1611, in-8° (p. 342).

(1) V. Michel et Fournier. *Histoire des Hôtelleries et Cabarets*, etc., 1859, in-4° (t. II, p. 56).

(2) Vers inscrits sur une des eaux-fortes des *Bohémiens* de Callot.

## I.

Les voyageurs qui entraient dans le royaume par la frontière du Nord traversaient d'abord une région cruellement éprouvée par les guerres récentes. La Picardie étalait encore les vestiges du long séjour des armées espagnoles : des églises basses et sans ornement, relevées à la hâte entre deux destructions; des villages fortifiés, des souterrains et des retraites profondes dans les bois, où le peuple se réfugiait à l'approche de l'ennemi (1).

C'était le pays des places fortes et des sièges célèbres. Depuis Calais, qu'une bande étroite rattachait à Amiens, jusqu'à Sedan, qui n'était pas encore français, on comptait Ardres, Montreuil, Abbeville, Amiens, dont la surprise et la reprise, sous le règne de Henri IV, étaient dans toutes les mémoires; puis Corbie, Péronne, Ham, Le Catelet, Saint-Quentin, La Fère, pressées l'une contre l'autre, dans le Vermandois; puis, dans la verte Thiérache, Guise, Vervins et La Capelle, couvrant Laon, Soissons et Reims.

Depuis que la paix avait été signée à Vervins, le laboureur s'était remis à son champ et le vigneron à sa vigne. Les Picards sont laborieux, francs et braves; ils ont toujours passé pour mutins et mobiles. Pourtant leur loyalisme n'a jamais fait défaut à la cause des rois. Les étrangers les trouvaient rudes et de mœurs peu hospitalières (2).

En avançant vers Paris, les voyageurs remarquaient une activité toujours croissante. Le mouvement de la batellerie sur l'Oise et sur la Marne les étonnait. Ce sont, disaient-ils, les deux « ma-

---

(1) « Dans le parcours, entre Amiens et Breteuil, dit Th. Coryate, en 1608, je n'observai que deux choses : un village complètement ruiné et saccagé par les guerres civiles et des vignobles, les premiers que j'eusse vus. » *Mémoires de la Soc. de l'Histoire de Paris* (t. VI, 1879, p. 26).

(2) «... La Picardie, ainsi dite ou de l'invention des piques que l'on attribue à ce peuple, ou du mot *Picra-cardia* qui signifie promptitude et soudaineté, comme qui dirait (et le dit-on vulgairement) que les Picards ont la tête chaude. Promptitude toutefois que j'attribue volontiers à une générosité et grandeur de courage qui leur a autrefois fait tenir rang honorable parmi les plus braves et belliqueux peuples de la Gaule. » André Duchesne. *Les Antiquités et Recherches des villes, chasteaux et places les plus remarquables de toute la France;* 4ᵉ édition, Paris, 1629, in-12.

melles » qui donnent la nourriture à Paris. De véritables flottilles de bâtiments descendaient ou remontaient sans cesse leur cours. A partir du pont de Beauvais, un service de chevaux était organisé qui traînait les convois jusqu'à Paris (1). L'Ile-de-France, le Beauvaisis, le Clermontois, se ressentaient plus encore que la Picardie du voisinage de la capitale : « Les collines environnantes sont fertiles en vignes, les vallées pleines de moissons et de vergers; de nombreux troupeaux dans les prairies font un spectacle vraiment très agréable (2). »

Les villages étaient mieux bâtis. Ils avaient presque tous conservé la vieille église romane avec le campanile élevé sur la tour fortifiée du portail. Au-dessus des villes, les cathédrales gothiques dressaient le dos énorme de leurs nefs et levaient vers le ciel les deux bras des tours trop souvent dépareillées. Les hôtels-de-ville s'égayaient du carillon des provinces belgiques. Derrière de bonnes murailles, Laon, Saint-Quentin, Noyon, Senlis, Beauvais gardaient précieusement les traditions des vieilles libertés bourgeoises.

Du côté de l'est, Paris n'était séparé de la frontière que par la Champagne, haute et basse, le Barrois, le Bassigny et les Trois-Évêchés. La Champagne, comme l'Ile-de-France, était un des anciens domaines de la couronne. Mais les Trois-Évêchés étaient dans une de ces situations ambiguës, fréquentes alors en Europe. Le lien qui les avait rattachés à l'Empire n'était pas tout à fait brisé. Pour qualifier cette sorte d'annexion incomplète, on disait qu'ils étaient « sous la protection » du roi de France. On cherchait, par tous les moyens, à étendre ce droit et, selon la propre expression de Richelieu, « à rendre le pays messin aussi assuré à la France que le comté de Champagne » (3).

Au contraire, la Lorraine, quoique indépendante, était, à l'égard de la France, dans une sorte de subordination. Les membres de la

---

(1) LAETIUS. *Gallia, sive de Francorum regis dominiis et opibus Commentarius.* Elzevir 1629. in-16 (p. 10 et 11). Voir aussi l'édit de mars 1597, cité par PIGEONNEAU, *Histoire du Commerce de la France* (t. II, p. 295).

(2) V. ABRAM. GOLNITZI. *Dantisc. Ulysses Belgo-Gallicus;* Amsterdam, Elzevir, 1655, in-16 (p. 197).

(3) RICHELIEU. *Maximes d'État et fragments inédits.* Collect. des Doc. inédits de l'Histoire de France (p. 742).

famille ducale vivaient dans l'orbite de la cour. Le duc était sans cesse dans les transes ou d'une alliance trop étroite, ou d'une rupture redoutable. Sa capitale, Nancy, prise entre Toul et Metz, étouffait. La place forte de la Mothe était, à la moindre alerte, son plus sûr abri (1).

On entrait en France, de ce côté, par Mouzon, Bar-le-Duc et Langres. La Champagne, avec sa face blanche, donnait une pauvre idée du royaume : « C'est ici que l'on voit de vastes campagnes blanchissantes comme de la craie, dégarnies d'arbres, sans aucun pré ni eau courantes, ce qui fait qu'on n'y trouve pas les vivres et commodités qu'il faudrait pour les voyageurs. » Pourtant les vins du pays étaient déjà renommés et les villes étaient belles. Troyes, avec sa riche vêture d'églises et de palais, et avec ses cloches, sans cesse brimbalantes, Reims, « qui est grande, entourée de murailles fort blanches, dont les hautes tours se font voir de loin, » et que la garde de la Sainte-Ampoule rendait illustre parmi toutes les villes du royaume, Châlons, Vitry, Chaumont-en-Bassigny étaient les places fortes ou les villes importantes de cette frontière. Selon le proverbe fameux, les Champenois passaient pour peu avisés; mais ils étaient soumis, fidèles, et payaient bien la taille (2).

En quittant la Champagne, on traversait la Brie, plus fertile,

(1) Au point de vue spirituel, la Lorraine relevait des sièges de Metz, Toul et Verdun. Il n'y avait qu'une *primatiale* tout récemment créée à Nancy. — V. la curieuse analyse de la situation de la Lorraine à l'égard de la France dans *Mémoires de* BASSOMPIERRE. Édit. de la Soc. de l'Hist. de France (t. 1, p. 242 et suiv.); et surtout l'ouvrage de M. D'HAUSSONVILLE, *Histoire de la Réunion de la Lorraine à la France*.

(2) *Voyage de France* par de VARENNE (p. 9-15). — « On parlait de la Champagne et qu'il ne s'y trouvoit pas seulement un arbre qu'aux *Trois-Maisons*, hôtellerie allant à Troyes; qu'on n'y fait du feu qu'avec de la paille... » *Journal* d'HÉROUARD. Ed. Barthélemy (t. I, p. 429). — Sur Troyes, il faut citer le joli proverbe : « D'où viens-tu? — Je viens de Troyes. — Qu'y fait-on? — L'on y sonne ». *Livre des Proverbes français* (I, p. 402.) Le carillon perpétuel des cloches en France étonnait beaucoup les étrangers. Voir *Relation de* PIETRO DUODO. (Collec. Barozzi, t. XV); Voir aussi GOLNITZ (*loc. cit.*, p. 51) Quand le cardinal de Médicis visita Saint-Quentin, en 1596, il fut tellement surpris du son continuel des cloches qu'il s'écria : « *Urbs ista aut semper cantat aut semper pulsat.* » Il y a d'ailleurs un proverbe qui dit : « On carillonne à Saint-Quentin. » V. CH. NORMAND, *Saint-Quentin et la Royauté*; Champion, 1881, in-8° (p. 8). — Au sujet du caractère champenois, voir la dissertation de GROSLEY sur le proverbe : « Quatre-vingt-dix-neuf moutons... » dans *Mémoires de l'Académie des Inscriptions et belles-lettres de Troyes*, 1756. (in-12, t. II, p. 10.)

et, par les coteaux élégants qui bordent la Marne, on arrivait à Paris. Quoique Paris n'eût pas encore dévoré la France, c'était déjà une grande ville qui demande une description à part. Quand on l'avait visitée avec soin, puis ses environs : Saint-Germain, où avait été élevé le jeune roi Louis XIII (1), Saint-Denis gardien des tombes royales, Vincennes à la fois demeure de plaisance et prison d'État, Rueil que venait de faire construire le financier Moysset (2), et surtout Fontainebleau que l'on considérait « comme le plus beau château de France, Allemagne, Belgique, Angleterre et Italie » (3), on se hâtait vers les provinces dont l'air était plus doux et la langue plus pure.

On entrait dans la Beauce, « cette grande plaine fourmentière », par la belle route pavée de Paris à Orléans. « Cette province, dit un voyageur, n'a ni montagnes, ni fleuves, ni forêts, ni vignes, très peu de prés et si peu d'eau que les habitants de Blois appellent leurs puits des sources. C'est à peine s'il y a des arbres, et le peu qu'on en voit sont tout rachitiques à cause de la nature du sol. Mais c'est la contrée la plus féconde en froment. Aussi l'appelle-t-on le grenier de Paris (4). » Visible de partout, la cathédrale de Chartres surgissait, dominant de loin des guérets mornes ou les vagues d'un océan de moisson.

(1) Voir *Louis XIII avant Richelieu, extrait d'une histoire inédite du château de Saint-Germain* par C. Rossignol; Paris, Aubry, 1869. in-8°.

(2) Ce château construit par Moysset (autrement dit Montauban), passait pour le dernier effort du luxe et de la richesse architecturale. Les jardins surtout en étaient admirables. V. Gölnitz (p. 161). — *Lettres* de Malherbe dans la *Collect. des Grands Écrivains* (t. III, p. 30), et enfin *Rueil, le Château de Richelieu*, par Jul. Jacquin et J. Duesberg, 1846 (in-8°. p. 31).

(3) Gölnitz (p. 150). — André Duchesne, à propos de Fontainebleau, embouche la trompette héroïque : « C'est l'un des séjours les plus délicieux du roi (Henri IV). C'est là qu'il donnait le plus souvent audience aux ambassadeurs étrangers; c'est là que la Reine a fait ses couches ordinaires; c'est là qu'ont été nourris les fruits de la fleur royale; c'est là que se trouvent les troupes et magnificences françaises, et c'est là que se voit tout ce qu'il y a de plus beau à la cour du premier et plus grand roi du monde. » *Antiquités* (p. 309). — Sur Fontainebleau, au temps de Louis XIII, ce qu'il y a de plus complet est la notice publiée par MM. Eug. Müntz et Em. Molinier : *Le château de Fontainebleau au dix-septième siècle, d'après les documents inédits*. — *Mém. de la Société de l'histoire de Paris*. (1885, t. XII, p. 255-358.) Cpr. l'ouvrage du P. Dan, *le Trésor des merveilles de Fontainebleau*.

(4) J. Laetius. *Gallia sive de francorum Regis dominiis et opibus*. Elzevir, 1629. In-16 (p. 21).

Quoique les étapes principales de la contrée fussent célébrées dans un refrain populaire :

> Orléans, Beaugency
> Notre Dame de Cléry
> Vendôme, Vendôme (1).

un autre proverbe en traitait fort mal les chemins : « En Beauce, bonne terre, mauvais chemins, » disait-il, et il était répété à l'envi par les voyageurs. L'habitant avait l'esprit adroit et caustique ; les « chats » de Beaugency en disputaient le prix aux « guépins » d'Orléans et aux habitants de Chateaudun dont on disait : « il est de Chateaudun ; il entend à demi-mot ».

Autour d'Orléans, on retrouvait une fertilité moins uniforme, les collines ombragées, la vigne. Les vins du pays avaient une grande réputation ; l'Orléanais était « l'un des principaux celliers de France » ; mais ses vins passaient pour corrosifs. On ne les vendait pas à Paris ; il était interdit de les servir à la table du roi. Orléans « ville sans pair, abrégé de France », attirait les étrangers et surtout les Allemands. Les privilèges accordés à la « nation germanique, » qui faisait partie de l'Université, les y retenaient. Ils prétendaient aussi qu'Orléans était la patrie du beau langage, de l'*orléanisme*, — comme on disait en Grèce l'*atticisme*. Ils trouvaient ses habitants « opulentissimes, » ses monuments admirables, ses rues bien alignées et bien pavées, ses maisons élégantes avec leurs salles garnies de nattes. Ils étaient d'avis qu'il y avait à Orléans plus de jolies femmes que nulle part ailleurs (2). En un mot, c'était la plus belle ville de France, selon le mot de Charles-Quint, qui disait avoir vu, dans ce royaume, cinq choses dignes de remarque : « une maison, La Rochefoucauld ; un pays, le Poitou ; un jardin, la Touraine ; une ville, Orléans, et un monde, Paris. »

Outre ces mérites, la situation d'Orléans, au sommet du coude de la Loire, lui donnait une grande importance. Dans les guerres

---

(1) Déjà cité dans le *Roman comique* (III<sup>e</sup> partie).
(2) C'est une constatation des voyageurs, confirmée par le proverbe d'une galanterie un peu rude : « Qui n'a couché à Orléans ne sait que c'est que femme. »

civiles, la possession de son pont de pierres, garni de tours, avait été sans cesse disputée par les deux partis.

Bientôt commençait la Touraine, qui, par la grâce souriante du paysage, la richesse des constructions, la délicate fertilité des jardins, passait pour la fleur du royaume : « C'est un pays d'assez grande étendue et composé d'une infinité de belles et agréables villes, un pays tout plein de biens et tout comble de délices ». « On passe la Loire à gauche, dit un voyageur, le chemin devient charmant parmi les arbres, les vignes, les villages, au bruit agréable des eaux qui courent vers la Loire. C'est une grande plaine qu'on a nommée avec raison le *jardin de la France*. » — « Nulle part, dit un autre, je n'ai eu un plus délicieux spectacle que du haut du château de Saumur, d'où l'on voit la Loire, la plaine qui s'étend au loin et toute la campagne en fleurs (1). »

Ce qui ajoutait au charme du paysage, c'était la beauté et la variété des châteaux. A l'exemple des rois, toute la noblesse s'était ruinée, sur ces bords, en constructions somptueuses. Depuis les masses imposantes de Langeais et de Luynes, jusqu'aux délicatesses exquises de Chambord et d'Azay-le-Rideau, le génie architectural de la renaissance avait épuisé ses conceptions à embellir ces contrées. Tourelles en poivrières, mâchicoulis ornementés, arcs brisés, anses de paniers, fenêtres à meneaux, escaliers à jour, fleurons, coupoles, pignons, galeries, toits, belvédères, tout cela s'entassait, s'étageait, s'élançait dans un luxe inouï où fleurissait couramment l'arabesque sculpturale.

Après trois siècles de ruines, il en reste assez aujourd'hui pour fatiguer l'admiration. On peut deviner quel spectacle c'était alors, parmi les beautés des avenues bien alignées, des fontaines jaillissantes, des jardins épanouis. Une nombreuse aristocratie, entourée de serviteurs, de pages et de poètes, y menait l'existence élégante et pondérée qui a donné une note si savoureuse à la culture de cette province :

> Tourangeaux, Angevins,
> Bons fruits, bons esprits, bons vins.

(1) DUCHESNE, *Antiquités* (p. 495). — GÖLNITZ, *loc cit.* (p. 242).

En suivant la Loire, on atteignait Amboise, « gracieuse en séjour »; puis Saumur, défendue par des murailles épaisses, couronnée par un château qui passait pour très fort et qui abritait la vieillesse inquiète du pape des protestants, Duplessis-Mornay. Pour assainir et purifier en quelque sorte cette citadelle du protestantisme, on avait mis en vogue, au début du règne de Louis XIII, le pèlerinage de Notre-Dame des Ardilliers. Puis on gagnait les Ponts-de-Cé, qui étaient pour la Basse-Loire ce que le pont d'Orléans était pour le cours moyen; enfin on atteignait la poissonneuse Nantes, par où l'on entrait en Bretagne.

La Bretagne était, à beaucoup de points de vue, différente des autres provinces. Elle se sentait elle-même à peine française, et se réclamait volontiers du temps de la reine Anne. Sa langue, sa misère, sa noblesse besogneuse, ses états provinciaux toujours turbulents, lui assuraient une indépendance conforme à sa situation géographique et à son passé. « Les hommes, les animaux et les arbres sont plus petits ici que nulle part ailleurs, dit Laëtius. Près de l'Océan, la population est dense, abondante, par la facilité que produit la mer pour l'arrivée de toutes les marchandises. Dans le centre, au contraire, ce sont des champs déserts, des landes infertiles qui ne servent qu'à la nourriture des troupeaux. Près de la mer, les lépreux abondent. »

Toute repliée sur elle-même, la Bretagne prolonge, jusque dans les temps modernes, le rêve d'idéal et de superstition qui fut celui du moyen âge. En plein XVII$^e$ siècle, elle continue à sculpter les hauts clochers ajourés que les marins suivent de l'œil, loin des côtes; elle poursuit, dans les veines du bois, le caprice d'un art enchevêtré qui emprunte ses motifs à une sorte de géométrie végétale. Ses tailleurs sorciers piquent dans le drap les broderies éclatantes auxquelles s'attache un sens mystérieux. Elle se berce de ses légendes mélancoliques, de ses chansons monotones, et s'endort, parmi les genêts, dans un sommeil qui mêle les lassitudes de l'indolence à la crapule de l'ivrognerie.

Pourtant elle est brave; elle est entreprenante et s'élance hardiment dans les entreprises hasardeuses. Elle se vante de ses hardis marins et de « ce grand et illustre pilote, Jacques le Cartier, qui, soubs le règne du grand roy François, descouvrit le pays et isles du Canada et autres terres en la mer septentrionale, avec honneur et gloire immortelle (1) ».

Dans les dernières guerres, avec son instinct catholique, ses aspirations séparatistes, ses mœurs brutales, la Bretagne s'était jetée dans la révolte, puis dans les bras de l'Espagne. Le duc de Mercœur avait positivement régné sur elle. La résistance s'était prolongée là plus que nulle part ailleurs. Il avait fallu que Henri IV vînt en personne pour rétablir l'ordre, et c'est ainsi qu'il avait daté de Nantes l'édit qui avait donné la paix religieuse au royaume. La Bretagne avait été longue à s'apaiser tout à fait. Elle restait toujours menaçante, et, au moindre vent de rébellion, les Vendôme, qui la gouvernaient maintenant, comptaient sur elle pour soutenir leurs ambitions de cadets illégitimes et insoumis.

La Normandie formait avec la Bretagne un parfait contraste. Elle était la province la plus riche du royaume, comme l'autre en était la plus pauvre; elle comptait parmi les plus soumises. Elle avait pour le commerce, pour l'industrie, pour les travaux et le bien-être de la vie pratique, un goût qui manquait complètement à son antique rivale. On la comparait à l'Angleterre. Ses habitants ne passaient pas pour aimables. Ils étaient grands, sérieux et rudes. On citait traditionnellement, au sujet de cette province, le portrait si expressif de Robert Gaguin : « La Normandie a une métropole, six villes, quatre-vingt-quatorze places fortifiées et nombre de bourgs bâtis comme des villes. Il faut au moins six jours pour la traverser de part en part. Elle est d'une richesse prodigieuse en poissons, en troupeaux et en blé. Les poiriers et les pommiers y poussent en telle abondance qu'on fait de leurs fruits une boisson, le cidre, dont les habitants sont grands buveurs. Ils sont, de leur naturel, trompeurs, très attachés à leurs coutumes et à leurs mœurs, s'entendent parfaitement aux dols et aux procès. Aussi les étrangers craignent d'entrer en relations avec

(1) Des Rues.

eux; d'ailleurs, amis de la science, religieux, excellents dans la guerre, où ils ont remporté sur d'autres nations de très grands succès (1). »

Depuis le moyen âge, la Normandie était considérée comme une des grandes ressources du royaume tant en argent qu'en hommes. Elle payait, à elle seule, un cinquième des tailles. On disait :

> Si bonne n'était Normandie
> Saint Michel n'y serait mie.

Très attachée à ses traditions, surtout en matière de jurisprudence, elle entourait de vénération son parlement, qui jugeait d'après les vieilles coutumes de la province (2). Les cités étaient pleines de magistrats et de prêtres.

Rouen, malgré ses rues étroites, passait pour une belle ville, « sise en lieu commode et bien marchande ». Son admirable palais de justice était le monument élevé à la gloire de la basoche par ces gens fameux en procès. Le manteau de sculpture jeté sur la ville par les architectes et les tailleurs de pierre du moyen-âge, lui donnait vraiment l'air royal, et l'on observait que, si elle n'avait pas été détruite successivement par quatorze incendies, elle eût pu être l'égale de Paris.

Caen était l'ancienne capitale et la seconde ville de la duché. « Le château est haut élevé sur la ville et est situé sur un roc et fortifié de son donjon. Au milieu, il y a une tour fort haute et grosse, flanquée aux quatre coins de quatre autres grosses tours et armée de fossés profonds (3). » Avec son bailli, ses tribunaux, sa chambre des généraux, ses hommes de loi, son université, ses abbayes, ses collèges, Caen marquait bien le caractère doctrinaire et grave du « pays de sapience ».

---

(1) Robert Gaguin cité par MERULA, *Cosmographia generalis libri tres*; Plantin, 1605, in-4 (p. 528).

(2) Aux états généraux de 1789, la Normandie, par l'organe d'un de ses députés Achard de Bonvouloir, résista plus vivement qu'aucune autre province à l'abrogation des coutumes locales. — Voir *De la Constitution du Duché ou État souverain de Normandie... et des droits, immunités, privilèges, et prérogatives de ses habitants et citoyens*; 1789, in-8° (notamment p. 225 et suiv.).

(3) DES RUES.

## II.

Quand on laissait *la France* pour pénétrer dans les régions d'outre-Loire, on sentait immédiatement que le pays était autre : « De l'Orléanais à la Guyenne par le Berry, le Poitou, l'Angoumois et la Saintonge, on ne quittait pour ainsi dire pas les forêts. C'était comme une vaste marche forestière qui séparait le pays d'oc du pays d'oïl (1). »

La Sologne, vêtue de bruyères et de brandes, sans villes et sans routes, croupissait dans l'eau et la boue (2); le Berry offrait un aspect meilleur. On louait surtout son activité industrieuse, et les « moutons du Berry » donnaient une laine à la réputation proverbiale. L'Université de Bourges, où avaient enseigné les Alciat, les Baudoin, les Hotman, les Cujas, avait étendu au loin le renom de la ville. Les Allemands, tout en regrettant que le langage y fût moins pur qu'à Orléans, s'y rendaient en grand nombre et y séjournaient. Bourges était considérée comme une place très forte, la citadelle et le réduit de toute la Gaule. On montrait, non loin de cette ville, un arbre qu'on disait être placé juste au centre du royaume. On prétendait aussi que la fameuse grosse tour, « ronde en sa figure et si haute qu'elle découvre trois ou quatre lieues de pays » et à laquelle on ne pouvait comparer que celles de Carcassonne et de Nuremberg, avait été bâtie par Vercingétorix (3).

Un passage du voyageur allemand Gœlnitz donne une impression très nette de l'aspect que présentaient ces contrées : « En allant de Bourges à Lyon, dit-il, comme la route royale était rompue par les pluies, le cheval qui portait nos bagages s'égara dans les marais... Nous étions nous-mêmes en péril de la vie par une nuit très noire et un vent impétueux qui nous empêchait de nous entendre. Nous dûmes marcher à pied, tâtant le sol avec les mains, car il n'y avait pas trace de route. Notre guide allait en avant au

---

(1) Alf. Maury. *Histoire des grandes forêts* (p. 287.)
(2) Jod. Sinceri *Itinerarium Galliæ*. Janson, éd. 1649. in 12 (p. 34). — Cfr. Lavergne. *Assemblées provinciales* (p. 168-169).
(3) André Duchesne, *op. cit.* (p. 482). Cfr. Gôlnitz (p. 277).

milieu de l'eau. Nous suivions à la file, par derrière, sans voir, sans entendre. Enfin, au milieu de la nuit, après nous être plusieurs fois perdus, nous arrivâmes, trempés jusqu'aux os, les bottes pleines, à l'auberge. Nous y trouvâmes *Philémon* et *Baucis* et les secouâmes un peu pour obtenir un bon feu, sécher nos vêtements, mettre de la paille dans nos bottes, du pain et du vin dans nos estomacs. Une fois séchés et rassasiés, nous allâmes nous coucher.

« Le lendemain, la pluie ayant un peu cessé, nous marchons, par un chemin empierré, jusqu'à un bourg nommé Couleuvre (1). Triste logis, et qui paraissait toujours sur le point de prendre feu : le bois mis dans le foyer vomissait des flammes par la cheminée, qui traversait justement un grenier plein de foin. Il fallut nous mettre à jeter de l'eau sur le feu pour jouir de sa chaleur sans trop de péril. Ce remarquable logis s'appelait l'*Écu de France*. A peine séchés, et le repas fini, nous repartons sous la pluie et nous avançons lentement, jusqu'à la tombée du jour, pour gagner, au village de Franchesse (2) l'auberge du *Cheval blanc*. Tout y était ouvert, portes et fenêtres. Pas de fermeture, pas de vitres; et il y avait, là-dedans, des hommes de fort mauvaise mine, occupés à travailler le lin. L'idée de manger et de dormir sous le même toit n'était pas sans nous donner quelque inquiétude pour nos bagages. Nous veillâmes une partie de la nuit, et, grâce à ce soin, tout se passa sans accident (3). »

Pour aller vers le sud-ouest, on passait par Châtellerault et Poitiers. Le Poitou, moitié nord et moitié midi, conservait encore quelque chose de l'abondance de la Touraine. La terre, cependant, devenait plus maigre. Poitiers, comme Bourges, comme Orléans, était un centre d'études important. Elle s'appelait elle-même l'Athènes de la France.

La Brenne, le Bas-Poitou, enfiévrés par leurs marais, étaient d'affreux pays. La Marche, le Limousin, tout rugueux de collines boisées, ne valaient guère mieux. Les voyageurs parlent de ces contrées avec un sentiment d'horreur et de pitié. « Les habitants

(1) Allier, arrondissement de Moulins.
(2) Également dans l'Allier, arrondissement de Moulins.
(3) GÖLNITZ, *op. cit.* (p. 276).

sont d'une sobriété extraordinaire, gloutons seulement de pain (1), ignorants de tous autres délices... Dans leurs affaires, ils se montrent assez adroits et réfléchis, très entêtés. Ils sont sordides dans leur nourriture et dans leurs vêtements... » Si l'on pénétrait dans les horribles chaumières, faites de torchis, qui leur servaient de demeures, on trouvait des enfants nus sur de la paille, grelottant devant un feu de bousat de vaches. « Ils vivent de châtaignes, qu'ils exportent même au loin. On ne voit dans la campagne que des chênes et des châtaigniers. La terre est couverte de pierres que les paysans ont la paresse de ne pas enlever : sinon, elle ne serait pas mauvaise. Mais la stérilité vient surtout de la barbarie des habitants. Peu de villages, quelques rares chaumières ; dans les champs pierreux, quelques moutons, peu de vaches. »

A travers l'Angoumois et le Périgord, le pays gardait à peu près le même aspect jusqu'aux portes de Bordeaux. Angoulême avait beaucoup souffert des guerres de religion. La peste s'y était installée presque à l'état endémique. Sur la fin du xvi$^e$ siècle, Étienne Pasquier, se rendant à Cognac, traversa l'Angoumois et passa, dit-il, « par tel grand bourg dans lequel il n'y avait que quatre ou cinq pauvres ménages », et dans lequel on ne trouvait pas de quoi manger. En 1613, la ville était poursuivie pour dettes, et des huissiers s'étaient installés aux portes qui saisissaient les habitants et les mettaient en prison, faute du payement d'une somme de deux mille cinq cents livres due par la communauté. On n'avait pas l'argent nécessaire pour acheter un tombereau à enlever les ordures (2).

Les bourgeois de la ville n'en étaient pas moins « fiers, gens de bon esprit, tenant quelque compte de leur réputation, assez hauts à la main, se vantans volontiers, se plaisans peu au trafic, la plupart vivans de leurs revenus et faisans les gentilshommes. Ils aiment les lettres, sont hospitaliers et courtois et se plaisent à choses

---

(1) Cfr. le proverbe : « Manger du pain comme un Limousin », et Gölnitz (p. 580). Il peint les habitants de Limoges comme particulièrement rudes et grossiers, vêtus à l'antique « et si peu accoutumés aux modes nouvelles, qu'une femme qui viendrait de Paris dans le costume qui se porte en ce moment passerait ici pour impudique et de mauvaise vie ».

(2) V. Lièvre, *Angoulême au seizième siècle*.

nouvelles (1) ». Quant aux gens du plat pays, « ils sont grossiers et rudes, se ressentant de la lourderie de leurs voisins, adonnés au travail, opiniâtres et têtus, au reste propres aux armes, de grand courage et fort hardis ».

Le Périgord, quoique pierreux et rocailleux, était un peu meilleur. On citait « ses forges à fer et à acier », ses fabriques d'armes et de couteaux, ses moulins à eau. Rien que la Conze, qui n'a qu'une lieue de cours, « fait néanmoins moudre six vingts moulins, tant à bled qu'à papier ».

Périgueux, disait-on, avait autrefois porté le nom de Japhet, « d'où l'on peut voir qu'elle est très ancienne et que les enfants et arrière-neveux de Noé, venant en Gaule peu après le déluge, la bâtirent et lui donnèrent ce nom ». Elle avait été érigée en évêché « dès le temps des apôtres, » et son église de Saint-Front passait, avec raison, pour l'un des plus anciens et des plus beaux bâtiments du royaume.

Le Périgord était plein d'une noblesse « innombrable, prompte, dure, aimant les querelles, avide de nouveautés et toujours prête à se mettre en mouvement pour le moindre objet ». — « Quant aux gens de condition inférieure, ils sont vains, dispos, fort gaillards et de longue vie pour leur naturelle sobriété... Ils sont fort affables, accorts, propres à toutes honnêtes actions et exercices, soit aux lettres, armes, arts mécaniques ou autres perfections (2). »

Au delà du Poitou et du Périgord, joignant l'Océan, venait le pays de Saintonge, le comté d'Aunis et La Rochelle. C'était le centre du protestantisme français. Installé sur le bord de la mer, en relation constante avec l'Angleterre et la Hollande, il s'implantait, avec une gravité tenace, dans ces pays-bas de la France. Ce n'était pas le protestantisme cavalier et à la soldade de la Gascogne, rêvant les grands coups d'épée, le pillage des églises et la confiscation des biens du clergé ; c'était un protestantisme noir, austère, et de figure très longue ; un protestantisme de ministres et de marchands.

---

(1) Cette psychologie des habitants d'Angoulême donnée par Des Rues au dix-septième siècle, est curieuse à rapprocher de celle qu'a exposée Balzac en tête du roman : *Un grand homme de province à Paris*. Les principaux traits concordent.

(2) Des Rues, *op. cit.* — Laetius, *op. cit.* (p. 61).

Il y avait quelque chose de fier dans l'établissement de cette république municipale de La Rochelle, qui aurait voulu étendre sur la France, divisée en États confédérés, son esprit indépendant et sectaire. Elle vantait sa richesse, la hardiesse de ses marins, l'activité de ses commerçants. Elle obéissait orgueilleusement à son maire, « qui ne marchait jamais qu'entouré d'une garde ». La Rochelle entretenait soigneusement ses murailles, ses fossés, ses bastions, auxquels travaillaient les ingénieurs hollandais et que l'on citait comme le modèle de la défense des places. On assurait que la ville était imprenable et elle portait, en avant de son havre d'étroite embouchure, les deux grosses tours de la Chaîne et de Saint-Nicolas, veillant, comme deux sentinelles, sur le repos de la cité (1).

La Guyenne avait beaucoup perdu de son antique réputation. Dans son humeur ombrageuse, elle regrettait peut-être l'époque où, sous la domination lointaine des Anglais, elle était à demi indépendante. Un voyageur donne au Médoc cette louange restreinte « que le pays n'est pas aussi mauvais qu'on le dit. » On remarquait, il est vrai, que la vigne y poussait bien et que le vin était généreux; mais on ajoutait que les autres cultures y étaient peu prospères (2).

Bordeaux n'avait pas encore pris le grand élan que bientôt le commerce des Antilles et des Indes allait lui donner. Elle n'avait pas revêtu le manteau somptueux dont, au XVIII$^e$ siècle, le marquis de Tourny devait l'orner. Cependant, c'était déjà une belle ville

---

(1) Voir la description que Laetius donne d'après de Thou (*Hist.* lib. 5, anno 1573), *op. cit.* (p. 43). — La Rochelle était une des curiosités de la France pour le voyageur. On célébrait la force de ses murailles, ses privilèges, son commerce, les sièges qu'elle avait subis. Gölnitz dit, dans une expression énergique : « Urbs fortis non indignos alit incolas ». (p. 574) et toute sa description, qui suit de près le siège de 1628, est intéressante. — La description de Jod. Sincerus est au contraire antérieure à cette date. Il insiste sur l'insolence des habitants. « Ils sont bons matelots, dit-il, avides et pleins de superbe, et rendus plus audacieux encore par les succès qu'ils ont remportés dans les guerres récentes. Aujourd'hui si on passe les portes de la ville, on y trouve couché à terre, un gros de la lie du peuple qu'il faut saluer chapeau bas; sinon, ils vous jettent à bas de cheval. Il y a des Allemands très connus qui ont éprouvé ce que je dis. Cependant j'ai observé, ajoute le voyageur, que les premiers de la cité ne sont pas aussi mal appris. Personnellement, j'ai reçu le meilleur accueil du maire à qui nous avions été recommandés; il vint nous saluer entouré de quatre sénateurs et de sa garde ordinaire, et nous fit dignement les honneurs de la ville. » *Op. cit.* (p. 82).

(2) Laetius. *op. cit.* (p. 67).

dont on célébrait « la structure, ordre, symétrie, le tout d'une élégance universelle » (1), avec ses châteaux du Hâ et de Trompette, avec ses huit abbayes, son université et son collège de jésuites, avec ses deux collégiales et ses douze paroisses, avec ses clochers aigus, bâtis par les Anglais, avec ses longs quais que les vaisseaux de commerce garnissaient à perte de vue, durant les deux grandes foires de mai et d'octobre. Elle s'adonnait principalement au commerce des vins, qui descendaient le long de la Garonne et de la Dordogne pour, de là, être exportés en Angleterre et dans les pays du Nord, sous le nom de *claret*.

La Guyenne était renommée pour l'esprit agréable et ingénieux de ses habitants, pour la culture de la noblesse et de la haute bourgeoisie. La fin du xvi<sup>e</sup> siècle avait connu le célèbre évêque d'Aire, François de Candale, « parfait alchimiste, inventeur de l'eau de Candale, très expert arquebusier » et qui, disait-on, avait trouvé la pierre philosophale; Michel de Montaigne, « homme grandement docte, franc, ennemi de toute contrainte, fort instruit des affaires, principalement celles de la Guyenne, qu'il connaissait à fond; » la sœur du moraliste, M<sup>me</sup> de Lestonac, « femme grandement savante, et qui parlait bon grec et bon latin; » le directeur du collège, Vinet, ami des Muret, des Turnèbe, des Buchanan.

Le parlement se recrutait dans une aristocratie de robe nombreuse, riche, éloquente, instruite. Il aimait à parler haut en s'adressant aux rois, et, comme la modestie gasconne s'en mêlait, on répétait volontiers, dans la ville, un propos attribué à Henri IV : « que, s'il n'était roi de France, il eût voulu être conseiller au parlement de Bordeaux » (2).

De Thou, qui au sortir de Bordeaux, a fait tout le voyage de Gascogne, rapporte que les Landes étaient loin de présenter alors l'aspect misérable qu'on peut leur supposer. « On trouve sur l route, dit-il, de grandes landes et des bruyères pleines d'abeilles et de tortues, avec des villages fort écartés les uns des autres, mais

---

(1) André Duchesne (p. 750).
(2) *Mémoires de la Vie de Jacques-Auguste de* Thou. Edit. de Rotterdam, 1711, in-4° (p. 58). — *Chronique Bordeloise*, par Jean de Gaufreteau ; Bordeaux, 1877, in-8° (t. I, p. 321).

très peuplés. Les paysans y sont plus riches que dans tout le reste de la Gascogne. »

Bayonne, sans cesse menacée par les terribles inondations de l'Adour, était pourtant un port de mer actif et important. Les vaisseaux qui en partaient pour la grande pêche étaient des plus renommés pour l'esprit d'entreprise des maîtres et la hardiesse des équipages

On entrait dans le Béarn, dont le caractère si marqué frappait les voyageurs : « Le langage de ces peuples est fort singulier et les habits de leurs femmes ne le sont pas moins ; elles en ont pour chaque âge et pour chaque état, pour le deuil, pour le mariage et pour les prières publiques. Si l'on voyait ailleurs des gens vêtus de cette manière, on croirait qu'ils se sont déguisés exprès pour faire rire ou pour monter sur un théâtre. » Tout ce pays, d'ailleurs très turbulent, très divisé, soutenu par les prétentions du Béarn et de la Navarre, se sentant déjà de la morgue espagnole, jouissait d'une sorte d'indépendance. L'action du pouvoir royal ne s'y faisait sentir que mollement et seulement dans les temps où les populations, lassées des dissensions locales, l'imploraient. Un voyageur observe que, dans toute cette région, les paysans ne sortaient jamais sans armes (1).

Le pays de Gascogne, résonnait d'un langage nouveau :

> Lo no es bon guasconet
> Se no sabe dezi
> Higue, hogue, hagasset (2).

(1) De Thou, *op. cit.* (p. 60). — En 1600, le Père Castella, partant de Bordeaux pour se rendre à Marseille, fut attaqué auprès de Toulouse par des laboureurs armés qui se livraient au métier de voleurs de grands chemins ; grâce à un de ses compagnons qui tira l'épée, il échappa à ce danger. *Le Saint Voyage de Hiérusalem*, Bordeaux, 1603, in-4°, cité par Babeau, *Voyageurs en France...* (p. 166). — La présomption des Béarnais est signalée par Tallemant des Réaux, éd. Techener, in-12 (t. VI, p. 70). Il cite les proverbes : « Li Béarn y sont sù l'autre gent, comme l'or est sù l'argent. » Et encore : « Qui a bist Pau n'a mai bist un tau ; — Qui a bist Oléron a bist tout le mond : — Ortez grand cose es. — Qui a bist Morlas pe ben dire : Hélas ! » Et ce sont toutes bicoques, observe Tallemant.

(2) Proverbe cité par Papire Masson : *Descriptio fluminum Galliæ*, Paris, Jacques Quesnel, 1618, in-12 (p. 536). — Il paraît qu'il faut lire pour être correct :

> • Lo non es bon Gasconet
> Que no sab dize : « Higue, hogue, hagasset. »

Voir l'échange d'observations qui s'est produit, à l'occasion de la publication de ce

Le cours de la Garonne était « bordé d'une infinité de bourgades, de grands châteaux et de maisons de plaisance ». Agen, situé dans un pays riche, agréable, fertile, était comme une seconde capitale pour le Midi. Elle s'illustrait du séjour qu'y avait fait Scaliger.

Mais la vraie reine du Midi, c'était Toulouse. Son influence rayonnait sur tout ce qui parlait le vigoureux et sonore langage que les puristes du temps étaient en train de reléguer au rang d'un patois méprisé. Des hauteurs de l'Auvergne, du Velay, du Quercy, de la Guyenne, de la Navarre, de l'Espagne, l'élite de la jeunesse descendait vers son université. Ils recueillaient, sur les lèvres des professeurs, le suc de la tradition romaine et scolastique. Ils s'y séchaient au feu d'une doctrine âpre et autoritaire qui faisait de tous ces Gascons les plus redoutables serviteurs de l'autorité royale. Dès longtemps, on disait de l'université de Toulouse qu'elle était « l'école des plus grands magistrats et des premiers hommes d'État », et le proverbe répétait à son tour :

> Paris pour voir,
> Lyon pour avoir,
> Bordeaux pour dispendre
> Et Toulouse pour apprendre.

La ville elle-même, toute construite en briques, était plutôt remarquable par l'antiquité que par la beauté de ses édifices. Saint-Sernin, la vieille église, était couronnée de canons pour foudroyer la cité en cas de rébellion. On rebâtissait Saint-Étienne, qu'un incendie avait détruit, en 1609. On montrait encore l'hôtel de ville qui avait recueilli le nom glorieux de Capitole, le parlement avec la salle d'audience, la table de marbre, les prisons des Hauts-Murast, enfin les collèges parmi lesquels venait de s'insinuer celui des jésuites, appelé à de hautes destinées.

L'impression produite par Toulouse sur les voyageurs était résumée, par l'un d'entre eux, en ces termes : « Située dans une belle

---

proverbe, dans la *Revue des Deux-Mondes*, entre la *Revue de Gascogne*, n° de septembre-octobre 1890 (p. 457), et les *Annales du Midi*, n° de janvier 1891 (p. 77).

plaine, arrosée par la Garonne, c'est la première ville du royaume après Paris et même, si l'on compte la beauté et le nombre des églises, la dignité du parlement, la fréquentation des écoles, la richesse des citoyens, la splendeur des édifices publics et privés, elle n'est pas loin d'être la première. On pourrait, comme Athènes autrefois, l'appeler la ville de Pallas. »

Toulouse règne sur le Languedoc, soit comme chef-lieu de gouvernement, soit comme lieu de réunion des états, soit comme siège de l'archevêché, soit comme séjour du parlement. Tout le pays, administré par lui-même, peu chargé d'impôts, était riche; Bodin donnait sa constitution en exemple. Il y faisait bon vivre; on remarquait surtout la variété de ses productions, fruits, vins, froments, poissons, gibier; celui-ci si abondant, paraît-il, que, tous les jours, « on sert des perdreaux et des cailles pour le déjeuner et le dîner ».

Les habitants étaient curieux, insolents : « Ils regardent fixement les étrangers, comme des bêtes inconnues récemment amenées d'Afrique et ils s'interrompent de manger pour les considérer. » En traversant les bourgs de la province, on rencontrait parfois un enterrement « où les assistants poussaient de grands cris et de bruyants gémissements ». Ou bien, au contraire, « on voit les filles danser, au milieu des rues avec des gesticulations étonnantes » ; c'est toute l'exubérance méridionale. « Les Languedociens sont catholiques, ardents, faciles à émouvoir, dit un autre voyageur; ils ont de l'esprit et veulent qu'on les croie. » Il ne dit pas s'ils méritent toujours d'être crus (1).

Carcassonne et Narbonne étaient les deux places fortes qui protégeaient cette frontière du côté du Roussillon, encore espagnol. Les tours rondes de Carcassonne, les tours carrées de Narbonne donnaient à ces deux villes un aspect très imposant. Les voyageurs de-

---

(1) Sur Toulouse et les environs, cfr Le Roux de Lincy (t. I, p. 379). Laetius, *op. cit.* p. 77). Gölnitz (529-540). Jod. Sincerus (p. 106); celui-ci se plaint des mœurs déréglées des étudiants. Il reconnaît d'ailleurs l'importance de l'Université : « Hodie jurisprudentiæ maxima nutrix ». Cfr. Babeau, *Voyageurs...* (p. 72). — Sur l'école de Toulouse, au point de vue de la diffusion des idées absolutistes, voir nos *Études historiques sur le seizième et le dix-septième siècle en France :* Hachette, 1886, in-12 (p. 9).

vaient remettre leurs armes entre les mains des gardes, avant de franchir les portes (1).

Montpellier, avec son air salubre, l'agrément du climat, ses fortes études de médecine, était un lieu de séjour très apprécié. On s'y piquait de belles manières : « La place de la Canourgue, où se viennent rendre par bandes toute la noblesse et mille beaux visages pour y pratiquer d'honnêtes galanteries et y entendre les concerts et les sérénades, est la marque trop visible de la belle humeur des habitants, » et notre auteur ajoute galamment : « Le beau sexe ne contribue pas peu, de ce côté, à la gloire de Montpellier qui est rempli d'une infinité d'habitants si bien mis et si bien couverts, qu'ils témoignent par là qu'ils sont les nobles membres d'une des premières cités de la France (2). »

A travers un pays sablonneux, parmi des terres ingrates où bleuit l'ombre fine des premiers oliviers, on gagnait Nîmes, la dernière ville du Languedoc, en allant vers le Rhône. Nîmes répandait un parfum d'antiquité qui charmait le cœur de tous ces excellents latinistes. Ils vantaient l'amphithéâtre, le plus grand, disait-on, qui fût resté de toute l'antiquité romaine; on célébrait la Maison Carrée, bâtie par l'empereur Adrien, en l'honneur de sa femme Plotine. On s'étonnait devant la tour Magne, « dont on ne peut savoir le dessein de celui qui l'a bâtie, si ce n'est pour éterniser sa mémoire par un si grand ouvrage, comme voulut faire Nemrod pour la haute tour de Babylone, à qui la tour Magne a beaucoup de ressemblance (3) ».

Mais la merveille des merveilles, c'était le pont du Gard. Ses trois rangées d'arches indestructibles étaient contemplées, examinées, mesurées avec un respect pieux. De pareilles œuvres, si supérieures par leur utilité, par leur simplicité, par leur force à tout ce qu'avait laissé le moyen âge, évoquaient, dans des esprits

---

(1) GÖLNITZ (p. 527).
(2) JOUVIN DE ROCHEFORT. Le *Voyageur d'Europe*, Paris, 1672, in-12 (p. 153). — V. aussi l'impression favorable que Montpellier fit sur le landgrave de Hesse : *Correspondance inédite de Henri IV avec Maurice le Savant*, publiée par DE ROMMEL, Paris, Renouard 1840 (p. 59). — Tous les voyageurs qui venaient à Montpellier demandaient à voir la toge et le bonnet de Rabelais qui y étaient soigneusement conservés. — V. GOLNITZ (p. 513).
(3) JOUVIN DE ROCHEFORT (p. 148).

encore tout imbu de la tradition, le souvenir écrasant de la grandeur romaine; et cet enthousiasme pétrissait, presqu'à leur insu, les esprits et les âmes; il imposait l'imitation directe et efficace de l'antiquité aux efforts nouveaux du siècle qui commençait (1).

### III.

La Provence était la plus noble partie de l'ancienne France. Tout, jusqu'à son nom, rappelait la domination romaine. Elle avait, dans ses mœurs, dans sa constitution, dans l'aspect de la campagne, quelque chose qui la distinguait des autres provinces du royaume. Sèche, rouge, poussiéreuse et venteuse, elle était peu fertile en blé, mais abondante en fruits et surtout en fleurs. Ses champs répandaient, en toutes saisons, l'arome âcre des orangers, des citronniers, des roses et des jasmins. C'étaient ces « divines senteurs » dont l'obsession fatiguait M$^{me}$ de Grignan (2).

---

(1) JODOCUS SINCERUS (p. 127) cite, au sujet du Pont du Gard, ces vers de Théodore de Bèze :

> Montibus impositos cantavit Græcia montes;
>   Pyramidum ostentat barbara Memphis opus.
> Plus est quod cernis, triplicis conjungere pontis,
>   Fornicibus montes sic posuisse duos.
> Et plus est (victam quo se natura fatetur)
>   Imposuisse istis flumina fluminibus.
> Et rursum hoc plus est, contempto laudis honore,
>   Artificem nomen subticuisse suum.
> Mire opifex, quod tu fecisti, sit licet ingens,
>   Quod non fecisti, plus ego miror opus. »

(2) Personne n'a mieux parlé de la Provence que M$^{me}$ de Sévigné qui, au fond, ne l'aimait pas : « Je crois de votre Provence toutes les merveilles que vous en dites, écrivait-elle à sa fille; et si ce beau pays pouvait vous témoigner les obligations qu'il vous a, je suis assurée qu'il n'y manquerait pas. Je crois qu'il vous diroit aussi l'étonnement où il doit être de votre dégoût pour ses divines senteurs... » *Lettres de M$^{me}$ de Sévigné*, édit. des Grands Écrivains; Hachette, 1873, in-8° (t. III, p. 86.) — « L'air de ce pays subtilise toutes choses. » (III, 229). — « Ce que vous dites des arbres qui changent est admirable; la persévérance de ceux de Provence est triste et ennuyeuse; il vaut mieux reverdir que d'être toujours vert. » (III, 474.) — « Que vous êtes excessifs en Provence; tout est extrême, vos chaleurs, vos sereins, vos bises, vos pluies hors de saison, vos tonnerres en automne : il n'y a rien de doux ni de tempéré. Vos rivières sont débordées, vos champs noyés et abîmés, votre Durance a quasi le diable au corps. » (VI, p. 69); et enfin, car il faut finir : « M. le coadjuteur fit bien valoir la beauté de la Provence, et

La Provence était moins prônée qu'aujourd'hui. Son ciel si pur, la douceur de ses hivers, la beauté de la mer, trouvaient nos pères moins sensibles que nous. Déjà cependant, on voyait poindre quelque aube de ces saisons hivernales que la facilité des voyages a tant multipliées. Un voyageur observe que, « dans tous ces petits ports de mer de Provence, on mange à table d'hôte chair et poisson, où chacun pour une pièce de vingt sols est traité délicieusement et proprement. On boit ordinairement à la glace et c'est la coutume du pays, chaque fois que l'on sert à boire, de fringuer le verre et le présenter à demi plein d'eau qu'on verse toute, ou peu, ou point à sa volonté, avant que de remplir de vin qui est très brûlant en Provence et malsain, si on le boit sans eau » (1).

Cette côte délicieuse était loin d'offrir un tranquille séjour. Les Turcs et les Barbaresques l'infestaient. Leurs vaisseaux arrivaient brusquement et faisaient, dans les villages et jusque dans les villes, de terribles razzias. Il fallait être sur ses gardes et, malgré tout, les prisons de Tunis et d'Alger regorgeaient d'esclaves enlevés sur les côtes méditerranéennes.

Outre ces maux, aujourd'hui disparus, la Provence en connaissait d'autres qu'on réunissait dans ce dicton :

> Le Parlement, le Mistral et la Durance
> Ont fait la ruine de Provence.

Tout en se plaignant de son parlement, la Provence en était fière. Il l'avait régie souverainement durant les guerres de la Ligue, et la turbulence méridionale se vantait de l'avoir vu tenir tête simultané-

---

comme tout y est vif, et passant, et brillant à cause de ces vaisseaux et de ces galères et de ceux qui vont et qui viennent d'Italie. » (VII, 27).

Après cela les vers de Godeau paraîtront bien plats ; je les citerai cependant ; car il connaissait trop « la gueuse parfumée » étant, un peu à son corps défendant, évêque de Grasse

> « J'habite des rochers, mais que d'heureux destins
> Ont partout parfumés de roses, de jasmins.
> Du pied jusqu'aux sommets des arbres les tapissent,
> Les riches orangers dans les plaines fleurissent,
> L'émeraude en leur feuille étale sa couleur,
> L'or brille sur le fruit et l'argent sur la fleur.

Cité par De Ribbe. *Les Familles et la Société en France avant la Révolution*. Aubanel, 1873, in-12 (p. 127).

(1) Jouvin de Rochefort, *op. cit.* (p. 119).

ment à la France, à l'Espagne et à la Savoie. En 1614, les cœurs s'étant apaisés, la Provence était gouvernée pacifiquement par l'héritier des Guises, devenu le fidèle serviteur des rois. Elle cherchait son illustration dans la renommée des hommes de lettres : Du Vair, « cette aigle de l'éloquence française, » Peiresc, Malherbe, qui avait fait de la Provence son pays d'adoption. On notait déjà que les Provençaux étaient grands parleurs et vantards. Mais on s'arrêtait là ; on ne pouvait prévoir que, dans des temps de révolution, leur génie oratoire et tumultueux aurait sur les destinées générales du pays une plus haute influence.

La Provence commençait, du côté de l'Italie, entre Nice et Antibes. Toulon, récemment fortifié par Henri IV, prenait quelque importance. Marseille gardait une réputation de vieille ville républicaine et on étudiait ce qui restait debout de son antique organisation municipale.

Les voyageurs, montés à Notre-Dame de la Garde, observaient que, vue de haut, la ville avait l'air d'une harpe, penchée vers la mer. Ils en trouvaient les rues étroites, les monuments peu imposants, mais le port très beau, avec ses trois châteaux de Saint-Jean, d'If et de Ratonneau. Ils énumèrent complaisamment les produits si divers que ses marins allaient chercher dans les pays du Levant, et, en revanche, les vins, les huiles et les autres objets de négoce qu'ils exportaient au loin. On consacrait toujours une visite aux galères du roi et on s'attardait à écouter le chant des forçats, penchés sur la rame (1).

Aix, capitale de la Provence, s'enorgueillissait de son nom latin, de son parlement, de sa chambre des comptes, de son université, de son archevêché et de son gouvernement. Avec tout cela, elle sentait la vie s'éloigner d'elle. Elle en était réduite à étaler quelques édifices anciens, une grande vanité, et « un nombre considérable de noblesse et de personnes de qualité très propres en leurs habits et très polis en leurs mœurs (2) ».

---

(1) Le Landgrave de Hesse vit avec admiration, dans le port de Marseille, soixante grands vaisseaux, sans compter plus de cent navires et les autres embarcations. ROMMEL (p. 58). — Cfr. GOLNITZ (p. 469).

(2) Si les habitants étaient propres, la ville ne l'était pas : « Aix a seulement ce dé-

Avignon et le Comtat-Venaissin formaient une petite principauté indépendante. C'était une république italienne transportée au milieu de la France. Avec son gouvernement ecclésiastique, son « dôme » et son palais du vice-légat, Avignon ressemblait, paraît-il, à Bologne. On n'y entendait guère parler que la langue italienne et de nombreuses familles péninsulaires s'y étaient installées. Elle était gouvernée par des prêtres; mais on y voyait surtout des ruffians et des juifs. Les voyageurs mettent leurs successeurs en garde contre les services dangereux des premiers et ils dépeignent avec détail le curieux aspect des seconds. Tolérés par l'adroite politique du clergé, vêtus et coiffés de jaune, ils vivaient là dans l'ordure et le mépris. Ils se jetaient sur les étrangers et leur offraient des marchandises de toutes sortes « avec une insistance qui eût été désagréable si elle n'eût été si facilement repoussée. »

Pétrarque attirait les poètes à Vaucluse. Orange et sa petite principauté, placée sous la suzeraineté du roi de France, offraient quelque curiosité pour le politique. Enfin on laissait le Rhône, dont la rapidité et les violences étaient célèbres :

« ... Rhodanus raptum velocibus undis
In mare fert Avarim... »,

et l'on entrait dans le Dauphiné.

Le Dauphiné, province frontière abritée et écrasée tout à la fois par les contreforts des Alpes, était resté, jusqu'à un certain point, distinct du royaume de France. En vertu de l'acte qui l'avait réuni à la couronne, il donnait son nom au fils aîné des rois. Cette demi-autonomie, affirmée encore par l'esprit indépendant, ferme et fier des Dauphinois faisait, de cette province, un objet perpétuel de tentation pour le duc de Savoie. Profitant de la minorité de Louis XIII, ce

---

faut-ci que l'usage des fosses de privés n'y étant point reçu, il faut aller faire ses affaires sur le toit des maisons, ce qui empeste fort le logis et même toute la ville, principalement lorsqu'il pleut, l'eau entraînant dans les rues toute cette ordure, de sorte qu'il fait fort mauvais cheminer en ces temps-là; aussi dit-on qu'à Aix il pleut m..... comme aussi à Marseille et à Arles. » On voit que la réputation de saleté des villes du Midi n'est pas nouvelle (*Voyage de* Jean Bouchard, p. 119).

« fin renard, » Charles-Emmanuel, employait sa redoutable habileté à persuader à ses chers voisins qu'il fallait reconstituer l'ancien royaume des Allobroges : « La nature, disait-il, a fait des Dauphinois et des Savoisiens un seul et même peuple ; quand vous lui aurez donné un même maître, ils seront encore ces redoutables Allobroges qui furent la gloire des Celtes et la terreur de Rome. Renouez la chaîne des temps ; rattachez à vous l'ancienne dynastie de vos rois (1) ».

On ne pouvait faire un usage plus heureux des exemples historiques. Les Dauphinois pourtant se méfiaient. Ils restaient attachés, sinon à la France, du moins à leur gouverneur, le brave et habile Lesdiguières. Connétable de France, gouverneur du Dauphiné, chef reconnu du protestantisme français, celui-ci était le véritable roi du pays. Sa puissance même n'était pas sans donner quelque ombrage au roi de France, son maître. Mais, comme on ne pouvait l'abattre, on le ménageait. Il répondait de la sûreté de cette frontière et intervenait, pour son compte personnel, dans les querelles des princes italiens (2).

Sage administrateur, il s'attachait à développer le commerce et l'industrie, couvrait le pays d'édifices somptueux et de constructions utiles. Il était comme le Henri IV dauphinois. Dans son magnifique château de Vizille, on comptait cent vingt chambres, et notamment une belle galerie de tableaux et de sculptures. L'arsenal, rangé dans un ordre admirable et tenu avec la propreté la plus méticuleuse, contenait six cents armures, deux mille piques et dix mille fusils. C'en était assez pour tenir en respect les ambitions qui s'agitaient autour de la province (3).

Le Dauphiné présentait, dans la nature de son sol et dans le génie de ses habitants, les mêmes contrastes que dans l'ordre politique : il y avait des contrées extrêmement fertiles, qui donnaient même d'excellents vins ; il y en avait d'autres absolument stériles où ne pous-

---

(1) Cité par Saint-Genys, *Histoire de la Savoie* (t. II, p. 174).

(2) Sur l'attitude de Lesdiguières, souvent suspect, et sur ses relations avec la maison de Savoie et les princes italiens, voir : *Maximes d'État et Fragments politiques du cardinal de Richelieu*, publiés dans *Collection des documents inédits, Mélanges* (p. 801, note 4). — Voir aussi Rohan, *Mémoires*, éd. de 1646, in-4° (p. 120).

(3) Gölnitz, qui décrit avec soin le château de Vizille, appelle Lesdiguières : l'Antipater de Henri IV (p. 395). Cfr l'*Histoire de Lesdiguières*, par M. Dufayard (p. 271-278).

sait guère que le noyer. De même, on remarquait une opposition absolue entre la lourdeur et la stupidité des paysans, la politesse et la vivacité des citadins.

Grenoble, ville bien située et bien fortifiée, était le siège du parlement et le lieu de réunion des états provinciaux. Vienne avait un archevêque qui se disait le primat du primat des Gaules. Le fort Barraux, récemment reconstruit par Lesdiguières, Embrun, Briançon haut perché dans la montagne, étaient les places fortes de la région. A Valence, sur le Rhône, existait un péage qui faisait le désespoir des commerçants et dont tout le profit allait au duc de Lesdiguières. Avant de quitter la province, on ne manquait pas de visiter la Grande-Chartreuse qui attirait les étrangers par sa situation au milieu du site le plus sauvage et par le renom d'hospitalité des bons pères.

Voici comment notre excellent Gölnitz entonne les louanges de la ville de Lyon. « Cette ville est le principal boulevard de la France, la première de toutes les Gaules au point de vue spirituel, la boutique du commerce universel et enfin, ce qui est à son éternelle louange, s'il y a au monde un endroit où se trouvent rassemblés tous les vénérables débris de l'antiquité, statues de dieux et de princes, inscriptions, tombeaux, théâtres en ruines, bains, thermes, aqueducs, canaux, égouts, temples, colonnes de toutes formes, obélisques, pyramides, tableaux, vases, urnes, lampes, emblèmes, poteries, — cet endroit, c'est Lyon ».

Monté sur ce ton, le dithyrambe ne s'arrête pas. Pour rehausser la gloire de Lyon, on attribuait sa fondation à un certain Lugdus, roi des Celtes, qui vivait l'an du monde 2335, « longtemps avant la naissance de Moïse. » Par cette antiquité fabuleuse, par son passé romain, par son admirable situation et par l'activité de son commerce, Lyon prenait, aux yeux des étrangers, une importance exceptionnelle. Que l'on vînt d'Italie ou que l'on vînt d'Allemagne, c'était toujours l'étape nécessaire. C'était dans cette ville que se faisait le commerce de l'argent. Sa *place* était peut-être la plus importante du monde. On disait, vers le milieu du XVI° siècle, que Lyon était « comme une Florence ultramontaine. » On eût pu ajouter qu'elle était comme un Francfort français. C'était la ville des affaires et de l'activité cosmopolite.

L'espace occupé par Lyon était immense. Sa muraille enveloppait de vastes terrains, dont une partie en culture et en jardins. Pour pénétrer jusque dans la cité, il fallait passer successivement par trois portes. A la troisième, un portier demandait d'où l'on était, et ce que l'on venait faire dans la ville. Il donnait ensuite un billet, sans lequel on n'aurait été admis dans aucun hôtel.

Trois châteaux : Pierre-Encise, Saint-Sébastien et Sainte-Claire gardaient la ville. Sous la régence de Marie de Médicis, Nicolas de Neufville de Villeroy, gouverneur de Lyon, faisait de grands frais pour la réparation de ces forts et pour leur mise en état de défense.

L'intérieur de la ville n'offrait qu'un aspect assez médiocre. Les rues étaient étroites, sales et puantes. Les maisons, très élevées, interceptaient la lumière et l'air; du haut de leurs toits, des gargouilles de bois déversaient les eaux de pluie sur les passants. Aux fenêtres, des carreaux en papier huilé étaient les seules fermetures et ajoutaient à l'aspect délabré des maisons. Il n'y avait guère de beau quartier que la place Bellecour.

Le système municipal de la ville était, disait-on, « tourné vers l'aristocratie ». On racontait les luttes de la « plèbe » contre le « sénat, » comme s'il se fût agi des plus grands événements de l'histoire romaine. Lyon, avec son esprit original, sérieux, mystique, avait joué un grand rôle dans les guerres de la Ligue. Depuis la soumission de 1594, elle était tout à fait rentrée dans le devoir. Comme disait un contemporain, « on avait vu refleurir une des trois fleurs de lys de l'écusson de France ». Les Lyonnais, après s'être abandonnés à leur passion séparatiste et catholique, s'étaient, suivant les conseils du prudent Bellièvre, portés au-devant d'un roi qui ramenait l'ordre et la prospérité dans le royaume : « au bruit des trompettes et des clairons sonnants, des salves tant d'artillerie que de toutes sortes de canons, son peuple avait, durant huit jours de suite, fait feux de joie par toutes les places et crié haut et clair : *Vive le roi!* »

C'est qu'en effet les « maîtres de Lyon », au fond hommes sages, avaient compris que, si l'anarchie ne pouvait profiter à personne dans le royaume, elle était particulièrement fâcheuse pour les intérêts de leur industrie et de leur commerce.

La situation de Lyon, au confluent des deux rivières qui relient le Nord au Midi, était particulièrement favorable en un temps où presque tout le transport des marchandises se faisait par eau. Par la Saône, descendaient le blé, le vin, les charbons de la Bourgogne; par le Rhône, remontaient, venant du Dauphiné, de la Provence, du Languedoc, les vins généreux, les fruits, les citrons, les oranges, les produits de l'Espagne, de l'Italie et de l'Orient. On trouvait à Lyon tout ce qu'on pouvait désirer en soieries, drap, vêtements, et aussi tout ce qui pouvait intéresser les savants et hommes de lettres. Lyon était un grand marché de livres, et on les expédiait de là par toute l'Europe (1).

Si le Lyonnais était prospère, le Forez, qui le borde, n'avait pas encore pris le grand essor qu'il doit au progrès de l'industrie moderne. Cependant, les voyageurs mentionnaient déjà ses charbons naturels. « Près de Saint-Étienne, dit un géographe, il y a trois montagnes au-dessus desquelles il y a toujours un jet de flammes qu'elles soufflent : l'une s'appelle Mina, l'autre Viala, la troisième Buta. Dans leurs flancs, on trouve des charbons de pierre naturels. Les habitants s'en servent chez eux, au lieu de bois et de charbon ordinaire, et les brûlent dans leur foyer; cela fait un feu très fort et très ardent. Dans ce charbon, on taille aussi des grès d'excellente qualité. » (2)

Plus on s'enfonçait dans l'Auvergne, plus le voyage devenait rude. Nos aïeux avaient peu de goût pour les paysages de mon-

---

(1) Voir GÖLNITZ, *op. cit.*, p. 283-336. La description que cet auteur donne de Lyon est particulièrement intéressante. Il y a inséré plusieurs documents curieux pour l'histoire de la ville et notamment des inscriptions latines. — *Cfr.* JODOCUS SINCERUS (p. 161-184).
— DES RUES. — ANDRÉ DUCHESNE. *Antiquités...* qui définit assez bien Lyon d'après Strabon, « un fort et propugnacle situé bien à propos sur les trois advenues regardant l'Italie. » (p. 636). — PÉRICAUD, aîné, *Notes et documents pour servir à l'histoire de Lyon sous Henri IV.* — Id. *sous Louis XIII*, Lyon, 1846, in-8°. — *Discours sur la réduction de la ville de Lyon à l'obéissance du Roy*, par ANTOINE DU VERDIER. Lyon, 1594, in-12, réimpression moderne.

(2) LAETIUS. *Descriptio Galliæ* (p. 57).

tagnes. Ils trouvaient les chemins durs, rocailleux, les pentes raides, les bois sombres et mal hantés. L'Auvergne passait pour un affreux pays. Aussi les voyageurs se pâmaient-ils d'aise lorsque, après avoir franchi les défilés des montagnes, ils débouchaient sur l'exquise et florissante Limagne : « Pour moi, dit Golnitz, j'attribue volontiers aux habitants de cette région ce que Salvien a écrit des peuples de l'Aquitaine, à savoir que leur pays est, non seulement la moelle de toute fécondité, mais encore, ce qui vaut mieux, le vrai séjour du bonheur et de la beauté. Cette contrée est, à tel point, entrecoupée de vignobles, de prairies émaillées de fleurs; les cultures y sont si variées, les jardins et les bosquets y sont si nombreux; elle est arrosée de tant de fontaines, sillonnée de tant de rivières, couverte de moissons si abondantes, que ses habitants semblent avoir reçu en partage un morceau du paradis. »

Au sud de l'Auvergne, les derniers contreforts des Cévennes et des Causses, dans le Valais, dans le Vivarais, dans le Gévaudan, abritaient des peuples durs, âpres, tenaces, qui avaient, en grande partie, embrassé le protestantisme. Montauban était leur capitale. Privas, Rodez, Mende, Aubenas, Pamiers, Millau, étaient leurs places fortes. C'est le vieux pays hérétique. Au-dessus du Rhône, il donnait la main aux protestants du Dauphiné et constituait ainsi une puissance redoutable qui, pour le moment, vivait en paix sous le connétable de Lesdiguières, mais qui allait bientôt servir d'instrument à la fortune politique et militaire des Rohan.

De Lyon à Paris, le chemin se faisait assez rapidement par eau. La Bourgogne française était fertile, opulente; ses vins étaient célèbres, notamment celui de Beaune, qui passait pour un des meilleurs de France : « Il n'est pain que de froment, vin que de Beaune, » disait le proverbe et l'on ajoutait « que notre saint-père le Pape, monseigneur le roi et plusieurs autres seigneurs, gens d'église et aultres avoient coutume d'en faire leur provision. »

La Bourgogne n'avait pas oublié tout à fait le grand rôle qu'elle avait joué dans les derniers temps du moyen âge. On retrouvait, dans son organisation, bien des vestiges de son ancienne indépendance. La « Duché » n'avait pas absolument séparé son sort de celui de la « Comté, » qui continuait à s'appeler « Franche ». Les États de Bourgogne se tenaient, tous les trois ans, à Dijon, et défendaient avec vigueur les privilèges de la province, notamment en matière d'impôts.

Dans la ville même, à côté de la Maison du Roy, dont la forte et haute tour était à demi ruinée, on voyait les logis des seigneurs qui avaient été les premiers vassaux des ducs de Bourgogne : Orenge, Le Vergi, Ruffé, Conches, Saulx, Luc, Tavannes, Ventoux, Senecey, Rothelin, Pleuvot. Le maire, nommé chaque année à la pluralité des voix, prenait le titre de Vicomte-Maïeur : « C'est à la requête du maire de Dijon que les rois, entrant en cette ville, jurent, en l'église Saint-Benigne, de conserver et confirmer les privilèges inviolables de ladite ville, et, *réciproquement,* icelui maire jure au roi fidélité et secours pour et au nom de tout le pays; en signe de quoi, ce Maïeur lie une banderole ou ceinture de tafetas blanc à la bride du cheval du roi et le conduit jusques à la Sainte-Chapelle, étant accompagné de vingt et un échevins. »

Autun, la vieille cité, était bien diminuée de son antique splendeur; mais Mâcon, Chalon, Nevers, étaient des villes fortes et opulentes. Le duché de Nivernais « recommandé par les trois belles rivières qui l'arrosent, Yonne, Allier et Loir, fécond en toutes commodités, contenait onze villes closes, et Nevers, sa capitale, onze paroisses ».

Auxerre aux vignerons diligents, Sens avec sa cathédrale aux chantres célèbres, Montereau avec son château fort superbe et ses murailles, « laissant à l'œil de grands ressentiments d'antiquité », étaient les dernières étapes avant d'arriver à Paris (1).

La proximité de la capitale se faisait sentir par l'étonnante activité de la batellerie. Dans un rayon de quarante lieues, les rivières étaient encombrées. Les bois flottés partaient du Nivernais, du Morvan, et soit « à bûches perdues, » soit en « trains, » gagnaient la ville (2); puis c'étaient les chalands portant le charbon,

---

(1) Sur Auxerre, *Livre des Proverbes français* (II, p. 310), à propos du proverbe : « Il est midi en Auxois ». — Sur Sens, ibid. (p. 396), à propos du proverbe : « Li chanteur de Sens ». — Sur Montereau, AND. DUCHESNE, *op. cit.* (p. 356).

(2) Sur le flottage du bois, voir FRÉDÉRIC MOREAU, *Histoire du Flottage des trains; Jean Rouvet ..* etc. Paris, Dauvin et Fontaine, 1843, in-8°. L'auteur discute les titres de

les foins et les vins de Bourgogne, les blés et le laitage de la Brie ; puis c'étaient les coches couverts de monde, tirés par des haridelles qu'il fallait dételer à chaque obstacle. Mais on prenait patience; car Paris était au bout, et ce n'était pas sans émotion que le voyageur apercevait enfin, de loin, par-dessus le plat pays, les tours de Notre-Dame et qu'il venait débarquer en Grève, au plein cœur de cette ville qui, depuis si longtemps, l'attirait (1).

## II. — Paris en 1614 (2).

### I.

« Avoir vu les villes d'Italie, d'Allemagne et des autres royaumes, ce n'est rien, dit un Allemand contemporain de Louis XIII; ce qui frappe, c'est quand un homme peut dire qu'il a été à Paris (3). »

Jean Rouvet, bourgeois de Paris et marchand de bois, au titre d'inventeur du flottage en train. Il pense que le premier train de bois à brûler à flotte qui ait suivi le cours de l'Yonne pour gagner Paris, a été organisé par un certain Charles Lecomte, en 1546. Un monument a été élevé à la mémoire de Jean Rouvet sur le pont de Clamecy, en 1828. — Voir aussi Ch. Nisard, *Étude sur le langage populaire ou patois de Paris et de la banlieue.* Chap. 1er et chap. 2. Des Voies de communication. Paris, 1872, in-8°.

(1) Ce sont les sentiments de Gölnitz : «... Festinavimus ad insignem Parisiorum urbem.... Urbs quod in vallem depressa est propinquum quoque viatorem fallit; eapropter suspiria et desideria evocat, auget iis qui, multum molestiæ in via devorarunt, priusquam dicere possunt :

Urbs orbi similis, toto et celeberrima mundo,
Musarum sedes, regina Lutetia, salve.
Francigenæ tu metropolis pulcherrima gentis,
Hospitio Regem grato, regisque ministros
Excipis et reliquas das jura supra urbes. » (P. 146.)

(2) On s'est servi principalement, pour cette description de Paris, des plans de Vassalieu, de Mérian, de Tavernier reproduits dans le bel *Atlas des Anciens plans de Paris* et la *Collection des documents* publiés par la Ville qui fait partie de l'*Histoire générale de Paris*, notamment de la *Topographie historique du vieux Paris* par Berty. Une quantité de détails ont été puisés dans les monographies publiées par la *Société de l'Histoire de Paris* ou dans les collections de Carnavalet, éclairées par l'obligeante érudition de M. Cousin. Nous ne citons que pour mémoire le *Dictionnaire* de Hurtaut et Magny, les ouvrages de l'abbé Lebeuf, Jaillot, de Dulaure, de Hoffbauer, de Ménorval, et de Fournier : notamment la curieuse compilation des *Variétés historiques et littéraires;* les monographies historiques et en particulier la savante étude de M. Miron de l'Épinay, *François Miron et l'Administration municipale de Paris sous Henri IV.*

(3) Cité par Babeau, *Voyageurs...* (p. 27).

# PREMIÈRE VUE SUR PARIS.

S'il en croyait les guides, l'étranger descendait *A la Croix de fer*, rue Saint-Martin (1). Il était là au centre de la ville, à deux pas de la *Cité*, non loin du *Marais*, qui tendait à devenir le quartier à la mode. Une fois le marché fait avec l'hôtelier pour le gîte, le couvert, les laquais, les porteurs et les chevaux, le voyageur pouvait descendre dans la rue et se diriger vers la Seine. Il était saisi, immédiatement, par le tourbillon d'une foule affairée se pressant dans des rues étroites, sur un pavé glissant, sans autre abri que les bornes servant de marchepied aux cavaliers (2).

Le jour et l'air, interceptés par la hauteur des maisons, par les toits en pignons, par les étages surplombant, par la multitude et la diversité des enseignes, étaient assombris encore et empuantis par les horribles exhalaisons de la boue parisienne : pour peu qu'on eût le nez délicat, il fallait se munir d'un bouquet ou d'un flacon d'odeur (3).

---

(1) C'est du moins là que descend Gölnitz, chez Milton « homme juste, dit-il, et de bonne réputation » (p. 146).

(2) « Le roi m'a dit pendant mon ambassade à Paris qu'il avait fait recenser la population de Paris et qu'on y avait constaté une augmentation de 100,000 âmes. Carew, *loc. cit.* (p. 424). — Jean Cecil Frey dans son *Admiranda Galliarum*, évalue la population de Paris à 800,000 habitants (éd. Paris, 1628, in-12, p. 30). — Rien n'est moins sûr d'ailleurs que ces chiffres : Dans son étude sur *Paris en 1572*, M. le baron Alph. de Ruble fait un calcul, assez douteux il est vrai, qui le conduit à prononcer le chiffre de 250,000 habitants. Tout ce qu'on peut dire de certain c'est que la ville comptait, à cette date, 25,000 feux imposés. — Les ambassadeurs Vénitiens donnent des chiffres beaucoup plus élevés. Navagio, dès 1528, parle de 3 à 400,000 habitants; Cavalli, en 1526, de 500,000; Lippomano, en 1577, de un million; F. d'Ierni, en 1596, ramène le chiffre à 350,000, (600,000, dit-il, avant les dernières guerres). — V. *Mémoires Soc. Hist. de Paris.* (t. XIII, 1886, p. 3) et *Bulletin*, idem (1885, p. 169). — Le premier aspect, à la fois populeux et boueux de Paris est exprimé par les vers latins d'un voyageur contemporain :

Undique concurrunt cives cum civibus; hæret
Implicitus quisquis liber abire putat.
Mænibus ut cives, plateis sic limus abundat...

« De tous côtés circulent des groupes de bourgeois; on croit pouvoir avancer et on est, à chaque pas, arrêté par un encombrement; de même que la ville est pleine de monde, les rues sont pleines de boue... » *Mém. Soc. Hist. Paris*, 1886 (p. 277).

(3) Les boues de Paris étaient célèbres. Il suffit de citer les proverbes : « Les pots de chambre de Paris empoisonnent les rues. » Les « crottés de Paris »; ce sont les étudiants; — Sauval dit : « Il n'y a rien de si puant, et de plus elles sont si noires qu'elles tachent toutes sortes d'étoffes; d'où le proverbe : « Il tient comme boue de Paris. » — Malherbe nous apprend, qu'en 1608, on avait pris des mesures pour enlever les boues;

Des édifices très vieux, très noirs, serrés dans la gaine des maisons champignonnant à leurs pieds, découpaient, de place en place, l'ombre humide de leur masse. Des ruelles en coupe-gorge, aboutissant à l'arche difforme de quelque ancien logis, des carrefours biscornus avec des croix ou des poteaux placés de guingois, des tourelles en saillie, des bouts d'arcades affaissés sous le poids de maisons ventrues, une infinité de boutiques, d'échoppes, d'auvents encombrant des passages déjà trop étroits, des cris, des appels, des disputes, des rixes et, par-dessus tout, le bruit sempiternel des cloches appelant la pieuse population parisienne à la prière, tout cet ensemble baroque et confus, suant l'histoire et respirant la vie, frappait le visiteur d'étonnement. Pour les contemporains ce n'était pas tant une belle ville, qu'une grande ville, un « monde ». Par la saleté, par l'enchevêtrement des rues, par le bariolage des costumes et par le roulement pédestre de la foule, le Paris de 1614 devait présenter une figure assez semblable à celle qu'ont gardée, aujourd'hui, les grandes villes de l'Orient (1).

Le voyageur cherchait la Seine, mais il ne la trouvait pas facilement. La ligne des quais étant à peine commencée, les maisons s'avançaient jusqu'au bord et trempaient dans l'eau leurs pieds de bois. Elles encombraient les ponts et dégringolaient jusque sur la berge. On se perdait dans un dédale de rues baptisées de noms grotesques par l'esprit naïvement hilare du badaud parisien : rue Tire-Boudin (2), rue Trousse-Vache, (3) rue Jean-Pain-Mollet (4), rue Trop-Va-Qui-Dure (5), rue du Chat-Qui-Pêche (6).

---

mais il craignait que cela ne durât pas. (*Édit. des Grands Écrivains*, t. III, p. 79.) — MONTAIGNE lui-même, malgré son admiration pour Paris, dit : « Ces belles villes, Venise et Paris, altèrent la faveur que je leur porte par l'aigre senteur l'une de son marais, l'autre de sa boue ». (*Essais*, édit. Charpentier, t. II, p. 65.)

(1) Sur l'état des rues à Paris, sur leur étroitesse et leur encombrement, voir ALFRED FRANKLIN, *Estat, noms et nombre de toutes les rues de Paris en 1636... précédé d'une étude sur la Voirie et l'Hygiène publique à Paris depuis le douzième siècle ;* Paris, L. Villehm ; 1873, in-12.

(2) Devenue rue Marie-Stuart, en 1809.
(3) Devenue rue de la Reynie, (décision du 27 juin 1822).
(4) Comprise, en 1851, dans la rue des Écrivains.
(5) A la descente de la Vallée-de-Misère ; supprimée en 1813.
(6) Elle va du quai à la rue de la Huchette.

Le premier monument qu'on rencontrait, en descendant vers la Seine était le Grand-Châtelet. Jadis centre et réduit de la forteresse parisienne, ce bâtiment antique, avec ses hautes murailles sombres, ses tours mal coiffées, sa voûte étroite, survivait, en plein cœur de la ville, comme un témoin de la vie âpre et soupçonneuse qu'avait menée le moyen âge. Ce n'était plus une citadelle, mais c'était encore une prison. On énumérait avec terreur les noms sinistres de ses cachots : les *Chaines*, les *Boucheries*, la *Grièche*, la *Barbarie*, les *Oubliettes*, la *Chausse d'hypocras* où les prisonniers avaient les pieds dans l'eau et ne pouvaient se tenir ni debout, ni assis; la *Fosse* où l'on descendait le condamné par une corde, comme un seau dans un puits, et la *Fin d'aise* qui était remplie d'ordures et de reptiles (1).

Le Châtelet était le centre de la police et de la justice municipales. Le prévôt, représentant l'autorité du duc de France, comte de Paris, y siégeait. Il avait pour assesseurs le lieutenant civil et le lieutenant criminel. Une infinité d'hommes de loi bourdonnaient autour de cette juridiction locale. La Basoche du Châtelet était aussi nombreuse que la Basoche du Palais. Les clercs de notaire et de procureur allaient et venaient sous ces voûtes sombres, gluantes d'humidité, infectées de l'odeur de la marée, mais qu'il fallait franchir pour aller de l'Apport-Paris au Pont-Marchand (2).

Non loin du Châtelet, en longeant la *Vallée-de-Misère*, qui suivait la Seine, on rencontrait le For-l'Évêque, autre prison, autre ves-

---

(1) Théodore de Bèze parle à diverses reprises des prisons du Châtelet où les protestants furent enfermés au début des persécutions : « Florent Venot, dit-il, souffrit incroïables tormens en diverses prisons, l'espace de quatre ans et neuf jours à Paris, jusqu'à estre l'espace de six semaines en une basse fosse appelée *la chausse à l'hypocras*, pour la figure étant au bas estroite tellement qu'un prisonnier n'y peut estre ni couché ni debout, sinon sur le bout des pieds, trempant en l'eau et en l'ordure avec le corps courbé; de sorte qu'au rapport de ceux qui ont la charge des prisons, il ne s'estoit jamais trouvé criminel qui eût pu endurer ce tourment quinze jours, sans en être à la mort ou transporté en son sens. » *Histoire ecclésiastique des Églises réformées de France* (édit. Toulouse, 1882, in-4°, t. I, p. 47; voir encore p. 68).

(2) Consulter : *le Châtelet de Paris, son organisation, ses privilèges...* par Charles Desmaze, Paris, Didier, 1870, in-8°. « Sous les murs du Châtelet se vendait le poisson sur les pierres du roi, où étaient inscrits les noms de chaque espèce de poisson : la carpe, la raie... avec l'inscription suivante : « Veiz ci li pierres à poissons ou jus nos murs la grand boucherie vent li poisson de mer et d'iaue doulce par congié de Philippe-Auguste. M. CLXXXII » (p. 12). — Sur les prisons du Châtelet, voir le même auteur (p. 334-348).

tige du moyen âge (1); et tout à coup, derrière l'église Saint-Germain-l'Auxerrois, dont les cloches avaient sonné la Saint Barthélemy on débouchait, en pleine lumière, sur le Pont-Neuf. De là on découvrait Paris. A droite et à gauche, en amont et en aval, il profilait la silhouette dentelée de ses tours, de ses clochers et de ses toits.

Le dos tourné à la Cité, le spectateur avait sous les yeux un tableau semi-urbain, semi-villageois :

> Sans sortir de la ville on trouve la campagne,

dit Boileau, et le graveur, commentant avec son burin le vers du poète, nous montre des ânes et des chèvres paissant sur la berge, entre les Tuileries et la Seine.

Dans le lointain, on distinguait les hauteurs de Chaillot, mornes, crayeuses, tachées des plaques d'un gazon pelé; parmi quelques rares vignes et des champs labourés, on n'y voyait guère d'autre construction que le castel italien bâti par Catherine de Médicis, et dont Bassompierre venait de faire un vide-bouteilles. Le Cours-la-Reine n'était pas encore planté; tout le terrain, depuis Chaillot jusqu'aux remparts, était en prés et en cultures maraîchères (2).

Le jardin des Tuileries venait d'être aménagé en carrés taillés à la française, en « dessins de broderies, » comme on disait alors. Il renfermait, au fond, une garenne à proximité de laquelle on avait placé le chenil et les bêtes féroces du roi. Le palais, commencé par Catherine de Médicis, repris par Henri IV, venait d'être achevé. Ses pavillons italiens, reliés par des corps de logis tout battants neufs, faisaient, de ce côté, une assez belle façade de Paris sur la campagne. On travaillait aux galeries du Louvre. Le long

---

(1) Voir DESMAZES, *loc. cit.* (p. 343) et ED. FOURNIER, *Variétés historiques et littéraires* (Bibliothèque Elzévirienne) Jeannet, 1855, in-12 (t. II, p. 109). La maison portant le n° 65 de la rue des Fossés Saint-Germain-l'Auxerrois occupe une partie de l'emplacement de la prison.

(2) Sur les vignes de Chaillot, voir *Mém. Soc. Hist. Paris*, 1886 (p. 165). — La gravure d'ISRAËL SYLVESTRE reproduisant la vue de la Seine, vers Chaillot, a pour légende :

« Venant à cette porte on a cet avantage
Qui ne se trouve pas aisément autre part ;
C'est d'y voir tout d'un coup la ville et le village
Les traits de la nature et les effets de l'art. »

du jardin des Tuileries, pas de quai ; rien qu'une grève sablonneuse en été, boueuse en hiver, longée par une muraille médiocre. Deux portes donnaient, de ce côté, accès dans la ville : la Porte de la Conférence, située à l'extrémité du jardin, et la Porte Neuve, touchant le Louvre.

Sur l'autre rive, le spectacle n'était pas plus animé : depuis le coude que fait la rivière à partir de l'îlot qu'on nommait alors l'île Maquerelle et que, depuis la fin du XVII° siècle, on nomme plus poétiquement l'île des Cygnes, jusqu'au droit de la rue de Seine, c'étaient des champs, des marais, des potagers (1). La reine Marguerite venait pourtant de faire construire, sur le bord de l'eau, un somptueux hôtel et d'aménager des jardins qui allaient, après sa mort, être livrés au public des barrières et aux filles du faubourg Saint-Germain (2). Tout ce terrain appartenait aux moines de Saint-Germain-des-Prés, qui, en attendant la réforme de Saint-Maur, étonnaient le monde par leur richesse beaucoup plus qu'ils ne l'édifiaient par leur dévotion. Leur principale occupation était de se défendre contre les empiétements d'une vieille rivale, l'Université. Le monastère fortifié était beau, avec sa vieille nef romane et ses trois tours carrées surmontées de trois clochers pointus (3).

On s'était mis aussi à bâtir dans les Prés-aux-Clercs ; mais c'était peu de chose, et Paris, en réalité, ne commençait, par ici, qu'à la porte de Nesle, comme il s'ouvrait, sur l'autre rive, par la

(1) Voir la vue panoramique restaurée d'après le plan de Mérian dans *Topographie historique du Vieux Paris*. Région du faubourg Saint-Germain (p. 169).

(2) L'hôtel de la Reine Marguerite occupait l'espace compris entre la rue de Seine et la rue des Saints-Pères, le quai et la rue Jacob. Il en reste encore aujourd'hui des fragments importants dans la cour du n° 6 de la rue de Seine. Après la mort de la Reine, en 1615, les jardins devinrent un lieu de réjouissance et de fêtes publiques. (Voir *Variétés historiques et littéraires*, t. I, p. 207 et 219). On trouvera au tome IV du recueil de M. ED. FOURNIER (p. 175), une note donnant l'état du palais, en 1614, avec ses trois corps de logis et son dôme.

(3) Le principal travail à consulter sur l'abbaye de St-Germain des Prés est la monographie de BERTY dans *Topographie historique du Vieux Paris*. « Région du Bourg St-Germain ». Paris, 1876, in-4°. — Voir aussi *Mémoire touchant la seigneurie du Pré aux Clercs, appartenant à l'Université de Paris* (par EDME POURCHOT, 1694), réimprimé dans les *Variétés historiques et littéraires* (t. IV, p. 87-216). Les notes de M. ED. FOURNIER exposent la question en litige entre l'Abbaye et l'Université et citent les principales sources. — Voir aussi BOUILLART. *Histoire de Saint-Germain des Prés* et J. QUICHERAT, *Les trois Saint-Germain de Paris*. (*Mémoires de la Soc. des Antiquaires de France*, 3° série, t. VIII, p. 156-180).

porte de Bois. Une chaîne tendue sur la rivière, entre ces deux portes, à peu près à la hauteur de notre pont des Arts, pouvait intercepter le cours de la navigation. L'une et l'autre tour appartenaient à l'ancienne fortification de Philippe-Auguste et de Charles V; et c'était une belle entrée de Paris qu'elles faisaient, toutes deux presque pareilles, élancées, avec leur tourelle accotée, leur couronne de créneaux et la potence de la tour de Nesle, tendue sur l'eau comme un bras.

La rivière qui baignait leurs fondations, était sale, gâtée par les ordures de toute la ville, qui n'avaient pas d'autre déversoir (1). Le long des berges, déchirées en petites flaques, elle s'attardait, coupée en fossés putrides, en abreuvoirs où les chevaux et les animaux de ferme venaient boire parmi les disputes des laquais et des valets (2). Tout le long de la Seine, des bateaux sans nombre montaient et descendaient lentement, les uns longs et hauts, halés par des chevaux et chargés de voyageurs, les autres plats et larges, couverts de foin et de fumier; d'autres sanglés dans des bâches et portant le blé venant de Soissons ou de Corbeil, le pain fait à Melun, les légumes, le bois, le charbon, le vin dont s'alimentait la grande ville.

Toute une population spéciale s'occupait de ce qui concernait la navigation. Elle avait à sa tête les « officiers de la marchandise de l'eau » qui, de tout temps, avaient tenu une grande place dans la vie municipale de Paris : mesureurs de grains, déchargeurs de blés, farines et grains, courtiers de greffe, mesureurs d'oignons, marchands de poissons, courtiers de vins, vendeurs, jaugeurs, crieurs, déchargeurs pour les vins; puis ceux qui s'occupaient du chauffage, compteurs et mouleurs de bûches, déchargeurs de

---

(1)         Vous, Seine, l'égout des privés
               D'une si grande et sale ville...

*La ville de Paris en vers burlesques*, par le sieur BERTHOD (1652), réimprimé dans le *Paris ridicule et burlesque au XVII<sup>e</sup> siècle* de P. L. JACOB (PAUL LACROIX). Delahays 1859, in-12 (p. 97).

(2) Voir l'amusante plaquette : *Combat de Cyrano de Bergerac avec le singe de Brioché, au bout du Pont-Neuf*, en présence d'une nombreuse « troupe du régiment des gens de l'arc-en-ciel » c'est-à-dire de laquais et de gueux vêtus de toutes les couleurs. *Var. Hist. et Litt.* (t. 1, 283).

bûches, d'échalas et de treilles, mesureurs et porteurs de charbon; puis les mariniers proprement dits : maîtres de pont, chableurs de pertuis, bateliers ou débâcleurs, courtiers de chevaux, manouvriers, hommes de peine, débardeurs, gaigne-deniers, — tous organisés en corporation, avec leurs mœurs propres, leurs coutumes, leurs saints, leurs insignes et leurs bannières, laborieux et paisibles en temps ordinaire, mais, dans les époques de trouble et de disette, force redoutable, capable de faire trembler les rois (1).

Sur la rive gauche, l'enceinte de Philippe-Auguste, remaniée et complétée par Charles V, séparait l'Université des faubourgs environnants. S'amorçant sur la Seine par le massif de la tour de Nesle, elle décrivait un demi-cercle qui, par les portes de Bucy, Saint-Germain, Saint-Michel, Saint-Jacques, Saint-Marcel et Saint-Victor, rejoignait la porte Saint-Bernard, située à peu près au droit de notre pont des Tournelles. Cette enceinte était composée de fossés assez larges, d'une muraille crénelée, restaurée durant les sièges de la Ligue, et fortifiée, à des distances assez rapprochées, par des tours coiffées en poivrières (2).

Elle séparait de la ville elle-même des faubourgs immenses, qui avaient les mêmes noms que les portes, et qui, pour la plupart, étaient aux mains des moines. Presque toutes les grandes villes étaient ainsi entourées d'une ceinture de béatitude, de mendicité et de prière. Ceux de Saint-Germain des Prés étaient solidement fortifiés dans leur abbaye; non loin, les Carmes réformés, à la rue de Vaugirard; puis les Chartreux sur l'emplacement du Luxembourg; les Carmélites étaient au faubourg Saint-Jacques, les Cordelières au faubourg Saint-Marcel, et les moines de Saint-Victor avaient une belle abbaye, célébrée par Rabelais, sur l'emplacement actuel de la halle aux vins.

Les couvents du dehors n'empêchaient pas les couvents du dedans. Sur la montagne Sainte-Geneviève, à travers toute l'Université,

(1) Voir la curieuse collection des types et des costumes conservée au musée Carnavalet. — Sur les fonctions des officiers inférieurs de la « marchandise » parisienne, voir LE CARON. *Les origines de la municipalité parisienne*, 2ᵉ partie, dans *Mém. Soc. Hist. Paris*, t. VIII (p. 204 et 227).

(2) Voir BONNARDOT, *Dissertations archéologiques sur les anciennes enceintes de Paris;* 1852, in-4° et l'*Appendice aux dissertations*, publié en 1877.

ils foisonnaient. C'étaient les augustins, les mathurins, les cordeliers, les jacobins, les carmes, les bernardins, tous monastères munis de beaux bâtimens, grands réfectoires, vastes jardins, riches chapelles, églises imposantes, tours massives, flèches élancées, rivalisant entre eux de luxe et d'attraits ecclésiastiques, disputant les fidèles aux églises ordinaires (1).

Celles-ci ne manquaient pas non plus. On les construisait, non pas selon les besoins de la population, mais en raison du saint qu'on voulait honorer. Aussi elles se touchaient; Saint-André-des-Arcs, Saint-Cosme, Saint-Sulpice, Saint-Jacques-du-Haut-Pas, Saint-Étienne (2), Sainte-Geneviève, Saint-Benoist, Saint-Jean, Saint-Hilaire, Saint-Séverin, Saint-Nicolas; c'était une forêt de clochers qui répandait sur Paris le tumulte incessant d'un tonnerre pieux.

A côté des églises, se pressaient, dans ce pays de la science, les collèges : collège d'Harcourt, du Cardinal-Lemoine, de Montaigu, du Plessis, de Calvi, de Lisieux, du Fortet, de La Marche, des Grassins, de Navarre, de Beauvais ou de Clermont, de Notre-Dame-des-dix-huit, des Bons-Enfants, des Cholets, de Bayeux, de Laon, de Narbonne, de Cornouailles, de Tréguier et de Léon, d'Arras, de Bourgogne, de Tours, d'Herbaut, d'Autun, de Cambrai, de Mignon ou de Grandmont, de Boissy, de Maître-Gervais, de Dan-

(1) Voir dans le *Roman Bourgeois* de FURETIÈRE la description de l'église des Carmes à la place Maubert : « C'est le centre de toute la galanterie bourgeoise du quartier et elle est fréquentée à cause que la licence de causer y est assez grande. C'est là que sur le midi arrive une caravane de demoiselles à fleur de corde... suivies de leurs muguets ou galants... Cette assemblée fut bien plus grande que de coutume, un jour d'une grande fête qu'on y solennisait. Outre qu'on s'y employoit par dévotion, les amoureux de la symphonie y étoient aussi attirés par un concert de vingt-quatre violons de la grande bande; d'autres y couraient pour entendre un prédicateur poli... avec la barbe retroussée, les cheveux fort frisés et affectant de parler un peu gras pour avoir le langage plus mignard. « (Éd. Jannet, 1878, t. 1, p. 9.)

(2) La première pierre de la façade de St-Étienne-du-Mont avait été posée, le 2 août 1610, par la reine Marguerite de Valois. L'élégante tourelle qui donne une figure si originale à cette façade triangulaire a une origine qui mérite d'être signalée : un acte publié par COCHERIS nous apprend qu'en 1609, l'abbaye de Ste-Geneviève, autorise, à titre de transaction, la fabrique de St-Étienne, à construire le grand portail de l'église sous la réserve « qu'au coin du mur qui sera rebâti de nouveau sur le grand cimetière sera fait et construit une petite tourelle, retranchée en cul de lampe, pour marque de la seigneurie de Ste-Geneviève, contre laquelle tourelle seront mises et gravées les armoiries de la dite abbaye, qui sont trois fleurs de lys avec une crosse traversant l'écusson. Cfr. BOURNON, *Rectifications et additions à l'histoire de l'abbé Lebeuf*, Paris, Champion, 1891, in-8° (p. 194).

ville, de Saint-Michel, de Reims, de Séez, du Mans, de Sainte-Barbe, des Écossais, des Lombards, de Boncourt, de Cluni, des Danois. J'en passe assurément. Mais cette énumération suffit pour montrer avec quelle profusion étaient ramassés, sur ce seul point du royaume, les éléments d'une instruction d'ailleurs extrêmement courte. La plupart de ces collèges contenaient peu d'élèves, quelques boursiers entretenus par des fondations; en revanche, ils nourrissaient un état-major de maîtres, vivant oisivement et se disputant le maigre revenu des prébendes (1).

Malgré l'abondance des institutions et des édifices religieux, la jeunesse du temps n'en était pas plus sage. Grâce aux privilèges de l'Université, tout ce quartier lui appartenait, et les lieux de débauche y coudoyaient les églises. Ces jeunes gens, pour la plupart venus de loin, pauvres, nécessiteux, vivaient comme ils pouvaient. La tradition des *repues franches* n'était pas perdue : « Il n'y a fils ni petit-fils de procureur, notaire ou avocat qui ne veuille faire comparaison avec les enfans des conseillers, maîtres des comptes, maîtres des requêtes, présidents et autres grands-officiers. L'on ne les peut distinguer ni en habit ni en dépenses superflues; ils hantent les banquets à deux pistoles pour tête.... Ils empruntent à usure des Traversier, de Dobillon, de l'Italien Jacomeny, qui sont les receleurs de la jeunesse; et puis qu'en advient-il, enfin? Ils sont contraints de faire l'amour à la vieille ou d'enjôler la fille d'une bonne maison, lui faire enfant par avance, afin d'être condamnés à l'épouser..... On ne voit que bâtards, que filles débauchées, et toutes les autres, qui sont honnêtes, demeurent en friche et n'ont pour toute retraite que la religion » (2).

(1) Voir JOURDAIN, *Histoire de l'Université de Paris au XVII⁰ et au XVIII⁰ siècle*, Paris, Didot et Hachette, 1888, in-4⁰, — et Ch. DESMAZE, *l'Université de Paris*, 1876, in-12. — Chacun des collèges de la Montagne Ste-Geneviève a été l'objet d'une étude intéressante dans l'ouvrage de l'ABBÉ LEBEUF (l. 150 et suiv.) —Voir en outre QUICHERAT. *Histoire de Ste-Barbe*, 1864, 3 vol. in-8⁰. — JOANNIS LAUNOII CONSTANTIENSIS *Regii Navarræ gymnasii Parisiensis Historia*, 1677, 2 vol. in-4⁰. (Histoire du collège de Navarre). — EMOND, *Histoire du collège Louis-le-Grand*.

(2) *Les Caquets de l'accouchée*, édition Jannet (page 27.) Le cabaret où les étudiants faisaient de si bons repas et si chers était probablement celui de la Boisselière qui était le plus fameux de ce temps-là.

Cette jeunesse, toujours turbulente, se transportait en armes dans les lieux publics, dans les foires, aux pèlerinages, et elle se livrait impunément à des plaisanteries brutales qui étaient souvent une menace pour la paix publique. Elle avait fait le coup de feu sur les barricades, en 1588. La violence de ses passions emportait souvent le corps même de l'Université et les graves docteurs dont le renom et l'autorité étaient encore, à cette époque, respectés par tout le monde chrétien.

## II.

L'*Université*, déployée en éventail sur la rive gauche, communiquait avec la *Cité* et avec la rive droite par trois ponts, — encore l'un d'entre eux, le Pont-Neuf, était-il de construction récente. Les deux autres, le pont Saint-Michel et le Petit-Pont, se touchaient presque. De sorte que, le mouvement de la population s'étant, de toute antiquité, dirigé vers ce point central, les rues importantes y aboutissaient naturellement : c'était la rue Saint-André-des-Arcs, avec son prolongement, par la rue de Bucy, vers la porte du même nom et vers le faubourg Saint-Germain ; c'était la rue de la Harpe, gagnant la porte Saint-Michel ; puis la rue Saint-Jacques, artère principale de tout le quartier, débouchant directement sur le Petit-Pont, mais étranglée, à son issue, par la construction massive et encombrante du Petit-Châtelet (1) ; enfin la rue Galande, qui, par la place Maubert, gagnait le faubourg Saint-Marcel. Aux approches des ponts, les constructions étaient nombreuses, les rues petites, entassées, obscures, les maisons élevées, inégales, avec une infinité de fenêtres étroites et basses trouant le délabrement des façades.

(1) Le petit Chatelet était un des monuments les plus curieux de l'Ancien Paris. Il avait été bâti par Hugues Aubryot en 1369 ; à demi-brûlé au XVIIe siècle (voir le tableau conservé à l'hôtel Carnavalet), il devait être démoli par suite des nécessités de la voirie, en 1782. M. Bournon cite ce passage de Guillebert de Metz : « Là est petit Chastelet, si espès de murs qu'on y menroit bien par dessus une charrette. Si sont dessus ces murs beaux jardins ; là est une vis double, dont ceulx qui montent par une voie ne s'apparçoivent point des autres qui descendent par l'autre voie » (*loc. cit.*, p. 84).

Le XVIIᵉ siècle devait bâtir beaucoup dans ces régions. Mais c'est à peine si l'on avait commencé par l'hôtel de la reine Marguerite, hors des murs, par l'hôtel de Nevers, beau palais inachevé (1), par la rue des Poitevins et la rue Hautefeuille, par la rue Dauphine, qui continuait le Pont-Neuf, et enfin par le Pont-Neuf lui-mème, œuvre magnifique conçue sur un plan grandiose, soutenue par des quais larges et bien aménagés. Méritant véritablement son nom, il étalait alors, au milieu de Paris, la blancheur de ses tours et de ses parapets, et il portait le fameux « cheval de bronze » du haut duquel le roi Henri IV contemplait son peuple de Paris coulant à ses pieds.

A peine achevé, le Pont-Neuf était devenu la grande voie de communication entre les deux rives. Il suffisait de se mettre à l'abri dans un des balcons demi-circulaires qui le bordaient pour avoir sous les yeux le spectacle incessant et bariolé de la foule parisienne,.. foule infiniment moins monotone et moins réglée que celle d'aujourd'hui. Quelque chose du tumulte de la Ligue circulait encore en elle.

L'activité affairée du bourgeois, la flânerie éveillée du badaud, la vanité tapageuse du cadet à l'Espagnole, l'insolence des filles publiques, la morgue des seigneurs marchant en grande compagnie, l'empressement des courtisans se rendant vers le Louvre, la hâte des médecins courant à cheval de client en client (2), cavaliers, piétons, carrosses, chaises à porteurs, tout cela se pressait dans une circulation interminable. Les charlatans, diseurs de bonne aventure, vendeurs d'orviétan, faiseurs de tours, tondeurs de chiens et marchands de faucons, y avaient élu domicile et y attiraient les

---

(1) Le plan de Mérian donne l'hôtel de Nevers comme terminé; en réalité, il ne le fut jamais. Mais le pavillon d'angle, construit sur le quai, était d'une grande beauté, si beau même que Henri IV en montra quelque jalousie : « Un jour, dit Tallemant, en causant avec M. de Nevers et lui montrant son bâtiment : « Mon neveu, lui dit-il, j'irai loger chez vous quand votre maison sera achevée. » Cette parole du roi, peut-être aussi le manque d'argent firent arrêter l'ouvrage. » (TALLEMANT, *Historiettes*, édit. in-12, t. I, p. 91.)

(2) Guénaud sur son cheval en passant m'éclabousse.
(BOILEAU, *Embarras de Paris*.)

Guénaud était médecin.

flâneurs, les voleurs, les gens portant rapière, les tireurs de laine et les coupeurs de bourse :

> Ce pont est rempli de filous,

dit un contemporain, et le proverbe était qu'on ne traversait jamais le Pont-Neuf sans y rencontrer trois choses : un moine, une fille et un cheval blanc.

La chaussée du pont était mal entretenue et comptait, comme dit un autre poète, « plus d'étroncs que de pavés. » L'ordure s'entassait au pied du cheval de bronze. Une foule de petites boutiques portatives se pressaient sur les trottoirs. La grande distraction pour le flaneur, c'était, tout d'abord, la Samaritaine, pompe hydraulique, construite sur le second pilier, du côté du Louvre. Sa façade, qui regardait le pont, était assez richement décorée. Le principal motif représentait Jésus en conversation avec la Samaritaine, auprès du puits de Jacob. Ce groupe, l'horloge, le carillon qui sonnait des airs variés, le Jacquemart qui frappait les heures, furent, pendant deux siècles, un fécond sujet de plaisanterie pour la causticité parisienne.

Le badaud pouvait ensuite s'arrêter, soit à l'audition des marchands de chansons nouvelles, soit au récit des poèmes de carrefour (1), soit à la loterie des tireurs à la blanque, soit à la parade des arracheurs de dents, qui dirigeaient souvent de véritables troupes de comédiens. Toute la littérature orale et familière du temps se rattache au Pont-Neuf, depuis Tabarin jusqu'à Brioché, depuis

---

(1) REGNIER parle de ces :

> . . . tiercelets de poète,
> « Qui par les carrefours vont leur vers grimassans
> Et par leur action font rire les passans. »

Et SAINT-AMANT dit de lui-même :

> « J'ai vu notre fou de poète
> . . . . . sur le Pont-Neuf
> Tout barbouillé d'un jaune d'œuf
> Faisant sa cour au roi de bronze
> Depuis sept heures jusqu'à onze
> . . . . . . . . . . . . . . . . .
> Ses pauvres vers estropiés
> Ont des ampoules sous les pieds
> A force de courir les rues. »
> (T. I, p. 162.)

Cormier, un instant rival de Molière, jusqu'à Dassoucy, depuis *Francion* jusqu'au *Roman Bourgeois*. Bon ou mauvais, c'était là que battait le cœur du Paris populaire. Dans ce pays du rire, le quolibet de Tabarin, la chanson du Pont-Neuf, la plaisanterie de Gauthier Garguille, eurent souvent une force de pénétration et une puissance d'opinion qui tinrent en échec la volonté du prince et l'autorité des lois (1).

Du Pont-Neuf on entrait immédiatement dans la cité, par la place Dauphine, dont le dessein avait fait partie du même plan que le pont lui-même. Bâtie en triangle, avec ses maisons blanches et rouges et ses toits égaux, c'était une des belles places de Paris. Ses deux entrées, situées en regard l'une de l'autre, servaient de passage pour la circulation qui s'établissait naturellement entre le Pont-Neuf et le Palais.

Le Palais complétait admirablement le Pont-Neuf. Si celui-ci était, toute proportion gardée, ce qu'est le boulevard actuel, l'autre représentait à peu près ce que fut, pendant longtemps, le Palais-Royal : la bonne compagnie, les gens d'affaires et les hommes de lettres s'y

---

(1) La construction du Pont-Neuf fut commencée, le 31 mai 1578, sous Henri III. Interrompue pendant toute la période de la Ligue, elle fut reprise, sous Henri IV, en 1601, et poussée très activement. Le gros œuvre était achevé en juin 1603. Le 20 de ce mois « le roy passa des Augustins au Louvre par dessus le Pont-Neuf qui n'étoit pas encore assuré, » dit l'Étoile. La statue de Henri IV dont la maquette avait été faite, à Paris, par Franqueville, avait été fondue en bronze, à Florence, par Tacca, élève de Jean de Bologne, puis envoyée à Paris où elle n'était arrivée qu'après bien des vicissitudes ; elle avait été érigée, cheval et cavalier, sur l'emplacement actuel, le 23 août 1614. Mais le monument n'était pas complet. Il y manquait les bas-reliefs, les inscriptions et les quatre esclaves enchaînés qui devaient être mis aux coins du piédestal. Ce fut Richelieu qui, en 1635, fit compléter le tout. On sait que la statue a été détruite, le 12 août 1792. Voir E. FOURNIER, *Histoire du Pont-Neuf*, en 2 parties in-12. Dentu, 1862 ; de LASTEYRIE ; *Documents inédits sur la construction du Pont-Neuf*, dans les *Mémoires de la Société de l'histoire de Paris*, t. IX 1882 (p. 1 et suivantes). L'estampe de La Belle est le document le plus précis et le plus amusant sur la circulation qui se faisait par le Pont-Neuf, sous le règne de Louis XIII.

Sur la littérature spéciale du Pont-Neuf, voir *Le Paris ridicule et burlesque au XVIIe et XVIIIe siècle* du Bibliophile JACOB (PAUL LACROIX). — *Les Chansons de Gaultier Garguille* avec Introduction et notes par ED. FOURNIER. Paris, Jannet, 1858, in-12. — Sur Tabarin, V. Farces Tabariniques dans le *Théâtre Français au XVIe et au XVIIe siècle*, publié par EDOUARD FOURNIER (t. I, p. 498), et les *Œuvres de Tabarin*, publiées par GUSTAVE AVENTIN, dans la *Bibliothèque Elzévirienne* de Jannet, 1858. 2 vol. — Cfr. *Mondor et Tabarin seigneurs féodaux* par LE PAULMIER. *Soc. Hist. de Paris* (t. X, p. 179), et enfin *les Œuvres de* SAINT-AMANT publiées par CH. L. LIVET (t. I, p. 161 (notamment *La Gazette du Pont-Neuf à M. de Boisrobert*).

donnaient rendez-vous. Paris qui raillait et riait au Pont-Neuf achetait, raisonnait et disputait au Palais.

Reconstruit par saint Louis et par Philippe le Bel sur l'emplacement d'un vieux bâtiment gallo-romain, le Palais de la Cité avait été longtemps habité par les rois. Ils l'avaient peu à peu délaissé pour le Louvre. Mais tout, dans sa construction, rappelait le souvenir du seigneur féodal. Il formait un quadrilatère, présentant à la rivière une façade imposante, hérissée des quatre tourelles de l'Horloge et de la Conciergerie. Du côté de la Cité, au contraire, l'aspect était médiocre : c'était une rangée de maisons et de boutiques, coupée par deux portes garnies de tours, donnant accès dans une cour carrée, au milieu de laquelle s'élevait la Sainte-Chapelle. Celle-ci était à peu près telle que nous la voyons aujourd'hui. Le clocher primitif avait été remplacé par un autre beaucoup moins élégant. La Sainte-Chapelle était reliée aux deux côtés du carré, d'une part par le charmant édifice de la Cour des Comptes, malheureusement détruit au XVIII$^e$ siècle, et, d'autre part, par les bâtiments servant de séjour au Parlement.

Bâtie sur l'emplacement de la salle actuelle des Pas-Perdus, la fameuse grande salle gothique était considérée comme un des plus beaux monuments de Paris, et elle provoquait l'admiration des visiteurs par sa grandeur, par les statues de tous les rois de France dressées le long de ses colonnes et par la fameuse Table de marbre, symbole de l'autorité du suzerain sur ses vassaux. C'était derrière cette table que siégeaient les cours féodales et c'était autour d'elle que se donnaient les festins royaux. L'affectation primitive de la salle elle-même avait été la réception de l'hommage et la célébration de toutes les cérémonies seigneuriales. Aussi elle avait été, de tout temps, un des centres historiques de la vie parisienne. C'était là que le Dauphin Charles avait dû s'incliner devant la fureur populaire. C'étaient là que s'étaient passées les scènes les plus déplorables de la Ligue. Sous Louis XIII, elle était réservée aux discussions et aux disputes paisibles des avocats, des marchands et des nouvellistes. C'est à peine si, parfois, la grossièreté d'un laquais en troublait le calme bourdonnement.

Corneille a placé, dans la *Galerie du Palais,* le lieu d'une de ses comédies familières. Le libraire, la lingère, l'orfèvre, s'y entretiennent avec leurs nobles clients. Une estampe d'Abraham Bosse nous montre, en effet, les boutiques ouvertes devant les élégants du jour. Ils donnent la main aux dames de la cour et choisissent avec elles des éventails, des bijoux, des points de Gênes, de Venise et du Saint-Esprit; les libraires leur offrent les volumes qui viennent de paraître : les poésies du sieur de Malherbe, les satires de Régnier, les pamphlets que provoque la réunion des États-Généraux : le *Caton français*, l'*Image de la France représentée à messieurs des États*, la *Lettre du perroquet aux enfants perdus de la France*, la *Harangue de Turlupin le souffreteux*. C'était la presse du temps; ces libelles alimentaient la conversation des curieux, qui, rassemblés sur les dalles du Palais, colportaient, parmi quelques vérités, des récits chimériques dont se repaissait la crédulité populaire. Ils disputaient entre eux du succès des événements récents : le départ du prince de Condé, les fiançailles du roi, la faveur de Concini auprès de la reine-mère.

Derrière la grande salle, se tenait la cour du Parlement. C'était là qu'il siégeait, depuis qu'il était fixé à Paris, dans la Grande Chambre, la Chambre de la Tournelle, les trois chambres des enquêtes et une chambre de requêtes : « J'y ai vu, dit l'Anglais Thomas Coryate, j'y ai vu de vieux juges à l'air grave, assis en robes rouges, à côté de plusieurs hommes de loi en robes noires, revêtus de pèlerines et autres insignes qu'ils portent les jours de séance, comme les marques de leur profession. Le plafond de la salle est très riche; il est magnifiquement doré et sculpté et l'on y voit suspendus de longs culs-de-lampe également dorés (1). »

---

(1) Voir les documents réunis dans *l'Incendie des Palais de Paris en* 1618. *Relation de* RAOUL BOUTRAY *réimprimée par* HIPPOLYTE BONNARDOT, Paris, Willem 1879, in-12. Voir également *Accident merveilleux et espouvantable du désastre arrivé le 7ᵉ jour de mars... d'un feu irrémédiable lequel a bruslé et consommé tout le palais de Paris...* réimprimé dans *Var. histor. et litt.* (t. II, p. 159). — Cfr. le *Mercure François* de 1618 (t. V, p. 25). — Sur la Galerie du Palais, voir la notice insérée en tête de la pièce de Corneille dans l'édition des Grands Écrivains, Hachette, 1862, in-8° (p. 5). La gravure d'Abraham Bosse, qui est de 1637, s'y trouve reproduite. — Ajouter des extraits de la relation de TH. CORYATE dans les *Mélanges de la société de l'Histoire de Paris* (t. VI, p. 32) et enfin La ROCHE-FLAVYN, *Treize livres des parlements de France*, Genève 1621, in-4°. « Belle description du Barreau et grand sale de l'audiance du Palais à Paris »;

La *Cité* échouée, comme un bateau, au milieu de la rivière, était rattachée à la rive gauche et à la rive droite par une double et une triple amarre ; c'étaient les ponts : Pont Saint-Michel et Petit-Pont d'un côté ; de l'autre, Pont-aux-Marchands, Pont-au-Change, Pont Notre-Dame, tous maintes fois détruits, maintes fois reconstruits à la hâte, emportés souvent par une crue soudaine des eaux. Ils étaient généralement d'accès difficile avec leur chaussée en dos d'âne et les logis dont ils étaient couverts.

Un pâté de maisons et de ruelles obscures, encombré de deux ou trois églises anciennes, occupait, entre le Palais et Notre-Dame, le carré dont ces ponts faisaient les angles. C'était là vraiment le vieux Paris. L'activité du commerce y était grande : les rôtisseurs sur le Petit-Pont et autour du Petit-Châtelet ; les changeurs, les orfèvres avec leurs forges bruyantes sur le Pont-au-Change ; non loin de là, les marchands de papeterie et de parchemins ; puis les marchands de volailles du Pont-Marchand, enfin les belles boutiques du pont Notre-Dame, élevées sur un plan uniforme et décorées de cariatides de pierre dont l'heureuse disposition faisait l'admiration des étrangers (1).

Notre-Dame, la vieille cathédrale, élevait sa masse noire au milieu d'un fouillis de constructions incohérentes. C'était la vraie paroisse de Paris, la mère des églises. Sa façade, à peine visible en raison de l'étroitesse de la place, était ornée des statues des rois de

— « Discours des fleurs de lys desquelles les sales de l'Audiance du Palais sont tapissées », etc., p. 375 et suiv.

(1) Sur la difficulté d'accès aux ponts, voir un passage curieux de DULAURE, édit. 1856, in-4° (t. II, p. 14-16). — Le pont au Change avait été reconstruit dans d'assez mauvaises conditions à la fin du XVI° siècle. Il devait être à moitié entraîné par un débordement de glaçons, en 1616, et entièrement brûlé, en 1621. BOURNON applique ce dernier détail au Pont Marchand. On y trouvait surtout les boutiques de marchands d'encre et autres fournitures de bureau ainsi que les forges d'orfèvres et les boutiques de changeurs. V. *Variétés historiques et littéraires* (t. I, p. 209 ; t. II, p. 23). — Le *Pont aux Oiseaux* avait été détruit, en 1596, par une inondation ; il avait été reconstruit en 1606 (BOURNON dit 1604), par G. Bonnon, dit Charles Marchand dont il portait aussi le nom. On l'appelait encore Pont-aux-Meuniers. Il était entre le Pont-au-Change et le Pont-Neuf et débouchait en face le for l'Évêque. (*Var. hist. et Litt.*, t. II, p. 276.) — Le pont Notre-Dame était couvert de trente-quatre maisons décorées de statues colossales représentant de grands termes d'hommes et de femmes, ibid. (II, 41). Voir l'admiration qu'il inspire à Thomas Coryate. Il le trouve plus beau que le Pont-Neuf (*loc. cit.*, p. 30). — Sur la construction du Pont Notre-Dame, en 1499, voir le mémoire de LEROUX DE LINCY dans *Bibliothèque de l'École des Chartes* (2° série, t. II, p. 32 et s.).

France, et sur le parvis on voyait celle du bon saint Christophe que le peuple nommait familièrement « le grand jeûneur » ou « Monsieur le Gris ». On n'avait pas, pour Notre-Dame, à cette époque, l'admiration exclusive que l'école romantique a mise à la mode. Elle passait pour moins belle qu'Amiens, Reims et Chartres (1).

En face de l'église, le vieil Hôtel-Dieu découvrait la lèpre de ses bâtiments gothiques. L'hôpital lui-même était trop étroit; les malades, entassés les uns sur les autres, y couchaient quatre ou six dans le même lit, s'empoisonnaient mutuellement et mouraient comme des mouches, faisant, de tout le quartier environnant, un foyer d'épidémie; la peste décimait régulièrement la population parisienne (2).

Derrière la *Cité*, trois îles, l'île Notre-Dame, l'île aux Vaches et l'île Louviers, n'étaient rattachées aux deux rives que par des passerelles de bois ou des ponts de bateaux. Les Parisiens s'y rendaient

---

(1) Les vers qu'un auteur déjà cité, Antoine de Rombise, consacre à Notre-Dame, expriment assez exactement le genre d'intérêt que cette église éveillait chez les contemporains de Louis XIII :

> Ipsa Dei genitrix adversæ proxima ripæ
> Templa, pio sumptu quæ decorantur habet.
> Singula spectanti laudantur singula, moles
> Gallorum toto non habet orbe parem.
> Viginti centumque ferunt delubra columnæ,
> Fundamenta licet prima laventur aquis.
> Anterior facies longo sex ordine valvas
> Exhibet, est geminá turre decorus apex.
> Antiquæ regum statuæ super atria parent
> Indigetum series liminis orbe sedet.
> . . . . . . . . . . . . . . . . . . . . . . .
> Hoc incepit opus præsul quo tempore magnus
> Spargebat vario Carolus orbe fidem.

« Non loin de là, sur l'autre rive, se trouve l'église de Notre-Dame qu'un zèle pieux a décoré richement. Tout y est admirable : sa masse n'a pas d'égale en France ; ses fondations sont baignées par l'eau et cent vingt colonnes portent sa nef; dans son immense façade s'ouvrent six larges baies ; plus haut deux tours pareilles se dressent. Au-dessus de l'entrée, les vieilles statues des rois sont rangées les unes auprès des autres..... Cet édifice a été commencé par un évêque qui vivait au temps où Charlemagne répandait la foi chrétienne dans le monde. » (*Mém. Soc. Hist. de Paris*, 1886, p. 278.)

(2) Sur la fréquence des épidémies à Paris, notamment de 1606 à 1631, voir *les Ordonnances faites et publiées à son de trompe... pour éviter le danger de la peste*, (avec la liste des épidémies), par le Dr Ach. Chéreau, 1863, in-12. — Cfr. *Mesures prises contre le choléra à Paris*. (*Bulletin Société Histoire de Paris*, 1874, p. 86.)

volontiers, le dimanche, pour s'amuser dans les guinguettes et pour voir l'eau couler. Cependant, l'espace commençant à manquer dans l'intérieur des murs, on songeait à utiliser ces terrains vagues. Précisément en 1614, on posait la première pierre du pont Marie et du pont des Tournelles. La construction régulière de l'île Saint-Louis était entreprise (1).

Paris hésitait encore pour savoir dans quel sens il se développerait. Le mouvement qui le porte aujourd'hui vers l'ouest ne s'était pas dessiné. Tout au contraire, en ce moment, l'oscillation se dirigeait plutôt vers l'est. On avait été sur le point de construire le Pont-Neuf en arrière de la Cité, et Du Cerceau avait conçu un fort remarquable projet dans ce sens (2). La conception de la place Royale indiquait la même tendance, qui, souvent reprise, toujours abandonnée, remontait traditionellement au temps du roi Charles V et de l'hôtel Saint-Pol (3).

### III.

Mais nous avons mis le pied sur la rive droite; nous sommes dans la *Ville* proprement dite. Elle formait, comme l'Université, un demi-cercle dont la corde s'appuyait sur la Seine; seulement elle était beaucoup plus grande.

Une double enceinte la protégeait. La première muraille, qui remontait à l'époque de Charles V, s'amorçait, en face de l'île Louviers. Fortifiée, de ce côté, par le réduit épais de la Bastille, elle englobait l'Arsenal et suivait ce que nous appelons aujourd'hui la ligne des boulevards, par la porte Saint-Antoine, la porte du Temple, la porte Saint-Denis; c'était là qu'elle se dédou-

---

(1) Sur les parties des bourgeois de Paris à l'île Louviers, voir *Var. hist. et litt.* (I, 219). — Sur la construction des ponts Marie et des Tournelles ou de la Tournelle, voir DULAURE (t. II, p. 14-16) et surtout l'étude de M. BERTY, *Les trois Ilots de la Cité*.

(2) Voir le très curieux *Guide archéologique dans Paris*, de M. CH. NORMAND, à qui Paris doit tant pour la conservation des monuments historiques.

(3) Voir l'importante monographie que M. F. BOURNON a consacrée à *l'Hôtel Royal Saint-Pol* dans *Mém. Soc. Hist. de Paris* (t. VI, p. 54.179).

blait. Une enceinte intérieure gagnait la porte Montmartre et la porte Saint-Honoré, pour venir buter sur les galeries du Louvre, en face la Tour-de-Bois; une autre enceinte extérieure, plus récente et construite avec des contrescarpes et des bastions, coupait le faubourg Montmartre, laissait en dehors la ferme nommée Grange-Batelière, protégeait le couvent des Capucines, englobait le Palais et le jardin des Tuileries, et, à l'extrémité de celui-ci, venait se terminer, sur le quai, par la porte de la Conférence. Chacune de ces portes faisait très réellement partie du système de défense; ce n'étaient pas des monuments d'apparat. Munies de ponts-levis et de tours, elles avaient servi, tout récemment encore, durant les sièges de la Ligue (1).

Une grande artère, parallèle à la Seine, allait de la Bastille à la porte Saint-Honoré, portant successivement les noms de rue Saint-Antoine, rue des Balais, rue du Roi-de-Sicile, rue de la Verrerie, rue des Lombards, rue de la Ferronnerie, Croix du Trahoir et rue Saint-Honoré. Elle était coupée perpendiculairement par deux autres artères qui formaient avec elle ce qu'on nommait la *croisée* de Paris : c'était la rue Saint-Denis, qui partait du Pont-aux-Marchands; la rue Saint-Martin, qui débouchait au pont Notre-Dame. Ces voies étaient à peu près droites et on les appelait grandes, par comparaison; tout le reste n'était qu'un confus mélange de ruelles étroites, tortueuses, malsaines, de coupe-gorges infâmes dont la direction et le nom changeaient à tout instant.

Cependant, dans certains quartiers, l'influence des siècles modernes commençait à se faire sentir. On éprouvait le besoin de respirer et de voir clair. On avait un peu plus confiance dans la police. On ouvrait des cours, on perçait les murailles, on osait déployer le luxe des ornements extérieurs. L'influence italienne se manifestait non-seulement dans les palais des rois, mais dans les hôtels particuliers. Aux murs crénelés succédaient les grilles à jour, et aux vitraux les vitres (2).

(1) Voir les *Dissertations* déjà citées de BONNARDOT sur les enceintes de Paris. En ce qui concerne les divers noms et les diverses explications du lieu dit : « La Grange Batelière », voir BOURNON. *Rectifications* (p. 45). — Sur le plan de Mérian, la Grange Batelière est représentée comme un monument assez imposant, mais à demi ruiné.

(2) Voir BERTY. *Fouilles du Louvre* (t. I, p. 125, note).

Le Marais, notamment, se couvrait de somptueux hôtels. La négligence ou plutôt le vandalisme de notre siècle dédaigne ou détruit les restes précieux d'un art plein de grâce et de majesté qui a été, pourtant, le triomphe du goût français; l'hôtel Barbette dans la rue de ce nom, cache l'élégance de sa colonnade circulaire sous la crasse et les oripeaux, et personne ne songe à le préserver de la ruine obscure dans laquelle il va périr.

Il n'y avait pas de contraste plus significatif que celui que faisaient, à l'extrémité-est de Paris, la Bastille de Charles V et la place Royale d'Henri IV. Celle-là, massive et farouche, avec sa couronne de mâchicoulis et ses canons tournés vers la ville; celle-ci, élégante dans sa robe de briques et de pierres, régulière, classique, un peu froide et roide, mais toute civile, non militaire et laissant la grâce alignée des charmilles verdoyer dans l'espace carré qu'elle délimitait (1).

L'Arsenal lui-même, tel que Sully l'avait aménagé, avec ses grandes cours, ses boulingrins, ses jeux de paume et son mail, était autrement abordable que la vieille forteresse du moyen-âge. Non loin de la place Royale, le Temple, propriété de l'Ordre de Malte, profilait, au-dessus des bâtiments du grand-prieuré, son haut donjon aux quatre tourelles accotées, autre reste d'une civilisation qui se mourait (2).

Plus on se rapprochait du centre de Paris, plus les rues se rétrécissaient, plus les maisons de torchis, aux charpentes apparentes, aux pignons aigus, se serraient les unes contre les autres. En descendant vers l'Hôtel de Ville, c'était un dédale qui ne laissait guère de vide que l'étroite place de Grève. L'Hôtel de Ville, commencé vers le milieu du XVI⁰ siècle, sur les plans de l'architecte italien Dominique de Cortone, modifiés par l'un des Chambiges, n'était achevé que depuis neuf ans. Il était encore dans l'éclat de sa frai-

---

(1) La place Royale, commencée sous Henri IV, fut achevée, en 1614, à l'occasion des fêtes qui accompagnèrent les fiançailles de Louis XIII et d'Anne d'Autriche. Voir la description de ces fêtes données sur la place Royale dans *le Journal de* Bassompierre, édit. Soc. Hist. de France (t. I, p. 300-408). — Cfr. *Le Camp de la place Royale* par Laugier de Porchères, 1612.

(2) Voir l'excellente notice de M. de Curzon, *La Maison du Temple de Paris*, Paris, 1888, in-8°.

che nouveauté et il faisait contraste avec la confusion noire des bâtiments environnants.

Malgré les vicissitudes nombreuses qui, déjà, l'avaient frappée, cette maison était le centre de l'existence traditionnelle de la ville. De toute antiquité, Paris a été partagé entre sa double mission de commune autonome et de séjour du gouvernement. Son régime municipal n'a jamais été identique à celui des autres villes du royaume. Elle a toujours été l'objet d'une faveur particulière et d'une surveillance spéciale. Sous Henri IV, après les folies de la Ligue et le rôle joué par les Seize, Paris était suspect. On le tenait très serré. Son prévôt des marchands, chef du « parlouër aux Bourgeois, » ses échevins, ses seize quarteniers, son conseil, étaient bien encore élus par le suffrage des habitants; mais le roi avait toujours l'œil dans les élections et souvent la main dans l'urne. Il désignait lui-même les candidats, et, le vote une fois émis, il félicitait son peuple « d'avoir bien voulu se conformer à sa royale et paternelle volonté. » En 1604, Henri IV avait fait nommer, sans autre forme de procès, un fonctionnaire royal, le lieutenant civil, François Miron, à la charge de prévôt des marchands.

Ce magistrat était le véritable maire de Paris : « Gérer le domaine de la ville, assurer l'approvisionnement, fixer le taux des denrées débarquées sur les ports, vérifier les poids et mesures, construire, réparer ou entretenir les remparts, portes, ponts-levis, ponts, fontaines, en général tout ce qui regardait la décoration et la salubrité de la ville; commander la milice, surveiller les quarteniers, maintenir l'ordre, de concert avec le prévôt de Paris, réglementer la police du fleuve, prendre soin des pauvres, délivrer les lettres de bourgeoisie, veiller aux intérêts commerciaux ou industriels, présider aux délibérations importantes des grands corps de marchands et donner son avis au parlement sur les affaires concernant les métiers, garantir le payement des rentes de l'Hôtel de Ville, organiser les cérémonies publiques, telles étaient les principales fonctions du prévôt des marchands (1). »

On le voyait figurer dans les fêtes solennelles, vêtu de rouge

(1) *François Miron et l'administration municipale de Paris sous Henri IV, de 1604 à 1606*, par A. Miron de l'Épinay, Plon, 1885, in-8° (p. 170).

cramoisi, avec ceinture, boutons et cordon d'or, le manteau et la toque mi-partie rouge et brun, monté sur un cheval dont la bride était d'or, selon le privilège des chevaliers. Les échevins étaient également en robe de velours mi-partie, avec bonnet à cordon d'or. Les conseillers portaient la robe de satin noir et les quarteniers la robe de damas noir. Les sergents, en robe mi-partie avaient, brodé sur l'épaule, le vaisseau d'argent, blason de la ville. Et c'est ainsi que le corps municipal marchait, dans les processions, réceptions et entrées des princes, précédant le défilé des syndics de métiers, qui, eux aussi, en costumes de miniatures, faisaient assaut de dépenses pour honorer à la fois leur corporation, leur ville et le roi dont ils étaient les dévots et fidèles sujets (1).

On pense bien que dans la Ville, tout comme dans l'Université et dans la Cité, les églises ne manquaient pas; tous les saints du calendrier y passaient. Il y en avait beaucoup de petites, de simples chapelles; mais il y en avait aussi de très vénérables et de très imposantes (2). C'était Saint-Paul-aux-Liens, près de la Bastille, dans le cimetière de laquelle Rabelais était enterré, Saint-Gervais qui avait encore sa façade gothique; en face, Saint-Jean-en-Grève avec sa tour amortie par un clocher de pierre et dont les bâtiments se confondaient presque avec ceux de l'Hôtel de Ville; Saint-Merry, reconstruite sous François I$^{er}$ dans le gothique flamboyant; le Saint-Sépulcre, dont le portail finement ciselé était un ouvrage d'orfèvrerie; Saint-Leu et Saint-Gilles aux tourelles inégales; Saint-Julien où siégait la corporation des Ménétriers, dont les membres avaient seuls le droit de faire entendre dans Paris le son de la trompette et du violon (3); Saint-Nicolas-des-Champs, faisant l'angle des bâtiments de l'imposante abbaye de Saint-Martin entourés

---

(1) Ibid., p. 282. — Cfr. « Procession sur le sujet des États Généraux de 1614 » extrait des registres de l'Hôtel de Ville. Biblioth. Nationale, Cabinet des Mss. *Cinq Cents Colbert*, vol. 143 (f$^{os}$ 101 à 107). — Voir aussi le *Traité de la Police* de Delamare, t. I.

(2) Pour les églises de Paris, je ne puis que renvoyer à l'ouvrage de l'abbé Lebeuf, *Histoire de la ville et de tout le diocèse de Paris*, réimprimé en 1883; aux *Rectifications et additions* de M. F$^d$ Bournon, Paris, Champion, 1890, in-8°, un demi-volume; à l'ouvrage de Jaillot, à celui de M. Bordier, *les Églises et monastères de Paris*, paru en 1856, in-12, etc.

(3) Voir le mémoire de M. Bernhardt sur les *Corporations des Ménétriers* dans *Bibliothèque École des Chartes* (t. III, p 390).

d'une muraille crénelée et garnie de tourelles ; Saint-Jacques-la-Boucherie, dont on a heureusement conservé la tour (1) ; puis, Saint-Leufroy à l'ombre du Grand-Châtelet; Saint-Germain-le-Vieil, Saint-Germain-l'Auxerrois, les Saint-Innocents, avec leur charnier pestilentiel et leur fanal toujours allumé « *ob reverentiam fidelium ibi quiescentium* »; enfin Saint-Eustache, qu'un dernier effort de l'art gothique élevait près des Halles (2).

Ce qu'on appelait *les Halles* ne formait pas un édifice spécial; c'était tout un quartier ; les noms des rues, — rue de la Toilerie, rue de la Cordonnerie, rue de la Poterie, rue de la Friperie, — indiquaient la nature des divers commerces qui y étaient exercés. Autour d'une place triangulaire ménagée à l'arrière de la pointe Saint-Eustache, la halle au blé, la halle aux draps, les vieilles halles de Philippe-Auguste abritaient, sous leur antique arcade, une population active, bruyante, qui tenait une grande place dans la vie ordinaire du Paris d'alors et qui dessinait un des traits de son caractère. A peu près au milieu de cette place, le pilori des Halles était le symbole un peu rude de la police et de l'autorité royales. « On y mettait les banqueroutiers, les vendeurs à faux poids, les blasphémateurs, les courtiers de débauche, et surtout les Macettes, qu'on y conduisait assises à rebours sur un âne pour y être fustigées publiquement. » Et c'était un beau spectacle pour la foule grossière, que les nécessités de l'existence, la recherche d'un emploi, la présence de la foule elle-même, attiraient sans cesse dans ces rues étroites, encombrées de chalands, de marchands et de marchandises et où se pressait le plus dense de la population parisienne (3) !

(1) Cette tour, commencée en 1510, fut terminée en 1522. L'église fut vendue et démolie en l'an V.

(2) L'église Saint-Eustache, malgré son vaste vaisseau d'apparence gothique, est un monument relativement moderne. La première pierre en a été posée en 1532; mais la construction fut très lente, car l'inscription commémorative de la consécration est de 1637, seulement. Encore le portail, dont les proportions et l'architecture sont d'ailleurs si peu en rapport avec le reste de l'édifice, n'a-t-il été commencé qu'en 1754. Quoiqu'à demi achevée, l'église de Saint-Eustache n'en avait pas moins au début du dix-septième siècle, une grande réputation, et ses curés étaient très populaires. Pendant la Ligue, la conduite de l'un d'entre eux, René Benoît, avait accrédité le proverbe « que personne ne peut être curé de Saint-Eustache s'il n'est fou. » F. BOURNON. *Rectifications et additions* (p. 28).

(3) Sur l'emplacement des anciennes halles ce que nous avons de plus précis est l'étude de M. VITU : *La maison des Pocquelins aux piliers des Halles*, dans Mém. de

## IV.

Sur un fond de bas peuple loqueteux, misérable, dépenaillé, vêtu, chez le fripier, d'habits et de chapeaux étranges importés des pays éloignés, étalant, le long de bouges infectes, la curiosité pittoresque d'une misère à la Callot, sur ce fond, sans cesse renouvelé par l'afflux de tous les échappés de la province, de tous les éclopés de la guerre, de tous les fainéants de la ville, la population laborieuse se distinguait peu à peu.

C'était d'abord, dans les carrefours, les groupes mouvants des hommes de peine, débardeurs, crocheteurs et gaigne-derniers, beaucoup plus nombreux à cette époque qu'aujourd'hui, parce que beaucoup plus de travaux se faisaient de main d'homme. La plupart de ceux qui sont maintenant enfermés dans les ateliers vivaient alors en plein air; ils formaient cette populace affamée et mobile qui préoccupait encore si vivement l'abbé Galiani à la veille de la Révolution. Ils se tenaient par bandes au seuil des échoppes, le grand chapeau sur les oreilles, le bâton à la main; ou bien ils marchaient dans la presse, par deux, par quatre, portant des sacs, des tonneaux, des paquets énormes pendus aux perches croisées qui reposaient sur leurs épaules (**1**).

la Soc. Hist. de Paris (t. XI, p. 249-296). On y voit que « le périmètre des halles était délimité au sud par la rue aux Fers et la rue de la Ferronnerie; à l'ouest par la rue de la Tonnellerie, section dite des Grands-Piliers, dont le tracé était identique, du côté du sud, à celui de la rue actuelle du Pont-Neuf; au nord par la rue de la Tonnellerie, section dite des Petits-Piliers, absorbée par le tracé actuel de la rue Rambuteau; à l'est par la rue Mondétour et la rue de la Lingerie; » (p. 270). Sur les différentes halles, halle aux blés, halle à la marée, poterie d'étain, halle aux poirées, etc., voir *ibid.*, p. 271, et enfin lire de curieux détails sur les trois monuments élevés sur la place des Halles: le Pilori, où on ne piloria plus guère à partir de 1633, la Fontaine des Halles rebâtie en 1601 et alimentée d'eau par François Miron en 1604-1605, et enfin la Croix « où les débiteurs insolvables venaient faire cession de leurs biens et recevoir le bonnet vert de la main du bourreau » (p. 275).

(1)         Quel plaisir de voir dans la rue
            Les porteurs aux goussets puants
            Et ces laquais aux pieds suants
            Se promener à pas de grue...

*La Chronique scandaleuse du Paris ridicule*, par Cl. le Petit, réimprimée dans *Paris ridicule et burlesque* (p. 55). — Voir L'abbé Galiani, *Dialogues sur le commerce des blés* (éd. 1770, in-8°, p. 44).

## LES RUES; LES CRIS DE PARIS; LES QUAIS.

Au milieu de cette foule, circulait l'orchestre vivant des cris de Paris, glissant le long des murailles sa complainte aérienne : c'étaient les marchands de « châtaignes boulues toutes chaudes »; « la cerise, douce cerise »; « l'argent des glands »; le chaudronnier, « argent des réchauds »; « le foyfre, nouveau foyfre »; « l'argent des chapperons »; « l'argent des fusils »; « l'argent des houçois »; « l'argent des celles »; « l'argent des manchons, manchettes et rabas »; « la mort aux rats et aux souris »; « l'argent des gâteaux, des dariolles et des ratons tout chauds »; puis le marchand « d'eau-de-vie pour réjouir le cœur », avec le flacon et le verre à la main; puis le marchand de « vinaigre, bon vinaigre », poussant sa brouette devant lui; puis le gagne-petit, avec sa meule roulante et le cri strident du couteau usé sur le grès; enfin, quand tombait la nuit, la cliquette du marchand d'oublies son chant : « Oublies, oublies, où est-il? » et sa lanterne promenant sur le pavé une errante et pâle lumière (1).

Un enterrement passait, allant vers le charnier des Innocents, le prêtre en tête, marmonnant des prières, l'enfant de chœur faisant tinter sa sonnette; et derrière, le mort, sans cercueil, porté sur les épaules de ses parents et de ses amis, salué d'un signe de croix par la foule superstitieuse. Tous les étrangers remarquent la piété de la population parisienne, le luxe du service divin dans les églises, la beauté de leur décoration intérieure, le bruit éternel des cloches, le grand nombre de prêtres, moines, nonnes, circulant dans les rues (2). Il ne faut pas oublier que Paris s'était battu dix ans, sous la Ligue, pour rester catholique; qu'il avait eu alors, pour tribuns et pour capitaines, ses curés et ses moines. Il régnait encore beaucoup de cet esprit dans la foule, et il n'eût pas été prudent à un hérétique de ne pas s'agenouiller devant le Saint-Sacrement, qui passait par les rues et que les longues processions suivaient lentement. Il se fût

---

(1) Voir la série des *Cris de Paris* de Brébiette et celle d'Abraham Bosse à l'hôtel Carnavalet. — Cfr. *Les Cris de Paris* dans *Paris ridicule et burlesque* (p. 299); — et le volume de Victor Fournel, *Les Cris de Paris, types et physionomies d'autrefois;* Paris, Firmin-Didot, 1888, in-8°.

(2) L'ambassadeur Vénitien, Pietro Duodo, donne des détails bien curieux sur l'enterrement des morts à Paris, sans cercueil ni caisse, le corps dans un simple linceul, porté sur les épaules des plus proches parents et au bruit des cloches « payé par ceux-même qui n'ont pas de quoi manger ». V *Rel. deg. amb. Ven.*, X, t. XV (p. 113).

exposé à la fureur d'un peuple mobile, qui ne saisissait que trop volontiers les occasions d'attroupement et de divertissement violent (1).

Les laquais y tenaient le premier rang, par le nombre et par l'insolence. La domesticité n'ayant pas, alors, le caractère servile qu'elle a pris depuis, c'était, pour les fils venus de la province, une façon comme une autre de commencer la vie que de se mettre aux gages d'un grand, d'un gentilhomme, d'un bon bourgeois. Habillés de gris, les laquais se réunissaient armés, malgré les ordonnances. Ceux qui servaient les courtisans copiaient leurs allures fanfaronnes et provoquaient les citadins paisibles ; ils hantaient les maisons de jeux et de débauche, bravaient le guet et prêtaient la main à n'importe quel mauvais coup (2).

Ils s'accompagnaient de la tourbe non moins tumultueuse des écoliers, clercs de procureurs et serviteurs de dame Basoche, gens râpés, vêtus de noir, aux figures pâles et aux dents longues. Dans un temps où les charges de robe étaient excessivement nombreuses, où la manie des procès sévissait, c'était une autre façon de s'ouvrir une carrière, qui s'arrêtait trop souvent, hélas ! à cette première étape. L'aigreur des gratte-papier était toujours de partie avec la misère des va-nu-pied et le brigandage des coupeurs de bourse (3).

(1) V. la description de la Fête-Dieu à Paris dans le Voyage de Th. Coryate. Il dit : « Si quelque protestant sincère, ennemi des superstitions se trouvait là, quand tout le monde s'agenouille et qu'il manquât d'honorer le Sacrement comme les autres, je crois qu'il serait massacré ou tout au moins fort maltraité. » (*Loc. cit.* p. 38).

(2) Sur l'insolence des pages et laquais et sur les mesures qu'on est obligé de prendre contre eux, sous Louis XIII, voir Dulaure, *Histoire de Paris*, édit. Dutertre, 1856 (t. III, p. 50). Les laquais étaient habillés de gris, ce qui les faisait appeler *grisons*. *Var. hist. et littér.* (t. I, p. 283).

(3) En 1614, des bandes de voleurs, notamment celle des Manteaux-Rouges, désolaient Paris. On en prit vingt-deux en une seule rafle. (*Var. hist. et litt.*, t. I, p. 198.) — Fournier observe aussi que les gens de justice, même avocats et procureurs, passaient pour piliers de taverne et brelans :

> « Mais vous ne dites pas qu'ils sont fort débauchés
> Et que tout leur étude est de jouer aux billes,
> A la boule, à la paume, aux cartes et aux quilles. »

Voir *la Réponse et la misère des clercs de procureurs*, par MM. Choiselet et consorts ses disciples... 1638, Ibid., (p. 196). — En 1623 une bande d'assassins désolait le faubourg Saint-Germain. Aussi le Parisien n'osait sortir le soir : « Ils ont cette particularité, écrit Davity, qu'ils ne bougent point de leur logis, la nuit... de sorte qu'une personne

La classe des marchands se distinguait au costume étoffé et ample avec le pourpoint et le haut-de-chausses en drap sombre garni seulement de quelques aiguillettes, le col de linge tuyauté à la Sully, les bas de laine retenus par un nœud de jarretière, le soulier carré au talon plat, le balandran pour l'hiver, et, sur la tête, couvrant la chevelure longue et droite, le large chapeau à ailes des peintres hollandais. C'est le costume regretté, vers le milieu du siècle, par Sganarelle.

> Je veux une coiffure, en dépit de la mode,
> Sous qui toute ma tête ait un abri commode;
> Un beau pourpoint très long et fermé comme il faut,
> Qui, pour bien digérer, tienne l'estomac chaud;
> Un haut-de-chausse fait justement pour ma cuisse;
> Des souliers où mes pieds ne soient point au supplice,
> Ainsi qu'en ont usé sagement nos aïeux.

Le bourgeois de Paris, né dans cette ville, appartenant à une bonne souche connue et classée, faisait partie d'un monde infiniment plus sédentaire, plus confiné, plus *petite ville* que ce que nous voyons aujourd'hui. Il ne sortait guère de la capitale, tout au plus pour quelque partie au Pré-aux-Clercs, à l'île Louviers, à Vincennes. On appelait cela « faire carrousse ». Un voyage à Saint-Cloud, à Pontoise, à Fontainebleau était un événement (1). La nature n'éveillait en lui que des sentiments très simples, à peu près ceux qu'exprime le mot d'Orgon :

> La campagne à présent n'est pas beaucoup fleurie.

Le voilà bien, revenant de sa maison des champs, de Suresne ou de Vaugirard. Orgon, puisqu'Orgon il y a, était pieux, rangé, économe, sacristain, marguillier de sa paroisse, vénérateur de Notre-Dame et de la bonne Geneviève, patronne de Paris. Il brûlait un

---

qui se trouve parmi les tireurs de manteaux ne doit espérer, après Dieu, qu'en ses mains ou en ses pieds. « DAVITY, *Les États, Empires*, etc., in-fol., 1625 (p. 75).

(1) Voir le Voyage d'un bourgeois de Paris à Fontainebleau dans *Mém. Soc. Hist. de Paris*, et aussi *Dialogue fort plaisant et récréatif de deux marchands : l'un est de Paris et l'autre de Pontoise...*, etc. 1573, réimprimé dans *Variétés historiques et littéraires* (I, 75).

cierge à chaque anniversaire et promenait dévotement la châsse de la sainte, parmi la ville, dans les temps de sécheresse (1).

Cent cinquante métiers ou professions diverses dûment classées et délimitées, se partageaient la population marchande. Chacune de ces corporations, — maîtres et ouvriers, — luttait énergiquement pour le maintien de ses droits, de ses privilèges, de ses honneurs et préséances. Les rôtisseurs étaient en procès avec les poulaillers, puis avec les cuisiniers, avec les cabaretiers ou taverniers ; les merciers luttaient contre les gantiers ; les brodeurs avec les découpeurs, égratigneurs et gauffreurs. Au-dessus de ces cent cinquante corporations, avec l'honneur et gloire que, dans un système tout traditionnel, donnait l'antiquité de l'institution, dominaient les grands corps de marchands : drapiers, épiciers, merciers, pelletiers, bonnetiers et orfèvres. Ils formaient l'aristocratie des métiers parisiens, et marchands de « grosserie non mécanique, » ne mettant pas eux-mêmes la main à la pâte, ils étaient aptes aux fonctions municipales (2).

Enrichie par le commerce, la classe bourgeoise s'élevait peu à peu jusqu'aux charges de robe qui, elles-mêmes, touchaient à la noblesse et en facilitaient l'accès. Les grandes familles parisiennes, les Damour, les Sanguin, les Flecelles, les Villebichot, les Mesmes, les Molé, gardaient encore les mœurs traditionnelles et simples de leurs ancêtres. Ils portaient la barbe pleine à la Henri IV et revê-

(1) Voir le très rare opuscule : *Ordre et cérémonie observée tant en la descente de la chasse de Madame Saincte Geneviefve patronne de Paris qu'en la procession d'icelle*, par L. LELIEPVRE. A Paris, chez Jean du Carroy, imprimeur, demeurant en la rue de Rheims, près le collège, 1611, in-8°.

(2) Voir notamment le livre de M. FAGNIEZ, *l'Industrie en France sous Henri IV*. Paris, 1883, in-8°. — Cfr. *le Calendrier des confréries de Paris*, par J.-B. LE MASSON publié par M. l'abbé VALENTIN DUFOUR ; Paris, Willem, 1875, in-12, avec, en appendice, la liste des « soixante et une bannières établies par ordonnance de Louis XI. — Voir encore *Registre des délibérations et ordonnances des marchands merciers de Paris*, 1590-1696, publié par S.-G. SAINT-JOANNY; Paris, Willem, in-8°. — V. enfin *le Guide des corps de marchands* ; Paris, 1766, in-12. — La question des corporations parisiennes est traitée avec des détails nouveaux dans l'étude de M. ALFRED FRANKLIN : *Les Armoiries des corporations ouvrières de Paris*, dans *Mém. Soc. Hist. de Paris*, t. X, 1883 (p. 127-178) et dans A. FORGEAIS, *Numismatique des corporations parisiennes... d'après les plombs historiés trouvés dans la Seine*. — L'ordre officiel des six corps de métier, en 1614, est le suivant : drapiers, épiciers, merciers, pelletiers, bonnetiers, orfèvres et, en plus, les marchands de vins qui sont reconnus par le Roi, mais non acceptés par les autres corps. ALF. FRANKLIN : *Armoiries et corporations* (p. 146).

taient « le jupon, la simarre, le bonnet carré, le linge uni et la moire lisse. » Passé la jeunesse, ils affectaient une grande gravité, et les plus âgés étaient, en effet, de vie décente et même austère. Ils se groupaient autour de Saint-André-des-Arcs, dans la rue des Poitevins, la rue Hautefeuille, ou bien encore, pour rester à proximité du Palais et des collèges, dans la rue Galande, la rue du Fouarre, jusqu'à la place Maubert. Les familles se mariaient entre elles, et se transmettaient, de père en fils, ces demeures solides et commodes qui ont, pour la plupart, duré jusqu'à nous (1).

On construisait beaucoup justement à l'époque dont nous parlons, et, en même temps, le goût du luxe se répandait. On pouvait gagner de grosses sommes dans les « parties » et les affaires de finances. La haute bourgeoisie parisienne y mettait la main. Selon le mot de Montesquieu, la profession lucrative des traitants parvenait, par sa richesse, à être une profession honorée. Si la dignité des anciennes mœurs en était atteinte, le commerce y gagnait. Les carrosses se multipliaient (2); ce n'était plus le temps où le président de Thou s'en allait à la messe sur une mule, sa femme en croupe, la cotte relevée. Les jeunes magistrats des enquêtes se lassaient du visage gourmé et de la figure barbative de leurs pères. Ils enviaient

(1) L'esprit de la bourgeoisie parisienne à l'époque dont nous parlons n'est nulle part exprimé avec plus de précision pittoresque que dans le curieux pamphlet intitulé *Les Caquets de l'accouchée* et réimprimé de nos jours dans la Collection Jannet. Ce petit livre, qui a une importance politique très réelle et où je ne suis pas éloigné de chercher la pensée de Richelieu avant son arrivée aux affaires, a paru d'abord en opuscules séparés dans le courant de l'année 1622. On ignore le nom de l'auteur; mais c'était un homme de beaucoup d'esprit et de bon sens et qui connaissait à fond les mœurs et le tempérament de la bourgeoisie parisienne. — Voir notamment, sur la façon dont le commerçant parisien s'enrichit et monte aux charges : « Je ne sais si vous savez qu'un apothicaire a quitté la moitié de sa boutique pour acheter un office de secrétaire ; et qui plus est, savez-vous que femme et fille pleurent ses pertes tous les jours... Mais que dirai-je pas des chirurgiens qui donnent des offices de contrôleurs ou semblables qui valent quinze à seize mille francs à leurs filles ; il ne leur manque que le masque qu'on ne les prenne pour des damoiselles... etc. (p. 98). Voir encore *l'Anti-Caquet* (p. 242). — Sur les résidences de la bourgeoisie sur la rive gauche de la Seine. Voir *Jacques Sainte-Beuve*, in-8°, et surtout A. BERTY et TISSERAND, *Topographie historique du vieux Paris*. Région du bourg Saint-Germain, région du faubourg Saint-Germain et région occidentale de l'Université (p. 433 et suivantes).

(2) Sur l'usage des carrosses en 1618, on trouve des détails curieux dans *Var. hist. et littér.* (t. II, p. 282-284). « Le bon Panurge autrefois, chez M. François Rabelais, avait appelé cette ville, la ville des bouteilles et des lanternes ; j'ajoute *et des carrosses*.. » *Plaisant Galimatias*, etc. (p. 284).

la dentelle, les moustaches et les bottes à grands revers de messieurs les courtisans (1).

Cependant la différence entre les deux classes restait encore nettement marquée : rien qu'à voir passer dans la rue ceux-ci, tout plumes, soie et dentelles, ceux-là habillés de noir, tout laine et en bonnet carré, on eût cru deux mondes à part. Il y avait, en effet, dans la nation, deux sortes d'hommes : l'homme de robe et l'homme d'épée.

J'ai dit le civil, avec ses habitudes de prudence, de gravité, de réserve, d'économie étroite et de dignité un peu contrainte. Voici maintenant le militaire tout chaud encore des grandes guerres de Flandre et d'Allemagne, exagérant dans son costume, dans son attitude, dans toute sa façon d'être, les qualités et les défauts de l'homme d'action, très brave, très chatouilleux, très à la main et ferré sur le point d'honneur, toujours gonflé de ses exploits réels ou imaginaires : jamais le héros n'a frisé de plus près le matamore.

« Pourvu qu'on soit morgant, qu'on bride sa moustache,
Qu'on frise ses cheveux, qu'on porte un grand panache,
Qu'on parle baragouin et qu'on suive le vent,
En ce temps d'aujourd'hui, on n'est que trop savant » (2).

En voici un qui passe sur son cheval de guerre à la tête courte, à la crinière tressée ; le pot en tête, la poitrine couverte de la cuirasse, les chausses vastes, l'épée épaisse et large, les longs pistolets dans des fontes qui battent l'étrier, les jambes enveloppées dans d'immenses houseaux de cuir garnis d'éperons rouillés. Celui-là a fait ses premières armes du temps du roi Henri ; il garde toute la rudesse des vieilles coutumes militaires ; il a dormi sur la terre ; son visage est bronzé et couturé ; il porte la barbe pleine, en coup de vent, selon la mode du Béarnais, et il se vanterait volontiers, comme son défunt maître, de sentir le gousset.

En voici un autre : c'est un cavalier du bel air, sortant de l'Aca-

---

(1) Voir *Caquets de l'accouchée* (p. 99). « J'étois en fort honnête compagnie l'autre jour, où il arriva un jeune muguet vêtu à l'avantage, avec l'habit de satin découpé... etc.. Après qu'il fut sorti je m'enquestois qui c'étoit : l'on me dit qu'il étoit fils d'un chirurgien. »

(2) RÉGNIER, *Satires*, III, v. 56.

démie : chapeau de feutre rejeté en arrière, plume au vent, œil clair et teint frais, moustache blonde relevée en croc, barbe en pointe; le collet à double rang de dentelles, le petit manteau garni de fourrures, relevé par l'épée, le haut-de-chausses ample et plissé, le mollet hardi sur le soulier aux larges oreilles et les éperons sonnants.

Voici maintenant une troupe nombreuse, bien montée, armée jusqu'aux dents. Elle bouscule devant elle les marchands et les carrosses qui, dans la rue étroite, s'arrêtent et se rangent. C'est un homme de condition, c'est un seigneur qui se rend au Louvre. Lui et sa suite étalent, dans un flot de dentelles, de plumes, d'étoffes éclatantes, de broderies d'or et d'argent, un luxe étincelant. Ce groupe reluit, sur le fond sombre de la population citadine, comme le capitaine, vêtu de blanc, éclaire le premier rang des arquebusiers dans la *Ronde* de Rembrandt.

En tête, le maître, monté sur un fin genet d'Espagne, habillé à la dernière mode de 1614 : chapeau rond à bords étroits,

garni d'un crêpe fin
Bouffant en quatre plis et moitié de satin;

fraise petite et petit collet garni de dentelles, « en forme de rondace; » pourpoint serré, en satin rouge ou cramoisi, laissant bouffer par les fentes la doublure de taffetas bleu ou jaune, gants en satin vert allant jusqu'à mi-bras et garnis de dentelles, ceinturon en broderie ou en soie ouvragée, chausses de velours froncées à la ceinture et sur les genoux, garnies de gros boutons sur le côté; bas de soie, avec jarretière enrubannée de dentelles; la botte en cuir de Russie et les éperons dorés; en travers de la poitrine, une écharpe de taffetas bleu ou vert et, au côté, le cimeterre à la turque, avec la garde luisante d'or ou d'émail. Par-dessus le tout, un manteau court, tombant à mi-cuisse, en taffetas doublé de velours rouge.

Un habit de cette sorte, avec les accessoires, chemisettes, collets de dentelles, sachets, plumes, bijoux, valait quelque trois ou quatre mille francs, et il n'était pas nécessaire d'être grand seigneur pour le changer souvent. La cour se ruinait en vêtements, et, à l'imitation de la cour, toute la noblesse du royaume, selon le mot de Louis XIII, était fondue de luxe (1).

Autour du grand seigneur qui s'avançait en si bel équipage, une troupe nombreuse de parents, d'amis, de pages, de laquais se pressait pour lui faire honneur. C'était, en effet, un trait caractéristique des mœurs du temps que cet usage de « l'accompagnement. » On ne laissait jamais un ami aller seul, soit dans une affaire, soit dans une fête, soit dans une visite de cérémonie. Le vrai signe de l'influence était le nombre de personnes que l'on traînait après soi. Quand un homme de qualité approchait d'une ville, beaucoup de gens allaient au-devant de lui pour lui faire cortège. S'il devait rencontrer quelque personnage plus puissant, sa suite le quittait, en partie, pour aller grossir l'autre troupe. La cour n'était rien autre chose que la « compagnie », la « mesnie » du roi, et tout gentilhomme avait de même sa maison (2).

(1) Voir *Discours nouveau sur la Mode*. A Paris, chez Pierre Ramier, 1613, in-8°. Réimprimé à part par M. Castaigne, en 1850, et ensuite dans les *Variétés histor. et littér.* (t. III, p. 241), sous le titre : *le Satyrique de la Court*. — Cfr. *le Courtisan à la mode* (t. IX, p. 351). « N'en déplaise à MM. nos courtisans, ils aiment les choses petites : le chapeau petit, la barbe petite en queue de canard, le petit manteau à la clistérique, la petite épée, et foi de Platon, le plus souvent la bourse petite... » *Diogène François;* réimprimé, *ibid.* (t. I, p. 12). — Voici un costume de page très élégant décrit par Malherbe : « le duc de Nevers était accompagné... de dix ou douze pages fort bien vêtus de capots, jupes et chausses de drap jaune, en broderie de blanc et noir, fort bien et richement ; ils avaient tous des bonnets de velours à la façon de ces chapeaux d'Espagnols qui ont une pointe plate et de fort grandes fraises et tous des bas, attachés, avec l'épée au côté. » *Lettres* de MALHERBE (t. III, p. 463). — Turenne, écrit, en 1631 : « Mon frère avait trouvé nécessaire que je me fisse encore faire un habit, n'en ayant que deux à porter, mon noir et le mien rouge en broderie que je porte fort et qui passe ; on reconnaît bien toutefois que ce n'est pas un habit fait d'à cette heure. Tout le monde jusqu'aux moindres dépensent prodigieusement et ils s'imaginent que cela est honteux de porter deux fois, dans les grandes assemblées, des habits qui leur coûtent deux ou trois mille francs. C'est une grande folie de se ruiner au point qu'ils font pour des choses qui mettent si peu un homme en réputation. » V. *Correspondance de Richelieu* (t. IV, p. 296, note). — On racontait qu'un peintre romain, ayant voulu représenter chaque nation dans son costume spécial, avait dû figurer le Français tout nu avec une pièce d'étoffe sous le bras et une paire de ciseaux à la main « pource qu'il n'y a que le Français pour changer journellement de mode et façon de se vestir et habiller, ce que les autres nations ne font jamais. » *Var. hist. et litt.* (III, 242, et IX, 355). — Malherbe dit : « les Espagnols sont habillés à leur mode tandis que les Anglais le sont à la nôtre : aussi ne distingue-t-on ceux-ci que par le langage » (t. III, 206). — Pour les costumes décrits au texte, je me suis servi des « Suites » de *Courtisans* et *de Dames* de JACQUES CALLOT.

(2) Un joli proverbe du midi de la France fait allusion à ces politesses obséquieuses qui allaient parfois jusqu'à la lassitude : « Nous allons faire, dit-il, comme les consuls de Belvezet, qui moururent en se raccompagnant ». Belvezet est dans le Gard.

Ce seigneur marchait donc vers le Louvre au milieu d'une foule nombreuse, sans cesse grossie par les gentilshommes que l'on rencontrait. Quittant Saint-Eustache, il laissait derrière lui l'hôtel de Soissons, célèbre par la tour de Jean Bullant, suivait la rue de la Tonnellerie, réservée aux fripiers juifs (1), traversait la rue Saint-Honoré, prenait l'étroite rue des Poulies, habitée par la plus haute aristocratie et, passant devant l'hôtel de Longueville, il entrait au Louvre par la porte qui s'ouvrait en face l'hôtel de Bourbon, du côté de Saint-Germain l'Auxerrois.

Mais, avant de pénétrer avec lui dans le palais, arrêtons-nous un instant encore et jetons un dernier coup d'œil sur ce Paris si animé, si populeux, déjà si complexe, dont la silhouette dentelée apparaît par l'ouverture que la rue de Bourbon fait sur la Seine.

Nous n'avons pas tout dit, en effet, et il faudrait des volumes pour tout dire. Nous n'avons parlé que de la population masculine, et pourtant les femmes tenaient une grande place dans la vie de Paris. Non seulement celles qui, dans la rue, femmes du peuple vêtues de serge de Reims, harengères au langage épicé, marchandes des quatre saisons, servantes, chambrières et chambrillons en cotte simple et bavolet, augmentaient le tumulte et le désordre ; mais, sur le pas de leurs portes, les bourgeoises, de tenue discrète, avec la robe sombre, la large coiffe blanche, la mante noire à plis réguliers et, si elles sortaient, le manchon et le manteau garni de fourrures ; ou bien la damoiselle montée sur une mule, une plume dans les cheveux, ceux-ci poudrés à la poudre de Chypre et parfumés de fleur d'oranger, faisant de gros bourrelets sur les oreilles, la figure masquée du *mimi*, la gorge découverte, entourée d'un large collet plat de dentelle ajourée, les bras perdus dans des manches très bouffantes et tailladées, les mains couvertes de gants de soie, avec de riches revers de guipures très évasés, enfin la taille haute et roide, dans un corset étroit faisant pointe sur le ventre, et le bas du corps engoncé dans l'armature hanchue du vertugadin (2).

(1) Sur les Juifs de Paris et notamment sur les fripiers de la rue de la Tonnellerie, voir *Var. hist. et lit.* (t. I, p. 181).
(2) Sur les costumes de femmes voir dans les *Variétés historiques et littéraires*

Nous avons dit le tumulte du centre de la ville : mais nous n'avons pas dit le silence des longs faubourgs, avec les murailles infinies des couvents, laissant échapper, par-dessus, la rare verdure des jardins ; nous n'avons pas dit la Bièvre, renommée par la qualité tinctoriale de ses eaux, mais dont les terribles débordements ravageaient le quartier Saint-Marcel (1) ; nous n'avons pas dit le faubourg Saint-Antoine, avec ses ouvriers brodeurs ; la rue Saint-Jacques, avec ses libraires ; le faubourg Saint-Germain, avec ses académies de jeux (2) ; les marais du Temple, avec leurs filles de joie (3).

Nous avons dit les rues, mais nous n'avons pas pénétré dans l'intérieur des maisons et nous n'y avons pas montré la vie citadine commençant à s'organiser dans les salles des nouveaux hôtels, claires et garnies de nattes. L'ère des précieuses va bientôt s'ouvrir, et c'est l'époque où Catherine de Vivonne, marquise de Rambouillet, dessinant elle-même les plans, apprenait aux architectes à mettre les escaliers dans un coin du bâtiment, à construire une grande enfilade de chambres, à exhausser les planchers, à faire des portes et des fenêtres hautes et larges et vis-à-vis les unes des autres ;

l'index au mot *Modes*. Le masque et le vertugadin étaient les traits caractéristiques du costume féminin, selon le quatrain :

> Les masques et vertugades
> D'un tel crédit se sont ornés
> Que les femmes seroient malades
> Sans leurs culs et leur cachenez.

A la réception du duc de Longueville « la reine était masquée qui fut cause qu'on ne put rien juger de sa passion par son visage. » MALHERBE (III, 431). Cependant le masque était réservé aux dames de la cour. (V. *Caquets de l'Accouchée*, p. 98), et le chaperon n'était plus porté que par les femmes de la petite bourgeoisie (*ibid.*, p. 20). — Sur les odeurs dont on se parfumait et sur les huiles de fleur d'oranger dont on se frottait les cheveux pour y arrêter la poudre, voir MALHERBE (III, p. 31).

(1) Sur la Bièvre et sa puanteur « qui rend la Seine malade », sur la qualité tinctoriale de ses eaux, d'ailleurs mise en doute, sur ses débordements, voir *Var. hist. et litt.* (II, 226). *Discours sur l'inondation arrivée au faubourg Saint-Marcel-lès-Paris...* en 1625.

(2) « Les Académies de toutes sortes au faubourg Saint-Germain. » (*Var. hist.*, II, 271 et IV, 188.)

(3) « Ainsi on peut dire que le lieu naturel des filles de joie à Paris est les marais du Temple et le faubourg Saint-Germain, comme le vrai lieu de la comédie est l'hôtel de Bourgogne. » *Var. hist. et litt.* (t. II, p. 346).

« c'est elle aussi qui s'avisa la première de faire peindre une chambre d'autre couleur que de rouge ou de tanné, et c'est ce qui a donné à sa grande chambre le nom de chambre bleue » (1).

Dans ces nouvelles constructions s'introduisent déjà l'air galant, les conversations raffinées, les pointes à l'italienne. Les collations, les concerts, les danses s'organisent (2), et dans les tableaux des maîtres contemporains on voit, près d'une table couverte d'un tapis de Turquie, une jeune dame fraîche et claire jouant du luth, tandis qu'un cavalier l'écoute, l'œil attendri, et oublie de boire l'hypocras dans le verre allongé qui vient de lui être servi (3).

---

(1) TALLEMANT DES RÉAUX. Ed. Techener, in-12 (t. II, p. 262).
(2) Sur les danses du temps, voir *Miroir du Contentement* réimprimé par Fournier dans les *Var. hist. et litt.* (t. II, p. 17) et, notamment, son commentaire sur le passage suivant :

> Jean sait la pratique
> De toute sorte de musique,
> De rondeaux, ballades, chansons,
> Les voltes de toutes façons,
> Les courantes, la sarabande
> Et des branles toute la bande,
> Même celui des bons maris
> Qu'on vouloit danser à Paris,
> Des Bretons la drue carole
> Et la pavane à l'espagnole.
> S'il faut danser les matassins
> Il n'a les pieds dans des bassins,
> Dispos pour danser la sissaigne
> Autant qu'une chèvre brehaigne.

(3) C'est Bassompierre qui donne le mieux la note des façons plus raffinées que réellement polies, qui étaient celles de la société française au lendemain de la mort de Henri IV. — En matière de civilité, on en était encore au petit livret d'Erasme sur la *Civilité morale*, au *Quod decet* et au traité de la *Civile Honnêteté*, paru en 1560. Courtin n'avait pas encore publié son traité de la *Civilité françoise* qui a eu tant de succès et de si nombreuses éditions. L'imitation des Italiens était de mode plus que celle des Espagnols qui ne pénétra qu'un peu plus tard, à ce qu'il me semble. En 1614, on ne rencontrait quelque chose des mœurs espagnoles que chez les militaires. A ce point de vue, les œuvres de Brantôme offrent un témoignage intéressant de l'état d'esprit des premiers *français hispaniolisés*. Il écrivit, vers l'an 1600, son livre des *Rodomontades espagnoles* dédié à la reine Marguerite et qui, malgré une nuance d'ironie, laisse percer une admiration sincère pour les qualités de « l'ennemi héréditaire » d'alors. — On commençait aussi à lire, en France, le *Courtisan*, de BALTHAZAR GRACIAN, les Apophtegmes sur Tacite qui étaient le fond de la littérature politique espagnole à cette époque, et le *Traité de la Cour ou Instruction des Courtisans*, de M. DU REFUGE. — Pour en revenir aux conversations galantes, la lecture de l'*Astrée*, paru en 1610, donnait le ton et mettait une note pastorale assez bizarre dans le langage passionné de ces cavaliers un peu rudes. Un curieux livre, paru, il est vrai, en 1632 seulement, nous donne une idée de ce langage pré-

Nous n'avons pas montré, non plus, l'attraction exercée sur la France entière, et déjà sur le reste de l'Europe, par cette ville où se rencontraient les cadets de Gascogne, les poètes de Normandie, les savants de l'Écosse, les soldats de l'Allemagne, les capitaines de la Hollande, les comédiens, les ruffians et les politiques de l'Italie, tous parlant leurs idiomes propres ou communiquant entre eux par une sorte de sabir dont le latin et le français italianisé faisaient le fond. Nous n'avons pas dit, enfin, la grande admiration et la grande envie que Paris inspirait déjà aux étrangers par son climat tempéré, sa bonne humeur, sa vie facile, la sociabilité aimable et polie de ses habitants.

Il aurait fallu, dans un tableau de cette sorte, animer ce « Paris sans pair » dont parle le proverbe (1), célèbre par ses soldats, par ses professeurs, par ses théologiens, par ses marchands, se reprenant à la vie, après les fureurs civiles qui venaient de le déchirer, orné par Henri IV, embelli par le goût italien (2), s'accoutumant à la douceur d'une existence plus paisible et mieux ordonnée, s'ouvrant à la lumière, s'éclairant le soir de lanternes bien entretenues,

---

cieux : ce sont *Les Compliments de la Cour*, publiés à la suite du *Courrier des Affaires publiques*, par le sieur Du Perier ; Paris, Jean Corrozet, 1632, in-12. Le cavalier s'excuse de ne pouvoir écrire à sa dame parce qu'il est en voyage, dans les termes suivants : « Je manque à mon devoir, ma belle, mais cette faute a une parfaite excuse qui me garantira, s'il vous plaît, de tout crime, c'est l'inconstance de mon séjour. J'appelle à témoin mes volontés devant la divinité de votre bel esprit et invoque les cieux pour vous dire si jamais autre soin a touché mon cœur que votre souvenir... » La France doit une grande reconnaissance aux esprits vigoureux qui ont réagi contre cette tendance et qui l'ont ramenée au bon sens simple et à l'élégance mesurée.

(1) Autre proverbe sur Paris :

> Paisible domaine,
> Amoureux verger,
> Repos sans danger,
> Justice certaine.

(2) « Si vous revenez à Paris d'ici deux ans vous ne le connaîtrez plus, écrivait Malherbe à Peiresc ; le pavillon du bout de la galerie est presqu'achevé ; la galerie du pavillon au bâtiment des Tuileries est fort avancée ; les fenêtres de l'étage du bas sont faites ; l'eau de la pompe du Pont-Neuf est aux Tuileries ; mais le plus grand changement est à l'île du Palais, où l'on fait un quai qui va du Pont-Neuf au Pont aux Meuniers (ou Pont Marchand), comme l'autre va du Pont-Neuf au Pont Saint-Michel. On fait, en cette même île, une place que l'on appellera Dauphine à ce que l'on dit, et qui sera très belle et bien plus fréquentée que la Royale... Il y a à cette heure grand ordre à Paris pour les boues... etc. » *Lettres* (t. III, p. 79).

s'arrachant à la crasse et à la boue du Moyen âge, ordonnant mieux sa police et sa voirie, et méritant de plus en plus, malgré tant de misères et de pauvretés subsistantes, l'ardent amour qu'il inspirait à Montaigne : « Elle a mon cœur dès mon enfance et m'en est advenu comme des choses excellentes ; plus j'ai vu depuis d'autres villes belles, plus la beauté de celle-ci peut et gagne sur mon affection. Je l'aime pour elle-même et plus en son être seul que rechargé de la pompe étrangère ; je l'aime tendrement, jusques à ses verrues et à ses taches. Je ne suis Français que par cette grande cité, grande en peuples, grande en félicité de son assiette, mais surtout grande et incomparable en variété et diversité de commodités, la gloire de la France et l'un des plus beaux ornements du monde » (1).

### III. Le Louvre, la Cour, le Roi.

Le Louvre, séjour ordinaire du roi à Paris, présentait, du côté de Saint-Germain l'Auxerrois, une face rude et barbare : de hauts logis percés d'étroites fenêtres ; dans les deux coins, des tours ron-

---

(1) Le passage de MONTAIGNE est dans les *Essais*. Édit. Charpentier, in-12 (t. IV p. 95) — Comment ne pas citer, en terminant, le mot touchant du poète MAYNARD :

> J'aime Paris et cette amour
> M'a fait souvent verser des larmes.

*Œuvres poétiques* publiées par Gaston Garrisson. Lemerre, 1885, in-12 (t. I<sup>er</sup>, p. XIII).
— Sur un ton tout différent, le sonnet comique de Scarron vaut une longue description :

> Un amas confus de maisons,
> Des crottes dans toutes les rues ;
> Ponts, églises, palais, prisons,
> Boutiques bien ou mal pourvues ;
> Force gens noirs, roux et grisons,
> Des prudes, des filles perdues ;
> Des meurtres et des trahisons ;
> Des gens de plume aux mains crochues ;
> Maint poudré qui n'a point d'argent,
> Maint homme qui craint le sergent,
> Maint fanfaron qui toujours tremble ;
> Pages, laquais, voleurs de nuit ;
> Carrosses, chevaux de grand bruit :
> C'est là Paris. Que vous en semble ?

des, couvertes de toits de tuiles et toutes lépreuses de vétusté; au milieu, une porte basse et sans ornement, précédée d'un pont-levis; c'était tout ce qui restait de la vieille forteresse de Philippe-Auguste et de Charles V.

Au contraire, du côté de la Seine, le palais déployait l'élégante gaîté de sa construction moderne. Pour élever cette façade, François Ier avait démoli la *Grosse Tour,* orgueil des rois, ses prédécesseurs. Plus près de la rivière, on avait construit le bâtiment carré nommé *Pavillon du Roy*. Henri II, Charles IX, Henri III poursuivirent l'œuvre, et commencèrent les deux Galeries : la *Petite* et celle du *Bord de l'Eau*. Henri IV, averti par la journée des Barricades et voulant se ménager une sortie sur la campagne, avait continué le travail des Galeries qui, enjambant l'enceinte de Charles V, rejoignaient les Tuileries.

L'œuvre présentait encore des lacunes. Cependant des morceaux exquis étaient achevés. La frise de Jean Goujon illustrait déjà le Louvre de Henri II. Le pavillon, qu'on a nommé depuis Lesdiguières, portait sa lanterne ajourée au-dessus de la ligne de faîte; enfin, les pilastres et les frontons d'Androuet du Cerceau, dessinaient, gravement, tout le long de l'eau, leurs motifs corrects et froids qui rejoignaient les nouvelles Tuileries (1).

Du bord de la rivière, on ne voyait guère que les toits, car les échafaudages n'étaient pas enlevés, et le pied du bâtiment était obstrué par un fouillis d'échoppes et de constructions provisoires où l'on entendait grincer la scie des tailleurs de pierres. Du côté des cours, la construction était moins avancée encore. De vieilles bâtisses infâmes, habitées par la lie de la population parisienne venaient buter contre le palais neuf. La rue Saint-Thomas du Louvre, partant de la rue Saint-Honoré, pénétrait comme un coin

---

(1) Toutes ces indications et celles qui suivent sont empruntées soit aux estampes contemporaines, soit à l'excellente étude de Berty : *Topographie historique du Vieux Paris : Région du Louvre et des Tuileries* (t. II, p. 58-108). Voir notamment (p. 104) la reproduction d'un dessin contemporain : « Vue du Louvre comme il était en 1615. » — Le poète Maynard parle dans un de ses poèmes :

> De ces superbes galeries
> Dont l'incomparable longueur
> A joint le Louvre aux Tuileries.

dans les cours intérieures, où le gazon poussait, et où les pierres verdies attendaient l'ouvrier. Au-dessus des galeries à l'italienne, on distinguait les clochers de trois ou quatre chapelles ou églises gothiques qui se trouvaient là : Saint-Thomas du Louvre, Saint-Nicaise, les Quinze-Vingts (1).

En somme, demi-ruiné, demi-construit, mi-antique, mi-moderne, tout enserré dans la gaîne du Moyen âge, dont il essayait de se dégager depuis des siècles, le palais des rois était encore à l'état d'ébauche, et, justement, il donnait assez bien l'idée de ce qu'était le Royaume lui-même : bâtiment séculaire sur les substructions duquel un édifice nouveau était en train de s'élever (2).

Le jeune roi Louis XIII, successeur de Charlemagne, descendant de Hugues Capet et de saint Louis, héritier des Valois, fils de Henri IV, habitait d'ordinaire le *Pavillon du Roy*. Après avoir franchi l'étroite porte située presque en face l'église Saint-Germain l'Auxerrois, on traversait de biais la cour carrée, on montait à droite le grand escalier, on suivait tout le long de la salle des gardes, et on arrivait enfin à « l'antichambre du Roi ». C'était là ce qu'on appelait *la Cour* (3).

(1) Voir *Mémoires Société Histoire de Paris* (t. XIII, p. 175).
(2) Ce rapprochement entre la grandeur du palais et celle du royaume était déjà dans l'esprit des Français du dix-septième siècle. TAVANNES a dessiné, dans ses *Mémoires*, le plan idéal du Louvre, tel que l'avait conçu Henri IV. Le passage de cet auteur est aussi curieux pour l'historien que pour l'archéologue : « Si le roi Henri IV eut vécu, dit-il, aimant les bâtiments comme il faisoit, il pouvoit en faire un remarquable, achevant le corps de logis du Louvre, dont le grand escalier (celui de Henri II) ne marque que la moitié et, au bout d'icelui, faire cette même galerie que celle qui est à la sortie de sa chambre (la galerie de Charles IX) en tirant sur la rue St-Honoré et, depuis là, faire une pareille galerie que celle qui regarde la rivière qui allait finir entre le pavillon des Tuileries qui n'est pas fait, et l'écurie... et, ruinant toutes les maisons, entre les deux galeries du Louvre et les Tuileries, se fut trouvée une grande cour admirable...; il faudrait aussi ôter la chapelle de Bourbon et tous les bâtiments qui sont entre le Louvre et St. Germain l'Auxerrois,.... se contentant de cette grande place qui serait depuis le Louvre jusqu'à St-Germain... Mais à la vérité, pour faire de tels bâtiments, il faudrait que le roi de France fût au moins seigneur de tous les Pays-Bas et bornât son État de la rivière du Rhin, occupant les comtés de Ferrette (Alsace), de Bourgogne, de Savoie, qui seraient les limites envers les montagnes d'Italie et, d'autre part, le comté de Roussillon et ce qui va jusque proche des Pyrénées. » *Mémoires du sieur de* TAVANNES (coll. Petitot, t. XXV, p. 203). Citation empruntée à BERTY (II, p. 97).
(3) Le roi, pour les réceptions solennelles, se mettait sur un « perron au bout de la galerie dorée »; aujourd'hui la galerie d'Apollon. *Journal de* JEAN HÉROARD *sur l'en-*

Tout ce qui avait à Paris figure de courtisan était admis. Fæneste, qui est pourtant un pauvre hère, y entre comme au moulin. Son gascon nous la décrit en termes si expressifs qu'il faut le laisser parler : « Étant ainsi, couverts de broderie, avec trois laquais plutôt loués, un bidet plutôt emprunté, vous voilà dans la cour du Louvre. — Tout à cheval, dit Enay. — Non pas, non. On descend entre les gardes, entendez. Vous commencez à rire au premier que vous rencontrez; vous saluez l'un, vous dites le mot à l'autre : « Frère, que tu es brave, épanoui comme une rose! Tu es bien traité de ta maîtresse? cette cruelle, cette rebelle. Rend-elle point les armes à ce beau front, à cette moustache bien troussée? et puis cette belle grève, c'est pour en mourir? » Il faut dire cela en démenant les bras, branlant la tête, changeant de pied, peignant d'une main la moustache et d'aucune fois les cheveux... et puis nous causons de l'avancement en Cour, de ceux qui ont obtenu des pensions, quand il y aura moyen de voir le Roi, combien de pistoles a perdu Créqui ou Saint-Luc ou, si vous ne voulez point discourir de choses si hautes, vous philosophez sur les bas de chausses de la Cour... Quelquefois nous entrons dans le grand cabinet, dans la foule de quelque grand ; nous sortons sous celui de Beringhen (1), descendons par le petit degré et faisons semblant d'avoir vu le Roi... c'est alors qu'il faut chercher quelqu'un qui aille dîner (2). »

---

*fance et la jeunesse de Louis XIII* (Paris, Firmin-Didot, 1868, in-8° (t. II, p. 140, note). — « La chambre du conseil est en la salle du vieil corps d'Hôtel, à main droite en entrant; son entrée et sortie est par le bas du grand escalier; le logement du roi est dans le grand pavillon ; ceux des Reines sont au côté gauche, en entrant, la Reine régnante, en haut, et la Reine-mère aux salles basses et aux chambres d'entre-sols... » *Mercure françois*, 1616 (t IV, p. 195).

(1) C'était le valet de chambre du Roi.

(2) *Œuvres complètes* d'AG. D'AUBIGNÉ. Edit. RÉAUME ET CAUSSADE. Lemerre, 1877, in-8° (t. II, p. 390). — L'assiduité était la première qualité du courtisan : « M. le maréchal Desdiguières dit qu'un bon courtisan ne doit jamais passer un jour sans voir le Roi. » *Plaisant Galimatias*, dans *Var. hist. et litt.* (t. II, p. 299). — Richelieu croit qu'on peut y mettre plus de retenue . « Il y en a qui ont coutume de voir le Roi tous les jours et j'estime que c'est chose qui agrée à gens d'épée qui ne sont à la Cour que pour cela... pour ce aux premiers jours de mon arrivée à la cour, je me présenterai tous les jours jusqu'à ce que je connaisse qu'il est content ou de m'avoir parlé ou écouté ;... après, c'est assez de se faire voir à Paris une fois la semaine et, à Fontainebleau, de deux jours en deux jours. » *Mémoire* d'A.-J. DU PLESSIS DE RICHELIEU; publié par A. BASCHET, 1881, in-8° (p. 12). — La physionomie générale de la cour dans les premières années du règne de

Dans l'entourage du Roi, les hommes d'épée tenaient le haut bout. En se pressant aux antichambres, ils faisaient, autour du prince, ces « confusions de France » dont parle Fontenay-Mareuil. Avec le bruit, les rires, les querelles, les grandes hallebardes des soldats, les panaches, les bottes éperonnées, c'était un bourdonnement vivant et animé qui rappelait les camps (1).

Pourtant, on voyait passer des figures devant lesquelles les portes s'ouvraient : des têtes graves et barbues d'hommes d'État, d'ambassadeurs, de cardinaux (2); des robes noires aussi, très nombreuses. Sous la régence de Marie de Médicis, l'élément ecclésiastique dominait. Le Nonce du pape avait ses entrées à toute heure; les jésuites confesseurs et prédicateurs, même les capucins, pieds nus et robe de bure, se glissaient aux chambres closes, aux couloirs secrets, poursuivant, dans les dédales du palais, l'intrigue « catholique » et la politique des « mariages espagnols » (3).

Il y avait ainsi une petite cour silencieuse dans la grande cour bruyante. Au fond de ces entresols retirés dont parle Sully, elle

---

Louis XIII, ressort particulièrement de la lecture du *Journal* de Bassompierre et des *Lettres* de Malherbe. Il faut aussi consulter les *Mémoires* de Beauvais-Nangis.

(1) « Au baisemain du Roi d'Espagne et de l'Infante, il paraissait si peu de gens que nous qui étions accoutumés à ces confusions de France dans les moindres cérémonies, nous en trouvions surpris, cela ne répondant pas, ce nous sembloit, à la grandeur d'un tel Roi. » Fontenay-Mareuil. *Coll. Mich. et Pouj.* (p. 53). — « Il y a quelques jours, le roi fit une ordonnance que tout le monde, même en son absence, fût tête nue en son cabinet; et, à une heure de là, tout y étoit couvert jusqu'aux garçons de la chambre. » *Lettres de Malherbe* (t. III, p. 58).

(2) Sur le rang des cardinaux à la Cour, voir *Lettres de Malherbe* (t. III, 456). La situation de Cardinal, dépendant de la Cour de Rome, n'emportait pas nécessairement la préséance en cour de France. Notamment les évêques pairs leur contestaient le pas : « M. le cardinal de Joyeuse ne fut point à la cérémonie (de la majorité du Roi). Il s'en était allé aux champs, parce qu'il doutoit de n'avoir pas le rang qu'il désiroit et que les cardinaux ne perdissent leur rang contre les pairs. Monsieur l'évêque de Beauvais (Potier de Blancménil) la débattit fort jusques à dire qu'il savoit mieux que tout ce qu'il y avoit de cardinaux en la chrétienté, que c'étoit qu'être cardinal; et s'adressant à M. le cardinal de la Rochefoucauld, lui dit : « Monsieur, je vous honore, j'honore votre personne et votre mérite; mais pour votre dignité je n'en fais pas grand cas. » Tout cela fut fort débattu. Mais enfin les cardinaux l'emportèrent.

(3) Cette influence ecclésiastique et le rôle particulier du nonce du pape ont été étudiés, d'après les dépêches du nonce Robert Ubaldini, par M. F.-T. Perrens, dans ses deux ouvrages : *Les Mariages espagnols sous le règne de Henri IV et la Régence de Marie de Médicis*. Paris, Didier, in-8° et *l'Église et l'État en France sous le règne de Henri IV et de Marie de Médicis*, Paris, 2 vol. in-8°. — Il faut lire aussi le livre si curieux d'Armand Baschet : *Le Roi chez la Reine*. Paris, Plon, in-8°.

se tenait tapie et comme murée (1). La Reine y vivait dans sa nonchalance italienne, caressée par les propos insignifiants de ses femmes et de ses favoris, bercée par la musique de ses joueurs de luth, laissant le poids des affaires aux ministres Villeroy, Sillery, Jeannin, soucieuse seulement de vivre et de gagner du temps (2).

La robe du magistrat se mêlait à la robe ecclésiastique et lui disputait le pouvoir. Les secrétaires d'État, hier encore personnages effacés et discrets, sortaient de leur réserve et, dépouillant le manteau, l'habit noir et le rabat, prenaient leur vol vers de plus hautes destinées. Cependant, cette autorité des ministres n'était pas encore si fortement établie qu'elle ne fût obligée d'user de ménagement. La Cour restait une puissance chatouilleuse et susceptible. A côté des conseils secrets, on laissait subsister le Conseil du Roi, plus nombreux et plus tumultueux que jamais. « La Reine le tenait dans la salle voisine de l'antichambre, assise sur une chaise, entourée de princes du sang, avec les Conseillers debout autour d'elle; elle laissait entrer toutes les personnes de condition et faisait même approcher ceux qui avaient intérêt à ce qu'on disait. »

C'est par là que les Grands retenaient quelque part de l'exercice du pouvoir; c'est par là que les cabales se soutenaient, se pous-

---

(1) SULLY dépeint, en traits vifs, le contraste qui existait, après la mort de Henri IV, entre les appartements de réception « stasion et logement accoutumés pour la Royauté » et les appartements de la Reine : « ... Mais quant aux étages de dessous que l'on nommoit entre-sols tout y étoit magnifiquement meublé et paré. Là aussi résidoit la vraie cour, là se tenoient les conseils pour l'administration de l'État, tant ceux qui étoient secrets et cachés et desquels néantmoins dépendaient les conclusions que les publics et apparents, seulement pour la mine et le faste... Le conseil secret et caché qui, en effet, pouvoit tout, étoit composé de la Reine, de Conchine, de sa femme, du nonce du pape, de l'ambassadeur d'Espagne, du chancelier Sillery, duc d'Epernon, Villeroy, du président Jeannin et Arnault suffragant de Conchine, du médecin Duret pour un temps, de Dole et du Père Cotton. » *Économies Royales*, édit. Petitot (t. VIII, p. 387).

(2) La Reine fait donner la comédie Italienne presque tous les jours dans ses appartements. Voir *Journal* D'HÉROARD (t. II, passim, notamment p. 131); Cfr. A. BASCHET. *Les comédiens Italiens en France*. Plon, in-8°. — « Musique de voix et de luths... » HÉROARD (p. 133). « La Reyne étoit au bout de la grande allée où elle oyoit chanter Villars » (p. 140), etc. — Sur les détails de la vie intime de Marie de Médicis, sur les artistes qu'elle pensionnait, sur les femmes qu'elle faisait venir de l'Orient pour tisser ou broder des tapis et des étoffes, sur les marbres et les tableaux qu'elle achetait en Italie, sur ces grands chiens qui l'accompagnaient partout et que Rubens n'a pas oubliés dans les tableaux de la galerie du Luxembourg, il faut consulter la correspondance manuscrite de Marie de Médicis, conservée à la Bibliothèque Nationale, cabinet des Mss. *Cinq cents Colbert*, vol. 89 et suiv.

saient. En s'approchant de l'antichambre, les officieux finissaient par savoir quelque chose des affaires publiques, par se mêler à quelque parti de finance, par décrocher quelque pension. Aussi la Reine, obligée de ménager la noblesse, tenait, avec une certaine régularité, ces conseils, auxquels le Roi assistait rarement (1).

Henri IV, plus libre et plus cavalier, s'était moins astreint. De son temps, les affaires les plus importantes se traitaient dans une galerie, dans un jardin, les gens de son conseil allant et venant avec lui, les secrétaires d'État suivant de loin et s'approchant sur un signe, pour prendre note, une fois la décision arrêtée (2). Cette mobile familiarité était le caractère distinctif de la cour de France et elle étonnait les étrangers, notamment les Espagnols, habitués à la grave étiquette de l'Escurial. Mais les Français se plaisent ainsi dans un perpétuel mouvement.

La Cour était loin d'être fixée à Paris. Elle suivait partout le Roi, pour un rien, comme lui à cheval. En ce temps-là, le pouvoir sentait l'écurie et non pas le bureau. Le Roi disait le matin à son lever : « Messieurs, nous partirons tantôt », et tout le monde troussait bagage : courtisans, gardes, pages; les femmes sur des haquenées, les secrétaires sur des mules, avec leurs sacs et leurs écritoires, quelques carrosses pour les vieillards et les dames âgées, des charrettes pour le lit et le couvert. On se mettait en route sans savoir toujours où l'on coucherait (3) ; le

---

(1) Pour la tenue des conseils et la vie ordinaire de la Cour sous la Régence, le renseignement le plus complet est un passage des *Mémoires de* FONTENAY-MAREUIL; *loc. cit.* (p. 35). — Il faut joindre le passage des *Économies Royales de* SULLY cité ci-dessus. — Sur l'établissement du Conseil, en 1610, au lendemain de la mort de Henri IV voir le projet autographe de Villeroy : Bibliothèque de l'Institut, *fonds Godefroy* (vol. CCLXVI, pièce 11) et enfin la relation des ambassadeurs vénitiens ANDREA GUSCONI et AGOSTINO NANI, *Barozzi* (t. I, p. 470).

(2) FONTENAY-MAREUIL (p. 18).

(3) Ces absences fréquentes du Roi étaient un grand sujet de plaintes de la part des Parisiens : « Pour mon regard, dit une marchande du Palais, c'est une étrange chose que nous ne faisons plus rien... depuis que le Roi est parti nous n'avons fait aucun trafic; la boutique qui souloit être remplie est vague; les courtisans et la noblesse s'en sont allés avec le roi, de sorte que nous perdons infiniment... » (*Caquets de l'Accouchée*, Ed. JANNET, p. 54). — Voir, en outre, les documents cités en note de ceux qui ont été réunis par ÉD. FOURNIER dans *Variétés historiques et littéraires* (t. II, p. 132), notamment « *L'affliction des dames de Paris sur le départ de leurs serviteurs et amis suivant la Cour, avec la consolation qui leur est faite sur ce sujet* », par CLÉANDRE.

Roi avait le droit de gîte dans son royaume, et il en usait : tantôt dans une abbaye, tantôt dans un château, tantôt dans une bonne ville. On arrivait à l'improviste et on mettait tout au pillage. Le Roi, d'ailleurs, avait des habitations à lui un peu partout dans les provinces. Un jour, c'était Fontainebleau, puis Monceau, puis St-Germain, puis Blois, puis Amboise, puis Chambord : ou bien il chassait, ou bien il visitait un ami, ou il allait surveiller une province, maintenir un grand seigneur, calmer une sédition. Les courriers porteurs de dépêches se fatiguaient à poursuivre les ministres, qui, obligés d'accompagner le Roi, fuyaient sans cesse devant eux (1).

Depuis des siècles, le Roi circulait ainsi à travers le pays, et le royaume s'était comme fixé et coagulé autour de cet embryon sans cesse en mouvement. La « maison » du roi, sa « mesnie », sa « cour » s'était accrue jusqu'à devenir un royaume. Le mince seigneur féodal, maître d'une ville bien située et de quelques châteaux fortifiés dans l'Ile-de-France, avait lentement reculé jusqu'à des distances éloignées, les limites de sa domination. Le fils des Capets était devenu l'un des plus grands princes de la chrétienté.

Ce roi-soldat entouré d'officiers, de prêtres et de magistrats, de courtisans, d'artistes et de poètes, vivant dans l'éclat d'une cour, dès lors, l'une des plus raffinées de l'Europe, ramassait dans sa personne dix siècles d'histoire et les volontés de quinze millions d'hommes. Sur les habitants du royaume qui se reconnaissaient ses *sujets,* il exerçait une puissance de *fait* et jouissait d'une autorité de *droit.*

La royauté, fière de son passé, était forte dans le présent; un

---

(1) Voir « l'Itinéraire et séjour de Henri IV depuis son avènement jusqu'à sa mort », dans *Lettres Missives* (t. IX, p. 427-504) et Cfr., pour Louis XIII, le *Journal* d'Héroard. — Ce continuel mouvement des rois de France était dans les traditions de la dynastie capétienne. Pour les origines, M. Luchaire s'exprime en ces termes : « Le déplacement continuel et les séjours successifs du prince sur tous les points soumis au droit de gîte étaient pour la dynastie capétienne, non seulement une habitude, mais une véritable nécessité. Ainsi s'expliquent le grand nombre des cours tenues dans chaque ville du domaine où se transportait la famille régnante, et le perpétuel renouvellement des barons et des prélats qui s'y donnaient rendez-vous. » *Institutions monarchiques de la France sous les premiers Capétiens,* 1883 (t. I$^{er}$, p. 258).

avenir brillant s'ouvrait devant elle. Au seuil du dix-septième siècle, au moment où le futur cardinal de Richelieu entrait dans la vie publique, elle atteignait son apogée; elle avait entrepris de grandes choses, il lui restait à les achever. Il est naturel de s'arrêter à ce point culminant pour essayer de démêler les causes anciennes de sa grandeur et les premiers symptômes de sa lointaine décadence.

Dans *l'ordre politique,* dans *l'ordre social,* dans *l'ordre religieux,* une étude attentive peut relever les principales conditions du développement de la civilisation française. De l'examen de ces différents sujets, se dégagera le programme politique imposé aux ministres des rois, par les nécessités de l'histoire, quatre ans après la mort de Henri IV.

## CHAPITRE DEUXIÈME.

### LES INSTITUTIONS POLITIQUES.

#### I. La conquête territoriale. — La tradition.

Les douze siècles de l'ancien régime ont travaillé à constituer une nation moderne par la restauration de l'idée de l'État.

Cette idée est romaine. Depuis les premiers temps de la République jusqu'à la chute de l'Empire, l'intérêt de la Cité et l'autorité de la Loi avaient été les grands ressorts de la politique pour les vainqueurs du monde. La loi des XII Tables avait exprimé, en quatre mots, un principe qui, après bien des vicissitudes, domine encore l'histoire de l'Europe. Elle disait : « *Non sunt privatæ leges.* » Pas de lois particulières, pas de privilèges; pas d'États dans l'État La formule contient à la fois l'idée d'unité et l'idée d'égalité.

« Dans les premiers temps de la République, dit Saint-Evremond, on étoit furieux de liberté et de bien public. Le zèle du citoyen déroboit l'homme à lui-même. » En effet, la conception idéale de l'État romain effaçait l'individu et ne l'additionnait que comme un chiffre pour le total Société.

En vertu de ces principes et en raison de l'ampleur de ses conquêtes, Rome avait étendu sur le monde la plus vaste et la plus rude domination qu'il ait jamais connue. L'autorité du peuple-roi s'était condensée et personnifiée dans l'autorité du prince. Celui-ci avait pour bon plaisir la loi, et la loi régnait du haut en bas de la société et d'un bout à l'autre de l'Empire.

La tension qu'exigeait un pareil effort finit par dépasser les limites de la volonté humaine. Le gouvernement impérial se sentit impuissant et le monde, à son exemple, fut envahi par une lassitude immense. Tous les ressorts se détendirent. La société romaine périt en même temps que le cadre qui la maintenait. Après la chute de l'Empire, l'Europe, comme une glace jetée par terre, se brisa en mille morceaux.

Comment la notion de l'État disparut-elle dans cette catastrophe? C'est une histoire qu'il ne nous appartient pas d'écrire. Il y eut des tentatives de reprise qui toutes échouèrent. Charlemagne put croire un instant qu'il conjurerait cette ruine. Après la mort de ce prince, les derniers vestiges de la civilisation antique disparurent et le Moyen âge commença.

Ce qui caractérise cette période, c'est l'émicttement et la localisation de la souveraineté. Chaque région, chaque province, chaque district s'isole de la région, de la province et du district voisins ; chaque famille et l'on pourrait dire parfois, dans chaque famille, chaque individu fait de même. Les liens de l'âge précédent avaient meurtri les chairs, brisé les nerfs, accablé les âmes. On les rejeta tous. L'homme se cantonne chez soi, rétrécit son horizon, se pelotonne sur ses propres intérêts ; le droit se particularise. La formule romaine est retournée ; il n'y a plus que des lois privées. Que dis-je? La loi disparaît et il n'y a plus que des cas particuliers.

Parmi les procédés de désagrégation qui ont coopéré à la destruction de l'ancienne société, l'un des plus actifs a été l'abus de l'*immunité,* du *bénéfice,* du *privilège.* Par ces expressions différentes, on désigne une opération unique, consistant à concéder à certains individus ou à certains corps une certaine partie de la puissance publique. Le prince faible est obligé de s'incliner devant ses sujets forts. Pour conserver une autorité, du moins nominale sur les pouvoirs inférieurs qui se constituent autour de lui, il les reconnaît et les consacre. Les derniers empereurs carlovingiens traitaient avec les comtes, avec les évêques, avec les abbés, avec les propriétaires indépendants, comme ils négociaient avec les Normands. Ils

payaient très cher une paix qui fuyait devant eux et « pour pouvoir régner encore ils ne trouvaient rien de mieux que d'abdiquer sans cesse (1) ».

L'État se détruisit ainsi de ses propres mains. Il légitima les usurpations faites à son détriment. Le système du privilège ou de la loi particulière fut à la fois l'instrument et la conséquence de sa ruine.

A l'origine, ce gaspillage de l'autorité publique est exceptionnel et abusif. Mais, peu à peu, la possession donne le titre et l'abus devient le droit. Quand la règle disparaît, les exceptions sont la règle. Or, au fort du Moyen âge, il n'y a plus d'autorité suprême, plus de droit public, plus de législation. Chacune des petites sociétés distinctes s'est habituée à une indépendance de fait.

Le propriétaire était seigneur sur sa terre et il n'était plus rattaché au pouvoir que par le lien fort lâche de la *fidélité*. Le droit se rapprochait à la fois du sol et de l'individu, c'est-à-dire des deux éléments primordiaux de toute société. Des combinaisons naturelles se produisirent spontanément et par le jeu des intérêts les plus simples. Enfin un nouveau système politique naquit de ces faits isolés comme un arbre pousse sur le terreau des feuilles accumulées. Quoique le système féodal ait été plutôt reconstruit après coup, par les dissertations des feudistes, que réellement conçu et embrassé dans son ensemble par les contemporains, il suffit qu'il ait duré pour qu'on puisse dire de lui qu'il a été légitime.

---

(1) BEAUDOIN, *Étude sur les origines du Régime Féodal...* (p. 97), cité par VIOLLET. *Histoire des Institutions politiques et administratives de la France*. Paris, Larose et Forcel, 1890 (t. 1ᵉʳ, p. 443). — Nous avons dû signaler comme caractérisant l'époque carlovingienne l'abus de l'immunité, du privilège. Il convient de rappeler cependant que, déjà sous les Empereurs romains, les origines de ce système commençaient à se dessiner. Les jurisconsultes invoquaient sans cesse le principe de l'égalité devant l'impôt et, en théorie, la doctrine proclamée par la loi des XII Tables subsistait ; mais, en réalité, les immunités et les privilèges s'introduisaient à la faveur de certaines concessions du prince. Il y avait notamment l'immunité célèbre et, en somme justifiée, des vétérans et des soldats, il y avait les dispenses d'impôts en faveur des sénateurs et des officiers du palais impérial, il y avait certaines immunités ecclésiastiques, etc. En 383, Valentinien avait supprimé, d'un seul coup, tous les privilèges « afin, dit-il, que l'impôt foncier jusqu'à présent suspendu reprenne son cours au profit de la République ». Mais ils furent rétablis peu à peu et ceux que nous avons énumérés subsistent à partir du cinquième siècle. (V. CLAMAGERAN, *Histoire de l'Impôt en France*. Paris, Guillaumin, 1867, in-8° (t. 1ᵉʳ, p. 60.) — Cfr. FUSTEL DE COULANGES, *Les Origines du Système féodal*, notamment p. 336 et suiv.

L'émiettement extrême de la puissance publique qui caractérise le haut Moyen âge a pour corollaire le développement des associations. L'association est la rivale naturelle de la société ; c'est quand l'État est faible que les États se multiplient. Si étroite et si resserrée que soit la vie privée, elle a toujours besoin d'une certaine vie publique. Les hommes, les familles se réunirent donc en petits groupements où l'individualisme inquiet cherchait un abri. L'Église n'est, à l'origine, que la congrégation des fidèles pressés comme un troupeau autour du pasteur pour faire tête au loup ; le contrat féodal constitue une société d'assurance mutuelle entre le seigneur et le vassal, l'un apportant, avec la foi et l'hommage, les aides, le service militaire et la présence au plaid ; celui-là promettant en échange, avec sa protection, la justice et la sécurité.

Qu'il s'agisse de préparer la guerre ou d'organiser la paix, qu'on songe à entreprendre une campagne profitable ou une œuvre utile, à repousser une invasion ou à défricher un territoire, il s'agit toujours d'entente commune, de *conseils*, de *conciles*, de *parlements* (1). Ce sont des réunions, des discussions, des palabres ; rarement l'autorité d'un chef s'imposant à la volonté de tous. Le Roi, comme le moindre seigneur, assemble ses « barons », ses « pairs », ses familiers. Il délibère avec eux ; ils signent avec lui les actes du gouvernement (2). Il en est de même dans le courant de la vie ordinaire : les artisans s'organisent en corporations, les marchands forment des « gildes » et des « hanses » ; on travaille, on prie, on danse, on chante en corps, avec des costumes particuliers, des insignes propres, des traditions, des préjugés et des coutumes distinctes.

Voilà le monde couvert de ces petites sociétés ou complètement indépendantes, ou subordonnées les unes aux autres, dans une hiérarchie capricieuse, enchevêtrée ; cependant, dans chacune de

---

(1) V. Viollet (p. 418).
(2) « Les chefs de la cuisine royale, les sommeliers, les chambellans ou cubiculaires, les simples échansons ou pincernes, les chapelains et les sous-chapelains, les maréchaux, le précepteur du roi, quelquefois même les médecins sont inscrits sur les diplômes à côté du sénéchal, du chambrier, du bouteiller, du connétable. » Luchaire, *Institutions des premiers Capétiens* (t. I, p. 160).

ces associations, le sens particulier, l'intérêt étroitement personnel prédominent toujours. Chacun est libre d'entrer ou de sortir à son gré (1). On demande au plus humble son avis avant d'agir. Il faut qu'il le donne : il le *doit* (2). On veut savoir ce qu'il pense des résolutions intéressant la communauté. Parfois, le refus d'un seul fait obstacle au consentement de tous, tant la notion individualiste reste puissante... Pourtant l'individu n'est pas heureux.

Dans toute association, en effet, il existe des forts et des faibles, des chefs qui abusent de leur autorité et des subordonnés qui pâtissent de leur impuissance. Les souffrances que cause l'inégalité sont d'autant plus vives que les intérêts sont plus étroits et plus rapprochés. La brutalité des mœurs de l'époque rend plus rudes encore ces relations fondées sur la nature, mais qu'une longue culture n'a pas polies.

Dans l'Église, tandis que l'évêque ne devait être qu'un simple « surveillant » des œuvres de la communauté, tandis que toutes les ressources devaient être uniquement consacrées à Dieu, c'est-à-dire aux pauvres, on vit un clergé fastueux se partager les dépouilles qu'avait entassées la piété des fidèles. Des évêques-politiques, des évêques-soldats se servirent de leur autorité spirituelle pour s'assurer les jouissances du pouvoir temporel. Le haut clergé se laissa glisser sur la pente de la sécularisation. Sans la constante revendication de la monarchie pontificale et de la démocratie monacale, la Réforme se fût faite, bien avant le seizième siècle, au profit de l'aristocratie cléricale : le troupeau eût été dévoré par le pasteur.

Dans le monde laïc, les mœurs étant plus grossières, la décadence fut plus prompte. On ne saurait dire s'il y a eu un moment où les relations du vassal et du suzerain ont été réglées par cette honnête équité patronale qu'ont rêvée, dans le passé, les apologistes du sys-

---

(1) « A l'origine, le *vassus* n'était probablement pas indissolublement lié au *senior*. Il pouvait, comme le *buccellarius* visigoth, quitter son patron, en lui remettant les dons reçus. » Viollet (p. 430).

(2) Dans la théorie féodale, le vassal doit l'aide et le conseil, *consilium et auxilium*. V. notamment J. Flammermont, *De concessu legis et auxilii tertio decimo seculo*. Paris, Picard, 1883, in-8°.

tème féodal. Le seigneur paraît n'avoir connu, de tout temps, que ses droits, et avoir fort mal discerné ses devoirs (1). En admettant cependant qu'il régnât, dans la conduite du baron féodal, une certaine modération relative, sans laquelle la vie usuelle eût été impossible, il faut reconnaître que, dans l'association qu'il formait avec son vassal, l'échange des services tendit à devenir de moins en moins équitable. Le vassal était tenu à l'exécution étroite de ses engagements envers le seigneur. Celui-ci ne protégeait pas toujours son vassal contre les maux qui le menaçaient

Dans les républiques urbaines enfin, des inconvénients analogues apparurent. Les conseils multipliés affaiblissent l'autorité du commandement. Le désordre s'ensuit, puis la tyrannie des partis tour à tour triomphants. Les aristocraties communales se constituent et se réservent tous les bénéfices du pouvoir. Elles s'exemptent d'impôts, gaspillent les ressources publiques et se transmettent héréditairement les charges. La vie commune devient intolérable. On se bat pour des privilèges infimes, pour des prétentions à la fois mesquines et âpres. On lutte de quartier à quartier, de rue à rue, de maison à maison. Montaigus contre Capulets, chacun élève sa tour, tend ses chaînes (2).

Les vices du système gagnent le corps social tout entier ; les groupements particuliers, déchirés dans leur propre sein, se heurtent les uns contre les autres. La guerre civile règne à l'état endémi-

---

(1) Les historiens récents ont peut-être une certaine tendance à exagérer la douceur du régime féodal. Je ne nie pas la popularité dont il paraît avoir joui au début. (Voir, à ce sujet, MIGNARD, *Le Roman de Gérard de Roussillon*, 1858, Dijon; et FUNCK-BRENTANO, Introduction au *Traité d'économie politique de Montchrétien*.) Cependant il est bien difficile de ne pas tenir compte, en sens contraire, de l'ensemble des textes cités par les écrivains antérieurs et notamment par RAYNOUARD, *Histoire du droit municipal en France* (t. II, p. 268). — Voir aussi LUCHAIRE, *les Communes françaises à l'époque des Capétiens directs*. Hachette, 1890, in-8° (p. 18) : « En réalité, au début du onzième siècle, l'opinion ne reconnaissait que deux classes d'hommes : celle des nobles et des clercs qui dominait et exploitait l'autre, celle des serfs qui travaillaient pour nourrir et vêtir la noblesse et le clergé. »

(2) Voir LUCHAIRE, *op. cit.* (p. 195); il cite le texte de Beaumanoir : « De nombreuses querelles surgissent dans les bonnes villes et communes, en raison des tailles ; or il advient souvent que les riches hommes qui sont gouverneurs des besognes de la ville imposent à eux-mêmes et à leurs parents moins qu'ils ne doivent et favorisent les autres riches bourgeois, et qu'ainsi tout le poids retombe sur la communauté des pauvres hommes. » — Voir aussi p. 213, et cfr. GIRY, *Établissements de Rouen*, passim.

que. L'esprit de caste, l'esprit de corps, l'esprit de clocher, susceptibles, pointilleux, tenaces, s'épuisent en des revendications incessantes qui aboutissent à des procès interminables, puis à la guerre. Barons derrière leurs tours féodales, maires et échevins au pied de leurs beffrois, abbés mitrés au milieu de leurs monastères fortifiés, chacun sait, qu'en dernière analyse, il faut en appeler à la force, et s'y prépare à grands frais. Ces puissances lilliputiennes se ruinent en armements; quand ce n'est pas la guerre qui les accable, ce sont les charges de la paix armée. Le pays se couvre, jusque dans ses moindres replis, de citadelles et de postes fortifiés. Une immense cloison de pierre, aux compartiments innombrables, découpe, à la surface du sol, une multitude de cellules étroites où chaque groupe d'intérêts se tient tapi, aux aguets (1).

Que l'on songe à ce qu'il reste encore de ces constructions, après cinq siècles de démolition méthodique ; que l'on se reporte aux cahiers des anciens ingénieurs, aux nomenclatures des chartriers, aux récits des chroniqueurs, on se rendra compte de l'aspect féroce que devait présenter une terre ainsi hérissée. Celui qui n'était pas assez puissant ou assez riche pour élever des murailles ou des tours, creusait le sol et se cachait au fond de quelques-uns de ces souterrains dont la terre de France garde encore, dans son sein, le ténébreux réseau.

Un pays ainsi organisé — ou plutôt désorganisé — ne pouvait opposer qu'une résistance bien faible à l'invasion étrangère. Tous ces fortins, redoutables les uns aux autres, étaient bien peu de chose sur le passage d'une troupe nombreuse et décidée à tout. A supposer qu'ils tinssent, et que le seigneur pût, du haut de ses murailles, regarder l'invasion coulant dans la plaine, celle-ci n'en était pas moins occupée, ravagée, détruite. Ce fut une grande misère, au moment des incursions normandes, que l'absence d'un pouvoir fort, capable d'opposer une armée à ces hordes de brigands. Ce mal se reproduisit au cours des invasions anglaises, et il fut ressenti d'autant plus vivement que l'amour de la patrie commençait

---

(1) Boutaric fait remonter au neuvième siècle l'époque de la construction des châteaux forts. Il cite l'ordonnance de Charles le Chauve, de 864, qui ordonna aux comtes de les détruire. Ils n'en firent rien, bien entendu. *Institutions militaires* (p. 112).

à s'affermir dans les cœurs : l'armée féodale était aussi incapable de défendre le pays que les institutions féodales étaient impuissantes à le pacifier.

Divisions intestines, souffrances aiguës, gaspillage des forces sociales, épuisement au dedans et faiblesse au dehors, inertie, anémie, telles étaient les suites funestes du régime indéfiniment fractionné qu'avait inauguré le Moyen âge. Après une réaction trop violente et trop prolongée contre l'excès de la centralisation romaine, les vœux unanimes du pays réclamaient le retour à la règle ancienne. De toutes parts, ils imploraient une autorité souveraine capable d'ordonner, d'apaiser et de guérir un corps social qui se débattait dans les convulsions du désordre et de l'anarchie.

Ce pouvoir, la France n'avait pas besoin de le faire venir du dehors. Il avait subsisté très affaibli, très diminué, il est vrai, mais enfin il avait subsisté au sein de l'organisation politique dont tout le monde se plaignait. Il avait l'éclat d'un nom illustre, le prestige d'une tradition ancienne; il dominait toutes les autres souverainetés féodales; enfin il pouvait compter sur le concours actif de l'Église qui joignait à sa force morale unique, une puissance matérielle redoutable.

Que la Royauté se développe seulement dans le sens de ses intérêts et de ses ambitions, et elle verra tomber devant elle ces suzerainetés tyranniques, ces oligarchies étroites qui obstruent et encombrent la face du pays. Qu'elle marche : les peuples iront au-devant d'elle; ils feront la moitié du chemin. Car la nation veut naître; elle veut mirer son unité dans l'unité restaurée de l'État.

L'œuvre, il est vrai, sera lente. Ces aspirations, si claires pour l'historien, elles s'ignorent elles-mêmes, elles hésitent. Ces peuples qui se cherchent et s'appellent d'un bout à l'autre du territoire, de Calais à Marseille et de Strasbourg à Bordeaux, quelles distances n'ont-ils pas à franchir, pour se retrouver, se réchauffer l'un contre l'autre, pauvres enfants perdus d'une même couvée! Ces intérêts qui aspirent à se mêler, à se fondre, comme ils sont divers, contradictoires et violents, dans leur farouche isolement! Et il en sera ainsi, pendant de si longs siècles (1)!

Oui, le sentiment de l'unité existe dans les âmes françaises puisqu'il a fini par triompher malgré tant d'obstacles. Mais ces obstacles ont leur raison ; le droit hésite souvent et ne sait où se poser. Paris doit-il l'emporter sur Bordeaux et sur Marseille? Est-ce Raimond de Toulouse ou est-ce Amaury de Montfort qui représente l'avenir? La lenteur de l'histoire de France vient de là. Elle vient du dualisme latent qui est dans le pays, dans la race, dans les institutions politiques et sociales. Nord et Midi, continent et côte, aristocratie et démocratie, libéralisme et autocratie, fédéralisme et unité, ces antithèses vivent, s'exaltent, se combattent librement dans l'enceinte du vaste cirque que les montagnes et la mer délimitent.

Elles se personnifient dans le duel séculaire de l'élément romain et de l'élément germanique : duel dont on a peut-être exagéré les conséquences, mais qu'il est impossible de nier tout à fait (2). D'une part, le soldat barbare, fils des forêts, dédaigneux du droit et des doctrines, tout à la jouissance brutale du présent, mais fier et les poumons remplis, pour longtemps, du souffle d'indépendance

(1) Les appels réitérés vers le centre qui partent de toutes les extrémités de la France, même dans les plus hauts temps du Moyen âge, ont été soigneusement enregistrés par le savant historien de cette période : c'est saint Bernard qui, de Langres, écrit à Louis VII : « Cette terre est la vôtre... L'évêque sait que tout ici est à vous ; il n'a pas encore pris possession de ce qui vous appartient, il n'est point entré dans votre ville. » — « Souvenez-vous, dit, trente ans plus tard, l'abbé de Cluny au même Louis VII, que votre royaume ne se compose pas seulement de la France, bien qu'il en porte spécialement le nom. La Bourgogne aussi est à vous. Vous ne devez pas moins veiller sur celle-ci que sur celle-là. » — Les gens de Toulouse appellent le roi « leur bon seigneur, leur défenseur et leur libérateur ». — Il n'est pas jusqu'à l'évêque d'Elm en Roussillon, perdu sur les confins de l'Espagne, qui ne tourne les yeux vers le roi du Nord et celui-ci lui écrit, répondant à sa pensée : « Quoique vous vous trouviez dans une région bien éloignée, sachez que vous êtes tout près de notre cœur par l'affection que nous vous portons. » LUCHAIRE, *Institutions Capétiennes* (t. II, p. 272-283).

(2) Une réaction trop vive contre le système d'Augustin Thierry a produit des exagérations en sens contraire. Malgré son talent et son incontestable bonne foi, Fustel de Coulanges n'a pas su dominer sa puissante logique. Nier ou réduire outre mesure le rôle de l'élément germanique dans la constitution de notre race et dans le développement de notre existence nationale, c'est fausser l'histoire. Nous ne sommes pas seulement des Gaulois et des Latins ; nous sommes des *Français*, c'est-à-dire, par excellence, des Européens. De là, le caractère sociable d'une civilisation qui se relie par des fibres intimes à toute la famille des peuples qui l'environnent.

qui vient du nord ; d'autre part, le gallo-romain grave et corpulent, calculateur et hiérarchisé, brave aussi, mais circonspect, ami des règles et fécond en procès. Robe courte contre robe longue, ces deux éléments souvent opposés, parfois apaisés, se perpétuent pendant des siècles et ne se fondent l'un dans l'autre que bien lentement. Le mariage orageux du Nord et du Midi est le drame de nos annales. Trop souvent les causes adverses se font équilibre. De leur contrariété naissent les longs troubles, les misères extrêmes, la guerre civile que la guerre étrangère accompagne.

De là aussi l'obscurité de l'histoire de France. Sa loi n'apparaissait pas à ceux qui la faisaient, de même qu'elle a été ignorée longtemps par ceux qui l'ont écrite. Ses progrès ont été tout d'instinct, sans plan clairement conçu, sans lignes nettement tracées. Nos rois, nos hommes d'État, nos assemblées locales ou générales, nos jurisconsultes, nos soldats ont fait une besogne obscure dont leur vue trop courte n'apercevait pas le bout. Une force les poussait. Ils allaient devant eux, à tâtons. Jusqu'en 1792, la question de savoir comment la France s'achèverait est restée en suspens. Aujourd'hui encore, la ligne de sa politique oscille entre les deux aspirations contraires, et si le vieux péril du séparatisme n'ose plus lever la tête, le prestige de la mer et le chant des sirènes nous ont plus d'une fois séduits.

Pourtant le voyage est accompli. Nous savons, nous; mais nos pères ne savaient pas.

Quand les premiers Capétiens montèrent à cheval pour entreprendre l'œuvre de la conquête; quand ils firent baisser les ponts-levis et qu'ils coiffèrent la visière de leur casque, qui eût pu deviner que l'ambition du château voisin, née dans leur étroite cervelle de barons féodaux, était le germe d'une des plus fortes conceptions politiques que le monde moderne ait connues? C'est pourtant là l'heure décisive. C'est à partir de ce moment qu'il faut commencer à tenir le registre des longs efforts de cette dynastie conquérante, si l'on veut apprécier la grandeur de l'œuvre accomplie par elle et le sens général de la tradition politique léguée par les vieux rois à leurs derniers successeurs.

Cette histoire commence sous les derniers Carlovingiens. Robert le Fort prépare l'avènement de sa race par des exploits populaires, vers le milieu du neuvième siècle. Hugues l'abbé, margrave de Neustrie, arrondit les domaines de la famille. Son neveu Eudes, fils de Robert le Fort, fut comte de Paris, de Blois et d'Orléans, propriétaire d'alleux importants en Anjou, Touraine, Champagne et jusque dans le nord du Poitou. Dès cette époque, l'assiette territoriale de la nouvelle dynastie se fixe non seulement sur la Seine, mais sur ce coude de la Loire qui joue un rôle si important dans la constitution géographique de la France. Par le nord, on touchait à l'Allemagne, par la Loire on tendait les mains vers le midi. Eudes défendit Paris contre les Normands. Il fut roi. Son frère Robert régna également. Hugues le Grand ne fut pas sacré et il crut utile de conserver un fantôme de roi carlovingien en faisant couronner Louis d'Outremer. Mais Hugues prit le titre de duc des Francs. « Il était, dès lors, le second personnage du royaume. En fait, ses domaines étaient considérables. Entouré de ses vassaux, les comtes de Vermandois, de Champagne, de Blois, de Chartres, d'Anjou, de Sens, de Senlis et de Dreux, suzerain de la Bourgogne et plus tard de l'Aquitaine, il commandait une principauté qui était véritablement un État dans l'État et, en dehors de laquelle, il ne restait presque plus rien au titulaire de la monarchie. » Hugues Capet, son fils, politique habile et pratique, acheva ce que ses pères avaient préparé et il se fit couronner roi (1).

La gradation des faits qui, peu à peu, excluait la famille carlovingienne avait été si heureusement ménagée que le changement eut lieu sans secousse et que le duc des Francs put reprendre, sans de trop grandes difficultés, le titre et l'autorité des princes légitimes auxquels il se substituait. L'Église s'était prononcée en faveur de la dynastie nouvelle. L'avènement d'Hugues Capet ne fut pas une usurpation, mais plutôt la consécration d'un fait accompli. Il recueillait tous les avantages attachés au titre de roi. Mais il y joignait la force que ses vastes domaines féodaux lui assuraient.

(1) Luchaire (I, p. 15-20).

L'effort avait été grand; la nouvelle famille royale s'en trouva, au début, tout affaiblie. Pour se faire admettre par les barons, hier encore leurs égaux, les premiers Capétiens durent reprendre, en partie, la politique carlovingienne et s'assurer des fidélités précaires par le partage de leurs domaines propres. Après deux ou trois générations, il semble que les ressources et l'autorité de la nouvelle dynastie se soient épuisées à ce jeu. Philippe Iᵉʳ, arrière-petit-fils de Hugues Capet est moins puissant que ses aïeux. Il est resserré dans son Paris, comme Charles le Simple et les derniers Carlovingiens l'avaient été sur la montagne de Laon.

Il était temps qu'un roi actif et ambitieux rompît les lisières dont les exigences féodales entouraient la nouvelle dynastie. Ce fut Louis le Gros qui inaugura réellement l'ère de la conquête. Il fit d'abord le jour autour de sa capitale et rasa, après des années de luttes obscures, les quelques châteaux forts qui la serraient de trop près. Les succès de la royauté se manifestent toujours par la démolition des forteresses. La grande œuvre monarchique c'est le remplacement des murailles qui séparent par les chemins qui rapprochent et unissent. La civilisation moderne est un aplanissement.

Peu à peu, le noyau septentrional s'agglomère : il s'adjoint la Picardie, les Flandres, la Champagne, l'Anjou et le Poitou. Par son mariage avec Éléonore de Guyenne, Louis VII jette un regard sur ces riches provinces du midi, héritières de la civilisation romaine et que les rois désormais ne perdront pas de vue. Le mouvement des croisades facilite l'entreprise royale. Les barons quittent leur pays et vont au loin se perdre avec leurs hommes, leurs armes, leur argent. Ils laissent, dans leurs châteaux, des femmes, des cousins, des domestiques, souvent des traîtres. Le roi de France reste chez lui, ou bien, s'il part, il confie la garde de ses intérêts à d'habiles gens qui ne manquent pas une occasion de s'immiscer dans les affaires d'autrui, se présentent en conseillers, en protecteurs, en maîtres.

L'habile mariage de Philippe-Auguste avec la fille du comte de Flandre étend le domaine royal vers le nord, par le Valois, le Vermandois, la Picardie et, tandis que les Plantagenets vont au loin chercher aventure, le roi de France s'installe tranquillement sur leurs domaines, à Tours, au Mans, à Bourges. Il s'en prend enfin à ces Normands qui se sont établis en usurpateurs sur la terre de France. Leur capitale, Rouen, le gêne ; elle est beaucoup trop près de Paris, qu'elle isole de la basse Seine. Plusieurs générations de rois s'épuisent dans cette lutte ; mais, enfin, ils l'emporteront et les Normands, conquérants de l'Angleterre, seront rejetés dans ces brumes du Nord d'où ils étaient descendus.

La première prise de possession du Midi se fait plus sommairement. C'est l'Église qui la décide et qui l'exécute. Elle a la responsabilité des horreurs commises pendant la croisade des Albigeois et le roi de France garde le bénéfice de la conquête. C'était un coup d'audace qui marquait la confiance de la royauté dans ses destinées que cette pointe risquée si loin de sa base d'opération. Cette famille des Capétiens a toujours eu la hardiesse de son bonheur. Représentée pendant des siècles par des mâles, elle compte au moins un grand homme par deux générations : Louis VI, Philippe-Auguste, saint Louis, Philippe le Bel. Elle sème autour d'elle ces nombreuses dynasties apanagères qui, sages et fidèles au début, répandent dans les provinces le bon renom de la famille régnante.

Saint Louis réalise l'idéal de la personne royale, telle que la conçoit le Moyen âge. Il est brave, justicier et pieux. Sa figure grave et douce illumine son siècle. Il ouvre la liste de ces princes populaires que la France se mit à aimer d'un ardent amour et dont le souvenir fut désormais, pour elle, la consolation des mauvais jours. Un prince comme saint Louis est le véritable créateur non seulement d'une dynastie, mais d'un système politique. Par lui, la royauté française devint la royauté très chrétienne, la fille aînée de l'Église. Ointe et sacrée par le fait matériel du couronnement, elle l'est aussi par le fait moral du souvenir et de la reconnaissance.

Cependant les œuvres de la terre ne se font pas uniquement avec les vertus des ancêtres ; les successeurs de saint Louis durent y mettre une main plus rude. Ce grand Philippe le Bel, qui fut le démon d'une race dont Louis IX avait été le saint, arrache la royauté au système féodal. Aidé de ses légistes, tenant l'Église dans la main de fer qui a souffleté Boniface, il commence le travail de broiement et de concassement qui préparera la France moderne pour l'unité et pour l'égalité. Lui aussi fait un riche mariage ; il réunit à la couronne les provinces si françaises de la Champagne et de la Brie, le comté de Bar et la Navarre. Lui aussi se bat bien, et, à la suite de sa guerre contre les Anglais, ses soldats occupent les Flandres jusqu'à Gand. Mais, surtout, c'est un grand rédacteur d'ordonnances et un grand faiseur de procès. Par des transactions ou à coups de sentences du Parlement, il s'attribue la Marche et l'Angoumois, la seigneurie de Montpellier, Lyon, Beaugency, le Quercy, le Bigorre, et bien d'autres morceaux précieux.

A la mort de Philippe le Bel, une réaction momentanée se produit qui fut le « dernier acte de résistance de la féodalité primitive » (1). Mais ses trois fils marchent sur ses traces. Après leurs règnes, féconds en mesures de gouvernement, un noyau central très ferme et très résistant s'est constitué dans ce pays naguère si divisé. Depuis l'Argonne jusqu'à la Vienne, la volonté royale est obéie, des officiers royaux sont installés ; les contributions royales sont perçues. Ce n'était pas encore la France ; mais c'était déjà une France et il n'y avait pas une puissance en Europe qui ne dût désormais compter avec son roi.

C'est alors qu'il fallut se reprendre à cette terrible guerre des Anglais qui fut comme le cauchemar étouffant du Moyen âge français. L'Angleterre est encore toute mêlée à la France. Il semble que, comme aux temps préhistoriques, la continuité des terres subsiste toujours et qu'il n'y a pas de Manche. Serons-nous un appendice des îles qui se sont séparées du continent et sur lesquelles grandit une civilisation fille et rivale de la nôtre, ou bien resterons-nous nous-mêmes ? Les deux adversaires se mesurent du regard. Leurs armes se sont perfectionnées ; leurs courages se sont échauffés par la longueur et l'incertitude du combat. C'est le dernier assaut. Le duel dura cent ans. La France de Jeanne d'Arc en sortit toute pantelante, mais sauvée, vivante. Les rois qui avaient combattu à sa tête, braves et malheureux avec Jean le Bon, fermes

---

(1) MIGNET, *Formation territoriale et politique de la France.* Dans *Notices et Mémoires historiques ;* éd. 1843, in-8° (t. II, p. 183).

et sages avec Charles V, tristes et pitoyables avec Charles VI, amoureux et victorieux avec Charles VII, faisaient désormais partie de la vie nationale. Ils avaient tiré le pays de l'abîme. Celui-ci avait souffert les maux et ressenti les hontes de l'invasion. Un élan de reconnaissance jeta le peuple dans les bras des chefs qui, durant ces longues misères, avaient représenté la *patrie*.

Louis XI fut l'homme d'affaires adroit et avisé qui tira parti d'une situation si favorable. Il dénombra ses héritages et arrondit son domaine. Il jeta partout l'œil du maître et fit sentir la main du monarque. Il rangea dans sa corbeille les fruits qui avaient mûri dans le *royal vergier*. La Picardie, l'Artois, la Bourgogne, la Provence, l'Anjou sont réunis définitivement à la couronne. Louis XI remet à son fils des comptes en règle, une propriété agrandie, bien tenue et en plein rapport.

C'est le premier roi moderne. Il l'est surtout par le ton du commandement. Il écrit ses lettres de sa main et il veut qu'on lui obéisse. Il s'entoure de petites gens que ses plus grandes faveurs ne peuvent rendre redoutables. Le Conseil du Roi remplace ces anciens Grands Officiers de la couronne qui apposaient leurs sceaux sur les diplômes royaux comme pour leur assurer l'authenticité. Louis XI porte le dernier coup à la féodalité apanagère qui, après avoir eu son heure d'utilité, était devenue un danger grave pour la dynastie régnante. Le roi ne craint plus personne dans le royaume. Lui seul a une armée permanente, touche des impôts perpétuels et non consentis. Lui seul est assez riche pour garder, dans ses arsenaux, une artillerie nombreuse prête à rouler sur les routes royales et à gronder au pied des châteaux féodaux.

Pour un démolisseur comme le roi de France, l'artillerie était une invention merveilleuse. Qui avait l'argent eut le canon et qui avait le canon eut l'argent. Le canon devint le grand instrument de règne ; le canon fit l'unité ; le canon dicta à la France les lois d'une monarchie absolue. La chevalerie française, brillante, brave et indisciplinée, tourbillonna un instant, puis disparut dans la fumée des « artifices » de Jean Bureau (1).

(1) Sur la portée de l'invention de la poudre, voir BUCKLE, *Civilisation en Angleterre* (t. I<sup>er</sup>, p. 234 de la traduction française).

Il fallait d'ailleurs à la royauté une force nouvelle. Au point où elle en était, l'œuvre de la conquête devenait de plus en plus difficile. S'étant étendue du centre à la circonférence, elle atteignait maintenant les provinces dont le territoire et les intérêts se trouvaient inextricablement mêlés à ceux des puissances étrangères. Par la Bourgogne on touchait à l'Allemagne, par la Savoie et la Provence au Milanais et à l'Italie; par le Béarn, le Languedoc, le Roussillon à la Navarre et à l'Espagne. La guerre intérieure se confondait avec la guerre étrangère. Justement la domination espagnole avait grandi tout d'un coup, tandis que nos rois accomplissaient leur lente et pénible besogne. Sur toutes nos frontières, nord, est, sud-est, sud-ouest, et même nord-ouest, en Bretagne, on se heurtait à l'Empire. Tout ce qui, dans le pays, résistait à la conquête royale trouvait un appui au dehors. La révolte prenait l'invasion par la main et lui montrait la route. Il ne s'écoula pas un siècle entre les guerres anglaises et ces guerres espagnoles qui devaient mettre une fois encore en péril l'édifice monarchique.

On revit les mauvais jours des siècles précédents : le pays éventré, foulé aux pieds, les armées étrangères maîtresses du sol national, ravageant les campagnes, occupant les villes, dominant Paris. La fortune des maisons princières s'élève sur la ruine publique. Un grand mouvement séparatiste coïncide avec ce retour de l'esprit aristocratique. La Bretagne et tout le pays d'Outre-Loire, ce Midi capricieux et décevant, reprennent ou revendiquent leur indépendance. Les villes secouent le joug et se constituent en républiques. Il semble que la France va se diviser encore et retourner à l'émiettement primitif. A la mort de Henri III, les Espagnols occupent Paris, la Ligue et les Guises se partagent les provinces. On peut craindre que les États généraux ne couronnent une infante. L'héritier du trône est incertain. Le cadet de Gascogne qui relève le titre est obligé de reprendre le travail à pied d'œuvre.

Henri IV monte à cheval, et se met, à son tour, à conquérir son héritage. Son règne est comme un raccourci de toute l'histoire de ses prédécesseurs : il se bat comme s'il n'avait pas d'ancêtres; mais il finit par régner aussi paisiblement que s'il avait, derrière lui, une longue suite de souverains incontestés. Il est aussi populaire que saint Louis, mais n'est pas moins absolu que Louis XI. Il a pris, dans les camps, l'habitude de la camaraderie, mais aussi l'habitude de l'autorité militaire. Il veut être obéi, mais on sait qu'il mérite de l'être. On le connaît et on l'aime. En lui, ce n'est pas seulement le Roi qui est respecté, c'est l'homme. Il avait, ce Béarnais, tout ce qu'il faut pour séduire et enjôler une nation fougueuse, toujours prompte à la servitude volontaire. Il avait le courage, la gaîté, la familiarité. Tout le monde se vantait à la Cour de lui avoir parlé franchement, et de lui avoir dit ses vérités. Il prêtait l'oreille aux discoureurs, faisait son profit des bons avis, s'attachait le conseiller par les liens de la vanité satisfaite; et puis, les talons tournés, chacun se retrouvait à sa place.

Charmant et autoritaire, tel fut, en deux mots, ce prince, dont la France s'énamoura. Il réveilla dans l'âme du peuple un sentiment passionné pour la monarchie et il traça, pour ses successeurs, une ligne de conduite politique qui les mena au pouvoir absolu. La nation fit son idole, pendant deux siècles, de la dynastie des Bourbons. Elle se mira en elle, si je puis dire, et crut reconnaître son image. C'est Henri IV qui eut tout l'honneur de cette séduction. Il arriva si à propos et il s'y prit si adroitement qu'une légende se constitua autour de son nom, même de son vivant (1). Sa mort tragique enfonça dans les cœurs l'admiration de ce qu'il avait fait et le regret de ce qu'il eût pu faire. En un mot, son règne réalise

---

(1) Voici, parmi tant d'autres, un trait peu connu de la séduction qu'exerçait Henri IV sur ceux qui l'approchaient. Pendant le siège de Paris, les vivres manquaient tout à fait; le Doyen et quelques chanoines de Notre-Dame, ligueurs avérés, demandèrent un passeport pour aller solliciter, auprès de Henri IV, la permission d'amener dans la capitale, afin de servir aux besoins de l'Église, le grain dû par les tenanciers... Le Doyen vit le roi sept ou huit fois : « Le plus beau de tout, écrit bientôt le légat du Pape, c'est que, depuis son retour, il ne tarit pas d'éloges sur le Roi; à l'entendre, ce prince est un prodige d'innocence, un saint Jean-Baptiste, un saint Jean l'Évangéliste. » Cité par L'ÉPINOIS, *La Ligue et les Papes* (p. 455). — Le roi savait aussi parler net; mais avec une pointe de bonne humeur qui adoucissait la rigueur du fond. Voir sa conversation avec le pasteur protestant DANIEL CHAMIER, dans le *Journal* de celui-ci, publié par Ch. Read (p. 33-37). — Le mélange des qualités et des défauts de Henri IV est résumé dans cette phrase de l'ambassadeur anglais, MILDWAY : « Le roi est vraiment bon, facile à vivre et très brave, mais il n'a pas d'autres vertus; ses vices sont la convoitise, l'inconstance; il ne sait pas s'occuper longtemps d'affaires sérieuses; il est irrésolu, négligent, imprévoyant et bavard. » (*Mission de Jean de Thumery en Angleterre*, publiée par LAFFLEUR DE KERMAINCANT. Paris, Didot, 1886, in-8° (p. 21).

cet idéal de la monarchie « royale » que Bodin avait rêvé et qui fut, pendant deux siècles, le seul bon gouvernement aux yeux de tous les Français (1).

La France, qui aime à être conduite, se laissa prendre par un charme si adroit et saisir par une main si vigoureuse. Au sortir des grands troubles de la Ligue, elle accepta deux cents ans de soumission volontaire autant par entraînement passionné que par instinct politique, autant parce qu'elle aimait les rois que parce qu'elle comptait sur eux pour achever l'œuvre d'unité et d'égalité poursuivie de concert depuis des siècles.

Au cours de ce turbulent seizième siècle, la conquête territoriale s'était continuée lentement, mais elle n'avait pas été suspendue. Louis XII avait rattaché au domaine les possessions de la maison d'Orléans, et François I<sup>er</sup>, le comté d'Angoulême. Les heureux mariages d'Anne, héritière de Bretagne, avaient assuré l'acquisition définitive de cette grande et belle province. Différentes circonstances avaient réuni à la couronne le comté de Guines, Narbonne, le duché de Bourbon, les États du duc d'Alençon, les comtés de Forez et de la Marche. Des longues guerres contre l'étranger il ne nous restait que quatre villes, mais quelles villes, Calais, Metz, Toul et Verdun!

Enfin Henri IV prit, en 1607, la résolution, trop longtemps retardée, de confondre son domaine privé avec celui de la couronne. La plus belle fortune princière et la seule grande principauté qui eût survécu en France se trouvait absorbée par le royaume. Les contemporains ne tarissaient pas au sujet du gain énorme fait ainsi, sans coup férir. « Le roi Henri IV a apporté 200,000 escus de rente à la couronne en fort bonnes terres, dit Scaliger, » et il ajoute dans son latin macaronique : « *Non loquor de illis quæ non subsunt regno Galliæ, ut Bearnia*, sed les comtés d'Armagnac, de Foix, de Bigorre, *infinita circa Montalba-*

---

(1) Voici la définition de la monarchie royale ou légitime, telle qu'elle est donnée par Bodin, au ch. III du liv. II de sa *République* : « Le monarque royal est celui qui se rend aussi obéissant aux lois de nature, comme il désire ses subjects estre envers lui, laissant la liberté naturelle et la propriété des biens à chacun. » (Éd. 1629, in-12, p. 279.) — Cfr. *Esprit des Lois*, l. III, ch. XI.

*num et Burdigalam*, le comté de Vendôme, de Périgort, non la ville de Périgueux; Vendôme est le moindre... Le Roi avait aussi le duché d'Albret... Tout le bien qu'il avait de la maison de Bourbon et d'Anguin est revenu à la couronne ». « Jamais, ainsi que le dit l'historien de Henri IV, roi de France n'avait enrichi la couronne de terres si nombreuses et si belles (1). »

La disparition de la maison de Navarre et de la maison de Penthièvre, par le mariage de l'héritière de Mercœur avec le duc de Vendôme, bâtard de Henri IV, marque la fin des grandes familles féodales. Au moment où la nouvelle dynastie monte sur le trône, tout s'incline autour d'elle. Henri IV régnait sur un pays apaisé, agrandi, *arrondi*. Il portait même une autre couronne que celle de France, la couronne de Navarre, dont il devait transmettre à son fils le titre assez vain. Les frontières du royaume touchaient aux Pyrénées et aux Alpes. Elles atteignaient la mer du Nord, l'Océan et la Méditerranée. Si, du côté des Flandres et du Rhin, la limite avait encore quelque chose de flottant et d'incertain, c'est que ce flanc, qui se présente à découvert à la poussée des masses germaniques, est la partie faible de la constitution géographique de la France. Cette « marche » des Belgiques, de configuration molle et de population mêlée, riche et grasse par sa plaine d'alluvion et par le génie industrieux de ses habitants, doit être, pour des siècles encore, le mirage décevant d'une politique qui, de ce côté, ne sait où se prendre et ne sait où s'arrêter.

Quoi qu'il en soit, Henri IV pouvait contempler orgueilleusement l'œuvre accomplie sous son règne.

Juste six mois avant sa mort, le 17 octobre 1609, il se promenait à Fontainebleau dans la galerie de la Reine et, selon son habitude, tout en allant et venant, il traitait les affaires de l'État. Soudain, il fit appeler le sieur Concini et le pria d'aller quérir son grand ami, le maréchal de Lesdiguières. Comme le président Jeannin se présentait sur ces entrefaites pour prendre les ordres, il fut expédié

---

(1) *Scaligerana* (p. 155). — V. l'édit de réunion dans *Anc. lois franç.* (t. XV p. 328-330). —Cfr. *Mém. de* Duplessis-Mornay (t. IV, p. 56), et Poirson (t. I, p. 427).

rapidement et le Roi eut avec le maréchal une conversation grave dont le récit est parvenu jusqu'à nous.

Le Roi dit : que de grands sujets le préoccupaient, et qu'il pensait bien souvent à autre chose qu'à son canal, alors même qu'il allait en surveiller la construction. Il dit qu'il se sentait encore jeune, et qu'il espérait bien que Dieu lui ferait la grâce de le laisser vivre dix ans, de façon à ce qu'il pût établir les choses en telle façon, qu'après sa mort, il n'y aurait plus qu'à le pleurer et à le regretter. Puis il se compara à un architecte qui, quand il construit un édifice, se préoccupe d'abord et surtout de la solidité des fondations; qu'il savait bien que le fondement de tout, en France, est l'autorité du prince. C'est pourquoi il voulait que son fils, le Dauphin, fût comme le centre auquel toutes les lignes de la puissance publique se rapportent; que, quant à lui, il avait établi son autorité par tout le royaume, qu'il avait fortifié ses villes, mis de l'argent en réserve, amassé des munitions de guerre en quantité, que c'était cela qui le rendait redoutable au dedans et au dehors, et qui était cause que tous les princes de la chrétienté envoyaient vers lui comme vers l'arbitre commun; il déclara qu'il voulait qu'il en fût de même pour son fils, et que son intention était de l'établir *roi absolu,* et de lui donner toutes les vraies et essentielles marques de la royauté, de façon qu'il n'y eût personne dans le royaume qui ne dût lui obéir.

Puis le Roi entra dans un long détail où il exposait ses vues sur l'établissement de chacun de ses enfants, et sur les conséquences que ces mariages pouvaient avoir sur les destinées du pays. En première ligne, il manifesta son vif désir de faire épouser par le Dauphin la fille du duc de Lorraine; « que ce n'était pas peu de chose d'ajouter à la couronne de France, la Lorraine ». Il se prononça ensuite nettement contre la politique du mariage des fils de France en Espagne, disant « qu'il était très certain que ces deux maisons sont dans une situation telle qu'il ne se peut mettre entre eux une bonne amitié, parce que la grandeur de l'un était la ruine de l'autre et que l'affermissement de la puissance de la France était l'ébranlement de celle de l'Espagne. » Il ajouta

qu'il marierait son autre fils, le duc d'Orléans, en France, avec Mlle de Montpensier, mais que, tout en donnant à ce prince le duché d'Orléans, il ne lui confierait que le simple domaine, non le pouvoir public, « que c'était énerver l'autorité royale de communiquer celle de maître à ceux qui doivent obéir comme sujets. »

Le duc d'Anjou pouvait être employé à Gênes que Henri IV songeait à réunir à la couronne. Sa fille aînée devait être mariée en Savoie; sa seconde fille, Mlle Chrétienne, pouvait épouser un infant, à la condition que le couple reçût en apanage une partie des Flandres, sur lesquelles on aurait ainsi à la fois l'œil et la main. Puis Henri IV s'arrêta longuement sur chacun de ses bâtards, Vendôme, le chevalier de Vendôme, Mlle de Vendôme, M. de Verneuil, Mlle de Verneuil, pour lesquels il montra une tendresse excessive; il passa en revue incidemment la situation des grandes familles qui entouraient la couronne et constata avec joie ou qu'elles étaient appelées à disparaître, ou qu'elles avaient à leur tête des hommes peu dangereux : « M. de Nevers, esprit bizarre et rempli de fantaisie, a le gouvernement de Champagne; mais je veux que mes lieutenants Praslain et la Vieuville aient plus d'autorité que lui. M. de Nemours ne fera point race, et par conséquent l'une des quatre maisons reconnues pour princes par les rois s'en ira par terre. M. de Guise est un esprit frétillant, et lequel en apparence fait semblant d'être capable de grandes choses, mais qui n'est, en réalité, qu'un fainéant qui reste, la plus part du temps, étendu sur un lit sans songer à autre chose qu'à son plaisir. »

Puis le Roi en vint à parler de la religion. Il dit qu'il savait que les protestants se plaignaient de ce qu'il était curieux de désirer la conversion des grands seigneurs huguenots qui l'entouraient. Mais il répondait « qu'il pouvait tout au moins avoir autant de liberté que les ministres et autres de la religion, qui souhaitaient tous les jours la conversion des catholiques; que, roi ou particulier, il avait un même désir, à savoir *qu'il n'y eût qu'une seule religion dans l'État,* tout en ajoutant que, comme Roi, il se commandait et se servait des protestants aussi bien que des catholiques, selon leur capacité propre, et sans qu'on pût lui faire aucun reproche à ce sujet. » Après s'être étendu assez longuement sur tous les soucis que lui donnaient les cabales de la Cour, les intrigues des femmes, celles de ses maîtresses et le mauvais entourage de la Reine, il finit par arriver au but pratique, qui était dissimulé sous tant de graves paroles, et dit à M. de Lesdiguières qu'il avait résolu de donner en mariage sa fille naturelle, Mlle de Verneuil, au petit-fils du maréchal, M. de Canaples.

M. de Lesdiguières, surpris d'une si mince conclusion, pour un si large préambule, répondit, un peu à l'esbrouffe, « que ni lui ni les siens n'eussent pu espérer un tel honneur », que « le Roi avait tout pouvoir de leur commander, et qu'ils obéiraient à toutes ses volontés. » La conversation commencée si sérieusement se termina ainsi par un de ces coups d'adresse dont Henri IV était coutumier. Elle n'en a pas moins une haute portée. Elle nous a été conservée par le confident intime de Lesdiguières, Bullion, qui l'a écrite pour la communiquer au Cardinal de Richelieu, comme l'écho de la pensée de Henri IV et comme la tradition politique du prince qui avait restauré la dynastie (1).

Ce n'est pas, on le voit, la chimère de ce « grand dessein » caressé par Sully dans les loisirs de sa retraite et imposée à la badauderie de l'histoire par l'autorité de ce grand nom. C'est tout autre chose : un plan précis, clair, positif, sortant, pour ainsi dire, de la nature des choses ; à l'intérieur, le roi, prince absolu dans sa famille et dans l'État, disposant de son royaume comme d'un domaine, liant en un seul faisceau toutes les forces publiques pour les faire concourir à la grandeur de la dynastie et, par conséquent, de la nation qu'elle représente ; au dehors, un agrandissement raisonnable : la Lorraine, les Flandres, Gênes ; la Savoie étant tenue dans une demi-subordination. La lutte d'influence contre la maison d'Espagne reste la direction maîtresse

---

(1) « *Discours de ce qui s'est passé le vendredi dix-septième octobre mil six cent neuf entre le Roy et Monsieur le Mareschal Desdiguières, dans la gallerie de la Reyne à Fontainebleau.* » Arch. des Aff. Etr., *France* (t. 767, f° 5). Ce document est annoté de la main des secrétaires de Richelieu et il a été employé pour la rédaction des *Mémoires* du Cardinal (t. I, p. 14)

de la politique extérieure, non sans une arrière-pensée lointaine d'entente et de pacification.

Henri IV dégage avec la netteté et la promptitude de son esprit, les lignes générales de la politique royale et de la politique française. Qu'il vive dix ans, et il espère voir, sous lui et par lui, la France s'achever et l'absolutisme se fonder. Il a tout prévu, fortifié ses villes, mis de l'argent en réserve, amassé des munitions. Il a tout prévu, sauf Ravaillac dont la main arrête et tient en suspens, pour des années encore, l'avenir de la France et celui de la monarchie

### II. — Les Instruments de la domination : l'Armée, la Justice, l'Administration, les Finances.

A la mort de Henri IV, si la conquête territoriale n'était pas achevée, elle était, du moins, très avancée. La conception moderne d'un État, aux frontières naturellement délimitées et aux conditions ethniques heureusement combinées, commençait à se réaliser. La féodalité s'écroulait et l'édifice monarchique qui allait le remplacer, dessinait déjà ses colonnades régulières et ses frontons classiques. Il n'y avait pas encore, à proprement parler, de nation française; mais il y avait un royaume de France.

Assurément, dans cet empire obéissant à un même chef, bien des divergences et des dissentiments graves subsistent; de nombreux vestiges d'un passé séculaire demeurent dans les institutions et dans les lois; l'assimilation des provinces n'est pas complète. Mais les principaux traits de l'unité nationale sont fixés; le pli de la civilisation française est pris. Elle évolue décidément dans le sens de la centralisation.

Le royaume, qui s'était formé en s'étendant d'un noyau intérieur à la périphérie, devait rester soumis dorénavant à cette loi première de son progrès. La capitale, mère de l'unité territoriale, s'affirmait dans son rôle de maîtresse de la politique et des mœurs. Les parties éloignées n'offraient plus qu'une résistance molle et séduite d'avance. Elles se pliaient non seulement à la direction, mais aussi à l'imitation de tout ce qui venait de cette ville et de cette *île* qui, par excellence, portait le nom de *France*.

Après avoir rappelé les principales étapes de la conquête, il convient d'examiner les instruments dont le pouvoir royal se servit pour élever et soutenir l'œuvre de sa domination.

Les sociétés se fondent par la force : il faut donc étudier tout d'abord les *Institutions militaires*. Elles se consolident par la justice : il faut envisager ensuite l'*Organisation judiciaire*. Elles se règlent par l'administration : le *Système administratif* de la royauté doit retenir notre attention. Elles s'entretiennent par l'argent : l'examen des *Institutions financières* de l'ancienne France sera le couronnement de cette étude.

## L'Armée.

En 1628, Louis XIII, assiégeant la Rochelle, écrit au président Molé : « Je suis ici au milieu de l'hiver, dans les pluies continuelles, au sortir d'une grande et périlleuse maladie, agissant moi-même en tous endroits, n'épargnant ni ma personne, ni ma santé, et tout cela pour réduire en mon obéissance mes sujets de la Rochelle et ôter à tout mon royaume la racine et les semences des troubles et émotions qui l'oppriment et l'affligent depuis soixante ans (1). » Ces traits expressifs évoquent l'image de la royauté dans l'exercice de la fonction qui lui appartient excellemment : le commandement militaire.

Le roi de France est un soldat. Il naît au bruit du canon; ses premiers jouets sont des lances et des épées. Tout le monde est armé autour de lui. Le tambour marque ses heures. A quatorze ans, Louis XIII est confié à M. de Pluvinel, il est mis sur un cheval et

---

(1) *Mémoires* de MATHIEU MOLÉ (t. I, p. 479). Cité par CAILLET, *L'administration en France sous le ministère du cardinal de Richelieu*, éd. in-12 (t. II, p. 138).

étonne son entourage « à la vérité et sans flatterie », par la fermeté du corps, l'intelligence de la conduite, du talon et de la main. Tous les matins, il va au manège. Il chasse; il dirige des manœuvres, fait atteler des canons devant lui. Il s'applique aux mathématiques, à l'art des sièges. Jeune encore (avril 1616), il ne se tient pas de joie de se voir à la tête d'une armée de trente mille hommes : « Oui, c'est beau pour un prince, » dit-il au médecin Héroard. A Montauban, en 1621, il fait l'apprentissage de la guerre et « s'y conduit bien », mieux que le favori Luynes qui se cachait derrière les collines. « Le 17 octobre, un coup de canon tiré de la ville tua un laquais à dix pas du roi sans l'effrayer. » Partout, il montre un courage froid, mais sûr, une bravoure de race. Il s'intéressa, toute sa vie, aux questions d'administration militaire, organisant des régiments, choisissant des uniformes, rédigeant des ordres de campagne ou des bulletins de batailles. Richelieu flattait ce goût qui, par le souci du détail, tombait dans la manie. Si Louis XIII n'eût pas été roi, il eût été capable de commander une cornette (1).

Avec ses manières gauches, son cœur froid, son esprit lent, Louis XIII n'en est pas moins, par là, le digne héritier de son père. Celui-ci avait été le soldat que l'on sait, de haute allure et de belle humeur, avec ce franc rire des batailles qui déridait la fortune et séduisait la victoire. Tous ses prédécesseurs s'étaient battus, et cet efféminé de Henri III, et Henri II mort dans un tournoi, et François Ier que l'histoire voit, le pied à terre, luttant jusqu'au bout, à Pavie; et Louis XII qui s'était comporté si vaillamment à Saint-Aubin-du-Cormier, et, en remontant jusqu'au Moyen âge, ces grands ancêtres au visage couvert du heaume, dont le bras de fer se lève et retombe dans les premières batailles de la conquête.

Le roi féodal n'avait, à l'origine, d'autre armée que celle que lui fournissait le service dû par ses vassaux. Dès la plus haute

---

(1) Sur les faits mentionnés au texte, voir le *Journal* d'Héroard, *passim*. — En ce qui concerne les goûts militaires de Louis XIII, voir Marius Topin, *Louis XIII et Richelieu*, Didier, 1877, in-12 (p. 182 et suiv.).

antiquité, peut-être dès l'époque gallo-romaine, la règle s'était établie que la défense du sol incombait aux propriétaires. Dans les régimes aristocratiques, le service militaire est non pas imposé, mais réservé aux nobles et aux riches. Ceux-ci tiennent à honneur de se battre, tandis que la masse du peuple travaille et s'enrichit dans les arts de la paix. Les premières armées françaises étaient formées d'après ces principes. « Tous ceux qui ont des bénéfices viennent à l'armée », disaient les capitulaires carlovingiens. Ceux qui n'étaient pas assez riches pour s'équiper et pour s'accompagner du nombre de domestiques et de chevaux nécessaires, contribuaient par groupes de trois, quatre ou six, à l'entretien d'un cavalier (1).

Du haut en bas du système, chaque seigneur convoquant ses vassaux et se rendant à l'appel de son suzerain, il se formait des armées qui, en théorie du moins, rassemblaient toutes les forces vives de la nation. Le roi, comme *souverain fieffeux*, disposait de ces troupes qui, en théorie également, ne lui coûtaient rien.

Mais, en raison du mode de recrutement, elles exagéraient tous les inconvénients des armées volontaires. La délibération étant un des principes du système féodal, les vassaux pouvaient discuter avec leur seigneur l'emploi qu'il faisait de leurs forces. A supposer qu'ils donnassent leur assentiment à l'expédition, ils ne devaient qu'une présence effective de quarante jours. Ce laps de temps écoulé, ils quittaient la campagne ou levaient le siège, et rentraient chez eux. D'ailleurs, ces troupes temporaires, si je puis dire, ces rassemblements provisoires, réunis avec peine et fondus en un clin d'œil, étaient sans instruction et sans discipline. Le troupeau féodal laissait le pays sans défense dans les moments critiques; car le vassal n'était pas un soldat, et l'*ost* n'était pas une armée.

Si le roi pouvait réunir toutes les forces féodales, quand les circonstances justifiaient la convocation du ban et de l'arrière-ban, le plus souvent il en était réduit, pour de courtes expéditions, pour

(1) Capitulaire de 807, cité par BOUTARIC. *Institutions militaires de la France avant les armées permanentes*. Plon, 1863, in-8° (p. 69 et suiv.).

de simples *chevauchées* (1), à se contenter du service de ses vassaux directs. Tout autre seigneur, laïque ou ecclésiastique, pouvait également convoquer les hommes de ses domaines. Les villes qui avaient gardé, de l'antiquité, ou qui avaient reconquis, peu à peu, le droit d'armer des milices, en usaient et abritaient, derrière de solides murailles, la fierté de leur indépendance. Les guerres particulières se multipliaient par tout le pays. De même que la puissance publique s'était localisée, le droit de lever des troupes appartenait à toutes les provinces, à toutes les seigneuries, à toutes les familles. Ramenée à ces proportions, la guerre n'était plus qu'un infini brigandage.

La première préoccupation de la royauté, aidée en cela par l'Église, fut, comme on le sait, de mettre fin aux hostilités privées. Elle n'avait d'autre moyen d'atteindre ce but que d'être la plus forte; la guerre ne pouvait être détruite que par la guerre. Aussi, le pouvoir dut-il se dégager de la conception militaire féodale et chercher à réunir des armées plus stables, plus sûres, par conséquent plus coûteuses.

Nous voyons ainsi sortir, très lentement, d'un mal insupportable, un autre mal dont le monde souffre encore : les armées permanentes. Et, dès l'aube des temps modernes, se pose le dilemme qui n'a pas cessé de nous étreindre : ou des milices nationales insuffisamment préparées, peu solides, composées de cette « piétaille », de ces « courtauds de boutique », dont les vrais hommes de guerre font si peu de cas; ou des troupes mercenaires, dispendieuses et peu nombreuses, qui, si elles sont plus expérimentées d'ordinaire, et plus braves, n'ont jamais le fond ni l'âme que donnent l'amour du pays et le sentiment de la défense du foyer.

Dès le règne de Philippe le Bel, l'histoire militaire de la France oscille entre ces deux solutions. Il est à peine besoin d'ajouter que la royauté penche vers la seconde, sauf dans les périodes de crise nationale et de grand danger public (2).

(1) On distinguait entre l'*ost* qui était la réunion de tous les vassaux et arrière-vassaux convoqués en cas de péril public, et la *chevauchée*, qui ne comprenait que les vassaux du domaine royal et les troupes soldées.

(2) Boutaric expose (p. 232) comment les inconvénients d'une levée en masse furent tels que la royauté en vint à préférer à l'appel des vassaux le prélèvement d'un impôt

Il y eut, de très bonne heure, des mercenaires dans les armées royales. Au douzième siècle, des troupes de soldats faisaient métier de se battre pour de l'argent; on les appelait *cotereaux* ou *brabançons*. Ils sont les premiers de ces redoutables brigands qui, pendant tout le Moyen âge, accablèrent les pays de l'Europe centrale, de leurs funestes exploits. Routiers, aventuriers, grandes compagnies, armagnacs, écorcheurs, de quelque nom qu'on les appelle, ils semèrent, pendant des siècles, la terreur au cœur du paysan. Si l'on s'en rapporte aux plaintes des contemporains, il est évident que la royauté appliquait, en les employant, un remède pire que le mal. Ces armées furent, d'ailleurs, insuffisantes à l'heure des grands cataclysmes. Pendant la guerre de Cent ans, leurs bandes ne surent pas défendre un pays qu'elles savaient si bien rançonner.

Heureusement le peuple, quoique déshabitué des armes, ne s'abandonna pas; le péril commun suscita les dévouements et réveilla les courages; de braves gens s'enrôlèrent et donnèrent, tous ensemble, le coup de main, « pour la tuition commune ». Jeanne d'Arc est la personnification la plus haute de ce sentiment populaire qui rencontra son expression politique dans les réformes militaires dues à l'initiative de Charles VII.

Ce prince passe pour le premier organisateur des armées permanentes. Il eut surtout le mérite de concevoir le premier dessein d'une armée nationale. Dans un esprit de réaction contre le système des troupes mercenaires, il voulut assurer la défense du pays au moyen du service personnel obligatoire. Il constitua d'abord les Compagnies d'Ordonnance « conduites par certains notables chiefs, nos sujets bien récéants et qui ont que perdre », et les installa à demeure dans les provinces comme une sorte d'armée

---

militaire destiné à solder une petite armée de mercenaires. L'origine de cette manière d'opérer remonte à Philippe le Bel. — Toute proportion gardée, il se passait alors ce que nous voyons se produire sous nos yeux, lorsqu'il s'agit de préparer une expédition coloniale, sans recourir à tout l'effort de la « nation armée ». On sait quelles difficultés présente la mobilisation d'un ou deux corps d'armée. Aussi les hommes compétents se déclarent-ils favorables à la création de corps spéciaux composés de gens soldés ou de mercenaires et présentant des garanties d'expérience, de solidité et de santé qu'on trouve à un moindre degré dans l'armée ordinaire.

active. Puis il institua une espèce de *Landwehr*, en créant les francs archers, fournis et entretenus par les paroisses du royaume. Le caractère des réformes de Charles VII est parfaitement exprimé dans ces mots d'un contemporain, Henri Baude : « Les gens de ses ordonnances *estoient de son royaume,* excepté les Escossois; et quelque guerre qu'il eût, *il n'employast nuls étrangiers* (1). »

Mais ces institutions dont la conception était si réellement nationale et moderne, n'eurent qu'une très courte existence. Louis XI prenant là, comme ailleurs, le contre-pied de la politique de son père, en revint au système royal par excellence, celui des troupes mercenaires. Il se décida et agit avec sa netteté habituelle. En 1480, il soudoya six mille Suisses. En même temps, il levait, *par enrôlement volontaire*, c'est-à-dire à prix d'argent, dix mille Français ; il les réunissait dans un camp, au Pont de l'Arche, et les faisait instruire par des Suisses. Enfin, il entassait dans ses arsenaux la plus forte artillerie qu'il y eût alors dans le monde (2).

Le premier roi absolu jetait ainsi les bases de la véritable armée royale. Il est facile de distinguer, dans cet embryon, comment elle se distingue de l'armée féodale, combien elle tient peu au sol, combien elle est légère et souple dans la main du prince. C'est avec cette armée que les successeurs de Louis XI entreprirent et soutinrent les premières guerres de conquête extérieure, les guerres d'Italie.

Le royaume de France dut bientôt quitter le rôle d'agresseur pour se mettre sur la défensive. Chacune des frontières menacées donne son nom au corps de troupes chargé de la défendre : Champagne, Picardie, Piémont et Guyenne. Au plus fort de ces guerres, quand il fallut repousser l'invasion, François I$^{er}$ comprit, à son

---

(1) L'ordonnance constitutive des troupes permanentes est du 26 mai 1445, datée de Loupy-le-Château. Elle répartissait par toute la France 1,500 lances composées d'hommes d'armes choisis avec soin. Ce sont les compagnies d'ordonnance, c'est-à-dire la cavalerie. Par l'ordonnance du 26 avril 1448, les francs archers furent institués: c'est l'infanterie. Boutaric (309-319).

(2) Sur le caractère des institutions militaires de Louis XI, voir l'*Histoire de la Milice française*, par le P. Daniel, de la C$^{ie}$ de Jésus. Paris, 1721, in-4° (t. I, p. 252). — Cfr., pour l'artillerie, Boutaric (p. 363).

tour, l'insuffisance des mercenaires; il songea à revenir au système de Charles VII et réorganisa les *francs archers*, sous le nom de *Légions*. Il devait y avoir sept légions. Le recrutement, comme le service, était régional. Mais le danger passa et ces milices ne furent jamais assez solidement organisées pour apporter un appoint sérieux à la défense : on finit par renoncer au service personnel obligatoire (1).

L'armée royale se trouva donc composée définitivement de trois éléments : la noblesse dévouée à la royauté, qui servait par goût ou par ambition. C'était une troupe riche et brave ; mais on ne pouvait guère compter sur elle que pour des campagnes rapides ou pour des coups de main brillants. Pourtant, une partie de cette noblesse poussée par le besoin ou retenue par l'amour du métier, s'adonna entièrement à la carrière des armes. Elle fournit à la royauté d'excellents cadres et des officiers généraux pleins d'entrain et d'autorité.

Venaient ensuite les troupes françaises, recrutées par enrôlement volontaire. D'abord, la cavalerie composée de *gens d'armes* au nombre d'environ trois mille et de *chevau-légers* atteignant celui d'environ 4,500. Cela donnait, avec les 1,000 hommes de la maison du roi, plus de huit mille chevaux (2). L'infanterie était divisée en deux bandes, celle de Picardie et celle du Piémont. Il est très difficile de dire quel était leur effectif, car le nombre des compagnies et le chiffre des hommes variaient constamment selon les circonstances et selon l'époque de l'année.

Enfin, troisième élément, les mercenaires, Suisses, Écossais, Al-

(1) Le dédain que les vrais hommes de guerre eurent toujours pour les armées de service personnel est exprimé dans ce passage des *Mémoires* de VIELLEVILLE : « Les légionnaires ne sont pas tenus, ni réputés pour gens de guerre ; ains sortent de labouraige pour s'affranchir des tailles en servant quatre ou cinq mois ou quelque autre espace de temps, et apportent certificat de leur service qui est enregistré aux greffes des juridictions auxquelles ils sont subjects. Le roi François le Grand leur donna le nom de légionnaires à l'ancienne façon des Romains, car ils s'appeloient, au temps passé, *francs archers* ou *francs taupins*. Mais voyant que le service de tels gens mal aguerris estoit du tout inutile, on commua cela en argent et appelle-t-on cette taille la solde de cinquante mille hommes de pied, à laquelle tous les roturiers universellement du royaume sont contribuables et subjets, et de cest argent on en façonne de braves hommes et vaillants capitaines. »
(2) V. BOUTARIC (p. 339). — TOMMASEO (t. II, p. 495). — D'AUMALE, *Histoire des princes de Condé* (t. I, p. 57).

lemands, Italiens, Estradiots, généralement commandés par leurs officiers nationaux, et dont le nombre dépendait des besoins et des ressources de la royauté.

Au total, les armées françaises atteignirent, à certains moments, dans le cours du seizième siècle, le chiffre de 100.000 combattants. Pour être tout à fait complet, il faudrait signaler le service de l'*arrière-ban,* dû par toute la noblesse du royaume. Le roi pouvait la convoquer, selon les usages féodaux, pour une campagne d'une durée maximum de quarante jours ou, en tout temps, pour la défense du territoire. Mais cette noblesse indisciplinée répondait de si mauvaise grâce à l'appel, qu'on se dégoûta de la « semondre » et que le service de l'arrière-ban tomba en désuétude (1).

Aussi, au titre militaire, aucune charge de conscription et de service obligatoire n'était imposée à la nation (2). On ne lui demandait que de fournir l'argent nécessaire pour payer les mercenaires, les *soudarts* ou *soldats* enrôlés par la royauté.

Il est facile de discerner les qualités de ce genre de troupes. Composées d'hommes du métier, elles étaient expérimentées, braves et robustes. Lorsque le vieux Brissac eut formé ses soldats et ses officiers dans cette fameuse armée du Piémont qui fut, selon le mot de Montluc « l'école des gens de guerre », lorsqu'au début des guerres de religion, les Guises eurent créé les trois premiers régiments, les *trois vieux,* commandés par les capitaines Sarraboux, Richelieu et Remolle (3) ; lorsque de longues guerres eurent rompu à toutes les expériences des batailles et des sièges ces corps solides et ces âmes énergiques, alors se trouva constituée cette vaillante armée française du seizième siècle dont Brantôme nous a raconté l'épopée.

(1) V. ci-dessous, au chapitre de la *Noblesse.* — Cf. DE LA ROQUE, *Traité du Ban et de l'arrière-Ban.*

(2) Cependant, il faut observer, qu'en cas d'invasion, tous les hommes valides devaient le service militaire dans les villes fortifiées. Les milices bourgeoises avaient subsisté. Le fameux siège de Saint-Quentin, en 1557, fut soutenu par les habitants de la ville. Pendant les guerres de la Ligue, les bourgeois avaient repris l'usage de l'arquebuse et du mousquet. En avril 1616, à l'entrée de Louis XIII dans sa bonne ville de Paris, les bourgeois équipés en guerre défilèrent devant lui au nombre de douze mille, conduits par leur colonel, le Président Duret de Chevry. V. *Mercure François* (t. IV, p. 63).

(3) Le quatrième « vieux », *Navarre,* ne fut créé que par la suite

Voici maintenant le revers de la médaille : ces troupes étaient dures au peuple ; elles étaient de fidélité douteuse ; enfin elles coûtaient extrêmement cher, et leur entretien accablait le royaume de charges si lourdes que la royauté dut tendre tous les ressorts de l'absolutisme pour faire suer au royaume les sommes nécessaires à la solde des troupes. Les armées mercenaires devinrent ainsi la cause et l'instrument du despotisme. Tous les contemporains sont d'accord pour déclarer, qu'en France, on ne donnait plus d'armes au peuple, de peur qu'il ne se soulevât contre ses oppresseurs (1).

A la mort de Henri IV, l'organisation militaire de la France était restée, dans ses grandes lignes, conforme au type qui vient d'être décrit. Pour apprécier la véritable force des troupes royales, il faut distinguer entre le temps de paix et le temps de guerre. En temps de paix, il n'y avait pour ainsi dire pas d'armée. Henri IV avait licencié ses régiments après le traité de Vervins, et il n'avait gardé que les vétérans, les mortes-payes nécessaires pour la garde des places fortes, et aussi, autour de lui, un assez grand nombre de gentilshommes ayant fait leurs preuves dans les guerres civiles ou les guerres étrangères. L'armée française n'était plus qu'une armée de cadres, selon la parole de l'ambassadeur vénitien : « que plus du tiers de l'armée royale se composait d'officiers, puisque eux seuls se présentent aux montres, quel que soit l'abandon où on laisse les troupes » (2).

Un autre ambassadeur vénitien explique, dans les termes suivants, la composition de l'armée française : « Les armées de terre se composent de cavalerie et d'infanterie. En tant que cavalerie, les Français ont un certain nombre de compagnies de gens d'armes qui montent jusqu'à trois mille hommes en temps de guerre et doivent être de deux mille en temps de paix. Mais le plus grand nombre n'est pas payé et n'existe que sur le papier... Les hommes d'armes sont obligés d'entretenir chacun trois hommes pour

---

(1) V. Relation de l'ambassadeur Vénitien, MICHEL SURIANO (1561), dans TOMMASEO (t. I, p. 496); et sir GEORGE CAREW's *Relation of the state of France under the king Henry IV*, dans TH. BIRCH, *An historical view of the Negociations between the courts of England, France and Brussels*, from the year 1592 to 1617, London, 1749 (p. 440).

(2) Relation d'ANGELO CORRER. Collect. BAROZZI ET BERCHET (t. II, p. 346). — Voir *Histoire de la Milice* du PÈRE DANIEL (t. I, p. 256).

un cavalier. Il y a, en outre, les chevau-légers. Une de leurs compagnies appartient au roi depuis le temps de Henri III. On la maintient aujourd'hui; et il y en a trois autres entre les mains des fils naturels du roi et des princes du sang. Il y en a encore beaucoup d'autres, mais purement nominales et non payées, car la dépense en serait aussi lourde que celle des gens d'armes. Ces cavaliers sont armés de pistolets et leur casque, comme tout le reste de l'armement, est « à la légère »; ils n'ont pas de lances qui sont, d'ailleurs, délaissées maintenant. La force de l'armée, le nerf et la vigueur du camp résident dans la « cornette blanche », ainsi nommée de l'étendard sous lequel servent les volontaires et les gentilshommes du roi. Elle est composée de la fleur de la noblesse et est animée par le sentiment de l'honneur et par l'émulation d'une bravoure naturelle. C'est le bras du roi, la terreur des ennemis et le foudre de la guerre. A sa tête, on peut braver les plus grands périls; son nom et sa force assurent la victoire. Le chef de ce corps était le feu roi (Henri IV), « chef digne des membres, et membres non indignes du chef ».

« L'infanterie compte, d'abord, les garnisons maintenues dans les places fortes du royaume, qui s'élèvent au chiffre de 6,500 hommes. Puis, les soldats des gardes, au nombre de 4,000, d'ailleurs mal entretenus et mal payés; ce sont pourtant les meilleurs gens de pied qu'ait la France, parce qu'ils sont tous gentilshommes et cadets de la noblesse. Les rois précédents ne se servaient pas d'infanterie française et avaient recours aux Suisses et aux Allemands; mais aujourd'hui, la longueur des guerres civiles a donné à la France une infanterie nationale très bonne, de même qu'elle a une cavalerie sans égale. Les Gascons sont les meilleurs de tous. Le feu roi Henri IV disait qu'il y avait en France trois cent mille hommes d'excellents soldats, vétérans, qui avaient appris, à leurs frais, la discipline militaire; et il est certain, qu'au premier coup de tambour, on peut réunir et armer facilement 80,000 hommes. Il n'est pas nécessaire de les instruire par les manœuvres ou la petite guerre; car ils ont été formés dans la vraie guerre et au milieu de réels dangers.

« En outre de tout cela, on garde précieusement les ligues avec les Suisses et les Grisons. Avant de mourir, Henri IV en avait fait de grandes levées, de sorte qu'on peut dire que l'argent manquerait à la France avant les hommes. En temps ordinaire, le roi joint aux gardes d'origine française trois cents Suisses et lansquenets pour la parade.

« Le roi conserve aussi une grande abondance d'armes et de canons dans toutes ses places fortes. Nous avons vu nous-mêmes cent pièces de canon, à Paris, sur les murailles et devant les portes, pour saluer le roi à son retour de Reims. Outre les canons on trouve à l'arsenal, des magasins d'armes pour 50,000 hommes de pied et pour 1,500 cavaliers; quant à la poudre, aux balles et autres objets nécessaires, le roi en a autant qu'il veut (1). »

Ces chiffres sont imposants. Henri IV savait les faire valoir, au risque de passer pour Gascon : « Le roi m'a dit, écrit l'ambassadeur anglais Carew, qu'il pourrait lever dans son royaume 50,000 cavaliers et 200,000 fantassins sans arrêter une seule charrue ni un seul artisan dans son travail (2). »

Ce qui paraît certain c'est, qu'en 1610, au moment où il se préparait à entrer en campagne, il avait sous ses ordres une armée de cinquante et un mille hommes prêts à marcher. Il comptait, paraît-il, doubler ce chiffre et attaquer la maison d'Autriche avec quatre armées atteignant un effectif de 100.000 combattants parfaitement armés et équipés (3). Malherbe qui voit défiler les régiments dans les rues de Paris, est frappé de leur splendeur : « On lève ici de fort belles troupes, dit-il, et je crois qu'il ne se vit jamais rien de si beau et de si paré que notre armée; ce ne sont qu'armes dorées, velours et broderies extrêmement riches. Sa Majesté ne veut point qu'on porte d'écharpes, mais des croix blanches; cela ramènera l'usage des casaques; la cornette blanche en portera de velours violets. » Quelle comparaison avec les bandes qu'avait commandées la jeunesse du Béarnais (4)!

(1) Relation des ambassadeurs Acostino Nani et Andrea Gussoni, en 1610. Barozzi et Berchet, Francia (t. I, p. 457).
(2) Carew, loc. cit. (p. 425).
(3) Sur les effectifs des troupes françaises à la mort de Henri IV, voir la discussion des chiffres de Poirson, dans Boutaric, Institutions militaires (p. 373).
(4) Malherbe, Lettres. Éd. Grands Écrivains (t. III, p. 157).

Ces belles troupes avaient une discipline, un ordre de marche et une tactique dont un autre contemporain, Louis de Montgomery, nous décrit le pittoresque détail. Voici un régiment qui passe, divisé par compagnies, en bel ordre, les hommes cinq par cinq, poitrines bombées, la jambe tendue, les panaches au vent, et la forêt des piques se mouvant par-dessus les têtes. D'abord, la compagnie d'arquebusiers d'avant-garde; derrière elle, un espace de cent vingt pas; puis, le tambour-colonel avec son bâton de trois pouces et le fifre qui, selon le mot de notre auteur, « orne fort une compagnie »; puis, les tambours qui sonnent la batterie « à la française ». En tête du gros de la troupe, la moitié des mousquets et des arquebuses; derrière, le tiers des piques avec le colonel; puis, la masse des piquiers avec les enseignes, d'autres tambours et la compagnie d'arquebusiers; en arrière, une autre demi-compagnie d'arquebusiers et les bagages; enfin les goujats, talonnés par la compagnie d'arrière-garde. Parfois, les piques sont massées au milieu et les arquebusiers rangés sur les côtés, ceux de droite portant l'arme sur l'épaule droite et ceux de gauche sur l'épaule gauche.

Le commandement appartient au colonel ou mestre de camp qui représente la personne du roi et ne doit obéissance qu'au général. Armé d'une rondelle à l'épreuve du mousquet, d'un accoutrement de tête à l'épreuve de même, le visage découvert et un grand panache flottant au-dessus de son casque, il tient l'épée à la main. « Ses armes doivent être resplendissantes, son visage gracieux, son cœur fort, son esprit vigilant, tel enfin que fut César ou, pour parler des Français, tels que furent le maréchal Strozzi, le comte Gabriel de Montgomery et le colonel Brissac qui fut tué devant Mucidan. » Près de lui, le sergent-major, qui est son second, veille à la marche et à l'ordonnance des troupes, tandis que le prévôt a la charge des vivres et de la justice. A la tête de chaque compagnie, le capitaine. La compagnie est composée de trois cents hommes, s'ils sont arquebusiers, et de deux cents s'ils sont piquiers. Au-dessous, les lieutenants, enseignes et lances pessades; ces derniers sont des chevau-légers combattant à pied et qui, nobles le plus souvent, sont traités comme des officiers; puis, le sergent de bande, qui doit être vieux soldat, « fort aventureux

« et résolu ; et, au plus bas degré de l'échelle, le caporal ou chef
« d'escouade qui doit servir comme de père à ses soldats et dont
« le principal soin est de veiller aux gardes. »

Le soldat, s'il est arquebusier ou mousquetaire, porte une arquebuse et son croc, l'épée courte au côté. Il a sur lui une livre de poudre et six brasses de mèches, trente balles de calibre ; il fait, lui-même, sa mèche et ses balles et se charge du moins de bagage possible « n'étant pas mulet d'Auvergne » ; ceci est affaire aux goujats, un pour deux hommes de troupe, et aux chevaux, un pour quatre hommes. Les goujats, en cas de péril extrême, prennent les armes et combattent. Quand on passe en pays suspect, chacun doit allumer sa mèche par les deux bouts, rafraîchir le pulvérin du bassinet et mettre quatre balles en bouche. L'ordre du colonel et du sergent-major circule, de rang en rang, en la forme suivante : « Balle en bouche, allume mèche, passe parole ; » et chaque soldat doit répéter l'ordre qui fuit ainsi, jusqu'à la queue (1).

Quelle que soit l'importance des armes à feu, la pique reste toujours, selon le mot des Espagnols, la « reine des armes ». Sur un régiment de 3,000 hommes, on compte deux mille ou deux mille cinq cents piquiers. La pique doit être de huit pieds. En marche, on la porte couchée sur l'épaule, le bout regardant le jarret du soldat qui marche devant, et le fer trois pieds plus haut que la tête de celui qui vient derrière. Il faut, en marchant, prendre la cadence du tambour avec le plus de grâce et de gravité qu'il sera possible : « car la pique est une arme honorable et qui mérite d'être portée avec un geste brave et audacieux » ; et pour leur donner plus de masse et plus de poids, les piquiers, en campagne, marchent sept par sept.

(1) On remarque la différence que présente cet organisme avec celui des armées modernes. La loi de l'ancienne tactique, imposée jusqu'à un certain point par la nature de l'armement, était la division du travail : un homme pour le fusil, un homme pour la pique (c'est notre baïonnette) et un homme pour le bagage du soldat. Celui-ci était beaucoup plus alerte et, si je puis dire, plus militaire que notre pauvre fantassin, propre à tout et qui crève sous le faix. Par contre, les convois étaient infinis et alourdissaient singulièrement la marche des armées. Un poëte dauphinois a, pour parler des goujats qui suivent les armées, des expressions pittoresques :

« Les valets d'écurie et l'infâme canaille
Des souillons de cuisine et tous les besaciers ».

PONTAYMERIE, *La cité de Montélimar ;* cité dans DUFAYARD, Lesdiguières (p. 296).

En bataille, les piquiers font front de treize, le colonel au cinquième rang, le sergent-major et ses aides sur les ailes, le capitaine près des enseignes « avec lesquelles il se doit résoudre de mourir plutôt que de les perdre ». Le sergent-major lance son arquebuserie et sa mousqueterie en avant pour couvrir le bataillon des piques et le parer de leur salve; après avoir tiré, les arquebusiers se replient parmi les piquiers, sans déranger leurs rangs. Ceux-ci garderont de rompre ni d'entrouvrir; sinon, c'est leur perte. Contre l'infanterie, ils tiennent la pique de la main droite à trois pieds du gros bout, l'autre main à un pied et demi de celle-là; on peut même ou faire couler la pique dans la main jusqu'au gros bout pour frapper de plus loin, ou l'appuyer sur l'estomac pour se donner plus de force. Contre la cavalerie, il faut prendre la pique de la main gauche par le milieu, et de la main droite un pied et demi derrière; mettant le genou en terre, le soldat appuie sa lance derrière lui, tient la pointe droite au poitrail du cheval et attend, sans déplacer, le choc (1).

Ces belles troupes ont acquis, pendant les guerres de la fin du seizième siècle, une réputation méritée et ont relevé le prestige de l'infanterie française; mais elles ne valent pas encore la cavalerie qui est vraiment hors de pair, surtout depuis que Henri IV lui a appris la brillante manœuvre offensive nommée *pistolade*, qui nous est décrite par un autre contemporain : « Les lances sont tout à fait délaissées par la cavalerie française. A la place, ils n'ont comme armes offensives que des pistolets très légers et l'épée. Comme armes défensives, ils sont armés de toutes pièces et solidement. Ainsi ils ne craignent ni les lances, ni les coups d'arquebuses ordinaires, mais seulement les coups de mousquet. Ils se rangent en escadrons épais, en mettant les meilleurs soldats au premier rang.

---

(1) La plupart de ces détails sont empruntés à l'ouvrage de Messire Loys de Montgomery, intitulé : *La Milice Françoise réduite à l'ancien ordre et discipline militaire des Légions*. Rouen, Pierre Calles, 1603, in-8°. — Il faut voir aussi les gravures du temps, notamment celles d'Hoggenberg, par exemple l'entrée à Metz, en 1603. L'infanterie défile : en tête, le capitaine avec une grande lance; un peloton d'arquebusiers avec la salade, puis des piquiers avec le casque; tous ont la cuirasse et l'épée courte au côté. Le porte-étendard en chapeau à plumes ; puis quatre rangs d'arquebusiers et, en arrière, les piquiers en masses profondes, bordés d'un rang d'arquebusiers, ceux-ci ayant le croc d'une main et l'arquebuse de l'autre.

Ils chargent alors non au galop, comme on faisait autrefois, mais au trot et parfois même au pas. Ils approchent l'ennemi jusqu'à ce qu'ils le voient, comme ils disent, dans le blanc des yeux, c'est-à-dire aussi près que possible. Alors ils font le coup de pistolet, puis chargent à l'épée. Cette belle manœuvre a été inventée par le roi Henri IV et lui a valu de grands succès dans les guerres récentes (1). »

Ainsi préparée, ainsi entraînée, ainsi conduite, commandée par le roi ou par des chefs expérimentés, connétable, maréchaux, lieutenants généraux, colonels de l'infanterie et de l'artillerie, l'armée française prend le rang qu'elle doit garder, pendant tout le dix-septième siècle, parmi les armées européennes. Avec ses cadres surabondants, sa cavalerie brillante, son infanterie solide, ses mercenaires indéfiniment multipliés, son artillerie nombreuse et bien entretenue, elle met entre les mains du roi une force redoutable. Quand on énumère ses régiments, quand on compte les places fortes qui appartiennent au roi, quand on voit partout des populations valeureuses, prêtes à s'enrôler au premier appel, Gascons, Picards, Piémontais, Dauphinois, Bourguignons; en un mot, quand on mesure le chemin parcouru depuis le temps où le duc de France, entouré de quelques vassaux, essayait d'élargir le cercle de châteaux forts qui l'étouffait dans son Paris, on apprécie et, si je puis dire, on pèse cette autorité nouvelle qui fait de lui le véritable maître du pays. Les provinces sont non seulement conquises, mais occupées, maintenues. Le roi a la force. Qui donc pourrait lui résister?

On lui résiste pourtant. Quatre ans après la mort de Henri IV, des armées qui ne sont pas l'armée royale et qui ne sont pas des armées étrangères, vont mettre le pays à feu et à sang, renouvelant toutes les fureurs des guerres civiles (2). Le règne de Louis XIII est plein de ces funestes journées, où des Français luttent contre des

---

(1) Rel. de Pietro Duodo, *Amb. Ven.*, Albèri, *Appendice* (p. 104). — Une gravure de R. de Hoogue, représentant la bataille d'Aumale, en 1592, est une excellente illustration pour cette description de la pistolade. (B. N. Estampes. a° 1592).

(2) « Estat de l'armée des princes à Noyon », en sept. 1615. (*Mercure français*, t. IV, p. 196).

Français. Toute l'autorité militaire n'est donc pas rassemblée dans la main du roi. S'il est le plus grand chef du royaume, il n'est pas encore le chef unique. C'est ce qu'il faut indiquer maintenant, en signalant les lacunes de l'organisation militaire créée par les rois.

Le grand vice de l'armée royale découlait du principe même de son institution. Elle était surtout mercenaire ; son organisme reposait sur l'argent : *pas d'argent, pas de Suisse*, disait le proverbe né probablement au lendemain de la Bicoque. D'où, la variabilité des effectifs résultant de l'intermittence des sacrifices. En temps de guerre, il faut des soldats à tout prix : le pays est accablé d'impôts soudains et insupportables. En temps de paix le roi, toujours à court d'argent, licencie ses troupes ; elles tombent à rien, se débandent et courent le pays. Le soldat est alors une proie tout indiquée, pour les capitaines d'aventures, coureurs de route et détrousseurs de passants ; il l'est aussi pour les seigneurs mécontents, pour tous ceux qu'agite l'esprit de rébellion et qui n'ont pas perdu le souvenir des anciennes résistances féodales.

Ainsi l'armée flotte entre l'obéissance et la révolte, et le prince qui l'a constituée, la voit souvent se tourner contre lui. Ses troupes, en effet, ne sont pas à lui ; elles ne lui appartiennent pas. A qui sont-elles ? — A l'officier qui les commande. C'est cet officier qui, maître d'une compagnie, d'un régiment, d'une armée, *traite* avec le roi. Comme une sorte de commissionnaire, il fait une campagne à l'entreprise (1). Il dispose d'un certain contingent, d'une unité tactique, comme on dit aujourd'hui, qui porte son nom et qui n'obéit qu'à lui. Des sous-entrepreneurs ont des parties de son affaire. Jusqu'aux lieutenants et enseignes, chaque officier concourt, pour sa quote-part, à la mise de fonds qui a pour objet l'achat temporaire d'un certain nombre d'hommes prêts à faire campagne, avec leurs officiers, pour le service du roi.

Quels sont les bénéfices ? Il y a, en premier lieu, les avantages d'honneur, auxquels la race est loin d'être insensible. Toute la noblesse du royaume est habituée à faire de grands sacrifices pour se distinguer aux yeux du prince. On équipe une belle compa-

---

(1) *Commissionnaire* est bien le mot ; car l'acte qu'on lui délivre pour l'autoriser à lever des troupes s'appelle *Commission*.

gnie ou un beau régiment suivant sa fortune et son rang, de même qu'on se ruine pour figurer dans un carrousel ou dans un tournoi. C'est ainsi qu'on attire les regards du roi, ensuite la faveur et les récompenses qu'assure sa libéralité : pour les plébéiens, la noblesse, pour les gentilshommes, l'octroi des hautes charges de l'armée et de l'État qui illustrent une famille et dorent les vieux quartiers du blason.

Mais il y a aussi les avantages pécuniaires. Quand le roi a besoin d'hommes, il paye sans compter. Or, les hommes ne sont pas chers. On trompe aux revues et aux *montres*, sur leur nombre et sur leur qualité ; on remplit les lignes de faux soldats, de *passe-volants*. On trompe sur les armes, sur les vêtements, sur les vivres. Souvent l'officier a touché d'avance la somme destinée à l'entretien de sa troupe pendant toute une campagne. Mais la mort, les maladies, une débandade, l'indiscipline le débarrassent, en quelques jours, du soin de remplir ses engagements. Si un officier trop consciencieux s'est endetté pour faire figure, le roi n'est pas insensible à ses plaintes. Il lui donne quelque présent ou accorde une pension ; si cet officier meurt au service, on n'oublie pas la veuve et les enfants. Il y a des bénéfices encore plus directs ; la maxime du temps est : « la guerre nourrit la guerre. » On pourrait même dire : « la paix nourrit la guerre. » Car, le plus souvent, dans les marches, les provinces du royaume sont traitées comme pays conquis. Outre le butin, les rançons, les capitulations, les confiscations des biens des vaincus font le profit du vainqueur. Tout cela finit par compter et on pourrait citer nombre d'officiers qui ont refait, l'épée au poing et le « cul sur la selle », la fortune de leur maison (1).

Quoi qu'il en soit, le système de la *commission* assure à l'officier une grande indépendance. Puisqu'il traite avec le roi, il peut toujours accepter ou refuser le marché. En cours d'exécution, s'il trouve que les clauses ne sont pas observées, il se plaint et, au besoin, il rompt. S'il ne fait pas le gain espéré, s'il n'obtient

---

(1) Voir ci-dessous (p. 447) les vers de TRELLON, extraits de son *Cavalier parfait*. On peut comparer les détails que SULLY donne sur les bons coups qu'il fit dans ses campagnes en France. *Économies Royales*, édit. Petitot (t. II, p. 24 et suiv.).

pas l'avancement convoité, adieu; le voilà parti, emmenant son monde. Il s'offre à un maître plus généreux, passe contrat avec un plus haut enchérisseur. Les officiers de réputation, ceux qui payent bien leurs troupes, ou qui les traitent doucement, ou qui les conduisent aux bons endroits, ou qui ferment les yeux à temps, ceux-là n'ont qu'à lever le doigt pour réunir autour d'eux des soldats d'élite qui les suivent partout. Ces mercenaires n'ont pas de patrie, pas plus quand ils servent le roi que quand ils combattent contre lui.

Puisqu'il suffit de payer pour avoir des troupes, tous ceux qui ont de l'argent peuvent s'assurer une force militaire. Même en temps de paix, les princes du sang, les grands seigneurs, les gouverneurs de province ont leurs soldats à eux, et les rois ne sont pas fâchés de se décharger ainsi d'une partie de la dépense. Si la guerre civile éclate, ces grands seigneurs disposent de cadres tout formés pour enrôler les recrues : eux aussi délivrent des *commissions*. Les officiers pèsent, calculent les chances et, selon leur avantage, leur intérêt ou leur caprice, ils vendent leurs services au pouvoir ou à la rébellion. C'est ainsi que les Grands coalisés opposent parfois aux troupes royales des armées puissantes qui laissent la victoire incertaine. C'est ainsi que la révolte d'un Condé, d'un Gaston d'Orléans, d'un Montmorency, d'un Soissons, balance, jusqu'à la fin du règne de Louis XIII, la fortune de la dynastie régnante.

Ces résistances s'appuient, d'ailleurs, sur une force militaire permanente que les propres ordonnances des rois ont constituée, que leurs deniers entretiennent et qui est une menace perpétuelle contre leur autorité : c'est le parti protestant. Nous ferons connaître par la suite l'origine, la constitution et la force de ce parti. Mais, pour faire apprécier les tâches difficiles qui incombaient à la royauté, au début du dix-septième siècle, il convient d'indiquer ici que les garnisons protestantes occupaient légitimement environ cent cinquante places fortes dans le royaume, et que l'État versait, chaque année, entre les mains de leurs chefs, plus d'un million de francs pour l'entretien des troupes. Il faut rappeler encore que les forces du parti pouvaient être, au gré des synodes, employées contre la royauté et qu'on les avait vues maintes fois, au moment d'une guerre extérieure, prendre les troupes royales à revers et prêter main-forte à l'ennemi, au nom des intérêts particuliers de la cause. De l'avis de la plupart des contemporains, la grande faiblesse militaire de la France était là : les armées protestantes, vaillantes, dures à la fatigue, pleines d'un enthousiasme farouche, valaient les armées royales : « Ils sont très nombreux, écrit un ambassadeur vénitien. Ils comptent, d'après ce qu'on rapporte, quarante mille gentilshommes, bons soldats, et peuvent équiper en outre 30.000 hommes de bonnes troupes et bien exercées (1). »

La base d'opération du protestantisme était, comme on le sait, dans les régions du sud et sud-ouest, entre les Cévennes et la mer, les Pyrénées et la Loire. Cette importante partie du royaume abritait, derrière la légalité de l'Édit de Nantes, ses tendances séparatistes et ses aspirations indépendantes. Ainsi subsistait, jusque dans le système militaire, quelque chose de ce dualisme qui, pendant de si longs siècles, a été une des lois de l'histoire de France. Il fallait encore quinze ans de guerres, des expéditions considérables et de longs sièges, il fallait, en un mot, une nouvelle conquête du midi par le nord, pour que **la force de l'État fût définitivement constituée et reconnue.**

Le roi était puissant; il était riche; il était victorieux. Il pouvait braver la coalition des plus grands parmi ses sujets et, comme le Jupiter de la fable, les soulever tous au bout d'une chaîne à laquelle ils se seraient suspendus. Cependant, en cas de guerre étrangère, les révoltes intérieures mettaient le royaume en péril. Le pays, divisé contre lui-même, n'avait pas une pleine conscience de sa force. Le sentiment de la solidarité commune n'était pas assez vif pour imposer à tous, les sacrifices qu'exigeaient la défense du territoire. Il n'y avait pas d'armée nationale.

Le système de l' « enrôlement », intermédiaire entre le « ser-

---

(1) *Rel. Amb. Vén.* (t. I, p. 484; voir aussi p. 547). — Sur la force des Huguenots et le péril qu'ils faisaient courir à l'unité du royaume, voir notamment, la *Breve Relatione de Gli Ugonoti di Francia* (nov. 1619), par BENTIVOGLIO, nonce du pape en France; dans *Relationi del Cardinal Bentivoglio*. Colonia, 1616, in-8° (p. 244).

vice » féodal et la « conscription » moderne, donnait des troupes
solides et braves, mais ni assez nombreuses, ni assez réellement
patriotes pour faire face, le cas échéant, à une attaque simultanée
sur toutes les frontières. Par contre, ces troupes sans patrie, sans foi
ni loi, ces officiers de fortune, ces soldats de rencontre faisaient,
de l'armée royale, un puissant instrument de despotisme. Saint-Barthélémy ou Dragonnades, quelque besogne qu'on leur commandât, ils étaient prêts. Pactisant trop facilement avec la rébellion,
ils ne demandaient pas mieux que de l'étouffer dans des flots de
sang.

Les institutions militaires étaient, en somme, comme toujours,
l'image de l'ordre social et politique. Dans le détail, beaucoup de
désordre et d'incertitude, l'encombrement d'un passé qui se mêlait
confusément au présent et embarrassait sa marche; mais, dans
l'ensemble, de l'élan, de l'entrain, une grande confiance en l'avenir; peu de calculs, nulle prévoyance, du bonheur et de la bonne
humeur. Les résolutions étaient promptes, le langage fier, les actes
vigoureux, et l'épée tranchait, avec une allégresse juvénile, des
problèmes qui, dans une civilisation plus avancée, eussent fatigué
inutilement les délibérations des conseils.

### La Justice.

Toute société qui s'organise aspire à la justice. Le premier acte
d'une autorité qui étend son action sur une région nouvelle
est d'imposer sa juridiction. Dès que la paix est établie, les intérêts se tournent vers le magistrat et implorent son intervention.
Il en a été ainsi dans l'ancienne France. Au fur et à mesure
que la conquête territoriale s'étendait, les juges royaux arrivaient et ouvraient leurs assises. De là, la part importante qui
revient aux hommes de loi dans la constitution politique du
pays.

Mais s'il est facile de constater leur action, il est plus difficile de la définir clairement. Ces praticiens obscurs et tenaces, ont partagé les préjugés et les passions de leurs contemporains; ces procureurs ne sont pas des héros; ces logiciens ne sont pas des philosophes. Leur pensée ne se dégage pas avec une clarté suffisante. Ils sont souvent divisés entre eux. Dans les batailles qui se livrent, ils ne savent pas toujours à quel camp ils appartiennent. Dans leurs livres, dans leurs recueils de sentences et d'apophthegmes, on trouve des armes pour tous les combats.

C'est ce qui fait la difficulté de ces études. Digeste, pandectes, coutumes, droit canon, ordonnances royales; arrêts, jurisprudence, compilations de toutes sortes et de toutes formes; gloses, notes, articles, commentaires, cette lourde masse encombrante qui constitue la législation du Moyen âge a lassé l'effort de l'érudition et de l'histoire. Montesquieu a reculé devant la tâche qu'il avait entreprise de débrouiller les origines de notre droit public. Les jurisconsultes contemporains s'y perdaient. Voici la parole de découragement du plus aigu d'entre eux, Loyseau : « Je le dis après l'avoir essayé, qu'on lise toutes les coutumes qui ont traité des Justices, on n'y trouvera que diversité et confusion ; qu'on étudie tous les auteurs anciens et modernes qui les ont écrites, on n'y trouvera qu'absurdité et répugnance ; qu'on y rêve à part soi, tant qu'on voudra, il sera bien habile celui qui, parmi ces grandes variétés et des temps et des lieux, et parmi tant d'absurdités, pourra choisir une résolution assurée et équitable. C'est ici le nœud gordien qu'il faut couper et non découdre (1). »

Constatons, avec ces hommes de grand savoir, que le chaos était inextricable et indescriptible, et contentons-nous d'indiquer, s'il se peut, dans quelles conditions il finit par se débrouiller et, com-

---

(1) *Traité des Seigneuries*, chez la veuve Abel L'Angelier, 1613, in-4° (p. 130). — MONTESQUIEU dit comme LOYSEAU : « Quand on jette les yeux sur les monuments de notre histoire et de nos lois, il semble que tout est mer et que les rivages mêmes manquent à la mer. » *Espr. des Lois*, l. XXX, ch. II. Il s'en tire ailleurs par cette jolie défaite : « Il aurait fallu que je m'étendisse davantage à la fin de ce livre et qu'entrant dans de plus grands détails, j'eusse suivi tous les changements insensibles qui, depuis l'ouverture des appels, ont formé le grand corps de notre jurisprudence française. Mais j'aurais mis un grand ouvrage dans un grand ouvrage. Je suis comme cet antiquaire qui partit de son pays, arriva en Égypte, jeta un coup d'œil sur les pyramides et puis s'en retourna. » (XXVIII, 45.)

ment une première lueur apparut. Nous pourrons, ainsi, reconnaître le procédé instinctif des âges chez un peuple qu'une aspiration continue vers l'idéal a toujours dirigé dans son évolution séculaire.

Que, dans la faillite de l'État romain, les institutions judiciaires se soient émiettées et localisées, comme les autres éléments constitutifs de l'autorité publique, cela ne peut surprendre. Mais ce qui est vraiment extraordinaire, c'est que la notion d'une justice humaine se soit comme effacée dans les esprits et qu'on ait été réduit, pour régler les difficultés privées, à légitimer l'usage de la force. Aucune autre société, peut-être, n'a rien vu de plus barbare que la preuve par l'eau ou le feu et le duel judiciaire. Montesquieu a expliqué comment ces usages se sont établis : les lumières et les mœurs ayant disparu simultanément, la preuve par écrit étant impossible, la preuve par témoins tumultueuse et corrompue, le mieux était encore d'en finir par un procédé brutal, en rapport, d'ailleurs, avec la brutalité générale du temps.

Il fallut donc revenir de loin. Les premiers essais furent pénibles et incertains. Tout le monde y mit la main. L'Église d'abord, par sa prédication morale et par la constitution du droit canon ; la féodalité, par l'établissement des juridictions seigneuriales ; les villes, par la rédaction des chartes et par la création des premières justices municipales ; les hommes de science, par la restauration du droit antique ; la royauté enfin, par la hardiesse de son entreprise unificatrice et par l'autorité suprême dont elle se saisit.

L'Église appuyait ses revendications en cette matière sur la parole du Christ : « Ce que tu lies sera lié ; ce que tu délies, sera délié au ciel comme sur la terre. » Elle affirmait que tous les clercs relevaient de son tribunal ; elle prétendait qu'il en était de même des laïcs, pour toutes les matières ayant un caractère étroitement moral ; elle déclarait que le pape était le suzerain spirituel de tous les souverains ; en outre, grande propriétaire féodale, elle réclamait, à ce titre, la juridiction appartenant au détenteur du fief.

La féodalité faisait reposer son système judiciaire, comme toutes ses institutions, sur la possession de la terre. Il faut reconnaître cependant que la justice féodale avait aussi d'autres origines, soit dans l'autorité originaire du père de famille, soit dans un démembrement de la puissance du prince accordé par voie de concession privilégiée. Le seigneur était maître de la justice sur son fief (1). Mais, l'un des principes du gouvernement féodal étant la délibération en commun, certaines maximes restrictives de l'autorité du seigneur s'établirent, comme celle-ci : « Juger est le fait de plusieurs » ; « nul ne peut être jugé que par ses pairs. » En principe, le jugement devant le tribunal féodal était réservé à ceux qui avaient une tenure féodale, aux vassaux et aux arrière-vassaux, de sorte que les serfs n'étaient pas justiciables de cette cour, en vertu du dicton : « Justice n'est mie à vilain. » Ce système dont on voit la limite par-dessous, se bornait, par-dessus, en ce que, pour les *hommes de poeste* (2), il n'admettait pas l'appel ou recours à une juridiction supérieure, en vertu de cet autre dicton : « Entre toi et ton maître, il n'y a autre juge, fors Dieu (3). »

Les communes et les villes à établissements tenaient leur autorité judiciaire, soit d'une usurpation violente sur le seigneur, soit de la libre concession de celui-ci, soit de l'octroi royal. « Les bourgeois ne peuvent être jugés que par leurs pairs », tel est le principal article des chartes de libertés ou de privilèges. Cette juridiction particulière est naturellement bornée à l'étendue de la ville libre et de sa banlieue. Elle tend à se soumettre à la juridiction royale (4).

---

(1) C'est une question toujours débattue entre les feudistes, de savoir « si la Justice suit le Fief », *an jurisdictio adhereat feudo* ». Nous ne l'examinerons pas ici. Nous dirons seulement que, selon le droit du Moyen âge et dans les cas les plus fréquents, *a communiter accidentibus*, il y a justice quand il y a fief plein, c'est-à-dire seigneurie. Voir Dumoulin sur le dixième article de la Coutume. — Loyseau (p. 53). — Pour les origines, Viollet, *Institutions politiques* (t. I, p. 435) et Fustel de Coulanges, *Or. Syst. Féod.* (p. 372).

(2) On entendait par l'expression « hommes de poeste » les hommes vilains placés en la puissance du seigneur.

(3) Beaune, *Droit coutumier français*. Larose, 1880, in-8° (t. 1er, p. 344).

(4) Notamment pour le droit de haute justice qui, dans les villes à établissements, était réservé au Roi. V. Giry, *Établissements de Rouen* (t. 1er, p. 19). Il appelle l'indépendance de la juridiction « le privilège essentiel des communes ».

Celle-ci réclamait, en vertu de principes divers, une autorité suprême sur toutes les cours du royaume. Comme seigneur de ses domaines, le roi avait pleine justice, haute et basse, sur ses vassaux. Comme suzerain fieffeux, il intervenait légitimement en cas de *fausseté de jugement* (1) et de *défaute de droit* (2). Comme patron des églises, et comme bras séculier, il revendiquait une certaine surveillance sur les tribunaux ecclésiastiques ; l'exécution de leurs jugements lui était attribuée. Comme protecteur de la bourgeoisie et des communes, il se réservait, à chaque délivrance ou confirmation de chartes, le droit de haute justice et l'appel de certaines sentences rendues par les tribunaux municipaux. Enfin comme roi, comme successeur de Charlemagne et des empereurs, il revendiquait la haute autorité judiciaire que le droit romain assurait au prince. De bonne heure, les légistes avaient traduit à son profit le *quod principi placuit, ita lex esto,* par la formule française : « si veut le Roi, si veut la loi. » La royauté laissait planer, d'ailleurs, sur ses ambitions en cette matière, une habile obscurité. En les précisant, elle les eût bornées ; elle préférait laisser beaucoup au temps et poussait devant elle, insensiblement, vague à vague, la lente inondation des *cas royaux*.

La multiplication des cas royaux et l'institution de *l'appel*, tels furent les instruments les plus puissants dont se servit le pouvoir pour accroître son autorité à partir de la fin du douzième siècle (3).

---

(1) *Fausser le jugement*, c'était déclarer que le jugement avait été faussement et méchamment rendu. Dans le cas où le plaideur prononçait ces graves paroles, il y avait originairement lieu à rencontre entre lui et ceux des pairs qui avaient assisté au jugement. Saint Louis établit que, quand le plaideur « faussait le jugement » des barons, le procès était porté devant les juges royaux et jugé par témoins. — Montesquieu a jeté une vive lumière sur ces questions. *Esprit des Lois*, liv. XXVIII, ch. 27.

(2) Il y avait *défaute de droit*, quand la cour du baron tardait outre mesure à rendre un jugement. Dans ce cas, l'affaire était portée devant le tribunal du suzerain. Les tribunaux royaux n'avaient qu'à développer cet usage pour évoquer les causes devant eux.

(3) Loyseau s'exprime en ces termes au sujet de l'extension des cas royaux : « Or comme le Roy a les mains longues et qu'il n'est point de telle couverture que le manteau royal, les officiers royaux, pour augmenter leur pouvoir, ont extrêmement étendu et multiplié les cas royaux, en les faisant, comme les idées de Platon, propres à recevoir toutes formes, et comme un passe-partout de pratique, sous prétexte qu'ils n'ont oncques bien été spécifiés, ni nettement arrêtés par aucune ordonnance générale. » *Seigneuries* (p. 211).

Les prévôts et les baillis, à la fois administrateurs et juges en premier ressort dans les domaines du roi, considérèrent comme cas royaux tout d'abord le meurtre, le rapt, l'homicide, la trahison; puis, peu à peu, tous les crimes qui dérivent de ceux-ci : révolte, port d'armes illicite, émeute, fausse monnaie, résistance aux officiers royaux, attentats contre la sûreté de l'État ou contre les ministres des cultes; par la suite, enfin, les causes intéressant les personnes qui s'avouaient « bourgeois du roi » et, par une définition très élastique, tous les litiges dont les lois romaines avaient réservé la connaissance à la juridiction des empereurs.

Par des moyens analogues, la même campagne d'envahissement se poursuit sur le domaine réservé aux tribunaux ecclésiastiques. On leur arrache les causes par l'habile revendication des *actions possessoires*, par la restriction du *privilège de clergie*, par la nécessité de rédiger les actes en français, par le contrôle exercé sur l'exécution des jugements émanant des officialités (1). Souvent, les clercs se sentent impuissants à défendre leurs droits et leurs privilèges; d'eux-mêmes, ils s'adressent à la justice royale. Nombre de prélats, d'abbés, de maisons religieuses implorent la faveur des *lettres de committimus* qui les rendent justiciables des tribunaux émanés du Conseil du Roi. Ainsi s'esquisse, de bonne heure, ce système « d'évocation à la personne » qui se présente à la fois comme un privilège pour le particulier et comme une nouvelle extension de l'autorité du prince.

Sur toute la face du royaume, un duel âpre s'engage entre les juridictions royales et les juridictions seigneuriales, municipales et ecclésiastiques. Dans chaque ville, dans chaque village, les divers tribunaux sont établis porte à porte et se font concurrence. Toutes les passions de clocher entrent en jeu, la vanité, la cupidité, l'ambition. La rivalité de nos notaires ou de nos médecins de campagne peut nous donner aujourd'hui l'idée de ce que furent autrefois

---

(1) Pendant le Moyen âge, l'avantage d'être justiciable des tribunaux ecclésiastiques était très recherché. Aussi, nombre de laïcs recevaient la tonsure et portaient l'habit clérical pour jouir de cette juridiction spéciale : c'était ce qu'on appelait le *privilège de clergie*. La lutte des tribunaux royaux contre les tribunaux ecclésiastiques et du droit civil contre le droit canon est l'un des faits les plus importants de l'histoire de l'Europe. Je ne puis que le signaler ici.

ces milliers d'Iliades obscures. Le justiciable pèse les mérites des concurrents et donne la préférence à celui d'entre eux qui lui paraît procéder avec le plus de célérité, d'exactitude et d'autorité. A ce jeu, les tribunaux royaux l'emportent, parce qu'ils ont la force derrière eux.

L'extension des *appels* ne fut pas moins féconde en résultats que la multiplication des *cas royaux*. Ceux-ci visaient les causes en première instance ; l'appel habitua le plaideur mécontent à trouver un recours dans l'autorité du roi. Dans le droit féodal primitif, nous l'avons dit, l'appel n'existait pas. Si le plaideur n'était pas satisfait, il n'avait d'autre ressource que « de fausser le jugement », c'est-à-dire d'accuser le juge de félonie et de l'appeler en champ clos, nécessité pénible pour l'un comme pour l'autre. C'est saint Louis qui réforma cet abus : « Combat, dit-il, n'est pas voie de droit », et il institua quatre bailliages devant lesquels devaient être portés les appels des tribunaux seigneuriaux. On devine aisément le parti que les légistes royaux tirèrent de l'institution des appels. Tout motif fut bon pour arracher un plaideur à son tribunal ordinaire et pour l'amener devant les assises du prince. De là, ces nombreux « appeaux volages » que le pouvoir royal lui-même finit par trouver excessifs, mais dont, au début, il recueillait tout le profit.

Plus le roi devenait fort, plus ses juges étaient ardents. Tout leur servait : les progrès de la conquête, l'adoucissement des mœurs, la restauration des études. Derrière les soldats, le juge arrive sans tarder. Les procès se multiplient autour de lui. Il déclame contre l'abus de la force et, selon la loi du progrès humain, remplaçant un mal par un autre mal, il lui substitue la chicane.

Après plusieurs siècles de ce régime, une grande révolution s'est accomplie. La justice, qui reposait sur le sol et sur le droit du propriétaire, est attachée à la personne du prince ; elle descend d'en haut sur les justiciables. Les anciens principes sont niés ; les vieux dictons féodaux sont retournés. C'est maintenant la « raison » romaine qui tend à remplacer la « coutume » barbare ; c'est le Digeste qu'on étudie et que l'on consulte, en y ajoutant quelque lambeau du droit canon et de la tradition biblique. La théorie légiste traduit, dans son langage hérissé de citations latines, le fait que le roi est juge suprême dans son royaume : « Dieu est la justice même et la vérité, dit un jurisconsulte. Le roi de France tient son sceptre de Dieu, comme il fait la justice qui est une marque principale des rois qui ne sont établis pour autre chose que pour faire justice. Les rois ne pouvant en leur personne administrer la justice, la communiquent à leurs sujets... De sorte que les justices que tiennent les seigneurs en France viennent du roi : « *a rege omnes jurisdictiones procedunt, sicut omnia flumina per meatus terræ fluunt a mari et ad mare refluunt* (1). »

L'organe principal de la volonté royale, en matière judiciaire, était le Parlement de Paris. Un heureux démembrement d'une ancienne institution féodale, la cour du Roi, lui avait donné naissance. On sait comment le grand despote, Philippe le Bel, partagea sa cour en trois fractions : le Grand Conseil, la Chambre des Comptes et le Parlement; comment, peu à peu, les grands vassaux furent écartés de la cour judiciaire; comment les bourgeois s'élevèrent aux « hauts bancs »; comment enfin le Parlement, fixé à Paris, reçut la délégation permanente de la plus importante des attributions royales (2).

Il faut considérer maintenant cette institution, non pas dans ses débuts pénibles et obscurs, mais à son apogée, alors que son triomphe exalte les victoires ininterrompues de cette bourgeoisie de robe que le roi avait, depuis si longtemps, associée à ses luttes pour l'unité et pour la centralisation. « Le roi Louis XII ayant quitté son palais aux juges, pour montrer l'honneur et révérence qu'il avoit à la justice, se retira au Bailliage tout contre le Palais, et pource qu'il avoit les gouttes, il se pourmenoit sur un petit mulet dans les jardins du Bailliage, où il digéroit les affaires de l'État; et lorsqu'il avoit besoin de bon conseil, il montoit au Parlement, demandoit advis et quelquefois assistoit aux plaidoiries, jugeoit les causes, son chancelier prononçant les arrêts en sa présence. A cette occasion, on

---

(1) *Maximes générales du droit français*, par Pierre Delommeau, Saumur, 1610, in-12 (p. 85).

(2) Voir l'article *Parlement*, dans le *Dictionnaire historique de la France*, de M. Ludovic Lalanne.

avoit dressé, depuis le bas des grands degrés jusques en haut, une allée faite d'ais et planchéiée de nattes où son mulet le montoit pour le mener, peu après, jusqu'à la porte de la Grand'Chambre où les gentilshommes le prenoient et le portoient en place, sous son dais » (1). Ce tableau nous représente la familiarité dont les rois en usaient avec la justice. Ils la logeaient chez eux, lui cédaient la place, se réfugiaient dans les dépendances et puis, avec une agréable bonhomie, ils allaient, de temps à autre, voisiner avec elle et prendre l'avis des sages bourgeois, leurs compères, qu'ils avaient assis sur les lys.

Ce Louis XII, si simple pour lui-même, n'avait rien trouvé de trop beau pour son Parlement. C'était lui qui avait construit la façade de la Cour du Mai, plus belle que celle du Palais de justice de Rouen, avec le fameux perron des « Grands-Degrés, » avec le portail majestueux en arc brisé, avec le luxe de ses baies ogivales et, sur les hauts toits d'ardoises, les lucarnes toutes fleuries de motifs sculpturaux et de choux grimpants. C'était lui encore qui avait fait venir d'Italie le moine-artiste Fra Giovanni Giocondo, pour lui confier la décoration de la *Grand'Chambre* ou *Chambre Dorée*. Il se complaisait dans cet endroit somptueux qu'il avait orné de tout ce que le goût de son temps pouvait rêver de riche et d'exquis. Dans un demi-jour discret où les vitraux historiés laissaient filtrer de calmes lueurs, s'estompaient les velours bleus tendus contre les murs, le mat des boiseries naturelles, l'or des franges et des fleurs de lys. Le plafond cloisonné du plus riche ouvrage de menuiserie relevé d'or et de vermillon, laissait pendre, comme autant de stalactites, les pointes des culs-de-lampe ouvragés. Partout était semé le porc-épic de Louis XII. Au fond de la salle, une belle peinture, attribuée à Jean Van Eyck, représentait le Christ en croix entouré des apôtres et des saintes femmes ; et cette image qui, dès l'entrée saisissait le regard, donnait à l'enceinte un caractère religieux (2).

Près du Christ, dans l'angle à gauche, était dressé le trône

---

(1) *Treize livres des Parlements de France,* par BERNARD DE LA ROCHE-FLAVYN. Genève, 1621, in-4° (p. 361).
(2) Voir les indications réunies et les estampes reproduites dans *Paris à travers les âges* (t. I, p. 25 et suiv.).

sur lequel, dans les jours d'audience solennelle, le roi était assis. C'était une sorte de lit, ainsi que l'expriment les mots *lit de justice*, et la Roche-Flavyn nous décrit avec onction ce « siège préparé et paré au-dessous d'un couvert, ciel ou dais de drap d'or ou de velours avec des oreillers et un autre grand drap de velours azuré, semé de fleurs de lys d'or qui sert de dossier à ce trône et qui, coulant par-dessous les oreillers où sied le Roi, vient à descendre par les degrés et s'avance bien avant dans le parquet. » Ce même auteur ne manque pas de faire la comparaison de ce trône avec « celui du grand Négus, roi ou empereur d'Éthiopie sur lequel ceux qui vont le saluer le trouvent assis, dans sa magnificence, avec force oreillers de soies de toutes sortes autour de lui (1) ».

En temps ordinaire, le trône royal restait vide et dépouillé de ses ornements; mais on ne l'enlevait pas. Sa présence rappelait que la majesté royale était toujours prête à venir siéger au milieu de cette Cour qui rendait la justice en son nom. Dans les grandes cérémonies, le roi était assis, vêtu de ses attributs royaux. Il avait à ses pieds, sur un coussin de velours, le grand chambellan; à droite, sur le haut banc, les princes du sang, les ducs pairs laïcs, vêtus du chaperon et du petit manteau, l'épée au côté (2); à gauche, les six pairs ecclésiastiques, en rochet et camail; à l'extrémité de ces deux bancs, le surintendant des finances et quelques courtisans debout. Plus bas était assis le chancelier, dans sa robe violette et, sur les marches, le Prévôt de Paris. Sur le banc dit des Présidents, d'abord le premier président, puis les autres présidents de la cour avec le mortier et le manteau; puis, sur les trois gradins disposés à droite et à gauche aux pieds du roi, les autres membres de la Cour selon l'âge et la dignité : les présidents des enquêtes, les présidents des requêtes, les conseillers-clercs d'un côté, les conseillers-lays de l'autre, tous en robes rouges et chaperons fourrés; le procureur général et les avocats généraux qui n'étaient considérés alors que « comme les pieds de ces grands corps et les derniers des conseillers » (3); enfin sur le parquet ou

---

(1) *Op. cit.* (p. 375-380).
(2) Bernardi, *Révol. du Droit français*, 1785, in-8° (p. 68).
(3) La Roche-Flavyn (p. 132).

derrière le barreau, les greffiers civils et criminels, les gardes des sacs et les clercs, les avocats, plaidants, écoutants, consultants, les procureurs du Parlement et les huissiers.

Il y avait un personnel d'environ 200 conseillers ou présidents, remplissant les fonctions judiciaires (1). Le corps se divisait en Grand'Chambre, Chambre criminelle ou Tournelle, Chambre des enquêtes et Chambre des requêtes. Quand le Parlement avait à délibérer sur des matières autres que les causes judiciaires, il se réunissait en Conseil secret. Dans toutes les séances, les opinions étaient prises par les présidents, en commençant par les plus jeunes et en terminant par les plus élevés en âge ou en dignité.

L'installation de la Cour du parlement en plein cœur de Paris, dans le vieux palais féodal berceau de la monarchie, la splendeur du monument, la pompe des cérémonies, la richesse des costumes, les attentions continuelles dont les rois l'entouraient, tout indiquait l'importance de ce corps dans la constitution intérieure du royaume. Les rois de France n'avaient rien plus à cœur que leur rôle de justicier; sur aucun point, ils ne se montraient plus entreprenants à la fois et plus chatouilleux; car, comme dit Loyseau, « Justice est le plus fort lien qui soit pour maintenir la souveraineté. »

Le Parlement est donc, pour la royauté, un instrument de conquête et un instrument de pacification. Il doit être fort; mais dans la mesure où il est fidèle. C'est cette formule qui trace les limites de sa compétence et de ses attributions. Elles s'étendent à tout, quand il faut seconder le pouvoir de l'État; elles se restreignent soudain, quand il s'agit de l'entraver.

Le Parlement de Paris est le Parlement de France. En principe, son ressort n'a d'autres bornes que celles du royaume. Les autres parlements, constitués au fur et à mesure de la conquête, ne sont que des démembrements de la première cour qui siège près du roi. Son autorité directe s'étend, en tout cas, sur les six dixièmes du pays. Il est, par essence, un tribunal d'appel. Il représente la sagesse suprême de l'État et sanctionne, de ses arrêts, le droit

---

(1) 276, à la mort de Richelieu.

définitif (1). Il connaît non seulement du droit, mais du fait. Au criminel, il a toute puissance pour la répression. Ses huissiers vont chercher le coupable, si grand qu'il soit, au fond des hôtels ou des châteaux fortifiés. Une procédure sévère saisit l'accusé et le traîne au pied du tribunal qui le présume criminel. La torture brise son corps; l'inquisition scrute sa conscience. On doit dire au Parlement ce qu'on sait et ce qu'on ne sait pas, ce qu'il veut savoir et ce qu'il croit deviner. Si forte que soit la volonté particulière, elle doit plier devant cet organe de la volonté publique. Une exigence et une sévérité sans contrepoids et sans frein sont nécessaires pour tenir les esprits en respect et les cœurs en alarme. Les usuriers, les sorciers, les blasphémateurs, les hérétiques rendent compte au Parlement du trouble jeté dans les fortunes, dans les imaginations et dans les consciences. La question, le pilori, la pendaison, la décapitation, la strangulation, l'estrapade, la roue, le plomb fondu, les supplices les plus raffinés, contiennent le déchaînement des instincts brutaux et répandent, par des spectacles publics fréquemment renouvelés, le prestige d'un tribunal qui dicte la *vengeance de la loi*.

Au civil, la chicane qui est le premier tribut payé à la justice par les sociétés qui s'organisent, la chicane emplit le greffe de dossiers énormes, de sacs poudreux où s'enferment les lentes procédures et les hésitations d'un droit qui se cherche encore. Mariages, successions, substitutions, testaments, toute l'histoire de la famille et de la fortune privée, en France, repose encore dans ces archives inexplorées. Des résolutions longtemps contradictoires finissent par se rapprocher les unes des autres et par constituer une jurisprudence; celle-ci se fixe à son tour et, condensée, elle devient loi. Une sorte d'unité se constitue ainsi; des règles, inspirées par un esprit nouveau, s'établissent dans les relations entre les personnes et les biens; les registres des naissances et des décès sont ouverts; l'enregistrement des actes leur donne l'authenticité, leur rédaction en langue française met la connaissance des titres

---

(1) Sur les attributions du Parlement étudiées d'après ses archives, voir La Borde, *Le Parlement de Paris, sa compétence*, préface de *l'Inventaire des actes du Parlement de Paris*. Paris, Plon, 1863, in-4°.

à la portée de tous les intéressés. Le droit, enfin, se laïcise par le refoulement des justices ecclésiastiques.

Sur aucun point, la politique parlementaire n'a été plus persévérante et plus passionnée. L'atteinte portée au « privilège de clergie », la distinction du « possessoire » et du « pétitoire », l'établissement de « l'appel comme d'abus », la surveillance des communautés et la destruction de la « mainmorte », la poursuite et la condamnation des ordres religieux étrangers, la surveillance attentive de la claustration forcée et de la captation, enfin l'intervention constante de l'autorité judiciaire dans les choses de la foi et de la discipline, excommunication, confession, prédication, inhumation, tels sont les procédés d'une sorte de *culturkampf* soupçonneux et violent qui se mesure à l'étendue du terrain à reconquérir.

Le Parlement ne fait pas que juger : il administre et il légifère. Il est comme l'intermédiaire entre la cour féodale, établie sur le principe médiéval de la délibération en commun, et les parlements modernes qui reposent sur la représentation. Parfois, il remonte vers le passé et invoque des traditions d'un autre âge. Mais, parfois aussi, on dirait qu'il devine l'avenir et il revendique des droits qui ne peuvent appartenir qu'à l'assemblée des délégués de la nation.

C'est en vertu de ses origines que le Parlement intervient dans tout ce qui touche à l'administration du domaine royal, apanages, dots et douaires des princes et princesses du sang ; par là s'explique également sa compétence dans les matières féodales : érection des terres en fiefs, lettres d'anoblissement, réglementation de la chasse et de la pêche. Mais, c'est en vertu d'une délégation partielle de la puissance politique, qu'il exerce des attributions de haute police, notamment sur les juifs, sur les étrangers, sur les prisons, sur les hôpitaux et les maladreries ; sur la circulation publique, les coches et les voitures ; sur l'administration intérieure en matière de commerce, de douanes, péages, foires et marchés ; en matière d'agriculture, protection du pauvre peuple contre « la foule » des gens de guerre ; qu'il encourage le perfectionnement des outils, l'acclimatation des espèces nouvelles; qu'il édicte des règlements, trop souvent nuisibles, en cas de famine ou de cherté; qu'il surveille les corps de métier et corporations, confirme et homologue leurs statuts, détermine, dans chaque spécialité, le taux des salaires et les heures de travail, fait visiter les ateliers, prend des mesures somptuaires et réprime le luxe. C'est ainsi encore qu'il décide de la valeur des métaux, exerce son contrôle sur la frappe des monnaies, la banque, les émissions d'emprunt, rentes de l'Hôtel de Ville, rentes constituées, aliénation du domaine, concession de mines, brevets d'invention, monopoles, privilèges commerciaux; c'est ainsi enfin (car il faut se borner, même quand le sujet est infini), qu'il considère comme une de ses principales fonctions la haute direction de l'enseignement public.

A partir de Louis XII, l'Université a perdu son autonomie et se trouve placée sous la direction du Parlement. Celui-ci la soutient énergiquement dans la lutte qu'elle engage contre les ordres enseignants et notamment contre la Compagnie de Jésus. Mais s'il la protège, il la surveille. Toute nouveauté l'effraie. Sa politique, ici comme ailleurs, est rétrograde et oppressive. Il s'oppose aux progrès de l'imprimerie. S'il l'eût pu, il l'eût étouffée au fond des caves où elle installa ses premières presses. Il lit les livres avant qu'ils paraissent, poursuit ceux qui ont échappé à sa surveillance, les brûle, et parfois leurs auteurs. Le Parlement, en un mot, est le maître des doctrines comme il est le maître des mœurs. L'autorité royale prend, dans ses actes, un caractère d'âpreté qui tient à ce que les décisions sont anonymes et collectives. Il informe de tout, décide sur tout; il conseille et il dicte; il dénoue et il tranche; rien ne l'arrête, rien ne l'émeut. Ses membres, à la fois juges et administrateurs, inamovibles et irresponsables, finissent par se convaincre qu'ils sont les seuls et véritables représentants de la nation.

Les ambitions politiques du Parlement s'étaient développées à la faveur de l'incertitude qui existait sur l'origine et le principe de la souveraineté. Avant que la théorie du droit divin se fût constituée, on gardait un fond de respect pour les assemblées délibérantes et je ne sais quel vague souvenir de ces *Champs de Mars* ou *Champs de Mai* qui avaient réuni, dans les premiers temps de la monarchie, les membres de la nation souveraine. Les parlements, sans plus de façon, s'étaient emparés de cette origine illustre et ils assuraient que leurs assises représentaient les *plaids* contemporains de Charlemagne. La rareté des sessions des États généraux avait autorisé leurs prétentions. Ce nom même de *parlement* flattait leur vanité et stimulait leurs ambitions.

Ils avaient adroitement poussé leur entreprise dans les périodes d'affaiblissement du pouvoir. Au début des régences, ou bien quand l'héritier du trône était incertain, l'intervention d'une haute cour de justice paraissait tout indiquée pour débrouiller les droits rivaux. Le parlement de Paris était ainsi devenu, du consentement de tous, le gardien de la constitution traditionnelle et non écrite du royaume. Il pouvait se considérer comme placé en dehors et au-dessus de cette constitution : « C'est une loi fondamentale du royaume, dit l'un de ses défenseurs, que rien ne peut être imposé sur les sujets du roi et qu'on ne peut faire aucun officier nouveau que par le consentement du Parlement qui représente l'aveu général de tout le peuple. Il connaît du domaine, du droit de Régale, des duchés-pairies et de tous les droits éminents de la couronne... C'est lui qui fait les régents, qui déclare la majorité des rois, qui autorise les ordonnances et qui maintient la loi salique... » En un mot : « Nous voyons que le Parlement de Paris a toujours été un abrégé des Trois États, l'image et le raccourci de tous les ordres du royaume (1). »

La Royauté avait, comme à plaisir, développé dans le Parlement les sentiments qu'exprime ce fier langage. Pour des motifs de bon ordre et de publicité, elle avait soumis ses actes à la formalité de l'*enregistrement*. Elle avait toléré d'abord, reconnu ensuite, *le droit de remontrances*. Dès le quinzième siècle, les royalistes les plus fervents ne le contestaient plus. Il est vrai que le roi se réserva toujours de passer outre au moyen des « lettres de jussion », ou par le procédé sommaire « du lit de justice ». Mais

---

(1) *De la nature et qualité du Parlement de Paris*, 1652, in-4° (p. 5 et 6).

n'était-ce pas un grand sacrifice que de tolérer, dans un corps constitué et permanent, cette libre expression de la critique, ce rôle d'opposant, en quelque sorte régulier et constitutionnel? Ne devait-on pas craindre que, dans les périodes de crise, le Parlement, se sentant nécessaire, ne se posât en *tuteur des rois?*

Il y avait, dans le royaume, tout un parti politique qui ne se lassait pas de dénoncer les prétentions du Parlement et de les tourner en raillerie. C'était le parti aristocratique. L'école libérale du seizième siècle notamment, n'avait eu que des paroles de dédain pour cette « espèce d'hommes nouvelle, née depuis trois siècles, dont la ruse a usurpé le nom et l'autorité des assemblées de la nation et qui a fini par vouloir les subordonner à sa prétendue grandeur (1) ».

Le roi n'était pas fâché de ces querelles et, au besoin, il les envenimait. Sa politique, à l'égard de la cour judiciaire, était alternativement douce et rude, selon qu'il attendait d'elle des services ou qu'il appréhendait ses remontrances. Lors des changements de règne, au temps des minorités, on la flattait, on la caressait, on reconnaissait « qu'elle était habituée de pourvoir à la régence ». Mais quand le gouvernement était fort, si le Parlement se mêlait avec trop d'insistance de la chose publique, on le rabrouait vivement. Témoins les propos de Henri IV, en 1595, où perce tout le dédain de l'homme d'action et du maître pour les discoureurs importuns. « Vous m'avez dit la charge que porte cet édit en nos finances; mais vous ne m'apportez point de remèdes pour m'en tirer et moins pour faire vivre mes armées. Si vous me faisiez offre de deux ou trois mille écus chacun ou me donniez avis de prendre vos gages ou ceux des trésoriers de France, ce seroit un moyen pour ne point faire des édits; mais vous voulez être bien payés et pensez avoir beaucoup fait quand vous m'avez fait des

---

(1) Hotman, *Franco-Gallia*. Passage ajouté en 1586. — « Seule la magistrature s'applaudit de la disparition des États généraux. Car elle s'était dès longtemps substituée à cette grande autorité et avait osé, pour la sanction des lois et pour l'octroi de l'impôt, remplacer par des formules de greffe, l'imprescriptible nécessité du consentement des ordres. » Lemontey, *Essai sur l'établissement monarchique de Louis XIV*, in-8, 1818 (p. 354).

remontrances pleines de beaux discours et de belles paroles; et puis vous allez vous chauffer et faire tout à votre commodité (1). »

Au fond le roi savait, mieux que nul autre, à quoi s'en tenir sur la faiblesse de cette opposition. Il la tolérait comme un dérivatif commode aux humeurs critiques et frondeuses de la nation. Il n'ignorait pas qu'elle était sans autorité et sans prestige (2).

Fille de la Paulette, la classe des parlementaires trembla toujours pour les charges qu'elle avait payées si cher et qu'un caprice de la Royauté pouvait supprimer d'un mot. Une opposition qui a de ces inquiétudes n'est pas bien redoutable. Le courage ne va pas sans le désintéressement. Les membres des parlements ne faisaient rien, d'ailleurs, pour corriger, par des choix heureux, les vices inhérents à la vénalité des offices. Le recrutement étant limité à un certain nombre de familles riches, la facilité avec laquelle les fils de magistrats ou de traitants étaient admis, après un examen dérisoire, exerçait la verve des satiriques (3).

La classe était aussi bridée par l'ambition des hauts emplois. Dans l'intérieur de la Cour, le premier président, nommé par le Roi, pouvait être remplacé *ad nutum*. Les présidents à mortier étaient tous plus ou moins candidats à ce poste élevé; et,

---

(1) *Lettres missives* (t. IV, p. 415, note). — Cpr. FLAMMERMONT, *Remontrances du Parlement de Paris*. Dans *Collect. des Documents Inédits*. Introduction (t. I, p. LXXVI). « L'égoïsme était le défaut des membres du Parlement. Il se préoccupait avant tout de défendre les intérêts de ses membres, propriétaires fonciers, propriétaires d'offices et gros rentiers. Ce n'est que par surcroit qu'il pensoit aux intérêts des bourgeois de Paris, qui jouissaient de privilèges dont les magistrats profitaient, et aux intérêts des consommateurs en général, du pauvre peuple et parfois du commerce et de l'industrie; mais il manifestait toujours une vive animosité contre les financiers, comme s'il voulait faire oublier qu'un grand nombre de magistrats devaient leurs fortunes et leurs charges à des ancêtres qui avaient amassé leur fortune dans la finance. »

(2) « Le roi Henri II étant venu un jour au Parlement, fâché de la difficulté qu'on faisait de vérifier quelques édits, dit que son Parlement n'avoit pas de puissance, s'il ne lui envoyoit ses lettres patentes pour en faire ouverture chacun an, ce qui étonna quelques-uns. » LOYSEAU, *Offices*, ch. III (p. 47).

(3) « ... Il faut que je vous avoue que [ce jeune conseiller] est le plus gros buffle que l'on ait jamais vu. On le reçut l'autre jour à la Chambre par grand'pitié et avec beaucoup de peine. Croyez-vous que l'on ne sut jamais entendre un mot ni de sa harangue, ni de ses réponses, si bien que celui qui l'interrogea le moins en fut le plus satisfait et ne put s'empêcher de dire, opinant à sa réception, qu'il avait de la bonne fortune de se présenter à la belle saison du mois de juin que les ânes *paissent* partout. » *Caquets de l'Accouchée* (p. 128). — Voir encore FLAMMERMONT, *Remontrances*. Introduction (p. LXXX).

quant aux conseillers, le premier président les tenait par la distribution des rapports qui étaient la véritable source des revenus pour les magistrats de l'ancien régime. Au dehors, les ambitions, plus ardentes, dépendaient davantage du prince. Ces conseillers, ces maîtres aux enquêtes, si fiers sur les lys, étaient les fils, les frères, les cousins des conseillers d'État, des maîtres des requêtes, des commissaires départis et des intendants. Les Séguier, les Servien, les d'Argenson, les Machaut, alternativement assis ou debout, et même à cheval, apparaissaient, toujours et partout, comme les agents de la même autorité suprême. Que pesaient, en face de ces traditions et de ces intérêts, les velléités d'opposition qui agitaient parfois de jeunes têtes échauffées? On savait, à la Cour, qu'on pouvait toujours gagner un conseiller remuant par l'offre d'un emploi lucratif, détruire une cabale par une contre-mine prudemment conduite, et, enfin, en mettant les choses au pis, apaiser tout l'ordre parlementaire par la menace d'une diminution de ses privilèges.

Ainsi le Parlement n'avait de force que pour frapper les adversaires de la royauté. S'il tournait ses armes contre le prince, elles s'émoussaient. Il montrait au peuple la face d'un juge redoutable, d'un administrateur vigilant, d'un personnage intègre et respecté. Mais, auprès de la royauté, il n'était qu'un serviteur empressé, dont les boutades étaient sans conséquence. En rédigeant ses plus célèbres remontrances, le Parlement servait encore la cause monarchique. Le bruit qu'elles faisaient suffisait pour enlever aux actes du prince l'odieux de l'arbitraire. Il y avait, en France, un grand nombre d'esprits raisonnables qui trouvaient que les attributions du Parlement étaient une garantie suffisante pour les libertés de la nation. On le comparait au Parlement d'Angleterre et si l'on voyait entre eux quelque différence, elle paraissait plutôt en faveur de celui de Paris. On le trouvait plus sage, plus modéré, plus grave. Son autorité passait pour plus assurée et mieux obéie (1).

L'ordre parlementaire traversait, d'ailleurs, à l'époque où nous

---

(1) L'Anglais Thomas Coryate dit, sans distinguer entre le Parlement de Paris et celui

nous plaçons, la phase héroïque de son histoire. Nourrie aux fortes études dans les universités, formée aux affaires publiques par la confiance des rois, gardant encore dans ses mœurs, non seulement l'autorité, mais quelque chose de la vigueur qui avait signalé les belles années du seizième siècle, cette génération dessinait la figure idéale de l'ancienne magistrature française, de celle qu'on a appelée, d'une expression un peu solennelle, « le clergé de la loi » (1). C'était un clergé, en effet; mais le culte qu'il servait, était celui du prince : gallicans, adversaires des jésuites, politiques enfin, ils étaient, selon le mot de Du Perron, de « ces froids et irréligieux catholiques qui n'ont d'autre loi, comme dit Grégoire de Nazianze, que la volonté de l'Empereur » (2).

Dans l'universel effort vers l'unité et la subordination, le rôle du Parlement est de réclamer, pour le prince, l'arbitrage de tous les conflits de la paix. Il habitue les peuples à s'incliner devant la raison suprême ici-bas qui est la parole du roi. Le roi, ou plutôt l'État, c'est l'intérêt général vivant, édictant, agissant; telle est la doctrine parlementaire, celle que la cour applique dans ses arrêts, dans sa jurisprudence, dans ses remontrances, enfin dans les *lits de justice* où, donnant l'exemple de la discipline sociale, elle finit par s'incliner devant la volonté du souverain. Le Parlement fut le plus puissant organe d'unité et de centralisation qu'ait connu la France pacifiée. Les contemporains ne s'y trompent pas et Loyseau le dit fortement : « Il faut confesser que ça été le Parlement qui nous a sauvés en France d'être cantonnés et démembrés comme en Italie et en Allemagne, et qui a maintenu le royaume en son entier (3). »

Mais ce même Loyseau qui a discerné si heureusement le rôle

---

d'Angleterre : « Il n'y a pas de sessions *à Paris comme à Londres*, mais une seule session ininterrompue, excepté pendant les temps de vendanges... » Voir encore le livre si curieux et si hardi qui est le point de départ du mouvement d'opinion parlementaire en France : *Traité des Parlements ou États Généraux*, composé par Pierre Picault, à Cologne, chez Pierre Marteau, 1679, in-16.

(1) Mignet.
(2) *Perroniana*.
(3) *Seigneuries*, ch. v, 61 (p. 51).

unitaire de la Cour du Parlement ne se faisait aucune illusion sur les difficultés qui restaient à vaincre pour que l'action de la justice royale s'étendit à tout le royaume. Son traité des *Seigneuries*, écrit en 1617, et qui éclaire d'une vive lumière tout l'ordre politique de l'ancienne France, n'est rien autre chose que le tableau des souverainetés et, par conséquent, des justices particulières qui subsistaient à cette date.

Faut-il refaire, après lui, cet exposé? Faut-il discuter avec lui la question, qui se débattait encore, de savoir « si la justice appartient nécessairement au fief et quels sont les rapports de la justice et de la seigneurie? » Faut-il, après lui, examiner les trois justices seigneuriales, haute, moyenne et basse, et passer en revue les signes visibles de ces justices, le pilori ou échelle, le gibet ou potence « qui est à deux piliers pour le haut justicier, à trois pour le châtelain, à quatre pour le baron, à six pour le comte et à huit pour le duc », sans qu'on ait jamais réglé la grave question de savoir « si les piloris doivent être liés par dedans ou par dehors, pattés, enfestés ou surfestés? » Faut-il considérer la « variété des coutumes touchant la justice foncière » et dire « comment les justices foncières se sont amplifiées; » faut-il énumérer « les abus des justices de village »; commenter le vieux proverbe qui résume d'un trait les maux résultant de la partialité des justices particulières : « Le seigneur de paille mange le vassal d'acier? » En un mot, faut-il rappeler, qu'au début du dix-septième siècle, chaque ville, chaque bourg, chaque corps, chaque communauté avait conservé ses tribunaux, rivaux les uns des autres, que la confusion régnait partout et que l'offensive, pourtant si vigoureuse des juges royaux, n'avait pu encore percer jusqu'au fond la couche épaisse des seigneuries féodales superposées?

Compétence, ressort, procédure, législation, c'étaient là autant de retraites où les vieux droits se réfugiaient et luttaient avant de mourir. Dans ce désordre, les plaideurs cherchaient leurs juges et les juges se disputaient les plaideurs. On a observé que la plupart des procès étaient, comme on dit, en « règlement de juges », si bien que la chicane finissait par se perdre en ses propres détours; épuisée, mais non rassasiée, elle s'endormait sur ces procès interminables qui voyaient passer des générations de plaideurs et de magistrats.

L'œuvre royale, sans cesse entravée par les résistances locales ou particulières, manquait, d'ailleurs, de clarté et de simplicité. Les institutions judiciaires nouvelles, moulées trop souvent sur celles qui les précédaient, en reproduisaient la configuration et les défauts. C'est ainsi que, par une grave dérogation au principe de l'unité, la royauté n'avait pu se refuser à établir des cours souveraines dans les chefs-lieux des provinces les plus récemment réunies à la couronne. Les parlements de Toulouse, de Grenoble, de Bordeaux, de Dijon, de Rouen, d'Aix et de Rennes avaient été créés au fur et à mesure que la conquête royale s'étendait et, le plus souvent, par une clause de l'acte qui établissait, sur ces régions, la souveraineté du roi. Chaque parlement, tout en rendant la justice au nom du Prince, se considérait comme souverain, et comme l'égal du parlement de Paris. Le privilège d'une juridiction particulière concédé à ces provinces entretenait chez elles des idées d'autonomie appuyées, d'ailleurs, sur tout un système politique que nous aurons à examiner bientôt.

Dans l'ordre des juridictions inférieures, les réformes accomplies par la royauté étaient plus illogiques encore et plus incertaines. Au début, faute d'argent ou faute de clairvoyance, elle n'avait pas cru devoir distinguer entre les attributions judiciaires et l'autorité administrative. Des fonctionnaires à toutes fins, les prévôts, les baillis, les sénéchaux, recevant en bloc la délégation de la puissance royale, étaient devenus de petits despotes régionaux. On avait fini par leur enlever une autorité dont ils abusaient, mais sans aller jusqu'à les supprimer tout à fait, et ces organismes antiques entravaient de leur poids inutile la marche des affaires publiques.

Vers le milieu du seizième siècle, cependant, un grand progrès fut accompli. La royauté prit une mesure générale et applicable sans distinction à toutes les provinces : elle créa les *présidiaux*. Par cet acte, elle constituait le tribunal royal de première instance et, en même temps, elle pourvoyait, dans des conditions extrêmement fortes, à la sécurité publique. Ces tribunaux, en effet, jugeaient en premier et en dernier ressort, au criminel et au civil, les causes nettement définies qui leur étaient attribuées Ils connaissaient, sans appel, des brigandages sur les grandes routes, des vols à main armée, des vols avec violence et effraction, des révoltes et des rassemblements en armes, des levées de troupes faites sans commission, des crimes de fausse monnaie, des attentats commis par les vagabonds ou par les soldats en marche (1). Cette institution, qui établissait à demeure, dans les provinces, des magistrats devant tout au roi, avait une importance capitale. Mais, entravée dans son développement par les longs troubles civils, elle ne devait prendre conscience d'elle-même que dans le cours du siècle qui s'ouvrait.

S'il s'agissait de tracer ici le tableau complet des institutions judiciaires de l'ancienne France, il faudrait ajouter bien des pages à celles qui précèdent. Une foule de tribunaux à compétence mal définie exagéraient leurs prétentions en raison de leur inutilité. Ce qui est étonnant, c'est qu'on ait trouvé des plaideurs en nombre suffisant pour occuper et nourrir tant de juges. Mais, c'est un fait d'observation que l'augmentation des tribunaux multiplie les procès et, qu'en cette matière, l'organe crée la fonction. Il y avait toute la série des tribunaux administratifs : *Grand Conseil, Cour des Comptes, Table de Marbre, greniers à sel*, etc. Il y avait les juges de police, par exemple la série des prévôts : *grand prévôt, prévôt de l'hôtel, prévôt des maréchaux, prévôt de Paris, prévôts des grandes villes;* il y avait des tribunaux de commerce, *prévôt des marchands, roi des merciers, consuls et échevinages*. Nous n'avons dit qu'un mot, en passant, des juridictions ecclésiastiques, qui, cependant, au dire d'un contemporain, « tenaient encore en leur autorité la plupart des sujets du Roi » (2). Dans chacun des diocèses de la France, il y avait une *officialité* qui occupait, pour le moins, cinq ou six personnes.

---

(1) Chéruel, *Dictionnaire des Institutions*, v° Présidiaux ; et Jousse, *Traité des juridictions des présidiaux.* Paris, 1755, in-8°.

(2) « Les ecclésiastiques qui non seulement possèdent le tiers des terres de la France et les plus beaux fiefs du Royaume, mais qui tiennent encore en leur ordre la plupart de nos hommes... » *Plaidoyers de* Le Bret, f° 9.

Bornons-nous et concluons.

En 1614, la lutte entre la juridiction royale et les juridictions particulières n'était pas terminée et, selon le mot d'un jurisconsulte contemporain, « ces grands différends n'étaient pas vuidés ». Cependant, en thèse générale, le droit du prince se substituait à celui du propriétaire. La doctrine romaine triomphait.

Le droit royal, en matière juridictionnelle, se distinguait, par un trait significatif, du droit impérial. Il était moins abstrait. A Rome, l'autorité du prince, héritier de la République, représentait des entités, le peuple, le Sénat, les comices, l'État. Le roi de France, au contraire, était un grand seigneur au milieu de ses fidèles, un père de famille parmi les siens; saint Louis s'asseyait sous le chêne de Vincennes et rendait la justice en personne; le Parlement n'était qu'une fraction du conseil du prince, appelée à donner des avis et non à rendre des sentences. Quelque chose de cette origine patrimoniale, je dirai presque familiale, se conservait dans les institutions monarchiques et atténuait la rigueur des principes romains. Le roi, homme vivant et mourant, jeune ou vieux, instruit ou illettré, était juge suprême de tous ses sujets.

De là, le *droit d'évocation*, droit singulier, droit touchant, droit redoutable, qui marque d'un trait particulier la monarchie française de l'ancien régime. Il y eut toujours, de l'aveu de tous, des causes que les tribunaux ordinaires n'étaient pas aptes à juger; il y eut toujours, derrière et au-dessus de la dernière sentence rendue par les tribunaux de l'ordre le plus élevé, la ressource d'un appel direct au roi. Celui-ci, impuissant à contenir et à satisfaire cet élan des justiciables vers sa personne, s'efforce de le modérer et de le régler. Mais, c'est en vain qu'il crée certains corps — *Conseil privé ou des parties, Grand Conseil* — chargés de juger ces litiges obstinés; c'est en vain qu'il donne des attributions judiciaires au conseil politique par excellence, le *Conseil des Dépêches*. Il y a toujours une prière, une supplication plus ardente que les autres, qui monte jusqu'à lui et qui l'atteint. Au-dessus de l'*évocation par propre mouvement* qui est encore soumise à certaines règles, subsiste, malgré tout, l'arbitraire de l'*évocation à la propre personne*, qui s'adresse directement au droit originel et magistral du Roi-Juge.

Le Roi, qu'il le veuille ou non, remplit personnellement toutes les fonctions de son métier (1). Dans sa cour, au milieu de ses gentilshommes, dans ses camps, au milieu de ses soldats, dans les assises du parlement, parmi ses magistrats, il gouverne, commande et juge lui-même.

La familiarité de son existence parmi les siens ajoute à la force de son autorité sur ses sujets. Il pénètre, sans que personne y trouve à redire, dans leur vie privée et règle en père, en ami, en maître, leurs différends et leurs querelles. S'il apprend que, dans ses provinces, les magistrats ordinaires remplissent mal leur office, il envoie de ce côté quelqu'une de ses assises ambulatoires, nommées *Grands-Jours*, qui donnent, avec pompe, le spectacle éphémère de la justice royale. Ou bien c'est quelque agent de passage, un maître des requêtes, un intendant qui reçoit une commission pour aller régler sur place certaines difficultés particulières, ou bien ce sont des *lettres de pareatis* qui, expédiées en grande chancellerie et munies du grand sceau, rendent exécutoires les sentences de certains tribunaux dans une province où ces juges n'ont pas ju-

---

(1) Ici, comme toujours, nous trouvons en présence deux thèses : la royale est soutenue notamment par Cardin Le Bret : « Or, bien que les Rois, et même les nôtres, ne jugent que fort rarement les crimes de leurs sujets, néanmoins, l'on ne doit point inférer qu'ils se soient dépouillés pour cela de leur autorité souveraine, non plus qu'on ne peut pas dire, sans grande absurdité, que Dieu se soit privé de sa puissance, sous prétexte qu'il emploie les œuvres secondes pour le gouvernement et la conduite de cet univers ;... l'on ne doit donc point douter que le Prince ne retienne toujours le droit de pouvoir assister au jugement des crimes, quand bon lui semble; il serait même à désirer qu'il assistât quelquefois à ces jugements. » *De la souveraineté du Roi*, par Messire Cardin Le Bret, 1632, in-4°, (p. 510-511). — La thèse libérale est exposée par Montesquieu qui cite, d'après les Mémoires de Montrésor, les paroles que le président de Bellièvre aurait prononcées lors du jugement du duc de La Valette : « Lorsque Louis XIII voulut être juge dans le procès du duc de la Valette et qu'il appela pour cela dans son cabinet quelques officiers du parlement et quelques conseillers d'Etat, le roi les ayant forcés d'opiner sur le décret de prise de corps, le Président de Bellièvre dit : qu'il voyoit dans cette affaire une chose étrange, un prince opiner au procès de l'un de ses sujets; que les rois ne s'étoient réservé que les grâces et qu'ils renvoyoient les condamnations vers leurs officiers... qu'on ne devoit sortir que content de devant le prince. » Lorsqu'on jugea le fond, le même président dit, dans son avis : « Cela est sans exemple, de voir qu'un roi de France ait condamné en qualité de juge, par son avis, un gentilhomme à mort. » *Esprit des Lois*, liv. VI, ch. v.

ridiction. Ou bien encore, dans des cas plus graves, lorsque la sécurité de l'État est en jeu, *le droit du Roi* apparaît dans toute sa rigueur ; il saisit le soldat ou le grand seigneur accusé de rébellion et de lèse-majesté et le livre sans défense à ces terribles Chambres de commissaires qui frappent sous l'œil du prince et dont les sentences pèsent encore d'un poids si lourd sur la mémoire de Louis XIII et de Richelieu. Le roi ici est juge et partie. Les bornes de l'arbitraire sont atteintes et nous sommes en plein despotisme. Mais la conception de l'autorité du prince ne recule pas devant cette conséquence et le roi lui-même ne peut distinguer dans sa propre volonté ce qui est le droit de ce qui est l'abus. Il faut mettre le bien à côté du mal : c'est à la même origine que se rattache, en France, le droit de grâce qui réserve au prince une appréciation suprême sur les sentences pénales rendues par les tribunaux ordinaires et dont le miséricordieux illogisme a subsisté jusqu'à nous.

Le roi conquérant et maître de son royaume, prince comme un empereur romain, suzerain comme un seigneur féodal, fort comme un pharaon biblique, clément comme un père, a la plénitude de l'autorité juridictionnelle. Il la délègue à son parlement et à ses présidiaux, l'octroie en tant que privilège, à la noblesse, au clergé, aux villes, à certaines corporations. Tout droit se résout dans son droit. La théorie l'élève si haut que la justice même peut être atteinte par l'autorité qu'on lui reconnaît sur la justice. Cette conception redoutable se corrige, dans la pratique, par la douceur des mœurs, par les lumières du prince, par la prudence de ses conseillers, et par le sentiment mutuel de l'honneur qui anime le roi et les sujets. Elle n'en subsiste pas moins comme une pierre d'attente pour l'édifice prochain de l'absolutisme monarchique. La menace qu'elle contient n'échappe pas à l'attention des contemporains (1). Mais le désordre judiciaire

---

(1) L'école aristocratique et libérale en France a toujours été opposée à l'extension de la juridiction royale. LOYSEAU lui-même, si énergique cependant contre les justices des villages dénonce les empiétements des juges royaux : « Or comme entre tous les animaux, les grands mangent les petits, aussi non seulement entre les hommes, mais encore entre ceux de justice, cette même règle s'exerce de tout temps. Car les officiers

légué par le Moyen âge était si réellement intolérable que les peuples armaient, d'eux-mêmes, le bras royal et attendaient, de sa vigueur seule, l'ordre, la régularité, la paix.

### L'administration.

L'histoire de France est si complexe qu'au moment où l'on croit, d'un sommet, découvrir des aspects d'ensemble et la configuration générale des masses, on s'aperçoit que l'horizon reste obscur et encombré. Il faut revenir en arrière, suivre d'autres voies, aboutissant par un détour à quelque perspective inattendue. Tout change alors : c'est à peine si quelques points de repère permettent de rapprocher et de coordonner des notions dispersées et qui, au premier abord, paraissent inconciliables.

L'étude des institutions judiciaires nous a montré la civilisation romaine laissant ses rayons mourants traîner jusqu'à l'aube des temps modernes. Tout au contraire, s'il s'agit de l'ordre public et politique, du gouvernement proprement dit, ce sont les coutumes germaines qui l'emportent et qui, pendant des siècles, couvrent de leur ombre, la tradition antique.

Celle-ci était foncièrement administrative et bureaucratique. Rome n'avait pas seulement conquis le monde; elle l'avait dénombré. L'institution du cens, sur laquelle reposait la cité, s'était étendue à l'Italie d'abord, puis aux provinces de l'Empire. « Du temps d'Auguste, dit Cassiodore, le monde romain fut divisé en parcelles agraires et décrit par le cens. » Chaque parcelle avait donc été numérotée; chaque champ immatriculé. On peut s'imaginer ce

royaux étant supérieurs des subalternes et, d'ailleurs, se fortifiant de l'autorité et intérêt du roi, inventent journellement tant de nouvelle sortes d'entreprises sur les justices seigneuriales que si les parlements n'eussent pas pris leur protection, il y a longtemps que les seigneurs eussent été spoliés de leurs Justices. » (*Seigneuries*, p. 183.) — Un autre jurisconsulte, Guy Coquille, s'exprime de même : « On eut mieux fait, dit-il, de laisser aux seigneurs justiciers leurs droits anciens de justice, sans les affaiblir par tant de moyens obliques et exquis. » *Questions et réponses sur les articles des Coutumes de France*, Paris, 1644, in-8°, (p. 792).

qu'était l'armée de fonctionnaires chargée d'établir et de reviser un pareil répertoire. Les ingénieurs, arpenteurs, géomètres, comptables, inspecteurs (*mensores, censitores, inspectores, descriptores, perœquatores*) pullulaient dans les provinces. Qu'on suppute le personnel des douaniers et agents des fermes, celui qui était préposé à la marche des affaires politiques ou de la justice, et l'on se rendra compte de la place que le système administratif tenait dans l'Empire. Les villes de provinces étaient remplies d' « employés », tout gonflés de leur importance. Rome, et plus tard Constantinople, s'encombraient des « services » de l'administration centrale. Les écritures étaient infinies, les archives immenses. Les affaires se traitaient sur rapport. La hiérarchie était scrupuleusement observée. « Les bureaux *couvraient* l'empereur comme nos modernes ministères *couvrent* le roi ou le président. » Enfin la manie du fonctionnarisme alla si loin, ou plutôt les abus s'engendrent si naturellement les uns les autres que, sur la fin de l'Empire, l'idée germa, dans les cervelles qui présidaient à cette étrange décadence, de faire, de tous les contribuables, des fonctionnaires obligatoires (1).

Les premiers barbares qui s'établirent dans l'Empire furent frappés par le spectacle que présentait cet arrangement magnifique. Ils admirèrent ces points de vue rectilignes et ces perspectives muettes. S'ils essayèrent de toucher à ces chefs-d'œuvre d'un art où s'était épuisé l'effort des siècles, ce fut uniquement dans l'intention de les consolider; mais leur main maladroite ne fit que hâter la chute de ce qu'ils voulaient restaurer (2). Le bel

---

(1) Sur le texte de CASSIODORE, voir JULLIAN : Le *Breviarium totius imperii* de l'Empereur Auguste, dans *Mélanges d'archéologie et d'histoire de l'Ec. de Rome*, 3e année, 1883 (pp. 149-182). Cfr. VIOLLET. *Inst. pol.* (p. 68-89). — CLAMAGERAN, *Histoire de l'Impôt en France* (t. 1er, p. 7). — DURUY, *Histoire des Romains*, t. VI; et surtout le chapitre de FUSTEL DE COULANGES : *La centralisation administrative*, dans *l'Histoire des Institutions politiques de l'Ancienne France*. Hachette, 1875, in-8° (t. 1er, p. 97, t. I, p. 200, de la nouvelle édition).

(2) L'étonnement et la naïve admiration des barbares sont bien exprimés dans ce passage de PAUL OROSE que cite FUSTEL DE COULANGES : « Le roi wisigoth Atarelph avouait qu'il avait songé un moment à le détruire (l'Empire romain), mais il ajoutait que, s'étant aperçu que les Goths étaient encore trop barbares pour obéir à des lois et que sans lois, il est impossible de fonder un État, il s'était donné pour tâche d'employer les forces des Goths à rétablir le lustre et l'autorité de l'Empire Romain. » OROSE (VII, 43) dans FUSTEL DE COULANGES (t. I, p. 370).

édifice s'écroula, et ses ruines mêmes périrent. La brousse féodale recouvrit les dernières traces du cadastre antique et quand les chefs des Francs eurent pris tout à fait possession du sol, celui-ci était retourné à la nature.

Qu'on imagine un des princes que nos soldats rencontrent à l'extrémité de leurs expéditions coloniales, un Samory, un Tiéba, une reine de Madagascar. La demi-civilisation à laquelle ils sont parvenus, le secours d'une religion empruntée à d'autres peuples et qui, jusqu'à un certain point, règle leurs mœurs, quelques principes traditionnels qui les dirigent et qui assurent à leur pouvoir une certaine stabilité, tout cela n'est qu'un vernis superficiel dissimulant mal un fond de barbarie épais. Il en était ainsi des premiers Capétiens.

Entourés de leurs vassaux et de leurs barons comme ces princes modernes de leurs *honneurs*, de leurs *almamis* et de leurs *sofas*, ils n'ont d'autre autorité que celle qui résulte du commandement militaire et de la possession de domaines considérables. Ils savent à peine lire. A l'exception de quelques prêtres ou moines, leur entourage est composé d'illettrés. Les résolutions sont prises en commun après de longues délibérations où chacun parle haut, long et fort. Passée la limite du camp ou la banlieue des villes munies de garnisons, leur pouvoir est nominal. Les moyens d'action, comme les résolutions, ont quelque chose de violent, de matériel. La force est la seule règle de la politique. Les besoins immédiats dictent la conduite journalière. Quand l'argent ou les bras manquent, on procède à une razzia. On ravage une province pour emporter un maigre butin vite épuisé. Parfois on se précipite, tête baissée, par un coup de passion, dans quelque folle aventure, croisade ou guerre sainte.

On pense bien que de pareilles gens ne tiennent pas des écritures bien compliquées. Jusqu'au règne de Philippe-Auguste, le trésor des chartes est renfermé dans quelques caisses qui suivent partout le roi. C'est ainsi qu'on le perdit à Fretteval. Si les moines n'avaient pris le soin de copier, dans leurs cartulaires, les parchemins relatant les donations faites aux églises, nous ne saurions presque rien de précis sur une longue période de notre histoire. Les comptes, quand on en tenait, étaient fragmentaires, souvent inscrits à la pointe du style sur des tablettes de cire que le pouce efface. L'épée réglait les déficit et pourvoyait aux excédents.

Cette vie en plein air que menait le roi, de gîte en gîte, de château en château, était tout l'opposé de celle que suppose une administration régulière. Soldat et juge, le souverain portait avec lui tout son bagage, et ses aides naturels étaient les gens qu'il avait sous la main, son chancelier, ses chambellans, son maître d'hôtel, son boutillier, le chef de ses écuries, sénéchal ou connétable, ses écuyers ou maréchaux. Telle fut l'une des origines de l'administration royale. Elle a un caractère actif et *debout.* Les noms de ces grands officiers, qui se transmettent traditionnellement jusqu'à la fin de l'ancien régime, conservent un parfum d'antiquité barbare qui rappelle la fraîcheur des métairies septentrionales, premier séjour des rois, au sortir des forêts de la Germanie.

L'organisation féodale de la société rendait, d'ailleurs, inutile tout système administratif dérivant du type romain. Les deux principes sur lesquels repose la féodalité, à savoir la localisation de la souveraineté et l'hérédité du fief, suppriment l'action régulière du centre sur les extrémités. Chacun est maître chez soi et gouverne son champ à son gré. Tout seigneur édicte sa loi, nomme ses juges, prélève ses impôts, administre, en un mot, de son autorité propre. Si le monarque délègue quelque chose de la puissance qui lui reste à l'un des hommes de son entourage, celui-ci s'empare de cette concession et la garde, sans retour, pour lui et ses descendants. Le roi ne peut plus ouvrir la bouche, sans que, de sa parole, naisse un fief. Il y a des fiefs de terre et des fiefs d'argent, des fiefs de service et des fiefs d'honneurs. On met en fief la cuisine du roi. De même que, dans les derniers temps de l'Empire romain, tout citoyen tournait au fonctionnaire, de même tout fonctionnaire tourne maintenant au vassal (1).

Le mécanisme qui transformait la chose publique en chose particulière n'avait de frein que quand il s'agissait des dons

---

(1) V. Luchaire, *Institut. des Capétiens* (t. I, p. 201). Waitz, *Deutsche Verfassg.* (t. VI, p. 24 et suiv.).

faits aux églises. Si forte qu'ait été la pression féodale, elle ne put aller jusqu'à créer l'hérédité des offices ecclésiastiques. Le célibat des prêtres tint bon, malgré les assauts que lui livrèrent la cupidité privée et les tentations de l'exemple. Sur l'Église, l'autorité du roi ne s'effaçait pas tout à fait. Par le droit de régale, jalousement gardé, et dont le nom si noble indique l'importance, le prince reprenait, à chaque mutation de titulaire, la disposition momentanée du bénéfice; le droit de patronage créait un lien analogue et plus puissant encore. Le roi, d'ailleurs, ne renonça jamais à son autorité souveraine sur le temporel. Pour arrêter la dislocation excessive de la suzeraineté et de la propriété domaniale, il restait, comme une ressource suprême, la donation aux Églises. On sait qu'elle se pratiqua, avec excès, pendant tout le Moyen âge. De même, dans le monde musulman, l'offrande aux mosquées des biens *habous* ou *vacoufs* est encore, à l'heure présente, un mode de sauvegarde de la propriété menacée.

Ces services mutuels fortifièrent les rapports intimes qui existaient entre la royauté et l'Église. Seule, celle-ci avait gardé des vues assez générales, une instruction assez étendue, des habitudes d'ordre et de régularité suffisantes pour pourvoir aux premiers besoins du nouveau gouvernement. « L'ancien système administratif avait pu subsister, jusqu'à un certain point, sur le domaine ecclésiastique (1). » Pour mettre en valeur ses propres domaines, le roi avait pris là ses exemples. Quand il songea à étendre, sur d'autres parties du royaume, l'action d'une volonté plus soutenue et plus réglée, il eut naturellement recours aux membres du clergé. Ce fut là l'autre embryon du pouvoir administratif en France.

Ainsi, d'une part, des soldats, des hommes d'épée, amis et familiers du roi, partageant sa vie active, ses plaisirs et ses combats, mais portés, par l'esprit aristocratique et par l'instinct féodal, à s'approprier la part d'autorité à eux confiée par le pouvoir royal; d'autre part, des gens de cléricature, doux, souples et graves, confidents discrets des soucis et des peines, amis des heures mauvaises, instruits, modérés et sages, et dont les ambitions, bornées

---

(1) Luchaire (I, 204).

au cours de leur propre existence, n'offrent jamais un réel danger pour l'institution héréditaire qui les emploie : tels sont les premiers serviteurs des rois de France. Cette double origine marque, pour l'avenir, les traits distinctifs des influences qui se disputent la direction de la politique française. Avec des alternatives de succès et de revers, l'école romaine et l'école féodale se heurtent sous les yeux du prince qui penche tantôt vers l'une, tantôt vers l'autre. En général, dans les temps de minorité, ou bien quand le pouvoir est entre des mains impuissantes ou incapables, le parti aristocratique tient le premier rang dans les conseils, parle et règne au nom du roi. Dans les provinces, il lutte pour l'indépendance, pour l'extension de ses domaines ou de ses privilèges. Armagnac, Bourbon ou Lorraine, ces ministres sont les plus dangereux serviteurs des rois. L'autorité monarchique exercée par eux s'emploie à diminuer la puissance de la royauté.

Mais, quand le prince redevient puissant, il écarte ou il écrase le parti aristocratique. Il recherche dans le clergé, ou, non loin, parmi les hommes de loi, les petites gens auxquelles il confie la conduite des grandes affaires. Les uns et les autres portent la robe, les uns et les autres tiennent la plume. Ils sont docteurs de l'un ou de l'autre droit. Ils invoquent les lois, citent des textes, se plaisent dans les négociations patientes, dans les combats de parole que le temps amortit et que la paix couronne. Un Suger, un La Balue, un d'Amboise, un Duprat, un Tournon sont les ministres des rois dans la force de l'âge et qui exercent un pouvoir absolu.

Ces deux partis qui se disputèrent, pendant des siècles, la confiance de la royauté, se retrouvent debout et rivaux, après des siècles d'existence monarchique, à la fin du règne de Henri IV. Ce prince avait, il est vrai, assez heureusement juxtaposé, dans ses conseils, les deux types de serviteurs qui s'offraient à lui. Il avait su réprimer les ambitions déréglées d'un Biron et d'un Angoulême, utiliser les services d'un Nevers, d'un Soissons, d'un Bouillon, d'un Montmorency. Par contre, il se confiait aux hommes de robe soit laïques, soit clercs : le cardinal du Perron, le cardinal de Joyeuse, Villeroy, le président Jeannin, les chanceliers Bellièvre et Sillery; quelques protestants gentilshommes, comme

Sully, complètent cet ensemble qui présentait un résumé assez exact de toutes les forces vives de la nation.

Marie de Médicis réservait une place plus grande encore aux gens de robe. Les confesseurs, le nonce du pape, les cardinaux se pressaient autour d'elle. Parmi les jeunes évêques, une grande poussée d'ambition se manifestait. Leur zèle officieux s'offrait à la régente et il était d'autant mieux accueilli que les gens d'épée gagnaient à la main et se rendaient redoutables.

Ces deux influences rivales se trouvent également en présence dans toutes les institutions qui détiennent une partie de l'autorité publique: dans les conseils, dans les grandes charges de l'État, dans l'administration des provinces. Dès le temps des premiers Capétiens, le *Conseil du Roi*, héritier de l'ancien *Comitat* mérovingien et de la *Cour féodale*, réunit auprès des grands vassaux, mais à un rang inférieur, les chevaliers, les clercs, les bourgeois « serviteurs maniables d'un gouvernement qui se concentre et se fortifie (1). » On sait comment ce conseil primitif finit par se diviser en *Conseil* proprement dit, *Cour des Comptes et Parlement* et comment les gens de robe exclurent peu à peu l'élément féodal de ces deux dernières institutions (2). L'histoire du Conseil proprement dit est marquée par un nombre infini de réformes intérieures qui ont pour objet d'adapter la principale des institutions monarchiques aux transformations successives de la royauté elle-même.
*Grand Conseil, Conseil du mois, Conseil majeur, Conseil étroit, Conseil privé, Conseil des affaires*, de quelque nom qu'on l'appelle, il est toujours recruté selon le bon plaisir du prince, et celui-ci en modifie la composition suivant les nécessités du moment et surtout selon ses goûts propres, ses habitudes de travail, l'idée qu'il se fait de son métier de roi. A certaines époques, on croyait utile de ménager les vassaux, les fidèles, et l'on ouvrait la porte à deux

---

(1) Luchaire. — V. aussi Valois, *Inventaire des arrêts du conseil d'État sous le règne de Henri IV*. Introduction.

(2) Les gens de robe courte, après avoir été en quelque sorte expulsés du parlement par les gens de robe longue, firent de grands efforts pour y rentrer. M. Valois a raconté cette lutte qui dure plusieurs siècles et qui se termine, sous Henri IV, par le succès des gens de robe longue. *Introduction* (p. xv-xvi).

battants. En d'autres temps, le roi aimait à se renfermer dans le secret; ses confidents peu nombreux tenaient avec lui dans l'embrasure d'une fenêtre. Le Conseil était alors réduit à sa plus simple expression. Il ne comportait que deux ou trois personnes, quelque prince du sang, ou quelque favori. Nous avons dit ce qui se faisait sous Henri IV et sous Marie de Médicis. Un Conseil extrêmement nombreux avait été constitué dès le lendemain de la mort de Henri IV; mais un autre, non officiel et secret, se réunissait dans les appartements privés et gouvernait à la muette, sous l'influence directe de la Reine et de ses favoris.

Quelle que fût la composition du Conseil, son concours était considéré comme nécessaire à l'exercice du pouvoir monarchique en France. La tradition de la cour féodale subsistait en lui; on le considérait comme le seul organe capable de modérer un pouvoir que tout portait vers l'absolutisme. Le prince étant souverain, on ne pouvait songer à entraver sa volonté. Il fallait donc qu'elle se réglât elle-même. Mais on désirait qu'avant de se manifester au dehors, elle se contemplât, en quelque sorte, comme en un miroir, dans les délibérations du Conseil. Le roi avait tout pouvoir sur ce corps; il choisissait et révoquait ses membres; mais il *devait* les écouter. Cette garantie de lenteur, de gravité et de décence était considérée comme nécessaire, mais comme suffisante (1). En dehors de cette nécessité de « prendre conseil », la volonté du prince était libre. Nulle formalité pour la suspendre, la modérer, la canaliser; elle jaillissait en toute sa vigueur spontanée, sans qu'aucun obstacle légal s'interposât entre la décision et l'exécution (2).

La haute noblesse, singulièrement déchue de son ancienne autorité, trouvait, par contre, dans les grandes charges de la couronne, une ample moisson de bénéfices et d'influence. Le chancelier et les secrétaires d'État représentaient la robe.

---

(1) « J'ay dit que le prince soit conduit par l'avis du Conseil, ce qu'il doit faire non seulement ès choses grandes et d'importance, ains encore ès choses légères; car il n'y a rien qui plus autorise les lois et mandements d'un prince que de les faire passer par l'advis d'un sage conseil, d'un Sénat, d'une Cour. » BODIN, *République* (liv. III, ch. I, éd. 1629, p. 343).

(2) Le conseil devait suivre partout le roi. Sur les inconvénients que présentaient ces continuels déplacements, voir VALOIS, *op. cit.* (p. XXXI).

Mais le véritable mécanisme par lequel s'élaborait, se transmettait et s'exécutait la volonté royale, c'était la *Cour*. Un entourage nombreux, actif, toujours en mouvement se presse autour du prince pour arracher de sa bouche un ordre qui est, en même temps, une faveur. Dans les fêtes, dans les voyages, partout où se trouve le roi, ce zèle est toujours prêt, le pied à l'étrier. En dépit de la hiérarchie, un valet de chambre, un page, un tendeur de toiles, un fauconnier recevaient les missions les plus importantes. Le cuisinier du roi s'intitulait *sergent d'armes;* employé dans les négociations, il se faisait représenter sur sa pierre tombale, le casque en tête, la cuirasse au dos et ses armes sur l'écu, comme un chevalier banneret (1). De même qu'il n'existait pas de régime constitutionnel soigneusement pondéré, il n'y avait pas de système administratif minutieusement réglé. L'État ne devait rien à personne. Chacun poussait son jeu à sa façon et le plus habile était le plus heureux.

Il ne faut pas s'étonner si, dans ce monde ardent et ambitieux, un rôle prépondérant était réservé aux influences personnelles, aux coteries, tandis que, dans l'ombre, agissait la puissance occulte des confesseurs, des maîtresses et des favoris. Le roi, assiégé de toutes parts, entouré d'intrigues et de complots, menait une vie qui était une lutte perpétuelle.

Parmi cette multitude, il est seul. Fatigué de sa grandeur, il cherche, autour de lui, un ami sûr avec qui passer les heures, une tête douce où s'appuyer. Michelet a salué l'influence des maîtresses, comme la représentation de la démocratie auprès des rois. Agnès Sorel, et Gabrielle d'Estrées, M$^{lle}$ de la Vallière et la Du Barry auraient eu leur mission; le délassement de leur sourire aurait atténué les durs conseils de la politique et de la raison d'État. Assurément, l'amour est un grand niveleur. La femme, quelles que soient ses origines, est peuple. Trop souvent sa caresse arrache l'homme aux conceptions audacieuses, à l'orgueil des entreprises intellectuelles. Sa grâce met en valeur et ennoblit la série des petites causes et

---

(1) Article de Gaston Paris, *Journal des Débats*, du 2 mars 1892.

des petits effets qui font agir son cerveau et qui font battre son cœur.

Que leur influence ait été heureuse ou funeste, les femmes tenaient à la cour de France un rang qu'elles n'ont occupé peut-être nulle part ailleurs. Leur présence cause les délicieuses et troublantes surexcitations produites par la vie commune des deux sexes : chez l'homme, la recherche, l'empressement, les espérances et les désespoirs; chez la femme, le jeu de la coquetterie, les hardiesses de la liberté, les réserves inattendues du caprice et de la pudeur; ce sont encore les trames emmêlées des commerces, des liaisons, des tendresses, la fureur des passions et de la jalousie; tantôt ce sont les parties sur l'eau, comme celle que décrit le récit du *Menteur;* tantôt les fêtes éblouissantes, comme dans les *Plaisirs de l'Ile Enchantée,* ou bien les haines atroces, comme celle qui assombrit la brune figure d'Henriette d'Entragues; ou bien les abandons, comme celui dont se vante la fatuité de Bassompierre. En un mot, c'est la figuration continuelle et magistrale d'un sexe sous les yeux de l'autre, avec le sentiment que, de ce genre de succès, dépendent la réputation et l'avenir.

Un auteur contemporain décrit cet aréopage devant lequel les premiers pas sont si difficiles et si glissants : « Il n'y a point de lieu où la conversation se voie avec tant d'éclat et d'appareil que dans le Louvre, lorsque les reines (1) tiennent le cercle, ou plutôt qu'elles étalent comme un abrégé de tout ce que l'on a jamais vanté des merveilles et des perfections de ce monde. Quiconque a pris plaisir à considérer, dans une nuit bien sereine, la lune entre un million d'étoiles, briller d'une splendeur si vive et si nette et répandre une lueur si claire qu'il semble que toutes les étoiles qui l'accompagnent soient autant de ses rayons qu'elle va semant, celui-là se peut figurer, au moins imparfaitement, l'abord de tant d'illustres et belles dames devant les reines à qui elles viennent comme rendre hommage de tout ce qu'elles ont de plus charmant et de plus admirable. Ce n'est point mentir, de dire que quand on se trouve devant ces grandes lumières, il n'y a guère de cœur si

---

(1) Marie de Médicis et Anne d'Autriche.

peu hardi qui ne se sente secrètement tenté du désir de devenir un honnête homme (1). »

C'est dans les détours de cette cour attentive et subtile, à l'aspect militaire et mondain, où, parmi les sourires, les ambitions vont à leur but, que se forme l'homme d'État qui demain gouvernera la France. Là se nourrit, du suc des préceptes et des exemples, cet « honnête homme », cet « homme de cour », dont Balthazar Gracian, Faret et du Refuge nous ont tracé le portrait (2).

« Le but commun auquel tous les courtisans visent est de gagner la faveur du Prince. En ce point gît toute leur science et s'emploie tout leur travail (3). » L'éternelle contemplation d'un seul visage, la recherche, sur ses traits, du moindre signe pouvant laisser paraître le désir d'un service et ouvrir la voie des grâces, telle est donc l'occupation unique du courtisan. Il vit dans l'idée que

(1) FARET, *L'honeste homme, ou l'art de plaire à la Court*. 1636, in-8° (p. 197 et suiv.). — BRANTÔME raconte que c'est Anne de Bretagne qui a établi l'usage de réunir autour de la reine un cercle de dames et de demoiselles, usage qui a mérité à la Cour de France sa réputation de politesse et de galanterie : « Ce fut la première, dit-il, qui commença à dresser la grande court des dames que nous avons veue depuis elle jusques à ceste heure ; car elle en avoit une très grande suitte et de dames et de filles ; et n'en refusa jamais aucune, tant s'en faut qu'elle s'enqueroit des gentilshommes leurs pères qui estoient à la Cour, s'ils avoient des filles et quelles elles estoient et les leur demandoit. » — Voir LE ROUX DE LINCY, *Recueil des Chants historiques français* (XVIe siècle), Paris, Dehahaye, in-8° (p. 34).

(2) *Le Traité de la Cour ou Instruction des courtisans*, souvent réimprimé au dix-septième siècle est d'EUSTACHE DU REFUGE, conseiller d'État, qui mourut en 1617 ou 1618 et qui avait été ambassadeur en Suisse et aux Pays-Bas, en 1611-1614. Je n'ai pu déterminer, jusqu'ici, quelle est la date de la première édition de ce livre, précieux pour la connaissance des mœurs de la cour dans la première moitié du dix-septième siècle. Un exemplaire daté de 1616, figurait dans la vente Pécard. Or, je dois attirer l'attention sur un détail bibliographique d'un certain intérêt pour l'histoire du cardinal de Richelieu. On a vu plus haut (p. 129) que M. A. BASCHET a découvert à la Bibliothèque nationale et publié, en 1880, un recueil « *d'Instructions et maximes que je me suis données pour me conduire à la Cour* » qu'il a attribué à l'évêque de Luçon. J'ai accepté cette attribution et M. A. Baschet a pensé avec moi qu'il fallait dater la rédaction de ce recueil, d'une époque antérieure à la mort de Henri IV. Je dois reconnaître ici que, d'une comparaison attentive des textes, il résulte que l'auteur du manuscrit intitulé « *Instructions et Maximes* » a eu sous les yeux le *Traité de la Cour*, puisqu'il en a copié ou abrégé d'importants passages (voir notamment le morceau sur la Dissimulation, p. 170 et 171 du *Traité de la Cour*, et p. 23 des « *Instructions* »). Que faut-il conclure de ce rapprochement ? — Que la rédaction du mémoire attribué à Richelieu serait postérieure à l'année 1616, à moins qu'il n'existe une édition du livre de DU REFUGE antérieure à cette date.

(3) DU REFUGE, édit. 1654 (p. 194).

le prince est « son père », « son Dieu », « son créateur » (1).
Certes, une telle existence est dure ; il n'y a rien de plus pénible
qu'un effort constant et une attention toujours en éveil ; appelons-
la par son nom : c'est « la servitude » (2). Mais, à ce prix, on
réussit. La première qualité de l'homme de cour, est l'assiduité ;
la seconde, la complaisance pour les actions, les pensées, les
caprices du prince. Il faut être prêt à toutes les besognes et quoiqu'il y ait, entre les courtisans, un point d'honneur rigide, le
courtisan lui-même avoue, qu'à l'égard du prince, « son honneur
n'a pas de chausses » (3).

Parmi tant de dévouements empressés, l'offre d'une vie, corps
et âme, n'est pas un mérite, puisque c'est la règle. Il faut d'autres qualités pour réussir. On les résume en un mot qui, emprunté à l'italien, n'a vécu que deux cents ans dans notre langue :
*l'accortise* : « L'accortise consiste à savoir faire différence des
personnes et des affaires et des autres circonstances et, selon cela,
régler sa façon de procéder, son parler et son silence » (4). On
reconnaît là « l'esprit de finesse », dont Pascal a parlé si justement
et si fortement, d'après le modèle que lui offrait son ami, le chevalier de Méré, — mais doublé de l'esprit de conduite.

Une prudence aiguë, dissimulée sous les formes d'un élégant
détachement, une vertu adroite, une longue patience, telles sont
les parties principales de l'accortise. Il faut y joindre le liant,
l'agrément, le savoir-faire dans le monde et auprès des femmes,
en un mot tout l'art des relations sociales. « En la contenance, il
faut que la rencontre du visage soit douce et gracieuse, modeste,
non affectée et sans grimaces ; le port du corps bien-séant, sans
gestes extraordinaires ; en toutes actions, soit boire, manger ou
autres semblables, montrer modestie et suivre ce qui est reçu
entre ceux avec lesquels nous conversons. » La jolie plaisanterie,
la repartie prompte qui amuse et ne blesse pas, les traits « entre-
lacés comme des éclairs parmi l'obscurité d'un grave discours »,

(1) Du Refuge (p. 195).
(2) Faret (p. 59).
(3) Mot de Bussy-Rabutin.
(4) Du Refuge (p. 26). — V. aussi *Dictionnaire* de Furetière, au mot *accortise*.

320    L'HOMME D'ETAT.

toute la bonne humeur du cavalier qui vit d'une vie pleine, claire et saine, en un mot la santé du corps et de l'esprit met en valeur le mérite du courtisan élevé à l'Académie et jeté à quinze ans dans un monde où il fait ses véritables études.

Il faut des traits plus rares encore pour signaler l'homme d'État. Celui-ci est froid, sûr de lui, « il ne se passionne jamais » (1). Il fait sa lecture de Tacite, de Machiavel et de Juste Lipse (2). Il a des ambitions âprement personnelles; mais son esprit est assez fier et son cœur assez noble pour les subordonner au bien de l'État. Ses vertus maîtresses sont la sûreté du jugement, l'énergie de la volonté et la dissimulation. Celle-ci a, chez lui, quelque chose d'aisé et d'ouvert; il ne se cache jamais complètement, parce qu'il sait qu'il ne peut pas être deviné : « il agit quelquefois finement, quelquefois rondement. Il change de jeu et de batterie pour changer de ruses. Son artifice est de n'en avoir pas et toute sa finesse consiste à passer de la dissimulation à la candeur » (3). Il est heureux : ce qu'il touche, prospère; ce qu'il néglige, languit; ce qui lui fait obstacle, périt. La voie, pour lui comme pour les autres, est la faveur du prince; mais, au lieu de s'attarder dans les services de cour, ou dans la recherche des charges, offices et dignités, il prend un chemin plus prompt et plus ardu. Il s'emploie dans les commissions extraordinaires et dans les affaires particulières du prince (4). Il se connaît lui-même, pèse le pour et le contre, fait savamment alterner les coups d'éclat de la plus brillante faveur avec l'affectation d'un détachement désireux du repos. Il agit rarement, mais alors il donne tout son effort; s'il sent une

---

(1) BALTHAZAR GRACIAN, *L'homme de Cour*. Je cite la traduction d'Amelot de la Houssaye, 1687. Mais le livre a été rédigé en espagnol, vers 1640.

(2) JUSTI LIPSII *Politicorum sive civilis doctrinæ libri sex*. Ce sont des extraits, mais excellents. Richelieu qui lisait les « Politiques » cite, à diverses reprises, Juste Lipse. J'ai relevé aussi, parmi ses auteurs préférés, Quinte-Curce, Guichardin, le cardinal d'Ossat, etc. V. *Maximes d'État et fragments politiques du Cardinal de Richelieu*. Passim.

(3) B. GRACIAN (p. 12). — Citons, en passant, le mot profond de PASCAL sur Mazarin : « M. le Cardinal ne voulait point être deviné. » *Pensées*. Éd. HAVET (t. II, p. 154).

(4) DU REFUGE (p. 197).

résistance, il se replie et attend son heure en silence. Il ne se plaint jamais et meurt plutôt, son secret dans le cœur (1).

Il subordonne naturellement à lui les esprits auxiliaires; car le trait caractéristique de son génie, c'est cette autorité qui se fait reconnaître sur les traits du visage, dans la démarche, aux premiers mots prononcés : « Quelques-uns naissent avec un pouvoir universel en tout ce qu'ils disent et en tout ce qu'ils font. Vous diriez que la nature les a faits les aînés de tout le genre humain. Ils sont nés pour être supérieurs partout, sinon en dignité, du moins en mérite. Il émane d'eux un esprit de domination et cela jusque dans leurs plus communes actions. Tout leur obéit, parce qu'ils excellent en tout; ils se rendent d'abord les maîtres des autres en leur dérobant le cœur, car tout peut tenir dans leur vaste capacité. Et, bien qu'il s'en trouve d'autres qui ont plus de science, de noblesse et même de vertu, ils ne laissent pas de l'emporter par un je ne sais quoi (*despejo*) qui leur donne la supériorité. » C'est cette vertu suprême, l'*ascendant* qui désigne les véritables hommes d'État. Elle est quelquefois gênante dans un courtisan, parce qu'elle offense les regards du prince. Mais elle est admirable chez un capitaine, car elle le rend assuré sur le champ de bataille, et, dans le bruit du canon et de la fumée, maître de soi et maître des autres; dans un magistrat, car elle lui donne cette tranquille vertu qui lui permet de disposer de la fortune et de la vie de ses semblables; chez un orateur de la chaire, car elle attache à ses paroles cette grâce souveraine qui glisse, au cœur de ceux qui l'écoutent, la confiance en celui qui parle plus encore que la foi dans les vérités qu'il enseigne. Surtout elle est à sa place dans un prince, car il est juste que celui qui commande ait le don du commandement, et c'est cette rencontre trop rare de la puissance et de la vertu qui ramène les siècles de Saturne pour les peuples gouvernés par de tels princes. « Ainsi fut Henri IV, le Thésée de la France qui, à l'aide de ce fil d'or, a fini par arracher son pays au labyrinthe de misères où ses prédécesseurs l'avaient embarrassé (2). »

Sous l'œil de ce prince, la cour de France, revenant au naturel

---

(1) Qu'on se souvienne de la mort de Colbert.
(2) Gracian (p. 158).

de la race, refoulé, pendant quelque temps, par l'italianisme des derniers Valois, a repris son aspect tumultueux et familier, un air de sens pratique et de bonne humeur enjouée qu'elle garde sous la régence de Marie de Médicis. Laïques ou clercs, gens d'épée ou gens de robe, magistrats ou prélats, chacun, à sa place ou hors de sa place, se tient dans son tempérament propre, agit avec une liberté d'allures, parfois un peu rude, mais pleine de franchise et de verdeur.

Il y a, dans les services comme dans les costumes, quelque chose de pimpant, de svelte et de dégagé. Des généraux vont haranguer des assemblées au nom du roi ; des magistrats montent à cheval et répriment une sédition ; des prélats ceignent l'épée et, bottés jusqu'aux cuisses, commandent des armées. Parmi cette existence variée et si peu méthodique, personne n'est sûr du lendemain. Un duel tragique, une pistolade dans quelque rencontre, ce sont des aventures normales qui suppriment à la fois les ambitions et l'ambitieux. Aussi on se hâte : de même qu'on se marie jeune, parce qu'il faut des enfants pour entretenir la race, de même l'ambition juvénile, en panaches et bottes molles, se pousse vers les satisfactions immédiates.

L'hérédité et la faveur troublent sans cesse l'ordre de l'âge, du mérite et de l'expérience. Tel, à vingt ans, dirige une grande entreprise, et tel autre, barbon, blanchi sous le harnois, est mis au second rang et obéit sans se plaindre. Les situations sont instables; les traitements incertains et mal payés. L'administration n'ayant rien de régulier, chacun procède à sa façon, s'indemnise de ses propres mains et « plume la poule sans la faire crier ». Les plus honnêtes boivent aux « pots de vin. » Dans une pénurie dont tout le monde se plaint, les grandes fortunes privées accompagnent toujours les grandes fortunes publiques et l'État souffre du désordre qui excite les ambitions particulières.

On le voit, depuis cinq siècles que Hugues Capet est monté sur le trône, les moyens d'action du pouvoir n'ont pas été modifiés dans leur essence. Le roi est resté le grand chef mobile et accessible qu'il était à l'origine. Son entourage lui obéit et l'exploite. On vit sur un pied de familiarité et de méfiance réciproques.

L'esprit du système repose sur le développement des aptitudes individuelles et non sur le fonctionnement d'institutions régulières. Une élite restreinte s'emploie seule au gouvernement du pays. Le reste est une masse en proie à ces ambitions rivales. La période de la conquête n'est pas close. Dans cette chasse au pouvoir, depuis le roi jusqu'aux moindres de ses courtisans, chacun joue son jeu et risque sa personne. Qualités et défauts, tout sert ; l'homme naturel est sans cesse tenu en haleine, et si le roi dirige la meute, ce n'est pas toujours pour lui que sonne l'hallali.

Peu maître de sa cour, le roi était presque impuissant dans les provinces. Le choix des agents chargés de le représenter au loin avait toujours été, pour lui, une cause de grands embarras. Avec la tendance des fonctionnaires royaux à s'approprier l'autorité dont ils étaient investis, toute délégation devenait un danger. Aussi la royauté se trouva-t-elle, presque toujours, dans la nécessité d'affaiblir les agents qu'elle créait. Ses serviteurs devenaient rapidement ses plus dangereux adversaires ; elle ne songeait qu'à les abattre après les avoir élevés.

A l'origine. les premiers Capétiens avaient confié l'administration de leur domaine à des espèces de gérants ou de comptables nommés *prévôts* (1) et dont le type était emprunté à l'administration ecclésiastique. C'étaient de fort petites gens. Mais ils avaient pris rapidement de l'importance ; comme les *Vicomtes* de Normandie, primitivement leurs égaux, ils avaient émis la prétention de garder leurs emplois à titre de fiefs héréditaires. Par une précaution qui fut, pendant des siècles, toute sa politique en cette matière, la royauté, pour les amoindrir, créa, auprès et au-dessus d'eux, une autre catégorie de fonctionnaires, les *baillis* et *sénéchaux*. Au début, il n'y avait que quatre baillis qui se partageaient le domaine royal (2). Ils cumulaient les fonctions judiciaires, administratives, militaires et finan-

---

(1) Sous les premiers Capétiens, les prévôtés étaient affermées. V. Loyseau, *Traité des offices* (liv. III, ch. I, p. 172).

(2) En réalité, les baillis étaient des juges, selon la formule de la coutume de Normandie : « Bailliage est un degré de juridiction greigneur », citée par Loyseau, *Seigneuries*, ch. VIII (p. 104).

cières. A leur tour, ils devinrent redoutables. On ne songea plus qu'à détruire cette espèce d'omnipotence qui leur était confiée. Des tribunaux réguliers, parlements et présidiaux, s'emparèrent de leurs attributions judiciaires; des fonctionnaires spéciaux, trésoriers et intendants des finances, furent chargés d'assurer la rentrée des deniers et, enfin, des agents nouveaux qui paraissent avoir été, à l'origine, les commandants des armées opérant dans les provinces, les « lieutenants du roi », furent chargés de l'autorité militaire qui appartenait aux baillis et sénéchaux. A partir du seizième siècle, ceux-ci n'ont plus qu'une ombre de pouvoir. Fonctionnaires de parade, respectables par l'antiquité de leur institution, ils voient leurs attributions se réduire à commander l'arrière-ban qu'on ne convoque plus, et à procéder aux élections pour les États généraux qui sont tombés en désuétude.

Nous avons prononcé le nom de lieutenants du roi. Substitués aux baillis et sénéchaux pour l'exercice des attributions militaires, ils deviennent, à leur tour, des fonctionnaires importants. Devenus les *gouverneurs des provinces*, ils subsisteront jusqu'à la fin de l'ancien régime. Les circonstances dans lesquelles cette institution, créée à la fin du quinzième siècle, se développa dans le cours du seizième siècle, lui donnèrent un caractère aristocratique très prononcé. François Ier s'était cru assez fort pour diviser la France en douze gouvernements. Mais, dès 1542, il s'aperçut de la faute qu'il avait commise. Il suspendit les gouverneurs par une seule et même ordonnance. Ils reparurent bientôt et, à la faveur des guerres de religion, ils se rendirent presque souverains et héréditaires dans les provinces. En un temps où le pouvoir était faible, le roi, obligé de s'attacher des dévouements exigeants ou de satisfaire des ambitions menaçantes, en revenait à la politique des derniers carlovingiens. Il confiait aux chefs des familles puissantes, à des hommes connus et populaires, une délégation de l'autorité royale qui bientôt tournait contre la royauté. Ainsi se reconstitua une sorte de féodalité administrative. Un Lesdiguières, un Montmorency, un Vendôme étaient vice-rois dans leurs provinces (1). Ils se ralliaient

---

(1) CLAMAGERAN cite le texte d'une ordonnance de 1560 qui prouve, qu'à cette époque,

des ordonnances royales et de la formule des provisions qui limitaient la durée de leurs pouvoirs à un maximum de trois années. La politique des gouverneurs, pendant la Ligue, avait mis en péril l'unité du Royaume. On l'avait vu se diviser en « satrapies », selon l'expression d'un contemporain, et Henri IV, impuissant à réduire ces adversaires, avait dû transiger avec eux et leur racheter, l'une après l'autre, chacune de ses provinces.

Même à la fin du règne de Henri IV, on n'osait encore les attaquer de front. On essayait de les affaiblir par des mesures indirectes. C'est ainsi que, pour diminuer l'étendue des gouvernements, le nombre en avait été porté de douze à dix-neuf, puis à vingt-cinq. C'est ainsi qu'on prenait la précaution d'établir, dans chaque province, un fonctionnaire sûr, nommé, lui aussi, lieutenant du roi. Choisi le plus souvent parmi les officiers de fortune, il surveillait le gouverneur et contrebalançait son autorité. Enfin, on ne laissait le commandement d'aucune place importante et, autant que possible, d'aucune place frontière, entre les mains du gouverneur de la province. Des fonctionnaires particuliers, les gouverneurs des villes, nommés directement par le roi, y exerçaient le pouvoir, répondaient de la sécurité, et, en cas de troubles, donnaient aux troupes royales le temps d'accourir.

La grande complication d'attributions qui était le résultat naturel de ces combinaisons, les rivalités d'influence entre les fonctionnaires, les juges, les prélats, les agents de tout ordre, empruntant leur autorité soit au pouvoir central, soit aux institutions locales, par-dessus tout la survivance de la tradition féodale, toutes ces causes contribuaient à l'affaiblissement de l'autorité monarchique. En somme, le roi était mal servi. En 1598, l'ambassadeur Pietro Duodo, réclamant auprès du gouvernement français la restitution de deux navires vénitiens qui avaient été confisqués à tort, prévient le sénat que, si l'affaire n'aboutit pas, il ne faut pas s'en prendre au roi. « Les gouverneurs non seulement des provinces, dit-il, mais des simples places fortes se sont tellement

les gouverneurs des provinces et autres agents généraux du roi prélevaient des impôts pour eux-mêmes et il déplore les excès de cette « féodalité nouvelle ». *Histoire de l'impôt en France* (t. II, p. 151).

multipliés et ont pris une telle importance que l'action du pouvoir royal en est tout entravée (1). » Il ajoute que le roi connaissait cette situation et qu'il avait un grand désir d'y porter remède; mais qu'il ne pouvait le faire, à cette date, tant les désordres de la Ligue étaient encore proches. Henri IV exécuta en partie ses intentions et laissa à son fils l'autorité bien plus forte qu'il ne l'avait reçue; mais ce résultat tenait surtout à l'ascendant personnel du prince; à sa mort, les germes d'indiscipline, restés latents au cœur de la haute noblesse provinciale, devaient reparaître.

L'administration régulière n'était donc pas encore constituée. Les rouages que le pouvoir avait successivement créés pour transmettre sa volonté aux provinces, ou refusaient le service, ou détournaient à leur profit la force qui leur était communiquée. Quand le roi voulait être obéi, il ne pouvait compter sur ces institutions permanentes, qui, par une loi fatale, suite des coutumes féodales, devenaient, de subordonnées, concurrentes. Il ne lui restait qu'une ressource, quand il ne pouvait se rendre lui-même sur les lieux, c'était de remettre, à quelque personnage sûr et dévoué, un mandat particulier, à l'effet de terminer rapidement les affaires dont on désirait la solution. Ces personnages qui recevaient une délégation temporaire et spéciale de l'autorité publique, étaient des *commissaires*. On opposait la *commission* à *l'office*; la première, provisoire et particulière; l'autre, général et permanent. Le commissaire, qui représentait l'exception, était considéré comme un rival par les officiers qui représentaient la règle.

De la cour, partaient, à tout instant, surtout dans la seconde moitié du seizième siècle, de ces agents spéciaux, qui, après une courte apparition sur un point déterminé du royaume, rentraient, en toute hâte, pour dire ce qu'ils avaient vu, entendu, exécuté. Les archives de l'histoire de France contiennent un nombre considérable de *commissions* données, soit pour surveiller la rentrée des

---

(1) Pietro Duodo (t. XV, p. 93-94). — Cfr. un exposé très bien fait des difficultés que le Roi éprouvait à se faire obéir, dans Carné, *États de Bretagne* (t. Ier, p. 130-137).

impôts, soit en vue de pourvoir à l'exécution des édits, soit pour réprimer rapidement quelque acte de rébellion, soit pour régler une affaire privée (1). Quand ces missions avaient surtout pour objet le contrôle et qu'elles s'appliquaient à des régions assez vastes, on les appelait, d'une expression pittoresque et qui exprime bien leur caractère ambulatoire : des *chevauchées*. Elles étaient généralement confiées à des gens jeunes, actifs, ambitieux, dépendant étroitement de la personne du prince : les maîtres des requêtes de l'Hôtel. Dès le milieu du seizième siècle, leurs tournées sont régulières et annuelles. Le pouvoir d'investigation qui leur est confié s'applique à toutes les matières administratives; en 1555, un rôle arrêté au Conseil porte cet intitulé : « c'est le département des chevauchées que MM. les maîtres des requêtes de l'Hôtel ont à faire en cette présente année, que nous avons départis à nos recettes générales, afin qu'ils puissent plus facilement servir et entendre à la justice et aux finances, ainsi que le roi le veut et entend qu'ils fassent. »

Dans cet embryon, on retrouve, à peine indiqués, les principaux linéaments d'une institution qui, développée par la forte main de Richelieu, doit constituer le type définitif de l'administration royale sous l'ancien régime : c'est l'institution des *Intendants*.

L'Intendant de justice du seizième siècle, précurseur de l'Intendant des provinces des dix-septième et dix-huitième siècles, est un commissaire dont les pouvoirs, au lieu d'être spéciaux et bornés à une seule affaire, embrassent l'ensemble des questions qui se rattachent à la pacification d'une région déterminée. Dans les époques de troubles, parmi les désordres des guerres religieuses, le pays étant en proie aux excès de la soldatesque, les armées mal approvisionnées, mal payées et sans discipline, on s'était habitué, pour porter remède à ces maux, à confier une autorité très étendue et presque absolue au personnage chargé d'assurer les vivres, la solde et la discipline de l'armée en cam-

(1) Voir mon étude sur l'origine de l'*Institution des Intendants,* Paris, Champion, in-8°.

pagne : c'est-à-dire à l'intendant. On avait ajouté à ses attributions ordinaires des pouvoirs de justice et de police qu'il exerçait tant au civil qu'au militaire, sur toute la surface de la province dans laquelle l'armée opérait. Cette combinaison offrait un double avantage : tout d'abord, l'autorité pacificatrice était plus forte; en outre, on échappait aux inconvénients et aux rigueurs du régime militaire absolu; la puissance, parfois dangereuse du commandant de l'armée, trouvait un contrôle et un contrepoids dans celle du magistrat civil, de fidélité moins suspecte, qui lui était adjoint. Les armées disparurent; mais les intendants restèrent. Leurs missions se prolongèrent pendant des mois, des années. Les magistrats locaux se plaignirent; les gouverneurs protestèrent très haut. Les parlements, surtout, prétendirent vérifier les lettres de provision ou les commissions en vertu desquelles les intendants s'immisçaient dans les affaires locales. Les municipalités des villes, le peuple lui-même, animé par des excitations habiles et intéressées, essayèrent de s'opposer par la force à l'installation des intendants.

Les premiers progrès de l'institution furent lents, incertains, entravés par cette résistance universelle et par la timidité du pouvoir qui hésitait à se servir de toute sa force. Qu'y avait-il de plus extraordinaire, en effet, que de voir, dans une monarchie ancienne où tout le monde se plaignait du nombre excessif des fonctionnaires, apparaître une nouvelle et soudaine poussée d'agents ardents, vigoureux, ingénieux, se glissant, s'imposant, écartant ou bousculant les anciennes administrations pour se faire place, touchant à tout, au militaire, au civil, à la justice, aux finances, agents de commandement et agents d'exécution, ne dépendant que de la cour, et responsables seulement devant le roi! Ces espèces de vice-rois pouvaient, à la rigueur, être tolérés dans les temps de crise grave et de révolution profonde pour agir vite, frapper fort et pourvoir au plus pressé; mais, dans les temps calmes, la présence, dans les provinces, de ces fonctionnaires exigeants et tracassiers pouvait-elle se tolérer?

Henri IV avait paru frappé par ces considérations. Les intendants, très nombreux au début de son règne, avaient peu à peu regagné Paris et repris leur place au Conseil. Sous la régence de Marie de Médicis, c'est à peine si, dans quelques rares circonstances, on voit un conseiller d'État ou un maître des requêtes recevoir de la cour une mission d'intendant, qui ne se prolonge guère au delà d'une année. Pourtant le principe n'est pas abandonné. L'institution n'est pas morte; elle sommeille. Bientôt Richelieu la réveillera et l'active énergie de ses intendants d'armée ou de province, les Laffemas, les Machault, les d'Argenson, les Laubardemont en fera le plus puissant instrument d'unification et de centralisation qu'ait connu l'ancienne France. Admirée et critiquée, proclamée indispensable par le parti royaliste, violemment combattue par le parti libéral et aristocratique, soutenue par les Richelieu, les Colbert et les Turgot, odieuse aux Fénelon, aux Saint-Simon et aux Montesquieu, elle a préparé l'œuvre de la Révolution et on peut dire qu'elle se survit dans l'institution des préfets.

Ce fut une heure décisive que celle de l'apparition des premiers intendants dans notre histoire. Car c'est elle qui signale la transformation du système monarchique. Des deux éléments qui, pendant des siècles, avaient lutté l'un contre l'autre et qui s'étaient partagé le pouvoir, l'un d'eux prenait le dessus; la robe l'emportait. De féodale et de cavalière, la royauté devenait dès lors autoritaire et bureaucratique.

**Les Finances.**

A l'origine de notre existence nationale, il y a une catastrophe économique. La chute de l'empire romain n'avait été rien autre chose qu'une faillite à laquelle, pendant douze siècles, l'histoire romaine avait travaillé. Cette histoire, en effet, est un long ravage des extrémités au profit du centre. Le système économique et le système politique romains reposaient uniquement sur la force : travail servile et impôt extorqué, telles étaient les deux sources de la richesse particulière et de la richesse publique. A la fin, pourtant, il fallut s'arrêter. Rome avait dépeuplé le monde pour assurer la paix du monde. L'ère des conquêtes fut donc close, bon gré mal gré, et l'ère des exactions financières s'ouvrit. « L'or et l'argent devinrent extrêmement rares en Europe; mais les Romains y voulurent exiger les mêmes tributs, ce qui perdit tout (1). »

Les mines aussi s'épuisèrent. La valeur disparut, en même temps que le numéraire qui la représente. Les richesses amassées par des moyens destructifs de la richesse s'évanouirent. Les champs étaient incultes; les approvisionnements manquaient. On retenait de force les colons sur le sol et pourtant ils n'en tiraient qu'à peine leur subsistance. Les curiales, rendus responsables des impôts, étaient parqués dans les villes et, s'ils se sauvaient, ils étaient traqués par les champs comme des bêtes. L'Empire ne pouvant plus payer ses fonctionnaires, ni ses défenseurs, fut éventré par l'invasion des barbares. Il se divisa, puis s'écroula.

Quoiqu'ils eussent pour origine la force, les impôts romains, établis par des maîtres en l'art d'administrer, n'en étaient pas moins répartis entre les contribuables avec une certaine équité. Comme nous l'avons déjà dit, une administration immense avait constitué et tenait à jour le cadastre universel pour que chaque parcelle payât sa juste part. On trouve dans les codes de Justinien un principe vers lequel le progrès politique tend encore à s'élever : « les charges publiques doivent être en proportion de la fortune » ; « *Civilia munera per ordinem pro modo fortunarum sustinenda sunt* (2) ».

L'unité du système résulte de ce récolement général des fortunes, œuvre du cens et base de la perception de l'impôt direct. Sa variété vient de la diversité des autres contributions : « Impôts ordinaires ou extraordinaires, impôt sur les champs, impôt sur les édifices, impôt sur les bestiaux, impôt par tête, impôt sur le commerce, impôt sur le revenu des sommes prêtées à intérêt, impôt sur certaines dignités, impôt sur les marchandises, impôt sur les ventes, impôt sur les hérédités et sur les affranchissements ; impôts acquittés en or ou en argent, impôts acquittés en denrées, impôts

---

(1) Montesquieu, *Grandeur et Décadence* (p. 191).
(2) *Cod.* X, 41, 1.

acquittés en services; charges patrimoniales, charges personnelles, charges sordides; impôts payés par les curiales, impôts perçus par les procureurs de César, impôts perçus par les publicains (1) », cet ensemble magistral, qui atteint la fortune dans toutes ses manifestations, frappe d'étonnement et d'admiration le spécialiste. C'est le triomphe d'une fiscalité qui sut arracher au monde les sommes nécessaires aux immenses besoins de l'Empire (2).

De l'époque romaine, il devait rester le souvenir et les débris de cette vaste organisation. Quelques-uns des procédés du fisc impérial survécurent; mais la plupart d'entre eux et notamment la savante et délicate institution du cens, tombèrent en désuétude par suite de la détresse générale. Le mécanisme cessa de fonctionner faute d'aliments.

Cette ruine économique en faisant disparaître le numéraire, en diminuant les échanges, en rétrécissant le monde, enleva à la fortune toute sa mobilité. Il n'y eut plus d'autres richesses que la terre. Mais la terre n'a de valeur que par le travail de l'homme. L'appauvrissement des plus belles contrées du globe et surtout de l'Italie, par le manque de bras, l'avait bien prouvé. Aussi on ne songea plus qu'à maintenir, par tous les moyens, le laboureur sur le territoire, on unit l'homme au sol par les liens les plus étroits : le *colonat*, le *servage de la glèbe* (3); et, de ces deux éléments, ainsi rivés l'un à l'autre, on fit une valeur d'échange, qui devint la monnaie courante des transactions du Moyen âge : le *domaine* qui, plus tard, lorsqu'il se subordonne à la hiérarchie sociale, s'appelle *fief*.

(1) CLAMAGERAN, *Histoire de l'Impôt en France* (I, p. 84).
(2) Sur les impôts romains, cfr. le travail de CLAMAGERAN, qui vient d'être cité; — FUSTEL DE COULANGES, *Inst. polit. de l'ancienne France*; La Gaule Romaine (p. 273); — VIOLLET, *Instit. pol. et admin.* (t. I, p. 79-94); — BOUCHARD, *Étude sur l'administration des finances de l'Empire Romain*, Paris, Guillaumin; — CAGNAT, *Etude historique sur les Impôts indirects chez les Romains*, Paris, 1882, in-4°. — L'importance de la ruine économique de l'Empire romain n'a été expliquée, par personne, plus clairement que par MONTESQUIEU. Il y revient à diverses reprises, non seulement dans les *Considérations*, mais aussi dans l'*Esprit des Lois* (liv. XIII, ch. XVI).
(3) Certains publicistes ont considéré, non sans raison, le servage de la glèbe comme plus dur et plus strict que le colonat romain : « Relativement à l'état où vivaient les personnes agricoles quand le servage se produisit, il fut une aggravation de la dépendance ». DONIOL, *Classes rurales*, Guillaumin, 1865, in-8° (p. 17).

Cette conception du *domaine* est capitale ; elle détermine, pendant des siècles, la physionomie de l'histoire de l'Europe. Non seulement l'homme qui possède un vaste domaine très peuplé est un homme riche, mais encore il est un souverain. Il a droit à tous les honneurs et à toutes les obéissances. Lui seul a des revenus, puisqu'il n'y a plus de profit en dehors des produits de la terre ; lui seul a la force, puisqu'il peut nourrir des hommes ; lui seul a le droit, puisque tous les principes de la législation se subordonnent à la possession du sol qui est le principal fait social subsistant.

On a débattu la question de savoir si, au temps des invasions, les barbares se sont partagé les terres du vaincu. Je ne pense pas qu'on puisse dire qu'il y ait eu un partage universel et systématique. Mais le nombre des héritages vacants était considérable, le domaine impérial était étendu, les violences de la conquête furent nombreuses. Une grande partie des propriétés rurales vinrent aux mains des vainqueurs. Les rois, embarrassés de cet immense butin, le distribuèrent, à la mode germanique, entre leurs fidèles. Plus d'un Gallo-Romain s'enrichit aussi des dépouilles de ses concitoyens. Il y a, dans tous les temps, des hommes qui se tournent du côté du succès et qui adhèrent aux révolutions par esprit conservateur. Ceux-ci gardèrent leurs domaines et même ils les augmentèrent. Les propriétaires moins riches ou moins adroits furent trop heureux de placer leurs biens sous la protection de quelque seigneur ou officier germain, par un acte d'offrande nommé *recommandation*. Quoi qu'il en soit, après plusieurs siècles de mystérieuse évolution interne, la société nouvelle se trouva constituée avec une figure plutôt germaine et assise sur la base exclusive de la propriété domaniale. Elle tire son nom du mot qui désigne l'union du domaine et du service noble : c'est la féodalité (1).

Le domaine ou le fief étant le principal élément de la richesse fut aussi, nous l'avons dit, la principale valeur d'échange. C'est par l'octroi du fief que les princes et les particuliers nourrissaient

---

(1) La définition habituelle du fief est celle-ci : « un héritage tenu d'un seigneur à foi et hommage et à charge de quelques autres droits. » Ferrière, *Dict. de Droit*, v° *fief*. Sur les origines du fief et sur l'étymologie germanique du mot, voir Viollet (t. 1, p. 432).

et indemnisaient leur entourage. Est-il nécessaire de signaler les inconvénients de ce genre de monnaie? Sa lourdeur, son immobilité, son indivisibilité? Pour obvier, autant que possible, à ces inconvénients on s'habitua, peu à peu, à distinguer entre les deux éléments qui constituaient le domaine : d'une part, le sol lui-même et, d'autre part, les objets mobiliers nécessaires à son exploitation et surtout le plus mobile de tous, c'est-à-dire l'homme. On vit donc se briser l'étroite union qu'avait connue le Moyen âge, et le *service* tendit à se séparer du *domaine*.

Depuis les âges reculés où cette séparation s'est faite, tout l'effort de la civilisation a consisté à isoler et à libérer le travail de l'homme, à le rémunérer à part et à lui faire rendre, par cette délivrance même, des résultats supérieurs à ceux qu'on obtenait de lui quand il était lié aux fers ou attaché à la glèbe. Telle est l'origine de la société moderne qui roule sur ces deux pôles : travail libre et impôt consenti.

La disparition rapide de la servitude en Europe, en des temps, en somme, très barbares, est un des phénomènes surprenants de l'histoire. Ce fait économique considérable ne paraît pas pouvoir s'expliquer uniquement par des considérations humanitaires ou religieuses. Certainement, la prédication morale du christianisme a préparé ce grand bienfait; cependant elle n'a pu empêcher la servitude de subsister, jusqu'à nos jours, dans un grand nombre de pays chrétiens, en Amérique, aux Antilles, en Russie, au Brésil (1). Je pense qu'il faut tenir grand compte, pour expliquer les résultats si prompts obtenus dans les années les plus sombres du Moyen âge, des conditions du travail dans les régions tempérées et plutôt septentrionales de l'Europe, ainsi que des mérites propres aux populations qui y vivent. Un air salubre, à la fois rafraîchissant et excitant, des besoins nombreux et les moyens de les satisfaire au prix d'un certain effort, ces circonstances sont favorables au développement de l'activité individuelle. Les températures

---

(1) V. PATRICE LARROQUE, *De l'esclavage chez les nations chrétiennes*. Paris, 1864, in-12. — Il faut ajouter que la mainmorte n'a disparu qu'à la Révolution de certains domaines ecclésiastiques.

extrêmes le dépriment et l'accablent sous le fardeau de leurs exigences ou de leurs facilités. Il faut toute l'autorité de la discipline sociale pour l'arracher à l'indolence du midi ou à l'atonie du nord. Les populations de l'Europe sont peut-être, de toutes les races humaines, les plus réellement *laborieuses*. Elles aiment le travail pour lui-même; elles cherchent par lui et en lui leur récompense. Non seulement elles ne reculent pas devant l'effort nécessaire pour satisfaire leurs besoins qui sont grands; mais encore elles se préoccupent d'autre chose que du présent. L'ouvrier ne trouve pas que sa peine soit payée par le gîte et la nourriture de chaque jour; il appréhende les douleurs d'une vieillesse misérable. Il ne se contente pas de travailler « au pair »; il veut économiser pour l'avenir; de là, le *salaire,* de là *l'épargne*. Ajoutons que l'épargne constitue le *capital,* avec son corollaire, la *rente,* et nous aurons indiqué les principaux éléments économiques de la civilisation moderne.

Une expérience lente, mais dont les premiers résultats apparurent pourtant à une époque assez reculée du haut Moyen âge, apprit au propriétaire du domaine qu'il avait intérêt à laisser au laboureur une certaine liberté. On se rendit compte que l'ouvrier rapportait davantage si on lui laissait le soin d'arranger son temps à sa guise, en lui abandonnant une part du profit qu'il retirait de son travail. On apprit à affranchir les colons moyennant une rente qu'ils s'engageaient à payer régulièrement. On délivra des permis de travail libre aux serfs-ouvriers, sauf le prélèvement d'une quote-part sur leurs bénéfices. Par un nouveau progrès, le « service » eut une tendance à se transformer en « redevance »; il se fit un forfait entre le propriétaire et ses hommes. Mais, qu'on remarque la portée de cette évolution : ce forfait est un contrat. Ceux qui le signent sont libres de part et d'autre. Ainsi pénètre dans les mœurs, avec la liberté, le principe de la rente et celui de l'impôt librement consenti.

Cette tendance apparaît clairement dans le système des impôts féodaux. Il faut distinguer entre les charges qui pèsent sur les roturiers et celles qui incombent aux vassaux nobles. A l'origine, le seigneur touche directement les fruits de son domaine et le produit du travail de ses hommes. Il assure, en échange, à ceux-ci les premières nécessités de l'existence. Puis, en vertu du forfait dont nous avons parlé, le seigneur abandonne à ses serfs une certaine quantité de terre en *tenure* ou en *censive*. Ceux-ci s'appellent *vilains, hommes de poëste, hôtes*. En échange de la concession qu'il leur a faite, il reçoit d'eux certaines redevances roturières dont les principales sont les dîmes, le cens, les corvées partielles, les fournitures de bestiaux ou de main-d'œuvre, puis le champart, le formariage, un droit de relief ou de rachat qui rappelait le droit primitif du seigneur, chaque fois qu'une mutation se produisait dans la tenure, soit par cession, soit par héritage. On ne devait arriver que par un progrès très lent au métayage, aux baux à ferme, aux arrérages fixes qui sont des modes de conduction corrélatifs d'un état de pleine liberté.

Certaines parties du domaine étaient occupées non par des serfs, mais par des nobles. Ces portions s'appelaient fiefs; elles étaient, comme on disait alors, « tenues à foi et à hommage ». Ceux qui les avaient reçues devaient aussi des services, mais nobles, le service militaire, le conseil, le plaid. Ces services eurent aussi une tendance à se transformer en redevances pécuniaires; de là, les aides féodaux, et notamment les *aides aux quatre cas*, qui étaient dues dans certaines circonstances graves de la vie du seigneur ou du vassal (1). Les droits de mutation frappaient d'ailleurs le fief comme la censive. On appelait ces droits les *lods et ventes*, le *relief*, le *quint* et le *requint*. La féodalité nous présente donc tout un système d'impôts qui repose principalement sur la propriété et la possession du sol et qui se confond, jusqu'à un certain point, avec le revenu de la terre. Mais il devient plus mobile, plus souple, au fur et à mesure que se dégage le principe de liberté qui est, en somme, à la base du régime féodal (2).

(1) Les aides aux quatre cas étaient-ils dus par les vassaux nobles aussi bien que par les vilains? C'est l'avis de Fustel de Coulanges, *Rev. des Deux-Mondes*, 1878 (t. I, p. 696). — Cependant Boutaric, feudiste du dix-huitième siècle, est d'un avis contraire. *Traité des Droits seigneuriaux*, 1765, in-4° (p. 333).

(2) Sur les droits seigneuriaux, la littérature historique ou pratique est tellement

336   DROITS SUR LES MARCHANDISES.

Déterminé d'avance et pour longtemps par un contrat synallagmatique, l'impôt de la terre a un caractère de fixité qui est tout à l'avantage du contribuable. Celui-ci sait d'avance ce qu'il doit payer et, quels que soient les besoins nouveaux du seigneur-propriétaire, le vassal ou le vilain est toujours en droit de lui opposer le forfait écrit ou traditionnel qui seul l'engage. Le seigneur a beau s'ingénier à multiplier ses exigences selon les diverses manifestations de la richesse agricole, il trouve toujours ses rentes insuffisantes parce qu'elles n'augmentent pas et comme elles sont, le plus souvent, payables en nature, il n'en tire que peu de profit pour faire face à des besoins croissants.

Aussi voit-on que, de toute antiquité, les seigneurs réclamèrent certains droits, en raison de l'exercice de la souveraineté. C'étaient de véritables droits régaliens : amendes résultant des sentences judiciaires, profits provenant de l'émission de la monnaie, droits perçus sur les concessionnaires de mines, revenus du greffe, du sceau, du tabellionat, droits de patronage sur les églises et, en outre, deux sortes de contributions qui présentent un intérêt particulier et sur lesquels il convient d'insister maintenant : les droits frappant l'entrée ou la circulation des marchandises et les tributs se rattachant à l'idée de la défense du sol et de la protection accordée aux citoyens.

Les droits sur le transport et la vente des marchandises, tonlieux, douanes, péages, etc., sont désignés par les publicistes modernes sous le nom d'impôts indirects. La tradition en est romaine. Mais, à l'époque féodale, ils furent réclamés par chaque seigneur particulier. Il n'y a rien de moins compliqué que ce genre d'impôt : une perche en travers d'un chemin, une chaîne sur un cours

abondante qu'il est, pour ainsi dire, superflu d'indiquer des références. Je renverrai cependant aux ouvrages suivants : RAGNEAU, *Indice des droits royaux et seigneuriaux*, Lyon, 1620, in-12. — BRUSSEL, *Nouvel examen de l'usage général des fiefs*. Paris, 1750, 2 vol. in-4°. — BOUTARIC, *Traité des Droits seigneuriaux et des matières féodales*. Toulouse, 1775, in-4°. — BONCERF, *De l'Inconvénient des Droits féodaux*, 1789, in-8°. — CHAMPIONNIÈRE, *De la propriété des eaux courantes*. Paris, 1846, in-8°. — A. MOLINIER. *Étude sur l'Administration féodale dans le Languedoc* (p. 109-239). — FUSTEL DE COULANGES, *Les Impôts au Moyen Age*, dans *Revue des Deux-Mondes*, 1878 (t. I, p. 679).

d'eau, quelques agents en force, et les revenus du seigneur augmentent. Ces procédés sommaires et même les abus qui en étaient le corollaire naturel, convenaient au caractère de morcellement et d'isolement excessif qui était celui de la société du Moyen âge. Aussi ne faut-il pas s'étonner de voir se multiplier à l'infini cette sorte de droits. Ils prennent un tel développement qu'ils relèguent au second plan la véritable source des revenus féodaux, c'est-à-dire l'impôt de la terre.

Un autre impôt qui est appelé à jouer un rôle considérable dans les finances de l'ancien régime, trouve encore ses origines dans les institutions du Moyen âge. Il n'est pas sans analogie avec le tribut antique; mais il se rattache, en même temps, à une idée aristocratique, à savoir que les nobles seuls rendant le service militaire, les manants doivent payer, pour assurer la défense du sol et la sauvegarde des personnes et des propriétés. Nous savons que, dès le temps de Charlemagne, le service militaire pouvait être racheté moyennant une somme d'argent. Nous savons aussi qu'au fur et à mesure qu'on avance dans le Moyen âge, cette tendance s'accentue et que le service personnel fait place, dans les choses de la paix, comme dans les choses de la guerre, à la redevance pécuniaire. On s'habitue, dans les cas de nécessités urgentes, à faire appel à cette ressource exceptionnelle, à cet impôt régalien par excellence, prélevé par le seigneur sur ses sujets selon ses besoins, c'est-à-dire, en somme, selon ses caprices : c'est la taille à volonté, la taille à miséricorde, que l'auteur de l'*Histoire des Impôts* appelle si justement « le fisc d'hommes de guerre, de violences et de rapines » (1). Elle était levée sur les serfs et ceux-ci étaient dits « taillables et corvéables à merci ».

Le système des taxes féodales, tel qu'il vient d'être décrit, contient le germe de toutes les contributions royales. Impôts d'origine romaine et impôts d'origine germanique, impôts directs et impôts indirects, impôts consentis et tributs exigés, redevances de la terre et droits régaliens, tous se retrouvent dans le budget royal, mais les uns développés, les autres atrophiés, selon leurs relations

---

(1) V. Clamageran (t. I, p. 316).

plus ou moins étroites avec le principe de l'institution monarchique.

On reconnaît que, pendant une période de deux cent vingt-trois ans, aucun impôt général n'a été levé en France. Cette période peut même être prolongée d'un siècle; en réalité, jusqu'au règne de Philippe le Bel, il n'y eut pas un pouvoir assez fort pour atteindre le contribuable sur toute la surface du royaume. Le roi n'était, en fait, qu'un grand seigneur féodal et il n'avait guère d'autres ressources que celles des autres barons. Les produits de son domaine et les débris des droits régaliens, qui lui étaient disputés par les suzerainetés locales, formaient le plus clair de son revenu.

Ce sont les légistes de Philippe le Bel qui, sur ce point, comme sur beaucoup d'autres, entrèrent dans les voies nouvelles. La royauté, au moment où elle se préparait à assumer les responsabilités d'une politique d'unification au dedans et d'expansion au dehors, prétendait s'assurer les ressources nécessaires pour mener à bien cette double tâche (1). La grandeur des ambitions et la médiocrité des moyens forment, dès cette époque, un contraste qui durera jusqu'à la fin de l'ancien régime; de là, cette dramatique histoire financière qui doit se terminer par une catastrophe et qui met en présence, pendant quatre siècles, d'une part, la fiscalité royale avec sa volonté implacable, son empirisme grossier, ses violences nécessaires et maladroites et, d'autre part, la passivité inorganique des contribuables, leur inintelligence presque absolue des devoirs et des droits, avec, parfois, des soubresauts de colère ou des élans de générosité et d'enthousiasme.

Philippe le Bel jette les bases de l'administration financière monarchique. Les droits domaniaux sont augmentés, des taxes sont frappées sur les marchandises, c'est alors qu'apparaît la *maltôte*, odieuse aux peuples. On inaugure, en même temps, cette politique des *ex-*

---

(1) Le traité du fameux légiste, Pierre Dubois, *De recuperatione Terre Sancte*, insiste sur les difficultés d'argent de la royauté. Il indique notamment, comme moyens de les résoudre, la confiscation des biens du clergé, l'abolition de l'ordre des Templiers, les mesures à prendre contre les Lombards. Mais il est hostile à l'altération des monnaies. Voir l'intéressante édition donnée par M. Langlois, dans *la Collection des textes pour l'enseignement de l'histoire*. Paris, Picard, 1891, in-8° (notamment § 51, p. 43).

*pédients* qui sera, dorénavant, la contre-partie fatale des déficit budgétaires. On recourt également à la vénalité des offices. Les altérations des monnaies s'invétèrent dans les mœurs fiscales. Partout où l'argent s'est amassé, les agents royaux le traquent. On fait rendre gorge aux Juifs, aux Lombards, aux Templiers. De saint Louis à Philippe le Bel, les revenus du roi sont décuplés (1).

Mais un grand bienfait accompagne ces abus. Le contribuable étant si précieux, on a tout intérêt à le multiplier. La royauté encourage, de toutes parts, les affranchissements. Une longue suite d'actes particuliers prépare la fameuse ordonnance de 1315, qui rend la libération des serfs obligatoire. Dans tous ces actes, l'intérêt fiscal domine. La confirmation de la charte d'affranchissement motive toujours le payement d'une indemnité au roi, dont le fief est *abrégé*. En outre, le serf libéré est immédiatement frappé d'impôts. On a pu dire, qu'en moyenne, le paysan libre rendait au seigneur un bénéfice double de celui que produisait le paysan serf (2). Le grand fait de la libération de l'homme par le travail résulte ainsi de la volonté persévérante de la royauté qui, poussée par ses besoins mêmes, sait trouver, dans cette heureuse excitation de l'activité individuelle, les moyens d'augmenter ses revenus, en améliorant la situation de ses sujets.

Un autre événement considérable coïncide avec la constitution du bugdet royal et avec l'extension de la liberté individuelle, c'est la première réunion des États généraux. Par une sorte de paradoxe historique qui n'a pas été suffisamment expliqué, cette innovation est due au roi qui passe, à juste titre, pour le fondateur de la politique autoritaire en France. Les uns n'ont vu, dans cette convocation des États, rien autre chose qu'une application normale des coutumes féodales (3). D'autres la saluent comme l'avè-

---

(1) Sur le système des impôts sous Philippe le Bel, voir Vuitry, *Études sur le régime financier de la France*, t. II.

(2) Doniol, *Classes agricoles* (p. 254 et suiv.).

(3) Voir les deux brochures de M. Callery : *Histoire du pouvoir royal d'imposer*. Bruxelles, in-8°, et *Histoire de l'origine et des attributions des États généraux et provinciaux*, Bruxelles, 1881, in-8°, et la polémique soulevée par leur publication, notamment Flammermont, dans *Revue Historique*, 1882, t. XVIII (p. 213-432-441) et Luchaire, dans *Annales de la faculté des lettres de Bordeaux*, 1882 (p. 50 et p. 234). — Voir encore Hervieu, *Recherches sur les premiers États généraux*, Paris, 1879, in-8°. — Flam-

nement des libertés modernes et comme une esquisse lointaine des institutions parlementaires. Chacune de ces explications contient une part de vérité. L'initiative prise par Philippe le Bel est comme la rançon de l'activité autoritaire de ce prince. La réunion des États, en 1302, figure au premier rang parmi les actes transactionnels au moyen desquels la royauté dut acheter au monde féodal l'accroissement d'autorité qu'elle revendiquait en sa qualité de pouvoir extra-féodal.

Contentons-nous d'exposer ici le point de vue financier. Théoriquement, chaque seigneur est maître de sa terre, de ses hommes et de tous les bénéfices que celle-là ou ceux-ci peuvent produire. Les communes bourgeoises sont dans une situation analogue. En effet, il est démontré aujourd'hui qu'elles constituaient des seigneuries indépendantes, ayant leur place dans l'ordre féodal et représentées par leurs magistrats comme les fiefs le sont par leurs maîtres et seigneurs. Donc, en droit, le roi n'a aucun moyen d'atteindre la masse des contribuables qui n'habite pas sur ses domaines propres. Mais, en fait, il est le plus fort. Depuis le temps de Louis le Gros, de Philippe Auguste et de saint Louis, sa puissance matérielle et son autorité morale se sont singulièrement accrues. Personne ne nie que, comme monarque et comme suzerain, il n'ait des devoirs à remplir qui emportent des droits supérieurs et véritablement régaliens. Aussi les barons, le clergé, les communes, en un mot tous les détenteurs de la souveraineté féodale comprenant, d'une part, les besoins de la royauté et, d'autre part, appréhendant son pouvoir, préfèrent traiter avec elle et *consentir* l'aide ou secours pécuniaire qu'elle demande et qu'elle pourrait exiger. Avec cet esprit de conciliation et cette bonne volonté réciproques, qui sont parmi les procédés les plus fréquents de l'histoire de France, au lieu de se renfermer dans son droit, chacun s'ingénie à trouver un accord sortable pour les deux parties. D'ailleurs, un sentiment commun, l'hostilité contre une puissance extérieure, cimente des bonnes volontés qu'on peut déjà appeler patriotiques.

MERMONT, *De concessu legis et auxilii, tertio decimo seculo*. Thèse pour le doctorat ès lettres, Paris, 1883, in-8°.

## LA TAILLE PERMANENTE.

Les seigneurs féodaux, réunis en assemblée solennelle, sont ainsi amenés à concéder au roi le droit de prélever un certain impôt sur leurs domaines. Théoriquement, le pacte féodal n'en est pas affaibli. Il a été, en quelque sorte, prorogé et vidimé par la royauté, puisque celle-ci a reconnu qu'elle ne pouvait passer outre. Cependant, l'idée d'un sacrifice nécessaire pour les besoins de l'État a pénétré dans les esprits et le droit strict de l'ancien seigneur, maître sur sa terre, s'est transformé en une adhésion volontaire au nouvel ordre de choses. En échange, il réclame de la royauté certains avantages particuliers que nous étudierons par la suite, ce sont les *privilèges*.

L'autorité financière des États généraux dont l'origine, comme on le voit, est féodale, s'accrut dans des proportions extraordinaires au cours de la guerre de Cent ans. Alors, le principe de l'impôt consenti fut nettement proclamé et effectivement mis en pratique. Le grand parti libéral et aristocratique, qui essayait de se constituer aux dépens de la royauté affaiblie, ne devait pas négliger l'instrument de résistance que lui avaient légué les âges précédents. Les États généraux et les États provinciaux sont, pendant toute cette période, les véritables maîtres de l'impôt. Si, vers la fin de la guerre, et au moment où la féodalité périclite, le roi Charles VII, invoquant la nécessité de constituer une armée moderne, introduit la taille permanente, c'est par une sorte de subterfuge : le montant de cet impôt est d'ailleurs déterminé et fixé, sous forme de pragmatique sanction, dans une assemblée d'États et il reste entendu que le chiffre n'en pourra être modifié sans leur consentement (1).

(1) L'importance exacte de l'ordonnance de 1439, au point de vue de l'histoire financière, ne me paraît pas nettement établie. On lui attribue généralement la portée d'un acte créant la taille permanente. Ce n'est pas ce qui résulte de son texte qui ne consacre aux tailles que les quatre derniers articles (41 à 44). La taille seigneuriale y est, il est vrai, abolie, en principe du moins, car nous savons qu'elle a survécu longtemps encore ; des mesures sont prises pour empêcher les exactions arbitraires, tant de la part des seigneurs que des agents du roi. Mais il n'y a rien autre chose. Au contraire, le texte reconnaît que la taille n'est établie par le roi que du consentement des États. Il est vrai, qu'à la suite de cette ordonnance, le roi perçut, pendant plusieurs années, la taille sur le peuple au taux où elle avait été fixée par l'ordonnance de 1439. Mais cela n'avait rien de nouveau. On voit, dans l'*Histoire de Charles VII* de M. de Beaucourt que, déjà, de 1436 à 1439, la taille avait été perçue, pendant trois années consécutives, au taux de 200,000 livres fixé par les États de Poitiers ; les exemples antérieurs

Durant tout le quinzième et le seizième siècle, cette conception domine le système financier de la France. Le roi ne peut innover, en matière d'impôts, sans le concours des États. Le rôle des grandes assemblées du seizième siècle est célèbre à ce titre. Peu s'en fallut qu'à Blois, en 1588, la politique royale ne fût obligée de se subordonner à l'autorité financière des trois ordres. En 1614, la question est de nouveau posée ; mais, cette fois, elle va être tranchée définitivement en faveur de la royauté.

Comment cette dernière solution s'explique-t-elle? Il y avait, dans la constitution traditionnelle de la France des principes libéraux. Ils se sont maintenus pendant des siècles. Pourquoi ont-ils été étouffés par le principe autoritaire qui devint, peu à peu, le seul moteur de l'institution monarchique? Il suffit d'indiquer ici, d'un mot, qu'ils ont disparu en même temps que succombait le particularisme féodal sur lequel ils s'appuyaient. C'est là, d'ailleurs, le problème capital de notre histoire politique. Avant de l'aborder, il faut demander encore à l'histoire financière tous les éclaircissements qu'elle peut nous fournir.

Seule, en effet, elle rend apparente la complexité des intérêts sociaux et politiques de l'ancien régime : inégalités entre les classes, inégalités entre les provinces, inégalités entre les villes et les campagnes, inégalités entre les individus, elles ont, toutes, leurs origines dans une conception de l'ordre social qui, divisant les personnes et les propriétés en nobles et roturières, rejette toutes les charges publiques sur la classe pauvre qui va toujours en s'appauvrissant. Disproportion entre les aspirations nationales et les ressources financières; effort immense, nécessaire pour repousser l'étranger et pour achever l'unité, concours insuffisant de la part des classes supérieures et des détenteurs de la fortune, toutes ces causes réunies excitent et stimulent la royauté, l'acculent aux grands besoins et aux vio-

---

abondent. Il n'y a donc pas eu, à proprement parler, innovation. Tout ce que l'on peut dire c'est que, dans les dernières années du règne de Charles VII, le pouvoir royal s'habitua, en fait, à percevoir les tailles selon le montant fixé par une assemblée antérieure des États généraux. Il y eut même des *crues* imposées arbitrairement; mais cela fut toujours considéré, et par les sujets et par le prince lui-même, comme un abus.

lences dernières. Ainsi, d'une constitution incohérente vient la ruine de toute constitution et, de libertés mal réglées, naît l'arbitraire. Mais il faut considérer ces principes et ces résultats, tels qu'ils apparaissent et qu'ils s'inscrivent, d'eux-mêmes, dans le budget royal soumis aux États généraux, en l'année 1614.

Le budget royal gardait encore, à cette époque, quelque chose de féodal, rien que dans sa forme et, si je puis dire, dans sa coupe extérieure.

Il se divisait, en effet, en « deniers ordinaires » et « deniers extraordinaires ». Or, dans le principe, les recettes ordinaires étaient les produits du domaine, les revenus de la fortune du roi ; les recettes extraordinaires étaient toutes les autres ressources et notamment celles qui provenaient des impôts. Dans les recettes ordinaires, on distinguait encore entre le *domaine immuable* et le *domaine muable*. On reconnaissait le premier comme la base traditionnelle de tout le système financier : « Domaine immuable sont censives et rentes foncières et perpétuelles appartenans au roi à prendre sur aucuns héritages des bailliages et prévôtés. Le chapitre du domaine immuable est le premier chapitre en une recette du domaine (1). »

Ce premier chapitre subsiste, dans le budget royal, comme la houlette dans la malle du berger devenu riche. C'est un souvenir de l'époque où le roi n'était qu'un seigneur d'avenir dans la grande armée féodale. En raison même de son immutabilité, il n'avait pu se plier aux nécessités d'une administration en voie de progrès et on l'avait dédaigné. Le domaine dit *muable* offrait plus de souplesse : il comprenait les revenus des greffes, sceaux, tabellionages, ventes de bois, lods et ventes, reliefs, quints et requints, en un mot les droits et bénéfices féodaux qui ne constituaient pas des rentes régulières et fixes ; la plupart d'entre eux

---

(1) Le *Vestige des finances*, publié par M. JACQUETON, dans *Documents relatifs à l'administration financière en France de Charles VII à François I*$^{er}$. (Collection de textes pour l'enseignement de l'histoire. Picard, 1891, p. 206.) Ce volume est précieux et fait honneur à une collection qui paraît appelée à rendre de réels services.

étaient affermés pour un, deux ou trois ans aux agents royaux chargés de les percevoir.

Tant que la royauté garda son caractère féodal, les ressources du domaine tinrent la plus grande place dans le budget des recettes. Mais, au fur et à mesure que les charges et les responsabilités proprement royales s'accroissent, les deniers du domaine deviennent insuffisants; le budget féodal craque, et c'est alors qu'on voit se développer le chapitre des ressources annexes, des deniers dits « extraordinaires » qui, gonflé et hypertrophié de façon effrayante, finit par étouffer, de son poids, le budget principal insuffisant depuis longtemps.

Que sont, à l'origine, les finances dites « extraordinaires? » Le *Vestige des finances* les définit encore, au début du seizième siècle « le revenu des greniers, aides et tailles du royaume »; en un mot, ce sont les produits de l'impôt: la gabelle du sel, les impôts indirects et autres revenus affermés, les impôts de capitation. On voit bien, par cette définition, qu'au seizième siècle, l'impôt était encore considéré, par les hommes du métier, comme une ressource accidentelle et que le roi devait, en temps normal, se suffire avec les revenus de son domaine. Mais, en réalité, les sacrifices, exigés tout d'abord des peuples dans les temps de crise et à titre exceptionnel, étaient déjà devenus permanents. Il n'y avait donc aucune raison de leur conserver ce nom de deniers extraordinaires.

Une autre source de revenus se développait qui avait ce caractère accidentel, longtemps attribué aux aides et aux tailles; c'étaient les *parties* dites *casuelles,* profits exceptionnels, ventes d'offices, revenus provenant des emprunts, etc. Dès la fin du seizième siècle, Sully propose donc de faire passer les anciennes « ressources extraordinaires » au rang d' « ordinaires », et ce sont les revenus qui viennent d'être énumérés qui sont appelés maintenant « extraordinaires ».

On se trouve donc en présence de trois budgets, ayant chacun ses recettes particulières, son personnel spécial, son affectation propre, trois budgets, juxtaposés, ou superposés : un budget seigneurial, un budget monarchique normal et un budget d'expédients. C'est au milieu de cette confusion originelle que l'historien des finances de l'ancienne France doit se débrouiller.

Sully, dans l'exposé des finances qu'il dressa probablement en 1614, néglige le *domaine* proprement dit, ne tient pas compte des *parties casuelles,* en raison de leur caractère variable, et ne considère que les recettes du budget normal, c'est-à-dire les produits des impôts.

Il les divise en deux parties à peu près égales : les revenus que les agents royaux tirent directement du peuple et ceux qui proviennent des *fermes* (1).

Cette distinction correspond, à peu près, à celle qui existe aujourd'hui entre les impôts directs et les impôts indirects. Cependant elle était beaucoup plus marquée sous l'ancien régime, puisqu'elle entraînait la coexistence de deux personnels différents et que les sommes perçues ne se confondaient pas dans une caisse unique.

La façon dont se percevaient les impôts, notamment la *taille,* avec l'injustice et les inégalités qui faisaient porter la charge, non sur toutes les provinces ou sur toutes les localités, mais sur certaines d'entre elles, non sur tous les contribuables, mais sur certains d'entre eux, est notoire. On connaît aussi le système en vertu duquel les *aides* ou impôts indirects adjugés « à ferme, » au plus haut enchérisseur, livraient le peuple à l'armée des publicains dont les exactions n'étaient limitées que par la détresse du contribuable. A quoi bon insister sur les abus, plus détestables encore, provenant de la perception des *gabelles?* Tous ces faits de notre histoire administrative sont connus et il suffit de rappeler les noms de ces impôts dont l'effrayante complexité était à la base du budget royal (2).

---

(1) Voir le curieux mémoire de Sully intitulé « Relation de M. Sully sur les finances ». Les exemplaires manuscrits n'en sont pas rares. Voir notamment, à la Bibl. Nationale, f. franc., n° 2408; aux archives des Affaires Etrangères, *France*, t. 771, et à la Bibl. Mazarine, Ms. n° 1522. — Ce mémoire a été imprimé sous le titre de « Traité du revenu et des dépenses des finances de France », dans le *Recueil des États généraux de Mayer* (t. XVII, p. 185).

(2) Voir notamment le livre de M. le vicomte d'Avenel, *Richelieu et la monarchie absolue*, t. II.

Tailles et taillons, aides affermées, gabelles du sel, telles étaient les sources qui approvisionnaient régulièrement cette « mer de l'épargne » dont parle Sully. Il est vrai que l'expression paraît un peu emphatique si l'on compare les revenus royaux à nos énormes budgets modernes. Cependant les contemporains ne tarissent pas sur l'importance des sommes tirées du pays. On disait que ces revenus étaient, pour le roi de France, d'un secours plus puissant et plus assuré que, pour le roi d'Espagne, les galions de l'Amérique (1).

Le rendement normal des impôts, entre les années 1608 et 1617, ne paraît pas avoir dépassé, en moyenne, la somme de 35 millions de livres. Mais ce total ne revenait pas en entier au trésor. En effet, par un système de comptabilité qui était loin d'être simple, on défalquait de la recette, avant compte, des sommes considérables qu'absorbaient les frais de recouvrement, certaines charges locales et certaines dépenses affectées traditionnellement à telle ou telle partie du budget des recettes, par exemple le payement des officiers de justice. Ces prélèvements une fois opérés, les contemporains évaluent à environ 17 ou 18 millions de livres le revenu net de l'impôt, ce qu'on appelait les « revenants bons mis dans la main du roi ».

D'après les calculs de M. d'Avenel, il faut multiplier par 6 pour obtenir la valeur, en francs actuels, des livres du temps de Louis XIII. Cette opération donne, pour le produit brut, $35 \times 6 = 210$ millions de francs et, pour les « revenants bons », $17 \times 6 = 102$ millions. Il est vrai qu'il faut ajouter les parties casuelles qui ont monté souvent à près de 10 millions et, parfois, dépassé ce chiffre (2). Les recettes brutes, y compris les parties casuelles,

---

(1) V. la relation de l'ambassadeur vénitien, ANGELO BADOER, dans Barozzi et Berchet, *Francia* (t. I, p. 99). — Voir aussi les intéressants calculs donnés par PIETRO PRIULI, en 1608 (p. 234).

(2) Nous avons dit plus haut que Sully ne tient aucun compte des *parties casuelles*, ou, si l'on veut, des *expédients* par lesquels on procurait de l'argent au trésor. C'est ce qui explique la différence de près du double qui existe entre le chiffre de 17 millions qui est le sien et celui de 33 millions qui est donné par « l'État des dépenses de l'é-

seraient donc d'environ 45 millions de livres ou 270 millions d'aujourd'hui, et les recettes nettes 27 millions de livres, soit 162 millions de francs. Le budget de la France représentait en recettes seulement le dixième du budget actuel. Et pourtant les plaintes incessantes des contribuables prouvent qu'ils en étaient comme accablés (1).

Henri IV avait vécu avec des ressources moindres encore; cependant il avait payé ses dettes et fait des économies (2). Mais c'était un roi très serré et Sully était un ministre très vigilant. Il faut aussi tenir compte de ce fait que, pendant les dix dernières années du règne, les troupes furent réduites aux cadres et aux mortes-payes. Quand on examine les chiffres donnés par Sully, on est étonné du peu de place qu'y tiennent, en somme, les dépenses d'État.

Voici le compte des dépenses de l'année 1609, d'après les *Économies Royales* :

pargne pour l'année 1617 », conservé en manuscrit dans le vol. 771 des archives des Aff. Étrangères.

Voici le tableau des recettes établi par ce compte manuscrit :

| | |
|---|---|
| Des recettes générales de France et des bois (c'est-à-dire les tailles et une partie du domaine) | 10.331.000 liv. |
| Ordinaires des parties casuelles, compris le droit annuel | 1.319.000 liv. |
| Extraordinaires des parties casuelles provenant des créations d'offices, taxes et augmentation de droits | 4.709.000 liv. |
| Autres extraordinaires à cause de la vente et revente des greffes, sceaux et tabellionages | 4.000.000 liv |
| Du taillon | 556.000 liv. |
| De toutes les fermes | 7.656.000 liv. |
| Deniers extraordinaires provenant de débet de compte, nouvelles impositions, prêts faits au roi, et autres deniers reçus | 5.749.000 liv. |

Le total est de trente-quatre millions quatre cent mille livres, chiffre très différent de celui de Sully. Mais on voit que, dans cette année, les parties casuelles ou deniers assimilés, se sont élevés à près de 16 millions de francs, ce qui ramène le montant des recettes normales à 17 millions de francs, chiffre donné par Sully.

(1) Il faut tenir compte du chiffre de la population qui ne dépassait guère 15 à 16 millions et de l'étendue du territoire qui n'était que les 2/3 du territoire actuel. Le contribuable pouvait, d'ailleurs, supporter des charges beaucoup plus lourdes, puisque, comme nous le verrons, dans les dernières années du règne de Louis XIII, les dépenses effectives montèrent à plus de 60 millions, ce qui triple environ le chiffre du début du règne.

(2) Elles montaient au chiffre de 14 millions et demi de francs et non de 41 millions, comme on l'a trop répété d'après Sully. Voir la note de CLAMAGERAN (t. II, p. 389).

| | |
|---|---|
| Ponts et Chaussées............................ | 1.149.151 livres. |
| Bâtiments..................................... | 633.298 |
| Voyages et ambassades....................... | 459.369 |
| Marine........................................ | 465.175 |
| Guerre (artillerie, fortifications, troupes ordinaires, suisses, gardes).................... | 4.118.486 |
| La Cour (maison du Roi, vénerie, étrennes, maison de la Reine).......................... | 2.293.692 |
| Pensions..................................... | 2.056.486 |
| Dons.......................................... | 1.684.522 |
| Comptant du Roi.............................. | 2.299.226 |
| | 15.159.405 |

Voici maintenant le budget de l'année 1614 :

| | |
|---|---|
| Recettes................................... | 29.423.740 livres. |

DÉPENSE.

| | |
|---|---|
| L'extraordinaire des guerres.................. | 6.424.985 |
| L'ordinaire des guerres....................... | 52.000 |
| Artillerie..................................... | 239.442 |
| Dons.......................................... | 3.043.249 |
| Pensions..................................... | 5.182.935 |
| Deniers payés et acquits du Roi............... | 733.688 |
| Comptants.................................... | 1.936.958 |
| | 17.593.257 |

« Le surplus de la dépense est employé dans les autres chapitres ordinaires, ainsi qu'il est dit ci-devant ». (*France*, t. 26, pièce 29.)

En publiant le premier de ces comptes, M. Clamageran s'écrie : « On est épouvanté de voir à quelle somme s'élèvent les dépenses de la cour, les *pensions* et les *dons* réunis au *comptant du roi*. Cette somme dépasse huit millions. Elle emporte la moitié du budget ! » Peu s'en faut qu'elle n'atteigne 11 millions en 1614, et cette fois c'est beaucoup plus de la moitié du budget (1).

(1) Quoique les documents nécessaires pour se rendre compte du mouvement des fonds dans les premières années du dix-septième siècle ne soient pas précisément rares, il n'est cependant pas très facile d'arriver à des données certaines et surtout exactes. J'ai cru agir prudemment en ne donnant dans le texte que des moyennes et je ne remarque pas que les auteurs spéciaux soient arrivés à des résultats beaucoup plus précis. J'ai pu d'ailleurs consulter quelques documents qui paraissent leur avoir échappé. Je vais en dresser la liste après avoir rappelé, pour l'ensemble, les ouvrages connus :
MALLET, *Comptes rendus de l'administration des finances du royaume de France*

Donc, un revenu brut d'environ 35 millions de livres, un revenu net de 18 à 20 millions, une dépense atteignant toujours ou dépassant ce chiffre et consacrée, pour près des deux tiers, aux besoins ou

*pendant le dix-septième siècle*, Londres et Paris, 1789, in-4°; Forbonnais, *Recherches et considérations sur les finances de France, depuis* 1595 *jusqu'en* 1721. Liège, 1758, 6 vol. in-12; Clamageran, *Histoire de l'Impôt en France*, Guillaumin, 1867, 3 vol, in-8° Il faut joindre l'ouvrage de M. d'Avenel, *Richelieu et la monarchie absolue* qui, pour la partie financière, notamment, est tout à fait remarquable.

Voici maintenant les principaux documents relatifs aux budgets des années 1606 et suivantes, par ordre d'années : Il faut tout d'abord mentionner les comptes publiés dans les *Économies royales* de Sully; mais ils demandent à être lus avec la plus grande attention; car Sully a presque partout exagéré les résultats favorables de son administration; Forbonnais s'est trop confié aux chiffres des Économies royales. Pour l'année 1606, j'ai rencontré un « état général des finances » qui est très complet. Il est aux archives des Affaires Étrangères, *France, Mémoires et Documents*, vol. 766, pièce 63. Les recettes et les dépenses montent au chiffre égal de 16,996,603 liv. Mais il n'est pas tenu compte des charges ordinaires assignées directement sur les recettes, ainsi qu'il a été dit au texte. Cet état général des finances est suivi d'une « distribution de la dépense ainsi qu'elle est assignée sur chacune des parties de la recette » qui permet de se rendre exactement compte du système de la comptabilité usitée à cette époque. Encore une fois, il n'y avait pas une caisse d'ensemble dans laquelle tous les deniers se confondaient. Mais chaque recette était affectée à tel ou tel ordre de dépenses. Les trésoriers ou receveurs qui avaient les deniers en main payaient sur assignation.

Pour l'année 1607, Clamageran a dressé (t. II, p. 381) un tableau des recettes qui fait monter le revenu brut à la somme de 31,437,671 liv. Les charges ne sont pas déduites et les parties casuelles sont comptées pour 1,842,638 liv. Mallet donne un chiffre légèrement inférieur : 29,842,057 liv. (V. aussi Poirson, t. I, Appendice.) Pour cette même année 1607, l'ambassadeur vénitien, Pietro Priuli a donné une relation des finances du royaume (*Barozzi et Berchet*, t. I, p. 233), où il fait monter le chiffre total de la recette à 10,727,907 *écus*, chiffre sensiblement plus élevé que ceux qui viennent d'être cités. L'ambassadeur donne un tableau détaillé des dépenses tant ordinaires qu'extraordinaires. Elles montent, d'après lui, à la somme de 10,333,114 écus et le roi ferait ainsi près de 400,000 écus d'économies.

Pour 1608, outre les chiffres donnés par Sully et que Forbonnais lui emprunte, on trouve aux Affaires Étrangères, dans le vol. 767, deux « États des pensions » qui sont utiles à consulter. Le total monte à la somme de 3,487,000 liv. — Mallet évalue les recettes au chiffre total de 32,787,296 liv.

Pour 1609, Forbonnais publie (t. I, p. 212-240), d'après les comptes du trésorier de l'épargne reçus à la Chambre des Comptes, le 11 février 1610, un état détaillé qui monte, en recettes brutes, à 32,589,659 et, en dépenses brutes, à 32,571,849. D'après ce même compte, les « revenants-bons » étaient d'environ 20 millions, et les dépenses sur ces deniers de 16,500,000 liv.; les économies étaient donc, pour cette année de 3,500,000 liv. — Mallet donne un chiffre de recettes brutes de 32,474,448 et il évalue les dépenses seulement à 14,176,453.

Pour 1610, j'ai rencontré un curieux document, malheureusement incomplet. Richelieu ayant voulu se rendre compte de l'administration financière de Sully et des ministres de la Régence, fit faire le relevé des recettes et des dépenses, à partir de 1609. Seule, l'année 1610 est complète dans ce compte qui est annoté de la main de Richelieu. (Voir Aff. Étr., *France*, t. 767, pièce 89.) La recette, pour 1610, est de 33,666,834 liv. et la déaux prodigalités de la cour et des classes privilégiées; celles-ci indemnes des charges publiques; certaines provinces, certaines villes également indemnes ou du moins singulièrement favorisées (1); un contribuable accablé en raison de sa pauvreté; un

pense de 33,629,913 liv. Ce compte, malgré son chiffre élevé, ne s'applique qu'aux revenants-bons; car Richelieu fait observer qu'il contient les 14,560,000 livres économisés par Henri IV. On en dépensa, dès cette année, près de 6 millions de livres et on ne remit que 8 millions 611 mille livres au trésorier de l'Épargne. La dépense totale sur les revenants-bons fut, cette année, de 23 millions de livres en augmentation de 6,500,000 livres sur l'année précédente. — Le chiffre des recettes brutes concorde à peu près avec celui de Mallet, 33,339,336.

Pour les années 1611-1612-1613, j'indiquerai tout d'abord un « Règlement sur les finances, fait après le départ de M. le duc de Sully », qui est à la Bibliothèque Nationale, (Mss. f. fr. vol. 6558, et aussi vol. 2408, n° 1). Ce règlement supprime la charge de surintendant des finances. (Voir aux Aff. Étr., vol. 768 et 769). — Pour 1611, Mallet évalue les revenus ordinaires à 16,890,528; pour 1612, à 17,136,338; pour 1613, à 17,363,277.

Pour l'année 1614, nous avons plusieurs documents importants : c'est, d'abord, une « relation sur le fait des finances de France » publiée par Mayer dans sa *Collection des États généraux* (t. XVII, p. 185-213). Il existe, de cette relation, de nombreux manuscrits assez différents du texte publié. (Voir notamment Aff. Étrang., vol. 771, Biblioth. Mazarine, Mss. n° 1522, Bibl. Nat. f. fr., n° 2408). Tous ces manuscrits l'attribuent à Sully. Elle est très complète, très intéressante et nous en avons fait grand usage dans le texte. Elle fait monter le chiffre total du budget en recettes et dépenses brutes à la somme de 36,926,538 liv. et le chiffre des revenants-bons à 19,636,335. Quoique cette relation soit publiée sous l'année 1614, il faut observer que, d'après le texte, les chiffres ci-dessus sont ceux de l'année 1612. Un second document moins intéressant a été communiqué aux États généraux, c'est « l'état du maniement des finances pendant la régence de la Reine » qui est du président Jeannin. Il est publié dans toutes les éditions de ses *Mémoires* et aussi dans le Recueil de Mayer à la suite de la relation de Sully. Il donne des renseignements qui paraissent d'ailleurs peu sincères sur les dépenses excessives faites pendant la régence et sur la disparition presque entière des économies faites par Henri IV. Il conclut par une demande adressée aux États d'augmenter les impôts. Enfin, un troisième document plus précieux est conservé dans les archives des Affaires Étrangères. C'est un compte de l'épargne divisé en deux parties (*France*, t. 769, pièce 29 et pièce 64). D'après ce document, l'ensemble de la recette, brute probablement, ne serait monté cette année qu'à la somme de 29,423,000 liv. La dépense, y compris les charges ordinaires, aurait été du même chiffre. Quant aux « revenants-bons, » dépenses et recettes, ils seraient de 17,800,000 livres. On voit que ces chiffres ne sont pas d'accord avec ceux qui sont insérés dans la Relation de Sully. Mais, par contre, le chiffre des revenants-bons est le même que celui donné par Forbonnais d'après les communications faites aux États généraux. Il est vrai que celui-ci fait monter l'ensemble du revenu brut à 35,900,000 liv. et qu'il constate un déficit de 3,700,000 livres, les dépenses de l'année 1614 montant à 21,500,000 livres. — Mallet est également en désaccord avec ces différents auteurs. Il donne, pour les revenus ordinaires, la somme de 18,046,321 liv. Cfr. *Mercure François*, a° 1615, (t. III, p 200). On voit combien il est difficile de faire la lumière dans ces comptes, qui, quoi qu'on fasse, restent toujours fort obscurs.

(1) Le Dauphiné prétendait que, par l'acte de donation du Dauphin Humbert, il était exempt de tout impôt. En effet, dans les comptes, les revenus de cette province sont marqués *néant*. Le peu d'argent qui était perçu se dépensait et au delà dans le pays.

gouvernement toujours aux abois en raison de la misère du contribuable, telle était la situation en 1614.

A la moindre complication intérieure ou extérieure, le rendement des impôts diminue. Pour faire face à ces crises, le pouvoir ne dispose d'aucun procédé pratique. Son crédit n'est pas organisé. Il est entre les mains des traitants qui font payer chèrement au peuple les avances usuraires faites à la royauté. Aussi, la difficulté financière est, si je puis dire, sans cesse à l'ordre du jour. Henri IV n'est pas mort depuis quatre ans que ses économies sont épuisées et qu'on ne sait plus où donner de la tête pour se procurer de l'argent. Il en faut cependant : les besoins de la cour se sont accrus; les exigences des grands sont insatiables. C'est alors qu'on songe à convoquer les États. Grave conjoncture et qui pose, une dernière fois devant les Français, la question de savoir quelles sont les conditions et les limites du pouvoir royal d'imposer.

La réponse à cette question n'était pas des plus claires, en 1614. Le budget royal avait encore le caractère d'un budget seigneurial. Les grands besoins n'avaient pas imposé les grands sacrifices et le prince était toujours censé se suffire avec ses ressources propres. Aussi l'autorité du roi en matière financière n'était pas nettement définie. En théorie, les publicistes se prononçaient dans le sens du pouvoir absolu; mais dans la pratique, on pensait généralement que, pour créer de nouveaux impôts, le roi devait obtenir l'assentiment des États. Au fond, tout dépendait des circonstances; si le gouvernement était fort et s'il inspirait confiance, il faisait ce qu'il voulait. S'il était faible et s'il se montrait sensible aux attaques de ses adversaires, on se faisait une arme contre lui de la demande de convocation des États (1).

Même en temps normal, une résistance fortement organisée s'opposait aux exigences fiscales de la royauté : c'était celle qui

---

(1) Voir Pierre DELOMMEAU, *Maximes générales du Droit français* (1610), liv. I, ch. II : « Il n'appartient qu'au Roy à mettre et lever tailles et impôts sur les sujets ». — D'après LOYSEAU, les droits de la souveraineté sont : « faire lois, créer officiers, arbitre la paix et la guerre, avoir le dernier ressort de la justice et forger monnaie »... Il ajoute : « aucuns, et non sans cause, en adjoustent un sixième, à savoir de lever deniers sur le peuple; mais les plus retenus disent que ce n'est pas un droit, ains une entreprise et pouvoir déréglés, au moins de faire ces levées à discrétion. » *Seigneuries* (p. 35).

s'appuyait à l'origine sur le droit seigneurial, maintenant sur le privilège. Elle n'avait pas, il est vrai, un caractère général; mais, soutenue par l'intérêt particulier des classes, des provinces, des localités, des individus, elle n'en était pas moins puissante. Muni d'un acte spécial qui établissait un avantage exceptionnel en sa faveur, le privilégié fermait sa porte au percepteur royal. Ces exceptions multipliées constituaient un régime de libertés très arbitrairement et très inégalement réparties sur la surface du royaume. Le pouvoir royal, absolu dans ses prétentions, était ainsi borné de toutes parts. Son champ d'action se trouvant étroitement limité, il était contraint de creuser toujours plus bas et de rechercher dans les couches profondes de la population, les ressources qui lui étaient nécessaires.

En 1614, une dernière assemblée des États se prépare à examiner, une fois encore, le problème financier posé depuis des siècles. Qui va l'emporter? Sera-ce la tradition médiévale avec ses principes aristocratiques, ses engagements étroits, ses entraves apportées à l'unité? Ou bien, sera-ce l'État moderne, conçu selon les exemples romains, avec ses exigences souvent mal justifiées, avec ses procédés arbitraires et sa revendication incessante et souvent abusive de la maxime antique : « *Salus populi suprema lex?* »

Ce grand débat s'ouvre sous l'œil de Richelieu ; ou plutôt, il n'y aura pas de débat. L'histoire de France n'est qu'un long pèlerinage vers l'unité. Ce n'est pas quand elle touche au but, qu'elle va s'arrêter. Les libertés médiévales, odieuses, en raison du principe d'inégalité sur lequel elles reposent, vont succomber définitivement devant l'offensive hardie du pouvoir royal. Celui-ci se sent soutenu par les aspirations instinctives des masses. La plus puissante des institutions libérales, les États généraux se préparent à abdiquer ; puis ce sera le tour des libertés locales, États provinciaux, municipalités à chartes ou à établissements. Il est vrai que la royauté ne parviendra jamais à briser les inégalités sociales, ni à détruire les privilèges des classes et des individus. Il est vrai que, prisonnière de son passé, elle ne saura jamais constituer un système financier adéquat à ses besoins, à ses ambitions et répartissant équitablement la charge sur tous ceux qui bénéficient de l'action de l'État. Mais c'est cette impuissance qui doit amener sa chute, et quand deux siècles encore auront accumulé leurs déficit, on verra s'achever, dans une catastrophe économique, l'évolution d'une histoire que la ruine économique du monde romain avait préparée.

### III. — Les libertés générales et particulières.

Par l'armée, par la justice, par l'administration, par les finances, le roi était, en 1614, le maître incontesté du royaume de France. La conquête est un fait accompli. L'institution monarchique est, depuis longtemps, entrée dans le droit. Le droit, en effet, résulte du consentement des parties. Or, les peuples sont visiblement satisfaits de l'état de choses nouveau et de la substitution d'un pouvoir central fortement organisé à la multiplicité des pouvoirs locaux. Le régime féodal disparaît et ne laisse que peu de regrets derrière lui.

La royauté avait, d'ailleurs, très habilement ménagé la transition. Consciente des difficultés de sa tâche, elle n'avait rien brusqué et son progrès avait été si lent qu'il pouvait paraître insensible aux yeux des contemporains.

Prorogeant sans cesse les difficultés, retardant les solutions, gagnant du temps, elle avait fondé son pouvoir sur la procrastination. Presque tous les rois de France ont un caractère commun ; ce sont des esprits conciliants, grands amateurs de tractations et de cotes mal taillées. L'histoire devrait leur savoir gré de leurs traités plus encore que de leurs victoires. La royauté a vécu d'année en année, de siècle en siècle, poussant le temps par l'épaule, sans rien brusquer, sans rien achever, laissant le vague planer sur ses desseins et sur ses droits. Quelque pressantes que fussent ses ambitions ou les nécessités du moment, elle remettait à d'autres temps les solutions brutales, qui étaient peut-être les plus logiques et les plus promptes, mais qui eussent interrompu les traditions de modération et de patience d'une politique qui se sentait assurée du lendemain.

La constitution non écrite de l'ancienne France, souple et mobile, s'adaptant toujours aux circonstances, est le résultat de cette méthode politique. Son incohérence apparente s'explique, si on observe qu'elle se compose de la série des transactions passées par la royauté pour s'assurer le pouvoir. « *Sire, nous sommes vos sujets, mais avec nos privilèges,* » ainsi s'expriment les gens du Languedoc, en s'adressant à Henri IV, et ils définissent, d'un mot excellent, toute la constitution de l'ancien régime, le droit de la royauté et les limites de ce droit.

### Le privilège.

Il faut remonter au point de départ et à ces multiples principautés co-souveraines qui se partageaient le territoire de la France. Chacune d'elles avait un droit plein, indiscutable. Elles l'eussent prouvé, au besoin, par titres ou par possession immémoriale. Elles l'exerçaient en fait : elles levaient des troupes ou entretenaient des milices, rendaient la justice haute et basse, frappaient monnaie, prélevaient des impôts.

Comment expulser les seigneurs féodaux de ce domaine de la souveraineté, qu'à une époque ancienne leurs pères ont envahi? Contre eux, le roi se sert de deux moyens d'action, conformes à son rôle qui est double : en tant que seigneur féodal et suzerain fieffeux, il procède à l'agrandissement de son domaine; en tant que roi, héritier de la tradition biblique et romaine, il cherche à étendre et à affermir son autorité suprême.

Nous avons dit plus haut comment le domaine royal s'était développé du centre aux extrémités, comment les pays relevant directement de la couronne et placés « dans l'obédience le roi » s'étaient multipliés. Mais nous n'avons pas assez insisté sur le caractère souvent pacifique de cette conquête territoriale. Elle ne s'était pas accomplie, en effet, sur des terres irrémédiablement hostiles, sur des races rivales qu'il eût fallu opprimer ou détruire. Il n'y avait pas eu, comme en Angleterre, un coup soudain suivi d'une sujétion universelle. En tout temps, les combattants, de part et d'autre, s'étaient sentis frères. Ils parlaient presque tous le même langage ; ils portaient le nom commun de *Français* (1). Aussi les mots de « réunion à la couronne » emportent-ils des idées beaucoup plus complexes que celles d'un simple succès militaire. Les règles féodales interprétées dans un sens favorable à la royauté, la tutelle royale intervenant à la suite de désordres locaux intolérables, une acquisition par argent, une cession librement consentie, un héritage, un mariage, telles avaient été les causes habituelles des faits d'annexion les plus profitables à la royauté. Les jurisconsultes et les diplomates s'y étaient employés au moins autant que les soldats.

Le plus souvent, la royauté assurait l'ordre, la tranquillité, la paix. Dans les villes, il y avait un parti royaliste, généralement le parti populaire, qui ne demandait qu'à présenter au prince les clefs des portes sur un coussin de velours (2). Le mouvement qui emportait les populations vers le capétien unificateur et

---

(1) Cette différence capitale qui existe entre les origines politiques de la France et celles de l'Angleterre a été admirablement mise en lumière par M. BOUTMY, dans son livre : *Le Développement de la constitution et de la société politique en Angleterre*. Plon, 1887, in-12. Elle n'avait pas échappé aux publicistes du dix-huitième siècle. Voir notamment DELOLME, *la Constitution de l'Angleterre*. Genève, 1787, in-8°; et MOUNIER, *Nouvelles observations sur les États généraux de France*, 1789, in-8°. « Les seigneurs d'Angleterre, après la conquête de Guillaume, furent toujours dans une étroite dépendance du monarque. Ils n'eurent jamais sur leurs sujets la puissance souveraine et quand le pouvoir de la couronne devint accablant, les communes et les seigneurs se prêtèrent un mutuel appui. La réunion des efforts et des principes fit obtenir une grande charte commune à toute l'Angleterre. En France, au contraire, les grands vassaux se conduisirent longtemps en souverains de leurs provinces; après leur réunion, sous la puissance du roi, leurs sujets restèrent attachés à des usages particuliers, à de prétendus privilèges qui ne valent pas les droits des hommes libres, droits qu'ils auraient pu se procurer et qu'ils ont sacrifiés à des prétentions chimériques. » (P. 26.)

(2) L'alliance de la royauté et des partis populaires est un fait trop connu pour qu'il y ait lieu d'y insister. Citons seulement deux exemples se rapportant à des faits d'annexion relativement récents (1552). Il s'agit de Metz et de Verdun : « A Metz, on avait habilement semé la division entre les riches et les pauvres; on avait réveillé l'antipathie du peuple contre la bourgeoisie qui s'était emparée de toutes les places et

pacificateur, était parfois instinctif, mais le plus souvent parfaitement déduit et raisonné.

Quand, lors de l'avènement de François I$^{er}$, les États de Bretagne furent appelés à décider du sort de la Duché, ils se prononcèrent, après mûre délibération, dans le sens de la réunion à la couronne. A cette heure décisive, cette province, dont les tendances restèrent pourtant toujours très particularistes et qui ne pouvait oublier son ancienne indépendance, tint un langage qui eût été, probablement, celui de toutes les autres parties du royaume si on les eût également consultées : « Tant qu'il y aura un chef en Bretagne, dirent les États, il ne faut espérer nulle paix. Le roi de France est un grand roi qui ne souffrira jamais cet angle du pays en repos, s'il n'en est chef irrévocable et, à vrai dire, *l'espérance de la paix qu'on peut avoir par l'union est à préférer à tout ce qu'on pourrait dire et opposer* (1). »

On se servait de cet exemple pour déterminer d'autres provinces hésitantes; Bassompierre disait, en 1609, au duc de Lorraine : « La Bretagne, pour être incorporée à la France, n'en a pas été de plus malheureuse condition; ses privilèges et immunités lui ont été

---

de toute l'influence dans le gouvernement de la cité. Aussi, quand le corps municipal ordonna qu'on prît les armes pour s'opposer à l'entrée des troupes royales, personne ne bougea, et le connétable pénétra dans la place sans verser une goutte de sang. Une bonne garnison fut établie dans cette ville qui, depuis, est restée à la France. » GUILLEMIN, *Cardinal de Lorraine* (p. 48). — « La ville de Verdun n'offrit pas plus de résistance. Là, comme à Metz, les magistrats séculiers empiétaient chaque jour sur l'autorité épiscopale. Là aussi, les riches s'efforçaient d'exclure des pauvres de toutes les charges publiques. Le cardinal de Lorraine qui était évêque de cette ville, n'eut pas de peine à persuader au peuple qu'il avait tout à gagner en se plaçant sous la protection du roi de France. Quand toutes les mesures furent prises, le connétable se présenta à la tête de ses troupes et s'empara de la place sans tirer l'épée. » (Ibid., p. 49.) — Pour Angers, V. MOURIN, *la Ligue et la Réforme en Anjou*.

(1) Voir ISAMBERT, *Anc. Lois françaises* (t. XII, p. 375). — Cfr. DUPUY, *Histoire de la réunion de la Bretagne à la France* et JULIEN HAVET dans *Revue Historique* 1884 (p. 275-287) : « Moyens d'unir le duché de Bretagne au Royaume de France ». — Exemple contraire : En 1400, les communautés de Guyenne furent sollicitées de passer au roi de France. Les communautés desdites cités considérèrent « comment le royaume de France était vexé et molesté de tailles, de fouages et de toutes exactions vilaines dont on pouvait extorquer argent... « Encore nous vaut-il mieux, dirent-ils, être aux Anglais qui nous tiennent francs et libres, et puis nous avons plus de marchandises, de vins, de laines et de draps des Anglais, que nous n'avons des Français. » *Chroniques du Religieux de St-Denys*, en l'année 1400.

conserves et les personnes et biens des Bretons plus puissamment contregardés par un roi de France qu'ils n'eussent été par un duc de Bretagne; la condition de chaque corps de la Bretagne s'est accrue et améliorée par cette réunion; car l'ordre ecclésiastique a été capable de posséder les amples bénéfices consistoriaux de France; la noblesse s'y est enrichie et agrandie parce qu'il se fait de bien plus hautes fortunes en de grands royaumes qu'en de petites provinces, et le tiers état est parvenu aux grandes et lucratives charges de judicature et de finances de France (1). »

Cette argumentation était spécieuse et, le plus souvent, ces idées se présentaient d'elles-mêmes à l'esprit de ceux qu'il s'agissait de convaincre. Le royaume, donc, se constitue autant par le concours des volontés que par l'emploi de la force. Malgré des luttes pénibles, il n'y eut pas de haines inexpiables; les pires adversaires se rapprochaient, bientôt après la soumission, dans un esprit de fidélité au prince qui les avait vaincus, et « la paix royale » s'étendait aisément sur un pays qui n'a jamais connu d'outlaws (2).

Pour obtenir des populations ce concours spontané ou cette soumission facile, la royauté se faisait un devoir de ménager les sentiments, les coutumes et les intérêts locaux. Ces provinces qu'il s'agissait de réunir dans une seule et même nationalité avaient joui, pendant des siècles, d'une pleine indépendance. Plusieurs d'entre elles avaient été des nations libres. Puisqu'on ne voulait pas qu'elles gardassent les rancunes et les haines des peuples vaincus, il ne fallait pas faire peser trop lourdement sur elles le fardeau de la victoire. On leur reconnaissait donc une certaine

---

(1) *Journal de* Bassompierre, Édit. *Soc. hist. de France* (t. I, p. 244).

(2) Je suis heureux de citer ici, à l'appui, ce passage d'un livre de haute autorité dont j'ai fait fréquemment usage : « Le succès de cette rapide campagne (la campagne de Louis VIII en Saintonge et en Poitou, 1224) était dû en partie à l'empressement qu'avaient mis les bourgeois des villes à se déclarer en faveur du roi de France... De nos jours, des historiens se sont étonnés de la promptitude avec laquelle les villes s'étaient soumises, alors qu'en passant à la France, elles devaient perdre tous les débouchés de leur commerce, se voir fermer la mer et en être réduites à ne plus naviguer qu'en contrebande sous le pavillon des Templiers. *L'espoir de voir enfin le pays pacifié, les seigneurs disciplinés et la sécurité rétablie suffit à expliquer leur attitude...* Louis VIII, bien entendu, leur prodigua les confirmations de privilèges et franchises. » Giry, *Établissements de Rouen* (t. I, p. 250).

autonomie et on laissait au temps le soin de les fondre insensiblement dans la patrie commune.

L'histoire se répète sans cesse et la politique contemporaine a retrouvé inconsciemment une des formules qui servit, dans le passé, à désigner ces sortes d'annexions imparfaites, si nombreuses sous l'ancien régime : c'est le mot *protection* ou *protectorat*. On disait, par exemple, des Trois Évêchés qu'ils étaient placés « sous la protection du roi de France ». Encore à demi-allemands et déjà en partie français, ces pays frontières attendirent pendant un siècle, dans cette situation transitoire, l'époque de la réunion et de l'assimilation définitives (1).

Sous des rubriques et dans des conditions différentes, il en était de même de beaucoup d'autres provinces : elles ouvraient les portes de leurs villes et en confiaient la garde aux troupes royales; elles recevaient de Paris la haute impulsion administrative et judiciaire; elles payaient au roi une sorte de tribut annuel et consenti. Mais, pour le reste, elles demeuraient ce qu'elles étaient auparavant. Elles gardaient leur langue, leurs coutumes, leur jurisprudence, leurs administrations locales et, autant qu'elles le pouvaient, la libre disposition des impôts.

Ces situations adaptées, selon l'improvisation des circonstances, à la complexité du système féodal, variaient à l'infini. Autant de provinces, autant de traités différents, autant de régimes distincts. Une fois la grande concession faite et l'autorité du roi reconnue, chaque fraction du royaume se sentait à l'aise pour défendre, contre l'humeur envahissante des agents royaux, la part d'autonomie qu'elle s'était réservée. Presque toujours, il était intervenu un pacte écrit, résultant d'une sorte de marchandage engagé par les au-

---

(1) Ce mot de *protection* revient souvent dans des cas analogues. Ainsi, à propos de Strasbourg, des Noyers écrit à Richelieu : « J'ai été à Strasbourg pour leur présenter les lettres du roi et les faire bien payer de toutes les munitions de bouche qu'ils avaient fournies à l'armée. Nous l'avons fait avec applaudissements et leur avons distribué quelques médailles du roi pour témoignage de l'affection de Sa Majesté envers eux. Ils les ont reçues avec de grandes marques de satisfaction, mais je n'y vois rien à espérer davantage;... ils sont républicains et fort amoureux de leur liberté, qu'ils croiraient blessée par le simple mot de *protection*. « *Aff. étr.*, t. 804 (f. 293), cité par D'AVENEL (t. III, p. 138).

torités locales avec le pouvoir royal au moment où elles consentaient à se laisser absorber par lui. Celui-ci, en s'emparant de la souveraineté, ne la prenait pas toute. Par esprit de conciliation et aussi par un habile respect des droits anciens, il se modérait lui-même et renonçait à l'application stricte du principe en vertu duquel il intervenait.

Ainsi se trouvait consacrée, par des transactions écrites et indéfiniment renouvelables, une série d'avantages particuliers faits aux provinces, aux villes, aux corps avec lesquels traitait le pouvoir royal. Une fois le pacte signé, il était conservé jalousement. La province appliquait sa ténacité étroite, sa processivité méticuleuse à défendre cet antique reste de son ancienne indépendance et ce qu'elle appelait d'un mot dont on peut maintenant apprécier toute la portée, ses *libertés*, ou mieux encore ses *privilèges* (1).

Nous n'avons parlé jusqu'ici que des populations et nous n'avons considéré que l'un des procédés de la politique monarchique, celui qui consistait à étendre le domaine et à réunir de nouvelles provinces à la couronne. Il faut essayer de déterminer maintenant la méthode de la royauté dans ses relations avec les pouvoirs locaux subsistants et le procédé qu'elle emploie pour accroître son autorité à leur détriment.

Ceux-ci n'avaient pas les mêmes raisons que les populations, de désirer l'accroissement de la puissance monarchique, et les seigneurs n'avaient pas été amenés de plein gré à s'effacer devant le conquérant royal. Pour réduire cette puissante et fière féodalité dont les chefs s'étaient considérés un instant comme les égaux des rois, il avait fallu le fer et le feu. La lutte contre l'aristocratie do-

---

(1) « L'octroi des libertés et franchises était le seul moyen d'annexion, comme il avait été l'unique moyen de civilisation. Le mouvement fut général et profond ; il était devenu irrésistible. La charte de Mâcon porte (art. 18) : « Les citoyens et habitants de Mâcon ne doivent tailles, ni complaintes, ni toltes, ni chevalerie, ni aides, ni mariages, ni conquises, ni autres exactions, ni subvention, ni nouvelletés quelles qu'elles soient, et ne peuvent être contraints à prêter sinon de leur volonté. » « Le nombre des villes qui eurent des chartes semblables, dit Dareste de la Chavanne, est immense. Il n'y eut point de ville, point de bourg qui n'eut ses libertés et franchises propres. » Funck-Brentano, Introduction au *Traité de l'Économie politique* de Montchrestien (p. lxi).

maniale, avait formé, pendant des siècles, la trame ininterrompue de l'histoire intérieure de la France. Les premiers Capétiens jusqu'à Philippe le Bel avaient eu affaire à la féodalité primitive, celle dont les origines remontaient au démembrement de l'empire carlovingien; ils n'en étaient venus à bout que difficilement. Après la mort de Charles V, une nouvelle poussée aristocratique s'était produite à la faveur des grands désordres de la guerre de Cent ans; Charles VII et Louis XI avaient combattu près d'un demi-siècle pour mettre la dynastie hors de page. Enfin, pendant les troubles de religion, les grands seigneurs, les gouverneurs de province, les chefs du parti huguenot avaient fait des efforts désespérés pour secouer le joug et pour diviser le royaume en un certain nombre de principautés indépendantes, de « satrapies » comme dit Ph. Hurault. Ces efforts avaient échoué et, tout récemment encore, au fort des guerres de la Ligue, la coalition d'un grand nombre d'intérêts, atteints ou menacés par le développement du pouvoir royal, n'avait pu avoir raison de celui-ci. Il était sorti victorieux d'une crise si grave. La puissance politique de l'aristocratie française avait sombré dans la tourmente (1).

Si long qu'ait été ce combat, il avait eu cependant ses trêves et ses armistices. Pas plus entre le prince et les seigneurs qu'entre les provinces d'obédience ancienne et celles qui étaient nouvellement réunies, il n'y avait de haines farouches. Le roi qui, pendant si longtemps, n'eut d'autre objectif que la destruction de la noblesse comme corps politique, vivait avec elle sur un pied de cordiale familiarité. C'étaient des amis, des parents, des fils qu'il trouvait à la tête des ligues qui lui étaient opposées. Plusieurs de nos rois avaient, eux-mêmes, tenu la campagne contre leurs prédécesseurs avant de monter sur le trône. Ainsi Louis XI, ainsi Louis XII, ainsi Henri IV. Même dans les périodes d'hostilité, on s'engageait rarement à fond. Comme dans les batailles du temps, on frappait de grands coups sur des cuirasses retentissantes, mais on se tuait peu. A la fin, tout s'arrangeait. Le roi recourait à son éternel procédé de la transaction; il ne demandait qu'une chose,

---

(1) Voir, pourtant, ce que nous disons ci-dessous du parti des Grands.

qu'on reconnût son autorité politique et qu'on abdiquât toute prétention à l'indépendance. Pour le reste, il se montrait coulant. Il accordait tout ce qu'on lui demandait, des avantages particuliers, des honneurs, des distinctions, en un mot des *privilèges*.

Qu'il s'agisse des peuples ou qu'il s'agisse des gouvernements locaux, la même méthode est employée et elle est efficace. Les uns et les autres sentent qu'ils ne peuvent prolonger indéfiniment la résistance contre le pouvoir. Les uns et les autres renoncent, bon gré mal gré, à leur indépendance ; ils plient devant la force ou s'inclinent sous la caresse. Ils offrent spontanément ce qu'on pourrait leur arracher et ils ne demandent en retour que des bénéfices particuliers, bénéfices d'honneur et bénéfices d'intérêts qui sont le reliquat de leurs anciens droits abandonnés.

Ce sont les *privilèges* : privilèges des provinces, privilèges des villes, privilèges des classes, privilèges des corps ou des particuliers, leur accroissement est la contre-partie constante de l'extension de l'autorité royale. La royauté les prodigue. Par une politique pleine de ménagements et de prévenances, elle les renouvelle et les confirme sans cesse et, par contre, ce sont ces privilèges que les individus, les corps, les villes, les provinces, les classes, défendent avec une ardeur jalouse en les décorant des beaux noms, — noms trompeurs, — de *franchises* et de *libertés*.

Cette notion du *privilège* a, sous l'ancien régime, une importance considérable. Nous l'avons vu jouer un grand rôle dans les derniers temps de la monarchie carlovingienne et contribuer à la dislocation de l'unité antique. A cette époque, les privilèges héréditaires ont été arrachés au monarque et ils se sont transformés, peu à peu, en droits. Maintenant que l'État se reconstitue, le mécanisme du privilège fonctionne en sens inverse. Il substitue, aux droits usurpés, des avantages moindres, mais qui reçoivent du pouvoir leur consécration et leur investiture. La loi particulière est toujours concédée au détriment de l'État. Mais celui-ci est heureux de faire cette concession parce qu'elle lui permet d'absorber les petits États rivaux qu'il s'est donné mission de détruire. Pour la royauté qui l'accorde, le privilège est un instrument de règne ; pour les sujets qui se le disputent, c'est un instrument de résistance ou, si l'on veut, de liberté. Le privilège est la transaction dernière entre le droit du roi et les droits des seigneurs. A ce titre, il est toute la constitution de l'ancien régime; il représente le droit public durant l'époque de transition qui sépare la chute de la féodalité de l'avènement de la démocratie.

On a dit que le privilège était, à l'origine, la récompense d'un service rendu. Cette vue suppose, dans les choses de la politique, un ordre moral qui n'y existe pas toujours; elle ne tient nul compte des usurpations et de l'intervention de la force; elle n'explique aussi qu'insuffisamment l'existence de certains privilèges concédés non à des classes ou à des individus, mais à des régions géographiques particulières, à des provinces, à des villes. Une vue plus large me paraît se dégager des observations qui précèdent : *dans l'histoire de France, le privilège est l'embryon d'un droit qui se constitue ou le résidu d'un droit qui disparaît.*

Quand les comtes carlovingiens voulurent se rendre indépendants, ils arrachèrent au fantôme de César qui subsistait, des lambeaux de son autorité sous la forme de privilèges. Quand les habitants des villes s'insurgèrent contre la tyrannie des seigneurs, ils obtinrent, de gré ou de force, des chartes de privilèges. D'autre part, quand la royauté reprit sur l'aristocratie féodale la souveraineté usurpée, elle lui reconnut, en échange, des privilèges. Quand elle traita avec les provinces ou les villes pour les réunir à la couronne, elle promit de respecter leurs privilèges; elle leur en accorda de nouveaux. Enfin, quand ce même pouvoir se sentit assez fort pour imposer à l'Église son autorité régalienne, il lui laissa, à titre de compensation, un ensemble d'avantages connus sous le nom de *libertés, franchises et privilèges* de l'Église gallicane.

On voit, par tous ces exemples, que le privilège suppose l'existence antérieure d'un pouvoir qui le reconnaît. Il ne naît pas spontanément. Il est « octroyé ». Qui dit privilège ou loi particulière, dit loi générale ou État. Mais, en même temps, la multiplication du privilège marque la faiblesse de l'État, soit qu'il naisse, soit qu'il meure.

Le premier effet du privilège est donc de diminuer l'autorité du pouvoir qui le concède. A ce point de vue, il apparaît comme l'auxiliaire et le précurseur de la liberté. Il peut servir de base à des institutions politiques robustes parce qu'elles reposent sur des intérêts de classes, de corps, de communautés. Le privilège donne même à l'espèce de liberté qui découle de lui un caractère légitime, puisqu'elle prend son origine dans le consentement du prince.

Cependant, par définition, le privilège ne satisfait que des intérêts particuliers ou du moins des intérêts restreints. La recherche des avantages qu'il procure peut, il est vrai, développer l'émulation et devenir un stimulant pour les ambitions personnelles. Mais, d'une façon générale, il entretient l'égoïsme et l'orgueil. Il renonce aux vues larges et aux conceptions d'ensemble; l'œil toujours fixé sur le passé, il rétrécit l'horizon de la politique et c'est par là que son libéralisme étroit constitue, malgré les apparences, une atmosphère peu favorable au développement des libertés publiques.

En tous cas, le privilège est anti-égalitaire. Il établit des distinctions entre les sujets du prince; il pousse à l'envie et à la discorde. Il maintient, dans le sein d'une nation, diverses catégories de personnes vivant sur un pied d'animosité réciproque. On sent combien cette condition est favorable aux entreprises d'un pouvoir ambitieux qui met en pratique la formule : diviser pour régner.

Les effets du privilège atteignent non seulement les différentes parties de la nation qui le détiennent ou le convoitent, mais aussi le pouvoir qui le concède. En signant les actes constitutifs du privilège, l'État s'est engagé. Il a distingué, pour toujours, entre les intérêts particuliers et s'est lié au sort de certains d'entre eux. Les divisions qu'il a fomentées finissent par se retourner contre lui. Les inégalités devenant de plus en plus choquantes, les haines s'excitent. Il arrive une heure où la masse des non-privilégiés, mieux éclairée sur ses intérêts et sur ses droits, demande compte au pouvoir du dépôt de l'autorité publique qu'il a gaspillée. L'heure est pénible pour lui. Il n'ose se retourner vers les privilégiés; ils le tiennent en vertu de ses propres engagements. Il ne peut faire de concessions nouvelles; il a tout donné. Trop faible pour refréner ceux d'en haut et pour contenir ceux d'en bas, il périt enfin, victime du système politique auquel il a dû ses premiers succès.

L'histoire de la royauté française est inséparable de celle du privilège. Nous avons dit leur origine commune. Nous avons rappelé leur existence parallèle, et « ce chaos de l'ancien régime où chaque ordre, chaque province, chaque corps, chaque individu invoque des avantages et des titres particuliers, où la liberté est sans cesse froissée dans le choc des prétentions diverses et où le prince est obligé, pour conserver sa puissance légitime, de recourir à la force militaire et aux ordres absolus (1) » ; il suffit de rappeler d'un mot que la royauté, le privilège et les institutions intermédiaires qui réglaient leurs rapports réciproques, devaient périr simultanément, dans cette fameuse nuit du 4 août, où la vieille France fut comme rayée, d'un seul trait, par un acte volontaire et libre de ses représentants (2).

Mais ces jours sont encore éloignés et, pour donner une idée exacte des forces respectives de la politique autoritaire et de la politique libérale en 1614, il faut passer en revue les institutions que le Moyen âge avait créées et qui subsistaient encore au

---

(1) MOUNIER, *loc. cit.* (p. 1).

(2) Montesquieu, à qui rien n'échappe, n'a pas manqué de relever la corrélation qui existait entre la monarchie de Louis XIV et le système du privilège. C'est ce qu'il dit, dans cette manière parfois un peu trop fine qui est la sienne, quand il donne, comme le principe de la monarchie, *l'honneur*, c'est-à-dire « le préjugé de chaque personne et de chaque condition ». Il ajoute immédiatement, pour ne laisser aucun doute sur sa pensée : « Le gouvernement monarchique suppose des prééminences, des rangs et même une noblesse d'origine. La nature de l'honneur est de demander des *préférences* et des *distinctions* ; il est donc, par la chose même, placé dans le gouvernement. » C'est volontairement que Montesquieu n'a pas prononcé le mot de privilège. Favorable au système aristocratique, il craignait probablement d'affaiblir sa thèse en employant des expressions qui, dès le dix-huitième siècle, avaient un sens odieux. Mais il ne se trompait pas sur les effets de la politique royale et il savait que l'existence de la monarchie était en corrélation nécessaire avec celle des classes privilégiées : « Il y a des gens, dit-il, qui avaient imaginé d'abolir toutes les justices patrimoniales des seigneurs. Ils ne voyaient pas qu'ils vouloient faire ce que le Parlement d'Angleterre a fait. *Abolissez dans une monarchie les prérogatives des seigneurs, du clergé, de la noblesse et des villes, vous aurez bientôt un État populaire ou bien un État despotique.* » — FORBONNAIS remarque, dans ses *Recherches des finances*, sous l'année 1610, que le goût pour le *privilège* était le sentiment caractéristique de la nation ; et il ajoute « que, dans les provinces abonnées au droit de franc-fief, le tiers état riche se soumettait volontiers à payer ces nouveaux droits « sans cependant posséder un pouce de terre », parce que payer cet impôt seulement était une apparence de noblesse et constituait une distinction ». Cité par DONIOL (p. 322).

moment où leur plus redoutable adversaire, Richelieu, arrivait au pouvoir. De ces institutions, une seule a un caractère national : ce sont les États généraux; les autres sont, au contraire, étroitement particularistes : ce sont les États provinciaux et les municipalités des villes. Fondées sur le privilège, elles contiennent toutes un élément qui les met en contradiction avec le violent esprit unitaire et égalitaire qui s'empare peu à peu de la masse de la nation.

### Les États généraux.

Une institution antique, longtemps entourée du respect et de la confiance des peuples, une institution qui, par la noblesse de ses origines, pouvait marcher de pair avec la royauté, et qui, pourtant, s'appuyait sur le principe populaire du suffrage, une institution libérale par tradition et par tendance, l'assemblée des États généraux, paraissait faite pour servir de contrepoids à l'autorité royale et pour apprendre à la France la pratique des libertés publiques. Cependant, elle a échoué. La France n'a pas su se constituer un régime représentatif autochtone. L'histoire des États généraux n'a été qu'une série d'élans brusques et de chutes profondes. De grands talents ont été dépensés, de grands courages se sont déployés, des scènes dramatiques se sont produites et tout cela sans grand profit pour la liberté. A aucune époque, les États n'ont joué un rôle décisif; pendant de longues périodes, ils se sont éclipsés devant l'astre brillant de la royauté. Par une étrange destinée, ils n'ont fait œuvre durable qu'en disparaissant et ils ne sont véritablement illustres que par leur mort. Il faut essayer de déterminer les causes de l'échec des États, ou, pour voir les choses de plus haut, de l'échec des assemblées politiques sous l'ancien régime.

Nous avons déjà indiqué l'origine des États généraux. Le roi féodal, au moment de prendre une résolution grave ou d'engager une dépense supérieure à ses ressources ordinaires, convoquait ses vassaux et arrière-vassaux et leur demandait le *conseil* et *l'aide*. Tous ceux qui sont appelés par le roi sont des *seigneurs;* en qualité de possesseurs de fiefs, ils détiennent une portion de la puissance publique. Il en est ainsi des nobles, des membres du clergé, et même des magistrats des communes et des bonnes villes, qui ne siègent aux États qu'en raison de la place occupée par le corps qu'ils représentent, dans la hiérarchie féodale (1).

De cette origine féodale, les États garderont jusqu'à la fin plusieurs traits caractéristiques qui doivent décider de leur destinée : la distinction entre les trois ordres, clergé, noblesse et tiers état, est une cause de division qui enlèvera presque toujours la force de l'unanimité aux décisions des assemblées; l'importance accordée aux deux ordres supérieurs assure la prépondérance de l'élément aristocratique et donne la majorité, dans les États, à ceux qui sont indemnes des charges : les efforts du Tiers, qui, lui-même, n'est le plus souvent représenté que par l'élément urbain, se briseront contre la coalition des deux ordres privilégiés. La non-représentation de certaines provinces, soit qu'on ne les considère pas comme placées sous l'obédience directe du prince, soit qu'en vertu de conventions particulières, elles aient droit à des assemblées spéciales, enlève aux États l'autorité que leur eût assurée la réunion des délégués de la nation tout entière. Enfin, il ne peut être question de convocation périodique, puisque le pacte féodal n'a rien prévu de semblable et que le suzerain reste libre d'apprécier les circonstances dans lesquelles il doit demander le *conseil* ou solliciter de ses vassaux les *aides* qui ne sont pas conformes aux coutumes ou aux contrats existants.

Ces traits originaires, qui reparaîtront par la suite, tendent à s'effacer pendant la guerre de Cent Ans. Par la faute des rois, des malheurs immenses accablent le pays; le pouvoir est en échec;

---

(1) Voir les indications que nous avons données ci-dessus au sujet de l'origine des États généraux. Il faut consulter aussi les ouvrages suivants : Hervieu, *Recherches sur les premiers États généraux ;* Boutaric, *La France sous Philippe le Bel* (p. 32, p. 40). Je n'ai pas besoin d'ajouter que j'ai fait un usage constant de la collection de Mayer et de l'ouvrage de M. Picot, *Histoire des États généraux*, deuxième édition, in-12.

il a des besoins pressants. Les États sont fréquemment convoqués. On a besoin de tout le monde. On s'adresse non seulement aux seigneurs et aux habitants des villes, mais aux habitants des campagnes. Les députés des trois ordres, rapprochés par une même émotion patriotique, s'habituent à délibérer en commun (1). Profitant de la faiblesse du pouvoir et, sous le prétexte de veiller à l'emploi des deniers qu'ils votent, ils mettent la main sur le gouvernement et sur l'administration du royaume et deviennent de véritables assemblées politiques. Avant de voter les subsides, ils exigent du gouvernement la promesse formelle de convocations fréquentes et à dates fixes.

L'autorité des États se serait peut-être fondée sur des bases inébranlables, si elle n'eût été affaiblie par l'état de dislocation où se trouvait le royaume. Dans cette crise redoutable, les provinces tendaient à s'isoler les unes des autres et à ressaisir leur autonomie. Même celles qui restaient le plus fidèles à la royauté, n'avaient pas, dans les destinées du pays une confiance suffisante pour rechercher une union qui paraissait si difficile à réaliser. Aussi chacun s'organisa et lutta à sa façon pour l'indépendance. Ce fut la grande époque des États provinciaux (2). Ils apparaissent simultanément sur tous les points du territoire. Ils usurpent souvent le titre, quelquefois le pouvoir des véritables États généraux. C'est contre cette tendance particulariste que se heurta, en 1358, l'effort des États de Paris, dirigés par Étienne Marcel (3). C'est ainsi que devait échouer, en 1484, cette fameuse assemblée de Tours qui marque le point culminant et qui clôture la période héroïque de l'histoire des États.

L'heure était décisive. La politique de Louis XI, audacieusement froide, n'avait pas cherché à atténuer les maux et les périls du despotisme qu'elle inaugurait. Après une longue compression, la détente était puissante. L'aristocratie féodale était encore riche

---

(1) « Ils requirent délibération de parler ensemble, laquelle leur fut ottroyée ». États de 1355. Grandes Chroniques. Picot (I, p. 37). — V. aussi les preuves réunies par Mounier, dans son étude publiée en 1789. *Nouvelles observations sur les États généraux de France*, in-8° (p. 30).

(2) Voir ci-dessous (p. 402).

(3) Sur l'influence et la portée des États de Compiègne, voir Picot (I, p. 77).

et respectée. Elle n'avait qu'à se mettre à la tête du mouvement libéral pour s'assurer les sympathies populaires. Tous les hommes qui avaient le souci de l'avenir cherchaient les moyens de modérer la puissance royale. Philippe de Comynes écrit la fameuse page où il invoque l'exemple de la grande charte anglaise. On pouvait profiter de la minorité d'un roi, d'ailleurs aimé de tous, pour introduire dans la constitution quelques principes nouveaux qui eussent été le prélude des futures libertés.

Au point de vue pratique, l'assemblée prit certaines dispositions qui paraissent révéler comme une sorte d'intuition de ce qu'il y avait à faire. Elle ne se divisa point par ordres, mais se réunit sous l'autorité d'un président unique. Dans les six bureaux constitués pour étudier les affaires, les députés des trois classes étaient confondus. On mit nettement en délibération cette question : quel est le pouvoir des États ? Ce qui revenait à dire : quelles sont les bornes du pouvoir royal ? Un gentilhomme bourguignon, le sieur de la Roche exprima, avec une éloquence antique, des idées vraiment modernes sur les droits réciproques du gouvernement et des sujets. Mais les députés de Languedoc, de Provence, du Dauphiné, en un mot des pays d'États, réclamèrent contre le droit des États en faveur de leurs libertés particulières (1). Une fois de plus, le particularisme local s'insurgea contre l'intérêt national. Il fut décidé tacitement que l'ordonnance de perception serait ratifiée par les États provinciaux. Il ne fut plus question, dès lors, de la promesse de convoquer les États généraux.

L'échec de l'assemblée de 1484 est décisif et les raisons de cet échec sont caractéristiques. Le privilège des classes et le privilège des provinces brisèrent l'élan d'un patriotisme plus clairvoyant. Par contre, la royauté fit, dans cette assemblée, l'essai de la tactique qu'elle devait employer désormais à l'égard des États. Exciter les intérêts particuliers les uns contre les autres, les satisfaire à tour de rôle, fomenter la discorde et enfin intervenir comme l'arbitre dont l'autorité est nécessaire pour mettre fin à de méprisables querelles, tel sera désormais son invariable procédé.

---

(1) MOUNIER (p. 75).

En tirant parti des causes trop réelles de dissentiments qui existaient entre les classes, elle aura peu à peu raison des revendications les plus justes et des tentatives libérales les plus heureusement conçues et les plus fortement conduites.

Pendant soixante-seize ans, il n'y eut plus de réunion d'États (1). Quand, après cette longue interruption, une nouvelle assemblée fut convoquée à Orléans, en 1560, les choses étaient bien changées. Soixante-seize ans de pouvoir absolu avaient donné à la royauté une assurance faite pour intimider toutes les oppositions, même celles qui auraient eu une conscience exacte de leurs droits, de leur autorité et de leurs intentions. On était en pleine guerre de religion. Les Guises gouvernaient la France et la poussaient dans le sens catholique. Leur politique profonde avait préparé les élections dans les bailliages. Un homme prudent et souple, dont la véritable figure historique n'a pas encore été dégagée, le chancelier de l'Hôpital, avec des attitudes et des paroles solennelles, dirigeait fort habilement les esprits. Cependant les divisions qui existaient dans le pays se manifestèrent dans l'assemblée. La noblesse et le tiers demandaient qu'on mît la main sur les biens du clergé. Celui-ci se défendait. Les gentilshommes se plaignaient de la multiplicité des anoblissements « qui mêlaient à la noblesse de race un alliage impur ». Le Tiers censurait les richesses et le luxe du clergé, les grands biens et les privilèges de la noblesse, tandis qu'elle remplissait si mal le but de son institution et qu'elle ne rendait même plus le service militaire. Catherine de Médicis, d'une main tantôt plus ferme et tantôt plus molle, précipitait les États vers leur fin. Elle craignait qu'ils ne profitassent de la minorité de Charles IX pour lui enlever la régence. Enfin, ils votèrent les subsides et disparurent. Bien entendu, aucune des questions constitutionnelles soulevées au cours du débat ne se trouvait résolue (2).

---

(1) Je ne parle pas des États de 1506, sous Louis XII; ils n'eurent d'autre objet que de consacrer par leurs applaudissements la politique du roi populaire qui les avait convoqués. V. Picot (t. II, p. 148).

(2) Il me semble que les historiens et particulièrement M. Picot, donnent trop d'importance aux États d'Orléans. Ni le mérite personnel des députés, ni le caractère des dé-

Cependant la royauté entrait dans une nouvelle phase critique. Comme au temps de la guerre des Anglais, les troubles intérieurs et la guerre extérieure imposaient au pouvoir de grandes tâches en lui retirant les moyens de les accomplir. La succession sur le trône des trois fils de Henri II anéantissait le prestige monarchique. Il n'y avait qu'un cri dans le royaume : celui de *liberté*. Dans ces conditions, il semblait que les États eussent un rôle tout tracé. La déchéance de la royauté leur ouvrait l'accès du pouvoir. Les esprits étaient disposés à cette révolution.

En effet, depuis le début des guerres de religion, une enquête avait été ouverte par les publicistes protestants ou catholiques sur les droits réciproques du prince et des sujets. Il ne s'agissait plus du contrat féodal, ni des traditions médiévales. Des écrivains, nourris du suc des lettres antiques et animés d'un puissant esprit philosophique, avaient rejeté ces liens surannés et déchiré tous les voiles. Leurs recherches sur les origines du pouvoir les avaient amenés à ne considérer le prince que comme le serviteur de la nation. Ils le dépouillaient du droit de souveraineté ; ils attribuaient ce droit au peuple ou à ses représentants délibérant en assemblée.

On sent combien cette thèse était favorable aux prétentions des États. Les publicistes nouveaux avaient été trop heureux de trouver, dans l'existence de cette institution, la confirmation en quelque sorte expérimentale et pratique de leurs théories. Hotman, notamment, qui fut le trompette de ces nouvelles doctrines, mena grand bruit autour du droit des États. Il nia la tradition qui attribuait leur création à Philippe le Bel. Il alla chercher dans le plus lointain passé, le souvenir confus des plaids mérovingiens, « des champs de mars » et des « champs de mai » de Charlemagne pour y rattacher l'origine des assemblées nationales. A ses yeux et aux yeux de toute son école, l'institution des États était la plus ancienne

libérations, ni les résultats obtenus ne permettent de compter cette réunion des États comme une de nos grandes assemblées. D'une façon générale, d'ailleurs, il faut se méfier des longues analyses de cahiers de doléances qui donnent l'illusion d'une activité politique, qui n'existait guère qu'à la surface. Il y avait, dans tout cela, beaucoup de fatras et de formules toutes faites ; le travail véritablement pratique et profitable se réduisait, le plus souvent, à très peu de chose.

du royaume, la plus noble, la plus respectable. En dehors d'elle, il n'y avait qu'abus, usurpation, tyrannie. Rien ne doit primer, rien ne peut périmer, selon lui, « la sacro-sainte et perpétuelle autorité de l'assemblée » et, comme il dit, du « comité de la nation ».

Il démontre ou il croit démontrer que ces assemblées se sont réunies, sans interruption, depuis l'origine de la monarchie jusqu'au temps de Louis XI et que ce prince lui-même, le « premier tyran », n'a pu enfreindre cette tradition : « Il dut plier devant elles, celui qu'on peut considérer comme le véritable meurtrier et profligateur de la liberté française, et l'histoire de son règne suffit pour prouver qu'il n'y a pas cent ans que la liberté de la France-Gaule et l'autorité du concile solennel des États étoient en pleine vigueur, et cela en face d'un roi qui certes n'était ni d'âge, ni d'esprit imbécile, mais dans la force de sa quarantième année et peut-être le plus grandement habile de tous ceux qui régnèrent en France. . et aujourd'hui, on va criant que cette bonne réunion des États est dangereuse; des gens d'on ne sait où, disent que c'est crime de lèse-majesté de demander leur convocation, que c'est attenter au pouvoir royal. Qu'ils se taisent; car c'est eux qui commettent un crime et contre Dieu et contre le roi et contre la république. On sait à quoi ils sont bons : à cueillir places et honneurs sans vrai mérite, à approuver, à chauvir des oreilles et à faire de longs discours sur les bagatelles. Mais ils craignent les grandes assemblées des hommes, de peur qu'on ne voie là le peu qu'ils sont et que leurs capacités ne soient appréciées comme elles le méritent (1). »

C'est par ce langage hardi et dont « l'humanité » fait contraste avec la « scolastique » des défenseurs du pouvoir royal, que Hotman revendique les « droits des États », *negotia statuum*, en opposition aux « droits du Roi », *regalia Franciæ* : les États choisissent et déposent les rois; ils délibèrent de la paix et de la guerre; ils édictent les lois; ils délèguent les pouvoirs publics; ils nomment aux emplois élevés, etc. Toute l'école protestante partagea bientôt

---

(1) Franc. Hotomani jurisconsulti *Francogallia*, éd. 1573, in-12 (p. 140 et suiv.).

cette manière de voir et peu de temps après, quand le jeu des intérêts et des passions politiques eut détaché les catholiques de la royauté, ceux-ci, à leur tour, adhérèrent à la doctrine qui faisait, des États, les véritables dépositaires de la souveraineté et de l'autorité publique dans le royaume. L'ambassadeur vénitien, Giovanni Michieli, écrit que, de l'avis commun, il fallait une profonde réforme du pays « dans le chef et dans les membres, *faite en assemblée des États* ». L'avocat Jean David, dont les Mémoires, authentiques ou non, reflètent certainement la pensée de la majorité des catholiques, écrit, « qu'il y a lieu d'annihiler la succession ordinaire introduite par Hugues Capet et rendre la déclaration d'icelle sujette à la disposition des États, comme il était anciennement (1). »

Ce sont là, dira-t-on, des opinions extrêmes. Voici maintenant la doctrine en quelque sorte officielle, enseignée par un auteur étranger, par conséquent impartial, dans un livre qu'il dédie, en 1588, au chancelier Montholon. « La puissance appartient à la nation, mais cette puissance ne pouvant pas s'exercer directement par suite de l'incommodité et de l'impossibilité de réunir, à tout instant, les membres du corps social, on l'a déléguée à un seul, au roi. Une fois cette délégation faite, la puissance appartient au monarque; les États n'en conservent aucune part, tant que le roi est vivant et habile... Mais si le roi meurt sans laisser d'héritiers ou s'il y a doute entre ceux qui se prétendent héritiers, alors la puissance revient aux États qui en disposent pour l'élection ou pour le choix d'un successeur... Il y a donc un certain nombre de cas dans lesquels il est *nécessaire* de convoquer les États. Ces cas sont ceux qui mettent en jeu la conservation même de la société, ou qui engagent son action au delà des mesures ordinaires du gou-

---

(1) *Mémoires de la Ligue*, éd. Goujet, in 4° (t. I, p. 3). — « Dans toute question soit de paix, soit de guerre, de finances, de police et en général dans toutes les questions importantes, il était de coutume de gouverner le royaume avec la délibération des États généraux... Le roi est accoutumé à exécuter et faire exécuter tout ce qu'ils ont arrêté et conclu. Mais, depuis longtemps, les États ont perdu leur autorité. On les rassemble rarement et avec peu de fruit ». *Amb. vén.* (t. XV, p. 46). En 1579, Hubert Languet écrit : « Les journées impériales, en Allemagne, sont comme les assemblées des États de France et sont de telle autorité que ce qui y est ordonné *habet vim legis* et oblige tout l'empire ». Arch. des Aff. étrang., *Allemagne*, t. I. — V. encore Picot (t. II, p. 382).

vernement et de la défense. Il est nécessaire de réunir les États pour élire un successeur au royaume, s'il n'y a pas d'héritier direct, — pour choisir entre plusieurs prétendants, — pour déléguer l'administration en cas de minorité ou d'incapacité mentale, — pour consentir ou dissentir à l'aliénation d'une partie du royaume, — pour consentir ou dissentir à la déclaration d'une guerre offensive, — pour consentir ou dissentir à l'imposition de nouvelles charges et impôts sans nécessité... Il est d'autres cas dans lesquels il est simplement *commode* de réunir les États. Ce sont ces cas qui sont laissés au bon plaisir du roi. Il n'est pas de coutume, en effet, que les États soient rassemblés fréquemment et à dates fixes ; ils doivent être convoqués seulement quand le besoin s'en fait sentir et plutôt à des dates éloignées de peur que les peuples ne s'habituent à mépriser l'autorité du roi qui seul détient et doit détenir la puissance souveraine dans le royaume (1). »

Telle est la thèse modérée, la thèse royaliste. On sent combien les temps sont changés et quelle large part est laissée désormais à l'action des États. Le roi est obligé de s'incliner devant cette puissante poussée de l'opinion. Henri III, qui avait cependant une très haute idée de ses droits souverains, prête, après en avoir pesé tous les termes, le serment de la Ligue où se trouve cette phrase : « Pour l'entière exécution de ce qui sera ordonné par Sa Majesté et par les États assemblés », phrase où les droits des deux institutions, la royauté et les États, sont mis en face l'un de l'autre, sur un pied d'égalité et sans qu'on puisse dire laquelle des deux doit s'effacer devant l'autre (2).

Les trois grandes assemblées réunies sous le règne de Henri III et dans la période d'interrègne qui suivit la mort de ce prince, revendiquent effectivement la haute direction des affaires publiques. Aux premiers États de Blois, 326 députés, tous catholiques, ont reçu pour mission de défendre l'unité religieuse de la France.

---

(1) V. *Des États de la France et de leur puissance*, traduit de l'italien du sieur MATHIEU ZAMPINI, Paris, 1588, in-12. Avec privilège du roi.

(2) Cfr. HENRI MARTIN, *Histoire de France* (t. X, p. 529). — CAPEFIGUE, *La réforme et la ligue*, éd. 1843 (p. 465), d'après une lettre du roi (fonds Béthune 8820 (f° 61); et *Documents relatifs à la ligue en Picardie*, publiés par DUBOIS, Amiens, 1859, in-8° (p. 12).

A la tête du Tiers, des hommes éminents, Hémar, maire de Bordeaux, le jurisconsulte Guy Coquille, le futur ministre de Louis XIII, Pierre Jeannin, et, au premier rang, le plus illustre de tous, Jean Bodin, mènent la campagne contre la politique royale. Henri III croit qu'il est habile de se placer sur le terrain où s'engageait la passion catholique des États. Il leur demande des subsides, en alléguant qu'ils sont nécessaires pour faire la guerre aux huguenots. Mais il ne peut les obtenir.

S'il s'agit de résister, les États sont forts; pour agir, ils se divisent. Les esprits politiques cherchent un mode de procédure parlementaire qui réalise l'union. Ils ne le trouvent pas. L'idée si simple de la fusion des trois ordres et du vote par tête ne leur vient pas. Après de stériles débats, on reprend, tout au contraire, la formule surannée : « Les deux ordres ne lient le Tiers », qui n'est que la constatation découragée de la méfiance réciproque des trois ordres (1).

Quand il fut question de désigner une commission choisie par les États pour pénétrer dans le conseil du roi et y surveiller l'exécution des prescriptions des cahiers, des dissentiments analogues se produisirent. Le nombre des délégués devait être de trente-six; la part du Tiers était de douze. Mais cet ordre eut le sentiment que ces douze députés seraient noyés dans le chiffre considérable des membres du conseil. Il ne sut pas prendre un parti et se montra moins actif que le clergé lui-même sur une question si importante. Le roi profita de ces tiraillements pour traîner les choses en longueur, et, finalement, il échappa au danger qui, un instant, avait menacé son pouvoir.

---

(1) Sur l'importance de cette formule qui contribua, plus que nulle autre cause, à l'impuissance des États, il faut voir Picot (t. II, p. 355). Son origine remonte au temps de Jean le Bon et à l'ordonnance de 1355 qui dit, art. 27 : « Si, au temps à venir, nous avions autre guerre, les gens des trois états nous en feront aides convenables, selon la délibération des trois états, *sans que les deux puissent lier le tiers*, et si tous les trois états n'étaient d'accord ensemble, la chose demeurerait sans détermination ». — Les hommes qui ont préparé la Révolution ont compris l'erreur commise par les libéraux des âges précédents et ils ont, en connaissance de cause, remplacé la formule « les deux ordres ne lient le tiers », par celle du vote par tête et du doublement du tiers. V. surtout le livre de Mounier déjà cité et celui de Target, *Les États généraux convoqués par Louis XVI*, 1789, in-8°.

Les seconds États de Blois eurent quelque chose de plus violent et de plus tragique. Après douze années de détresse et d'anarchie, les partis étaient arrivés à un état d'exaspération inouïe. De part et d'autre, on pensait que l'heure des grandes résolutions était sonnée. La royauté avait été acculée, par le besoin d'argent, à la convocation des États. Ceux-ci avaient donc, entre les mains, un instrument puissant. L'assemblée était favorable à la Ligue. Elle était maîtresse de la capitale et de la plupart des grandes villes. La famille des Guise dirigeait l'attaque avec la vigueur et l'audace qui avaient rendu ses ambitions populaires. Il semblait qu'elle n'avait qu'à tendre la main pour s'emparer du pouvoir.

Cependant, si l'offensive était puissante, la défensive n'était pas désarmée. La tradition royale pesait de son poids séculaire sur des esprits qui, tout en ayant perdu le respect, avaient gardé, si je puis dire, la superstition monarchique. Le roi, il est vrai, était faible, de vie honteuse et efféminée ; mais, alors qu'il abdiquait sans cesse dans le détail des affaires, il se reprenait dans les grandes circonstances et quand il s'agissait de « faire le roi ». Il retrouvait alors un courage, une dignité, une aisance à porter la couronne et à parler de haut, qui rappelaient toutes les espérances de sa glorieuse jeunesse. Autour de lui, des conseillers vigoureux et résolus, comprenaient la gravité du duel qui s'engageait. Ils avaient le souci de leur rôle et ne voulaient pas laisser s'amoindrir, entre leurs mains, l'autorité du prince ; une bande de mignons et de spadassins vivant dans l'entourage intime de Henri III, étaient prêts à toutes les besognes du despotisme et de l'arbitraire. Enfin, derrière cette cour tumultueuse et troublée, dans la solitude du cabinet où elle s'était retirée, la vieille Catherine de Médicis, toujours maîtresse de l'esprit de son enfant, tenait, de sa main pâle de mourante, les fils du drame qui se jouait et dont la perfidie italienne préparait le dénouement.

Il faut suivre, dans l'histoire journalière des États, le mouvement des passions et la gradation des sentiments qui, peu à peu, s'accélèrent et se précipitent vers la catastrophe : les élections préparées par la Ligue et écartant presque partout les partisans du roi ; la séance d'ouverture où Henri III prenant lui-même la parole fait, avec une dignité pleine de grâce, l'aveu de ses fautes et, au nom de l'intérêt public, invoque le concours des États ; les longues tergiversations des partis hésitant à s'aborder de front ; puis, le courage venant aux députés et la lutte se précisant sur la question de savoir « si on besoigneroit par résolution ou par supplication envers le roi (1) », c'est-à-dire si les États se contenteraient de présenter leurs doléances, comme par le passé, ou s'ils imposeraient leur volonté ; dans Paris, le populaire stimulant la lenteur et la timidité des députés et leur criant sous le nez, quand ils sortaient par petits groupes : « A quand la fin ? » ; le débordement des pamphlets, la violence des prédicateurs, l'alarme jetée dans les esprits par l'annonce des violences que préparait la cour ; l'argent de l'Espagne glissant de main en main et enrôlant tout ce qui était à vendre ; à la nouvelle que le territoire était envahi par le duc de Savoie, la question des subsides se posant brusquement ; le roi, implorant, suppliant, humilié ; les États de plus en plus fermes et arrogants au fur et à mesure que le roi s'abaisse davantage ; leur refus répété de voter les subsides ; enfin leur demande hautaine de connaître la liste des conseillers du roi pour en exclure les « suspects » et les remplacer par des délégués des États.

Le nœud se serre de plus en plus. Guise est recherché par le roi comme l'arbitre de la situation. C'est à lui qu'on s'adresse pour faire fléchir la résistance des États. Il la fomente sous main. Cependant il hésite ; on dirait qu'il appréhende déjà de diminuer un pouvoir qu'il ne tient pas encore. Le roi, par contre, abreuvé d'humiliations, prend son parti. En apparence, il cède sur tous les points. Il se rend dans l'assemblée : « Je vous accorde toutes vos requêtes », dit-il. Tout le monde crie : « Vive le Roi ! » La joie des trois ordres ne connaît plus de bornes. Ils se croient les maîtres.

Quinze jours après, le 23 décembre, les deux Guise étaient assassinés ; la salle des États était envahie ; le grand prévôt, M. de Richelieu, entrait à la tête de soldats armés de piques et de hallebardes. L'épée nue, il crie : « Tue, tue, tire, tire. » Des députés s'enfuient ; d'autres protestent. Les plus compromis, La Chapelle-

---

(1) Picot (p. 393).

Marteau, le président Neuilly, Compans, l'avocat d'Orléans sont arrêtés. Richelieu ordonne à l'assemblée terrifiée de rester immobile. Le double coup d'État est accompli : sur la haute noblesse dont il supprime les chefs, et sur l'assemblée dont le prestige est détruit et dont l'impuissance lamentable s'accroît de tout le mépris qu'inspirait le pouvoir. Le rôle important que les livres des théoriciens avaient attribué aux États, la haute mission que paraissaient leur déférer le concours des circonstances et le consentement populaire, tout cela leur était enlevé par un de ces coups de force dont les assemblées politiques sont les trop faciles victimes.

Pourtant, une fois encore, dans cette période troublée, l'autorité des États fut invoquée. Après la mort de Henri III, la majorité catholique du royaume refusait de reconnaître, comme héritier légitime du trône, le plus proche parent du roi défunt, Henri de Navarre. Après la mort du Cardinal de Bourbon, le trône était considéré comme vacant, et plusieurs candidats se mirent sur les rangs. Pour choisir entre les compétiteurs, on résolut de recourir à l'assemblée des États. L'institution atteignait ainsi, au plus fort des troubles civils, à cette puissance souveraine si longtemps réclamée pour elle par ses défenseurs (1).

Les États furent donc convoqués à Paris par le duc de Mayenne et par le parlement de la Ligue. Mais cette origine séditieuse infirmait d'avance les décisions de l'assemblée. Le nombre des députés fut presque dérisoire au début; il n'atteignit jamais la moitié du chiffre habituel. Un ordre, la noblesse, faisait presque entièrement défaut. Tels quels, les États de la Ligue étaient une force et chacun des prétendants s'efforçait de la mettre dans ses intérêts. La majorité très nettement catholique, hésitait entre les diverses solutions que la Ligue, divisée elle-même, lui proposait. Mayenne tenait Paris. Il était le véritable chef du parti; mais, sans ressources, il avait perdu tout prestige de-

---

(1) Le cardinal Pellevé discourant au nom des États de la Ligue, dit, en parlant des Espagnols, mais par une allusion évidente à la France : « Ils disoient qu'à l'exemple de l'ancien établissement du royaume des Gots, ils se peuvent distraire de l'obéissance de leur roy, puisqu'il étoit devenu tyran et qu'ils pouvoient en élire un autre, sans avoir égard à la succession ». BERNARD, *Procès-verbaux des États de* 1593. Collect. des docum. inédits, 1842, in-4° (p. 136).

puis la bataille d'Ivry. Le duc de Guise était trop jeune et la jalousie de son oncle le tenait à l'écart. Le duc de Lorraine n'était pas connu. Le duc de Savoie était odieux. L'Espagnol jetait l'or à pleines mains; mais c'était l'Espagnol (1). Seuls pourtant, les ambassadeurs de Philippe II osèrent poser la candidature de l'infante devant les États assemblés. Une séance solennelle se tint au palais du Louvre, dans les appartements du roi. Là, au lieu même où, depuis six siècles, avait vécu la dynastie capétienne, on demanda l'abrogation de la loi salique et le changement de la dynastie. L'ambassadeur parla très haut et dit « qu'on était au bord de la fosse »; qu'il fallait opter entre l'hérésie ou l'étranger (2).

Ce dilemme brutal dessilla tous les yeux. Le Parlement intervint et défendit aux États d'écouter les propositions des ambassadeurs. Les négociations qui s'étaient engagées à Suresnes avec les commissaires du Béarnais, aboutirent soudain à un accord. Le peuple aussi se retourna et cria sus à l'Espagnol. Dans le sein des États, l'ordre de la noblesse, quoique peu nombreux, se détacha de la majorité et demanda la trêve immédiate. Le clergé et une partie du Tiers eurent beau protester, les Seize eurent beau menacer, les prédicateurs eurent beau rugir. Le branle était donné. Bientôt on apprenait la conversion de Henri IV. Les États de la Ligue, honteux et confus, heureux peut-être de leur impuissance, n'eurent plus qu'à disparaître. Les députés s'enfuirent un à un et rentrèrent dans leurs provinces.

C'est ainsi que se termina, dans une aventure moitié tragique, moitié burlesque, la brillante carrière des États du seizième siècle. Des deux institutions antiques que le Moyen âge avait léguées à la France moderne, l'une, la Royauté, sortait triomphante de la crise où elle avait failli périr, tandis que cette même crise laissait l'autre épuisée, amoindrie, déshonorée. La royauté devait poursuivre maintenant, avec tous les raffinements d'une politique qui avait connu la crainte, la suppression entière des États. Henri IV

---

(1) Voir le curieux rapport adressé au duc de Savoie par Panigarolle. « Quelles sont les affections et inclinations des Français à l'eslection d'ung roi », 1590. Bibl. Nat. *Cab. des Ms.* f. fr., vol. 3919 (f° 243). — Cfr. Ch. Lafitte, *La démocratie de la Ligue* (p. 100).

(2) Bernard, *op. cit.* (p. 243).

avait pourtant juré de les convoquer pour consacrer, dans une assemblée solennelle, l'union du royaume et de la nouvelle dynastie (1). Mais il se garda bien de tenir sa promesse; et personne ne songea à le lui reprocher.

En effet, même pour les bons citoyens, le nom des États, mêlé à ce qu'il y avait eu de plus regrettable dans nos troubles civils, était devenu suspect. De là, les froides paroles d'un Pasquier : « C'est une vieille folie qui court en l'esprit des plus sages français qu'il n'y a rien qui puisse tant soulager le peuple que de telles assemblées; au contraire, il n'y a rien qui lui procure plus de tort pour une infinité de raisons... Car, comme ainsi que le commun peuple trouve toujours à redire sur ceux qui sont appellés aux plus grandes charges et qu'il pense qu'en découvrant ses doléances, on rétablira toutes choses du mal en bien, il ne désire rien tant que l'ouverture de telles assemblées. D'ailleurs, se voyant honoré pour y avoir lieu et chatouillé du vent de ce vain honneur, il se rend plus hardi promettant à ce qu'on lui demande... Tellement que, sous ces doux et beaux appâts, l'on n'ouvre jamais ces assemblées que le peuple n'y accourre, ne les embrasse et ne s'en réjouisse infiniment, ne considérant pas qu'il n'y a rien qu'il dût tant craindre, comme estant le général refrain d'iceux de tirer argent de lui (2). »

Un historien du dix-septième siècle exprime, en un langage analogue, l'opinion des hommes modérés : « Le nom d'États, dit-il, donne l'idée de je ne sais quoi de grand. Les peuples s'en forment une idée si avantageuse qu'ils s'imaginent que le royaume doit reprendre une nouvelle face... L'on espère une restauration des lois et des privilèges; on dresse les cahiers de remontrances et de plaintes et l'on fait choix de députés que l'on estime bien intentionnés. Mais il a toujours esté que les particuliers trafiquent de l'intérêt public; les députés prennent adroitement leurs précautions pour ce qu'ils ont à dire et tout se passe en harangues et révérences

---

(1) « Promettons et jurons en foy et parolle de roy... que les Estats généraux d'iceluy royaume seront par nous convoqués et assemblés dedans le temps de six mois. » V. ISAMBERT (t. XV, p. 3).

(2) *Lettres*, éd. in-f° (t. II, p. 84) et *Recherches* (t. 1, p. 87).

après que le chancelier a assuré tout le royaume réputé présent des bonnes intentions du gouvernement (1). »

Il n'y avait plus rien à espérer des États. Tout le monde le sentait. Bien loin de songer à opposer leur souveraineté à celle du roi, les publicistes répudiaient avec horreur une thèse qu'ils considéraient comme entachée de lèse-majesté. Il est vrai qu'au point de vue législatif, l'œuvre des États ne paraissait pas, au premier abord, aussi stérile ; les grandes ordonnances du Roussillon, d'Orléans, de Blois, avaient été rédigées d'après les cahiers des assemblées ; mais leurs dispositions incohérentes et obscures les rendaient le plus souvent inapplicables. Les contemporains ne s'y trompaient pas et il était passé en proverbe de dire, de ces actes législatifs solennels : « Après trois jours non valables (2). »

L'échec des États généraux tient à leur origine, à leur constitution, à l'état politique et social du pays dont ils étaient l'émanation. La féodalité a laissé son empreinte sur le système de la convocation, soumise au bon plaisir du prince et sur celui de l'élection, qui donne une importance prépondérante aux seigneurs et aux populations urbaines.

Le privilège entre aux États et y fomente la rivalité des trois ordres. De là le duel permanent de l'intérêt des classes et de l'intérêt public. Les deux ordres supérieurs sont exempts des charges : la royauté s'appuie sur eux pour obtenir des subsides. Mais leur fidélité est souvent suspecte et leur opposition pourrait devenir redoutable : la royauté excite contre eux les passions et la jalousie du Tiers. Toutes les inégalités et toutes les rivalités répandues sur la surface du royaume se reproduisent et s'accen-

(1) Le Laboureur, *Histoire de la Pairie*, édit. de Londres, chap. 15. — Citons encore l'opinion d'un ambassadeur vénitien ; mais celui-ci, A° Badoer, écrit en 1605 : « Cette puissante monarchie est dominée par une seule tête qui est le roi. Quoique, d'après la constitution du royaume, il y ait des États généraux formés du clergé, de la noblesse et du peuple qui, réunis, peuvent modérer sa puissance, les rois ne s'en sont pas moins à peu près libérés de cette servitude, en faisant que les réunions des États, assez fréquentes au début, deviennent de plus en plus rares. » XVIIe siècle. *Francia* (t. I, p. 100).

(2) V. Picot (II, p. 391).

tuent au sein de l'assemblée des États. On y vote par *ordre* et par *province*. Il n'y a d'assemblée plénière que le jour de l'ouverture et le jour de la dissolution. En un mot, les États généraux ne forment pas corps et leurs délibérations, qui n'aboutissent qu'à des « doléances » et non à des décisions, ne traduisent jamais la volonté d'une nation qui s'ignore encore elle-même.

La royauté, malgré ses défauts, avait incontestablement des vues plus élevées et un sentiment plus large de l'intérêt public. Elle avait le souci toujours présent des grandes tâches à accomplir, de l'unité à achever, du pays à organiser et à défendre. Le contraste était saisissant entre ces ambitions vastes et les préoccupations mesquines des représentants des trois ordres. Il donnait au pouvoir confiance en lui-même, et aux États le sentiment de leur imbécillité. Ceux-ci finissaient par accepter docilement la tutelle qui s'offrait à eux. Presque toujours accompagnés, au début, des vœux et de la confiance de tout un peuple, ils se séparaient au milieu de l'indifférence générale. Ainsi se terminaient la plupart des sessions d'États; ainsi devait finir l'institution.

Nous assisterons à une nouvelle et dernière expérience, celle de 1614. Dans l'inquiétude soulevée par la révolte des princes, les yeux se sont tournés, une fois encore, vers l'antique institution. Les États se réunissent à Paris. Le futur ministre de Louis XIII, Richelieu, prend part à leurs délibérations. Il doit même porter la parole au nom du premier des trois ordres. Sa jeunesse, attentive et encore inexpérimentée, va suivre ce spectacle d'intrigues stériles et d'agitations vaines. Il sentira naître en lui ce mépris pour les grandes assemblées, si naturel aux hommes d'action. Il achèvera son éducation politique, en observant l'agonie de la vieille institution libérale. Sous ses yeux, l'assemblée délibérera longuement et, sans même pouvoir conclure, sur ce fameux « article du Tiers » qui proclame la souveraineté absolue du prince et qui n'est rien autre chose, en somme, que l'acte d'abdication des États entre les mains de la royauté.

**Survivance des autonomies locales. — Les libertés provinciales.**

Malgré la vigueur et l'élan de la campagne centralisatrice, la province, en France, a été lente à mourir. Pendant tout le Moyen âge, le royaume fut dans un perpétuel devenir. Tandis que certaines régions étaient réunies depuis longtemps, d'autres n'étaient rattachées au centre que par un lien extrêmement lâche et qui menaçait, à chaque instant, de se rompre. Même au dix-septième siècle, il y avait des degrés dans l'absorption et dans l'assimilation.

Peut-être, un jour, écrira-t-on la véritable histoire de France, celle qui « dort encore dans la poussière des chroniques ». Elle dispersera ses origines sur toute la surface du pays et, saisissant la vie nationale au moment où elle jaillit du sol avec la multitude des existences particulières, elle suivra, depuis leur source, le cours de ces ruisseaux innombrables, qui, peu à peu, en se rejoignant, ont formé la large nappe de l'unité. Chaque motte de terre, chaque fief ou châtellenie, chaque toit donne sa goutte d'eau.

Dans une clairière de la vieille forêt druidique, une agglomération de cases s'est formée et, depuis ces temps reculés, des hommes vivent et meurent dans ce village qui a gardé son nom celtique. — Maîtres du sol par la victoire, les Romains l'ont traversé de part en part, volant vers d'autres contrées à conquérir; les légions ont tiré, à travers champs, le ruban des routes et, au bout, ils ont planté, avec les bornes milliaires, des colonies qui ont survécu parmi les ruines de leurs temples, de leurs palais, de leurs thermes et de leurs institutions municipales. — Les Francs sont venus et ayant, comme tous les Germains, horreur du séjour des villes, ils ont installé leur vie agreste dans les fraîches métairies où paissent les troupeaux. — Un moine suivi de plusieurs compagnons, sylvains roux comme les bois qu'ils fréquentent, se sont installés en quelque val solitaire et l'ont défriché; la cellule est devenue un moûtier, le moûtier un centre d'habitation autour duquel les hommes se sont réunis, cherchant un peu de sécurité et le repos de la prière aux heures où la cloche tinte. — Un propriétaire rural, fier de son alleu et décidé à le défendre contre toute agression, a élevé un donjon sur le point le plus élevé; tel le château des quatre fils Aymon dans la forêt d'Ardenne : « Il était bâti sur un rocher auprès duquel passait la Meuse; d'une part, il y avait une grande forêt et d'autre côté de belles prairies... » Le maître vit là seul avec les siens, comme un loup dans son hallier. Les grands bois protègent sa solitude. Dans ce coin égaré, entre ces quatre murs rugueux, il est animé de sentiments très étroits, la méfiance, l'hostilité à l'égard du château voisin, du marchand qui passe, de l'oiseau qui vole. Les ponts sont levés et les épieux brillent derrière les poutres bardées de fer... Tels sont les premiers centres d'habitation et les pierres d'assise de la future société.

Cependant, peu à peu, le cercle des relations s'étend; les intérêts se rapprochent. De leur choc naissent des luttes qui ne sont pas sans résultat. Le vaincu cède à la force; son château est détruit. Le domaine du vainqueur s'agrandit. Des familles habiles ou heureuses se transmettent héréditairement des propriétés étendues et peuplées. En même temps, l'autorité du pouvoir central s'affaiblit. Les fonctionnaires provinciaux font main basse sur les circonscriptions dont l'administration leur a été confiée. Leurs fils héritent d'abord du titre et de la fonction, puis du territoire lui-même. Ainsi, par un double travail, l'un d'agrégation, l'autre de désagrégation, se constitue l'aristocratie primitive, la haute baronnie féodale.

Pour raconter l'histoire du sol de la France, il faudrait dire la puissante attache de la féodalité à la terre, les raisons multiples de ses origines, de son expansion et de son déclin. Alleux possédés par des hommes libres, bénéfices royaux, constitutions de fiefs en faveur des vassaux et des arrière-vassaux, aveux et commendes, cessions temporaires ou héréditaires faites par les églises aux hommes d'armes qui les défendent, vidames et avoués; grandes seigneuries : pairies, duchés, marquisats, comtés et principautés; médiocres seigneuries : vicomtés, sireries, baronnies ou châtellenies; petites seigneuries et simples justices de village; lois de succession et de transmission du fief : loi salique, en vertu de laquelle ces royaumes, duchés, comtés, marquisats et baronnies ne se démembrent pas (1), droit d'aînesse qui réserve au premier mâle, au moins le cri, les armes pleines, le manoir entier et, autour de celui-ci, le vol du chapon (2); apanages constitués en faveur des cadets; retour des fiefs à la mouvance par confiscation, refus de service ou déshérence et enfin, parmi tant d'alternatives parfois contradictoires, cette loi historique qui accroît sans cesse le fief supérieur et qui, par conquête, par rachat, par mariage, par héritage, par droit, par violence, lui permet d'absorber les fiefs inférieurs disparaissant l'un après l'autre.

Tandis que le domaine rural s'organise ainsi et que les plaines se soudent en principautés, les centres urbains évoluent dans le même sens, mais par un procédé différent. Dans leurs murailles, la population agglomérée étouffe. Elle se jette sur le donjon seigneurial et le détruit. Elle proclame son indépendance, nomme ses magistrats et demande à sortir de chez elle. Les marchands veulent aller et venir librement par le pays. Les foires couvrent les chemins de longs pèlerinages qui réclament protection et sécurité. Les corporations urbaines s'associent, forment des ligues, des hanses très riches qui lèvent des armées, concluent des traités, tiennent les rois par les besoins de la vie matérielle, les emprunts et le luxe. Celles de ces villes qui prospèrent deviennent des centres d'activité, d'industrie, d'intérêts, par conséquent des chefs-lieux, des capitales. Autour d'elles, les populations se groupent en vertu d'attractions naturelles qui remontent souvent à la plus haute antiquité, et qui subordonnent au centre urbain des circonscriptions politiques plus ou moins étendues.

Ainsi se dessinent les nombreuses subdivisions territoriales qui se partageaient la France du Moyen âge. Comme cadre primitif, la Gaule avec les trois parties dont parle César : « *Gallia est omnis divisa in partes tres, quarum unam incolunt Belgæ, aliam*

---

(1) Loysel, *Inst. Cout.* des Fiefs, n° 87.
(2) Ibid., n° 63. Loysel définit le « vol du chapon », un arpent de terre ou jardin, « marque de la frugalité de nos pères ».

*Aquitani, tertiam qui ipsorum lingua Celtæ, nostra Galli appellantur... Gallos ab Aquitanis Garumna flumen, a Belgis Matrona et Sequana dividit.* » Là dedans, les peuples gaulois, dont ce même César et les géographes anciens nous ont transmis les noms, au nombre de cent sept : les uns comme les *Ædui*, les *Senones*, les *Carnutes*, les *Arverni*, formant des confédérations puissantes, mais les autres n'étant vraisemblablement que des tribus peu importantes cantonnées sur des territoires restreints (1).

L'administration romaine divisa la Gaule en quinze *provinces* et soixante-dix-huit *cités*. Beaucoup de ces circonscriptions ont duré jusqu'à nous, sous la forme des diocèses ecclésiastiques et se confondent, jusqu'à un certain point, avec nos départements.

Cependant l'invasion des barbares brise ces cadres trop rigides. La Gaule, qui a été longtemps le boulevard de la défense, est le grand chemin de l'invasion. Tous les Allemands passent sur son sol. Beaucoup s'y installent. Ce mouvement perpétuel détruit la plupart des liens anciens; mais il en crée d'autres. La *France*, nom nouveau, occupe le territoire de l'ancienne Belgique et rattache le nord de la Gaule à l'Allemagne du Rhin, d'où sont venus les conquérants. La *Bretagne* subsiste avec son vieux nom celtique; tandis qu'elle s'isole du reste du pays, elle garde le contact avec les îles d'outre-Manche. L'*Aquitaine* survit aussi avec son nom ancien; par le pays des Vascons et la Septimanie, elle est à demi espagnole. La *Provence* reste toute romaine et italienne. Enfin la *Bourgogne* s'appuie, d'une part, aux contre-forts des Alpes et, d'autre part, pousse sa frontière jusqu'aux portes d'Orléans et de Paris.

Rien que par cette énumération, toute notre histoire s'éclaire. La longue lutte du Nord et du Midi, sous les noms de France et d'Aquitaine; le combat non moins redoutable de l'Est et de l'Ouest, sous les noms de France encore et de Bourgogne, la résistance obstinée des vieilles provinces séparatistes, l'une toute celtique, la Bretagne, l'autre toute romaine, la Provence, et enfin l'interven-

(1) LONGNON (p. 4-7). Les travaux du savant membre de l'Institut et, notamment son *Atlas historique de l'ancienne France*, permettent de se figurer, avec une précision pleine de pittoresque, le procédé de la formation du territoire national.

tion perpétuelle de l'étranger dans nos luttes intérieures, jusqu'au jour où les séparations inévitables seront accomplies et où les frontières définitives seront tracées.

Après la vaine tentative de reconstruction de l'édifice romain par Charlemagne, le morcellement médiéval se produit. Une vieille subdivision locale réapparaît et se substitue à la cité romaine. C'est le *pagus*, le *gawe*, ou *gau* de l'ancienne Germanie, le *pays* des temps plus modernes (1). On a énuméré près de trois cents *pagi*. Rien de plus intéressant que cette nomenclature, si on veut considérer le sens profond des mots. C'est le sol qui parle. De ces noms, huit sur dix sont celtiques, tant le vieux moule gaulois est fort, tant la civilisation est adaptée aux lieux et réellement autochtone (2). Les noms romains se trouvent surtout dans le midi provençal ou, à l'extrémité des routes, sur les bords des mers septentrionales où étaient constitués les dépôts et la relève des légions (3). Il en est aussi d'allemands qui viennent d'un nom de tribu ou de chef (4); il en est enfin qui sont empruntés à un accident naturel, forêt, rivière, montagne, ou bien, assez souvent, au nom d'un de ces sommets isolés, vus de loin dans la plaine, sur lesquels la haute antiquité avait élevé ses dolmens, Rome ses autels, et le Moyen âge ses cathédrales et ses donjons (5).

Ces *pays* deviendront bientôt les *comtés*, et ils se livreront alors la grande bataille féodale qui effacera les uns, maintiendra et ennoblira les autres. Nombre d'entre eux disparaîtront pour ne laisser de trace que dans quelque obscure appellation rurale; d'autres verront leur destinée croître et briller avec le succès d'une province, d'un royaume, dont ils auront été le berceau. Une sorte de hiérarchie s'établit entre les différentes parties du territoire. Les

---

(1) Longnon, *Atlas* (p. 89); et sa *Géographie de la Gaule au VI° siècle*.

(2) Par exemple : *pagus Vilcassinus*, le Vexin, — *pagus Caletus*, le pays de Caux, — *pagus Andegavus*, l'Anjou, etc.

(3) Par exemple : *pagus Constantinus*, le Cotentin; *pagus Cornubiensis*, le pays de Cornouailles.

(4) Par exemple : *pagus Basiniacus*, le Bassigny; *pagus Attoariorum*, dans l'Est; *Otlinga Saxonia*, en Normandie. — Remarquer aussi : *Marcomania*, Marmagne.

(5) *Pagus Oscariensis*, l'Oscheret, *Magnimontensis*, le pays de Grammont; *Latiscensis*, de la forteresse ou mont Lassois, etc.

grands fiefs comme la France, la Provence, la Bretagne, la Normandie, la Navarre, la Lorraine se subordonnent la plupart des comtés maintenus au rang d'arrière-fiefs.

Le territoire de plusieurs de ces provinces est vaste, leur population nombreuse ; par contre, les relations de pays à pays sont rares, la guerre est presque continuelle entre leurs chefs. N'est-il pas naturel que, retournant par une sorte d'instinct vers le vieux système fédératif gaulois, chacune d'elles, repliée sur elle-même, se soit constituée, selon ses goûts et ses traditions, une administration, une législation, une langue, en un mot une civilisation particulière et différant, par des traits assez fortement accusés, de celle des provinces voisines?

Au début de l'histoire moderne, ce qu'on appelait la France n'était rien qu'une fédération hiérarchisée d'États particuliers unis par un lien des plus faibles, l'hommage féodal. La plupart des provinces de l'Est, l'Alsace, la Lorraine, la Bourgogne, le Lyonnais et le Forez, le comté de Vienne, le comté de Viviers et la Provence, s'étaient même détachées et faisaient partie d'un autre corps fédératif, l'Empire Germanique. Toutefois, dans la fédération française, une principauté assez puissante portait spécialement le nom de *France* et prétendait à une suprématie qu'allaient établir bientôt le courage et la fortune de la dynastie royale.

Le développement rapide d'un des États fédérés, la Normandie, qui conquiert l'Angleterre et dont la domination, en moins d'un siècle, s'étend sur près de la moitié du royaume de France, menace la fortune de l'État qui se qualifie de souverain et perpétue, dans les autres provinces, un goût de l'indépendance et une force de résistance qui prolongent, pour des siècles encore, leur autonomie. Après la chute de la domination anglaise sur le continent, cet esprit subsiste dans les provinces éloignées. Elles se tiennent à l'écart et on observe que l'ancienne division de la Gaule, faite au lendemain des grandes invasions, en France, Bretagne, Aquitaine, Provence et Bourgogne, dure jusqu'aux temps modernes. Seulement le succès de la conquête capétienne a, peu à peu, fondu les intérêts et atténué les divergences.

Au Moyen âge, on distingue encore parmi ces pays, ceux qui

sont placés *sous l'obédience du roi* et ceux qui sont placés *hors de cette obédience*.

Le temps marche; au début du dix-septième siècle, la distinction ne se fait plus qu'entre les *pays d'Élections* et les *pays d'États*. Un certain nombre de provinces ont conservé des institutions politiques particulières; elles s'administrent elles-mêmes; elles débattent leurs intérêts avec la royauté et ne paient d'autres impôts que ceux qui sont consentis par leurs représentants : c'est la Bourgogne, c'est le Dauphiné, c'est la Provence, c'est le Languedoc, c'est la Bretagne; ce sont, en un mot, ces vieilles nations qui, pendant des siècles, sont restées libres et dont le génie particulariste s'affirmait encore, au moment où succombait leur indépendance, en réclamant et en obtenant de la royauté, des concessions qui leur réservaient un rang à part dans le royaume.

Ces concessions sont toujours les mêmes, à savoir le maintien des libertés, des franchises, des coutumes, des privilèges. Tous ces mots ont un sens unique : c'est toujours la *loi particulière*, celle que proscrivait l'ancienne Rome. C'est toujours la résistance contre le centre et l'insurrection tacite contre l'État. Vaincu sur le terrain politique, cet esprit de résistance se réfugie dans le détail de l'administration, ou mieux encore dans l'intimité de la vie journalière et des relations civiles, là où le pouvoir ne peut que difficilement pénétrer. Ainsi la province, la vieille province, toute pétrie d'histoire et de traditions, dure par ses *libertés* qui, à l'égard de l'État, sont des *privilèges*, et par ses *coutumes* antagonistes de la *loi*.

### Les États provinciaux.

L'institution des États provinciaux, qui doit subsister jusqu'à la fin de l'ancien régime, témoigne de la robuste survivance des autonomies régionales. L'avènement bien caractérisé de cette institution coïncide, presque partout, avec les époques de crise où, après la chute des grandes dominations féodales, les provinces eurent à décider de leur destinée politique. Ce sont ces assemblées, librement consultées, qui ont voté la réunion à la couronne et qui ont, en même temps, stipulé les conditions de l'annexion. En un mot, la création des États provinciaux est généralement la manifestation suprême de la nationalité locale, au moment où elle disparaît (1).

Il faut ici quelques exemples : l'historien des États provinciaux dit : « La première réunion des trois ordres paraît avoir eu lieu dans le Languedoc, après le traité d'avril 1228 qui stipulait et préparait l'incorporation du comté de Toulouse au royaume de France », et il ajoute que « c'est cette première assemblée qui fonda l'union du pays à la couronne (2) ». — Nous n'avons que de rares mentions des États de Guyenne. L'un des documents qui nous révèlent leur existence est de 1450 ; ce sont les « Lettres homologatives d'un traité, fait entre le lieutenant général du roi et les trois États de Guyenne, par lequel elle se soumet à l'obéissance du roi, à condition d'une abolition générale et d'avoir une justice souveraine ». C'est le point de départ de la soumission de Bordeaux à la France et l'origine de son parlement (3). — En Normandie, l'année climatérique de l'institution est 1458. Nous sommes encore en pleine guerre de Cent ans. La province, après avoir été reprise par les Anglais, est réunie définitivement à la couronne. A ce moment, elle fait aussi ses réserves en matière juridictionnelle ; elle réclame le maintien de la fameuse « charte normande ». Dans ses lettres

(1) L'origine des États provinciaux paraît se rattacher aux institutions féodales et à la « cour du baron », analogue à « la cour du roi ». Voir, à ce sujet, les théories, peut-être un peu excessives, de M. CALLERY, dans *Histoire de l'origine, des pouvoirs et des attributions des États généraux et provinciaux depuis la féodalité jusqu'aux États de 1355*. Bruxelles, 1881, in-8°; et dans *Revue historique*, avril 1880 (p. 590). — Les publicistes de l'ancien régime penchaient vers l'origine féodale des États provinciaux. C'est notamment l'avis de MOUNIER. Après avoir dit que, dans les premiers États généraux, seuls les seigneurs et les villes étaient représentés, il ajoute : « Par une suite de ce funeste usage, les seigneurs des fiefs sont encore membres-nés dans la plupart des provinces et les campagnes n'ont aucun représentant. » *États généraux* (p. 27).

(2) LA FERRIÈRE, *Étude sur l'histoire et l'organisation comparée des états provinciaux*, dans *Séances et travaux de l'Académie des sciences morales et politiques*, année 1860. Troisième trimestre (p. 111). — Il faut consulter également TAILLANDIER, *Liste des états provinciaux*, dans *Annuaire de la société de l'histoire de France*, année 1852; et A. THOMAS, *Les États de la France centrale sous Charles VII*, Paris, Champion, 2 vol. in-8°.

(3) Dans *Recueil des Ordonnances* (t. XIV, p. 122).

confirmatives, Charles VII prend l'engagement de ne lever aucune taxe sans le consentement des trois États. L'historien des assemblées de cette province ajoute : « A partir de Charles VII, les États qui, sous les rois de France, ses prédécesseurs, avaient été tout à fait exceptionnels, se succédèrent avec une périodicité qui ne fut guère interrompue que sous le règne de Louis XIII (1). » Ces faits sont caractéristiques. Ils montrent bien, qu'à des dates diverses, la création ou la confirmation des États fut obtenue comme la rançon de la réunion des provinces à la couronne.

Il serait facile de prouver, en même temps, que les assemblées des trois ordres ont pris part à la lutte contre l'étranger et à la constitution de l'unité nationale : sous le roi Jean, les États de Languedoc donnèrent à la France l'exemple du patriotisme et dépouillèrent la province pour le rachat du roi et pour la défense du royaume. En 1358, les États de l'Artois, du Vermandois, de la Picardie, de la Champagne, de la Normandie, de l'Anjou, du Maine, de l'Auvergne, offrirent le concours de leurs deniers à la royauté menacée ; en 1374, une réunion des États d'Auvergne stipula directement la retraite des troupes anglaises ; en 1367, une assemblée des États du Dauphiné racheta les châteaux occupés par le comte de Savoie et, par contre, obtint du roi le privilège d'élire les personnes chargées de répartir et de lever les impôts ; en 1368, les États du Poitou, réunis à Niort par le prince de Galles, lui refusèrent l'impôt et firent entendre le premier cri de guerre et d'indépendance nationale ; en 1375-1376, ceux de Quercy, du Rouergue, du Gévaudan s'imposèrent de grands sacrifices pour la défense du pays ; en 1381-1382-1385, ceux de Vienne, du Velay, du Vivarais, du Valentinois, accordèrent au duc de Berry, après la mort de Charles V, les secours nécessaires pour chasser les ennemis ; enfin, en 1399, les États du Limousin votèrent une somme considérable pour combattre les Anglais jusqu'à leur entière expulsion (2).

---

(1) *Cahiers des états de Normandie sous Louis XIII et Louis XIV* publiés par ROBILLARD DE BEAUREPAIRE (t. III, p. III). Introduction. — Il faut voir aussi la brochure de cet auteur intitulée : *Les États de Normandie sous la domination anglaise*, Paris, 1859, in-8°.
(2) Voir pour ces faits, LA FERRIÈRE, *loc. cit.* (p. 114).

Toutes ces dates sont contemporaines de la guerre de Cent ans. Partout la province s'organise en vue de défendre le territoire envahi ; partout on voit l'institution des États provinciaux s'appuyer sur ces deux principes, l'un traditionnel : que chaque communauté reste maîtresse des sacrifices qu'elle croit devoir consentir ; l'autre, moderne : qu'un peuple dispose de sa propre destinée soit directement, soit par la voix de ses élus. Ces principes sont présents à l'esprit des membres des assemblées locales ; ils expliquent la vigueur avec laquelle on discute le concours prêté au gouvernement.

Au moment où elle adhère au corps national, la province inscrit ses privilèges dans l'acte par lequel elle donne son consentement, et le premier de ces privilèges c'est la reconnaissance de l'institution des États. La royauté accepte le pacte, et désormais son pouvoir est limité. Trop heureuse de s'appuyer sur le patriotisme national des États, elle ne peut que s'incliner devant leur patriotisme local. Autant de traités particuliers, autant de régimes différents. La plupart des provinces qui ne faisaient pas partie du royaume avant la captivité du roi Jean, ont ainsi leur constitution propre, leur constitution privilégiée qui les distingue les unes des autres et qui les distingue surtout des provinces placées antérieurement sous l'obédience du roi (1).

Étant données ces origines, il n'est pas étonnant que les États provinciaux aient un caractère plutôt aristocratique. Les détails de l'organisation variaient de province à province ; mais partout les souvenirs féodaux dominaient. La représentation du Tiers était réduite au minimum, ou plutôt les magistrats des bonnes villes ne figuraient, le plus souvent, dans les assemblées que comme représentants d'une communauté ayant un caractère seigneurial.

De toutes les assemblées d'États, la « Convention » de Normandie était celle peut-être qui tenait le plus de compte de l'élément dé-

---

(1) M. DE KERORGUEN, dans son *Étude sur les États de Bretagne*, cite ce passage de Guy Coquille : « La différence entre les pays d'États et les pays d'Élections, c'est que les uns ont conservé leurs droits et que les autres les ont laissé perdre. » (T. I, p. 1).

mocratique. Mais son autorité était bien réduite (1). — En Bretagne les États étaient une véritable diète polonaise où tout noble de race avait accès et voix délibérative. Les assemblées étaient animées d'un esprit d'indépendance que l'on qualifiait, dès lors, de « républicain » (2). — En Bourgogne, comme en Bretagne, le système de la représentation directe dominait. Tout gentilhomme, noble depuis quatre générations, avait le droit d'entrer aux États ; seuls les possesseurs de fiefs avaient voix délibérative ; la chambre du Tiers était composée des maires de certaines villes et des députés de certaines autres villes (3). — Le Dauphiné avait été réuni à la couronne par une donation libre et non par une conquête. D'après l'acte de cession du dernier Dauphin, en 1349, le pays devait rester un État séparé. La province prétendait qu'elle ne devait pas de tailles, le dauphin Humbert ayant affranchi ses sujets de tout impôt, le 1$^{er}$ septembre 1341. Les États, où l'élément aristocratique dominait, n'avaient guère d'autres préoccupations que de défendre ce privilège vraiment excessif contre les empiètements du fisc royal (4). — La Provence soutenait qu'elle était « un état distinct uni et annexé à la couronne, sans être confondu ni autrement subalterné ». Ses États, oratoires et tumultueux, portaient haut la tête ; ils opposaient aux gouverneurs et aux intendants de la monarchie, une résistance que devait seule briser la fameuse apostrophe de Mirabeau : « Vous croyez-vous donc un État dans l'État, un co-État? »

La *municipalité languedocienne* était le type et le modèle des assemblées provinciales. Ici aussi, le caractère de l'assemblée était particulièrement aristocratique. Aucun député ne figurait aux États en vertu d'une élection, mais bien en raison de son titre,

---

(1) Voir les publications déjà citées de M. de Beaurepaire.
(2) V. Bouëtez de Kerorguen, *Recherches sur les États de Bretagne*, Paris, Dumoulin, 1875, in-8°. — De Carné, *Les États de Bretagne*. — Dupuy, *Histoire de la réunion de la Bretagne à la France*.
(3) V. Rossignol, *Les libertés de la Bourgogne d'après les jetons des États*. — Alex. Thomas, *Une province sous Louis XIV*, Paris, 1844, in-8°, et *De l'administration des États généraux de Bourgogne*, par M. P.-P., brochure parue à propos de la publication de M. Thomas.
(4) Félix Faure, *Les assemblées de Vizille et de Romans*, Hachette, 1887, in-8° (p. 22.)

soit comme seigneur, soit comme détenteur de fonctions publiques. La compétence des États s'étendait à presque toutes les matières administratives et financières intéressant la province (1).

Les États communiquaient directement, chaque année, avec le roi *par une ambassade* qui se composait d'un évêque, d'un baron, de deux membres du Tiers et du syndic général. Elle présentait au roi le cahier des États. Jusque dans cette formalité, on voyait se perpétuer la conception d'un État demi-souverain, ayant avec la couronne des relations de subordination et non de sujétion.

En somme, en 1614, tout le midi de la France, organisé en pays d'États, jouissait d'une sorte d'autonomie. Le Languedoc abritait, derrière son exemple, le comté de Foix, le Marsan, le Nébouzan, les Quatre-Vallées, le Bigorre, le Béarn, la Soule, la Basse-Navarre, le Labourd et presque tous les pays qui avaient été réunis à la couronne par l'avènement de Henri IV (2). Beaucoup de provinces plus centrales n'avaient perdu que depuis un temps relativement court le privilège des États et toutes n'y avaient pas renoncé définitivement : c'étaient le Maine, l'Anjou, la Touraine, l'Orléanais, la Champagne, le Bourbonnais, le Nivernais, la Marche, le Berry, l'Aunis, la Saintonge, l'Angoumois, la haute et basse Auvergne, le Quercy, le Périgord, le Rouergue.

On le voit, les pays d'États en France étaient nombreux; il faut ajouter que leurs droits incontestables s'appuyaient sur des contrats authentiques, de date certaine, et signés par les rois. Il y avait, dans chaque province, des corps politiques intéressés à rappeler sans cesse au pouvoir ses engagements et à les faire renouveler au besoin.

Il a donc fallu à la royauté une volonté persistante, une énergie toujours tendue pour mener à terme la campagne de destruction qu'elle avait engagée, de si bonne heure, contre les libertés provinciales. Il lui a fallu, non seulement une résolution inébranlable, mais l'aiguillon d'un intérêt toujours présent, le sentiment d'une nécessité inéluctable, plus forte à ses yeux que le droit de

---
(1) LA FARELLE (p. 50).
(2) « Le Béarn ne sera jamais annexé à la couronne ». *Scaligeriana* (p. 38).

ses sujets, plus forte que ses propres engagements, plus forte que l'appréhension des révoltes et que le danger de remettre sans cesse en question les titres sur lesquels était fondée la réunion des pays d'États à la couronne.

Pour agir avec tant de rigueur, la royauté devait être poussée par la conviction intime d'un devoir supérieur à remplir et par le sentiment, en quelque sorte instinctif, que, malgré tant de plaintes, de protestations et de reproches, elle était en communauté de vues avec la majorité du pays; et on est amené à penser, par une étude attentive des faits, que les tendances générales du pays étaient en désaccord, sur ce point, avec l'esprit particulariste qui animait les classes et les corps directement intéressés au maintien des États.

Je ne parle pas seulement des rivalités qui existaient entre les pays d'États et les pays d'Élections; ceux-ci supportant toutes les charges et pliant sous le faix, ne pouvaient voir de bon œil les faveurs dont les autres étaient accablés. Tandis que les vieilles provinces avaient seules combattu et payé, depuis des siècles, pour les grandes causes de l'unité et de l'indépendance, les provinces réunies plus récemment étaient caressées, choyées, privilégiées, assises, comme la Marie de l'Évangile aux pieds du Seigneur. Les premières se plaignaient, et nous trouvons un écho de ces plaintes jusque dans les cahiers des États de 1789 : « Une province n'étant pas plus tenue qu'aucune autre aux charges communes, la surcharge des impôts sous lesquels gémit depuis longtemps la Picardie, ne doit pas être éternellement l'unique distinction qui lui ait valu son antique attachement à la couronne et sa constante fidélité. Et le roi, en garantissant les privilèges d'une province, ne s'est pas interdit de les communiquer à une autre. Les députés insisteront donc sur ce que les impôts soient uniformes par toutes les provinces et villes du royaume (1). »

Les esprits élevés, les hommes de gouvernement, ceux qui avaient mis la main aux affaires savaient qu'en raison des distinctions qui existaient entre les provinces, toute mesure

---

(1) Cahier du tiers état du bailliage d'Amiens, LAURENT et MAVIDAL (t. I, p. 751).

d'ordre général était impossible à prendre dans le royaume. Nous avons vu que l'action des États généraux fut contrecarrée, à diverses reprises et notamment à l'heure décisive, en 1485, par celle des États provinciaux. L'extension des justices royales, alors considérée comme un grand bienfait, rencontrait partout l'opposition des assemblées locales.

En 1610, au moment où Sully, grand voyer de France, fait un effort sérieux pour créer un vaste réseau de voies de communication, les États de Normandie protestent : « Les mandements envoyés presqu'en tous endroits de la province par les lieutenants de M. de Sully, grand voyer, pour élargir et esplanader les chemins sont fâcheux au peuple, qui supplie Votre Majesté, faire cesser telle poursuite et recherche ». Et en 1611, encore : « Supplions Votre Majesté révoquer absolument l'office du grand voyer inventé à la ruine du peuple contre les privilèges de la province. » Si c'était là l'œuvre de ces fameux États tant vantés, autant valait les supprimer. Aussi remarquons-nous que, dans plusieurs provinces, ils tombaient d'eux-mêmes en désuétude.

Les sessions passent le plus souvent inaperçues. Elles ne prennent un regain de popularité que, dans les circonstances, fort rares, où les États essaient de s'opposer aux exigences sans cesse croissantes du fisc. Alors, toute la province est derrière eux. Mais leur action manque d'autorité, parce qu'elle manque de souplesse et d'intelligence. S'obstiner dans le refus n'est pas un bon procédé d'opposition, pas plus que se buter dans le commandement n'est une bonne règle de gouvernement. C'est ici qu'on s'aperçoit que le privilège est une base mauvaise pour la liberté. Il se refuse à l'examen de toute concession. L'action des États se borne à une routine sans horizon ; leur égoïsme local renonce à jeter les yeux au-dessus des limites de la province ; il se désintéresse des destinées générales du pays et il oppose un *non possumus* niais aux demandes les plus légitimes du pouvoir.

Celui-ci s'irrite à la fin. Il traverse des conjonctures graves, il est accablé ; il cherche à qui parler. Mais non, personne ne veut l'entendre ; on en est toujours au vieux contrat rédigé, il y a cinq cents ans, quand les circonstances étaient tout autres.

A la fin, l'envie vient aux meilleurs d'en finir par un coup de force. En 1593, Henri IV, luttant désespérément pour l'indépendance du royaume, s'adresse aux États de Provence et leur demande de voter la somme nécessaire pour protéger la province contre l'invasion dont elle est menacée de la part du duc de Savoie. Les États refusent. Henri IV, se sentant encore peu solide sur le trône, présente quelques observations sur un ton modéré. Mais on devine, au fond de ses paroles, toute l'amertume que lui cause une pareille réponse : « Le duc de Savoie, dit-il, peut porter en quinze jours plus de foule au pays que la somme demandée. » On verra alors, et il sera trop tard pour obvier « au mal qui en pourra retomber sur lesdites provinces avec un repentir trop tardif d'en avoir négligé le remède pendant qu'il pouvait servir » (1).

La mauvaise volonté des États qui, souvent, entravait ses projets ne trouvait pas toujours ce prince d'une humeur aussi égale. En 1595, il écrit au maréchal de Matignon : « J'ai satisfait le plus favorablement qu'il m'a été possible au désir des jurats de Bordeaux, lesquels vous m'avez recommandés par votre lettre particulière; mais il m'a semblé à propos ne leur refuser ni accorder la tenue des États de mon pays de Guyenne dont ils m'ont fait instance, jusqu'à ce que j'en eusse votre avis, car j'ai reconnu qu'ils l'affectionnent grandement; et toutefois il me semble que le temps n'est pas propre à de telles assemblées, *lesquelles ordinairement tendent plus à décharger mes sujets de dépenses qu'à me fortifier et assister en mes affaires* (2). »

Toute la question des États est exprimée dans ces dernières lignes. Une nation unifiée et à qui les nécessités de sa politique extérieure imposent des charges très lourdes peut-elle subordonner sa destinée aux vues de pouvoirs intérieurs particuliers, prétendant jouir d'une partie de la souveraineté? Est-ce là une base solide et pratique pour la liberté?

Posé dans ces termes, le problème devait fatalement se résoudre

---

(1) *Lettres missives* (t. IV, p. 66).
(2) *Id.* (t. IV, p. 343).

contre l'institution des États. L'histoire de France ne pouvait changer sa loi. Au fur et à mesure que les responsabilités du pouvoir central augmentaient, les divers pactes qu'il avait conclus avec les provinces perdaient leur raison d'être. Les résistances provinciales, d'abord légitimes, devenaient, dans leur forme surannée, à la fois fâcheuses et redoutables. Durant tout le XVIe et la première moitié du XVIIe siècle, le Midi, pays d'États, est en lutte avec le Nord, pays d'Élections. Montauban, Montpellier, sont des La Rochelle plus méridionales et par conséquent plus dangereuses. La demi-indépendance du Languedoc sert de point d'appui à la fortune politique des Montmorency. Le privilège provincial, abusant de ses avantages, exaspère le pouvoir qui, pendant si longtemps, l'a ménagé. Richelieu est à peine arrivé au ministère qu'il reprend la pensée de Henri IV. Il la précise avec la netteté qui est dans son caractère : « Il y avoit longtemps, dit-il, que le roi Henri désiroit établir les élus dans cette province (Languedoc), pour empêcher les désordres qui provenoient de la licence que les États de chaque diocèse prenaient d'imposer tout ce que bon leur sembloit sur le pays. Ce désordre étoit venu jusque à ce point que cette province qui était, en apparence, exempte de tailles, avoit payé, depuis quatre ans, trois ou quatre millions de livres chaque année. L'autorité du roi y étoit peu connue, ces levées se faisoient au nom des États, le nom du gouverneur de la province y avoit quasi plus de poids que celui de Sa Majesté. Le feu roi connoissant ces inconvénients avait désiré cet établissement (des élus) et n'avoit osé l'entreprendre... » (1).

Ces paroles sont d'un homme qui a pris son parti. Peut-être cependant ne se rend-il pas assez compte des difficultés qu'il va rencontrer. Nous verrons que Richelieu fit un grand effort pour supprimer les États provinciaux. C'est une des pages les plus importantes de l'histoire de son ministère. Il n'y réussit pas complètement, tant les traditions étaient puissantes sous l'ancien régime; tant le droit des provinces ayant traité avec la royauté était indubitable. Mais nous verrons aussi que la prolongation

---

(1) *Mémoires* (t. II, p. 27).

d'un état de choses, incompatible avec la pensée unitaire qui dirigeait la politique générale du pays, fut la cause de grands troubles dans le royaume et lui fit courir de graves périls.

La survivance des institutions locales avec caractère de co-souveraineté, dans quelques-unes des régions les plus importantes de la France, laisse un grave problème posé, jusqu'à la Révolution. Ce problème, c'est celui du fédéralisme. La France sera-t-elle une et fondue en une seule masse pour faire face à tous ses adversaires et pour suffire à toutes ses tâches ? Là est la question. Elle est connexe à cette autre, non moins grave : la France s'organisera-t-elle en monarchie libérale, dominée par une puissante aristocratie ; ou bien risquera-t-elle l'aventure d'une autocratie centralisée, conduisant infailliblement au régime démocratique ?

On sait ce qu'il en est advenu ; mais on ne sait pas assez que la double solution est restée en suspens pendant tout l'ancien régime. L'école libérale, Bodin, Guy Coquille, Fénelon, Saint-Simon, Montesquieu, Mirabeau l'ami des hommes, se déclarent pour le système aristocratique et, par conséquent, ils sont favorables à l'institution des États (1). Les ministres des rois et le parti

(1) Pour COQUILLE, voir notamment *Histoire du Nivernois*, Œuvres (t. I, p. 387). — Pour BODIN, tout un passage important de *La République* (p. 501) : « Vous plaignez la dépense ; les pensions des États du Languedoc reviennent, il est vrai, à 25,000 livres, sans compter les frais des États qui ne coûtent guère moins ; mais on ne peut nier que, par ce moyen, le pays de Languedoc n'ait été déchargé, sous le roi Henri III, de 100,000 livres tous les ans, et celui de Normandie de 400,000 livres qui furent distribués sur les autres gouvernements qui n'ont point d'États. » — FÉNELON, dans ses projets pour la réforme du royaume, mentionne expressément les États provinciaux : « Établissement d'États particuliers dans toutes les provinces comme en Languedoc. On n'y est pas moins soumis qu'ailleurs ; on y est moins épuisé. Ces États particuliers sont composés des députés des trois états de chaque diocèse, avec pouvoir de policer, corriger, destiner les fonds... Vingt au moins en France, seraient la règle des États particuliers. » — Le mémoire intitulé : *Projets de gouvernement du duc de Bourgogne*, attribué à SAINT-SIMON, prévoit la création de douze États provinciaux : « L'administration particulière et les ouvrages publics dans chacune des douze provinces, appartiendrait entièrement aux douze États particuliers, sans qu'aucune cour de justice pût y avoir la moindre part, et toute punition sur cette matière et sur ce qui en dépend, serait entre les mains desdits États particuliers, chacun dans sa province, sans appel et sans forme ni figure de procès, nonobstant tout privilège personnel, et ils auraient leurs prisons, geôliers, prévôt, archers indépendants de toute justice. » Éd. MESNARD, 1860, in-8° (p. 9). — MONTESQUIEU enfin, dit : « Dans de certaines monarchies de l'Europe, on voit des provinces qui, par la nature de leur gouvernement politique, sont dans un meilleur état que les autres. On

populaire sont au contraire hostiles, et ils travaillent, sans relâche, à la destruction des vieilles institutions particularistes (1).

A la veille de la Révolution, en 1788, la royauté, dans le désarroi des grandes crises qui se préparaient, abandonna un moment ses propres traditions; elle convoqua les assemblées provinciales, et essaya de ranimer ces institutions locales qui avaient, pour ainsi dire, péri sous ses coups. Mais l'expérience ne fut pas longue. On vit, d'un bout à l'autre du royaume, reparaître, avec une fougue redoutable, les idées de séparatisme et de fédéralisme. La Bretagne, le Dauphiné, la Provence, réclamèrent nettement leur autonomie. Plusieurs de ces provinces refusèrent d'envoyer des députés aux États généraux. L'unité française, constituée avec tant de peine, était de nouveau mise en péril. A voir la force et l'élan de ce mouvement, on pouvait se demander si la Révolution allait se faire dans le sens du provincialisme aristocratique et fédéral, ou dans le sens de l'unitarisme démocratique (2).

s'imagine toujours qu'elles ne payent pas assez, parce que, par un effet de la bonté de leur gouvernement, elles pourraient payer davantage; et il vient toujours dans l'esprit de leur ôter le gouvernement même qui produit ce bien qui se communique, qui se répand au loin et dont il vaudrait bien mieux jouir. » (*Esp. des Lois*, liv. III, ch. XIII.)

(1) DEPPING, dans l'Introduction à la *Correspondance administrative du règne de Louis XIV*, fait un exposé des accusations dirigées par les Intendants contre l'institution des États. (Voir notamment, p. XXIII.) « Les commissaires blâment l'égoïsme, l'esprit étroit et provincial, la lenteur et l'apathie qui règnent dans ces assemblées et la difficulté de leur faire comprendre l'utilité des projets qu'on leur présente. » — Il faut comparer les nombreux passages des lettres de M$^{me}$ de Sévigné qui sont consacrés aux démêlés du comte de Grignan et du duc de Chaulnes avec les États de Provence et de Bretagne.

(2) Cette curieuse expérience des assemblées provinciales, faite à la veille de la Révolution a été l'objet d'une étude très intéressante de M. LÉONCE DE LAVERGNE. C'est certainement un des livres les plus « suggestifs », comme on dit aujourd'hui, qui aient été écrits sur l'histoire de France. LÉONCE DE LAVERGNE, *Les Assemblées provinciales sous Louis XVI*, Paris, 1863, in-8°. — Cfr. TOCQUEVILLE, *L'Ancien régime et la Révolution* (p. 290). — On trouvera, dans ces deux livres, la preuve de ce qui a été dit dans le texte que les tendances fédéralistes ont subsisté jusqu'à la Révolution. Le député de Bigorre, Barrère de Vieuzac, s'exprime en ces termes : « A l'Assemblée nationale je pris beaucoup de part à la discussion contre le système moderne de *coupailler* les provinces, de dépecer une nation en mille parties imperceptibles pour la livrer ainsi, en détail, à un plan d'administration oppressive, sous prétexte de la gouverner plus facilement... Les pays d'États furent supprimés. Nous nous résignâmes *à ne pouvoir revenir un jour au système fédératif comme les États-Unis d'Amérique*, que lorsque la France aurait éprouvé toutes les calamités attachées aux révolutions... Dans cet état de choses, je crus devoir me borner à défendre l'intégrité de ma petite province de Bigorre. » Cité par LAVERGNE (p. 458).

Cette fois ce fut le parti populaire, le vieux parti légiste qui, aidé par la démocratie des provinces du centre reprit, des mains de la royauté, l'œuvre que celle-ci se déclarait impuissante à achever. Paris proclama l'unité et l'indivisibilité de la République. Mais il ne faut pas s'étonner de voir les constituants chercher, parmi les ministres des rois, les précurseurs de leur politique de centralisation et de nivellement : « Laissons les aristocrates, dit le résumé des cahiers des États généraux, laissons les aristocrates se déchaîner contre la mémoire de ce ministre intrépide qui terrassa leur orgueil et vengea le peuple de l'oppression des grands. En immolant de grandes victimes au repos de l'État, il en devint le pacificateur. Il porta, le premier, le véritable remède au mal, *en abaissant les pouvoirs intermédiaires qui opprimaient la nation depuis près de neuf siècles* (1). »

### Les libertés municipales.

Je parlerai brièvement des libertés municipales. Le bruit qu'elles ont fait dans l'histoire a quelque peu exagéré leur importance. Certains écrivains se sont demandé si la France n'avait pas été, à une certaine époque, sur le point de se découper en une foule de petites républiques indépendantes, comme l'Italie et les Flandres. Quelques érudits même, un peu enflammés pour l'objet de leurs études particulières, ont manifesté le regret que le principe de la souveraineté des communes n'ait pas eu sa place dans notre constitution politique. Il est inutile de troubler, dans leur chimère rétrospective, des hommes honorables dont les travaux n'en restent pas moins utiles, et je constaterai simplement qu'aux environs de l'année 1614, les libertés municipales étaient mourantes.

Le type le plus connu de ces constitutions urbaines, celui de la *commune jurée,* ou *commune à charte,* avait disparu depuis

---

(1) *Discours préliminaire,* dans Laurent et Mavidal (p. 71).

longtemps. Il ne s'était guère développé, d'ailleurs, que dans certaines régions voisines des frontières ou placées sous la domination de grands seigneurs rivaux des rois. Dans ces petites républiques, constituées par la violence, des oligarchies locales s'étaient emparées du pouvoir et l'avaient exercé tyranniquement; la paix sociale avait été continuellement troublée. Aussi, les populations urbaines demandèrent elles-mêmes à être débarrassées du fardeau de leur indépendance. Les premières chartes n'étaient pas en vigueur depuis deux siècles, qu'elles tombaient en désuétude et qu'on voyait se multiplier ce qu'on a appelé, d'une expression énergique, les *suicides de communes* (1).

Mais un autre type de constitution municipale, celui de la *bonne ville*, ou *ville privilégiée,* eut à la fois plus d'extension et plus de vitalité (2). Il subsista jusqu'aux temps modernes. Son origine se rattache à la période d'annexion et de conquête. Aux villes qui se révoltent contre leur seigneur ou qui s'arrachent elles-mêmes à la domination étrangère, le roi accorde sans compter les franchises et les privilèges (3). L'Anglais d'ailleurs lui avait donné l'exemple. Les deux partis se disputaient les places fortes à coups de traités avantageux. Celles qui ouvraient leurs portes aux rois de France recueillaient le bénéfice de leur prompte décision; celles qui résistaient plus longtemps élevaient le prix de leur capitulation. La « bonne ville », la « ville privilégiée » se multiplie dans le royaume au fur et à mesure qu'il étend ses limites.

La *bonne ville* est, par essence, ville royale. Elle ne constitue pas un État, pas même une seigneurie. La charte lui était octroyée par le prince. Celui-ci se réservait, outre la souveraineté proprement dite, une sorte de contrôle sur l'administration mu-

(1) Voir Luchaire, *Les communes françaises à l'époque des Capétiens directs* (notamment p. 202-217 et 284-288).

(2) Ce sont les villes que Beaumanoir appelle : villes *Bateleresches* ou villes *bateices*. Giry, *Documents sur les relations de la Royauté avec les villes en France de 1180 à 1314.* Paris, Picard, 1885 in-8° (p. 121). Je dois rendre hommage aux travaux de M. Giry qui ont, les premiers, mis au point la plupart des questions se rattachant aux libertés municipales, embrouillées comme à plaisir par l'école historique antérieure.

(3) Voir Giry, *Établissements de Rouen,* notamment, pages 352, 31, 358, 71-75, 324-328, 300-304, 283 et suiv., et 135).

nicipale (1). Partout il plaçait, à côté des magistrats locaux, des fonctionnaires royaux, les baillis, les prévôts, qui, dans la confusion des pouvoirs, cumulaient les attributions les plus diverses, la justice, les finances, et même le commandement militaire.

La royauté fait un grand effort pour ramener les constitutions ainsi concédées à une certaine uniformité (2). C'est à cette politique de la royauté qu'est dû le succès des *Établissements de Rouen*, charte non de *libertés*, mais de *privilèges* qui, au fur et à mesure de la conquête, est acceptée, sauf de légères modifications, par la plupart des villes normandes et, en outre, par la Rochelle, Saintes, Oléron, Bayonne, Tours, l'Ile de Ré, Niort, Cognac, Saint-Jean-d'Angély, Angoulême, Poitiers, en un mot par la plupart des villes de l'Ouest arrachées à la domination anglaise. Ces chartes de privilèges ne sont pas perpétuelles. Ce sont des *compositions*, des *concessions*. Les villes s'habituent à en demander le renouvellement à chaque changement de règne.

Il faudrait commencer l'histoire du régime municipal en France à l'époque où la plupart des historiens spéciaux la terminent. En effet, le système d'institutions propre aux « villes royales » ou « prévôtales », — qui furent de beaucoup les plus importantes et les plus nombreuses — ne meurt pas avec le Moyen âge comme celui des « communes. » Il persiste jusque dans les temps modernes et c'est par la série des actes transactionnels qui l'établissent et qui le modifient que se fonde l'union si intime et si féconde de la royauté et de la bourgeoisie des villes.

A partir du règne de Louis XI, le pouvoir procède par des mesures d'ensemble dans un royaume restauré et agrandi. Il se fit alors comme une espèce de liquidation du Moyen âge. Le roi rentrait

---

(1) Les communes libres prêtaient serment au roi : il n'y avait plus, dans le royaume, de villes absolument indépendantes. V. GIRY, *Documents* (p. 63).

(2) La première réglementation générale de la royauté sur les communes est l'ordonnance de 1256, sous Saint-Louis. Elle est particulièrement applicable à la Normandie et s'occupe surtout de la surveillance des comptes des communes (GIRY, *Rouen*, I, 35). Voir ensuite l'ordonnance de Philippe le Bel sur les bourgeoisies, dans GIRY. *Documents* (p. 129). La thèse royale en faveur de la disparition des anciennes communes et de leur remplacement par le régime existant à Paris et à Orléans est développée dans un curieux document intitulé : « Motifs de supprimer la commune de Laon. » (*Ibid.*, p. 141.)

LA VILLE PRÉVOTALE.    403

en conquérant dans des provinces qui, depuis longtemps, avaient échappé à sa domination. Les anciens engagements étaient rompus, les vieux moules se brisaient. Louis XI, bonhomme et savamment familier, aimait à traiter de pair à compagnon avec les bourgeois des villes. Il flattait leur vanité pour les séduire; il les ennoblissait pour diminuer la noblesse. Il multiplia les concessions de privilèges et de franchises; mais, en même temps, il les régla. Il suivit cette politique dans la mesure où elle pouvait lui être utile contre la haute féodalité, mais jusqu'au point où elle ne pouvait nuire à son autorité (1).

Aussi, tandis que ce règne assistait à la consolidation et à la coordination des libertés municipales, il voyait les débuts d'une campagne très vive engagée par les agents royaux contre le principal privilège reconnu aux villes, celui de la juridiction. Cette campagne aboutit, après un demi-siècle, à l'article 71 de l'ordonnance de Moulins (1566) qui enlève aux magistrats locaux la connaissance des causes criminelles (2). La création des présidiaux met, dans la main de la royauté, tout le personnel des légistes, et l'innombrable basoche répandue dans les villes où s'installent les nouveaux tribunaux.

Dès 1550, la royauté avait créé dans chacune des dix-sept généralités du royaume, un fonctionnaire spécial chargé du contrôle

(1) Sur l'idée dominante des constitutions municipales octroyées par Louis XI : création d'une aristocratie bourgeoise, dévouée au roi et ennemie de la noblesse, voir GIRY, *Rouen* (p. 231-235) : « C'est l'anoblissement des maires et échevins prodigué pour enlever tout caractère démocratique aux municipalités et avilir, en même temps, la noblesse; c'est la mise de la cité et de ses magistrats sous la garde du bailli de la province et de son lieutenant; c'est l'attribution de toute juridiction au bailli et au prévôt de la ville; ce sont les franchises illusoires d'*ost* et de *chevauchée*, de *ban* et d'*arrière-ban* concédées aux habitants; c'est, enfin, le droit donné au corps de ville d'établir un droit d'entrée » (p. 235). — En annexant l'Anjou, Louis XI qui « aimoit beaucoup les bons bourgeois d'Angers et qui alloit même dîner et souper chez eux pour les attirer à son service » accorda à ceux-ci une charte municipale (1474)... A toutes les magistratures et à l'office de procureur était attaché le privilège de la noblesse. Tous les habitants pouvaient en outre tenir, francs de droit, fiefs et terres nobles et ils étaient exempts de toutes chevauchées, bans et arrière-bans .. La charte de Louis XI ouvrit une ère nouvelle en faisant de la bourgeoisie une classe dominante. Les parvenus de l'échevinage formèrent une seconde noblesse. Les descendants des seigneurs féodaux les appelaient, en dérision, nobles de « cloche » ou de « clapier ». MOURIN, *La Réforme et la Ligue en Anjou* (p. IV).

(2) Sur l'importance de l'édit de Moulins, voir GIRY, *Rouen* (p. 316).

des deniers des villes et devant lequel les maires, gouverneurs, échevins, conseillers et receveurs devaient répondre de leur gestion. Cet ensemble de mesures avait touché les familles municipales à la prunelle de l'œil (1). Justement les guerres de religion venaient d'éclater. L'opposition aristocratique reprenait quelque vigueur. Aux États d'Orléans, on dut, à la demande du Tiers, revenir sur la mesure créant des contrôleurs. Les municipalités n'en gardèrent pas moins rancune à la royauté et on sait avec quelle violence la plupart des villes privilégiées se jetèrent dans la Ligue. Tous les éléments de désunion, féodalité, aristocratie, autonomie provinciale et communale, s'associèrent dans cette conjuration, pour livrer un dernier combat à la royauté absolutiste et centralisatrice.

La cause du particularisme fut vaincue encore une fois, mais au prix d'une lutte longue et pénible. Dans les négociations qui ramenèrent la paix, les villes trouvèrent une occasion suprême de rendre quelque apparence de vie à leurs antiques constitutions. Pour faire rentrer dans le giron de l'unité ces vieilles cités enorgueillies par dix ans de liberté, Henri IV ne ménagea pas les sacrifices. Avec chacune elles, il dut conclure un véritable traité, dont l'article le plus important stipulait toujours la reconnaissance des privilèges, franchises et libertés municipales.

Meaux est exemptée de tailles pour neuf ans; Orléans est dispensée de toutes garnisons et le roi prend l'engagement de ne pas y construire de château; Paris voit confirmer, dans leurs privilèges, son université, son corps de l'hôtel de ville, son prévôt des marchands, son échevinage et tous les autres collèges et communautés de quelque titre et qualité qu'ils soient. Rouen est exemptée de gens de guerre; ses dettes lui sont remises; elle obtient, pour six ans, des dispenses d'impôts et de tailles. Troyes s'assure la remise des arriérés de ses impôts de trois ans; Sens n'a pas de garnison, tous ses tribunaux locaux sont confirmés, elle est dé-

---

(1) Ce sont les légistes et les jurisconsultes qui, par jalousie de prétoire, mènent le plus vivement la campagne contre les libertés municipales en matière juridictionnelle. Voir tout le passage de LOYSEAU dans son *Traité des Offices* (p. 750-756) : « Quant aux pouvoirs de ces magistrats populaires, il faut considérer qu'ils sont plutôt officiers de gouvernement que non pas de justice et de finances. »

chargée de deux années d'arriérés de tailles ; Lyon n'aura pas de citadelle, pas de garnison, pas de Suisses ; reconnaissance de ses privilèges en matière de foires, de manufactures de soie, de drap d'or et d'argent, exemption de tailles, exemption de ban et d'arrière-ban, privilège d'anoblissement pour les échevins et leur descendance ; avantages analogues pour Poitiers, Château-Thierry, Agen, Laon, Amiens (1). Cette ville, d'ailleurs, comme la plupart des places frontières, est exempte de l'impôt de la gabelle, sous la condition de pourvoir à sa propre défense (2) : « Et par ce moyen, dit le texte du traité, sera et demeurera le Gouvernement et la garde de la ville entre les mains du maïeur, prévôt et échevins. » On sait que Henri IV eut à se repentir de cette concession qui remettait entre les mains des magistrats municipaux la plus importante des attributions royales, c'est-à-dire l'autorité militaire. La ville, mal gardée, fut reprise par les Espagnols, et il fallut un siège long et pénible pour l'arracher aux mains des ennemis de la France.

On devine, par cet exemple, les vices d'un système qui eût abandonné aux oligarchies locales une partie importante de l'administration publique. Étroites, routinières et obstinées, elles ne songeaient, le plus souvent, qu'à accroître leurs exemptions particulières ou, du moins, à en laisser le legs intact à leurs successeurs. Dans les villes privilégiées, les chefs de la bourgeoisie, en se perpétuant dans les charges municipales et en administrant à leur profit, formaient « des lignages échevinaux » et constituaient, en quelque sorte, une nouvelle aristocratie. Ce résultat était d'ailleurs conforme aux vues qui, sous le règne de Louis XI, avaient présidé à l'organisation de la plupart des cons-

---

(1) Voir la série des traités dans le *Recueil des Édicts du Roi Henri IV pour la réunion de ses sujets*, à la suite de l'ouvrage de Malingre : *Le cinquième livre, contenant l'histoire des choses les plus mémorables advenues en France*, etc., Paris, 1613, in-8°.

(2) Les villes frontières, notamment Senlis, Compiègne, Laon, Beauvais, Langres, Chartres, Meaux, étaient affranchies et ne contribuaient pas au paiement des gens de guerre, ni aux tailles et vivres, mais elles avaient à veiller à leur propre défense. Voir la lettre du 17 janvier 1476, par laquelle le roi leur demande de l'argent à titre de prêt pour les guerres contre le duc de Bourgogne, dans Desmazes, *Les Communes et la Royauté*, 1877, in-12 (p. 108). Cet auteur a publié (p. 98) l'ordonnance par laquelle Laon est exemptée des tailles.

titutions municipales. La génération spontanée de cette « noblesse de cloche » avait multiplié le nombre des privilégiés, et, en cela, elle avait paru favorable, tout d'abord, à la royauté, dans sa lutte contre la noblesse et la baronnie féodale. Mais la mesure avait été dépassée et ces nouveaux anoblis, par leur nombre et par leurs prétentions, étaient devenus, sinon dangereux, du moins très encombrants (1).

Au point de vue politique, Henri IV avait été averti par le rôle qu'avaient joué, pendant la Ligue, les aristocraties municipales. Tout en faisant les nouvelles concessions imposées par les nécessités de la pacification, il avait gardé une arrière-pensée, celle de détruire, l'heure venue, ces organismes à demi-indépendants qui écrasaient les masses de leur poids superflu et qui, dans les époques de troubles, offraient un point d'appui à la rébellion. Il faut voir de quel ton il parle, dans ses lettres, « de ces magistrats de petite étoffe, lesquels sont en possession d'abuser de l'autorité de leurs charges et de mal faire ». Il n'aura de cesse que quand il aura réduit à l'impuissance « ces villes faibles et hargneuses qu'il faut brider de façon qu'elles ne puissent jamais plus regimber contre leur prince » (2).

Les raisons de l'intervention de la royauté étaient multiples. Les villes étaient lasses de l'état de discorde où les entretenaient les rivalités politiques. Presque partout, le parti populaire, accablé sous le poids des charges publiques, implorait la tutelle d'un pouvoir supérieur. « Dans ces milieux, que nous nous figurons volontiers calmes et à moitié morts, les compétitions électorales donnaient naissance à des querelles furieuses et à des haines irréconciliables. » Jamais administrations municipales ne furent plus corrompues et plus immorales qu'à cette époque. « De tous côtés,

---

(1) Sur la nature et les tendances de cette « noblesse de cloche », voir le passage déjà cité de Mourin, ci-dessus (p. 403), et aussi Giry, *Rouen* (p. 265-269); pour Niort; *ibid.* (p. 124); pour Bayonne (p. 340); et Cf. Depping, *Correspondance administrative* (t. I, p. xxxiii).

(2) *Lettres missives* (t. V, p. 417-425). — Sur la ruine des libertés municipales à Poitiers sous Henri IV, voir l'étude de M. Ouvré, *La Ligue à Poitiers*, (1856, in-8°). — Au sujet des mêmes événements à Angers, en 1584, voir Mourin, *op. cit.*, et les documents conservés dans les archives municipales d'Angers, notamment BB. 38, f° 1, et BB. 40, f°ˢ 2 et 8.

dit Forbonnais, ce n'étaient qu'action de contrainte entre les maires, échevins et communautés, recours de garantie, emprisonnements, procès, inimitiés entre les habitants, au point que le commerce en était interrompu (1). »

La plupart des villes étaient obérées et touchaient à la faillite. On réclamait partout un contrôle gardant les communautés contre les folies de leurs administrateurs héréditaires. Enfin, les justices municipales avaient les mêmes défauts que les justices seigneuriales, et les légistes poursuivaient, partout en même temps, leur entreprise de les réduire à rien ou de les subordonner à la justice royale.

A partir du règne de Henri IV, la royauté mit directement la main sur les élections. A Angers, à Poitiers, à Cognac, le système communal fut remanié et les villes durent se conformer, pour la désignation de leurs magistrats, aux indications qui leur arrivaient de la cour. Nous avons dit comment les choses se passèrent à Paris et nous avons vu que le gouvernement de Marie de Médicis ne se départit pas, sur ce point, de la politique suivie par Henri IV. Il en devait être de même après l'avènement de Richelieu au ministère ; et, sans exagérer la portée de son œuvre sur ce point, il n'était pas inutile de rappeler comment elle se rattachait à la politique générale des rois, et comment elle découlait, pour ainsi dire, de la nature des choses et de la force des circonstances.

Vers le même temps, une institution nouvelle apparaît qui doit être l'instrument de la ruine des libertés municipales : c'est celle des intendants. Dès que ces fonctionnaires arrivent dans les provinces, ils sont choqués par la fierté des magistratures locales ; ils en découvrent promptement les défauts et les faiblesses. Un plan d'ensemble dirige l'assaut qu'ils livrent aux municipalités. Ils en ont raison bien facilement ; car elles s'écroulent d'elles-mêmes, et si les familles urbaines restent attachées aux honneurs et aux distinctions qui résultaient de leurs chartes, la royauté

---

(1) Ch. Normand, *Saint-Quentin et la royauté* (p. 108). — Forbonnais, *Recherches et Considérations sur les finances de la France* (t. I, p. 311).

exploite ce sentiment, pourtant respectable ; elle leur vend, à beaux deniers comptants, le maintien des *privilèges* qui, depuis longtemps, ne sont plus des *libertés*.

### Les Coutumes.

Les institutions politiques, si étroitement unies qu'elles soient à l'existence des peuples, ne sont pas ce qui les touche le plus. Il y a, dans la vie sociale, quelque chose de plus intime et de plus délicat, ce sont les règles du Droit civil, celles qui décident des rapports des personnes et des biens, qui prennent le citoyen au berceau et le conduisent jusqu'à la tombe. Les conditions de la paternité, du mariage, de la filiation, de la propriété, des successions, intéressent immédiatement et continuellement tous les individus. Leur harmonie caractérise une société bien ordonnée. On peut concevoir un régime politique mauvais, subsistant avec un système de lois civiles satisfaisant; mais il est certain que des institutions politiques même excellentes ne pourraient durer, si elles imposaient aux citoyens des lois qui ne seraient pas en conformité avec les mœurs.

Dans quelle mesure le gouvernement doit-il s'employer à régler les relations privées? C'est là, peut-être, le plus difficile de tous les problèmes sociaux. La solution varie suivant les circonstances de temps et de lieux. La tendance actuelle est d'accroître l'autorité disciplinaire du pouvoir sur les mœurs. L'attribution législative est considérée aujourd'hui comme la principale des fonctions gouvernementales. Il nous paraît indispensable qu'elle soit exercée normalement pour qu'un organisme politique soit complet et sain. Les temps modernes consomment une telle quantité de lois que si l'on suspendait, seulement pour une année, le travail de nos parlements et de nos assemblées délibérantes, les sources de la paix et de la liberté publiques en paraîtraient taries.

Mais il n'en a pas toujours été ainsi. De longs siècles se sont écoulés durant lesquels il ne se faisait pas de lois. Le besoin de créer ou de restaurer les organes chargés de cette fonction ne s'est fait sentir que très tard et après d'autres nécessités considérées comme plus urgentes. Pendant longtemps, les populations de la France se sont accommodées, tant bien que mal, soit des législations anciennes, soit d'un régime d'usages et de coutumes se dégageant naturellement des relations quotidiennes. Il n'y avait pas de pouvoir législatif; ou plutôt, le peuple était son propre législateur. Les enfants faisaient ce qu'avaient fait leurs pères, sans qu'ils fussent tenus d'obéir à des prescriptions nettement définies. Le citoyen était enfermé dans la tradition, non dans la règlementation (1).

L'usage a été, pendant longtemps, tout le droit de la France. C'est ce qui explique l'impossibilité où s'est trouvé l'ancien régime de constituer une législation nationale. Jusqu'à la révolution, les différentes parties du royaume sont restées attachées à leurs régimes particuliers. Il a fallu un bouleversement complet de l'ordre politique et de l'ordre social pour que, par un retour vers les idées antiques, on ait pu tirer du chaos des coutumes accumulées depuis des siècles, cette noble synthèse de l'expérience sociale qu'on appelle *loi*.

La décadence où la fonction et la production législatives étaient tombées au Moyen âge est d'autant plus extraordinaire que les temps immédiatement antérieurs avaient assisté à l'efflorescence juridique la plus féconde que le monde ait connue. Le Droit romain ayant produit sa moisson la plus abondante dans les derniers siècles de l'empire, Justinien, à la dernière heure, avait tout engrangé.

C'est probablement parce que le Droit romain était trop riche qu'il fut abandonné par les peuples. La fertilité de ses ressources embarrassa les esprits simples qui étaient obligés d'y recourir.

---

(1) On se souvient de l'adage du Moyen âge : « Coustume passe droit. » Voir, à ce sujet, les observations de Viollet (I, p. 282, note). Elles ne me paraissent pas convaincantes, et je m'en tiens à l'interprétation donnée par M. Langlois dans le texte cité à cette page 282. — A la page 285, Viollet définit, en termes poétiques mais justes, la coutume, « l'âme des ancêtres qui plane sur les fils ».

On commença par résumer les grands recueils de Justinien, pour les rendre accessibles à la masse des plaideurs et des juges. Puis on trouva les résumés trop lourds et, enfin, les peuples laissèrent tomber les lois, l'une après l'autre, sur leur route, comme le Petit Poucet ses cailloux blancs.

Ce n'est pas que les nations germaniques qui avaient envahi l'Occident, à la chute de l'Empire romain, n'eussent une certaine aptitude à produire et à recueillir les lois. Il n'est pour ainsi dire pas une d'entre elles qui n'eût son code et qui n'ait pris soin de le faire écrire et promulguer : loi salique, loi ripuaire, loi burgonde, loi des Allamands, elles ont été appliquées, elles sont parvenues jusqu'à nous. Quoique rudimentaires, elles ne nous paraissent ni trop singulières, ni trop déraisonnables. Pourquoi furent-elles abandonnées, comme les lois romaines, à partir du huitième et du neuvième siècle? A ce phénomène, on a donné diverses explications ; il faut admettre la plus simple de toutes : c'est que le Moyen âge a connu des générations plus barbares encore que les barbares.

Il y avait, d'ailleurs, un grave élément de désordre dans le fait même de la multiplicité des législations. En raison du caractère de la conquête qui ne se fit pas d'un seul coup, mais par afflux successifs, chaque nouveau venu apportait sa loi propre, comme son bagage, sous l'arçon de sa selle. Une fois installé, il la gardait précieusement. De là une confusion, par suite, une ignorance qui s'ajoutèrent à tant de causes de décadence. Enfin, on trouva plus simple et plus commode de tout oublier et chaque famille, chaque seigneurie, chaque canton se constituèrent leurs lois, comme ils l'entendirent. En cas de difficulté insoluble, il restait toujours l'appel à la force et il y a eu, dans notre histoire, une époque si misérable que tout l'effort des pouvoirs publics se bornait à essayer d'en réglementer l'usage.

La génération spontanée des lois nouvelles sur un terrain ainsi épuisé et abandonné depuis des siècles, est un phénomène tout aussi surprenant que la disparition complète des lois antiques. Trois siècles de repos furent comme une jachère qui rendit au sol sa fertilité. Vers le onzième siècle, une poussée extraordinaire se produisit, mais si capricieuse, si déréglée, que son abondance parut, au premier aspect, aussi fâcheuse que la stérilité de l'âge précédent.

Qui fera le dénombrement des lois particulières que la France a connues? D'après Beaumanoir, chaque seigneurie avait son droit civil « si qu'on ne pourroit pas trouver el royaume de France, deux chastelenies qui de toz cas usassent d'une meisme coustume ». Un auteur qui cite et commente ce texte célèbre, fait observer que, dans une seule province (le duché de Bourbonnais), il y avait deux cent quarante seigneuries avec droit de justice; de façon que la loi civile changeait non seulement de bourg à bourg, mais de village à village, de quartier à quartier. Ainsi, dans la chatellenie de Vichy, le gain de survie de la femme était, hors la ville, d'un tiers denier ou moitié de la dot et, dans la ville, du tiers denier à son choix ou de la moitié des meubles en propriété et de la moitié en usufruit des héritages de son mari (1). A Lourdes, la rue du Bourg avait un droit différent de celui des autres rues et les filles y étaient exclues par les mâles de la succession paternelle ou maternelle (2). On ferait une carte très compliquée de la France, si on essayait de figurer les divers régimes appliqués à la communauté entre époux et à son corollaire, le douaire. D'ailleurs, la plupart des auteurs reconnaissent que « le chef de la maison, qui, pour les affaires extérieures, représentait sa « mesnie » devant la justice, était, pour les affaires du dedans, le juge et le chef de cette « mesnie » : « les femmes et les enfants, les serfs et souvent, à mon avis, les clients étaient jugés par lui (3). » Il était donc juge souverain et législateur, en vertu du proverbe : « charbonnier est maître chez lui ».

Cependant la vie sociale ne peut se réduire à n'être qu'une collection de taupinières existant côte à côte et sans aucune communication entre elles. Alors même que les lois se taisent, les besoins parlent. Il s'établit fatalement, par ces rencontres d'intérêts, des façons d'agir qui, en se répétant, deviennent des usages. La force du précédent a toujours été grande sur l'animal imitateur et

---

(1) Méplain, *Les jurisconsultes de l'ancien Bourbonnais* (p. 9).
(2) Henri Beaune, *Introduction à l'étude du droit coutumier Français*. Paris, Larose, 1880, in-8° (p. 450).
(3) Viollet (p. 428).

éducable qu'est l'homme. Les précédents multipliés forment la « coutume ».

Comment la constate-t-on, au début? Par le témoignage du nombre. De là, cette première forme d'édiction de la loi que nous trouvons aux origines du droit moderne et que les feudistes ont nommé *l'enquête par turbe*. On convoque un nombre suffisant d'habitants d'un canton, d'un village, et on constate l'usage d'après leur témoignage. C'est une sorte de *referendum* ou mieux encore de plébiscite très rudimentaire, mais qui, pourtant, a cette portée de faire reposer la loi sur le consentement populaire.

Il est trop facile de signaler les inconvénients d'un tel système ; le plus évident est l'abus résultant de la subornation de témoins. Des législateurs de cabaret rendirent des lois selon les besoins de la cause et selon les intérêts de ceux qui leur payaient à boire. Montesquieu a démontré avec force que la plaie du témoignage oral fut une des causes qui répandirent l'usage du duel judiciaire. Plutôt que d'en passer par ces enquêtes dispendieuses et sujettes à caution, on préférait s'en remettre au sort des armes, ou tout bonnement au hasard.

Les praticiens qui avaient abusé, plus que tous autres, de l'enquête par turbe, finirent par la prendre en dégoût. Les plus honnêtes d'entre eux, pour donner quelque fixité à ce terrain mouvant où le droit s'enlisait, se mirent à rédiger « le style » des tribunaux devant lesquels ils plaidaient. Ces recueils, tout informes, rendaient cependant des services si appréciés qu'on sentit le besoin de les multiplier et de les compléter. De là, les premières rédactions de coutumes, rédactions individuelles et particulières, mais qui, bientôt, reçurent une certaine autorité par la sanction des pouvoirs locaux qui en appréciaient l'utilité (1).

(1) « Les plus anciennes coutumes paraissent être celles de la Réole, dans le territoire Bordelais, de l'an 977, sous le titre *Consuetudines et jura monasterii Regulæ*. Les usages de Barcelone furent rédigés, en 1064, par ordre du comte Raymond Béranger, Guillaume le Conquérant fit écrire, après 1066, celle des Anglo-Normands pour son nouveau royaume, sous le titre *Loys et Coutumes du roy Guillaume*. Il faut citer aussi les chartes d'affranchissement des communes, celle de Cambrai, 1076, celle d'Amiens, 1084, celle de Laon, celle de Vervins qui contiennent des articles fixant les usages ou coutumes ». LA FERRIÈRE, *Essai sur l'histoire du Droit Français*. Paris, 1859, in-12 (t. I, p. 58).

Tel fut également le caractère des premiers monuments législatifs où commence à se reconnaître l'empreinte des pouvoirs politiques : les *Assises de Jérusalem*, les *Établissements* de saint Louis, les *Coutumes du Beauvoisis*, de Beaumanoir, le *Grand Coutumier* dit de Charles VI et la *Somme rurale* de Boutillier. Tous ces recueils sont dictés par l'usage. La puissance législative du prince y est réduite à sa plus simple expression. Le plus souvent, ce n'est qu'un nom qui orne le frontispice du livre et qui inspire confiance dans les décisions qu'il contient.

C'est qu'en effet, jusqu'au quatorzième siècle, au moins, cette autorité législative était bien peu de chose. Si l'on examine attentivement les actes rendus sous les Capétiens antérieurs à Philippe le Bel et que les compilateurs ont appelés *ordonnances*, on s'aperçoit que cette qualification ne leur convient guère : ce sont de simples actes de règlement ou des dispositions prises en vue de cas particuliers; ce ne sont pas des mesures d'ensemble définissant les relations permanentes des personnes et des intérêts. Beaumanoir est d'avis de ne reconnaître force légale aux *établissements* royaux qu'à la condition qu'ils ne soient pas en contradiction avec les anciennes coutumes: « qu'il ne griève pas as cozes qui sont fêtes du tans passé, ne as cozes qui avienent dusqu'à tant que li establissement sont commandé à tenir ». Boutillier lui-même, quoiqu'écrivant beaucoup plus tard, ne reconnaît au prince le droit de faire des « établissements » qu'en temps de guerre et de famine, parce qu'alors, dit-il, « nécessité excuse (1). »

Cependant le roi avait, comme duc de France, une certaine autorité de réglementation sur ses domaines. Comme suzerain, il pouvait aussi prendre, de l'avis de ses barons, des décisions que ceux-ci s'engageaient à appliquer dans leurs fiefs. Ce furent là les premières ordonnances (2). Elles sont, le plus souvent, contresignées par les grands feudataires et reçoivent ainsi une sorte

---

(1) Voir *Livre de Jostice et de Plet*, l'Introduction et notamment, p. xxviiii. — Ces principes découlaient de la tradition germanique. Voir les textes réunis par Viollet (*op. cit.*, p. 283) et notamment le serment de Louis le Bègue : « Polliceor me servaturum leges et statuta populi. »

(2) Flammermont, *De concessu legis et auxilii tertio decimo sæculo*, 1883, in-8° (p. 11).

d'exequatur pour les parties du territoire qui ne sont pas placées sous l'obédience directe du roi. C'est sous Philippe le Bel que cette mention disparaît (1). Mais, à partir de cette époque, la plupart des grandes ordonnances sont promulguées à la demande et d'après les cahiers des États généraux. Les trois ordres, représentant l'assemblée de tous les seigneurs du royaume cautionnent, en quelque sorte, la volonté royale, selon les termes de la règle traditionnelle en France : « lex fit consensu populi et constitutione regis. »

Cette collaboration du peuple et du pouvoir pour l'édiction de la loi, soit sous forme de coutumes, soit sous forme d'ordonnances, est de règle dans notre histoire, et c'est toujours le peuple ou ses représentants qui jouent le rôle le plus important. La royauté, il est vrai, fit de grands efforts pour s'emparer du pouvoir absolu en matière législative. Dans les ordonnances, il n'est question que « de pleine et entière puissance », de « science certaine », « d'entière autorité ». Il se fonda, de bonne heure, une école qui se donna pour tâche de développer les principes et de réaliser les ambitions contenues dans ces formules. Ce sont les *légistes*. A la fois hommes de science et hommes de pratique, ils empruntèrent au droit romain le type de hiérarchie et de discipline qui avait produit, dans la famille, la puissance paternelle et, dans la société, le despotisme impérial.

Venus du midi, élèves des universités italiennes, ils gagnèrent le nord par des étapes successives qui sont Montpellier, Toulouse, Poitiers et Bourges. Ils apprirent aux feudistes français les doctrines méridionales et c'est à leur exemple que les jurisconsultes d'Orléans, restés fidèles à la langue populaire, traduisirent l'axiome latin : « quod principi placuit ita lex esto », par le dicton français : « Si veut le roi, si veut la loi (2) ».

---

(1) FLAMMERMONT cite un fait qui marque bien la différence des deux régimes, sous saint Louis et sous Philippe le Bel : « Anno MCCLX, dit-il, Ludovicus sanctus de duellis insigne stabilimentum edidit ; quum autem a baronibus non concessum fuisset, sola in terra regis, valuit moxque obsolevit. Anno autem MCCCIV, Philippus IV, auctoritate regia, per totum regnum duella prohibuit (p. 21).

(2) Voir, sur tous ces points, l'introduction au *Livre de Jostice et de Plet :* notamment (p. xxxi) un curieux passage d'un auteur français du quatorzième siècle qui déplore que l'enseignement du droit romain eût lieu en français à l'Université d'Orléans.

Ils entourèrent la royauté, et c'est par leurs conseils que celle-ci s'engagea dans la politique des ordonnances, persuadée que puisqu'elle avait le pouvoir d'édicter la loi, elle avait aussi l'autorité nécessaire pour la faire appliquer. Mais les jurisconsultes royaux se trompaient. Le roi trouvait, sans presque s'en apercevoir, une résistance invincible dans l'inertie des peuples. Les ordonnances n'étaient pas discutées; mais elles étaient le plus souvent éludées (1). Dans les lois, il se faisait une sorte de départ entre ce qui choquait les sujets du royaume et ce qui était à leur convenance. Les nouveautés, parfois les plus raisonnables, passaient rapidement à l'état de lettre morte. Même ceux des actes législatifs qui avaient été rendus après une assemblée d'États et sur les cahiers des trois ordres, même ces actes solennels ne faisaient qu'effleurer, si je puis dire, le bloc des usages et des coutumes antérieures et il était passé en proverbe de dire de ces ordonnances : « après trois jours, non valables (2) ».

Ce dédain, en quelque sorte instinctif, des peuples pour la nouvelle loi écrite, explique le nombre infini d'actes législatifs, soit confirmatifs, soit contradictoires, qui encombrent le répertoire de l'ancienne jurisprudence française et qui forme « cet abîme judiciaire » dont parlait Richelieu. Il est pavé des bonnes intentions de la royauté. Les légistes, affairés et toujours à l'œuvre, brassaient sans cesse de nouvelles lois qu'ils croyaient bien supérieures à celles que leurs aînés avaient confectionnées avec un zèle non moindre. Mais ces produits hâtifs d'une sagesse à courte vue et d'une logique à courte portée, se heurtaient à l'indifférence générale et allaient bientôt emplir le charnier des lois mortnées.

Le roi, maître en théorie, voyait, dans la pratique, son autorité de réglementation se borner aux actes nécessités par les besoins de la politique journalière et le mot de Beaumanoir restait toujours vrai : « On doit savoir que si le roi fet aucun établissement novel,

---

(1) « L'on dit, aux pays étrangers, qu'en ce royaume, nous avons les plus belles lois et ordonnances du monde, mais qu'elles sont très mal observées. » *Var. hist. et litt* (t. II, p. 283).

(2) Voir ci-dessus (p. 380).

qu'il ne griève pas as coses qui sont fetes du tans passé. » Le droit royal reste donc, de toutes parts, borné par la coutume.

C'est qu'en effet, la royauté, en matière législative comme en matière politique, était liée par des engagements solennels. La plupart des provinces, au moment où elles avaient consenti à faire partie du royaume, avaient réclamé et imposé, comme première condition de leur adhésion, le respect de leurs lois particulières, « de leurs privilèges, libertés et coutumes ». Le roi avait donné sa foi; il n'était plus libre. N'aurait-il pas eu à lutter contre les mœurs qu'il n'eût pu, sans déloyauté, rompre le pacte qu'on prenait soin, d'ailleurs, de faire renouveler à chaque changement de règne.

La royauté comprit, de bonne heure, son impuissance; ou plutôt, par une heureuse prudence, elle ne tenta pas de s'arracher prématurément au cercle dans lequel les traditions, les mœurs, ses propres engagements l'avaient enfermée; elle se décida à couvrir de son autorité ce qu'elle ne pouvait ni remplacer, ni détruire. Elle prit l'initiative de la rédaction officielle des coutumes.

Charles VII, par l'ordonnance d'avril 1453, décida que « les coutumes, usages et styles de tout le royaume seraient rédigés et mis en écrit, *tels qu'ils seroient accordés par les coutumiers, praticiens et gens de chacun estat desdits pays du royaume* ». Ces expressions sont significatives. Le roi se contente de recueillir, de la bouche du peuple, la loi qu'il s'agit d'écrire (1). Il ne parle pas; il écoute. C'est la vieille « enquête par turbe » qui reparaît, entourée, il est vrai, de garanties qui vont donner, cette fois, à l'usage constaté, une autorité qu'on n'avait pu lui attribuer dans les temps antérieurs.

Le procédé employé pour colliger les coutumes est non moins caractéristique que les expressions dont se sert l'ordonnance. Le roi désignait, d'ordinaire, deux ou plusieurs membres du parlement, personnages d'autorité et de doctrine, un Christophe de Thou, un

(1) TH. DE BÈZE ne dit pas qu'on *rédigea* les coutumes, mais uniquement qu'on les *homologua*. « Le président Lizet qui s'étoit lors trouvé à Bourges avec Pierre Mathé pour « émologuer » les coutumes. » *Histoire des églises réformées* (t. I, p. 34).

Barthélémy Faye, un Jacques Viole et leur donnait l'ordre de se rendre dans les principales villes des provinces. « En chacune des dites villes, ils doivent convoquer et assembler les gens des trois États de chacune des dites provinces, lesquels à ce faire seront contraints...; en présence et du consentement desquels États vous enjoignons de nouvel rédiger et accorder, si besoin est même corriger et abroger lesdites coutumes ou partie d'icelles... pour lesdites coutumes ainsi rédigées, accordées, modérées et corrigées comme dit est, être publiées et enregistrées ès greffes des principaux sièges desdites provinces et dorénavant gardées et observées comme loy et édit perpétuels et irrévocables. »

Ces hommes convoquaient effectivement les gens des trois États, et alors avait lieu une assemblée tumultueuse où figuraient, pour le clergé, les évêques, les abbés, les représentants de toutes les institutions ecclésiastiques, grand nombre de curés, prieurs, chapelains, etc.; pour la noblesse, tous les seigneurs et détenteurs de fiefs, par eux-mêmes ou par leurs représentants; pour le Tiers, les officiers du roi et les praticiens, en outre les maires, échevins et représentants de chacune des villes de la province. Dans cette assemblée, composée souvent de près de mille personnes, les commissaires royaux prenaient la parole; ils rappelaient l'objet pour lequel on était réuni. Ils faisaient prêter par tous le serment accoutumé : « à savoir qu'en leurs loyautés et consciences, les assistants rapporteraient ce qu'ils avaient vu garder et observer des coutumes anciennes du pays et ce qu'ils en sauraient... ayant seulement égard au bien public, nous disant aussi leurs avis et opinions de ce qu'ils trouveront dur, rigoureux et déraisonnable des coutumes anciennes ci-devant par eux observé pour, comme tel, être, par nous tempéré, modéré, corrigé ou du tout tollu et abrogé ».

Les commissaires avaient pris soin de réunir, par avance, tous les documents écrits pouvant les renseigner sur les usages locaux. Ils donnaient lecture de quelque coutumier antérieur faisant déjà autorité devant les tribunaux. Au fur et à mesure que les articles défilaient dans leur ordre ancien, le plus souvent confus et illogique, les intéressés se levaient, les hommes d'expérience présentaient leurs observations; des discussions s'engageaient; des réclamations parfois très vives se produisaient. On s'efforçait de faire entendre raison à tout le monde et d'amener l'accord. Si, cependant, les réclamants s'obstinaient, on donnait acte de leur opposition, et on passait outre. Ils restaient libres de se pourvoir devant les tribunaux et de faire valoir leur droit contre celui qu'adoptaient les autres membres de l'assemblée. Le procès-verbal rédigé, lentement, péniblement, au milieu des interruptions continuelles, était enfin clos et authentiqué par les commissaires royaux. Les articles, apportés au Parlement, étaient enregistrés au greffe; à partir de ce moment, ils faisaient foi comme coutume d'une des provinces du royaume (1).

La loi était ainsi constituée par la volonté nettement exprimée et débattue de tous les sujets du royaume ou de leurs représentants; le roi, malgré l'ampleur des préambules, n'intervenait que pour l'homologuer et la ratifier. Sous cette nouvelle forme, plus authentique et plus solennelle, elle reste toujours loi particulière. Chaque province, chaque canton avait ses usages propres. Nombre de ces coutumes n'ont pas été rédigées; elles n'en gardaient pas moins toute leur autorité aux yeux de ceux qui les suivaient. Dans la rédaction des plus importantes, les usages particuliers avaient été expressément réservés. Malgré l'effort accompli, le droit coutumier conservait donc son aspect hérissé et complexe. On cherchait en vain à confondre, dans un courant unique, ces sources diverses qui, tout en suivant des voies souvent parallèles, refusaient de mêler leurs eaux.

Dans ces conditions, le travail de compilation des coutumes était très ardu; on comprend qu'il ait pris plusieurs siècles. Décidé sous Charles VII, poursuivi, avec une certaine ardeur, au début du seizième siècle et notamment sous le règne de Louis XII, interrompu par les troubles civils, il ne fut achevé que sous Henri IV. Les coutumiers colligés par les commissaires royaux gar-

---

(1) Voir, notamment, le procès-verbal de rédaction de la coutume du Poitou dans BOUCHEUL.

dent la trace des circonstances dans lesquelles ils ont été rédigés. Le désordre y règne ; des lacunes capitales y subsistent ; l'esprit qui les a dictés est souvent rétrograde et s'inspire trop visiblement de la conception étroite des intérêts particuliers et de la vieille tradition féodale. Mais, sortie spontanément du sol, la nouvelle loi a quelque chose d'abondant, de vigoureux et de pratique qui livre une ample matière au travail de sélection qu'accompliront les âges futurs. Cette végétation luxuriante commence, d'ailleurs, à se régler. Le nombre excessif des lois antérieures est réduit et l'école des jurisconsultes royaux va s'employer à émonder et à purifier le recueil, si vaste encore, des coutumes rédigées. Il n'y a plus en France qu'environ deux cents législations différentes, et c'est là un grand progrès (1).

L'initiative prise par la royauté était aussi habile qu'utile. Une de ces heureuses transactions chères à sa politique lui donnait, au point de vue législatif, les apparences d'une autorité dont la réalité lui échappait encore. Le roi promulguait des lois nouvelles ; il pouvait affirmer et ses légistes soutenaient, sans hésiter, qu'il en était l'unique auteur. Ils se complaisaient dans la formule que nous trouvons répétée à satiété dans leurs ouvrages que « le roi est fontaine et mer de tout droit. »

Un examen plus attentif des faits leur eût appris, tout au contraire, qu'au début du dix-septième siècle il n'y avait pas, à proprement parler, en France, de droit royal. Le droit romain occupait plus d'un tiers du pays ; le droit canon réglait toutes les matières ecclésiastiques et les matières connexes ; le droit coutumier ou, pour parler plus exactement, les droits particuliers des diverses provinces, cantons et localités, dominaient le reste du royaume. Certaines régions n'avaient pas de droit du tout ; elles

(1) On comptait encore, au dix-huitième siècle, cinquante-deux coutumes générales, se partageant la France coutumière proprement dite. Dans les pays de droit écrit, il y avait aussi des coutumes qui dérogeaient au droit romain. BEAUNE cite plus de cent coutumes ou usages particuliers. (*Op. cit.*, p. 448-471). — Le recueil de Coutumes le plus complet est celui de RICHEBOURG publié au dix-huitième siècle, 4 vol. in-f°. — Voir encore le tableau de toutes les coutumes dans l'*Histoire du droit*, de LA FERRIÈRE (t. VI, appendices I et II)

empruntaient, selon les circonstances, telle ou telle partie des coutumes voisines; d'autres hésitaient entre deux coutumes, et y recouraient concurremment (1). Partout, d'ailleurs, il fallait faire la distinction entre le droit noble et le droit roturier (2).

Dans cette confusion, on chercherait en vain un principe dirigeant. La grande école de jurisconsultes qui fleurit à la fin du seizième et au début du dix-septième siècles, reprend la tâche qui avait déjà fatigué l'effort des légistes; ils poursuivent l'idéal de l'unité législative. Ils appliquent à cette recherche une ampleur de vues, une ardeur, une autorité sans égales. Les plus grands s'efforcent d'élever l'édifice d'un droit national ou, du moins, d'en jeter les bases. Mais aucun n'y réussit et la divergence de leurs doctrines prouve que la vue claire des choses leur échappe encore (3).

Certains d'entre eux, frappés par la grandeur des lois romaines et par l'autorité de la raison écrite, voudraient faire refluer vers ce passé illustre, les hésitations des âges modernes. Tout le fatras des coutumes n'est, à leurs yeux, qu'une dégradation méprisable des doctrines découvertes et appliquées par la sagesse antique. Ils traitent le droit coutumier de barbare et de *haineux*. Ils proposent qu'en l'absence d'usages particuliers, on recoure toujours au droit romain, considéré comme le droit normal et naturel et ils entreprennent des travaux immenses destinés à préparer toute la réforme des lois par l'adaptation des textes anciens aux idées et aux aspirations nouvelles (4).

Il y avait, par contre, un parti national qui protestait vivement

---

(1) Sur les *mées*, *marches communes* qui sont, au fond, pays sans loi, voir BOUCHEUL sur la Coutume du Poitou (t. I, p. xxix). — Sur les coutumes particulières, féodales, seigneuriales, sur les coutumes de famille, voir le même auteur, *ibid*.

(2) En ce qui concerne le régime des terres, la distinction entre les deux droits est savamment expliquée par DONIOL, *Classes agricoles*. Pour le contrat de mariage et les dispositions contractuelles entre époux, v. ISAMBERT (t. I, p. 250, note) et MONTESQUIEU, XXXI, 34. Pour les successions, BEAUNE (p. 403).

(3) Sur cette importante question de l'unité législative, il y a une bonne étude en tête de l'ouvrage de BEAUNE déjà cité, *Introduction au droit Coutumier*.

(4) Les chefs les plus illustres de l'École romaine sont ALCIAT. le « Grand » CUJAS, P. PITHOU, DONEAU, etc.

contre cette éternelle sujétion vis-à-vis de Rome. Il rejetait le droit romain comme le reste d'un joug depuis longtemps détesté. Il soutenait que tout ce qu'il y a de bon dans la législation antique était aussi dans les coutumes et qu'il fallait s'en tenir au droit autochtone. Pour ce parti, l'objet de la science juridique était le rapprochement et la féconde interprétation des coutumes. Il les complétait l'une par l'autre. En cas de lacune trop évidente, il pensait que la coutume de Paris, c'est-à-dire de la capitale, devait être imposée aux provinces et, poursuivant jusqu'au bout sa campagne très fortement nationale et centralisatrice, il affirmait que le droit romain lui-même ne devait être consulté que comme une coutume, à défaut d'un droit coutumier quelconque pouvant s'appliquer au litige débattu (1).

D'autres enfin, préludant de loin à l'œuvre de la Révolution, contemplaient avec dégoût le chaos des législations antérieures, et se demandaient si la raison pouvait réellement se satisfaire de cette effroyable incohérence. Leur esprit concevait l'idéal d'un droit supérieur et d'un ordre social meilleur se reflétant dans un appareil législatif heureusement combiné. Ils pensaient que le cerveau de l'homme peut tirer de l'expérience des siècles, une œuvre nouvelle, un code, qui fût, non comme celui de Justinien, une compilation de décisions particulières, mais la réalisation d'une conception rationnelle dosant avec équité les droits du citoyen et ceux de la société. L'un des plus grands, parmi les jurisconsultes français, Domat s'efforçait de rétablir « les lois dans leur ordre naturel » (2). Il créait un puissant mo-

---

(1) Les feudistes les plus célèbres sont Papon, Tiraqueau, Charondas, Dumoulin, Guy Coquille, René Chopin, Loysel, Loyseau, d'Argentré, etc. Dans son livre sur la *Souveraineté du roi*, le Président Le Bret rappelle que « Philippe le Bel, en érigeant le Parlement de Paris, fit défenses très expresses qu'on ne donnât aucune force aux lois romaines, ni aux constitutions des empereurs, permettant de s'en servir, non comme des lois, mais comme de « raison écrite »... Les rois d'Espagne firent de même afin d'ôter l'impression que l'on faisait répandre que ces princes dépendaient de l'Empire » (p. 22). Sur l'autorité que les feudistes s'efforçaient d'attribuer à la coutume de Paris, il y a un passage intéressant, dans Boucheul, sur la coutume du Poitou (t. I, p. xxiv). Il faut voir aussi le douzième plaidoyer de Lemaistre, et de La Ferrière, sur la coutume de Paris, préface, n° 75.

(2) C'est le titre d'un de ses ouvrages.

dèle de logique qui ouvrait la voie aux tentatives plus pratiques des Pussort et des d'Aguesseau.

Tous ces efforts sont honorables. Ils devaient produire leurs résultats dans l'avenir. Mais, jusqu'à la fin de l'ancien régime, ils se heurtèrent à l'autorité des coutumes et aux engagements pris par la Royauté. La province, avec ses traditions fortes, sa crainte des nouveautés, son esprit trop souvent mesquin, s'opposa aux tentatives faites pour unifier les lois françaises. Les tribunaux, les hommes de loi, les plaideurs eux-mêmes se plaisaient dans ce labyrinthe des législations locales qui ouvrait aux subtilités de la chicane, des régions toujours inexplorées. Si le bon sens, la raison, la justice reprenaient leurs droits, quand les hommes étaient arrachés à leurs préoccupations journalières ou quand ils étaient placés assez haut pour voir mieux et plus loin, le poids des préjugés particuliers accablait bientôt les volontés les plus fermes et les esprits les plus éclairés.

Au début du dix-septième siècle, la France était encore bien éloignée de cet idéal qu'elle poursuivait depuis si longtemps. La rédaction des Coutumes venait seulement de s'achever. Les efforts des grands jurisconsultes du seizième siècle restaient à peu près stériles. La monarchie française n'a pas eu de droit propre. Liée indissolublement au passé, elle n'a pu établir, en matière de législation, un système unique dont l'effet eût été nécessairement de détruire les privilèges des provinces et les privilèges des classes.

Les coutumes subsistèrent intactes jusqu'à la Révolution. A l'Assemblée constituante, la vieille Normandie, féconde en procès, se plaignit vivement par l'organe de son député, Achard de Bonvouloir, de la prétention qu'affichait la majorité de ne tenir aucun compte des législations particulières et des engagements pris par la Royauté, au moment de la réunion des provinces à la couronne. Dans la séance du 11 mars 1791, ce député s'éleva avec énergie contre l'égalité proposée dans les partages de succession, déclarant que le projet du comité tendait à détruire les coutumes de la ci-devant province de Normandie et « *que la majorité des ci-devant Normands entendait conserver sa coutume* ». Vers la fin de la session, il protesta, de nouveau, contre l'abolition des prérogatives et des coutumes de Normandie « et se prononça pour une variété de lois et de règlements en rapport avec les mœurs et les habitudes particulières de chaque province (1) ».

Ces paroles furent les dernières que prononça l'autonomie législative expirante. Sur les ruines du privilège, la nation unifiée allait élever cet édifice de l'unité législative auquel, pendant des siècles, la Royauté avait inutilement travaillé.

(1) Voir *Dictionnaire des parlementaires français*, par ROBERT ET COUGNY, au mot ACHARD DE BONVOULOIR.

# CHAPITRE TROISIEME.

### I. L'ORDRE SOCIAL. — LES CLASSES.

D'après la division ordinaire, la société française, sous l'ancien régime, se composait de trois classes : le clergé, la noblesse et le tiers état. Cette division, fondée sur des traditions et des considérations de fait d'une grande valeur, n'est pas cependant d'une exactitude absolue.

Il est facile d'observer, en effet, que le clergé n'est pas, à proprement parler, une *classe*, puisqu'il emprunte ses éléments à la noblesse et au Tiers; sa raison d'être, les lois de son existence, ses aspirations, ne sont pas exclusivement nationales; son histoire ne peut se distinguer tout à fait de celle de l'Église catholique; elle subit des influences et tient compte de considérations extérieures. Pour toutes ces raisons, je me réserve d'examiner à part la situation du clergé; j'en rattacherai l'étude à celle de la Réforme et aux modifications apportées à l'organisation religieuse de l'Europe, en général, et de la France, en particulier, par les troubles qui marquèrent la fin du seizième siècle.

Restent les deux ordres laïques, la noblesse et le tiers état, auxquels on peut donner le nom de *classes*. Il convient d'observer, toutefois, qu'au dix-septième siècle, il en existait une autre, née du peuple, mais qui s'était assurée certains des avantages réservés à la noblesse; elle faisait ainsi partie des classes privilégiées : c'est la bourgeoisie de robe. Le rôle qu'elle a joué dans notre histoire mérite une étude spéciale. Quant au reste du tiers état, il se divise naturellement en habitants des villes et habitants des campagnes, et c'est en suivant cet ordre que j'achèverai le tableau de la société française en 1614 (1).

### Les classes privilégiées : La Noblesse.

L'existence de la classe des nobles pose la question de savoir ce qu'il restait de féodalité dans les mœurs, en l'année 1614. Les nobles ont pour ancêtres les seigneurs souverains, grands ou petits, qui se partageaient le sol de la France, dans les premiers temps du Moyen âge. Barons, vassaux ou arrière-vassaux, ces ancêtres avaient, à l'origine, un droit propre qui limitait le droit du suzerain et qu'ils pouvaient lui opposer. Dès qu'ils avaient rempli les conditions du pacte féodal, ils étaient libres ; ils fermaient la porte de leur château et refusaient l'entrée de leurs domaines à tout le monde, fût-ce au roi. On ne pouvait exiger d'eux et de leurs hommes que ce qui était déterminé par le contrat ou par la coutume. Ils étaient des seigneurs, des *sires*, comme disait orgueilleusement le châtelain de Coucy. Leurs fils n'ont, par conséquent, rien de commun avec le reste de la nation qui descend des sujets, des vilains, des manants, c'est-à-dire de gens qui, à aucune époque, n'ont eu, eux ou leurs ascendants, aucune part à la souveraineté (2).

Ces autorités seigneuriales, si nombreuses au Moyen âge, ont à peu près disparu au dix-septième siècle. Nous avons suivi les progrès de la campagne engagée contre elles par la royauté. Nous avons dit la conquête du territoire et nous avons rappelé

---

(1) L'auteur de la *Monarchie de France* (I<sup>re</sup> partie, ch. xvii) met à part l'ordre ecclésiastique et compte trois *états* dans la population, savoir la noblesse, le peuple moyen et le peuple menu. C'est à peu près cet ordre que nous suivons.

(2) Peut-être faut-il rappeler qu'il y eut, au Moyen âge, des seigneuries laïques qui n'étaient pas exclusivement représentées par des nobles ; ainsi les villes à chartes. Mais leurs magistrats n'étaient que des dépositaires de l'autorité seigneuriale appartenant à la commune. Il est, d'ailleurs, intéressant de remarquer que le simple fait d'avoir touché de si près à la seigneurie avait élevé à la noblesse la plupart des anciennes familles municipales. (V. ci-dessus, p. 415.)

la série des transactions par lesquelles le droit du roi tendit à se substituer partout au droit des seigneurs. Cette campagne n'est pas terminée, au moment où Richelieu arrive au pouvoir; mais, incontestablement, il se conforme à la tradition monarchique, en y mettant la dernière main.

Si les résistances politiques s'affaiblissent, si les États rivaux de l'État disparaissent, si les vieilles institutions libérales périclitent, par contre, les conditions de la vie sociale, les relations entre les personnes, les rapports de la fortune et de la propriété présentent toujours des différences et des distinctions qui, bien loin de s'atténuer, ont plutôt une certaine tendance à s'affirmer, à se légitimer. La royauté les reconnaît et les consacre. Pour combler les fossés qui découpent la France en une multitude de dominations politiques, elle creuse ceux qui la divisent en classes rivales les unes des autres. Elle accable les nobles de ses faveurs; mais à une condition, c'est que son autorité ne soit plus discutée. Sa politique est douce ou violente, selon que leur ordre se montre docile ou indépendant; le plus souvent, elle revêt simultanément ces deux caractères, car la noblesse est hésitante et de conduite ambiguë; elle ne sait ni ce qu'elle est, ni ce qu'elle veut, ni où elle va. Composée de deux parties qui ne s'entendent pas sur leurs intérêts, elle se divise sur la politique à suivre à l'égard de la royauté. Tandis que la partie la plus élevée et la plus riche continue la lutte, la plus nombreuse et la plus pauvre a déjà fait sa soumission. Ces dissensions intestines donnent la clef de l'histoire de la noblesse et expliquent la victoire de la royauté

Même au Moyen âge, la classe des seigneurs n'avait pas formé un tout homogène, ayant des aspirations identiques et subissant une direction unique. En tout temps, on avait distingué entre le grand feudataire et les simples seigneurs, vassaux ou arrière-vassaux. Les premiers sont des espèces de rois. Les seconds s'empressent auprès d'eux, leur servent de pages, tiennent la coupe ou l'étrier. Cette distinction est encore très marquée, au début du dix-septième siècle, et les *Grands* ne se confondent en rien avec les simples gentilshommes.

Les Grands représentent la tradition. Riches et puissants, ils gardent les mœurs de l'ancienne indépendance; seuls, ils tiennent tête aux rois.

De quels éléments se compose cette haute aristocratie, peu nombreuse, mais encore si redoutable? Au premier rang, les princes de la famille royale. On n'a pas écrit l'histoire des branches cadettes et on n'a pas dégagé cette loi du système héréditaire qui fait, infailliblement, des proches parents des rois, leurs adversaires constants. C'est pourtant là un des plus graves inconvénients de ce régime. En France, la haute féodalité d'apanages, issue de sang royal, avait mis en péril, pendant deux siècles, l'unité du royaume. Durant les guerres de religion, les princes du sang avaient adapté aux circonstances et aux passions nouvelles les calculs de leurs ambitions. Par une succession de hasards heureux, Henri IV, chef d'une branche cadette, était monté sur le trône. Mais, de son vivant, il avait vu l'opposition se grouper autour de son plus proche parent, le prince Henri de Condé. Louis XIII ne devait pas connaître de rival plus redoutable que son propre frère, Gaston d'Orléans; entouré de la plupart des autres membres de la famille royale, ce prince allait, à diverses reprises, fomenter des troubles d'autant plus déplorables qu'ils divisaient la France au moment où elle était engagée à fond dans sa lutte contre la maison d'Espagne. Telle est l'histoire des branches cadettes jusqu'à Louis XIII. Le concours que les princes du sang prêtaient toujours au parti des Grands fournissait à celui-ci des chefs, et couvrait leur rébellion d'une apparente légitimité. Selon le mot de Machiavel, ces princes ne commençaient à ménager le royaume, qu'au moment où ils se croyaient sur le point d'en devenir les maîtres.

La royauté comptait encore, parmi ses familiers les plus assidus et parmi ses plus dangereux adversaires, d'autres seigneurs dont la situation présentait quelque analogie avec celle des anciens grands vassaux de la couronne : c'étaient les « princes étrangers ». Ils appartenaient à des familles régnant sur de petits États qui évoluaient dans l'orbite de la France, mais qui avaient conservé leur autonomie politique. Tels étaient les princes de la maison de Lorraine. Leur fortune avait tenu en échec celle de la maison de Valois.

Les Guise avaient appris à leurs fils et à leurs neveux comment on soulève les passions d'un peuple et comment on les précipite contre l'autorité légitime du prince. Les Bouillon, les Nevers, les Grimaldi et d'autres, moins illustres, étaient dans une situation analogue; sujets du roi quand il s'agissait d'obtenir ses bonnes grâces, princes souverains et indépendants, s'il était question de lui résister. Il fallait des années encore pour que ces principautés, essaimées autour du royaume, fussent réunies à la couronne et pour que leurs maîtres se rangeassent sous l'obéissance directe du roi (1).

Nous avons eu l'occasion déjà de signaler la grande situation faite aux gouverneurs des provinces. Nous avons dit comment la Royauté, obligée de compter avec des personnages influents, avec les descendants des grandes familles locales, avait dû confier le gouvernement des provinces et des villes à des personnes de fidélité douteuse, cherchant à se perpétuer, eux et leurs héritiers, dans les grands emplois. On voyait un Montmorency, un Lesdiguières, un La Force, jouer aux vice-rois, se rire des ordonnances royales qui limitaient à trois ans la durée des fonctions de gouverneur, et enfin, si on les pressait trop, se jeter dans la révolte.

Et cette pente était si naturelle qu'elle entraînait ceux mêmes qui, en raison de leurs origines, auraient dû rester particulièrement attachés au service de la royauté, c'est-à-dire les favoris et les ministres du roi. A peine la fortune avait-elle souri à ces « champignons poussés en une nuit » qu'ils devenaient à leur tour dangereux. Au temps de la prospérité, ils ne songeaient qu'à s'assurer une opulente retraite. Si le prince se détachait d'eux, ou s'il venait à mourir, ils prenaient place parmi les ennemis du ré-

---

(1) Voir une page très vive de Fontenay-Mareuil contre les princes étrangers qui « parlaient allemand en français ». Il dit notamment, à propos de la famille de Lorraine : « Comme si la France et les François étaient quelque chose de moindre que tous les autres pays et tous les autres hommes du monde, on souffre que, prenant toute leur grandeur de leur origine, ils mettent sous les pieds les plus grandes dignités et les plus grandes maisons du royaume,... ce qui n'étant pas moins honteux pour les rois que pour les particuliers, produit aussi fort souvent de dangereux effets,... d'où ont procédé de si fréquentes révoltes et aida autant que toute autre chose à faire la Ligue. » Il faut lire tout le passage. (*Mémoires*, p. 25-26.)

gime nouveau; un d'Epernon, un Biron, un Sully, combattaient, dans les provinces, l'influence de ce pouvoir royal qui les avait tirés du néant.

Ainsi se composait ce que l'on appelait au dix-septième siècle le parti des *Grands*. Fils ou parents des rois, héritiers des grandes familles, gouverneurs, favoris, il comptait, en somme, tout ce qui était assez puissant ou assez riche pour tenir une province, lever des troupes, munir une forteresse à l'épreuve du canon.

Quand les Grands étaient unis, il fallait compter avec eux. Cependant ils n'avaient plus guère d'autorité que celle qui, directement ou indirectement, émanait de la puissance royale. L'heure était bien passée des puissantes dominations féodales. La haute aristocratie n'avait plus à sa disposition la hiérarchie disciplinée des vassaux et des arrière-vassaux. Elle pouvait encore, accidentellement, escompter l'avidité des soldats de fortune et des coureurs d'aventure. Mais, par comparaison, le service du roi paraissait autrement avantageux. Plus de principauté héréditaire, plus de fidélité héréditaire; tout le système du Moyen âge était rompu.

La royauté avait fort habilement profité de la ruine des vieilles traditions pour mettre la main sur la petite et la moyenne noblesse. C'est ce qu'il faut essayer d'expliquer maintenant.

70,000 fiefs, dit-on, existaient alors dans le royaume. Sur ceux qui formaient un domaine, s'élevait un château ancien, avec ses murailles, ses tours d'ardoises, son donjon, ou du moins son pigeonnier. Les créneaux étaient réparés; les fossés étaient entretenus; le pont-levis tendait ses chaînes. A l'intérieur, on conservait, rangés dans les « salles d'armes », des arquebuses, des mousquets, des cuirasses, qui n'avaient pas perdu tout usage et qui avaient servi, récemment, pendant les guerres de religion (1). La paix avait quelque chose de belliqueux et entretenait tout l'attirail de la guerre. La noblesse française

---

(1) Sur le port d'armes des nobles au XVI° et au XVII° siècle, voir *Bibl. de l'École des Chartes*, 1890 (6° livraison, nov. déc., p. 706). Voir aussi l'étude de Babeau dans *Revue historique*.

gardait ce caractère rural et rude qui la rattachait à ses premières origines. Les Italiens le remarquaient tous : « Il gentiluomini francesi non sono come noi altri che abitino nelle città, ma per il più stanno fuori ai loro castelli, i quali sono così forti e ben fiancheggiati, che per una batteria da mano non vi è alcuno che non fosse sicuro. » Un autre dit : « ... tutta la nobiltà, quando non sta in corte che sono li tre quarti dell' anno, abita la campagna... » (1). Si le gentilhomme de province eût consenti à vivre, dans son domaine, du blé de ses champs, du vin de ses vignes, du gibier de ses garennes, du poisson de ses fossés et s'il se fût renfermé dans cette espèce d'isolement sauvage que le Tasse donnait comme un des traits caractéristiques de la noblesse française au XVI° siècle, peut-être n'eût-il goûté à aucune des joies de la civilisation renaissante ; du moins, il fût resté libre. Personne n'eût songé à traquer son indépendance dans les halliers où sonnait éperdûment le cor seigneurial. Mais tel n'est pas le caractère de la race. L'isolement lui pèse, la vanité le stimule, le monde l'attire. Notre gentilhomme s'ennuie au fond de ses bois taciturnes. Il veut vivre ; il veut « paroître ». D'ailleurs la faim chasse le loup du bois et la situation pécuniaire du gentilhomme français devient de plus en plus pénible.

La découverte de l'Amérique et l'abondance du métal précieux qui, de ses mines, se répandit sur l'Europe, provoqua, à partir du premier quart du XVI° siècle, une crise économique qui eut des répercussions infinies. Une de ses conséquences les plus directes, fut la diminution du prix de la terre et, par conséquent, l'appauvrissement de la classe qui la détenait (2).

---

(1) PIETRO DUODO, dans *Alberi* (t. XV, appendice, p. 102) ; — ANGELO BADOER dans *Barozzi* (t. I, p. 85) ; ANDREA GUSSONI et AGOSTINO NANI (*ibid.*, p. 454).

(2) Ce fait capital n'a pas échappé à l'attention perspicace des ambassadeurs vénitiens. PIETRO DUODO écrit, en 1598 : « L'ordine dé quali feudi è oggi anch' esso molto alterato da quella ben ordinata instituzione che da principio fu stabilita. Perchè venuti i feudatarj nel progresso de' tempi in necessità d' impegnare e di vendere li signorie, nè essendo altri che avessero denari nel regno che gl' ignobili e quelli del terzo stato, ottenne la nobiltà la permissione, che allora si chiano grazia, di poter devenire a queste alienazioni... » In maniera che per quista via, si va le nobiltà annichilando e gl' ignobili dilattando... » ALBERI (t. XV, p. 98). — Voir, à ce sujet, une page intéressante du vicomte D'AVENEL (t. II, p. 172).

Dans cette révolution, que reste-t-il au seigneur féodal de ce qui faisait autrefois son orgueil et sa force? La valeur de la propriété foncière est réduite, en raison de la baisse générale de l'or. Au moment où la cherté de tous les objets nécessaires à la vie augmente, ses revenus diminuent. Les vieilles rentes constituées jadis, à des taux maintenant dérisoires, ne lui laissent plus que l'apparence de la fortune. Beaucoup de titres, peu d'argent. En effet, en dehors des satisfactions d'honneur, que valent aujourd'hui ces droits nobiliaires tant vantés?

Nous ne parlons pas du droit de faire la guerre, de rançonner le marchand et de piller le manant : cela s'appelle du brigandage et relève de la juridiction de Messieurs des Grands-Jours. Quant à l'autre droit souverain, celui de battre monnaie, il a disparu également, et ceux des gentilshommes qui, trop attachés aux coutumes de leurs ancêtres, ont conservé un atelier dans les caves de leurs châteaux, ont toutes chances de finir leurs jours sur les galères du Roi (1).

Les justices seigneuriales, « haute, moyenne et basse », ces fameuses justices qui élèvent aux portes des châteaux les deux, quatre ou six potences des fourches patibulaires, nous avons dit ce qu'elles étaient devenues. Nominalement, le seigneur du fief a gardé le droit de constituer une cour et de tenir une assise, mais ces tribunaux, n'ayant qu'une compétence dérisoire, et devant soutenir partout la concurrence des magistrats du roi, ont fini par devenir onéreux et par embarrasser le juge plus encore que le justiciable.

Les droits pécuniaires, ceux qu'on a nommés les « droits utiles », n'étaient guère plus avantageux pour la petite noblesse. Si l'on en croit les titres qu'ils prennent dans les actes, les moindres de

(1) Le nombre des faux-monnayeurs et des rogneurs de pistoles était grand, sous le règne de Louis XIII. On en comptait jusque dans la plus haute noblesse et même dans la famille royale : « Le feu Roi ayant demandé au duc d'Angoulême ce qu'il gagnoit par an à faire de la fausse monnoie : Je ne sais, Sire, répondit-il, ce que c'est que tout cela. Mais je loue une chambre à Merlin, à Grosbois, dont il me donne quatre mille écus par an. Je ne m'informe pas de ce qu'il y fait. » TALLEMANT DES RÉAUX, *Historiettes* (I, p. 160). — Il y avait aussi des faux-monnayeurs parmi les magistrats. Le président Lalanne et trois conseillers du parlement de Bordeaux furent poursuivis à ce sujet et exécutés en effigie. Voir *Correspondance* de Richelieu (t. VI, p. 673 et la note de M. Avenel).

ces gentilshommes sont seigneurs, et, par conséquent, propriétaires de nombreux châteaux et domaines étendus. Quand on entre dans le détail des choses, on voit que les charges résultant de ces titres orgueilleux sont presque aussi lourdes que les bénéfices. C'est à peine si les recettes couvrent les frais de la perception.

Aussi, les seigneurs, — les seigneurs de la petite noblesse, du moins, — les laissaient tomber en désuétude (1).

En somme, le gentilhomme campagnard était pauvre, et au fur et à mesure que la richesse générale s'accroissait, que les tentations et le luxe devenaient plus provocants et plus onéreux (2), la petite et même la moyenne noblesse pouvaient, de moins en moins, suffire aux frais de la vie nouvelle. Réduite à l'inaction par son inaptitude aux arts de la paix, elle était acculée à la misère paresseuse et fière, la pire de toutes.

Le roi, qui vivait au milieu de ses gentilshommes, ne pouvait ignorer une telle détresse. La noblesse n'était bonne qu'à une chose : faire la guerre. Au moment où Charles VIII entreprenait l'expédition d'Italie, il cédait à la poussée de son entourage qui ne voyait dans cette campagne, mère de si grands désastres, que de beaux coups d'épée à donner et surtout de bons profits à faire. Les guerres d'Italie durèrent jusqu'au moment où les guerres de religion commencèrent. Au lendemain de la paix de Câteau-Cambrésis, quand les armées royales furent congédiées, il se fit un reflux des camps sur la ville. Les passions religieuses s'en aigrirent. Les nobles, à court d'argent et de butin, se sentirent pris, tout à coup, d'un zèle extrême pour le problème de la destinée. Catholiques ou protestants, leurs convictions tournèrent au fanatisme

---

(1) Voir *Indice des Droits royaux et seigneuriaux* (en 1620) par RAGNEAU.

(2) En général, on trouvait, en France, la vie beaucoup plus chère et les salaires beaucoup plus élevés qu'en Italie. V. Relation d'ANGELO BADOER, *Barozzi* (t. I, p. 86). Ce même ambassadeur dit (p. 99) que la noblesse (en 1598) ne trouvait à emprunter qu'à 30 %, et il explique parfaitement le grand phénomène économico-politique de son temps, l'appauvrissement de la noblesse par la moins-value de la terre : « C'est la misère de la noblesse, dit-il, qui a maintenu la couronne sur la tête du roi et dans la famille des Bourbons,... et c'est cette misère qui fait que la majeure partie de cette noblesse est maintenant près du Roi, n'ayant plus d'autres ressources. »

implacable, et le royaume paya, par trente ans d'intolérables souffrances, l'excès soudain de ces pieuses ardeurs (1).

Ajoutons que la vie des camps ou la vie de garnison développait, chez les gentilshommes soldats, des appétits et des besoins qu'aucune fortune foncière n'eût pu satisfaire, et considérons, à la lumière de ces faits, la situation de la partie la plus nombreuse et la plus turbulente du corps des nobles : les *cadets*.

Machiavel, alors qu'il écrivait ses *Ritratti di Francia*, n'avait remarqué que les avantages du régime successoral, spécial à la noblesse française, qui réservait le fief à l'aîné. « Les cadets, dit-il, étant à charge à leurs frères, s'adonnent tous au métier des armes, et ils s'efforcent d'arriver à un grade élevé..., ce qui fait que la gendarmerie française est sans égale, parce qu'elle est composée surtout de nobles et de fils de seigneurs qui rivalisent tous par l'ambition d'atteindre aux plus hauts emplois (2) ». A la fin de ce même XVIe siècle, un autre Italien non moins perspicace, le Vénitien Angelo Badoer, montre le revers de la médaille : « Les gens de qualité, dit-il, habitués par la licence des guerres civiles à piller leurs ennemis et à vivre largement, une fois licenciés par suite de la paix, sont rentrés chez eux avec ce qui pouvait leur rester de tant de profits illicites, malheureusement, le plus souvent, bien peu de chose. Aussi, la plus grande partie de la noblesse étant pauvre, en raison du droit de primogéniture, ils tombent dans une misère d'autant plus pénible que leurs appétits sont plus déréglés. On en voit qui assassinent non seulement leurs ennemis, mais leurs amis; d'autres ont tué leurs pères, leurs mères, leurs frères; d'autres machinent sans cesse quelque piège contre leurs seigneurs ou patrons; ils s'emparent d'une place forte pour la vendre à l'ennemi, ne songent qu'à troubler le royaume et vont même jusqu'à oser attenter à la vie du roi (3). »

Tant qu'ils habitent le château paternel, les nobles sont tenus à un certain respect. Cependant, les abus sont fréquents et les doléances du Tiers nombreuses : « Tantôt ils contraignent leurs

---

(1) Voir, sur tous ces points, la relation déjà citée d'Angelo Badoer (p. 87-88).
(2) Machiavel, *Ritratti di Francia*, éd. Milan, 1820 (t. IV, p. 178-179).
(3) Dans *Barozzi* (t. I, p. 88).

vassaux à signer des reconnaissances contraires à la vérité,... tantôt ils font prendre chez eux deniers, grains ou autres choses non dues ; à quoi les pauvres gens, de crainte d'avoir pis et d'être battus, outragés ou tués, n'osent résister, ni même en faire plainte, ce qui est une vraie tyrannie. » « Ils obligent, dit l'ordre du clergé, les paysans à bailler leurs filles en mariage à leurs serviteurs contre leurs volontés (1). »

Quand ils sont loin de leur pays d'origine, maîtres d'une place forte ou à la tête de quelques soldats, leur insolence ne connaît plus de bornes (2). A la suite des longues guerres, de bons soldats ou capitaines, dénués de ressources, s'étaient fait « bandouliers ». On disait que le fameux brigand Carrefour était noble. Il se faisait appeler baron de Milly. Ce qui est certain c'est que, durant les mouvements de la minorité, la duchesse de Nevers s'était adressée à lui pour équiper une troupe de soldats (3). « Hercule d'Argilemont commandait alors, pour le comte d'Estouteville Saint-Pol, dans les châteaux forts de Caumont en Agenais et de Fronsac en Bordelais. Il se faisait gloire, selon le bruit public, de mépriser la justice, les procureurs, les avocats, huissiers et robins en général. Il commettait tous les crimes et était toujours soutenu par son maître qui lui donnait l'exemple et qui obtenait pour lui des lettres d'abolition. Ses méfaits durèrent longtemps. Enfin le parlement de Bordeaux mit sa tête à prix et il fut décapité en 1620 (4). » Les condamnations des nobles pour crimes analogues,

(1) Cahiers du Tiers aux États de Blois. PICOT (t. III, p. 53) et cahiers du clergé (p. 57).
(2) Sur les habitudes de brigandage des nobles, voir des détails très curieux dans la relation de PIETRO DUODO, en 1598 (t. XV, p. 102).
(3) *Variétés hist. et littér.* (t. VI, p. 324).
(4) Voir une lecture à l'Académie des Inscriptions et Belles-Lettres par M. TAMISEY DE LAROQUE, dans le compte rendu du *Temps*, 2 nov. 1890. — Un acte célèbre d'indiscipline de la noblesse est la résistance du seigneur de Vatan dans son château. Il fallut traîner le canon devant la place. Il fut pris et décapité en place de Grève, le 2 janvier 1612. (Voir *Lettres de* MALHERBE, t. III, p. 254) et *Mercure de France* (1612, p. 293 et suiv.). — Autre exemple : « M. de Bellegarde ayant voulu visiter Bourg, dépendance de son gouvernement de Bourgogne, y fut reçu à coups de mousquet par les soldats de Basse qui en était gouverneur (1610). » Pour la suite de l'affaire, voir *Lettres de* MALHERBE (t. III, p. 223) et *Mémoires de* RICHELIEU (*anno* 1611). — Autres exemples : En 1613, le duc de Nevers fait habiller en fou et promener à cheval en ce costume un trésorier de France qui avait un ordre contre lui. — M. de Luxembourg met la dague au

pour assassinat, enlèvement, fausse monnaie, remplissent les archives des cours judiciaires. Qu'on s'étonne, après cela, du langage de Richelieu, noble d'origine pourtant, et, au fond, très entiché de sa naissance, avouant que « les nobles ne reconnaissent liberté qu'en la licence de commettre impunément toutes sortes de mauvaises actions, leur semblant qu'on les gênait si on essayait de les retenir dans les équitables bornes de la justice (1). »

Par ce qu'ils ont d'excessif, ces exemples et ces textes indiquent à quel degré de misère et de déchéance morale en était arrivée la partie la plus remuante de la petite noblesse française. Assurément, il s'en fallait de beaucoup que le corps tout entier fût atteint de la gangrène qui frappait quelques-uns de ses membres. Élevés dans des principes d'honneur, ils savaient supporter les privations d'une fière pauvreté; mais, en somme, il fallait vivre. Ils sont rares ceux qui consentent à mettre l'épée au croc et à auner le drap. D'autres entraient dans les charges de robe, et les exemples de cette demi-dérogeance sont beaucoup plus fréquents qu'on ne le pense, surtout dans les premières années du dix-septième siècle (2). Il n'en reste pas moins une masse considérable apte

poing contre un maître des requêtes pour lui faire hâter une expédition dans un procès. MALHERBE, III, (p. 370 et 377).

(1) RICHELIEU, *Mémoires* (t. I, p. 555).

(2) La noblesse fut toujours très opposée à la vénalité des charges, et elle se plaignit, à maintes reprises et notamment, en 1614, que les gentilshommes fussent exclus des emplois de judicature. Voir l'*Advis au roy pour faire entrer la noblesse et gens de mérite aux charges et pourvoir au prix excessif des offices*, etc., plaquette in-12, 1615. — Sur les nobles se livrant au commerce et aux autres professions lucratives, voir aussi l'article 96 des cahiers du tiers aux états d'Orléans et l'article 109 de l'ordonnance d'Orléans. PICOT (t. II, p. 276). — On pourrait citer plus d'une famille noble qui, poussée par la misère, entra dans les charges de judicature; par exemple, les Descartes, les Bérulle, etc. En Bretagne, le noble pouvait occuper ces emplois sans déroger. C'était d'ailleurs la province où la noblesse était la plus pauvre : « Dans la paroisse de Pordic, évêché de St-Brieuc, on comptait au quinzième siècle, jusqu'à soixante-six familles nobles dont les chefs étaient tenus de se monter et armer à leurs frais et, comme leur revenu est en même temps indiqué sur les rôles du temps, on ne trouve que quarante et un gentilshommes dont les rentes territoriales sont exprimées, et, en tenant compte de la valeur de l'argent, que dix de ces gentilshommes ayant un revenu moyen équivalent à 1,620 fr., dix un revenu équivalent à 720 fr., et dix un revenu équivalent à 360 fr. Enfin les inventaires prouvent... que le mobilier des gentilshommes bretons était peu différent de celui des cultivateurs qui peuplaient la campagne. » V. DU CHATELLIER, *Histoire des classes agricoles en Bretagne;* et B. DE KERORGUEN, *États de Bretagne* (t. I, p. 44-45).

seulement aux exercices du corps et à la guerre. Celle-là inquiète, troublée, haletante, se tournait du côté de la royauté et réclamait d'elle le salut.

La royauté poursuivant son œuvre, qui est la destruction des suzerainetés locales, saisit l'occasion qui se présente. Elle offre à la gentilhommerie besoigneuse un arrangement tacite dont les conditions peuvent se ramener à ces termes : « Renoncez à ces débris d'une vieille souveraineté qui ne vous rapportent rien. Aidez-moi plutôt à soutenir le poids de l'administration publique, et je vous assurerai, en échange, des privilèges durables qui vous exonéreront des charges qui pèsent sur le reste de la nation. Je vous réserverai, dans mes armées et à la cour, des emplois lucratifs, sur mon budget des avantages pécuniaires qui compenseront largement le peu que vous perdez. » En un mot, la noblesse française, se trouvant sans ressources, la royauté fut assez riche pour l'acheter et l'attacher définitivement à son service.

Comment la royauté s'y prit-elle pour tenir les conditions du marché? Comment put-elle subvenir aux charges si lourdes que l'entretien d'une partie aussi nombreuse de la nation faisait peser sur elle?

Les rois payent leur noblesse en *privilèges*, en *pensions* et en *bénéfices*.

Des privilèges, les uns sont *utiles*, les autres *honorifiques*; le plus important des privilèges utiles, est l'exemption de tous les impôts directs, tailles, taillons, etc. (1). En outre, les nobles sont affranchis de toute corvée personnelle, des logements de gens de guerre, des banalités de fours, moulins, pressoirs; les nobles ne payent pas le droit de franc-fief; en vertu d'une délégation particulière de la royauté, ils ont le droit de chasse; ils jouissent d'une juridiction spéciale et ils portent directement leurs causes, en première instance, devant les baillis et les sénéchaux, à l'exclusion des prévôts; dans les affaires criminelles, ils peuvent demander à être

---

(1) Il faut faire cependant exception pour les pays de taille réelle où ces impôts suivaient la qualité des terres.

jugés par le Parlement, la grand'chambre et la tournelle assemblées.

Les privilèges honorifiques ont pour effet de mettre en lumière, dans toutes les circonstances de la vie, la supériorité native du noble sur le roturier. Tout ce qu'on avait pu laisser à la noblesse des dehors de l'ancienne souveraineté lui est maintenu et confirmé par les édits royaux : privilège de construire un château, d'avoir un pigeonnier, préséance en toutes circonstances sur les roturiers, notamment, dans les églises, eau bénite. Le noble a le droit de port d'armes; il garde l'épée au côté, même devant le roi; la noblesse, en corps, se considère comme réellement supérieure au reste de la nation, et elle n'admet pas qu'aucune comparaison puisse se faire d'elle aux roturiers; dans les occasions solennelles, ses délégués parlent au roi debout, tandis que ceux du tiers état devaient se mettre à genoux.

Les charges et les offices de la maison du Roi étaient réservés aux gentilshommes; toute la noblesse avait l'accès libre auprès du prince, et c'est ainsi que s'explique cette familiarité bruyante de la cour qui choquait tant les étrangers. Dans ce contact journalier, le roi s'applique à ménager la noblesse par les attentions les plus délicates. Henri IV était passé maître à ce jeu. « Il disait, nous apprend Fontenay, qu'elle se gagnoit mieux par bon visage et par paroles que par l'argent; aussi ne les épargnoit-il pas. C'est pourquoy pas un ne lui faisoit la révérence à qui il n'ostat le chapeau et ne dit quelque chose de particulier de lui ou de ses prédécesseurs, ou ne donnast lieu à celuy qui le présentait de le faire. Mais surtout il prenait soin, en ces occasions, de contenter ceux des provinces et qui n'étoient pas pour revenir souvent à la cour, les traitant comme des étrangers, afin que, se louant de lui quand ils seroient en leur pays, cela lui servit envers ceux qui n'y venoient point (1). »

Cette politique de séduction à l'égard de la noblesse fut toujours pratiquée par la royauté. Elle finit par créer, entre le roi et ceux qui l'approchaient, des liens si forts que Montesquieu les considère

(1) *Mémoires* (p. 23).

comme caractérisant tout le système politique et social de l'ancienne monarchie. Il dit qu'elle est fondée sur l'honneur, « c'est-à-dire sur le préjugé de chaque personne et de chaque condition »; c'est cet « honneur » qui donne toute activité au corps social « par le désir qu'ont les sujets de se distinguer aux yeux du prince. »

Dans les premières années du dix-septième siècle, le gentilhomme français a déjà quitté son manoir. Il est venu à la cour, portant, comme on l'a dit, ses prés et ses moulins sur ses épaules. Il s'est ruiné, d'un seul coup, pour « faire figure » dès l'entrée. Là, il a suivi les compagnies, s'est approché des tables, a cherché les occasions de se distinguer, et de montrer ce qu'il vaut. Le roi l'a vu et l'a accueilli d'une bonne parole et d'un sourire. Il lui a demandé des nouvelles de son père, de quelque parent, vieux serviteur, compagnon des anciens combats. Mais ces premières avances n'ont pas de suite; le roi est occupé; il pense à autre chose. Quand on l'approche, il détourne la tête; évidemment il craint de s'engager, il se réserve. Cependant, la vie est chère; les causes de dépense se multiplient; il faut s'armer pour une campagne, acheter quelque costume coûteux pour un tournoi ou pour un ballet, renouveler un équipage; et puis, on joue follement parmi ce monde jeune, léger et inoccupé : « Quand ils viennent à la cour, dit l'ambassadeur vénitien, les gentilshommes français dépensent plus en une semaine qu'ils n'ont amassé chez eux en une année... si bien qu'au bout de peu de temps, ils sont ruinés; aussi, dit-on en manière de proverbe, d'un homme sans le sou qu'il a le mal français : c'est ainsi que, grands joueurs comme ils sont tous, soit aux cartes, soit aux dés, soit à la paume, ils ne se font pas crédit d'un liard les uns aux autres, et ils jouent jusqu'aux armes qu'ils portent sur eux, jusqu'à leurs vêtements. J'en ai vu plus d'un par la pluie et par la neige s'en aller de la salle de jeu en culotte et en chemise; cela n'a rien d'extraordinaire, je l'ai vu faire à des princes. Le roi lui-même au jeu n'a aucun crédit. D'ailleurs, ils acceptent tout cela sans rien perdre de leur belle humeur et de leur gaieté naturelle. Aussi dit-on, avec raison, que trois nations prennent le temps d'une façon très différente : les Espagnols vivent avec le passé, les Italiens avec l'avenir et les Français avec le présent. »

La voilà bien, cette noblesse française, brave, dépensière et insouciante qui perdit si follement et si gaiement son droit d'aînesse. Mais qu'attend-elle donc à la cour? Que fait-elle auprès du prince, et les maigres compliments dont il la paye ont-ils suffi pour la retenir? Non; ses appétits sont plus exigeants et le roi emploie auprès d'elle des procédés de séduction plus efficaces.

La manifestation la plus éclatante des conditions dans lesquelles la royauté tint la noblesse à sa solde, à partir de la fin du seizième siècle, c'est le développement subit que prit, dans le budget royal, le chapitre des *pensions*. Les pensions constituent, en effet, ainsi que l'observe l'ambassadeur anglais, Carew (1), l'un des ressorts les plus puissants du gouvernement monarchique. Le roi prélevait, sur son budget ordinaire, des sommes considérables qu'il distribuait gratuitement aux gentilshommes les plus dévoués. Voilà ce que font tous ces seigneurs à la cour; consultez leurs mémoires, ils le disent sans vergogne : ils font la sentinelle et « dorment sur le coffre » pour saisir l'occasion de se faire inscrire au rôle des pensions (2).

Henri IV fut le véritable initiateur du système. Il tint, par *doit* et *avoir*, le grand-livre de la fidélité de sa noblesse; malgré sa parcimonie, il pensa qu'il ne pouvait payer trop cher le repos du royaume. Les pensions s'élevèrent sous son règne, au chiffre an-

---

(1) Relation de Carew, dans Birch (p. 461).
(2) Sur la façon dont se faisait une carrière de gentilhomme sans fortune, il n'y a rien de plus instructif que les *Mémoires de* Beauvais-Nangis. Son père avait servi et était estimé de Henri IV; mais chargé de famille, il envoie son fils âgé de dix-sept ans à la cour, en 1599. « Le Roy me reçut assez bien et tous les amis de mon père et me firent de grandes caresses; mais à deux jours de là, ni le roi, ni ceux qui m'avoient le plus caressé ne me reconnaissoient plus » (p. 64). « ... Au commencement de l'an 1607, je suppliai très humblement le roi de se souvenir de moi, lorsqu'il feroit l'état des pensions. Il me répondit qu'il s'en souviendroit. Néantmoins je demeurois jusqu'à la fin de mars que je sus que l'état des pensions étoit fait et je ne pus apprendre s'il s'étoit souvenu de moi dont je commençais de perdre l'espérance, et je faisois de nouveau dessein de sortir de France. Enfin, un matin, M. de la Varenne, maître des postes, me dit que je m'en allasse chez Moisset, partisan du sel, qui avoit commandement de me donner trois cents écus pour le premier quartier de ma pension... » (p. 100).

nuel de trois millions de livres. Il avait, en outre, distribué des sommes immenses dans la période de pacification qui avait suivi la Ligue.

Sous la régence, le pli étant pris, le pouvoir fit, d'une libéralité désordonnée, le principe de sa politique. Le rôle régulier des pensions s'éleva jusqu'à huit millions de livres; près de quatorze millions furent distribués en outre, à la noblesse. Il n'est assurément pas exagéré de dire que *le cinquième* des ressources annuelles du roi était distribué aux seigneurs, et employé, comme dit Richelieu, à « étourdir la grosse faim de leur avarice et de leur ambition (1). »

Et ce n'est pas tout : ce que le roi faisait avec les pensions, il le faisait, dans des proportions beaucoup plus considérables encore, avec les bénéfices ecclésiastiques. Le concordat de François Ier avait été un coup de maître de la part de la royauté. Le droit de nomination, appliqué en principe aux évêchés, étendu par la *commande* aux abbayes et à presque tous les bénéfices importants du royaume, était devenu, pour le prince, une source de revenus inépuisables, lui permettant de satisfaire les convoitises qui se pressaient autour de lui. Brantôme, qui écrivait au début du dix-septième siècle, a finement observé ce résultat de l'application du concordat. Il dit en parlant de François Ier : « Ce grand Roi fort libéral, et qui prenait grand plaisir à donner... ne pouvant récompenser sa noblesse des finances de son domaine et des deniers de ses tailles, trouva bon de la récompenser de quelques abbayes et biens d'église. »

La « feuille des bénéfices » devint ainsi un instrument politique

(1) Pour les chiffres des pensions, voir les indications que nous avons données ci-dessus au chapitre des *finances* (p. 348). Sur l'esprit dans lequel était conçue la politique libérale de la royauté à l'égard de la noblesse, voir notamment les Mémoires dressés par Villeroy à la reine-mère, Marie de Médicis. Ces conseils sont approuvés par Richelieu dans ses *Mémoires* (t. I, p. 71-77). *Mémoires de* Villeroy (t. I, p. 10 et sq.). (V. aussi *Négociations du président* Jeannin (Édit. 1819, t. III, p. 454 et suiv.) et Forbonnais, *Finances de France*, édit. in-12 (t. I, p. 297). — On trouvera aux archives des Affaires Étrangères, fonds *France*, un grand nombre de rôles de pensions, tous très intéressants. — Voir aussi, aux Cinq-Cents Colbert à la Bibliothèque nationale « États des récompenses que la Reine a ordonné de payer aux officiers de sa maison pour le deuxième quartier de 1614 », vol. 93, fos 206 et 209.

plus puissant que le « rôle des pensions », et qui permit à la royauté de soutenir la classe des nobles en la débarrassant de ses cadets. Si le système roturier du partage égal de la fortune entre les enfants se fût appliqué à la noblesse appauvrie du dix-septième siècle, elle eût disparu rapidement. Mais tout ce qui, parmi les cadets, ne devenait pas soldat de fortune, prenait la soutane. Les filles entraient en religion. Ainsi, l'aîné pouvait, du moins, conserver intact le fief paternel. Les effets du concordat s'étendirent plus loin encore. On vit des familles toucher les revenus d'un évêché ou d'une abbaye comme ceux d'une ferme ; on vit des soldats, des mineurs, des femmes, des hérétiques obtenir des bénéfices ecclésiastiques. La classe entière en vécut (1). Qu'on juge de sa reconnaissance pour le pouvoir qui la nourrissait. Toute la paresse du royaume fut comme pendue à cette main libérale qui distribuait les rentes si largement.

Imaginez que la moitié ou le tiers des revenus actuels du pays soit mis subitement à la disposition d'un de nos partis politiques ; supposez que ce parti puisse accorder des rentes viagères et même héréditaires, en nombre pour ainsi dire illimité, aussi facilement, plus facilement même que ne se fait aujourd'hui la distribution des bureaux de tabacs, et vous apprécierez de quel poids une pareille innovation pèserait sur les destinées du pays. C'est ce coup de fortune qui enrichit la royauté, vers le milieu du seizième siècle, précisément à l'époque où la noblesse féodale périssait de misère et d'orgueil. Les rois, en subvenant à ses besoins, l'arrachèrent aux habitudes de turbulence et d'indiscipline qu'escomptait la persistante opposition des *Grands*. Si on examine avec attention l'histoire des familles nouvelles qui s'élevaient jusqu'aux grandes charges de l'État, ou seulement jusqu'à la faveur du prince, au seizième et au dix-septième siècles, on s'aperçoit que, presque toujours, un de leurs membres fut d'église et ouvrit ainsi, pour les siens, le chemin de la fortune et des grâces. Mais il donna aussi

---

(1) « Cette facilité si grande de se faire pourvoir et recevoir aux bénéfices a fait que la noblesse s'est portée à croire que lesdites charges ou dignités ecclésiastiques lui étaient comme héréditaires... » *Le discours d'un Gentilhomme françois à la Noblesse de France*, plaq. in-12, 1615 (p. 5).

l'exemple de l'obéissance et de la soumission. Après lui, autour de lui, tout se range sous le joug, et la noblesse se décide à fermer l'oreille aux sollicitations de ceux qui évoquent les souvenirs de sa vieille indépendance.

Cependant, le dernier mot n'est pas dit. L'œuvre de séduction entreprise par la royauté n'est pas achevée. Ces deux instruments si puissants, le bénéfice et la pension, sont des inventions relativement récentes et plus d'un, parmi les nobles de province, hésite avant de prendre le chemin de la cour. Les souvenirs du passé travaillent plus d'une âme fière. Ces pensions, ces bénéfices étaient achetés bien cher. Il fallait se ruiner d'abord, dans l'espoir de s'enrichir. Et puis, il fallait « servir » ; ce mot qui illustrait les armoiries des gentilshommes royaux, répugnait à plus d'un maigre châtelain entiché de ses droits : « Les pensions ont ruiné la noblesse, lit-on dans un pamphlet du temps. Tel qui vivait commodément et doucement dans sa maison, et qui même, aux occasions, pouvait assembler ses amis, mange le revenu de tout son bien en trois mois pour venir demander une pension. Un valet ou deux lui suffisaient; son village ne voyait ni clinquant, ni broderie. A la cour, il a un écuyer, des gentilshommes, des pages, quantité de plumes, quantité de passements d'or. Voilà où s'emploie son bien et ce qui lui revient de bon d'une pension mal payée, bien levée sur le peuple et encore mieux comptée sur le Roy (1). »

Il y avait donc des mécontents. Les Grands les recherchaient. Il se formait des « cabales », des « partis ». Un lien de camaraderie militaire s'établissait entre les chefs et les soldats. Tant qu'on marchait ensemble, le grand seigneur riche et influent, plus accessible que le roi, faisait profiter les gentilshommes qui le suivaient, de tous les avantages de sa situation exceptionnelle dans l'État. Il les poussait, les recommandait, leur assurait des emplois lucratifs, soit dans ses propres domaines, soit dans l'étendue de son gouvernement. Si les choses se gâtaient et s'il fallait recourir aux armes, on vivait tous ensemble de la guerre, on partageait

---

(1) *Advis à Messieurs de l'Assemblée*, 1617, plaq. in-12 (p. 12).

les bénéfices et le butin. Si on traitait de la paix, le chef n'abandonnait pas ses partisans et il stipulait pour eux des avantages tels que, parfois, il était plus court de prendre, avec les princes, le chemin de la révolte, que de suivre lentement le troupeau et la route encombrée de la fidélité au roi. Les hôtels des grands et, au besoin, leurs places fortes étaient les refuges naturels de tous les ambitieux pressés ou mal satisfaits.

Quand le pouvoir était faible, le nombre des mécontents se multipliait. On ne pouvait que gagner dans les troubles et dans les « brouilleries ». Chacun avait à se plaindre. On parlait haut; on se sentait fort parce qu'on était nombreux; on était nombreux parce qu'on se croyait fort. C'est alors que la noblesse revenait à sa pente naturelle et qu'elle se reprenait aux souvenirs de son ancienne indépendance. Rohan explique cet état de choses avec sa force et sa brièveté ordinaires : « C'est une chose certaine, dit-il, qu'en tout le royaume, l'autorité du Roi diminue celle des Grands, comme aussi l'accroissement d'iceux diminue le pouvoir royal; c'est une balance qui ne peut demeurer égale; il faut toujours que l'un des deux l'emporte (1). »

En somme, en 1614, le corps des nobles était divisé en deux parties ayant des vues, des aspirations, des intérêts opposés. La plus nombreuse et la plus brillante avait fait le sacrifice de ses ambitions politiques et elle se tenait fermement attachée à la fortune de la royauté. Les séductions de la cour, l'attrait de la carrière des armes, l'exemple des grandes fortunes faites par de simples gentilshommes devenus les ministres ou les favoris des rois, toutes ces raisons avaient agi simultanément. Henri IV disait à qui voulait l'entendre qu'il devait son royaume à la bravoure de sa noblesse. Le Béarnais, chef du parti aristocratique, avait su consolider, par une savante générosité, des engagements qui, entre des mains moins habiles, eussent été plus précaires (2).

(1) *Mémoires*, édit. Michaud (p. 521).
(2) Le mot attribué à Henri IV, « qu'il n'était que le premier gentilhomme de son royaume » est tout à fait dans les idées du temps. L'expression même est employée par HURAULT : « La Noblesse ne reconnoist que le roy seul. Nos princes ne naissent ni de l'Église, ni du peuple, mais de la seule noblesse de laquelle ils sont les premiers gentilshommes. » HURAULT, *Quatre excellents discours*, édit. 1614, 2ᵉ *Discours* (p. 83).

Les compagnons de Henri IV avaient gardé, à la cour, quelque chose de l'allure et des mœurs militaires. Pressés autour du prince, vivant à sa table, l'accompagnant dans ses chasses, l'attitude, le geste et le langage libres, ce sont des cavaliers; ce ne sont pas encore des courtisans. Ils mènent une vie généralement oisive, mais gaillarde et de belle humeur, toujours prêts à un coup de main ou à un coup de tête. Parmi eux, les exercices du corps sont en grand honneur. Le manège est leur grande occupation; ils jouent à la bague et à la quintaine (1). Laissons parler un témoin oculaire : « La noblesse qui a survécu à ces longues guerres civiles fait son métier des armes; elle est ardente et valeureuse, parfaitement bien montée, et elle ne s'embarrasse pas de dépenser beaucoup d'argent pour avoir un bon et brave cheval : il n'y a pas de spectacle plus admirable que de les voir réunis un millier ensemble. Ils veulent que leurs chevaux sachent trotter, galoper, vivevolter, tantôt d'une main, tantôt de l'autre, se coucher, et ils ne veulent, pour combattre, que des chevaux ainsi instruits et parfaitement en main. Aussi, Sa Majesté, pour élever ses jeunes gentilshommes le plus vertueusement qu'il est possible, a créé, à Paris, une Académie où ils s'exercent tous les jours sous les yeux de son premier écuyer. Celui-ci doit les fournir de chevaux, pris dans les écuries du roi; il leur apprend l'équitation et tous les autres exercices accessoires, l'escrime, la balle, la musique, les mathématiques, et on pourvoit à toutes leurs dépenses (2). »

Telle jeunesse, telle maturité. Devenus des hommes, les élèves des Académies conservent le goût de ces exercices qui priment,

---

(1) Cependant, c'est vers cette époque que l'usage des tournois tend à disparaître. Il n'est repris, par la suite, que comme une sorte de divertissement archéologique. En 1607, Henri IV défend, à l'occasion des fêtes du Carême-Prenant, de « rompre en lice »; mais on joue à la quintaine, c'est-à-dire qu'on rompt la lance sur un marmouset de bois; Concini y réussissait. Voir, sur tous ces points, les *Lettres de* MALHERBE (t. III, p. 29). — Le grand divertissement du temps, c'étaient les ballets. On en organisait à la cour, à la ville; les jeunes gens de Paris et de la province se cotisaient pour les danser en commun. Malherbe passe la moitié de son temps à rimer les couplets qui se disaient ou se chantaient dans ces fêtes. On fit un ballet sur la réunion des États. M. le prince en fit un sur « l'accouchement de la foire St-Germain ». *Lettres de* MALHERBE (t. III, p. 27, 28, 81, 138).

(2) Rel. PIETRO DUODO, *Alberi* (t. XV, p. 103).

à leurs yeux, tous les talents. Dans les loisirs de la cour, les occupations amoureuses remplissent les heures. Elles ne sont pas toujours du goût le plus raffiné. Bassompierre nous donne la note. Dans les Mémoires du temps, il n'est question que d'enlèvements, de mariages clandestins, de couvents forcés et de filles mises à mal (1). Celles-ci ne se plaignent pas trop, ne s'étonnant pas que les choses se fissent, comme on dit, *à la soldade*. Cependant, on commence à s'engouer des pointes à l'italienne et du langage précieux. Les sentiments se surexcitent et s'affinent, dans les loisirs de la paix et par la vie commune des deux sexes. Un gentilhomme, d'Urfé, met son épée au croc pour écrire *L'Astrée*. Ce roman, selon la destinée réservée à ce genre de littérature, passe pour un chef-d'œuvre pendant vingt ans, et il impose aux soldats des guerres de religion, les fades bêlements des bergers du Lignon.

Le fond n'en reste pas moins rude. Les relations sociales ont toujours quelque chose d'âpre et de raboteux. L'habitude du danger déprécie la valeur de l'existence. Le point d'honneur est une élégance. Les épidermes sont sensibles au moindre froissement. Le duel est un exercice comme un autre, excellent en somme pour des hommes de guerre. On se bat, pour un sourire, pour une plume, pour rien. On va sur le pré en bande par deux, trois, quatre, de part et d'autre. A chaque rencontre, il reste des morts sur le terrain. Sans cela, la partie ne serait pas complète. Tout ce brave sang qui coule n'est pas considéré comme perdu. Ceux qui restent en ont acquis plus de courage, de sang-froid et quelque chose de cette confiance en soi, sans laquelle il n'est pas de gentilhomme, ni de soldat (2).

(1) Il suffit de renvoyer au passage des *Mémoires* du P. GARASSE : « Il arriva durant le Carême de 1625, un débordement horrible dans Paris, de ravissement de filles, par des seigneurs de qualité, qui faisaient enlever dans leurs carrosses les filles qui leur plaisoient, avec un scandale public et un soulèvement des pauvres pères, qui alloient demander justice au Roi, au nombre de dix ou douze à la fois... » etc. Voir toute l'anecdote racontée à la suite. *Mémoires* de FR. GARASSE *de la Compagnie de Jésus*, publiés par CH. NISARD, Paris 1871, in-12 (p. 48).

(2) Duel entre Bouchereau et Liègue. Les deux adversaires se tuent. MALHERBE (III, p. 30). — L'affaire du chevalier de Guise et des deux barons de Lus, le père et le fils, est typique. Voir la belle provocation de Lus fils au chevalier de Guise et tous les détails donnés par Malherbe (III, p. 292). C'est l'esprit du *Cid*. — Voir aussi DULAURE. *Histoire de Paris* (t. III, p. 90-92).

Cette vie développe, dans les corps et dans les caractères, la vigueur et la force. Quand un homme est courageux et droit, il est un homme : que peuvent lui demander de plus les gens qui prennent leurs talents dans les livres? Jamais peut-être, il n'y a eu, en France, un plus grand nombre de braves gens, capables de se faire casser la tête, pour une cause quelconque, à condition qu'il y eût du gain et de la gloire à gagner (1).

Contarini écrit à la chancellerie de Venise : « Il y a, dans ce pays, une quantité de gens sans occupation et qui sont tout prêts à se porter là où ils peuvent espérer quelque profit; du moment où ils ont goûté du métier des armes, ils n'en veulent plus d'autres. Quant à moi, quand on sut que je pouvais avoir besoin d'hommes pour le service de V. S., ma maison ne désemplit pas et, si j'avais voulu, j'aurais vite fait d'enrôler 20.000 hommes pour vos armées (2). » Ceux qui se pressent en foule à la porte de l'ambassadeur vénitien, ne demandent pas mieux que de rester en France, si on trouve à les y employer. Richelieu les connaît bien. Ce sont ces hommes d'action, ces « gens de main », dont il parlera dans son *Testament politique*. En tout temps, il s'applique à les distinguer et à les attacher à sa fortune. C'est avec eux qu'il remplit les cadres toujours vides de ses armées. Il les emploiera dans les administrations, les intendances et les ambassades. Ils l'aideront à achever l'œuvre de la conquête et de la discipline sociale. Ces nobles de second rang sont ses égaux au début, ses meilleurs serviteurs à la fin. Il saura les récompenser et, fidèle, il s'assurera

---

(1) TRELLON, dans un sonnet de son *Cavalier parfait*, explique très bien ces sentiments divers du noble qui prend du service :

> « C'est trop, c'est trop dormir, il faut qu'on se réveille;
> Il faut, l'épée au poing, que j'acquière du bien.
> Le doux son des tambours me chatouille l'oreille;
> Les soldats, à la cour, ne peuvent gagner rien.
> C'est trop, c'est trop dormir, heureux celui qui veille
> Pour l'honneur, pour la vie et pour garder le sien... »
>
> *Le Cavalier parfait. Mélanges* (p. 170).

(2) Relation de CONTARINI (1616), *Barozzi et Berchet*, Francia (I, p. 540). — Sur l'abondance des gens d'action qu'on ne savait à quoi employer, voir aussi FRÉMY, *Ambassade de Du Ferrier* (p. 48 et p. 111).

jusqu'au bout leur fidélité (1). On s'étonne de la durée de ce ministère, miné par tant de cabales et d'intrigues. Elle n'a pas tenu seulement à la volonté si souvent hésitante de Louis XIII, mais au concours réfléchi que prêta au grand ministre une partie très active de la nation. La noblesse royale, notamment, par une communauté de vues et d'intérêts, resta de plein gré attachée à la fortune de l'homme d'État qui fut pourtant un adversaire si ardent de la noblesse.

Quant à la partie de celle-ci qui resta dans les provinces, elle s'enfonça de plus en plus dans la mauvaise humeur et dans l'impuissance. Sa brutalité n'a d'égale que son ignorance. Intolérante et intolérable, elle encombre la vie sociale avec ses prétentions étroites, ses querelles de préséance et de pas, avec l'odieux abus du privilège de la chasse et les exactions dont sa misère inquiète accable le paysan. Personne ne la juge plus sévèrement que ses propres membres. Le Père Joseph parle en termes ironiques de « ces bons gentilshommes du pays qui ont restreint toutes leurs ambitions dans l'enclos de leur basse-cour, pour la loger en leur estable à vaches, dans leur écurie ou dans leur grenier, » et il se moque de « ces gentilshommes qui s'abêtissent après leurs chiens, chevaux et oiseaux, qui ne sçavent parler que de ces vilaines bêtes qui se moqueraient d'eux si elles savoient parler (2) ». Ce type ira désormais en s'épaississant. A la fin du siècle, La Bruyère dépeindra « le noble de province inutile à sa patrie, à sa famille et à lui-même, souvent sans toit, sans habits et sans aucun mérite, etc. (3) ». Même les vertus de la race s'atrophient. La noblesse de province ne sait plus se battre. Quand, à de rares intervalles, et dans des cas de péril extrême, on la convoque pour le service de l'arrière-ban, elle refuse de marcher et elle donne le triste spectacle d'un troupeau turbulent et indiscipliné. Louis XIII écrit à Richelieu, en 1635 : « Il ne faut faire nul cas de notre noblesse volontaire que pour faire perdre l'honneur à celui qui voudra

---

(1) Voir les deux chapitres du *Testament politique* sur la *Noblesse* et les *Duels*. Édit. de Foncemagne, 1764 (t. I, p. 184-196).
(2) *Lettres à sa mère*. Mss. des Capucins de la rue de la Santé (t. IV, p. 2360).
(3) *Caractères. De l'homme*, Édit. des Grands Écrivains (t. II, p. 61).

entreprendre avec eux quelque chose de bon où il y aura la moindre fatigue. Quand on les veut seulement envoyer à trois lieues d'ici, tirant vers Metz ou Nancy, ils murmurent, jurent et disent tout haut qu'on les veut perdre et qu'ils s'en iront... Je vous écris la larme à l'œil de voir la légèreté des Français. » Bientôt après, on écrit de Bourgogne au prince de Condé : « La noblesse du ban vient d'arriver; la plupart prennent résolution, à ce qu'ils disent, de ne plus aller à la guerre, aimant mieux qu'on les déclare roturiers que de les faire mourir faute de pain (1). »

Inutile, la noblesse de province était suspecte. Son mécontentement entretenait un état de trouble permanent dans le royaume Le pouvoir royal, sentant que toutes les responsabilités à la fois pesaient sur lui, et décidé à les assumer toutes, n'hésita pas à en finir avec cette opposition sans dessein et sans avenir. Contenir l'ambition des grands, réprimer les derniers vestiges du brigandage nobiliaire, démolir les châteaux et les gentilhommières, forcer les nobles à prendre un parti et enrôler dans les armées, à la cour et dans l'Église, tous ceux qui ne s'entêtaient pas dans des préjugés d'un autre âge, tel devait être le programme de tout ministre qui voulait établir, d'une façon durable, l'ordre et l'union dans le pays. Pour que l'État fût le maître en France, il fallait qu'il n'y eût plus dans le royaume qu'une noblesse royaliste. Les siècles avaient travaillé dans ce sens : on ne pouvait remonter leur cours.

La seigneurie féodale n'avait pas su se transformer en une aristocratie politique capable de s'opposer aux empiètements du pouvoir absolu. La pairie, qui relevait directement de l'autorité du prince, ne laissait aux grands seigneurs qui la recevaient qu'un fantôme d'honneur sans attributions effectives (2). Dans les conseils du royaume, la place de la noblesse est de plus en plus restreinte.

---

(1) Duc d'Aumale, *Histoire des princes de Condé* (t. III, p. 268).

(2) L'état d'abaissement dans lequel la pairie française était tombée faisait, au début du dix-huitième siècle, la désolation des esprits libéraux et notamment du duc de Saint-Simon. Il consacra le meilleur de sa vie et de son talent, à essayer de galvaniser une institution qui, à aucune époque, n'a rendu de services réels au pays. Voir les *Notes sur tous les Duchés pairies... depuis 1500 jusqu'en 1730*, dans les *Écrits inédits de Saint-Simon* publiés par Faugère. Hachette 1883, 3 vol. in-8°.

Elle se plaint très haut de ne pas occuper les charges publiques; mais, par une incroyable incurie, ou plutôt par paresse d'esprit et par fausse vanité, elle se détourne des fortes études et laisse échapper les occasions de gagner, par l'autorité des services rendus, la confiance et la reconnaissance des peuples. Presque toujours, ce sont les « petites gens » qui se rendent dignes des grands emplois (1).

La noblesse française a de lourdes responsabilités devant l'histoire. Elle n'a pas été la seule victime de ses fautes. La nation en a pâti. Cet ordre, auquel son passé historique imposait de grands devoirs, n'a pas su se plier aux nécessités de la vie nouvelle. Tandis que le développement de la richesse mobilière appelait des couches sans cesse renouvelées au travail et aux bénéfices de la civilisation moderne, la succession d'aîné en aîné clouait le seigneur rural sur son lopin de terre. Par contre, les cadets, transfuges d'un sol qui les repousse, forment une troupe mobile, livrée à toutes les séductions de l'esprit d'aventure et à tous les scepticismes de l'obéissance muette. Les aînés se perdent pour tenir trop à la terre et les cadets pour n'y tenir pas assez.

Dans sa conduite politique et sociale, l'ordre a manqué de discipline, de prévoyance et d'humanité : à toutes les époques de son histoire, il a été divisé contre lui-même; il ne s'est jamais soumis à une direction unique, nécessaire cependant pour tenir tête à la politique soutenue et profonde des rois; il a manqué de prévoyance parce qu'il n'a pas su trouver, dans sa situation privilégiée, les bases d'une organisation durable ; d'humanité enfin,

(1) Les inconvénients de cet état de choses n'échappaient pas à l'attention des hommes d'État clairvoyants. Sully, en 1607, le dit à Henri IV : « Afin de parler selon ma franchise accoutumée, je ne nierai point que je n'aie souvent exhorté les princes, ducs, pairs, officiers de la couronne et autres seigneurs d'illustre extraction et que j'aie reconnu avoir bon esprit, de quitter les enjôleries, fainéantises et baguenauderies de cour, de s'appliquer aux choses vertueuses et, par des occupations sérieuses et intelligence des affaires, se rendre dignes de leurs naissances et, capables d'être par vous honorablement employés... et je les ai conviés de venir aux conseils que nous tenons pour l'État ou les finances... afin d'y tenir la place de pareil nombre de soutanes, chose qui m'a semblé bien plus selon la dignité de V. M. et de son État que de voir, en ce lieu-là, un tas de maîtres des requêtes et autres bonnets cornus qui font une cohue de votre conseil, et voudraient réduire toutes les affaires d'État et de finances en chicaneries. » (*Economies royales,* MICH. et POUJOULAT, t. II, p. 185.)

car il n'a jamais voulu compatir aux maux de ceux qui lui étaient subordonnés. Renfermé dans l'orgueil de ses privilèges, il a toujours pensé que la force suffirait pour en défendre le réduit. Mais la force devait le déloger, un jour, de ces positions où il eut été mieux protégé par les mœurs et par les lois.

### La Bourgeoisie de robe.

La noblesse française était héréditaire ; mais ce n'était pas une caste fermée. Elle ouvrait sans cesse ses rangs aux parvenus du tiers état. Du haut en bas du corps social, un mouvement continuel élevait lentement les classes inférieures vers celles qui détenaient le privilège. La royauté présidait au fonctionnement du système et en tenait la clef.

Le rouage principal de ce mécanisme résidait dans l'existence d'une classe moyenne, issue du peuple, mais distincte de lui : c'était la bourgeoisie de robe. Comme une écluse ouverte sur les nappes profondes d'en bas, elle les portait, après un stage plus ou moins long, vers les régions supérieures. Sa destinée a été de servir d'intermédiaire, et elle a disparu en même temps que les forces qui se heurtaient ou se combinaient en elle.

Son point de départ est dans les villes qui, *Communes à charte* ou *villes à établissements*, s'étaient enrichies de bonne heure et soustraites à la rigueur du droit féodal. Le roi avait partout favorisé ses progrès. Vers la fin du Moyen âge, un grand nombre d'habitants des villes recoururent à un procédé qui, par une fiction extrêmement simple, les plaçait directement sous la juridiction royale. Selon le mot en usage à cette époque, ils « s'avouaient bourgeois du roi » ; c'est-à-dire que, sans entrer dans une association locale particulière, ils se réclamaient directement de l'autorité du prince et déterminaient leur qualité de « bourgeois », par un acte spécial et purement individuel (1).

---

(1) Outre les ouvrages de Luchaire et de Giry que j'ai souvent cités, voir les deux traités de Bréquigny : *Recherches sur les Communes* et *Recherches sur les Bourgeoi-*

Comme protecteur des communes à chartes, comme initiateur des municipalités prévôtales, comme suzerain direct des habitants des villes qui se réclament de lui, le roi est le patron né de la bourgeoisie française. Le régent Charles affirmait dans son ordonnance de 1358, « le droit exclusif du roi de créer des consulats et municipalités libres. » Et Louis XI déclarait, en termes catégoriques, dans l'ordonnance de 1456, qu'« au roi seul, et pour le tout, appartient le droit de bourgeoisie ».

A partir du seizième siècle, la bourgeoisie, multipliée dans les villes, apparaît comme une classe particulière ayant sa physionomie distincte, ses droits, ses traditions, ses privilèges. De même que la noblesse se consacre spécialement à la guerre, la bourgeoisie réclame le monopole de la justice et de l'administration. Ces gens d'humeur grave et de mine replète, vêtus de long, le chaperon pendant sur l'épaule et les fourrures douillettes bouffant sur la poitrine, se glissent partout. Ils s'approchent du roi et portent jusqu'à son oreille leurs conseils muets. Ils sont toujours là, officieux, empressés, soumis, tandis que le chevalier bruyant et d'armure retentissante, se fâche, tape du poing et quitte la place, en faisant claquer les portes.

Les bourgeois ont sauté du comptoir dans les fonctions municipales. Puis, dans les assemblées provinciales et générales, ils se sont conçus, concertés. Ils ont traité ensemble des intérêts de la province et du pays. Leur horizon s'est élargi. Ils accaparent, sous le nom heureux de *tiers état*, qui ne les sépare pas de la masse populaire, toute la puissance obscure d'une démocratie qui s'ignore encore. Dans les conseils, dans les tribunaux, dans les parlements, ils s'emparent de toute l'action publique. Partout leur robe, noire ou rouge, s'étale en larges nappes qui couvrent les parquets, les prétoires et montent « aux hauts bancs. » En province, tandis que le petit clan de la noblesse, relégué dans quelque quartier éloigné, aux jardins silencieux, est veuf des hommes mûrs qui sont à la cour et à l'armée, la bourgeoisie nombreuse, active, turbulente,

---

sies, 1777, in-f°, et dans le t. XII du *Recueil des Ordonnances*. J'ai aussi tenu grand compte, dans tout ce chapitre, de l'*Histoire du tiers État*, d'Aug. Thierry.

déborde dans les quartiers populeux, parade dans les cérémonies publiques, tire le chapeau des têtes, gravit orgueilleusement les degrés de l'hôtel de ville, et là, elle trouve, dans toutes les salles, des sièges fleurdelysés où elle s'asseoit, d'où elle délibère, perçoit, commande au nom du roi.

Ce ne sont pas seulement les magistrats et les officiers du roi, c'est, derrière eux, la cohue infinie des serviteurs de dame basoche ; tous ces hommes noirs, partis l'estomac creux et la bouche bien fendue, sont en route pour la fortune, pour les distinctions, pour les honneurs. Depuis le premier président du Parlement jusqu'au dernier des clercs de procureur, ils sont liés par une franc-maçonnerie instinctive. L'intérêt commun les rapproche étroitement et leur arrache, sans cesse, l'effort soutenu qui pousse en avant toute la machine.

L'honneur et la gloire de cette innombrable armée, répandue par tout le royaume, c'est le parlement de Paris. Nous avons dit son autorité et sa puissance comme cour judiciaire, comme institution politique, et le reflet d'orgueil que son éclat répandait sur la bourgeoisie du royaume. Avoir son fils au Parlement, donner sa fille à un conseiller, tel était le rêve de tout marchand enrichi (1). Par ce corps surtout, la classe touchait à l'exercice du pouvoir, c'est-à-dire à la jouissance du privilège. Du Parlement ou des familles parlementaires, sortaient les hommes qui, soit dans les conseils, soit dans les emplois publics, s'offraient à la faveur royale. Maîtres des requêtes, conseillers d'État, commissaires extraordinaires, intendants, ils étaient, dans l'administration, ce que leurs frères étaient dans la justice, les véritables détenteurs de l'autorité du prince. Parmi eux, au sommet de l'échelle roturière, était choisi le personnage, égal des plus grands seigneurs

---

(1) Dans le « Tarif ou évaluation des parties sortables pour faire facilement un mariage » du *Roman bourgeois,* on lit : « Pour la fille qui a depuis vingt-cinq mil jusqu'à cinquante mil escus (de dot), un conseiller au Parlement ou un maistre des comptes ; ... pour celle qui a depuis cent mil jusqu'à deux cent mil escus, un président au mortier, vray marquis, surintendant, duc et pair. » Ed. P. Jannet, 1868, in-12 (t. I, p. 32).

du royaume, œil, oreille et main du roi, le chancelier, garde des sceaux, l'un des grands officiers de la couronne.

Peut-on s'étonner que la bourgeoisie de robe, naturellement vaniteuse et gonflée de son importance, se soit quelquefois lassée des liens d'origine qui la rattachaient aux masses populaires et qu'elle ait songé à constituer un quatrième ordre, un quatrième État? Montaigne, observateur attentif des travers de ses contemporains, parle de ces prétentions de la bourgeoisie avec une pénétrante ironie : « Quoi de plus farouche, dit-il, que de voir cette marchandise (de la justice) en si grand crédit qu'il se fasse en une police, un quatrième état de gens maniant les procès, pour le joindre aux trois anciens de l'église, de la noblesse et du peuple, lequel état ayant la charge des lois et souveraine autorité des biens et des vies, fasse un corps à part de celui de la noblesse?... (1) »

Dans l'ordre social comme dans l'ordre politique, la bourgeoisie avait toutes les convoitises d'honneurs, d'exemptions et de distinctions; son existence n'était qu'une poussée formidable vers le privilège.

Dès le Moyen âge, la royauté avait eu l'œil ouvert sur ces aspirations. Par un coup de maître, qui eut encore pour auteur cet étonnant Philippe le Bel, elle avait institué *l'anoblissement* et s'était réservé le droit de l'accorder. Elle tenait donc l'écluse par les deux portes, à l'entrée par le droit de bourgeoisie, à la sortie par l'anoblissement. « Le roi, dit solennellement Loyseau, dans son traité des *Seigneuries*, est le distributeur ordonné de Dieu, de l'honneur solide de ce monde, selon ce passage d'Esther : *Honorabitis quem voluit rex honorari*, et le dire de Pline en son pané-

---

(1) *Essais*, liv. I. ch. xxii, édit. Charpentier (t. I, p. 148). — La question : « Pourquoi ceux de la justice ne font pas un estat à part? » fut débattue fréquemment au seizième siècle. Elle fait l'objet d'un chapitre du livre : *Des États de la France et de leur puissance*, traduit de l'italien, de Matthieu Zampini (Paris, Thierry 1588, in-8° f° 4). L'auteur, en réponse à cette question, ne voit guère d'autre raison plausible à donner que l'antique coutume. — Cette prétention du Parlement dura, d'ailleurs, jusqu'à la fin de l'ancien régime. En 1716, le Mémoire adressé au duc d'Orléans contre les prétentions des pairs se termine par cette phrase : « Ce sont ces gens-là (les Pairs) qui, oubliant qu'ils font partie du Parlement *osent comprendre dans le tiers état, cette compagnie qui est la plus auguste du royaume.* » *Recueil A-Z*. (A. p. 218.)

gyrique : *Cesar nobiles efficit et conservat;* et ces anoblissements purgent le sang et la postérité de l'anobli de toute tache de roture (1). » A partir de Philippe le Bel, le système fonctionne régulièrement ; c'est à peine s'il provoque, parfois, les réclamations intéressées du corps des nobles. L'anoblissement individuel ou anoblissement par lettres fut accordé, soit pour services exceptionnels rendus au pays ou à la cause monarchique, soit tout simplement acquis à prix d'argent (2).

Mais ce procédé donnait des résultats trop lents pour satisfaire les aspirations d'une classe ambitieuse et entreprenante. On vit s'établir bientôt un système d'anoblissement par masses, opérant pour ainsi dire de lui-même, sans que la royauté eût à intervenir directement, c'est celui qui résultait de l'exercice de certaines charges, états ou offices.

Tout homme qui participait à la marche des services publics recevait, par ce simple fait, une sorte d'investiture lui donnant une aptitude soit immédiate, soit indirecte à obtenir le privilège. Dans les fonctions civiles comme à l'armée, l' « officier » du roi revêtait cette aptitude en même temps que le costume ou l'épée. Comme toutes ces charges étaient vénales, il suffisait donc d'être riche, pour être en passe de la noblesse (3).

Non seulement la royauté vend les offices déjà existants, mais elle en crée sans cesse de nouveaux. Elle épuise l'imagination des « donneurs d'avis » à inventer des fonctions publiques qui s'adjugent au plus offrant. Depuis les plus hautes charges de l'État

---

(1) LOYSEAU, *Traité des Ordres*, ch. V, éd. 1620 (p. 73).

(2) Le roturier riche pouvait aussi s'anoblir par l'achat d'une terre noble. Un pâtissier de Paris, par exemple, devenait gentilhomme en achetant une ferme que le propriétaire noble « érigeait et mettait en fief ». Ce n'était pas très régulier ; mais au bout de quelques générations, le point de départ était oublié et les généalogistes savaient bien retrouver de vieux titres perdus pour les nouvelles familles nobles. (V. CRÈVECOEUR, *Montbrun-Souscarrière*, dans Mém. Soc. Hist. de Paris (t. XVI (1889) p. 66).

(3) On chercherait en vain l'origine de la vénalité des offices. Elle existait à Rome. Sous les premiers Capétiens, les prévôts et baillis prenaient leurs charges à ferme. On cite un texte de saint Thomas d'Aquin, qui fut consulté par la duchesse de Brabant pour savoir si elle pouvait vendre les offices de judicature. Il apaisa ses scrupules. (V. LOYSEAU, *Traité des Offices*, ch. VII, n° 21, p. 651.) Dans les États à peine organisés, la vénalité ou la corruption sont des maux presque inévitables et les politiques, tout en les déplorant, s'efforcent seulement d'en restreindre l'excès

jusqu'aux emplois baroques de coureur de rôts et de gouverneur des serins de la Cour (1), tout s'offre, tout s'achète. Les sommes encaissées par le trésor du fait de la vénalité des offices, montent à des centaines de millions, à des milliards peut-être. C'était la rente ou la caisse d'épargne de ce temps-là, une sorte d'emprunt à fonds perdus ou de « monti », analogues à ceux qui existaient en Italie, dont le principe revient toujours à drainer, par un procédé de créance non remboursable, les sommes que la pénurie ou l'avidité du contribuable ne veut pas se laisser arracher par la voie de l'impôt. La fraction aisée du pays, en achetant le privilège, concourt aux dépenses publiques et elle s'attache de plus en plus au pouvoir royal qui l'exonère et qui la flatte (2).

La royauté poussa encore plus loin l'habile exploitation des convoitises bourgeoises; par une invention admirable qui dérive de la première, mais qui la perfectionne, elle sut se faire un revenu plus stable en s'assurant une fidélité plus grande. A ce point de vue, le comble de la politique financière de la royauté, sous l'ancien régime, fut l'établissement du *droit annuel,* autrement dit — du nom de son inventeur — la Paulette. Ce fut à Henri IV que le contrôleur Paulet soumit son invention, et ce fut ce prince qui l'essaya en 1604. Comme le fait observer un des plus ardents défenseurs de cette mesure, elle ne fut pas prise à la légère : « Ce prince était le plus habile homme de son royaume, et, étant instruit par une longue expérience, pénétroit toujours plus avant dans les affaires et en prévoyoit plus loin les inconvénients. Or, cette affaire fut résolue dans le Conseil du roi, qui lors, étoit autant rempli qu'il fut jamais de personnages illustres et ornés d'une si grande suffisance qu'à peine étoit-il possible qu'ils fussent trompés en la

(1) V. Montreil, *Hist. des Français de divers États,* 1839, in-8° (t. VII, p. 13).
(2) Loyseau dit quelque part : « que la vente des offices est une taille purement volontaire mise sur l'ambition des plus riches. » Ai-je besoin de rappeler que la royauté n'était pas sans se préoccuper, parfois, de la multiplication excessive des privilèges. De là, les nombreuses « recherches » contre les anoblis de fraîche date qui se renouvellent pendant les deux derniers siècles de l'ancien régime : prescription de 1597 pour le retranchement des privilèges et exemptions de taille; — de 1598 pour la révocation de tous affranchissements de tailles et lettres de noblesse accordées depuis vingt ans; — de 1600, sur l'assiette de perception des tailles; — Règlement de juin 1614, réduisant le nombre des privilégiés en matière de tailles, etc., etc.

connoissance des choses. » En effet, la Paulette réussit aussi bien qu'avait réussi la vénalité des charges et, de provisoire, elle devint perpétuelle (1).

Son objet était de rendre héréditaires les offices de judicature, sous la simple condition du paiement, par le détenteur, à l'État, d'une rente annuelle montant à environ $1/60^e$ de la valeur. Par là, la possession des offices fut changée en pleine propriété. Les magistrats détinrent leurs charges comme un bien patrimonial. Ils les léguèrent, les vendirent, les louèrent, en firent trafic, comme bon leur semblait.

Voilà, certes, un abus insigne. Il est inutile de rappeler les plaintes qu'il souleva. L'opinion, avec son équité naturelle, ne pouvait s'habituer à voir l'autorité publique et l'exercice de la justice mis ainsi sur le marché comme valeurs de bourse. Elle protesta toujours (2). L'abus, cependant, persista, et il ne disparut qu'à la révolution. C'est qu'en effet, il était une conséquence logique du régime. Puisque le privilège de la noblesse était héréditaire, pourquoi pas celui de la robe? De même que la bravoure se transmettait du père aux enfants chez les gentilshommes, pourquoi pas les aptitudes judiciaires et administratives chez les fonctionnaires et les magistrats? Puisque toute la constitution du royaume reposait sur le privilège, pourquoi marchander à ces bourgeois si riches et si dévoués, ce qu'on ne croyait pas pouvoir refuser à la noblesse (3)?

Ces avantages considérables, que l'exercice de la justice et des charges administratives conférait à la robe, la rapprochaient de la noblesse et la distinguaient du reste du peuple. Dans les anciennes

---

(1) V. *L'Anti-Courtisan ou Défense du droit annuel*, par C. D. P. Paris, 1617, pamphlet in-12 (p. 9).

(2) Voir tout le passage de Loyseau, cité ci-dessus, et aussi celui de Montaigne : « Qu'est-il de plus farouche que de voir une nation, où par légitime coutume, la charge de juger, de vendre et les jugements soient payés à purs deniers comptants et où légitimement la justice soit refusée à qui n'a de quoi payer. » Essais, l. xxii (p. 148).

(3) On faisait, en outre, observer que si la nomination aux emplois était remise au bon plaisir du roi, elle se ferait uniquement « par faveur et recommandation » et qu'on rendrait ainsi aux favoris et aux grands une influence dont ils ne manqueraient pas d'abuser. C'est l'argument donné par Richelieu pour défendre la vénalité des offices, dont il avait été d'abord l'adversaire. Voir son *Testament politique*, ch. IV, Sect. I. Édit. Foncemagne (I, p. 197).

provinces de la France, l'adage était le suivant : « Le conseiller est noble, ses petits-fils gentilshommes. » Dans les ressorts de création plus moderne, la noblesse était acquise héréditairement à une famille par la seule admission de son chef dans le parlement de la province; cela s'appelait *noblesse de premier degré*. Les chambres des comptes et cours des aides, les bureaux des trésoreries de France s'étaient assuré les mêmes privilèges que les parlements.

En plus de ces situations exceptionnelles qui arrachaient, pour ainsi dire, à la classe un certain nombre de ses membres et qui les projetaient dans la classe supérieure, les bourgeois jouissaient d'autres privilèges. Les parlementaires bénéficiaient du droit de franc-fief. La magistrature n'était pas soumise à la taille ou aux aides, mais seulement à la capitation. En Bretagne, les membres du parlement, exempts des affouages, avaient tous entrée aux États de la province dans l'ordre de la noblesse, étant réputés nobles en raison de leurs charges. Il est vrai que les immunités des conseillers étaient personnelles et non réelles; mais souvent ils possédaient des domaines seigneuriaux et titrés dont ils prenaient les noms. Les magistrats étaient dispensés de tout service militaire, c'est-à-dire du service de ban et d'arrière-ban. Ils ne supportaient pas la charge des logements de guerre (1). La multitude des gens de loi jouissaient à des degrés différents, d'avantages analogues : membres des bailliages, des sénéchaussées, des présidiaux, officiers des élections, des tables de marbre, des greniers à sel, des grueries, juges et fonctionnaires des villes, tous se précipitaient, d'une course haletante, vers l'exonération honorifique, et nous voyons, dans les procès-verbaux des répartitions des tailles, que les asséeurs et collecteurs de l'impôt passaient, sans frapper, devant la porte de tout homme qui pouvait arborer, en manière d'épouvantail pour les agents du fisc, la toge et le bonnet carré (2). Il n'est pas de ville, de bourgade

---

(1) V. Beaune, *Droit coutumier François. Condition des personnes* (p. 130).

(2) Voir, à chaque page de *l'État des paroisses et communautés du Bailliage d'Autun en 1645, d'après le procès-verbal de la visite des feux*, par Gabriel Dumay. Autun, 1876, in-8° (par exemple, p. 45). Les habitants de Chasseuil se plaignent que « M. Denis, maire,

reculée qui n'ait ses tribunaux, son grenier à sel, son bailliage, son échevinage et, sur le cours, il faut tirer le chapeau « à madame la baillive et à madame l'élue ».

Ne s'explique-t-on pas maintenant cette furieuse ambition des charges et des fonctions publiques, tant reprochée à nos Français et qui est restée comme un pli du caractère national? Ne voit-on pas les causes de ce dédain pour les « métiers de roture », pour l'industrie et le commerce? L'intérêt particulier a, pendant des siècles, conspiré avec la vanité naturelle à la race, pour précipiter tout le monde vers cette course aux honneurs qui était en même temps la course au privilège.

La plainte incessante des publicistes du seizième et du dix-septième siècles vise le nombre excessif des officiers : Seyssel disait déjà, de son temps, « qu'il y avait plus d'officiers en France que dans tout le remanent de la chrétienté ». Loyseau ajoute que « depuis cinquante ans, on en a érigé plus de cinquante mille, et que dans les villes chaque honnête homme a son office, comme chaque moine dans les cloîtres. » Il dit encore « que moitié des habitants des villes sont officiers, de sorte que la marchandise est délaissée et le labour laissé aux paysans (1). » Voici quelques faits précis : au dix-septième siècle, il y avait à Paris cinq cent soixante sergents, tandis qu'au Paris actuel suffisent cent cinquante huissiers. En 1606, il y avait deux cent quatre-vingt-treize procureurs au Parlement et trois cent quatre-vingts en 1627 (2); dans un bourg de trois milles âmes, on comptait, outre le bailli, le prévôt, le lieutenant et le procureur fiscal, six notaires, quatre sergents, douze procureurs et quatre greffiers; il n'est pas question de leurs clercs et de tous les gens qui vivaient autour de cette basoche. Une petite paroisse du Nivernais renfermait six procureurs et six no-

---

avocat à Beaune, qui a pris une forge à conduire et à gouverner, s'exemptoit des tailles qu'on lui donnoit, quoique résident au dit lieu, » etc. V. aussi (p. 46) le cas de François Anné, autre avocat, « riche à trente mille livres, » etc.

(1) Cet abus est aussi le sujet d'un plaidoyer de LE BRET : « Non seulement les principales dignités ont été redoublées en ce royaume, mais les médiocres et infimes augmentées en tel nombre, que de cinq cents citoyens il y en a moitié d'officiers... Ce nombre excessif les rend comme inutiles et sans exercice... *Plaidoyer* (f° 22).

(2) Voir *Jacques de Sainte-Beuve* (p. 35).

taires. En Auvergne, on compte par châtellenie jusqu'à douze notaires nommés par le seigneur. L'auteur qui cite ces chiffres ajoute : « Ces abus durèrent jusqu'en 1789. On est surpris du nombre d'avocats au parlement que l'on rencontre dans les petites localités et dans les assemblées électorales et législatives. » Au début du dix-huitième siècle, on compte deux cents officiers, à Chatellerault. En 1617, il y avait à Loudun dix-huit huissiers, dix-huit procureurs, vingt avocats et huit notaires (1).

Tout cela était l'objet d'un trafic continuel : une charge de conseiller au parlement se vendait plus de 100,000 livres; en province, on trouvait des charges de conseiller qui valaient 60,000 livres; un office de conseiller au présidial coûtait 13,500 livres. Une charge de seigneur conseiller à la cour des aides se payait 25,000 livres, celle de chevalier trésorier général des généralités ne s'acquérait pas à moins de 30,000. On pouvait être conseiller d'élections pour 8,000 livres (2).

Les fils des médecins, des chirurgiens, des pharmaciens, des marchands n'ont pas d'autre rêve que de se décrasser rapidement du métier paternel et d'acheter une charge. S'ils n'ont pas d'argent, ils trouvent à l'emprunter. Car, que faut-il, en somme, pour remplir l'office une fois qu'on en est titulaire? Beaucoup d'assurance et un peu de latin.

Le latin suffit à tout, mène à tout : de là l'élan, trop peu remarqué, des classes pauvres de la nation vers les études que nous appelons aujourd'hui classiques. Nous voyons, dans les plaidoyers d'Antoine Lemaistre qu'un serrurier de Paris, pauvre, mal logé, n'ayant que deux chambres pour toute sa famille composée de cinq personnes, se tue à travailler « pour soutenir son fils aux études ».

Celui-ci est « élève en philosophie », au moment où, par malheur, il engrosse une fille, sa parente, qu'on faisait coucher

---

(1) BABEAU, *Village sous l'ancien régime* (p. 208). LECUÉ, *Urbain Grandier*, in-12 (p. 6). — Voir aussi toutes les doléances des États généraux rappelées dans l'ouvrage de PICOT. — Voir enfin, dans les archives municipales d'Angers « Requête au Roi pour modérer le nombre des officiers » (B. B.-31, f° 291).

(2) *Caquets de l'Accouchée* (p. 98-123, etc.).

dans le même lit que lui, *faute de place* (1). Que prétendait-on faire de ce fils de serrurier? Un homme de robe assurément. Ils se comptent par milliers ceux qui ont les mêmes visées. Dès qu'un paysan, un artisan a pu amasser un petit pécule, il met son fils au collège. L'usage des fondations de bourses était très répandu. Aussi les étudiants pauvres foisonnaient. Il n'est pas un contemporain qui ne signale le mal, et qui n'en dévoile l'origine. Voici d'abord les universités : « La trop grande fréquence des collèges occasionne de quitter le commerce, l'exercice de l'agriculture et autres arts nécessaires à la vie et à la société politique pour se précipiter aux écoles sous l'espérance que chacun a d'accroître et augmenter sa condition en portant une robe plus longue que d'ordinaire » (2). Le clergé se plaint, à son tour, de cet abus « qui surcharge l'État de trop de gens de lettres, affaiblit la milice, détruit le commerce et les arts, dépeuple l'agriculture, remplit le palais d'ignorance, charge les princes et leurs États d'inventions pernicieuses, diminue les tailles, oppresse l'Église de simonie, l'État d'officiers supernuméraires, les finances de gages, pensions et dons; bref, pervertit tout bon ordre » (3).

« Je veux croire, dit l'*Avis donné à Messieurs de l'Assemblée du clergé, en* 1627, que l'intention de ceux qui nous ont donné ce nombre effréné de collèges était bonne, mais l'expérience nous a fait voir que les effets en sont pernicieux. Premièrement, ils ont fait quantité de lettrés, peu de savants, et puis la facilité a fait que les moindres artisans et les plus pauvres laboureurs ont envoyé leurs enfants à ces écoles où on montre gratuitement, ce qui a tout ruiné. Quiconque a mis le nez dans les livres, dès l'heure s'est rendu incapable de toute vocation. Si, dans un bourg, quelqu'un a appris à écrire trois mots de latin, *soudain, il ne paye plus la taille;* il est procureur, syndic, ou tabellion, ou sergent, et par ce moyen ruine ses voisins et chasse ses co-héritiers. »

Richelieu, enfin, signale aussi ces maux. Il y consacre tout un

---

(1) V. l'analyse du plaidoyer de LEMAISTRE, dans OSCAR DE VALLÉE, *Antoine Lemaistre et ses contemporains*, 1858, in-8° (p. 152).
(2) Les Universités de France au Roy, *Mercure françois* (t. X, p. 432).
(3) Harangue des députés du Clergé, *Mercure françois* (t. III, p. 143).

chapitre de son *Testament politique;* il se plaint « de ce grand nombre de collèges indifféremment établis en tous lieux »; il constate « ce peu de disposition naturelle qu'ont aux lettres beaucoup de ceux que leurs parents font étudier à cause de la commodité qu'ils en trouvent », et il affirme qu'il vaudrait mieux, dans un État bien réglé, « que ces enfants fussent dressés par des maîtres ès arts mécaniques, réduisant tous les collèges des villes qui ne sont pas métropolitaines, à deux ou trois classes, suffisantes pour tirer la jeunesse d'une ignorance grossière, nuisible à ceux-mêmes qui destinent leur vie aux armes ou qui la veulent employer au trafic (1) ».

Les statistiques dressées par les historiens de l'Instruction publique, permettent d'affirmer, en effet, que le nombre des enfants apprenant le latin était peut-être, toute proportion gardée, *trois fois supérieur* sous l'ancien régime à ce qu'il est aujourd'hui. Ce sont non seulement des fils de bourgeois, mais aussi des fils de laboureurs, d'artisans, de marchands, de messagers, d'hôteliers, qui suivent, au nombre de 900, les cours du collège du Mans, tandis que, non loin de là, 500 élèves, sortis des mêmes rangs, étudient au collège de Ceaulcé, paroisse rurale du Passais normand, et que, non loin de là encore, 2,000 élèves reçoivent les leçons des Jésuites de la Flèche (2).

Le latin conduisait à tout; on se rua vers l'étude du latin. D'innombrables ambitions et d'admirables courages se trempèrent au feu de cette convoitise de science. Partis du fond de leurs provinces, des fils de paysans ou d'humbles robins viennent dans les universités et là, vivant de privations, dormant sur la paille, ils supportent les plus dures misères pour devenir bacheliers, maîtres ès arts, pour sortir du rang, pour approcher de cette arche sainte du privilège vers laquelle gravite toute la nation. Le

---

(1) *Testament politique*, ch. *des Lettres* (t. I, p. 168). Voici encore un passage de Saint-Cyran, l'ami de Richelieu; il se plaint que la méthode d'éducation de son temps « surcharge la République d'une infinité de gens oisifs qui se croient au-dessus de tout, depuis qu'ils savent un peu de latin, et qui penseraient être déshonorés, s'ils ne désertaient la profession paternelle ». Cité par Sainte-Beuve, *Port-Royal* (t. III, p. 496).

(2) Bellée, *Instruction publique dans la Sarthe, sous l'Ancien régime.*

fils du serrurier de Lemaistre se multiplie et s'appelle Légion (1).

Parmi ces soldats, combien de héros! Ramus, fils d'un pauvre cultivateur de la Picardie, vient à Paris. A douze ans, il est domestique d'un jeune étudiant; il consacre ses nuits au travail et devient ainsi la gloire des études françaises au seizième siècle. Il en est à peu près de même de son contemporain, Guillaume Postel. Le fameux jésuite Auger, né de pauvres laboureurs, dans un village de Champagne, demande l'aumône en chemin pour aller à Lyon faire ses études; il sert à la cuisine dans un couvent de l'Ordre, dont il deviendra un des membres les plus influents. Le grand adversaire des Jésuites, Richer, quitte la charrue à dix-huit ans; comme Ramus, il est domestique dans un collège de la montagne Sainte-Geneviève; là, il dérobe les premières leçons que la charité d'un prêtre lui permet d'écouter et qui feront de lui la lumière du Gallicanisme.

Voilà des noms illustres. Mais tous ne réussissent pas. Pour un vainqueur, combien renoncent à la lutte et retombent, les reins brisés, l'âme ulcérée de la défaite. Ceux-là forment, dans les bas-fonds de la bourgeoisie, une lie épaisse et trouble. Avocats sans causes, poètes crottés, abbés de ruelle ou de carrefour, Bridoison ou Bladius, ils remplissent la cour et la ville de leur inutilité bavarde ou de leur dégoûtante mendicité. Ils refluent sur la campagne : coiffés de la perruque du bailli seigneurial, chaussant les lunettes du magister ou brandissant la lancette de Sganarelle, ils répètent gravement les six mots de latin dont le collège a farci leur pauvre cervelle. Leur vanité grotesque excite la verve des satyriques, jusqu'au jour où leurs passions inassouvies et leurs rancunes accumulées fourniront une force d'explosion imprévue aux futures révolutions.

Tout ce qui appartient à la bourgeoisie, tout ce qui aspire à en faire partie, prend, dans les collèges, la teinture de latin et de

(1) Les ambassadeurs vénitiens n'ont pas manqué d'observer ce trait caractéristique de l'histoire de l'ancien régime. Voir tout le passage de la relation de Michel Suriano (1561) (t. I, p. 481-489). « Le peuple possédant ces importants offices et ces charges très honorées, tout le monde veut envoyer aux études quelqu'un de sa famille... Voilà pourquoi le nombre des étudiants est plus grand en France que partout ailleurs. Paris, à lui seul, en renferme plus de quinze mille. »

connaissances littéraires, nécessaires pour faire figure sous la robe. Il est vrai que cette instruction, appliquée presque exclusivement à la minutieuse préoccupation de la forme, est courte; elle attarde le raisonnement parmi les aspérités de la scolastique et bride l'imagination par l'usage exclusif d'une langue morte et par l'imitation des anciens (1). Ce n'en est pas moins elle qui forme le « goût » du public et qui prépare le génie du siècle.

C'est la férule du pédant de collège qui martèle, à coups répétés, la dialectique aiguisée, le bon sens solide, l'analyse psychologique pénétrante qui sont les instruments intellectuels de notre âge classique. Le remaniement perpétuel des idées générales, le développement ingénieux des lieux communs, donnent aux esprits la finesse, l'acuité, le sens de la mesure et du nombre, la décence. Ceux qui, par la force du génie, se dégageront des lisières où leur jeunesse a été enlacée, garderont, de cette première contrainte, la vigueur et la souplesse caractéristiques des générations qui vont illustrer le dix-septième siècle français.

Quant à la masse de la bourgeoisie, elle sort, de cette préparation, polie, lustrée, châtiée. A l'âge des passions, ces beaux fils sont prudents, réglés et timorés. Ils pèsent l'avenir, calculent au moment d'agir, et le fils de Diafoirus, avant de baiser Elvire, consulte son père. Ces collégiens, devenus grands, se mêlent à la société, aux conversations, aux cercles. Ils imitent les gens du bel air et avant d'entrer, sur le palier, frisent leurs moustaches : « J'estois en une fort honnête compagnie, l'autre jour, où il arriva un jeune muguet, vêtu à l'advantage, avec l'habit de satin découpé, le manteau doublé de panne de soie, le chapeau de castor et le bas de soie, lequel se mit à cajoler, une heure entière, et usoit de toutes sortes de compliments. Après qu'il fut sorti, je m'enquestois qui il estoit... L'on me dit qu'il estoit fils d'un chirurgien... » Molière n'a qu'à venir : les modèles sont prêts pour les *Précieuses ridicules* et pour le *Bourgeois gentilhomme*.

Cependant, quand l'âge mûr arrive, les défauts s'atténuent et

---

(1) On connaît le jugement porté par Descartes sur les études de son temps, au début du *Discours sur la méthode*.

les mérites de la race et de la classe l'emportent. La figure du bourgeois français, laborieux, économe et probe apparaît, à travers sa vanité cossue (1). Jamais, en somme, on ne l'a vue sous un jour plus favorable que dans les premières années du dix-septième siècle.

L'heure n'était pas si éloignée où l'habitant des villes avait payé de sa personne pour défendre son foyer, ses murailles ou son pays. Durant les guerres de la Ligue, il avait dû, plus d'une fois, décrocher l'arquebuse, sangler la cuirasse et, le pot en tête, veiller sur les remparts. Cela n'en a pas fait un matamore, mais, cependant, lui a relevé le cœur. Au sein des assemblées locales ou générales, il a, plus d'une fois, délibéré de la paix et de la guerre; dans les moments critiques, on s'était disputé son concours; ce gascon de Henri IV l'avait appelé « mon compère ». Les chefs de la classe, les Brisson, les Harlay, les Lemaistre avaient tenu entre leurs mains le sort du pays. Les uns étaient morts, victimes de leur versatilité; les autres avaient acquis, par leur courage, un renom immortel. La bourgeoisie tout entière s'était attristée de ces malheurs ou enorgueillie de ces vertus. Tous, ils ont le sentiment clair, précis de la place qu'ils tiennent dans la nation. Langues déliées et plumes agiles, ils ont, — le plus souvent avec la précaution de l'anonymat, — exprimé leur opinion sur les faits et sur les gens. Dans les luttes politiques, la voix perçante de la bourgeoisie s'est élevée et s'est fait écouter.

La thèse qu'elle soutient est toujours la même. Elle demande l'ordre, la paix, la règle; par horreur des troubles et des aventures, elle tend sans cesse à fortifier la puissance de l'État. Ce-

(1) L'épargne, l'économie sont les grands mots de toute la classe; elle les répète sans cesse. On peut dire que, depuis des siècles, la bourgeoisie française ne pense qu'à cela : « Commencez à ménager de bonne heure, afin que, lorsqu'il faudra entrer en dépense, vous le puissiez faire. Les charges du ménage vont toujours croissant, » écrit Nicolas Pasquier à sa fille. Et à ses fils : « Toute épargne en matière de ménage est d'un revenu incroyable et bien loin par-dessus les autres revenus. Tenez-vous donc simples et probes. » Un autre dit : « Mesurez bien vos dépenses sur vos rentes. Soyez épargnans et ayez toujours de reste. Une maison qui emprunté pour sa dépense est perdue. » V. DE RIBBE, *Les familles et la société en France avant la Révolution* (p. 410).

pendant, avec ses principes de méthode et d'économie, la bourgeoisie tient aussi à la bonne gestion des intérêts publics, à un contrôle exact. Que ce contrôle soit entre ses mains, entre les mains du Parlement, et elle se déclarera satisfaite. C'est là que se bornent ses aspirations libérales.

Soucieuse avant tout de ses intérêts particuliers, elle les défend habilement, âprement : habilement, parce qu'elle se met du côté des rois, tout en les morigénant, et qu'elle obtient d'eux, par souplesse et par loyal service, des privilèges sans cesse accrus qui la distinguent de la masse du peuple ; âprement, parce qu'elle poursuit, d'une dialectique infatigable, les ennemis de la royauté et qu'elle met tout son génie à détruire la puissance politique et l'autorité sociale de la noblesse.

Pleine d'envie pour celle-ci et pleine de dédain pour le peuple, la bourgeoisie, forte de son travail, de son économie et de sa probité, joue un rôle important dans l'État par ses défauts autant que par ses mérites. Son élasticité fait tampon entre les ambitions des grands et les convoitises des petits. Elle cherche toujours, dans les luttes sociales, un bénéfice qui ne serait qu'égoïste, s'il ne s'étendait, à son insu, au delà d'elle-même. Le progrès s'accomplit par elle, sans qu'elle le comprenne. Classe privilégiée, elle travaille à détruire le privilège, quand elle n'en profite pas. Malgré tout, par son nom, par ses origines, par ses affinités, elle reste peuple, et, dans sa course aux distinctions, elle entraîne vers l'égalité le tiers état tout entier, — le tiers état qui fait sa force et dont sa vanité ne peut renier l'alliance.

### Les non-privilégiés. — Le peuple des villes.

Nous sommes descendus, par une gradation insensible, jusqu'aux couches profondes de la société, à celles dont le travail produit, nourrit et soutient tout le corps de l'État; aux classes qui ne jouissent pas du privilège et qui payent la taille. Il ne faut pas croire, d'ailleurs, que la condition des divers sujets du roi se trouvant dans cette situation fût uniforme. Il y avait ici encore des distinctions et des rangs. Cette masse populaire avait ses aristocraties et sa roture (1).

Ce qui la distingue des classes supérieures, c'est qu'elle s'emploie aux professions qui ne touchent ni à la religion, ni à la politique, ni à la justice, ni à la guerre. Aujourd'hui encore, dans les pays d'Orient, les peuples conquérants se réservent le gouvernement et le service militaire, laissant, au-dessous d'eux, les nations soumises se livrer en toute tranquillité au commerce, à l'industrie, et aux métiers considérés comme avilissants, sous la seule condition de payer régulièrement l'impôt. Cet état social n'est pas sans analogie avec celui de la France au début du dix-septième siècle. Une partie de la nation gouvernait et défendait l'autre, qui subvenait à ses besoins. Par contre, la classe laborieuse et payante n'était guère plus considérée alors, par les classes dominantes, que ne le sont aujourd'hui les Grecs, les Arméniens ou les Juifs par les véritables Osmanlis.

Le petit bourgeois, le marchand, le courtaud de boutique, passait pour pusillanime, fourbe, cupide et malappris. Il y avait des vertus, des façons de parler, des procédés « bourgeois », et ce qualificatif emportait naturellement l'ironie ou le dédain. Quant aux paysans, rustres, manants et autres habitants des villages, l'idée de comparer leurs façons de sentir, de raisonner, et de vivre, avec celles des gentilshommes ou des parlementaires, eût été souverainement déplacée. Les nobles étaient très sincèrement persuadés que le sang bleu coulait dans leurs veines (2).

Tout était fait d'ailleurs pour autoriser cette opinion. S'il est un trait qui distingue les classes laborieuses en France sous l'ancien régime, c'est leur modestie, leur modération, leur effacement. La

---

(1) Jusque dans les moindres bourgs il y avait un registre pour les préséances, un *Livre du Cérémonial* : « C'est une belle chose, comme dit RACINE, de voir le compère cardeur et le menuisier gaillard, avec la robe rouge comme un président, donner des arrêts et aller les premiers à l'offrande. Vous ne voyez pas cela à Paris. » V. DE RIBBE, *loc. cit.* (p. 74).

(2) On sait le mépris que manifeste, au moyen âge, toute la poésie « courtoise » pour le vilain. V. GASTON PARIS, *La Littérature française au moyen âge* (n° 74) et *Les Origines de la Poésie lyrique en France*, 1892, in-4° (p. 57).

réserve, la déférence, l'économie sont leurs qualités natives. Leur imagination est lente et d'un vol court. Quand il s'agit de leurs intérêts, où ils sont si âpres, leur inquiétude tremble toujours. Jusqu'à la révolution, l'argent n'a pas eu, chez nous, cette grande allure qu'il a prise, de bonne heure, chez la plupart de nos voisins. Nous ne sommes les inventeurs ni des banques, ni des « monts », ni des emprunts, ni du crédit. Nos grands financiers, les Sully, les Colbert, sont des prudents, des épargnants. Les Law nous viennent du dehors. Dès le Moyen âge, Venise et Gênes ont une tout autre tournure que Marseille. Nous n'avons eu ni les banquiers de Saint-Georges, ni les Fugger, ni les associés de la Ligue hanséatique (1). « Dès qu'un marchand a amassé un peu de bien, écrit un intendant sous Louis XIV, il ne songe plus qu'à être échevin, et puis il ne veut plus se mêler d'aucun commerce. »

La marchandise, alors même qu'elle s'élève au-dessus des métiers mécaniques, reste donc, en France, quelque chose d'inférieur, qui ne porte point haut la tête, qui n'a pas d'orgueil propre, comme il arrive en Italie, par exemple, où le commerce se complaît en lui-même et se fait patricien (2). Le commerçant, en France, est plutôt détaillant; le prêteur prête sur gages ou sur bonne hypothèque; le rentier est petit rentier. L'aisance à peine gagnée, il se retire en sa bastide, se chauffe au soleil et cultive son jardin; sage, honnête, réfléchi, mais, il faut bien le reconnaître, quelque peu mesquin.

Il n'est peut-être qu'une seule catégorie d'hommes d'argent, qui, sous l'ancien régime, échappe à cette universelle médiocrité : ce sont les traitants; ceux-là, il est vrai, sont riches, très riches : un Moysset qui, « de simple tailleur, est devenu riche partisan », a ses entrées partout; sa faveur est grande à la cour et il fait partager aux ministres les bénéfices dans les affaires qu'ils lui font avoir (3).

(1) Sur l'importance des grandes sociétés de marchands, — nous dirions aujourd'hui des « grands magasins », — en Allemagne, au seizième siècle et sur les fureurs qu'elles provoquent au moment de la Révolution sociale, voir JEAN JANSSEN, *l'Allemagne et la Réforme*. Traduction E. PARIS (t. II, p. 443 et suiv.).

(2) « Il faut devenir marchand comme les Italiens qui, sans tenir boutique, trafiquent de tout et partout et si, paraissent nobles devant le monde. » *Var. hist. et litt.* (I, p. 220).

(3) Sur Moysset ou Montauban, voir *Caquets de l'Accouchée* (p. 173, note), et *Mémoires de* RICHELIEU; *Petitot* (t. III, p. 241). Richelieu le connaissait bien; car il lui avait acheté Rueil, qui passait déjà pour une merveille.

Zamet s'intitule seigneur de trois cent mille écus de rentes; Beaumarchais, autre partisan, beau-père du ministre, La Vieuville, gagne dix millions en quelques années qu'il est financier de l'Épargne (1). C'est le denier de la veuve qui s'entasse dans ces poches béantes, qui reluit sur les lambris magnifiques de ces demeures, qui fleurit dans ces jardins merveilleux. Aux yeux de l'opinion, ces fortunes sont mal acquises; aussi, une fois constituées, elles n'aspirent qu'à se dissimuler sous l'hermine parlementaire ou sous le manteau nobiliaire. Les fils des traitants achètent très cher des charges de conseillers ou de présidents. Leurs filles épousent des marquis, et tout cet argent, après avoir fumé les terres de la noblesse, renaît et reverdit, transformé et purifié, en une frondaison de titres, d'honneurs et de privilèges. Ces fortunes subites n'ont donc rien de ce qui caractérise l'activité pratique et épargneuse de notre bourgeoisie. Pour la plupart, les traitants sont des étrangers, des commis ou des laquais parvenus (2). Ils sont en dehors de la hiérarchie normale des métiers qui nourrissent et enrichissent les habitants des villes.

Au rez-de-chaussée d'une maison à pignon, bâtie en torchis, avec charpentes apparentes, notre marchand est tapi, loin de l'air et de la lumière, au fond d'une boutique reculée à l'arrière d'une arcade surbaissée. A la pointe du jour, un auvent s'ouvre, comme une paupière timide; il se referme, le soir, abritant, sous son cadenas solide, les marchandises précieuses dissimulées dans le clair-obscur de l'intérieur, ou soigneusement repliées au fond des coffres. On ne les montre qu'à bon escient, car toute pièce vue est par cela même déflorée. Si le chaland entre, un artifice mêlé d'insinuation et de brusquerie, le surprend, l'étourdit, le précipite au piège. « L'on ouvre et l'on étale, tous les matins, pour tromper son monde, et l'on ferme, le soir, après avoir trompé tout le jour... Le marchand fait des montres pour donner de sa marchandise ce qu'il a de pire;

(1) Sur Beaumarchais, voir surtout les *Mémoires de* Richelieu (liv. XV) et *Caquets de l'Accouchée* (p. 91, note).
(2) Il suffit de nommer Ruccelay, Scipione Sardini, Lopez, juif portugais, etc. Voir comment ils sont traités dans la *Rencontre merveilleuse de Piedaigrette avec M. Guillaume*, pamphlet du temps de Henri IV, reproduit dans les *Variétés historiques et littéraires* (t. III, p. 174).

il a le cati et les faux-jours afin d'en cacher les défauts (1). » On marchande beaucoup; la femme surtout le fait avec cet entregent, cette parcimonie âpre, ce tact adroit qui caractérisent la commerçante française. Elle met tout en jeu pour arracher un écu au client surpris par tant de volubilité habile, parfois séduit par ce charme provocant (2). Le soir, les volets clos, dans l'arrière-boutique où s'entasse la famille, le mari pèse et trébuche, à la lampe, la recette de la journée, les ducatons, les angelots, les pistoles; la femme le surveille de près et compte derrière lui, la balance à la main. Ces gens restent simples dans leurs costumes et dans leurs mœurs. Ils s'habillent d'étoffes sombres, de robes de futaine ou de bouracan, et les femmes au nez pointu, à l'œil fixe, pâles de l'humide immobilité où elles vivent, bornent tout leur orgueil à faire sonner, en allant et venant dans l'étroite demeure, les « trente-deux clefs et les bourses » pendues à leur « demi ceint d'argent. »

Pourtant, petit à petit, sou par sou, la fortune s'amasse. Aucuns frais dispendieux ne la dissipent; pas de politique, pas de chasses, pas de courses, pas de goûts artistiques, pas de jeux de bourse, rien de ce qui tente et ruine le commerçant d'aujourd'hui. Le sac se gonfle, le coffre se remplit et, si notre homme a quelque envergure, il devient marchand en gros, « vendant ses marchandises par balles, caisses ou pièces entières. » Sa richesse finit par lui attirer une sorte d'estime et de respect. « Qu'est-ce qu'un marchand à présent, et se voit-il rien de plus honorable? Il n'est plus reconnu que par ses grands biens; vêtu d'un habit de soie, manteau de peluche, communiquant sur la place de grandes affaires avec toutes sortes d'étrangers, trafiquant, en parlant et devisant, d'un trafic secret, plein de gain, d'industrie et de hasard, inconnu à l'antiquité et qui se rendra commun à la postérité... Leur trafic se fait par commis; car pour les maîtres, ils vivent honorablement. Le matin, on les voit sur le Change, vêtus à l'avantage, inconnus pour des marchands,

---

(1) LA BRUYÈRE.
(2) Voir les scènes « à la Henri Monnier » qui sont reproduites dans le *Bourgeois poli*, par exemple « la Bourgeoise et la Marchande de soie », « la Bourgeoise et la Drapière » dans *Var. hist. et litt.* (t. IX, p. 158-164).

ou sur le Pont-Neuf, devisant d'affaires, sur le Paillemail, communiquant avec un chacun (1). » Prenez garde. Ce marchand est au plus haut degré de l'échelle. Déjà, il touche aux classes privilégiées; il n'a plus qu'un rêve, leur appartenir. A la première occasion, il achètera un titre de noblesse. En tout cas, son fils est aux études; il quittera l'aune et la balance et sera magistrat et gentilhomme comme les autres.

Le négoce était considéré comme honorable, relativement à l'exercice des métiers mécaniques (2). Ces « industriels » qui aujourd'hui, tiennent le haut du pavé et ont, dans leur dépendance, les masses populaires des villes, étaient, au début du dix-septième siècle, traités de « viles personnes », même par les jurisconsultes (3). Il était bien rare, d'ailleurs, qu'ils élevassent très haut leurs ambitions et qu'ils fissent fortune. La grande industrie n'était pas née et les maîtres-artisans vivaient dans des ateliers étroits, munis d'un outillage rudimentaire, pêle-mêle avec leurs ouvriers dont ils se distinguaient à peine : bouchers, boulangers, pâtissiers, rôtisseurs, menuisiers, serruriers, forgerons, chaudronniers, drapiers, toiliers, tisserands, selliers, layetiers, bonnetiers, chapeliers, tailleurs, cordonniers, armuriers, perruquiers (4), tout ce peuple était mal logé, médiocrement vêtu, nourri de peu, sans instruction et sans fierté; mais pieux, polis, convenables, ingénieux, ils se transmettaient les uns aux autres, par la vie en commun et par la durée des longs apprentissages, les traditions, les secrets, le tour de main, et cet amour du fini, de l'achevé qui a fait, de ces temps, la grande époque de l'art industriel en France. Beaucoup de ces artisans étaient des artistes, et, à vrai dire, la plupart des artistes

---

(1) *La chasse au Vieil grognard de l'antiquité*, Cimber et Danjou, 2ᵐᵉ série (t. II, p. 363). — PIGEONNEAU, *Histoire du Commerce en France* (t. I, p. 459).

(2) « Les marchands sont les derniers du peuple qui portent qualité d'honneur. » LOYSEAU.

(3) « Les artisans ou gens de métier sont ceux qui exercent les arts méchaniques... et de fait, nous appelons communément méchanique, ce qui est vil et abject. Les artisans, étant proprement méchaniques, sont réputés viles personnes. » — LOYSEAU, *Traité des Ordres*. Ch. VIII, 48-53 (édit. 1620, p. 139).

(4) Les deux industries françaises par excellence, à la fin du seizième siècle, étaient la *draperie* et les *toiles*.

dont les noms sont parvenus jusqu'à nous étaient considérés, par leurs contemporains, comme des artisans.

Au-dessous des maîtres, les ouvriers. L'histoire est presque muette sur leur compte. Il est certain que ce que nous appelons aujourd'hui la « question sociale » ne présentait point, sous l'ancien régime, le caractère d'acuité redoutable que nous lui voyons aujourd'hui. On a remarqué avec raison que, dans les cahiers des États généraux de 1789, les plaintes des ouvriers sont moins nombreuses et moins pressantes que celles des paysans. Plusieurs causes expliquent ce calme relatif. L'agglomération des populations industrielles dans des locaux étroits et malsains, avec toutes les contagions du malheur, de la misère et du vice, était l'exception. La plupart des ouvriers travaillaient chez eux, ou, du moins, dans de petits ateliers où ils vivaient d'une vie commune avec le maître et sa famille, « au même pot, feu et chanteau ».

La jalousie et l'hostilité des classes n'avait où se prendre dans de pareilles conditions. La ligne de démarcation entre les patrons et les ouvriers était pour ainsi dire imperceptible. On devenait d'apprenti, compagnon, et de compagnon, maître, avec une facilité qu'explique surtout le peu d'importance de l'outillage. Le menuisier avec son marteau, sa scie et son rabot, le cordonnier, avec son alêne et son tranchet, même le tisserand avec son métier rudimentaire installé au fond d'une cave, avaient en main tout ce qu'il fallait pour vivre et soutenir la concurrence. L'intervention du capital pour frais de premier établissement était, pour ainsi dire, nulle. La vapeur n'avait pas réduit l'homme à n'être qu'un rouage dans la grande machine industrielle, et un chiffre dans le total des frais généraux.

Apprenti élevé et instruit rudement, mais partageant, en somme, le sort des enfants de la famille; ouvrier, gai compagnon du tour de France, le bâton à la main et la chanson aux lèvres; candidat à la maîtrise, visant au chef-d'œuvre et, « passé maître » enfin, sur une preuve de capacité appréciée par ses pairs, l'artisan conservait, en ces phases diverses de sa carrière, une valeur personnelle qui lui faisait supporter d'un cœur plus léger, ou plus résigné, les difficultés de l'existence et les maux qui ne lui étaient pas épargnés. Il faut ajouter que les exigences du fisc et du service militaire n'avaient pas la même rigueur qu'aujourd'hui. Presque partout, soit en raison du privilège des villes ou des corporations, soit en considération de sa misère, l'ouvrier était exempt d'impôts directs. Il ne payait guère que les contributions indirectes, les moins apparentes, et, en somme, les moins lourdes de toutes.

Les grandes misères publiques étaient, il est vrai, plus fréquentes; mais il semble qu'on les supportait mieux : famines, pestes, guerres intérieures, inondations, ces maux s'abattaient sur une population presque impassible et qui ne criait merci qu'à la dernière extrémité. Cette passivité relative des masses populaires venait-elle, comme on l'a dit, d'un esprit de résignation entretenu par la religion, ou d'une sorte d'endurcissement provenant de l'habitude invétérée de la souffrance? Dans cette soumission aux conséquences de l'inégalité sociale, quelle part faut-il faire à la docilité de la race, à la difficulté des relations, au manque de solidarité et d'instruction? Ces différentes raisons ont toutes leur importance, et il suffit de les signaler sans y insister davantage.

Les questions « ouvrières » ou « sociales », aujourd'hui si pressantes et si douloureuses, n'entraient pour rien ou pour peu de chose dans les préoccupations des hommes d'État du dix-septième siècle (1). C'est à peine si on pouvait deviner, dans quelques faits épars, les premiers linéaments du caractère révolutionnaire qui devint, par la suite, celui des populations urbaines.

Quelques-uns de ces traits méritent cependant d'être signalés. L'un des plus frappants est la rapidité avec laquelle les classes ouvrières du seizième siècle ont adhéré à la Réforme. Tandis que le paysan, fidèle à ses anciennes croyances, résistait à la propagande luthérienne ou calviniste, le citadin se laissait plus facilement entraî-

---

(1) Il est utile de lire, à ce sujet, les excellents articles de M. FAGNIEZ sur le *Commerce de la France sous Henri IV. Revue historique*, 1881, et sur l'*Industrie au temps de Henri IV*, dans la *Revue Historique*, 1883; l'*Histoire du Commerce de la France*, de M. PIGEONNEAU et la publication faite par M. FUNCK-BRENTANO du *Traité de l'Économie politique* d'ANTOINE DE MONTCHRESTIEN. Plon, 1889, in-8°.

ner. A Angers, d'après une lettre du maire, les premiers protestants attirèrent à eux « toute la noblesse dépravée du pays », ainsi que « nombre de marcandeaux et artisans (1). » A Fontenay, « trois cents garçons de boutique, gentilshommes et autres gens de tous estats se déclarèrent huguenots » (2). Dans tout le nord de la France, ce sont les tisserands qui sont les premiers atteints. A Orléans, Théodore de Bèze cite, comme les initiateurs de la première église : « un jeune homme nommé Colombeau, un berger nommé François de la Fie, un cardeur nommé Jean Chenet, un autre, nommé François Doubte, et cinq autres dont on n'a pu savoir les noms (3). » De ces neuf, Colombeau seul paraît avoir quelque teinture des lettres. On pourrait multiplier ces exemples. Il est certain que la démocratie des villes joua un rôle important dans les guerres de religion et, qu'en plus d'un endroit, elle menaça les détenteurs de la propriété et de la fortune.

Sous le nom de « compagnonnages », il existait de vastes associations reliant entre eux les ouvriers d'un même métier et les faisant obéir à une sorte de direction occulte d'un homme ou d'une femme, *père ou mère des compagnons*. Ils se reconnaissaient à des signes spéciaux, comme l'habitude de *toper* ou de *hurler,* et se qualifiaient de noms bizarres, comme ceux de *Gavots*, de *Dévorants*. Dans chaque ville, ils avaient une auberge où ils se donnaient rendez-vous, où ils déposaient leurs sacs, leurs cannes, et leur argent. Ils se retrouvaient ainsi, parlaient entre eux un argot spécial comme les ouvriers drapiers de Rouen, se saluaient à l'arrivée, se faisaient la conduite au départ. Dans les temps de troubles, ces associations occultes étaient vraiment dangereuses. Il en fut ainsi, en Normandie, lors de la fameuse révolte des *Va-nu-pieds,* et en Bourgogne, lors de la révolte des *Lanturlus*.

Quand des faits aussi graves se produisaient, le pouvoir royal s'inquiétait. On appelait à l'aide l'autorité de la religion ; la faculté de théologie condamne, en 1635, certaines pratiques du compagnonnage comme impies, sacrilèges et tumultueuses. On

---

(1) Citée dans Mourin (p. 6).
(2) Fillon, *Origine de l'Église réformée de Fontenay-le-Comte*. Niort, 1888, in-4°.
(3) Édit. 1882 (t. I, p. 64)

interdisait les associations secrètes et même les confréries d'ouvriers dont les conciliabules donnaient le mot d'ordre pour des sortes de grèves consistant à mettre telle ou telle maison en interdit. Mais, par leur nature même, ces associations échappaient à la surveillance du pouvoir et elles n'étaient pas assez redoutables pour qu'un gouvernement, qui avait bien d'autres soucis en tête, ne crût pas préférable de fermer les yeux. D'ailleurs, l'habitude de l'association était tellement entrée dans les mœurs qu'il eût été difficile de la combattre sans froisser des intérêts, des traditions et des préjugés presque invincibles.

Le tiers état urbain avait, en effet, de longue date, cherché dans l'association un abri contre l'exaction des puissants et contre les rigueurs d'une société fondée sur la conquête. Le Moyen âge avait été l'époque des corporations, des congrégations et des confréries. Au dix-septième siècle, les anciens cadres subsistaient. Cependant, une révolution importante s'opérait, dont la royauté était, pour le moment, la principale initiatrice, et qui avait pour but d'arracher le monde du travail au système vieilli des associations.

Il faut jeter ici un coup d'œil rapide sur ce passé qui était en train de disparaître, et signaler les abus qui, le rendant intolérable, préparaient sa ruine prochaine.

Les deux types d'association les plus répandus au Moyen âge, dans les classes ouvrières, étaient les corporations et les confréries. La *corporation*, plus pratique et plus étroite, rapprochait les hommes qui exerçaient une même profession. La *confrérie*, plus large et plus souple, réunissait ceux qui aimaient à partager les mêmes sentiments, les mêmes émotions, les mêmes plaisirs. La corporation n'était pas sans analogie avec nos sociétés commerciales et avec nos syndicats industriels; les confréries ressemblaient plutôt à nos sociétés de secours mutuels, à nos loges de francs-maçons, à nos sociétés de gymnastique et à nos fanfares. Ces deux types se combinaient souvent entre eux et la corporation professionnelle était presque toujours doublée d'une confrérie religieuse (1).

(1) Pour tout ce qui se rapporte au Moyen âge, il n'y a pas de meilleur guide que

Il est facile de déterminer les raisons de l'engouement qui avait porté les peuples vers ces groupements spontanés. Dans un temps où la sécurité, qui est le premier besoin du commerce, ne se trouvait que trop rarement garantie par les pouvoirs publics, les corporations assuraient au marchand et au maître artisan, les débouchés et les relations appartenant à ces corporations puissantes. D'autre part, elles garantissaient à l'ouvrier une certaine régularité dans les contrats, une certaine protection contre l'avarice patronale, une certaine fixité dans les heures de travail et dans les salaires. Ces résultats, en somme, avaient été atteints dans les bons temps du Moyen âge.

Les confréries groupaient les citadins pour le plaisir, le repos et l'exercice de la charité, comme les corporations les réunissaient pour le travail. En apparence, du moins, l'objet principal de ces associations était de secourir les membres malades, d'aider ceux qui tombaient dans la misère, de veiller à leurs derniers instants et de les faire inhumer décemment. Mais la grosse gaieté et le pantagruélisme populaires avaient transformé le caractère de ces réunions. Ils en avaient fait des occasions de plaisirs, « de frairies » et de franches lippées. On se rencontrait pour danser, chanter, jouer la comédie, et surtout pour manger et boire ensemble. L'argent, réuni par les cotisations ou par les « entrées », servait à organiser des banquets interminables où on parlait librement. Il était arrivé plus d'une fois que des séditions avaient pris naissance dans des parties où les têtes échauffées ne connaissaient plus de lois (1).

Aussi, de bonne heure, la royauté avait surveillé ces assemblées. Une ordonnance de Philippe le Bel (1305) avait interdit à Paris, « aux personnes de toutes classes, de toutes professions, les réunions de plus de cinq personnes, publiques ou clandestines,

---

le livre de M. Fagniez : *Études sur l'Industrie et les classes industrielles à Paris au treizième et au quatorzième siècle*, 1877, in-8° (v. not. p. 35).

(1) Voir les détails donnés par Fagniez, *Industrie au quatorzième siècle* (p. 52). — Voir aussi l'action révolutionnaire de la confrérie de Saint-Éloi contre le chapitre de Tours (Châteauneuf) sous Philippe le Bel; celui-ci supprima la confrérie. (Dans Giry, *Rouen*, p. 205.) — Et aussi Le Roux de Lincy, *Recherches sur la confrérie Notre-Dame* (1844, in-8°).

pendant le jour ou pendant la nuit, sous n'importe quelle forme ou quel prétexte. » Bientôt après, à la suite d'une véritable sédition fomentée par la confrérie de Notre-Dame, le même roi avait aboli toutes les confréries religieuses. Cependant, la force qui portait les habitants des grandes villes à se grouper était si puissante que ces associations s'étaient bientôt reconstituées. Elles prirent une part prépondérante dans les révolutions qui ensanglantèrent Paris : ce furent les corporations qui dirigèrent et soutinrent la révolte des Maillotins. Charles VI les supprima de nouveau. Elles reparurent encore.

Outre les événements politiques qui viennent d'être rappelés, la constitution de ces sociétés et leur histoire intime justifiaient amplement l'intervention du pouvoir central. Il en avait été, en effet, de ces institutions économiques, comme des institutions politiques dont nous avons rappelé l'histoire. Les corporations et confréries, suivant une pente fatale, avaient versé dans l'oligarchie. Les patrons abusaient de leur influence pour entourer l'admission à la maîtrise de barrières presque insurmontables, non seulement en exagérant les difficultés de l'examen et du chef-d'œuvre, devenu de plus en plus spécial et compliqué, mais en établissant des droits d'entrée onéreux, qui, sous le nom de *past*, de *goûter*, d'*abreuvement*, étaient devenus presque prohibitifs (1). Puis, entre les patrons eux-mêmes, une sélection s'était faite; les plus riches se perpétuaient dans les charges et dans les emplois, et se réservaient tous les bénéfices de la communauté.

En un mot, l'esprit de privilège pénétrait le système industriel et commercial. Certaines corporations prenaient la taille à forfait et se chargeaient de la percevoir sur leurs membres. Naturellement, les patrons influents, répartiteurs-nés, n'avaient pas manqué de rayer leurs noms des listes, selon la loi du privilège qui indemnise toujours l'opulence au détriment de la misère. Dans nombre de villes, les corps de métiers et les

---

(1) V. Fagniez (p. 96, 97, note), p. 101, p. 105.

confréries s'étaient assuré de grands avantages en matière d'administration municipale : les familles les plus influentes occupaient héréditairement ces emplois qui, en beaucoup d'endroits, exonéraient des impôts et parfois même anoblissaient (1).

Ces abus devenant insupportables, les gens de métier raisonnèrent comme avaient raisonné les provinces, comme avait raisonné la petite noblesse, comme avaient raisonné les justiciables, comme avaient raisonné les habitants des villes écrasés sous le poids de l'oligarchie communale. Pour avoir « la paix », pour secouer une tyrannie d'autant plus cruelle qu'elle était plus proche, on recourut à une autorité supérieure : on supplia le roi de surveiller et de contenir ces autorités particulières dont l'action n'aboutissait qu'à l'oppression du plus grand nombre. Toutes les assemblées d'États généraux réclamèrent de la royauté la réglementation des matières industrielles et commerciales. Le roi lui-même sentit bien vite qu'il avait un double intérêt à écouter ces ardentes prières : un intérêt politique et un intérêt fiscal.

La royauté engage, d'abord, la lutte avec une grande énergie. Mais elle ne tarde pas à comprendre qu'on ne peut détruire complètement les associations. Elle procède alors, à leur égard, exactement comme elle avait fait à l'égard des autres institutions du Moyen âge : elle se décide à reconnaître leurs droits, en les diminuant et en les transformant en privilèges octroyés par elle. Les corporations acceptèrent avec empressement un régime qui, non seulement les laissait subsister, mais qui leur assurait une consécration nouvelle (2).

Ces réformes furent accomplies par une série de mesures dont les plus importantes sont l'édit de 1581 et l'ordonnance de 1597, consacrés à la réglementation des corps de métiers. Leur objet, spécialement fiscal, ne peut être dissimulé. L'une et l'autre de ces mesures législatives ont été prises en un temps où la royauté aux abois recourait à tous les moyens pour se procurer des ressources ;

---

(1) PIGEONNEAU (t. II, p. 83) et LEVASSEUR. *Histoire des classes ouvrières* (t. II, p. 97 et suiv.).

(2) « Après avoir essayé, à la fin du quatorzième siècle, de combattre l'organisation aristocratique des corps de métiers, la royauté l'avait acceptée au quinzième siècle, mais à condition que la corporation paierait ses privilèges et qu'elle les ferait céder devant la volonté royale. » PIGEONNEAU (t. I, p. 241).

l'une et l'autre ont pour but de constituer un régime de vénalité des maîtrises, au profit de la royauté, analogue à la vénalité des offices. Mais il faut reconnaître en même temps qu'elles marquaient un grand progrès et qu'elles ont eu pour effet de briser l'organisation surannée des vieilles corporations.

En édictant ces mesures, la royauté répondait certainement au vœu de la partie la plus éclairée de la nation. Aux Etats de 1614, le tiers état demande encore « qu'il soit permis à tout marchand de faire trafic tant dedans que dehors du royaume, de toutes sortes de denrées et marchandises ; et à tous les artisans et autres, d'ouvrer et faire ouvrer toutes sortes de manufactures nonobstant tous privilèges concédés à aucun. »

On voit, qu'à cette date, on se trouvait dans les matières économiques, comme dans les matières politiques et sociales, à une époque de transition. Les institutions du Moyen âge survivaient, du moins nominalement ; mais le vœu populaire et la volonté royale s'efforçaient de les transformer. Là comme partout ailleurs, il se produisait un courant invincible dans le sens de l'unité nationale et de la centralisation administrative. La royauté, dont les responsabilités s'accroissaient sans cesse, assumait, bon gré mal gré, des devoirs nouveaux. En partie pour faire face à des besoins d'argent (1), en partie pour vaincre la résistance étroite d'institutions surannées et odieuses ; en partie par le légitime souci d'établir l'ordre et la paix, là où régnaient le privilège et l'anarchie, le pouvoir royal s'institue le grand maître de tous les métiers et pénètre dans les voies politiques qui aboutiront au *Colbertisme*.

Le prince étend graduellement son autorité et sa compétence. Il n'est pas seulement soldat, juge et administrateur, il est aussi ban-

(1) Il faut insister sur cette idée que c'est presque toujours le besoin d'argent qui pousse la royauté à agir dans le sens libéral ; en un mot, comme je l'ai dit déjà, à propos de l'abolition de la servitude, à « multiplier le contribuable. » — Les édits de 1581 et de 1597 qu'on considère comme très favorables à l'industrie, se terminent par des clauses fiscales. Par celui de 1597, « sous prétexte des avantages qu'il procurait aux artisans... tous les marchands et artisans étaient soumis à un droit variant d'un écu soleil à un demi-écu dans les grandes villes, et de la moitié dans les endroits moins importants. » *Mutatis mutandis*, cette politique ne manque pas d'analogie avec celle des « dégrèvements » qui soulage le contribuable, et qui, par le développement de la consommation, finit par enrichir le Trésor.

quier, car il fixe le taux légal de l'intérêt; il est prudhomme et expert en marchandises, car il tarife les denrées et les salaires; il est économiste, car il réglemente l'importation et l'exportation, suivant les besoins qu'il se croit seul en état d'apprécier; il est patron, car il défend les patrons contre les ouvriers; il est ouvrier, car il défend les ouvriers contre les patrons; il est agriculteur, car il détermine le nombre d'arpents qu'il faut planter en vignes ou semer en blé. Sa vigilance s'étend partout, et prétend ne rien laisser au hasard. Il est comme un précepteur attentif veillant sur les premiers pas d'un peuple encore jeune, le mettant en garde contre ses propres entraînements, et le dirigeant selon les leçons d'une sagesse supérieure donnée au prince, à l'heure où il monte sur le trône (1).

Quelque opinion que l'on se forme sur le rôle de l'État dans les questions économiques, il faut reconnaître que l'heure de la naissance et de la formation d'une jeune nationalité n'est pas celle du laisser-faire et du laisser-passer (2). En tout cas, bien loin que cette intervention fût considérée comme gênante et tracassière, elle était au contraire énergiquement réclamée, au début du dix-septième siècle, par la majorité du peuple français : celui-ci, engagé dans sa lutte contre les oligarchies, ne sentant que le poids des charges dont elles l'accablaient, considérait la règle et l'uniformité royales comme de grands bienfaits. Dans le contrat d'assurance que tout membre d'une société passe avec celle-ci, pour obtenir la protection, la tranquillité et l'ordre, la prime à payer au roi était considérée comme moins lourde que celles qui avaient été perçues par les régimes antérieurs ; et d'autre part, l'engagement paraissait mieux tenu et les catastrophes plus rares. En matière économique, comme dans les questions politiques, la nation française, avant d'en arriver à la conception et à la pratique de la liberté et de l'initiative individuelle, recourait volontairement et d'un élan unanime, à la tutelle de la royauté.

---

(1) PIGEONNEAU (t. I, p. 210).
(2) Il serait intéressant de rechercher, dans notre passé, les progrès simultanés du sentiment patriotique et de l'idée protectionniste. On trouvera des faits intéressants dans PIGEONNEAU (t. II, p. 65-67).

### Le paysan.

J'arrive enfin à ces millions de laboureurs et de paysans qui furent, de tout temps, la véritable force de la France. La pénurie des renseignements en ce qui les concerne est désolante. Il faut retourner le fatras des cartulaires et des vieux procès pour recueillir quelques vagues indications sur le côté matériel de leur existence ; il faut s'en rapporter à une littérature qui, sous des apparences de bonhomie, leur est presque toujours hostile, pour deviner quelque chose de leurs sentiments. Nos paysans n'ont pas d'histoire : en étaient-ils plus heureux ?

La différence était grande entre le peuple des villes et celui des campagnes : l'un voulait acquérir la fortune pécuniaire et, par suite, le privilège. L'autre ne pouvait avoir qu'une ambition : posséder le sol. Mais là il se heurtait directement au privilège de la noblesse. Pour arriver à ses fins, il avait à soulever le système féodal tout entier.

Dispersés dans les campagnes, dénués de tout renseignement sur leurs forces, dans l'impossibilité de se connaître et de s'unir, ignorants d'un droit qui existait à peine et dont la chicane gardait l'entrée, les paysans en étaient réduits à tout attendre du temps et de je ne sais quelle foi instinctive en un avenir meilleur. Tandis que le bouillonnement des convoitises bourgeoises agitait la surface du tiers état, ses masses profondes restaient calmes et comme endormies. Elles supportaient la charge qui pesait sur elles, comme une nécessité de la nature. Il fallait des temps particulièrement durs et des misères extraordinaires pour que ce peuple se soulevât et qu'il cherchât, dans la violence et la destruction, sinon un adoucissement, du moins une diversion à ses maux.

Ce calme séculaire du paysan français a souvent frappé et même étonné les contemporains. Les uns l'attribuaient à sa passivité ; les autres, comme l'anglais Carew, au sentiment qu'il avait de son impuissance en présence de ce que ce diplomate appelle « la conjuration des hautes classes de la nation pour le mâter et l'écraser de longue main (1). » Il est certain qu'un même intérêt liait, les uns aux autres, tous ceux qui jouissaient du privilège, et la coalition que dénonce Carew était toujours prête à se former dès que l'on voyait apparaitre la moindre velléité de revendication sociale. Que ce soient les *Croquants* du Poitou, les *Va-nu-pieds* de Normandie, les *Lanturlus* de Bourgogne, partout c'est la même histoire : le peuple, après chaque tentative de révolte, retombe plus las et plus bas (2).

« C'est une maxime d'État en France, dit l'ambassadeur anglais, que le peuple doit être abattu et découragé par les exactions et l'oppression; car autrement il serait disposé à la révolte. En conséquence, il est, à l'heure présente (1609), accablé de charges telles, qu'elles lui enlèvent toute possibilité, je ne dis pas seulement de ruer ou de courir, mais même, pour ainsi dire, de marcher et de remuer sous elles. Ces charges n'ont pas été imposées par le roi actuel (Henri IV); mais il les conserve sous le prétexte de payer ses dettes... Le peuple est accablé et bâté par tant d'énormes exactions. Sa dépouille est partagée entre le clergé, la noblesse de cour, la noblesse de campagne et les officiers de justice... On tient les paysans dans une telle servitude qu'on n'ose pas leur confier des armes. Ils ne peuvent faire de bons soldats... on leur laisse à peine de quoi se nourrir. Leurs âmes sont basses et lâches et leurs corps fatigués et recroquevillés comme ceux des nabots (3). » Un cardinal bien en cour, Duperron, ne s'exprime pas autrement : « En Angleterre, dit-il, ils boivent tous de bonne bière, mangent de bon bœuf, et on n'en voit pas un qui ne soit vêtu de drap et qui n'ait la tasse d'argent; en France, ils sont misérables, déchirés; les Rois devraient avoir quelque respect. Aussi, en Angleterre, ils disent que les paysans de France, ce sont des bêtes... (4) ». Cette comparaison avec les bêtes revient fréquemment sous la plume de ceux qui parlent du peuple. Le roi François Ier

---

(1) CAREW, dans *Birch*. — V. aussi HURAULT dans ses *Discours d'État* (p. 80-81).
(2) V. aussi ROMAN, *Récit inédit de la guerre des paysans du Dauphiné, en 1578*, analysé par G. PICOT dans la *Revue des sociétés savantes*. VIIe série (1880, t. III, p. 70).
(3) Relation de CAREW, *État de la France sous Henri IV*, dans BIRCH (p. 427 et 461).
(4) *Perroniana* (p. 234).

racontait un jour à l'ambassadeur vénitien que « l'Empereur est le roi des rois, le roi d'Espagne, le roi des hommes, et le roi de France, le roi des bêtes (1). » C'est ainsi que s'était créée cette réputation de douceur et de passivité qui se répandit en Europe, au sujet du peuple français. Tous les publicistes répètent, après Machiavel, qu'il n'y a pas au monde une nation plus soumise à son roi ; et le proverbe disait, avec une sorte de fierté résignée :

> La France est un pré
> Que l'on tond trois fois l'année (2).

Si l'on songe que ce pré tondu et rasé, c'est le travail du peuple qui le féconde ; si l'on veut bien se rappeler qu'il est sans cesse resserré et rendu plus étroit par le privilège qui va toujours grandissant ; si l'on considère que ce « plat pays » doit suffire chaque année, aux exigences du fisc royal et à l'entretien de tout ce qui demeure oisif dans le royaume ; si l'on énumère les maux des guerres civiles et des guerres étrangères, les excès commis par les routiers et par les troupes régulières, les entraves apportées au commerce des grains, les mauvaises récoltes, les famines et la peste, on se demande enfin, avec un autre contemporain « comment les laboureurs tant rabaissés et opprimés par les tailles et la tyrannie des gentilshommes, pouvaient subsister, et comment il en restait encore pour nourrir les autres classes (3). »

(1) Relation de MATTEO DANDOLO, 1542 (Albéri, série I, vol. IV, p. 32). — Je citerai encore les paroles si dures de RICHELIEU dans son Testament politique : « Tous les politiques sont d'accord que si les peuples étaient trop à leur aise, il seroit impossible de les contenir dans les règles qui leur sont prescrites par la raison et par les Loix... Il les faut comparer aux mulets qui étant accoutumés à la charge, se gâtent par un long repos plus que par le travail. » Éd. FONCEMAGNE (t. I, p. 225).

(2) Livre des proverbes, de LEROUX DE LINCY ; au mot France.

(3) LOYSEAU. — « Les grosses cités, que font-elles, dit LANOUE, sinon tirer tous les profits qu'elles peuvent, sinon faire bruire leurs privilèges et jeter sur le pauvre peuple champestre toutes les charges et misères, lequel estant encore pincé par la subtile main des financiers, c'est merveille de quoi il subsiste. » (Discours polit. et milit. cité par DE RIBBE, p. 444.) — M. LÉOPOLD DELISLE lui-même, dont les conclusions sont plutôt optimistes et dont le travail est consacré à une des régions les plus fertiles de la France, dit : « Sous le règne de Henri IV, la plupart des paysans étaient plongés dans une misère dont les plus mauvais temps du Moyen âge peuvent à peine fournir un second exemple. » — Voir aussi le passage vraiment touchant que cet auteur emprunte au Formulaire des Esleus, de LA BARRE, écrivain du seizième siècle. Classes agricoles en Normandie (t. I, p. 648), et enfin la relation de PIETRO DUODO (p. 157).

Ces pauvres gens excitent traditionnellement la pitié de ceux qui les regardent : « Commun, quémun peuple, gens de travail, gens de labeur, povres laboureurs de bras » de quelque nom qu'on les appelle, ils ont payé de leurs peines et de leurs sueurs l'édification de cette unité et de cette liberté dont si peu jouissent et depuis si peu de temps. L'histoire ne saurait leur être trop reconnaissante; tandis que d'autres connurent du moins les satisfactions de la bataille au grand jour, et goûtèrent, de leur vivant, l'éclat des triomphes publics, le paysan français qui, poussant sa charrue, « traîna toujours, comme dit Pasquier, tout le malheur du temps quant et soi (1), » ce paysan sema toujours pour un avenir lointain. La récolte s'est levée; ces « bonshommes », longtemps après leur mort, ont réussi; mais leur succès reste comme un étonnant exemple d'abnégation, et comme la preuve la plus éclatante de la solidarité qui lie entre elles les générations successives.

En présence des maux immenses signalés par tous, comment expliquer à la fois la permanence de l'effort et son résultat? C'est que la race a reçu un don admirable, l'endurance, et une aptitude sans égale, l'épargne : ces deux qualités en se combinant, en produisent une autre qui est tout le secret de la vitalité française; elle se résume en trois mots : « content de peu » (2).

En 1484, l'orateur du Tiers aux États généraux dit, qu'après les grandes guerres, on voyait dans la campagne, les paysans, « faute de bestes, labourant la charrue au cou », et il dit encore qu'on en voyait d'autres « travaillant la nuit par crainte d'être pris et appréhendés pour les tailles. » Au moment des guerres de la Ligue, les mêmes faits se reproduisirent : « Non loin des villes et des lieux fortifiés, dit un contemporain, les paysans qui parvenaient à se procurer quelques mesures de seigle, s'assemblaient la nuit comme des hiboux au nombre de trois ou quatre, s'attelaient à la charrue et, dans le silence et l'ombre, comme des malfaiteurs, semaient ce peu de grains... (3) ».

(1) *Lettres* (t. II, p. 34).
(2) C'est le proverbe français : « Contentement passe richesse »; et l'autre, extrait du *Proverbe au Vilain* : « Ki pains a et santé — riches est, si ne l'sait, — ce dist le vilain; » et l'autre enfin, si modeste et si résigné : « de petit petit et d'assez assez. »
(3) Voir les textes réunis par Bonnemère, *Histoire des paysans*, 1874, in-12 (t. II, p. 93).

Une pareille race ne désespère jamais. Son énergie s'accompagne et se soutient d'une bonne humeur naturelle qui désarme le sort. Au moindre rayon, la prospérité latente reparaît. C'est ce qui explique les contradictions apparentes qui existent dans les récits des voyageurs et des historiens. A dix ans de distance, tout change ; qu'on laisse seulement le paysan respirer : il sort de sa misère, comme une marmotte de son sommeil ; il tire de sa cave le pichet de vin et le pain blanc dont parle J.-J. Rousseau ; il s'asseoit sur le pas de sa porte, au pied de sa vigne, en chantant sa chanson (1).

Que lui fallait-il donc? Un peu de repos. Le sol est bon, les hommes « de grant peine et fort laboureux », les femmes « honnestes de vesture et de mesnaige » (2). On attendait tout de ceux qui avaient la direction des affaires publiques ; on s'abandonnait à eux avec la confiance naturelle à un peuple qui s'est, de tout temps, volontiers déchargé sur ses chefs du soin de le conduire et de le diriger. Tant que la royauté comprit le rôle qu'elle avait à remplir à l'égard du peuple rural, tant qu'elle défendit les deux causes qui lui tenaient au cœur : la libération du sol et l'égalité civile, elle put compter sur le plus entier dévouement, sur la plus touchante et la plus naïve reconnaissance. Mais quand le roi, se laissant séduire par son entourage, commença à abandonner la cause du paysan, quand il s'appliqua à reconstituer et à protéger ces classes privilégiées qu'il avait autrefois secouées d'une main si rude, alors la désaffection fit des progrès rapides. Ce peuple si doux devint tout à coup impitoyable. Il continua sa marche en avant et il piétina, sans détourner la tête, cette vieille royauté française qu'il avait tant aimée.

L'organisation féodale de la société fut, probablement, à l'origine,

(1) Ce serait être injuste pour l'histoire de l'ancienne France que de méconnaître ces heureux moments. La gaieté rustaude du paysan, quand la moisson avait été bonne ou la vendange abondante, est rendue, en des traits souvent expressifs, dans le poème de CLAUDE GAUCHET, le *Plaisir des champs*, publié en 1583. On dirait une copie des fameuses tapisseries, les *Quatre Saisons*. Voir les extraits qu'en donne BABEAU, dans sa *Vie rurale dans l'ancienne France* (p. 327).

(2) Paroles d'un géographe du quinzième siècle, citées par L. DELISLE, *Études sur la classe agricole en Normandie*, Introduction (t. I, p. 8).

accueillie comme un grand bienfait par les classes agricoles. L'antiquité, dans sa banqueroute, avait laissé derrière elle, deux institutions odieuses : l'esclavage et le colonat. L'invasion des barbares avait semé, de toutes parts, l'anarchie et la ruine. Quand le calme revint, on fut heureux de se grouper au pied d'un château et d'une église, sous la protection du seigneur et sous la sauvegarde de Dieu. Du moins, l'homme était sûr d'avoir, en échange de son travail, les premières nécessités de l'existence (1).

Aux champs comme à la ville, l'association joua un grand rôle; mais elle dut se conformer aux conditions si rudes et aux résultats si lents du travail agricole. Pour accomplir l'œuvre de défrichement, de déboisement, d'assainissement qui s'imposait à une civilisation naissante, pour s'attaquer à ces forêts épaisses et à ces marais sans fin, l'individu isolé était trop faible; la liberté n'eût pas suffi. Il fallait une organisation forte et une discipline sévère. D'autre part, les moyens de communication faisaient défaut; les échanges et les approvisionnements étaient presque impossibles. Il était donc nécessaire que ceux qui fournissaient le pain fussent astreints à un labeur régulier. Les laboureurs et les boulangers ne sont pas libres. Une année de relâche dans la culture des champs, c'eut été la mort pour tous. Il y allait de la vie sociale elle-même. Le paysan fut donc lié à la terre et il y fut lié par troupes, par communautés (2).

Dans les bons temps du Moyen âge, le régime du patronat seigneurial avec toutes les exigences de l'adscription à la glèbe fut, en somme, supportable (3). Il laissa même se développer parfois, dans les classes agricoles, un bien-être relatif et une certaine aisance. C'est ce bien-être et cette aisance qui commencèrent à donner du

(1) Sur les sentiments de la classe agricole au Moyen âge et sur son bien-être relatif, il n'y a pas de renseignements plus complets que ceux qui ont été réunis par L. Delisle, dans l'ouvrage qui vient d'être cité.
(2) Sur l'origine, la destinée, les avantages et les inconvénients de l'indivision agricole; sur les principes du Moyen âge en cette matière, si différents de ceux de notre Code civil et de la maxime anti-féodale « nul n'est tenu de rester dans l'indivision », il faut comparer : Doniol, *Classes rurales* (p. 74 et suiv.); Dareste, *Classes agricoles* (p. 232-214); Bonnemère, *Histoire des paysans* (t. II, p. 476 et suiv.).
(3) Voir le chapitre de M. Funck-Brentano dans son *Introduction* au *Traité de l'Économie politique* de Montchrestien (p. 32) : « *Le régime patronal et le Moyen âge.* »

cœur au paysan. Un serf qui s'était amassé un petit pécule, devenait plus fier et plus mobile et, par conséquent, un tant soit peu plus exigeant. Dans les périodes de paix, le défrichement s'étendait rapidement; de nouvelles terres entraient, si je puis dire, dans la circulation; la main-d'œuvre manquait. Comme pour la mise en valeur de ces pampas de l'Amérique qui appellent aujourd'hui l'émigrant, le sol de la France réclamait des hommes. Le paysan plus riche était, en même temps, plus recherché. Les seigneurs se le disputaient. On ouvrait des refuges, des « villes neuves »; on distribuait des terres, des maisons; on offrait « l'hostise ». Le paysan posait ses conditions, toujours et partout les mêmes : il demandait la libre disposition de son pécule, la faculté d'acquérir un héritage transmissible à ses descendants; en un mot, ce qu'il recherchait plus encore que l'argent, c'était la liberté civile. Cette terre, qu'il fécondait du dur travail de ses bras, cette terre il la voulait pour lui.

Le seigneur avait tout intérêt à accepter. Il s'apercevait sans peine que le travail libre est infiniment plus fructueux que le travail serf. Il comprenait que son avantage était de transformer en taxes, en rentes, en cens, en fermages régulièrement payés, les bénéfices plus ou moins aléatoires qu'il tirait du travail de ses hommes. Il faisait un calcul analogue à celui d'un patron qui préfère, aujourd'hui, payer l'ouvrier à la tâche plutôt qu'à la journée. C'est ce que Beaumanoir explique très bien : « les seigneurs ne font qu'y gagner, puisque leurs serfs deviennent plus riches, de sorte qu'à l'occasion les mortes-mains et les formariages sont plus élevés et, comme dit le proverbe : celui qui a une fois écorché, deux fois, ni trois ne tond; et l'expérience apprend que, dans les pays où on leur prend, jour par jour, ce qu'ils gagnent, ils ne travaillent que juste pour gagner ce qu'il faut pour vivre, eux et leur maison, au jour la journée (1). »

La royauté fit précisément ce calcul au moment où son influence commençait à s'étendre sur le pays. Comme nous l'avons dit, en multipliant les hommes libres, elle multiplia les contribuables. De

---

(1) Ch. LXV, n° 37. Texte cité par Doniol (p. 72). Voir d'ailleurs toute la dissertation de celui-ci (p 106, 121-123, etc.).

là cette entreprise générale d'affranchissement qui coïncide avec les grands besoins de la royauté et qui s'accentue sous les règnes de Philippe le Bel et de ses successeurs. De là, ces préambules fameux et ces dispositions célèbres qui promulguèrent la liberté comme une loi fondamentale du royaume, qui vantèrent le respect dû au « pauvre homme », et qui imposèrent, parfois même malgré eux, la franchise à tous les manants du royaume, obligés désormais de concourir aux charges d'une société dont ils devenaient citoyens.

Quels que furent les mobiles qui inspirèrent la conduite de la royauté, le résultat n'en fut pas moins heureux et fécond. Un pacte tacite se fit entre elle et les masses populaires. On travaillerait ensemble à la ruine du régime féodal. La royauté frappait à la tête; le paysan fouillait l'arbre par la racine. Il persévérait dans son idée; il voulait le sol. Peu lui importait la misère, peu lui importait la politique, peu lui importait même la liberté. Il voulait le sol.

La royauté l'aida au début. L'ordonnance royale de 1275 qui autorise l'achat des fiefs par les vilains, est décisive. Désormais, le paysan qui amasse son travail sur la terre, fera reculer pied à pied le seigneur héritier des conquérants. Son épargne aura raison du luxe seigneurial, et cette ordonnance, si mal vue par les pamphlétaires du temps, prépare l'heure « où il n'y aura plus de fiefs dans le royaume, mais uniquement des patrimoines. »

Même politique de la part de la royauté, dans une question non moins importante : celle du droit de chasse. Au fond, c'est le problème de la forêt. Subsistera-t-elle pour garder, dans ses repaires, le gros gibier cher au seigneur féodal; ou bien s'éclaircira-t-elle sous la hache du paysan qui cherche, dans les « essarts », la bonne terre arable où planter sa charrue? Malgré ses inclinations personnelles, le roi intervient pour interdire toute création ultérieure et toute extension des garennes, et il persévèrera dans cette politique, jusqu'au moment où il aura perdu la notion des nécessités de son alliance avec les classes populaires (1).

---

(1) Les forêts couvraient encore au seizième siècle le sixième du territoire. Voir ce que nous en avons dit ci-dessus (p. 161), d'après Maury. — Sur la façon dont on divisait les forêts en « longs boyaux », sur lesquels les paysans installaient leurs cabanes, et, au centre de ces villages, la « Grange » abbatiale et l'église. Voir L. Delisle (t. I, p. 395-397).

Même parallélisme entre l'intérêt du roi et celui du paysan, dans la question de juridiction. D'après le droit féodal, la justice appartenait au fief : « Les roturiers ou vilains étaient justiciables des seigneurs desquels ils étaient manants et couchants. » Les seigneurs aliénaient leur autorité entre les mains d'agents qui en tiraient profit. Les juristes royaux entreprirent une campagne vigoureuse contre les « abus des justices de village (1). » Ils dépeignirent la situation malheureuse du paysan qui, plaidant pour ses brebis ou ses vaches, était contraint de passer par cinq ou six degrés de juridiction, avant de voir finir son procès; devant son propre tribunal, le seigneur à la fois juge et partie, l'emportait toujours; car « le seigneur de paille mange le vassal d'acier. » Pour remédier au mal, les légistes appliquèrent avec énergie les remèdes que nous avons, déjà, signalés : l'extension des cas royaux, l'appel, la limitation de la compétence, la nécessité, pour les seigneurs, de choisir leurs juges, leurs lieutenants et procureurs fiscaux parmi les gradués et de leur donner des gages (2).

Les légistes essayèrent également d'engager la lutte contre le principe des droits seigneuriaux ; mais la royauté dut s'arrêter dans cette voie. Il s'agissait d'une véritable révolution sociale, d'une expropriation sur la classe des propriétaires-seigneurs. Or, c'était justement l'heure où la dynastie capétienne commençait à abandonner les masses populaires pour se retourner vers les privilégiés. Les Bourbons venaient de monter sur le trône avec l'appui de la noblesse. Henri IV, qui se disait « le premier gentilhomme du royaume », ne pouvait détruire, de ses propres mains, les derniers vestiges de la puissance seigneuriale, maintenant qu'elle n'avait plus rien de dangereux pour son pouvoir. D'ailleurs, le problème était complexe. Pour le régler pacifiquement, il eut fallu des siècles de patiente énergie. La royauté persévérant dans la politique de transaction qui avait toujours été la sienne, ferma les yeux sur un état de choses devant lequel les jurisconsultes eux-mêmes s'inclinaient (3).

---

(1) C'est le titre d'un ouvrage de Loyseau.
(2) Ordonnance de Blois de 1499, d'Orléans de 1561, etc.
(3) Tous les commentaires des coutumes contiennent de longs développements sur la

Dans la rédaction des coutumes, plusieurs fautes graves furent commises. La maxime « nulle terre sans seigneur », le principe féodal du droit d'aînesse appliqué au patrimoine roturier, maintiennent, ou plutôt ramènent, le peuple sous le joug des traditions médiévales, dont il ne pourra plus se dégager jusqu'à la Révolution.

En un mot, on remarque dans les questions législatives qui se rapportent aux matières agricoles, une incertitude qui finit par se transformer en une véritable réaction. La royauté n'était pas libre d'agir autrement. Liée à la transaction qu'elle avait conclue et sur laquelle reposait tout l'ordre politique et social, elle était tenue de défendre les privilégiés après avoir traité avec eux sur la base du privilège. Ils l'entouraient et ne lui laissaient pas oublier ses engagements. Qu'elle le voulût ou non, elle se trouvait portée vers la politique d'oppression dénoncée par l'ambassadeur anglais.

Elle eut dû se rendre compte, pourtant, que les charges publiques devenaient de jour en jour plus lourdes; qu'il fallait laisser à ceux qui les supportaient les moyens de se développer et de s'enrichir en proportion. Quelques-uns de ses ministres le comprirent; ils allaient répétant que « le labourage et le pâturage sont les deux mamelles de la France. » Mais ces paroles n'étaient que des paroles. Le ministre mort ou écarté, on voyait reparaître la déplorable insouciance à l'égard des paysans qui devint comme un système de la part du gouvernement. On fermait les yeux sur des maux tellement excessifs qu'on les croyait sans remède.

Les bonnes intentions de Henri IV et de Sully, en ce qui concerne les classes agricoles, sont incontestables. Ils s'appliquèrent à rendre à tous, et même à la noblesse, le goût des champs (1).

---

matière des droits seigneuriaux. Beaucoup d'entre eux admettent sans conteste non seulement le « droit », mais « l'exaction » seigneuriale, comme la coutume du Nivernais quand elle dit : « Hommes et femmes de condition servile sont taillables par le seigneur à volonté raisonnable, une fois l'an, pour payer la taille à eux imposée, au terme de la Saint-Barthélemy. » Voir le commentaire de GUY COQUILLE : *Œuvres* (t. II, p. 150).

(1) « Ça été de tout temps, l'honneur de la noblesse française d'habiter aux champs n'allant aux villes que pour faire service au Roy et pourvoir aux affaires pressees. » OLIVIER DE SERRES, *Théâtre d'agriculture* (p. 1001).

ils encouragèrent les travaux d'Olivier de Serres et cette littérature « ménagère » qui met comme une note d'idylle entre les désordres de la Ligue et les dévastations des guerres du dix-septième siècle. Ils rétablirent l'ordre dans les finances et maintinrent les tailles dans des limites raisonnables; ils recherchèrent les faux nobles ou les nobles de fraîche date; ils esquissèrent un plan de routes et de canaux qui devait faciliter l'écoulement des produits du sol. Par-dessus tout, ils donnèrent douze ans de répit au « bonhomme »; il en profita pour reprendre haleine, et cette période si courte s'idéalisa, dans son souvenir, comme une de celles où il avait le moins souffert.

Si la poule ne fut pas mise au pot, du moins on en avait parlé, et l'eau en venait à la bouche de ceux qui plus tard se remémoraient ces heureux instants : « L'idée qui me reste de ces temps-là me donne la joie, écrivait l'abbé de Marolles, devenu vieux. Je revois en esprit la beauté des campagnes d'alors. Il me semble qu'elles étaient plus fertiles qu'elles n'ont été depuis, que les prairies étoient plus verdoyantes qu'elles ne sont à présent, que nos arbres avoient plus de fruits. Il n'y avoit rien de si doux que d'entendre le ramage des oiseaux, le mugissement des bœufs et les chansons des bergers. Le bétail était mené sûrement aux champs, et les laboureurs hersaient les guérets pour y jeter du blé que les leveurs de taille et les gens de guerre n'avoient point ravagé! On ne se plaignait pas comme aujourd'hui des impositions excessives. » Le bon abbé se forge, par le souvenir, une félicité qui n'est pas entièrement conforme à ce que nous apprennent les documents plus exactement contemporains et plus précis. En tout cas, s'il y eut pour le peuple des campagnes quelques années de trêve, elles passèrent vite.

Les années de la régence de Marie de Médicis accablèrent le manant de tous les maux dont il avait jadis souffert : les tailles s'étaient accrues; les princes levaient des troupes : les gens de guerre rançonnaient le plat pays (1). La royauté, toujours à

(1) Pour tout l'Ouest de la France, voir les faits et les documents allégués ci-dessus (p. 58). — Voici un fait, entre mille autres, raconté par l'abbé Ledru, dans son Étude sur le maréchal de Bois-Dauphin (p. 116) : Les habitants de Grange apprennent la pré-

court d'argent, en est réduite aux expédients, c'est-à-dire aux pires moyens financiers : l'ère des *traitants* et des *fermiers* se rouvre pour ne plus se fermer, jusqu'à la fin de l'ancien régime. Avant même que les États soient réunis, les plaintes éclatent de toutes parts, et *Turlupin le souffreteux* fait entendre sa triste harangue au roi : « Plût à Dieu, Sire que vous puissiez connaître le détail de votre royaume... Vous verriez une infinité d'hommes, traîner misérablement leur vie sous un éternel travail qui ne leur produit, pour tout profit, que quelques bouchées de pain, exposés aux extorsions et concussions de vos officiers, à l'avarice des usuriers, à la vexation et rapine de vos sergents, sans une infinité d'autres accidents qui les font méconnaître par eux-mêmes et s'estimer, en leur création, au-dessous des plus abjects et contemptibles animaux. Vous arrêteriez votre regard sur tant de mortuissantes images de la mort, sur tant de visages mornes, plombés, hâves et ressemblants plus tôt à des phantosmes qu'à ce qu'ils sont... (1). »

Ces plaintes sont-elles excessives et le tableau est-il assombri ? Beaucoup l'affirment aujourd'hui. Mais la plupart des contemporains sont d'accord pour noter, en traits expressifs, l'aspect misérable du paysan français, au début du dix-septième siècle, soit qu'on le rencontre dans les champs, derrière sa charrue, marchant contre la bise, tout habillé de toile comme dit la chanson :

> Tout habillé de toile
> Comme un moulin à vent (2);

sence des troupes dans leurs parages (*anno* 1615); ils se réfugient dans l'église « bonne pour coups de main ». Bois-Dauphin arrive à Grange, fait tirer des coups de canon, forcer la porte et finalement fait pendre quatre paysans qui, au dire même de Bassompierre, n'avaient commis d'autre crime que de vouloir se garer de la rapacité du prévôt de l'armée, « assez bon voleur ».

(1) Dans les *Variétés histor. et litt.* (t. VI, p. 51 et suiv.). — On a souvent cité un passage du discours de Savaron aux États : « Sire, ce ne sont point des insectes et des vermisseaux qui réclament votre justice et miséricorde : c'est votre pauvre peuple; ce sont des créatures raisonnables; ce sont des enfants dont vous êtes le père... Que diriez-vous, Sire, si vous aviez vu, dans vos pays de Guyenne et d'Auvergne, les hommes paître l'herbe, *à la manière des bêtes!*... et cela est tellement véritable, que je confisque à V. M. mon bien et mes offices, si je suis convaincu de mensonges. » Personne ne protesta contre ces affirmations qui empruntent aux circonstances dans lesquelles elles se produisirent, un caractère d'authenticité incontestable. V. Flor. Rapine (1re partie, p. 198).

(2) Voir tout le texte de la chanson, publiée par Babeau, La *Vie rurale dans l'an-*

soit qu'on pénètre dans sa chaumière qui, la plupart du temps, n'a d'autre ouverture que la porte et qui, dans certaines provinces, est encore ronde et percée, au milieu du toit conique, d'un trou par où s'échappe la fumée; soit qu'on observe la saleté et la promiscuité où il vit pêle-mêle avec les animaux domestiques ; soit qu'on considère sa nourriture, où la pomme de terre manque encore et dont le pain de seigle, la lourde « mâche », cuite pour trois semaines, fait le plat de résistance; soit qu'on lise, dans les registres notariaux, les inventaires du mobilier où il n'y a guère de bon que le lit fait des plumes de la basse-cour, mais où l'on ne trouve ni linge de corps, ni vaisselle, ni horloge, ni confortable d'aucune sorte, sauf parfois quelques braveries pour la femme aux jours de fête (1).

Si l'on veut savoir quelque chose de ses sentiments, on voit le mariage accompli comme une sorte de rapt; le maître de la maison jouissant d'une autorité absolue qu'il exerce brutalement; la femme tenue dans une demi-servitude, fatiguée et déformée de bonne heure, portant tous les soucis de la maison, attelée comme une bête à la charrue, accablée du fardeau d'une maternité stérile, car les enfants en bas âge meurent comme des mouches, et, malgré le nombre des naissances, les familles sont relativement peu nombreuses; les enfants eux-mêmes à peine sortis de la première jeunesse, mis au travail selon les autres vers de la chanson :

---

cienne France (p. 359). — Presque toujours, le paysan est armé, de peur des brigands : « Un paysan armé, comme ils le sont presque tous, en ce pays-là ». *Mém. de J.-Ch. de Thou* (p. 82). — En 1592, des paysans Lafleur, Davideau, Colombet, sont au cabaret dans un village du Poitou. Une rixe s'élève entre eux. Lafleur *tire l'épée*, Colombet *aussi*, et Lafleur est tué. V. la lettre de rémission dans Archives des Aff. Étrangères. FRANCE, Galeries (n° 20, f° 19).

(1) Sur tous ces points, voir les textes réunis par BABEAU dans sa *Vie rurale*. Il est important de distinguer, dans son travail, ce qui se rapporte au dix-septième ou au dix-huitième siècle. C'est vers 1750 seulement qu'une sorte d'aisance générale commence à se répandre dans les campagnes. — Observons encore qu'il n'y avait pas ou peu d'argent comptant, pas de valeurs mobilières, et que les meubles ou les animaux étaient toute la fortune, en dehors de la terre. Aussi, chez les gens riches, chez les nobles ou chez les bourgeois, on trouve un luxe de mobilier qui fait un contraste d'autant plus marqué avec la pénurie du paysan. Voir, à ce sujet, *Livre de raison d'une famille de Brive au seizième siècle* (La famille Maillard). Lecture faite au concours des sociétés savantes, 1879, préface (p. 37).

> Ce pauvre laboureur
> N'a trois petits enfants
> Les mit à la charrue à l'âge de dix ans (1).

L'hiver seulement, quelques-uns d'entre eux envoyés chez l'écolâtre pour y recueillir le rudiment d'une instruction qui se borne toujours à la *Croix de par Dieu,* au psautier et à quelques mots de latin ; la famille enfin conservant, dans beaucoup de pays, la constitution robuste mais rude du Moyen âge, avec les servitudes de la communauté taisible, la vie d'une ruche, et la routine du même *pot, feu et chanteau.*

De la politique, le paysan ne connaît guère que le nom du roi, les exigences du seigneur, « les soldats, les impôts, le créancier et la corvée » (2). A la religion, il tient d'une foi naïve, comme la mère de Villon :

> Femme je suis povrette et ancienne
> Ne riens ne sçay ; oncques lettres ne leuz ;
> Au monstier voy, dont suis paroissienne
> Paradis peinct où sont harpes et luz
> Et ung enfer ou damnez sont boulluz :
> L'ung me faict paour, l'aultre joye et liesse.

Mais il reste aussi très attaché aux superstitions antiques. Il se rend en procession aux fontaines et aux pierres druidiques ; il écoute, en frémissant, le bruit du vent dans les feuilles des forêts profondes ; il observe, au matin, les traces légères, laissées sur le gazon par la ronde des fées ; parfois il trouve, au bout du sillon, la mâche pleine de poils de chèvre que le faitaud derrière un rocher surveille et voit rompre avec un éclat de rire. Les bois, les landes, les cavernes, les houles que la mer creuse sous le sol ébranlé, son imagination les peuple d'un monde subtil, prompt, ironique, apparaissant et disparaissant, souvent pour lui nuire, rarement pour lui venir en aide. Il croit aux sorciers et il les brûle ; il craint les maléfices, les sorts, l'aiguillette nouée. A Noël, il chante

---

(1) Dans le conte populaire de « Petite baguette », la vieille mère veut mettre son fils à la besogne, dès sept ans. Il lui demande d'attendre qu'il ait atteint sa quatorzième année. Sébillot, *Contes des paysans et des pêcheurs,* 1881, in-12 (p. 137).

(2) La Fontaine, *la Mort et le Bûcheron.*

*au Gui l'an neuf*, et à la Saint-Jean, dansant comme ses ancêtres autour des grands feux allumés en plein midi, il rend, comme eux, un culte inconscient au soleil qui flamboie dans le ciel et qui va fécondant la terre maternelle.

Son seul souci est la terre. Il ne pense qu'à elle. Il la couve; il la veut. Où en est-il de cette lente conquête? Plus avancé déjà que sa grande misère ne permettrait de le supposer, il commence à voir son rêve se réaliser. Il a tout sacrifié à ce progrès et à celui de la liberté civile, tous deux corrélatifs, et, en somme, ses sacrifices n'ont pas été vains. Il n'y a peut-être pas en Europe, à cette époque, un pays où il y ait moins de servitude rurale que chez nous. Sauf dans quelques régions de l'Est, encore à demi-allemandes, le paysan français est libre. Il a son bien à lui, dont il dispose à son gré et que, « sentant sa mort prochaine », il partage entre ses enfants. Les petits propriétaires, ceux que le jurisconsulte définit en termes précis : « *Qui sua jura colunt et in rem suam villatica tractant negotia* » (1), ceux-là se multiplient. Le seigneur qui est venu à la cour, « portant, comme nous l'avons dit, ses prés et ses moulins sur les épaules », ce seigneur a trouvé acquéreur : c'est le paysan, le vilain, le serf de jadis (2).

Une fois le coin de terre acquis, il est jalousement gardé. Il suit le sort de la chaumière habitée par des générations successives,

> ... et qui de père en fils,
> L'ont de Pierre à Simon, puis à moi Jean transmis.

C'est aux dépens de la noblesse laïque, de la noblesse de cour,

(1) R. Choppin, cité par Doniol (p. 326).
(2) Ce mouvement avait été marqué, surtout dans la première moitié du seizième siècle, avant les guerres civiles : « Au cours du seizième siècle, dit Pigeonneau, il se produisit, par suite de la découverte des mines d'or du Pérou, une surabondance de numéraire qui eut pour résultat le renchérissement général des salaires et des denrées. Tous les anciens droits et arrérages, cens, rentes, etc., se trouvent diminués proportionnellement d'autant, au moment où la vie coûte plus cher; la noblesse s'endette; elle engage ou vend ses terres au bourgeois, elle traite avec ses vassaux du rachat des droits féodaux; tandis que le paysan qui vit de sa terre, qui n'achète rien, qui profite tout à la fois de la dépréciation de l'argent pour le paiement des uns et de la hausse des denrées pour la vente de ses produits, s'enrichit à mesure que le seigneur s'appauvrit. Il marche peu à peu à la conquête du sol. » *Histoire du Commerce* (I, p. 198). — Dans le même sens, Doniol (p. 305).

militaire et dépensière, que s'esquisse cette mainmise sur la propriété rurale par le paysan. Le domaine ecclésiastique se défend mieux. Il est mieux géré. La vie d'ailleurs y est plus douce; la durée des conductions plus longue; le paysan y est plus ménagé. Au début d'un établissement de trente années, parfois d'un demi-siècle, il peut se croire propriétaire. Il se dit que sa peine lui profitera, à lui ou à ses descendants.

L'immensité des domaines ecclésiastiques n'en compte pas moins, avec la lourdeur des impôts royaux, et avec les dernières vexations seigneuriales, parmi les causes qui contribuent le plus à arrêter le progrès tenace du paysan français. La période qui va s'ouvrir pour lui est peut-être la plus pénible de toutes. Déjà il a entrevu une amélioration, déjà il a goûté aux charmes du travail indépendant et de la propriété libre, et il semble qu'une réaction se prépare. Moins bien défendu par la royauté, il doit attendre encore, sous le froid et la bise.

Pendant tout ce siècle, c'est la guerre en permanence, ce sont les impôts, c'est la famine. Le pillage et la terreur vident les champs et repeuplent les forêts primitives. Tous ces maux le paysan les endurera encore, sans perdre son calme et sa confiance en l'avenir. A l'automne, il sort des bois et il sème. On dirait qu'il sait que des jours meilleurs se lèveront et que ce grand travail auquel le monde est en proie, que ces passions qui s'agitent, que cette unité qui se forge, que ce despotisme niveleur qui s'étend sur la nation, que toute cette besogne politique et sociale dont il ne connaît encore que les maux, se fait pour lui et que l'heure approche où, en face des privilégiés qui le dédaignent et de la royauté qui l'oublie, se dressera, définitive, la *Révolution des paysans.*

## CHAPITRE QUATRIÈME.

### LES QUESTIONS RELIGIEUSES.

#### Les deux Glaives.

La religion ne crée pas seulement le lien qui unit l'homme à Dieu. Elle règle et surveille les relations entre l'homme et l'homme. Elle n'est pas qu'une théodicée; elle est aussi une morale et une politique. L'art de gouverner les hommes est invinciblement uni à la mission de les catéchiser, de les convaincre et de les améliorer. Aussi, dans beaucoup de sociétés, les deux pouvoirs ne se distinguent pas. Ils sont, dès l'origine, réunis dans une seule main; le prophète est, en même temps, un législateur et un conquérant.

Dans le monde chrétien, au contraire, la puissance religieuse ne se confond pas, en principe, avec la puissance politique. Le Christ, du fond d'une Judée vaincue, mais non soumise, recommandait l'obéissance aux pauvres gens qui le suivaient. Il déclarait que son royaume n'était pas de ce monde. Évitant le piège que lui tendaient les pharisiens, il disait : « Rendez à César ce qui est à César, et à Dieu ce qui est à Dieu. » Mais quand son Église eut triomphé et qu'elle fut devenue une puissance traitant d'égale à égale avec les empereurs, elle ne put échapper aux responsabilités qui incombent aux dominations. On fut frappé alors de l'antinomie inscrite dans la formule divine, et la lutte s'engagea sur la question de savoir ce qu'on doit à César et ce qu'on doit à Dieu.

À l'aube des temps modernes, le problème des rapports entre les deux pouvoirs se trouve posé en ces termes : à Rome, une autorité faible, mais vénérée, revendique une double domination spirituelle et temporelle; dans les autres pays chrétiens, d'une part, des églises locales actives, riches, puissantes, mêlées au siècle, réclament toute l'indépendance compatible avec l'unité du dogme; d'autre part, des pouvoirs laïques représentant les premières aspirations des nationalités naissantes, nient l'autorité temporelle du Saint-Siège et convoitent les richesses immenses possédées, sous leurs yeux, par les églises locales.

La papauté parut l'emporter tout d'abord. Grégoire VII et Innocent III crurent un instant que leur rêve d'hégémonie pouvait se réaliser; mais, sous leur main tendue pour le saisir, il s'évanouit. Ce fut alors le tour des églises locales. Elles partagèrent l'heureuse fortune du parti aristocratique. Elles prirent une part active au gouvernement des peuples, en donnant aux rois des conseillers et des ministres; elles étendirent la juridiction ecclésiastique et l'empire du droit canon, sur la majorité des fidèles; elles s'emparèrent de toutes les branches de l'activité intellectuelle et mirent la main sur l'éducation des peuples et sur celle des princes. En France, l'aristocratie épiscopale touche à son apogée vers le treizième et le quatorzième siècles. Après l'exil d'Avignon, et dans les temps du schisme, elle cite le pape à sa barre dans les fameux conciles de Constance et de Bâle; elle arrache au roi la Pragmatique sanction de Bourges, qui assure, à l'encontre de la papauté, et à l'égard de la royauté, les « privilèges, libertés et franchises de l'Église Gallicane. »

Mais la royauté était déjà trop forte pour laisser se constituer ainsi, auprès d'elle, une autorité rivale de la sienne. A peine sortie de la guerre de Cent ans, elle déchire le contrat que, dans un jour de faiblesse, elle avait signé. Elle s'appuie sur Rome pour détruire l'autorité épiscopale; elle se sert en même temps des évêques pour mettre un frein aux ambitions ultramontaines. Louis XI inaugure cette politique de bascule par un coup de vigueur fort mal apprécié d'ordinaire : l'abolition de la Pragmatique de Charles VII.

La papauté avait déjà renoncé à son entreprise de domination universelle. Trop heureuse de se rapprocher des pouvoirs civils, elle avait adopté, depuis Martin V, la politique des « Concordats », qui sauvait ce qui pouvait être sauvé, et qui lui assurait du moins l'autorité spirituelle, à défaut des avantages temporels. Le concordat français, esquissé à diverses reprises, sous Charles VII et sous Louis XI, finit par se conclure sous François I$^{er}$ et remplaça cette Pragmatique que Rome qualifiait de « détestable. » Ce n'était qu'un acte de plus dans la série des transactions par lesquelles le Saint-Siège liquidait la faillite de ses ambitions médiévales. Cet arrangement sauva Rome du schisme, et la France de la Réforme (1).

### La Réforme et les guerres de Religion.

S'il y eut, au cours de notre histoire, une époque où notre peuple connut la douceur de vivre, ce fut vers la fin du quinzième et le premier quart du seizième siècle. Le Moyen âge était fini; l'aube des temps modernes se levait; une espérance passait sur le monde. Cette heure délicieuse laissait poindre, parmi les grâces languissantes d'une civilisation qui se mourait, les premières ardeurs de celle qui allait surgir. L'art français produisit, en ce temps, sa fleur la plus exquise; le gothique flamboyant embellit de son luxe assorti, les horizons délicats et les coteaux modérés de notre France. Cette floraison éclatante et comme d'un été soudain, est le témoignage le plus assuré de la richesse et de la tranquillité du pays. Un seul nom suffit pour évoquer ces heureuses années : c'est celui de Louis XII, *le Père du peuple*. La France resta, pendant des siècles, reconnaissante à ce prince des heures de bien-être qu'elle avait connues sous son règne.

Si l'on compare le tableau presque idyllique de ce temps légen-

---

(1) Pour tout ce qui précède, voir les détails et les preuves que j'ai données dans l'*Introduction* au *Recueil des Instructions données aux ambassadeurs à Rome*. Alcan, 1888, in-8° (p. xxxv et suiv).

daire avec les drames sanglants qui désolent, au même moment, l'histoire de l'Allemagne, on ne s'étonnera pas de trouver la France moins prompte aux nouveautés et moins disposée à courir les chances d'une révolution.

Le pouvoir central en France était, depuis longtemps, constitué et fort. La grande aristocratie laïque avait péri sous ses coups. Le corps de la noblesse n'était ni assez puissant, ni assez uni pour avoir une politique suivie, capable d'arrêter les progrès de l'autorité monarchique. La nation se groupait autour de son roi; il était aimé et il était craint. Pendant les premières années du règne de François Ier, l'union du peuple et du gouvernement était si naturelle, qu'on n'eut su concevoir quelle cause intérieure pouvait troubler l'équilibre de ce florissant empire.

La question des biens ecclésiastiques, cause immédiate de la révolution allemande, était résolue, et résolue en faveur de la royauté? Tel fut l'effet du Concordat de François Ier : en signant cet acte, le pape et le roi s'étaient attribués l'un à l'autre ce qui ne leur appartenait pas : à celui-là, l'autorité sur les évêques, à celui-ci la disposition de la fortune ecclésiastique. Le clergé se trouva ainsi dépouillé, d'un trait de plume, de son indépendance et de ses richesses : la Réforme, par conséquent, devenait inutile. Des historiens se sont demandé ce qu'il serait advenu, si le roi de France s'était fait protestant. Question vaine. C'était un parti que le roi ne pouvait prendre. La rupture avec Rome eut amené la dénonciation du Concordat, c'est-à-dire l'abandon volontaire des avantages que le succès d'une politique séculaire venait d'assurer à la royauté.

Qu'on observe l'évolution du protestantisme français, on remarquera à quel point son action a toujours manqué d'étendue et de profondeur. Théodore de Bèze énumère avec complaisance les « églises » fondées dans la plupart des villes de France, durant les trente années qui vont de 1530 à 1560 ; mais il se garde bien de faire connaître le chiffre des fidèles. Sauf dans quelques centres populeux, il est presque toujours peu élevé (1).

---

(1) Voir ce que nous disons ci-dessus de l'adhésion des artisans aux nouvelles doctrines (p. 474). Presque partout ils étaient dirigés par la petite noblesse, la noblesse

Paris fut, en tout temps, hostile à la Réforme. Or, qu'est la France, sans Paris? La capitale était déjà « cette tête trop lourde pour le corps », dont parlait Henri III. Théodore de Bèze n'a pas assez d'injures pour la « prostituée », la « Babylone moderne ». Cela veut dire que la Réforme n'y avait que des succès restreints (1).

De même, les femmes restent presque partout en dehors du mouvement. Le protestantisme français fut viril; il se poussa par la raison, par le courage, par la gravité, mais non par le charme, et le sentiment, par cette séduction féminine, qui, souvent, chez nous, tourne les têtes après les cœurs. Tout au début, on avait bien entendu quelques grandes dames, d'imagination libre, soupirer, sur des airs de danse, la traduction des psaumes de Marot. Ces fantaisies disparurent bientôt. Dans le livre des martyrs, les noms de femmes sont très rares.

Enfin le paysan français s'abstint presque partout. Les marchands, les artisans, les tisserands, les colporteurs, les étudiants sont cités presqu'à toute page dans Théodore de Bèze; les laboureurs, très rarement. Sauf dans les régions voisines de l'Allemagne et des Flandres, les masses rurales furent, au début, indifférentes, bientôt hostiles. C'est ici que la comparaison s'impose avec ce qui se passait en Allemagne. Le tumulte des guerres sociales, les assemblées de paysans dans les bois, les conciliabules du « soulier à lacet », les succès effrayants de Muncer, puis les révoltes, la destruction, la dévastation répandues au nom des idées nouvelles, à tel point que Luther lui-même avait été obligé de désavouer ces redoutables auxiliaires, tout cela présente, avec la réserve et le calme du paysan français, un contraste qui découvre, dès l'origine, la divergence existant entre les deux mouvements et qui donne la raison de leurs divers succès.

Dès l'année 1560, le protestantisme apparaît, en France, avec

---

besoigneuse. Mourin dit, dans son livre sur la *Réforme et la Ligue à Angers :* « Les chefs de la bourgeoisie n'avaient aucune sympathie pour l'humeur brutale et turbulente des gentilshommes protestants ; et la répugnance qu'ils éprouvaient à se mettre à la suite de pareils meneurs contribua certainement à les retenir dans la religion catholique » (p. 20).

(1) Th. de Bèze (t. I, p. 94-95).

tous les caractères d'un parti politique aristocratique (1). C'est Théodore de Bèze lui-même qui va nous dire comment, au cours de cette année 1560 « la cause » fut constituée : « . . . Les façons de faire ouvertement tyranniques (des Guises), les menaces dont on usoit *envers les plus grands du royaume,* le reculement *des princes et grands seigneurs,* la corruption des principaux de la justice rangés à la dévotion des principaux gouverneurs (les Guises), les finances du royaume départies par leur commandement et à qui bon leur semblait, *comme aussi tous les offices et bénéfices,* bref, leur gouvernement, violent et de soi-même illégitime, émut de merveilleuses haines contre eux... Chacun donc fut contraint de penser à son particulier, et commencèrent plusieurs à se rallier ensemble pour regarder à quelque juste défense *pour remettre sus l'ancien et légitime gouvernement du royaume* (2). »

Ce sont bien là des raisons politiques. La dispute religieuse est devenue une affaire d'État, et l'hérésie couve la rébellion. Brantôme dit, en parlant des premiers troubles, qu'il y eut dans tout cela « pour le moins autant de mécontentement que de huguenoterie ». Catholiques et protestants, tous les témoignages concordent (3).

Aussi, quand on se fut assuré du concours plus ou moins déclaré d'Antoine de Bourbon, quand le prince de Condé et les Châtillon se furent prononcés ouvertement, en un mot, quand on se crut assez fort on se considéra comme suffisamment « autorisé » et on organisa la résistance politique et militaire.

(1) En Allemagne, Luther avait fait appel et aux princes et aux seigneurs laïcs. On a déjà cité ce texte de Mélanchton : « L'Église ne doit pas être une démocratie qui aurait pour caractère de laisser à tous la licence de vociférer et de troubler les dogmes, mais *c'est une aristocratie* dans laquelle ceux qui sont les premiers, c'est-à-dire les évêques et les princes, prennent ensemble les résolutions et les conseils. » *Corpus reformatorum* (t. III, p. 470), cité par LAURENT, *L'Église et l'État* (p. 324). Il cite aussi ce passage de JURIEU : « La Réforme s'est faite par l'autorité des souverains. Ainsi elle s'est faite à Genève, par le Sénat; en Suisse, par le conseil souverain de chaque canton ; en Allemagne, par les princes de l'Empire ;... en France, quoique la Réforme ait commencé sans l'autorité des souverains, cependant elle ne s'est point établie sans l'autorité des Grands. » — Ce point de vue est aussi celui de RANKE, dans son *Histoire de la papauté.*
(2) *Histoire Ecclésiastique des Églises réformées au royaume de France,* éd. 1882 (t. I, p. 139).
(3) V. aussi l'opinion de l'ambassadeur vénitien ALVISE CONTARINI, qui écrit en 1572. (Collect. *Alberi,* 1re série, t. IV, p. 245).

Le royaume se trouva subitement divisé. Cette belle unité des règnes de Louis XII et de François Ier fut détruite, et le protestantisme mérita, bon gré mal gré, le reproche que ses adversaires lui faisaient, depuis longtemps, d'être un instrument de désordre et de désagrégation non seulement dans l'Église, mais aussi dans l'État.

Composé d'hommes vigoureux et décidés à tout, le protestantisme français ne devait pas s'en tenir aux demi-volontés et aux demi-mesures. Quand les dernières violences eurent été consommées contre lui et que les horreurs de la Saint-Barthélemy l'eurent ramené à l'état de défense naturelle, il trouva, dans ces excès, la justification de sa révolte. Aucune barrière n'arrêta désormais ces esprits dépouillés soudain de l'épaisse couche de règles et de préjugés entassée par les siècles. Une école de publicistes nouvelle se dressa en face de la royauté, et, au nom de l'histoire, au nom de la justice, au nom de la raison pure, lui demanda compte de ses actes, l'interrogea sur les origines et sur les droits de ce pouvoir absolu dont elle faisait un si étrange abus. La Boëtie, Hotman, Hubert Languet, une foule d'auteurs anonymes répandirent dans le public des pamphlets où la doctrine de la souveraineté populaire était développée hardiment (1).

On décida que le roi n'était qu'un commis de la nation, et que s'il abusait de l'autorité dont il était le dépositaire, on pouvait le déposer comme un tuteur suspect. On s'insurgea contre l'erreur traditionnelle de la politique française, et, en particulier, de la politique légiste. On dénonça Louis XI comme « le premier tyran ». Empruntant à la bible et à l'antiquité classique des préceptes et des modèles qui s'appliquaient trop directement aux faits contemporains, ces « républicains » firent l'apologie de l'assassinat politique et ils proclamèrent qu'une conscience honnête et libre, et qui se sent inspirée, peut choisir sa victime parmi ses adversaires, et supprimer

(1) Outre les noms illustres que je viens de rappeler, il convient de citer les auteurs des pamphlets recueillis dans les *Mémoires de la France au temps de Charles IX*, et notamment l'écrivain anonyme du *De Jure magistratuum erga subditos et subditorum erga magistratus*, qui, d'après M. A. CARTIER, serait Théodore de Bèze. — Cfr. RICHELIEU, *Réponse aux Ministres de Charenton* (p. 184-218). — Voir G. WEILL, *Les théories du pouvoir royal en France pendant les guerres de religion*, Paris, 1891, in-8°.

l'homme qui est un obstacle à l'avènement de la liberté et à l'établissement du règne de Dieu.

Plus audacieuse enfin et plus coupable, la doctrine protestante, après avoir autorisé l'insurrection et l'assassinat, conseille le recours à l'étranger, en cas de discordes civiles pour cause de religion. Cette décision fut acceptée par les meneurs du parti, après qu'ils en eurent mûrement pesé les conséquences. Sur le bord du fossé, les meilleurs hésitèrent longtemps. « L'amiral, quelque temps avant le traité d'Hamptoncourt, avait déclaré qu'il aimerait mieux mourir que de consentir que ceux de la religion fussent les premiers à faire venir les forces étrangères en France. » — « Jusqu'ici, écrivait Calvin à Bullinger, (9 juin 1562), on a hésité à demander du secours au dehors. J'ai toujours conseillé aux nôtres de ne pas prendre l'initiative d'une démarche semblable. Mais maintenant que nos adversaires ont enrôlé des reîtres d'Allemagne, nous pouvons appeler justement des auxiliaires (1). » Ces hésitations prouvent que, dans le parti protestant, on avait conscience du crime que l'on allait commettre. Quant au prétexte invoqué, l'exemple du roi faisant, comme de coutume, procéder à des enrôlements en Allemagne, pouvait-il justifier ce traité de Hamptoncourt qui, trois mois après, livrait le Havre et la Normandie aux Anglais?

D'ailleurs, il ne s'agit pas ici de dispenser la louange et le blâme et de dire où furent les premiers torts : les catholiques furent tout aussi coupables. Ce que je veux seulement établir, c'est que les discordes religieuses avaient jeté un tel trouble dans les consciences que le respect de l'ordre antique et le patriotisme naissant furent refoulés. Une religion nouvelle préparait un État nouveau, et, provisoirement, instituait un État dans l'État (2).

(1) *Rev. histor.*, 1882 (p. 441). — Cfr. duc d'Aumale, *Histoire de Condé* (I, 163).
(2) Dès 1569, l'ambassadeur vénitien Ant. Barbaro, écrit : « Je ne vous reconnaissais plus cette France si soumise, si unie, si forte et douée de tant de rares qualités... Qui pourrait contenir ses larmes à voir ce royaume en tel état si regrettable, et pour la France elle-même et pour la chrétienté tout entière. Et un tel changement ne dérive d'aucune autre source que de l'altération de la foi, destinée par la volonté de Dieu à ne pas souffrir de mélange. » Voir la brochure partiale, mais documentée, du P. Verdière, S. J., *Réflexions sur l'histoire religieuse des Français et Recherches sur le protestantisme français*, 1856, in-8° (p. 39).

L'organisation politique du protestantisme français se dessina, dès 1573, dans l'assemblée de Milhaud (1). Elle avait pour objet d'étendre sur toute la France le réseau d'une administration distincte, par son principe et son fonctionnement, de l'administration royale.

Le système reposait sur la *conjuration,* c'est-à-dire sur le serment prêté individuellement, par chacun des membres de l'union, de rester « comme frères et domestiques en la maison du Seigneur, de s'aider, de ne se départir aucunement de ladite union, quelque commodité et condition qui leur fussent présentées ». La France était divisée en *diocèses* et en *généralités.* Dans chacune de ces subdivisions, il y avait des assemblées, dont les membres étaient élus parmi les nobles de la région. Sur ce principe, fédéral et aristocratique, reposait une autorité délibérante suprême, celle des « États généraux de la Cause » qui devaient s'assembler tous les trois mois, et qui se composaient, pour chaque généralité, d'un noble, d'un député du Tiers, et d'un magistrat. Les « Conseils de généralité » assuraient le recrutement de l'armée et la discipline militaire. Tous les revenus royaux, tous les biens du clergé étaient confisqués. En matière judiciaire, l'autorité des tribunaux royaux était déniée, sauf au civil et en première instance; les causes criminelles et l'appel étaient portées devant des tribunaux spéciaux ayant surtout un caractère arbitral.

Cette organisation fut modifiée plusieurs fois, par la suite, et notamment à Nîmes, en 1575, et à la Rochelle, en 1588. Mais elle n'en reste pas moins le type de la constitution des forces protestantes en France, type éminemment délibératif et aristocratique, s'inspirant, par conséquent, de principes diamétralement opposés à ceux sur lesquels reposait l'administration générale du royaume. C'était, selon la remarque de de Thou, « une nouvelle espèce de république, séparée du reste de l'État, ayant ses lois propres pour la religion, le gouvernement civil, la justice, la discipline militaire, la liberté du commerce, la levée des impôts et l'administration des finances. »

---

(1) Sur tout ce qui suit, voir le livre d'ANQUEZ, *Histoire des assemblées politiques des réformés de France* (1573-1622), 1859, in-8°.

Cependant, comme l'existence du parti huguenot était une guerre perpétuelle, il lui fallait un chef. La méfiance des pasteurs fut bien obligée d'en passer par là. On constitua donc un *Protecteur des Églises,* juge d'Israël, chef, gouverneur général et commandant des armées, au nom, lieu et autorité du roi de France. Mais on l'entoura de mille liens. Il ne put prendre aucune mesure importante sans l'assentiment des corps délibérants. Que ce soit Condé, que ce soit Henri de Navarre, ce chef n'est pas libre. Il est tenu sous le joug par les ministres, « ces sévères Nathans », qui ne cessent de dénoncer publiquement ses erreurs, ses fautes, ses défaillances : « Voici le temps de rendre les rois serfs et esclaves, disait l'un d'eux »; et toute la politique des assemblées était visiblement dirigée de manière à faire contrepoids à la « tyrannie protectorale ». Henri de Navarre fit, en qualité de protecteur, une dure expérience de la difficulté des corps délibérants; Henri IV ne devait pas l'oublier.

Le parti protestant, appuyé sur les ambitions aristocratiques, spéculant sur la tiédeur des politiques, comptant sur les secours de l'étranger, bénéficiant de l'affaiblissement du pouvoir royal, avait des chances sérieuses de succès. La lutte eut, comme on le sait, ses alternatives. Elle menaçait de se prolonger longtemps, quand, soudain, les chances de la Réforme s'accrurent par la mort inattendue du duc d'Anjou. Le chef de la cause, le Protecteur des Églises, le brillant soldat dont la jeune gloire éclipsait déjà la renommée des plus illustres capitaines, Henri de Navarre, devenait tout à coup l'héritier présomptif de la couronne; et au moment où la disparition de son cousin le rapprochait du trône, le roi lui-même se rapprochait de lui.

Ce coup de fortune extraordinaire s'acheva par la mort de Henri III. Le roi légitime était assassiné par un catholique, par un moine, au milieu d'une armée où tout ce qu'il restait de royalistes fidèles en France s'était réuni pour assiéger, d'un commun accord avec les protestants, le Paris de la Ligue. Par cette catastrophe, le chef d'une cause où les idées anti-royales avaient fait de tels ravages devenait le *Roi.* Les catholiques devenaient, à leur tour, des rebelles. « Les choses, comme dit Bayle, allèrent soudainement du noir au blanc. » Les doctrines se transformèrent avec les intérêts : c'est ce que nous verrons par la suite; mais il faut, tout d'abord, considérer le rôle du parti catholique dans les années qui avaient précédé cette étonnante péripétie.

### Le parti catholique et la Ligue.

Tous les théologiens, tous les publicistes du XVIe siècle, catholiques ou protestants, sont d'accord pour penser qu'il est loisible au prince et au magistrat légitime, de punir et de détruire les hérétiques. La fameuse devise unitaire « une foi, une loi, un roi » donnait en France une force singulière à cette théorie. Personne ne pouvait se plaindre si le roi de France, procédant en forme régulière, livrait aux tribunaux ceux de ses sujets qui manquaient à l'autre règle également acceptée par les protestants : *cujus regio, ejus religio* (1).

Les historiens protestants s'efforcent de prouver que François Ier hésita, avant d'ouvrir contre eux l'ère de la répression. Désireux qu'ils sont de rendre la famille de Guise responsable des sévérités qui les jetèrent dans la révolte, ils gardent quelque ménagement pour la mémoire de ce roi, et même pour celle de Henri II. Mais les faits parlent clairement. Malgré son amitié pour sa sœur, Marguerite d'Angoulême, en dépit des intérêts de sa politique extérieure, François Ier pensa toujours que c'était pour lui un devoir strict de s'opposer aux progrès de l'hérésie. Brantôme dit : « Cette nouveauté ne lui plut et ne l'approuva jamais, disant qu'elle tendait du tout à la subversion de la monarchie

---

(1) Voir l'excellent livre de Ch. Labitte, *Les prédicateurs de la Ligue* (p. 4). Bossuet dit, dans l'*Histoire des Variations* : « Les protestants et les catholiques sont d'accord sur la question de savoir si les princes chrétiens sont en droit de se servir du glaive contre les sujets ennemis de l'Église et de la saine doctrine (liv. X, § 56). — En 1559, un pasteur de Beaugency, du nom de Jean Louveau, est condamné par le Consistoire pour avoir soutenu « qu'il n'étoit loisible au magistrat de punir les hérétiques ». Il faut voir de quel ton Bèze raconte cet incident. *Hist. des Égl. réformées* (t. I, p. 93).

divine et humaine (1). » Henri II ne raisonna pas autrement. « Il comprit le danger, dit l'ambassadeur vénitien, Michel Suriano, et voyant que ce peuple qui était habitué à tant d'obéissance, en était venu à ce point d'insolence que, non seulement on ne craignait pas les menaces royales, mais qu'on prêchait publiquement, qu'on tenait des assemblées où assistaient un grand nombre de gens de qualité des deux sexes et de tout âge, ce prince, pour ne pas perdre tout à fait son autorité et l'obéissance de ses sujets, fut forcé de conclure la paix avec le roi catholique à des conditions fort désavantageuses, afin de pouvoir éteindre cet incendie qui brûlait de toutes parts (2). »

Ce texte indique une autre conséquence de la Réforme : la France affaiblie par ses divisions intestines était obligée de se replier sur elle-même et de suspendre la lutte contre ses adversaires du dehors. Cette paix hâtive eut un contre-coup imprévu sur le développement de l'hérésie. On ne laisse pas impunément inactifs les éléments militaires d'une grande nation. Tous ces soldats, ces gentilshommes, occupés de la guerre et nourris par elle, se trouvèrent tout à coup sans emploi, *en demi-solde,* comme on eût dit trois siècles plus tard. Ils refluèrent sur le royaume, vinrent à Paris en grand nombre, battre le pavé, solliciter des pensions, un gagne-pain ; et comme on ne pouvait les satisfaire, ils retournèrent dans leurs provinces, déçus, aigris, se ruèrent dans les complots et apportèrent, à la résistance des réformés, l'appoint de leur turbulente misère.

La mort de Henri II affaiblit le pouvoir, au moment où le péril devenait plus menaçant. Les protestants démasquaient leurs projets. Las du rôle de martyrs, pour mieux se défendre, ils attaquaient. Partout, dans les provinces, des conjurations locales se formaient. En Provence, en Dauphiné, à Angers, sur un mot venu d'on ne sait où, le parti s'emparait des citadelles, pillait les églises, mettait la main sur les revenus ecclésiastiques, organisait une manière de gouvernement. Par le roi de Navarre, par les Condé,

---

(1) *Œuvres,* Éd. LALANNE (t. III, p. 83).
(2) *Collect. doc. Inéd.* (t. I, p. 523).

par les Châtillon, il touchait à la couronne. Par Genève, il s'assurait des appuis au dehors : « On affirmait avec toute vraisemblance que les réformés se mettoient devant les yeux l'exemple des royaumes d'Angleterre, de Danemark, de Suède, d'Écosse, de Bohême, des six cantons principaux des Suisses, des trois ligues des Grisons, de la République de Genève, où les protestants tenoient la souveraineté et, qu'à l'exemple des protestants de l'Empire, ils se vouloient rendre les plus forts pour avoir pleine liberté de leur religion, comme aussi ils espéroient et pratiquoient leurs secours du costé des étrangers, disant que la cause étoit commune et inséparable » (1).

Dans ce péril, et en présence de l'espèce d'interrègne qui suivait la mort de Henri II, les catholiques, qui formaient, en somme, la majorité du pays, eurent le sentiment que leur salut ne dépendait plus que d'eux-mêmes. Ils pensèrent que l'heure était venue de s'organiser comme l'avait fait le parti protestant. Ils se donnèrent des chefs sûrs, énergiques, décidés à tout. Avec l'élan qui emporte ce peuple de France vers ceux qui représentent ses aspirations ou ses passions du moment, avec l'engouement qui sacre et divinise ceux qu'il aime, il se jeta dans les bras de la famille de Guise.

Elle avait à sa tête deux hommes : un général heureux, qui avait défendu Metz et pris Calais; un politique habile, prêtre et cardinal. Ils étaient riches, généreux, affables; autour d'eux, des dévouements sûrs, une clientèle dévouée. Il n'en faut pas tant aux Français. Les Guises, qui étaient, la veille, des *hommes populaires*, devinrent, le lendemain, des *hommes providentiels :* « Le clergé de France, presque toute la noblesse et les peuples qui tenaient la religion romaine jugèrent que le cardinal de Lorraine et le duc de Guise étaient appelés de Dieu pour la conservation de la religion catholique établie en France depuis douze cents ans. » — « Soudain, tout suit, tout crie : Vive Guise! (2) »

Le cardinal de Lorraine est investi, par le consentement populaire, d'une sorte de dictature : qu'il sauve le royaume de l'hérésie,

---

(1) *Mémoires de* Castelnau (liv. I, ch. vii).
(2) Castelnau, liv. I, ch. iii, et *Mémoires de* Tavannes. — Voir Guillemin : *le Cardinal de Lorraine* (p. 112).

c'est ce qu'on veut de lui. Catherine de Médicis sentait bien la force du coup porté à l'autorité de son fils; mais la prudente Italienne ne peut qu'attendre et dissimuler.

Le cardinal de Lorraine est poussé aux mesures extrêmes par son caractère et par le péril de sa situation. Un historien, qu'on peut considérer comme un apologiste, dit : « le cardinal, était disposé à prendre une grande et suprême mesure qui aurait sans doute épargné quarante années de guerres civiles à la France;... les protestants, quoique déjà nombreux à cette époque, ne formaient pas encore la dixième partie du royaume... Il pensa, qu'en privant la secte de ses principaux appuis et en déployant contre elle toute la puissance royale, secondée par les États généraux, il parviendrait promptement à l'anéantir... Comme on s'attendait à trouver de la résistance, on avait pris de grandes précautions. Indépendamment de la gendarmerie, qui marchait sur Orléans, on avait levé vingt et une enseignes de vieilles bandes avec bon nombre de gens de pied, et si la nécessité l'exigeait, on devait faire venir 4.000 Suisses et autant de lansquenets... Toutes ces forces devaient être partagées entre quatre divisions qui parcourraient les provinces, du nord au midi, « pour chasser les huguenots et faire « obéir le roi. » Tellement qu'on prévoyait qu'en peu de temps le mal, n'étant encore qu'en sa naissance, eût été bientôt étouffé et ceux de cette religion nouvelle étant réduits à l'extrémité, eussent eu plus affaire à combattre contre les juges et à demander pardon qu'à faire la guerre en campagne (1). »

Pasquier s'extasie sur la beauté de ce dessein. On ne peut nier qu'il ne soit marqué au coin de la grandeur; il eût combiné, dans une seule et même entreprise, la Saint-Barthélemy et la révocation de l'édit de Nantes, les arquebusades et les dragonnades! Mais, de si atroces mesures si bien prises ne purent être appliquées : « Au moment où le cardinal avait le bras levé pour frapper l'hérésie, Dieu l'arrêta et mit des bornes au pouvoir absolu dont sa maison s'était emparé sous un roi faible et sans expérience. »

Cet événement imprévu fut la mort de François II. Le lendemain,

---

(1) GUILLEMIN, *Le Cardinal de Lorraine* (p. 197).

Catherine de Médicis se crut reine. Elle se sépara des Guises. Laisser de tels gens au pouvoir, c'était en revenir à l'institution des maires du palais. Mais on s'aperçut bientôt que les frapper c'était atteindre tout le parti catholique (1). Pour suivre cette politique, il fallait prendre son point d'appui du côté des protestants. Autre péril, et de fièvre on tombait en chaud mal. Tel fut cependant le parti que Catherine de Médicis et le chancelier de l'Hôpital crurent devoir prendre. Les catholiques crièrent à la trahison et l'autorité des Guises s'accrut de leur disgrâce. La royauté n'était plus assez forte pour se tenir seule au-dessus des partis. Elle était acculée au choix des fautes. Penchant alternativement vers les solutions contraires, jouet à la fois des ambitions aristocratiques et des passions populaires, irrésolue ou immodérée, elle signe les édits de pacification ou décrète la Saint-Barthélemy ; et, au fur et à mesure qu'elle avance dans cette voie douloureuse, elle sent grandir autour d'elle la désaffection et le mépris.

On sait où les choses en étaient à la fin du règne de Henri III. La série funeste des trois fils de Henri II, la stérile habileté de Catherine de Médicis et l'odieux de son entourage italien, l'amère déception que Henri III avait fait éprouver au parti catholique, d'abord par son départ pour la Pologne, puis par la pusillanimité de sa politique personnelle ; toutes ces causes avaient développé à un point presque incroyable le dégoût pour cette forme de gouvernement autoritaire et centralisé, qui, au début du siècle, avait paru si universellement acceptée et préférée.

Toutes les oppositions vaincues, toutes les résistances qu'on eut pu croire brisées avaient repris vigueur. Les vieilles traditions féodales, les souvenirs de l'autonomie provinciale et du particularisme communal, les aspirations confuses des masses populaires

(1) Les ouvrages sur cette partie si intéressante et si complexe de l'histoire de nos troubles civils sont nombreux. Je citerai seulement parmi ceux que j'ai consultés : les *Mémoires de Condé*, édit. 1743, in-4°. — *L'histoire des ducs de Guise*, de René de Bouillé, 4 vol. in-8°, 1850. — *Les Guises et les Valois*, par de Croze. — *La Contre-Révolution religieuse au seizième siècle*, par Philippson, 1844, in-8°. — *L'histoire de Philippe II*, de Forneron, 4 vol. in-8°. — *Les Huguenots et les Gueux* (1560-1585), par le baron Kervyn de Lettenhove, Bruges, 1883, cinq vol. in-8°.

soulevaient une nation mobile, amoureuse du bruit, de l'éclat, du changement.

La mort du duc d'Anjou mit le comble aux appréhensions des catholiques, à l'incertitude des politiques, et aux espérances des ennemis de la royauté et du royaume. La loi héréditaire appelait maintenant au trône le fils de Jeanne d'Albret, cet Henri de Navarre, déjà deux fois apostat, déjà deux fois vainqueur des catholiques, allié d'Élisabeth, chef et protecteur de la cause protestante. C'en était trop; la constitution du royaume, cette constitution traditionnelle, fondée sur l'obscur prestige de la loi salique, ne répondait plus aux nécessités du moment. Elle ne pouvait faire que la couronne fût assurée à un hérétique. Dieu ne le permettrait pas. Il ne se tournerait pas contre lui-même; quelque chose allait se passer. La tige des rois étant séchée, une nouvelle souche allait refleurir.

Pourquoi chercher d'ailleurs? Le choix n'était-il pas fait? L'homme prédestiné n'était-il pas là? Les mains ne se levaient-elles pas d'elles-mêmes pour le désigner? Les bouches ne s'ouvraient-elles pas pour acclamer le David, le Macchabée, l'élu du Seigneur, Henri de Guise? Il était là, beau, brave, splendide, race de Charlemagne, vainqueur, irrésistible. Son père était mort, martyr de la bonne cause; il portait lui-même, haut sur le visage, la glorieuse balafre de l'arquebusade hérétique. Sage et vaillant, il était entouré d'une escorte de vaillants et de sages. Qu'attendait-on (1)?

Ainsi, on vit se propager rapidement, au sein du parti catholique, les mêmes sentiments de méfiance et de haine à l'égard de la royauté, le même désir de changement qui avaient jadis animé le parti protestant. Les choses, ici encore, « passèrent du blanc au noir ». Les théologiens et les prédicateurs reprirent textuellement les thèses révolutionnaires que les ministres avaient empruntées à l'antiquité païenne ou découvertes dans la Bible. Ce sont maintenant les Porthaise, les Boucher, les Benoît, curé de Saint-Eustache,

(1) La popularité se manifeste, dans tous les temps, de la même façon. Dans le voyage qu'il fait à travers la France pour venir à Paris, le légat Cajetan observe : « On voit partout tant d'images du duc de Guise qu'il est impossible d'exprimer un plus grand amour... » L'ÉPINOIS (p. 375).

l'auteur de l'apologie de Jean Châtel, les écrivains à gage de la fameuse « bibliothèque de Mme de Montpensier » qui développent à satiété la doctrine de la souveraineté populaire. Ils enseignent, à leur tour, que les rois n'occupent le trône qu'en vertu du consentement de tous; qu'il existe entre eux et les peuples un contrat toujours revisable; que ceux-ci ne peuvent aliéner leur indépendance pour toujours, et qu'ils sont libres de reprendre ce qu'ils ont donné. On ajoutait que le roi-tyran peut être mis à mort, ou, du moins, relégué dans un couvent, pour laisser la place à d'autres plus dignes; s'il est ou s'il devient hérétique, ou si seulement il favorise l'hérésie, il est écarté par le concours de l'autorité pontificale et de la volonté des peuples délibérant en assemblée d'États.

Cette nouvelle doctrine politique, qui se réclame de saint Thomas et s'appuie sur certaines décisions des papes, est répandue par des pamphlets innombrables, hurlée jusque dans les dernières bourgades par la voix des prédicateurs. Elle finit par pénétrer dans les esprits. Elle déchire le pacte traditionnel et refuse l'obéissance au roi. « Tout le peuple du royaume, et principalement celui des villes qui ne reçoivent de la monarchie que le fournir et le servir, n'avoient que la *liberté* en tête, au cœur que ceux qui leur en fourniraient le plus court et le plus facile moyen. A ce seul mot, on a été ébahi que, comme les forçats des galères, toutes les villes de France ont abandonné les rames du devoir et de l'obéissance (1). »

La Ligue naquit de l'impuissance de la royauté. Ceux qui la fondèrent eurent le sentiment qu'en France, il n'y avait plus de gouvernement, et qu'il fallait s'organiser de son mieux pour la « tuition commune ». Les origines du mouvement sont toutes provinciales. Paris ne suivit l'exemple que longtemps après la création des premières « ligues locales ». Elles apparurent d'abord dans les régions éloignées du centre et particulièrement exposées aux entreprises des protestants.

---

(1) Hurault. — Lire surtout le livre de Labitte. *De la démocratie chez les Prédicateurs de la Ligue*, 1841, in-8°. — Parmi les pamphlets les plus hardis, je citerai seulement l'*Apologie de Jean Chatel* (p. 65-70), et le livre de Boucher: *De Justa abdicatione Henrici III*.

Elles opposent union contre union, conjuration contre conjuration. Dès 1563, à Toulouse, une association est formée « entre l'état ecclésiastique, la noblesse et le commun du tiers état, pour défendre l'honneur de Dieu et de son église catholique et romaine ». On trouve d'autres associations semblables à Angers, en 1565; à Dijon, en 1567; à Bourges et à Troyes, en 1568. Le parti protestant s'étant organisé définitivement, en 1575, à Nîmes, les ligues catholiques se multiplièrent, à partir de la paix de Beaulieu, au cours de cette année 1576, qui vit la constitution célèbre de la ligue picarde. A Toulouse encore, à Moulins, en Champagne, en Nivernais, en Normandie, en Bourgogne, partout, on s'unit « pour l'honneur de Dieu, service du roi, bien et repos de la patrie » (1). Dans cette première période, ce ne sont pas les éléments violents qui l'emportent; ce sont, au contraire, les gens raisonnables, les hommes pieux, les patriotes, les corps élus. Beaucoup plus tard, quand Paris se décida à suivre l'exemple, ceux qui jetèrent les bases de l'association étaient encore des bourgeois bien posés : M. de la Rocheblond « homme très vertueux, de noble, bonne, ancienne et honnête famille », Hotman, un très riche marchand, quelque chose comme un Rothschild du temps, et qui prêtait de l'argent aux rois ; des hommes qui passent devant l'histoire pour des types de prudence et d'expérience consommées, les Bodin, les Brisson, les Molé, les Jeannin, les Villeroy, n'hésitèrent pas à se déclarer ligueurs (2).

La folie des rois perdait le royaume; c'était aux bons Français de sauver la France. Les Parisiens, avec leur beau langage, s'expliquent très bien en s'adressant au pape... « Hypocrite et voluptueux, tel a été le roi! Alors, du fond de cette situation, est sortie l'union des catholiques; il n'y eut là aucun objet combiné par la prudence humaine; un mouvement divin a tout à coup enflammé les cœurs, et leur a fait comprendre que pour empêcher leur ruine, et celle de la religion, il était temps de s'unir... », et ils ajoutent : « Nous sommes jaloux de l'honneur de Dieu, de l'antique gloire de

---

(1) Sur l'organisation des premières ligues provinciales, voir L'ÉPINOIS. *La Ligue et les Papes*, 1ᵉʳ chapitre.
(2) Voir le *Dialogue du Maheutre et du Manant* dans les pièces justificatives de la *Satyre Ménippée*. Éd. de Ratisbonne.

la France; nous voulons assurer nos vies et nos fortunes et, après avoir été régis et gouvernés par les rois droituriers et très chrétiens, nous ne pouvons plus souffrir ni l'impiété, ni la tyrannie, étant nés Français et non esclaves, catholiques et non calvinistes (1)! » Ce qui est miraculeux, c'est qu'un parti si puissant, répondant à un besoin si général, ayant à sa tête des chefs si populaires, préparé et soutenu par des circonstances si favorables, n'ait pas réussi. Pourtant il a dominé dans la plupart des provinces, pendant près de dix ans. De 1586 à 1596, la Ligue fut, en France, un véritable gouvernement.

C'est le gouvernement des catholiques au nord et dans les grandes villes, avec le duc de Guise pour chef, tandis que le gouvernement, la *cause* des protestants, l'emporte dans l'ouest et le midi, sous les ordres de Henri de Navarre, et que les politiques, oscillant entre les deux, suivent la considération de leurs intérêts du moment : partout, c'est la désorganisation, l'anarchie. Chacun des partis appelle l'étranger à son secours. Soixante mille hommes, venus du dehors, foulent le sol de la France. On ne voit dans l'avenir d'autre perspective que la conquête étrangère et le démembrement.

Ces armées espagnole, allemande, anglaise, italienne, savoyarde qui occupent les provinces, ne travaillent pas pour les imprudents qui les ont appelées, mais pour les maîtres qui les payent. Elisabeth réclame Calais et le Havre. Philippe II date des édits de « sa bonne ville de Paris ». Le duc de Guise, ce duc de Guise tant aimé, est à la fois dupe et complice. Il se débat dans l'angoisse de sa redoutable situation et on dirait qu'il a, par avance, horreur de sa victoire. Le roi de l'Escurial écrit en marge des lettres qu'il reçoit du Balafré : « Cette fois, je le tiens bien, il ne peut m'échapper. » Il pense que la France aussi est prise, et qu'elle ne lui échappera pas (2).

---

(1) Lettres adressées au Pape et au secrétaire d'État, publiées d'après les archives du Vatican par L'Épinois (p. 326).

(2) Voir les lettres provenant de l'Escurial et maintenant aux archives nationales, publiées par De Croze en appendice à son ouvrage, *Les Guises et les Valois*, 1866, 2 vol in-8°. — Cfr. Forneron, *Philippe II* (t. III, p. 226); Voir *Intermédiaire des chercheurs et des curieux* (juin-décembre 1903).

Le miracle du salut de la France, en partant du point où en étaient les choses en 1589, s'explique par un concours de circonstances presque providentiel. Les unes sont purement fortuites; mais les autres viennent d'un réveil vigoureux du tempérament national.

Le duc de Guise n'était pas l'homme des grandes aventures. Au moment décisif, il hésita. Il ne sut pas en finir avec la royauté légitime, le jour des Barricades. Ce sont des occasions qui ne se retrouvent pas. Il avait manqué Henri III. Celui-ci ne le manqua pas. Les Guises morts, la solution pratique et relativement facile que tout le monde avait entrevue et que beaucoup avaient désirée, se dérobait. Conjuration sans but, corps sans tête, la Ligue ne pouvait plus que se débattre en d'effrayants soubresauts et accabler le royaume du poids de son impuissante agonie.

Le désordre sans issue est un état social qui ne peut satisfaire que les éléments pervers d'un peuple, c'est-à-dire les moins nombreux et les moins sûrs. Ces bons bourgeois qui avaient accepté avec joie la perspective d'un changement de dynastie et s'étaient jetés si allègrement dans le péril révolutionnaire, changèrent, du tout au tout, quand ils s'aperçurent que leur passion ne pouvait se satisfaire qu'au prix de leur tranquillité. « Les marchands pensant à leurs affaires ne veulent pas la guerre et conseillent la paix, écrit Mayenne; parmi les officiers de justice, les uns sont bons catholiques, mais les autres, politiques et navarristes en secret, ne cessent d'agiter le bas peuple... (1). » La voix de la *Satyre Ménippée* raconte pour l'histoire le découragement, les terreurs, la colère qui s'emparèrent des classes moyennes, quand elles virent qu'après avoir ouvert le bal, c'étaient elles qui payaient les frais de la danse. « Chacun avait jadis du blé en son grenier et du vin en sa cave, vont-ils répétant; chacun avait sa vaisselle d'argent, sa tapisserie et ses meubles... Maintenant, qui peut se vanter d'avoir de quoi vivre pour trois semaines, si ce ne sont les voleurs... Avons-nous pas consommé à peu près toutes nos provisions, vendu nos meubles, fondu notre vaisselle, engagé

---

(1) L'Épinois (p. 378).

jusqu'à nos habits pour vivoter chétivement? Où sont nos salles et nos chambres, tant bien garnies, tant diaprées et tapissées, où sont nos festins et nos tables friandes? Nous voilà réduits au lait d'un fromage blanc comme les Suisses (1)... » C'est un régime qui ne convient pas à notre bourgeoisie.Pleine de remords et d'appréhension, elle attendait un sauveur, un chef énergique, un bras assez fort pour contenir et abattre les instincts mauvais déchaînés par le pays. Or, ce sauveur était là. Roi légitime, Henri de Navarre se présentait avec l'éclat de la jeunesse, de la victoire, et le prestige du panache blanc.

L'orgueil patriotique contribua, non moins que le besoin de l'ordre, à l'évolution qui se fit soudain. On était honteux et las de la domination étrangère (2). On appréhendait cette fin ignoble pour laquelle Philippe II, depuis si longtemps, tissait sa toile. La France voulait rester catholique; mais avant tout, elle voulait rester France. Quand les ambitions étrangères se démasquèrent, les courages se ressaisirent.

On détestait les Espagnols; de là à saluer celui qui les combattait si glorieusement, il n'y avait qu'un pas. Il fut franchi. Arques ouvrit à Henri IV le chemin de Paris et le chemin des cœurs. Un frisson de joie et d'attendrissement parcourut ce pays qui se sentait renaître. Reprenant, à sa manière, le mot de L'Hôpital, Duplessis-Mornay écrivait : « Qu'on n'oie plus entre nous ces mots de papistes et de huguenots; mais que, pour tout, il ne soit plus parlé que d'Espagnols et de Français ! (3) »

Les imaginations étaient séduites; elles volaient au-devant de la cornette blanche de celui que Givry avait appelé le *Roi des Braves*. Et avec la promptitude de jugement qui suit, en France, la mobilité des impressions, chacun se précipitait vers la seule

---

(1) Voir tout le discours de d'Auvray dans la *Satyre Ménippée*, notamment, p. 129, édit. Ch. Labitte, 1845, in-12.

(2) On était las aussi des ministres et agents italiens qui, depuis si longtemps, dirigeaient la politique de la reine-mère. Le légat du pape écrit qu'on disait couramment dans Paris : « Après l'hérésie, le plus grand fléau du royaume a été l'étranger italien; il a butiné et butine cruellement toute la France ;... si on ne le chasse bientôt, il sera chassé par fureur et sédition populaires. » L'ÉPINOIS (p. 250).

(3) *Mémoires de la Ligue*, in-4° (t. I, p. 102).

solution qui parût maintenant simple, facile et naturelle : le roi légitime n'avait qu'à se faire catholique.

Que l'on considère la situation vraiment extraordinaire dans laquelle se trouvait Henri IV : d'une part, il était le chef du parti protestant; d'autre part, il était l'héritier légitime du trône; de sorte qu'il réunissait et confondait en sa personne les deux doctrines contraires. Il ramassait en lui tous les éléments du problème qui, depuis cinquante ans, agitait la France(1).

Le caractère personnel de Henri IV s'adaptait, avec une justesse merveilleuse, au rôle qu'un tel concours de circonstances lui réservait. Il était la conciliation vivante, incarnée. Tandis que les opinions diverses se rapprochaient en lui, il avait assez de cœur et assez d'esprit pour les comprendre et les embrasser simultanément. Il avait été, dans sa vie, deux fois protestant et deux fois catholique. Expert en abjuration, il s'était fait une sorte de croyance très large et en même temps très sincère : « Ceux qui suivent tout droit leur conscience sont de ma religion, écrivait-il, et moi je suis de celle de tous ceux-là qui sont braves et bons. » Pensant ainsi, il ne lui coûtait pas de se rendre au vœu populaire et, comme il disait en son gascon, *de faire le saut*. Seulement, il voulait qu'on lui laissât le temps nécessaire pour que sa dignité fût sauve. Toute cette période de sa vie est un modèle de calme, de savoir-faire et de réserve souriante. Il négocie de cent côtés à la fois et tient d'une main sûre tant de fils enchevêtrés; il est aux écoutes du moindre pas qui se dirige vers lui et fait volontiers la moitié du chemin. Il ne demande pas mieux que d'aller vite et d'aboutir; mais il s'arrête au moment précis où le prestige royal pourrait être atteint. Alors, il est inébranlable. Même les conditions qu'on lui impose, il veut qu'on les reçoive comme des grâces.

Il faut reconnaître que, dans cette entreprise de réconciliation générale, il fut secouru par tout le monde : d'abord, par la poussée populaire, qui, à Paris même, alors que le siège durait encore, portait sur les pas des envoyés du roi, les masses criant : « La paix!

---

(1) « Qui aurait dit aux Huguenots qui venaient avec une armée conduire Henri IV sur le trône que leur secte serait abattue par son fils et anéantie par son petit-fils. » MONTESQUIEU. *Mélanges inédits;* « de la Politique » (p. 158).

la paix ! »; par la sagesse des catholiques modérés qui, au lendemain de la mort de Henri III, s'étaient rangés autour de l'héritier légitime, en ne lui demandant d'autre engagement que sa parole ; par le patriotisme des États généraux qui violèrent leur mandat plutôt que de trahir le pays ; par l'énergie du Parlement, qui, à la requête de Molé, signifiait aux États « de dénier toute audience au duc de Féria sur les prétentions qui étaient contre les lois du Royaume » (1); enfin par le courage de l'épiscopat français, qui prit sur lui de donner l'absolution, contrairement à la volonté du pape, et en bravant la bulle d'excommunication (2).

Mais, ceci dit, il faut laisser au roi la part très large. Ce génie de conciliation qui était en lui éclata surtout dans la solution qu'il trouva aux difficultés religieuses. Ce fut la partie la plus difficile de sa tâche. On avait affaire à des convictions fortes, à des passions violentes, même à des sentiments désintéressés. Il fallait satisfaire tout le monde, en cédant le moins possible de l'honneur et de la prérogative royale. Pour réaliser cette transaction, ce n'était pas trop de la souplesse et de l'expérience acquises dans une vie qui allait de la journée de la Saint-Barthélemy à la cérémonie de Saint-Denis.

La pacification religieuse de la France, à la fin du seizième siècle, se résume en ces deux termes : du côté catholique, constitution d'une église *gallicane*, demi-indépendante ; du côté protestant, application de *l'Édit de Nantes*; et le principe unique de cette double solution est l'abandon entre les mains du roi, par les deux causes rivales, de la partie de leurs prétentions sur lesquelles ni l'une ni l'autre ne voulait céder.

---

(1) « Le 23ᵉ jour de juin, M. de Marillac, lors conseiller en la cour du parlement, représenta que l'on proposait d'élire un roi et que le parlement s'y devait opposer... Le 28ᵉ, M. Molé faisant lors la charge de procureur général, s'écria : « Suivez les principes, magistrats très ornés... Je vous exhorte à conserver la loi salique, corroborée par la vétusté et par tant de siècles. » Ce fut le signal de la débâcle pour la Ligue et pour les prétentions des princes étrangers.

(2) Pour toute la conduite de l'épiscopat, voir PERRENS, *l'Église et l'État sous Henri IV et Marie de Médicis*, 1873, 2 vol. in-8°, et surtout l'ouvrage de L'ÉPINOIS; cet auteur a eu la bonne fortune de pouvoir consulter les archives du Vatican. Son volume est plein de choses nouvelles. (Voir p. 397-400 et p. 600.)

### L'organisation ecclésiastique. — Le Gallicanisme; l'Édit de Nantes.

C'est du côté des catholiques que venait le plus pressant danger, et c'est de ce côté qu'il fallait porter les premiers remèdes. Il ne manquait pas de villes, dans le royaume, qui juraient comme Amiens « qu'elles ne reconnaîtraient jamais le roi de Navarre, pour quelque nécessité qu'il leur advienne, jusqu'à ce que N. S. Père le Pape eut levé l'excommunication ! » On excitait, dans le peuple, la méfiance à l'égard « de la prétendue conversion du Navarrais ». Les intransigeants du parti ne voulaient entendre à rien, tant que le roi ne se serait pas mis entre les mains du pape. Les suivre ou leur céder, c'était courir au-devant de complications graves. Car, au fond, la France catholique n'avait jamais été ultramontaine; si le succès de la Ligue avait pu faire croire à une évolution dans ce sens, c'est que les passions politiques s'étaient emparées des opinions religieuses et les avaient emportées jusque-là. Le calme rétabli, les esprits devaient revenir naturellement vers les idées d'indépendance à l'égard de Rome, qui étaient dans les traditions du pays.

Henri IV, éclairé par les prélats qui l'entouraient, Vendôme, Lenoncourt, Renaud de Beaune, comprit tout le parti qu'il pouvait tirer du concordat de François I$^{er}$, pour jeter les bases d'une alliance durable entre le catholicisme français et la couronne. L'épiscopat, nommé par le roi et recevant de lui les bénéfices et les faveurs, devait être l'allié et le fidèle serviteur de la cause monarchique. Aussi, ce fut à ses évêques et non au pape que Henri IV demanda l'absolution; c'est avec eux qu'il régla les conditions futures d'existence du catholicisme français, tant au point de vue des personnes qu'au point de vue des biens.

Cet accord ne fut pas sanctionné dans un acte formel. Mais il résulte d'un ouvrage publié précisément en 1594, et qui eut, pour ainsi dire, force de loi en France jusqu'à la Révolution : c'est le *Recueil des Maximes et Libertés de l'Église Gallicane*, rédigé par P. Pithou (1). Les règles du système gallican s'y trouvent codifiées.

L'ordre ecclésiastique du royaume repose sur le texte du Concordat interprété dans un sens favorable à la royauté. Le roi dispose, par le droit de nomination, de tous les bénéfices majeurs; dans les périodes de vacances du siège épiscopal, les revenus du bénéfice reviennent à la couronne, en vertu du droit de Régale : le roi est donc le véritable maître des biens du clergé. Il en délègue seulement la jouissance aux archevêques et aux évêques; il choisit ceux-ci, sous réserve de l'approbation du pape pour ce qui touche à la pureté de la doctrine.

Le clergé, nommé par le roi, forme, dans l'État, un corps à part qui jouit de privilèges exceptionnels. Il est le premier des trois ordres, et partout, il précède les autres, notamment dans les États généraux et dans les États provinciaux. Une place importante lui est réservée dans les conseils du roi (2). Les évêques de Laon, Beauvais, Noyon, etc., sont pairs de France. Dans les cours de parlement, des conseillers clercs figurent à côté des conseillers laïques et ont la préséance. Dans les provinces, les archevê-

---

(1) La première édition, parue en 1594, est dédiée à Henri IV. En 1654, il en parut une nouvelle édition avec des *preuves*. On lit dans le *Privilège* : « Voulant favoriser un ouvrage de si grande importance *pour les droits de notre couronne,* pour le *bien de l'État* et pour *l'intérêt de l'Église* de notre royaume... » D'Aguesseau dit : « Quoique cet ouvrage ne soit que l'œuvre d'un simple particulier..., il a obtenu une sorte d'autorité, plus flatteuse pour son auteur, que celle des lois mêmes. » Le président Hénault, enfin, atteste que « les *Maximes* de Pithou ont en quelque sorte *force de lois,* quoiqu'elles n'en aient pas l'authenticité. » Textes recueillis par Dupin, *Liberté de l'Église Gallicane* (p. 28).

(2) Un pamphlet du temps expose les raisons qui déterminèrent l'ancien régime à donner une grande place dans ses conseils, aux hauts dignitaires de l'Église : « Lorsque les peuples voient leur prince faire estime des prélats, ils conçoivent une grande opinion de sa piété, et le croyant avoir Dieu pour garde et protecteur, ils se contiennent beaucoup plus en obéissance; ils ne conjurent ni ne monopolent jamais contre sa personne et contre son État. S'il arrive du désordre, de la révolte, de la mutinerie, cette autorité relevée des cardinaux, archevêques, évêques, est toujours interposée entre le Prince et ses sujets pour les rappeler à leur devoir, tant le respect du salut est un fort ciment pour unir toutes sociétés... Quelle suite, je vous prie, peut avoir le lustre et l'éclat du clergé pour être suspect à nos rois? Cette grandeur va-t-elle de père en fils pour redouter qu'à la longue il ne s'en forme une faction difficile à rompre? Il n'y a rien à craindre de ce côté-là. » — *Le portrait de l'hérésie*, 1613 (p. 60).

ques ont le pas sur les gouverneurs, et les évêques ont droit à des honneurs égaux. La constitution de l'État entoure le clergé d'une vénération qui traduit les sentiments profondément catholiques de la grande majorité de la nation.

L'Église est exempte des charges publiques. Selon la formule ancienne, « le peuple contribue de ses biens, la noblesse de son sang et le clergé de ses prières ». Les ecclésiastiques ne payent pas la taille personnelle pour leurs biens. Ils sont indemnes des aides pour les denrées qu'ils produisent sur leurs terres et de tous droits d'entrée et d'octroi pour celles qui sont destinées à leur consommation personnelle. Ils sont exempts de la gabelle et leur domicile est à l'abri de toute recherche à ce sujet. Ils ne sont soumis à aucune corvée, banalité, taxes levées sur les habitants des villes pour la subsistance des troupes, les fortifications, les ponts et chaussées et emprunts des communautés (1).

Leurs ressources se composent : des biens ecclésiastiques, qui représentent, en fonds de terre, un tiers, ou, au moins, un quart de la superficie cultivée du royaume, et dont le revenu monte chaque année à environ cent millions, nets de toutes charges; du produit de la dîme, qu'on évalue — modérément — à trente millions par an. Il faut joindre les dons manuels, les offrandes, les secours de toute sorte, provenant de la piété des fidèles, continuellement tenue en éveil (2).

(1) Sur tous ces points, voir BEAUNE, *Droit coutumier français*. De la condition des personnes (p. 50-71).

(2) La question des biens du clergé a été examinée avec soin par M. le vicomte D'AVENEL, dans son tome III. Il constate, après d'autres historiens, qu'il est difficile d'arriver à des chiffres précis. Cependant il pense que, rien qu'en biens-fonds, le clergé possédait une fortune qu'on peut évaluer à sept milliards de francs. Voici quelques renseignements dont il n'a pas fait usage : Aux États d'Orléans, on estimait le superflu des biens du clergé (déduction faite d'une maison laissée à chacun) à la somme de 120,000 liv. de rentes. — PIETRO DUODO, en 1598, estime la rente des biens du clergé à six millions d'écus d'or et plus, composée de 15 archevêchés, 100 évêchés, 800 et plus d'abbayes, et d'un nombre infini de prieurés et d'autres bénéfices (p. 112-113). — Vers la même époque (1593), le président LE BRET, dans un de ses *Plaidoyers* (f° 9), dit que « les ecclésiastiques possèdent le tiers des terres de la France et les plus beaux fiefs du royaume. » — Enfin Bodin, dès 1577, avait écrit, sur la question, une page intéressante dont voici des extraits : « Il n'y a pas cent ans qu'on n'eut pas enterré en ce royaume un mort en lieu saint, s'il n'eust laissé quelque chose à l'église par testament... Il ne faut donc pas s'ébahir si l'Estat ecclésiastique avoit tant de biens... Et de faict, en 1563, on fit un estat abrégé des biens que tenoit l'Église

Par contre, le clergé devait supporter les charges suivantes : l'entretien et la réparation des églises et des édifices destinés au culte, de nombreuses œuvres de charité, des frais assez considérables pour l'enseignement secondaire et primaire, des aumônes, et enfin, comme part contributive aux dépenses du royaume, ce qu'on appelait le « don gratuit », c'est-à-dire une somme librement consentie et offerte annuellement au roi. Dans les premières années du règne de Louis XIII, elle montait ordinairement au chiffre de un million de livres par an. Pour la voter et aussi pour veiller aux mille détails de l'administration de ses biens, le clergé était autorisé à se réunir tous les deux ans d'abord, puis tous les cinq ans seulement, en assemblées qui défendaient avec énergie les privilèges et libertés de l'Église Gallicane.

Les ecclésiastiques ne devaient pas le service militaire ni aucune des charges connexes, sauf dans le cas de péril extrême. Ils échappaient à la contrainte par corps; ils étaient dispensés des charges municipales, de la tutelle et de la curatelle. Enfin, ils jouissaient d'un privilège capital, celui de la juridiction; en vertu du *privilège de clergie,* tout tonsuré échappait, en principe, aux tribunaux laïques (1).

En échange d'avantages si nombreux et si grands, la royauté demandait au clergé soumission, fidélité et concours; le clergé ne les lui marchandait pas. A aucune époque de notre histoire l'union ne fut plus intime, la solidarité plus complète entre le Pouvoir et l'Église. Il se constitua, en France, une sorte de religion nationale ayant ses dogmes particuliers (2), ses rites et sa discipline

en ce royaume : il se trouva 12 millions 300 mille livres de rentes, sans y comprendre les aumônes ordinaires et casuelles. Mais L'Allemant, président des comptes à Paris, faisoit estat que l'ordre ecclésiastique tenoit, des douze parties du revenu de la France, les sept... Je dis que l'inégalité si grande a peut-être donné occasion des troubles et séditions advenus presqu'en toute l'Europe contre l'Estat ecclésiastique, ores qu'en apparence on faisoit un voile de religion ; car si ceste occasion là n'y fust esté, on en eust trouvé quelque autre, comme on fit anciennement contre les Templiers et contre les Juifs. » *République* (édit. 1629, in-12, p. 712).

(1) Voir ce que nous avons dit ci-dessus de la juridiction ecclésiastique (p. 304).
(2) Je crois pouvoir dire « ses dogmes », par exemple en ce qui concerne l'immaculée conception, l'autorité indirecte du pape sur le temporel, l'infaillibilité du pape, qui ne purent entrer dans le domaine de la foi, qu'après que l'opposition de l'Église gallicane eut pris fin. — On sait, en tout cas, que le Concile de Trente ne fut pas reçu en France

propres, s'appuyant sur la royauté et très fortement attachée au principe monarchique : c'est le *gallicanisme* qui a, pour clef de voûte, la doctrine du droit divin des rois.

Le roi est le représentant, sur la terre, de l'autorité divine dans les choses du temporel, comme le pape l'est en matière spirituelle. Les deux glaives sont égaux. Ils pèsent du même poids dans la balance. Ils ne sont nullement subordonnés l'un à l'autre. Le roi est « roi par la grâce de Dieu », comme le pape est pape « par la désignation de l'Esprit-Saint ». Le roi est le fils aîné de l'Église ; il est « l'Évêque du dehors ». Aucune loi nouvelle, en matière religieuse, ne peut être introduite dans le royaume sans son exprès consentement.

Le roi, placé si haut par l'enseignement de l'Église, rend à celle-ci en piété, en déférence attentive, en bienveillance généreuse, ce qu'elle lui offre, chaque jour, en concours dévoué et en obéissance. Il lui doit de la protéger contre ses ennemis. Il jure, à son sacre, de combattre et de poursuivre les hérétiques. Le roi étant, en France, un objet de religion, il y a une religion du roi. Lui aussi peut dire : « Qui n'est pas avec moi est contre moi. » Il veille non seulement au repos, mais au salut de ses sujets. Il lit dans leurs âmes, scrute leurs consciences et les préserve du péché. Son royaume n'est pas seulement de ce monde ; il se prolonge jusque dans l'autre. Si le roi arrête aux limites du territoire français l'inquisition romaine, il se fait lui-même inquisiteur ; il connaît des hérésies et des sacrilèges, met le bras séculier au service des passions théologiques, force les curés à confesser ses sujets et traîne ceux-ci au confessionnal. Il lit les brefs des papes comme les livres des philosophes, met son *exeat* sur les uns et sur les autres, les condamne ou les brûle, s'il les juge contraires aux bonnes mœurs, aux doctrines ou aux intérêts généraux du royaume.

Le Gallicanisme, complété par le droit divin, s'appuie sur le principe de la nationalité et, en même temps, il l'affirme. Roi, clergé, nation, sont les trois termes d'une formule aussi forte

---

Sur cette question, voir PHILIPPSON (p. 593), L'ÉPINOIS (p. 252). PASQUIER *Lettres* (t. II, p. 1271). MIGNOT. *Histoire de la réception du Concile de Trente*, et DUPUY, *Instructions et lettres des rois de France sur le Concile de Trente*, 1654, in-4°.

contre les prétentions extérieures, que compacte dans la politique intérieure. De ce côté, la transaction de Henri IV fut des plus heureuses, puisqu'elle résolut, pour deux siècles, ce problème de la concorde des deux pouvoirs posé, dès l'origine de l'Église chrétienne, par la parole de son fondateur (1).

Tandis que l'Angleterre et l'Allemagne allaient se débattre pendant un demi-siècle encore dans les affres des luttes religieuses, la France était pacifiée. L'indépendance de son Église, à l'égard de la Cour de Rome, laissait à sa politique une entière liberté d'action. Puissance catholique, elle pouvait, sans éveiller les susceptibilités de conscience, choisir ses alliances selon les exigences de ses intérêts, s'unir aux protestants et aux Turcs, prendre en Europe le contre-pied de la politique espagnole (2).

Au dedans, la royauté gagnait sa noblesse par un habile usage de la feuille des bénéfices : elle satisfaisait les politiques du Tiers par la négation de la suprématie pontificale, par la demi-suspicion où elle tenait l'ordre des Jésuites, par le soin avec lequel elle limitait la juridiction ecclésiastique. Enfin, elle s'assurait l'affection du peuple par la pompe ecclésiastique dont elle s'entourait, et par le soin qu'elle prenait de mêler la religion à tous ses actes solennels : depuis le sacre, où le successeur de saint Remi oignait le roi de l'huile sainte, jusqu'à cette cérémonie de la guérison des écrouelles, qui, répétée chaque année, donnait au prince et aux sujets, la joie et l'orgueil du miracle toujours renouvelé (3).

La transaction conclue par Henri IV avec le parti protestant ne fut pas aussi heureuse que celle qu'il avait passée avec les catholi-

---

(1) Les ambassadeurs vénitiens, avec leur sagacité ordinaire, n'ont pas manqué de discerner les avantages du Concordat pour les rois de France. Voir, notamment, l'intéressante dissertation de PIETRO DUODO dans *Alberi* (t. XV, p. 83 et suiv.).

(2) Voir PERRENS, *l'Église, et l'État sous Henri IV* (t. I, p. 250). Il y a un tableau très curieux de la renaissance générale du christianisme, au début du dix-septième siècle, dans BARCLAY, *De Regno* (p. 1). — Voir aussi *Essai historique sur l'influence de la religion en France pendant le dix-septième siècle*. Louvain, 1824, 2 vol. in-8°.

(3) Sur la guérison des écrouelles, voir MALHERBE (t. III, p. 230); très intéressant récit de la cérémonie *de visu*, par GÖLNITZ (p. 140). — ANDREAS LAURENTIUS, *De mirabili strumas sanandi vi*, 1609, in-8°. — *De ampulla remensi* par JAC. CHIFFLET, 1651, in-4°.

ques. La politique de l'abjuration et du gallicanisme était tout un système; celle de l'édit de Nantes ne fut qu'un expédient. La difficulté ne fut pas tranchée; elle subsista tout entière. Le protestantisme, bénéficiant peut-être de la faveur que lui gardait en secret son ancien chef, resta constitué à l'état de parti militant. Sa foi, ses idées politiques, son attitude, tout en lui est au rebours des principes sur lesquels se fonde l'unité du royaume. Avec ses idées aristocratiques, son génie délibératif, sa fierté individualiste, il reste debout, vaincu, mais non soumis, dans l'attente d'une guerre civile, que le seul fait de son existence rend toujours imminente.

On a souvent loué, dans la conception de l'édit de Nantes, une haute pensée de tolérance. Augustin Thierry a dit, dans une phrase complaisamment répétée, que cet acte était « la dernière transaction entre la justice naturelle et la nécessité sociale ». Il faut en rabattre un peu. Certainement, les idées de tolérance avaient fait un grand progrès. Beaucoup de braves gens s'étaient émus de voir couler tant de sang pour des querelles parfois si futiles. La tentative de L'Hôpital était des plus honorables. L'illustre Bodin, — dont l'esprit vigoureux, traînant après lui des convictions moins fortes, fit le tour des trois religions catholique, protestante et juive, — Bodin avait combattu, à sa façon, la thèse de l'autorité du magistrat sur la conscience des sujets : « Le prince est juge souverain, écrivait-il dès 1577; s'il prend parti, il n'est plus qu'un chef de parti et s'expose à périr dans la lutte. *Sans chercher laquelle des religions est la meilleure,* que le prince renonce à la violence. S'il veut attirer ses sujets à sa propre religion, qu'il use de douceur. La violence n'aboutit qu'à rendre les âmes plus revêches; par elle, on tombe dans les plus grands maux auxquels puisse s'exposer un État : les émotions, troubles et guerres civiles » (1). Au même moment, Montaigne, qui écrivait paisiblement dans son cabinet bondé des exemplaires des philosophes anciens, aiguisait sur l'erreur des jugements contemporains les pointes de sa souple ironie.

Des esprits plus pratiques avaient saisi, corps à corps, la difficulté du moment, et, comme remède aux maux dont on souffrait,

---

(1) *République* (liv. III. ch. VII).

avaient réclamé la subordination des religions à l'État. Un pamphlet, paru vers 1589 et intitulé : *Discours de la vraie et légitime Constitution de l'État,* exposait cette doctrine avec une force et une lucidité toute moderne : « La religion s'appuie sur la douceur, y lit-on, et l'État, sur la contrainte. Si l'on n'usoit que de persuasion, jamais on ne feroit un bel État. Mais en matière de religion, il faut agir tout autrement; car, par la contrainte on la dissipe et on l'arrache du cœur pour y mêler l'athéisme. » Il conclut que l'État doit dominer la religion, l'aider, la protéger, sans user de sa force pour la faire pénétrer dans les âmes (1). Henri IV ne pensait pas autrement. Il y avait, dans son scepticisme, assez de générosité pour qu'il fût tolérant.

Malheureusement, la masse des Français, et surtout les chefs, les meneurs des partis en présence, restaient hostiles à ces idées encore flottantes dans les régions les plus hautes de la philosophie et de la politique. Protestants et catholiques se croyaient en droit de réclamer la destruction de leurs adversaires. Ils eussent dit volontiers comme le Parlement de Paris, en 1561 : « Quiconque s'attend que, par la permission des deux religions, advienne tranquillité, il a un dessein contraire à toute raison (2). » En 1588, devant les États de Blois, l'évêque du Mans ayant laissé entendre dans un discours que si l'hérésie doit être haïe, les hérétiques peuvent être aimés et ramenés par l'instruction, une tempête si violente s'éleva dans l'auditoire, que l'évêque ne put aller plus loin; et comme, le lendemain, il voulut s'expliquer, on l'empêcha, en battant des pieds et des mains, d'être entendu (3).

Du côté des protestants, on n'était pas plus modéré. Ils s'en prenaient dans les termes les plus insolents au clergé, au dogme catholique, à la papauté, à ce qu'ils appelaient le « Mystère d'iniquité », la « Bête romaine », le « Théâtre de l'Antéchrist », la « Honte de Babylone », et si l'un d'entre eux montrait quelque modération, il était immédiatement dénoncé par les violents, « ces-

---

(1) Imprimé dans les *Mémoires de* Villeroy (t. II, p. 10).
(2) *Le portrait de l'hérésie* (p. 9).
(3) Cet évêque était un politique. Voir L'Épinois (p. 254).

fous de synode », « ces fronts d'airain », comme les appelait Henri IV, par ces ministres dont le cléricalisme laïque distillait je ne sais quelle humeur âcre propre au protestantisme exacerbé (1).

Les deux partis se trouvaient dans ces dispositions réciproques quand la lassitude de la lutte fit tomber les armes des mains. L'avènement de Henri IV prépara le terrain sinon à une réconciliation, du moins à une trêve de quelque durée. Les chefs du parti protestant, mécontents de l'abjuration, ne montrèrent d'abord que de la froideur. Il fallut négocier longtemps avec eux pour obtenir une sorte d'acquiescement muet au nouvel état de choses créé par la restauration du pouvoir monarchique.

L'édit de Nantes n'est pas un acte émanant de la volonté libre du roi, c'est la promulgation d'un traité conclu, après un long débat, avec le parti huguenot en armes; et ce traité n'est, en somme, qu'une nouvelle rédaction, modifiée selon les circonstances, des traités ou édits de pacification qui avaient antérieurement marqué les étapes de nos guerres civiles (2).

Avec ses 95 articles publiés et vérifiés, avec ses 56 *articles secrets*, avec son *brevet*, réglant la somme due annuellement par le roi aux protestants, avec ses *seconds articles secrets*, au nombre de 23, où il est spécialement question des *places de sûreté*, il forme la charte du parti réformé en France. Son objet n'est nullement d'établir le règne de la paix et de la tolérance sous un gouvernement unique, mais bien d'attribuer à une partie de la nation des libertés particulières et des privilèges qui la constituent en corps indépendant.

L'État n'assure pas seulement aux dissidents la liberté de conscience et l'exercice du culte dans certaines conditions nettement déterminées; il ne leur garantit pas seulement, en matière d'état civil, de cimetières, de testaments, une situation à peu près égale à celle des catholiques; il n'assure pas seulement à l'Église pro-

---

(1) Sur toute cette question de la tolérance, aux yeux des fondateurs du protestantisme, il faut lire l'ouvrage si remarquable de M. Buisson, *Sébastien Casteillon, sa vie, son œuvre*, 1892, 2 vol. in-8°.

(2) L'édit de Nantes est calqué sur celui qui avait été rendu par Henri III, en 1577. Sur tous ces points, voir Anquez, *Assemblées politiques des réformés de France* (p. 186-204).

testante toute une constitution, synodes, colloques et consistoires; à ses pasteurs et ministres, des revenus fixes; à tous, une justice qui, en raison même de son caractère privilégié (chambres *de l'Édit* et chambres *mi-parties*), les place dans des conditions particulièrement favorables; il leur reconnaît le droit de s'organiser et de tenir sa volonté en échec, par l'entremise d'institutions politiques régulièrement constituées, et, au besoin, par le recours à la force.

Les rédacteurs de l'édit avaient parfaitement discerné le péril d'une telle concession. Par l'article 83 de l'acte principal, ils s'étaient efforcés de détruire l'existence politique du parti. Cet article décidait, en effet, « que ceux de la religion se départiraient et désisteraient dorénavant de toutes pratiques, négociations et intelligences tant dedans que dehors le royaume; que les assemblées existantes se sépareroient promptement, et qu'il n'en seroit plus réuni d'autres; enfin, qu'aucun enrôlement de troupes ou levée d'impôts ne pourroit avoir lieu qu'avec l'autorisation du roi! » Mais dix-huit jours après la promulgation de l'édit, le roi avait signé les *seconds articles secrets* qui laissaient aux mains des protestants, pour une période de huit années, toutes les places et châteaux occupés par eux, au mois d'août 1597. En ajoutant les villes du Dauphiné, les villes dites *de mariage* et celles qui appartenaient en propre à des seigneurs protestants, la Réforme française disposait d'environ *cent cinquante places fortes*. La plupart d'entre elles, groupées dans l'Ouest et dans le Sud, commandaient la moitié du territoire et offraient une base d'opération solide à toute tentative de rébellion ou de guerre civile. Le roi s'engageait à payer régulièrement une somme de 180,000 écus pour l'entretien des garnisons et des places de sûreté.

En 1608, l'ambassadeur vénitien Angelo Badoër dit qu'il y a 3,500 gentilshommes protestants qui peuvent, rien qu'en France, mettre sur pied une armée de 25,000 hommes, et il ajoute que de ces 3,500 qui tiennent les autres, il n'en est pas 200 qui souffriraient le martyre pour leur religion. Bentivoglio pense qu'il y a en France plus d'un million de protestants, divisés en sept cents églises (1).

(1) Barozzi et Berchet, *Francia* (t. I, p. 94). — Bentivoglio *Relat. del Ugonot. di Francia*, dans ses *Relat.* (p. 250).

Cette force redoutable, ces cent cinquante places, dont la remise entre les mains du roi avait été prorogée à chaque échéance, ces assemblées fréquentes dont les réunions tumultueuses bravaient l'opinion des catholiques et excitaient les passions, cette polémique acerbe et irritante, en un mot, l'existence d'une opposition méfiante et redoutée, appuyée sur le parti aristocratique et sur le Midi séparatiste, toujours prête à solliciter le secours de l'étranger, était, pour la politique française, une entrave sur laquelle la perspicacité de l'ambassadeur vénitien ne s'est pas trompée : « N'est-il pas étonnant, dit-il, que ce roi qui est, d'ailleurs, le plus puissant, peut-être, entre les princes chrétiens, en soit réduit à compter et à temporiser avec ses propres sujets, sans pouvoir bouger, sans pouvoir penser à quelque entreprise au dehors à l'exemple de ses aïeux, et que ses propres sujets lui soient plus redoutables que des ennemis déclarés aux autres nations? »

Telle était la conséquence des guerres de religion et de l'édit célèbre qui les avait suspendues plutôt que terminées. La rébellion et la guerre restaient à l'état latent dans le royaume (1).

On le vit bien, au lendemain de la mort de Henri IV. Malgré le soin que prit la régente de confirmer l'Édit, les protestants demandèrent et obtinrent bientôt l'autorisation de se réunir à Saumur. Cette assemblée fut le théâtre d'intrigues et de compétitions qui préludèrent à des troubles plus graves. La Force, Sully, Rohan, se plaignirent vivement, devant leurs coreligionnaires, du gouvernement de la reine. L'influence modératrice de Bouillon et de du Plessis-Mornay contint, il est vrai, les plus ardents. L'assemblée n'en crut pas moins devoir prendre une mesure grave et qui décida de l'avenir du parti huguenot : elle résolut de créer des *assemblées de cercle*, constituant ainsi, à l'état permanent, dans chacune des régions de la France, un conseil délibératif et exécutif, chargé de surveiller et de défendre les intérêts des protestants. Les membres de ces assemblées prêtaient le serment du secret et juraient de se soumettre aux décisions de la majorité. Ce n'é-

---

(1) « Comme le vent du Midi amasse les nuées, ainsi la *cause*, les tumultes et les séditions, » écrit-on en 1615. *Portrait de l'hérésie* (p. 38).

tait plus seulement la lutte à visage découvert, c'était la conspiration latente et je ne sais quelle franc-maçonnerie obscure, poussant, sous le sol national, ses galeries souterraines. Cette fois, la mesure était comble, et Richelieu devait mettre bientôt, au premier rang de ses griefs contre les protestants, cet empiètement suprême, incompatible avec l'exercice d'un pouvoir régulier dans le pays (1).

Le parti huguenot subissait déjà l'ascendant d'un homme, dont l'astre brillant et funeste devait précipiter l'heure de la catastrophe finale : c'est le duc de Rohan. Ses *Mémoires* débutent par le récit de l'assemblée de Saumur. Ce livre, noir d'amertume, reflète l'état d'esprit des jeunes générations qui, nourries de la légende des grandes guerres du seizième siècle, se morfondaient dans l'inutilité d'une paix médiocre. Les conseils des vieux huguenots, las des longues discordes impuissantes, exaspéraient ces âmes fières, et les anciens souriaient avec tristesse aux ardeurs d'une jeunesse plus fidèle à leurs exemples qu'à leurs conseils. « Vraisemblablement, dit Fontenay-Mareuil, M. de Bouillon eût bien cherché à faire trouver aux réformés leur compte, mais sans en venir aux armes que le plus tard qu'il eût pu; parce, peut-être qu'il était vieux et qu'il craignait de n'y pas réussir aussi bien que l'amiral de Châtillon (Coligny), le zèle n'étant plus pareil à celui de son temps. Mais M. de Rohan, qui était jeune et se sentait avec des

(1) La plainte des catholiques *bons Français* (c'est-à-dire patriotes) contre les protestants était exprimée, en 1623, dans les termes suivants, par l'auteur d'un livret qui se rattache à l'école de Richelieu : « Votre religion n'a-t-elle pas allumé le feu aux quatre coins de la France ? N'avons-nous pas vu (au moins mon père me l'a dit cent fois) depuis l'avènement du roi Henri II à la couronne, tout ce royaume bouleversé de fond en comble pour votre sujet ?.. à peine eûtes-vous sucé la doctrine impie de Calvin et de Luther que vous minutâtes dès lors la ruine de cette couronne... La Guienne, le Languedoc, les plaines de Jarnac, de Montcontour, de Dreux et une infinité de fleuves en sont encore empourprés de sang... Il s'agissait alors de la religion; c'était à vous de vous défendre ; mais maintenant que le roi veut protéger tous ses sujets en paix sous l'autorité de ses édits, qu'il ne demande que l'entrée de ses villes et qu'il ne requiert autre témoignage de l'affection et de l'hommage que vous lui devez, que l'obéissance en tous lieux qui sont du ressort de son domaine, ceux de la religion lui ferment les portes, font des assemblées et monopoles contre sa volonté, portant opiniâtrement les armes contre son service, tranchent du souverain en leurs factions, disposent des provinces et deniers royaux, constituent gouverneurs où bon leur semble, *partagent ce royaume à leur volonté;* bref se persuadent que la France ne doit plus respirer que par leur moyen.... » (*Caquets de l'accouchée,* p. 81).

talents fort propres à gouverner les peuples, pensait dès lors à hasarder tout, et périr, ou faire une République, comme le prince d'Orange (1). »

Ce mot en dit assez sur le péril qu'un homme énergique, mis à la tête du parti, pouvait faire courir à la royauté et au royaume. Rohan essaya sa force durant les troubles de la Régence. Le prince de Condé se tourna vers l'assemblée de Nîmes, en 1611, et implora son appui. Les protestants deviennent ainsi les arbitres de la paix ou de la guerre. Le roi Jacques leur fait savoir, par un délégué spécial, que les édits n'étant pas observés, ils peuvent compter sur lui. On comprend leur orgueil. Ces promesses, selon le mot d'un contemporain, leur avaient « enflé le cœur ».

Après avoir hésité quelque temps, l'assemblée prit la résolution extrêmement grave d'appuyer le prince de Condé. De ce jour, (27 nov. 1614) le parti protestant reconstitué en parti d'agression, rompt en visière à la royauté. C'est donc lui qui, pour la première fois, déchire de ses propres mains l'édit de Nantes, et qui rouvre la période des guerres de religion.

Sur ce point, les lacunes de l'œuvre de Henri IV apparaissent dès le lendemain de sa mort. Dans son désir de ménager une cause qui avait été la sienne et dont son sentiment intime n'était peut-être pas entièrement dépris, il laisse à ses successeurs une solution bâtarde dont ils seront obligés de déchirer l'équivoque. La question religieuse, dans ses relations avec l'unité politique, reste pendante jusqu'au siège de la Rochelle et, pour la conscience royale, jusqu'à la révocation de l'édit de Nantes.

Le génie français a apporté, dans les choses de la religion, la clarté et le sens de la réalité qui le caractérisent. Le monde antique s'étant incliné devant la conception monothéiste venue de Judée, la Gaule avait été une des premières conquêtes du christianisme. Il n'existait aucun antagonisme entre les vieilles croyances locales et les dogmes chrétiens. L'esprit d'unité, qui domine la conception pontificale, était en harmonie avec les sentiments d'un peuple

---

(1) *Mémoires*, Mich. et Pouj. (p. 37).

fortement imprégné de romanisme. Il accepta la nouvelle religion comme une discipline.

Tant que l'unité catholique domina en Europe, la France, avec son esprit de propagande et d'enseignement, est la maîtresse des peuples chrétiens. Elle les conduit aux croisades et les asseoit sur le banc de ses universités. Ces services exercent sur l'Église romaine une attraction si forte, qu'elle se déplace et vient, pendant un siècle, s'installer en terre française.

Plus tard, quand la corruption du clergé provoqua la catastrophe attendue depuis longtemps, la France, prompte aux résolutions, avait déjà fait sa réforme : elle est inscrite dans le concordat de François I$^{er}$.

Le contre-coup des révolutions qui se produisaient ailleurs, ne s'en fit pas moins sentir en France. Mais la question religieuse y prit immédiatement un caractère politique. On se disputait le pouvoir et l'influence ; sauf quelques ministres farouches, personne ne songeait à la grâce ou à la présence réelle. Nous avons dit comment, par la plus extraordinaire aventure, le chef du parti rebelle devint l'héritier du trône légitime et comment la transaction finale se fit en lui d'abord, pour, de là, rayonner sur le royaume tout entier.

Elle se fit, comme toutes les autres transactions dictées par les rois, sur la base du *privilège*.

Les protestants ont leur charte de privilèges : c'est l'Édit de Nantes. Mais cet acte consacre une indépendance politique et militaire qui retarde la solution du problème unitaire poursuivie, depuis des siècles, par la royauté. L'esprit de discipline, qui est dans la race, ne peut tolérer ce dualisme religieux doublé d'un dualisme politique. On prendra la Rochelle, on révoquera l'Édit de Nantes, avec l'assentiment de la grande masse de la nation.

Les avantages réciproques que se reconnaissent mutuellement l'Église catholique et la royauté très chrétienne, sont formulés dans les « Maximes, libertés et privilèges de l'Église gallicane ». L'autorité politique de l'Église est détruite. Elle ne garde plus que des avantages sociaux, honorifiques ou pécuniaires, dont le poids porte sur les peuples et non sur le gouvernement.

La transaction du gallicanisme, appuyée fortement sur l'esprit national, durera autant que la royauté et, parmi des débats théologiques sans portée, elle prolongera sa solution pratique, sinon définitive, jusqu'à la Révolution.

# CONCLUSION.

### L'UNITÉ; L'IDÉE DE PATRIE; LA CENTRALISATION.

Assis sur les deux grandes mers européennes, en relation facile avec le Nord et le Midi, solidement adossé au continent, portant ses caps au loin dans cet Océan Atlantique qui garde le secret des futures découvertes, un territoire élégant, bien proportionné, ouvre ses vastes plaines et ses coteaux ensoleillés à l'œuvre de la civilisation moderne.

Sa destinée se lit dans sa situation et dans sa configuration géographiques. Il servira de passage aux peuples qui se disputent la possession de l'Europe. Il subira des invasions nombreuses. Certaines races supérieures s'y fixeront, retenues par la douceur du climat et par l'agrément de la vie. Elles y trouveront une demeure, une patrie. Une fois installées, elles feront tête et arrêteront le terrible courant de cette marche vers l'Ouest qui les a elles-mêmes apportées. Leur existence ne sera plus désormais qu'un long combat. Ce sol leur deviendra d'autant plus cher qu'elles auront plus longtemps souffert pour le conquérir et le défendre. Entre elles, elles se mêleront, par la facilité des communications. La mer et les montagnes font un cercle naturel qui servira à la fois de borne et de défense. Le pays, clairement délimité, s'organisera comme une forteresse installée au carrefour des grands chemins et qu'une menace perpétuelle tient toujours en alarme.

Ces races sont sœurs. Mais elles ont quitté à des dates très différentes le vieux foyer aryen dont elles ont emporté la pierre.

Elles parlent la même langue. Elles ont la même mythologie riche et humaine, le même esprit inquiet et plein de lendemain.

Au moment où l'histoire s'arrache au mystère des races autochtones, elle voit apparaître les premiers de ces peuples migrateurs ; ce sont les plus beaux peut-être : grands corps blancs, âmes charmantes et enfantines, promptes à l'enthousiasme et faciles à l'attendrissement, esprits simples et rieurs que le moindre propos amuse. Ils sont venus par bandes et ont marché jusqu'aux bords de la mer. Là, ils se sont arrêtés pour regarder au loin la plaine immense. Disséminés dans la forêt druidique, ils forment de petites sociétés, rivales les unes des autres, et qui s'unissent seulement quand les feux allumés sur les collines les convoquent pour la défense du sol ou pour la guerre d'aventures.

Dans leur débordement, ils avaient rencontré, à diverses reprises, leurs frères venus par le Sud, petits et la tête carrée, fronts bas de soldats et d'organisateurs. On avait oublié l'origine commune ; les guerres avaient commencé et, après des succès divers, les grandes lattes d'airain des hommes blonds s'étaient faussées sur les courtes épées de fer des hommes bruns. Ceux-ci avaient marché, en phalange serrée, par les montagnes, par les vallées, par la forêt. Ils avaient taillé des chemins dans la brousse, élevé des murailles et bâti des villes. En un mot, les nouveaux venus avaient organisé le pays et lui avaient donné une figure civilisée. La Gaule était devenue une « province » dont la vie, auparavant dispersée, s'était ramassée et tournée vers le centre lointain d'où venait la parole anonyme et l'ordre indiscuté qui s'appelle loi. Sous ce régime, le sol avait été mis en valeur, une sorte de prospérité s'était créée ; de nouvelles aptitudes, de nouveaux goûts, de nouveaux besoins étaient apparus ; une vie qui, même dans la servitude, paraissait plus noble, plus raffinée, avait séduit les instincts secrets de la vieille race gauloise ; celle-ci devait garder aux lèvres l'arrière-goût de ces jouissances supérieures trop rapidement disparues.

Puis, sur les frontières, de nouvelles races encore s'étaient présentées, plus semblables aux premières, venant du Nord et suivant le même chemin : des blonds aussi avec les yeux bleus, mais des natures plus robustes, plus rudes, des poitrines plus larges et des convictions plus fortes. Pendant deux siècles, ils avaient passé comme un torrent. Ils s'étaient fixés, à leur tour, et quoique peu nombreux, ils étaient restés les maîtres. Ils apportaient des goûts champêtres, l'amour des prairies, des bestiaux et des clos entourés d'arbres. Isolant leurs demeures, ils aimaient la vie fraîche et libre avec, parfois, des réunions tumultueuses où chacun dit son opinion autour des tables sur lesquelles saigne la viande de bœuf et où la bière coule. Ils rendirent à la race domptée un goût qu'elle avait perdu pour l'indépendance, la valeur individuelle, la liberté. Moins fins et moins délicats, ils étaient plus résistants et plus graves. Les moindres d'entre eux n'entendaient pas qu'on se passât d'eux ni dans la guerre, ni dans la paix et, aux réunions des premiers jours de mai, alors que la campagne reverdie agitait le sang des jeunes hommes et ramenait l'heure des décisions, les chefs savaient qu'ils devaient gagner les suffrages pour s'assurer les obéissances.

Gaulois, Romains, Germains, ces trois races aryennes forment le fond de la population qui va se multiplier sur le territoire délimité par les montagnes et par la mer. Les générations qui se succèdent combinent les éléments qui constituent les trois races mères. Blonds, bruns et roux, ils sont frères; le principe fédératif gaulois, le principe unitaire romain et le principe libéral germain se rapprochent et se mêlent dans la civilisation française. Ils ne se manifestent pas toujours simultanément. Tel d'entre eux semble s'effacer et survit seulement à l'état latent. Tout à coup, il réapparaît et il éclate en éruptions inattendues. Les trois tempéraments alternent ou se mêlent. Par leurs jeux, leurs détentes ou leur silence, ils donnent à l'histoire de France un aspect vivant et dramatique où l'œil s'arrête rarement sur des périodes de calme et de bonheur dans le repos.

Sans cesse exposée aux attaques du dehors, en raison de sa situation géographique, la France est toujours sous le coup de troubles intérieurs, en raison de sa constitution ethnique. Mais ces inconvénients ont leur compensation : rien ne se fait en Europe sans elle. Elle peut tout arrêter et tenir en suspens, la fortune des hommes et la fortune des idées. Pour circuler, il faut passer par elle. Elle confond, dans son sein, les aspirations du Nord et celles du Midi. Elle est la parente de toutes les races qui, pendant des siècles, vont se disputer l'hégémonie du monde. Elle leur emprunte parfois leurs vertus, parfois leurs défauts, mais atténués, harmonisés. Personne ne désirerait sa mort sans souhaiter un fratricide; et comment y songer, puisque sa sociabilité la distingue parmi les autres nations et que son foyer de parente et d'amie est ouvert à tous? Elle combat, mais elle sourit; elle déteste, mais elle accueille. Ses enthousiasmes sont aussi prompts que ses haines, et son cœur se refuse à choisir dans l'afflux des sangs divers qu'il a reçus et qui le font battre pour tous les membres de la famille humaine.

Les années se sont écoulées. La conquête matérielle est descendue du Nord, sous la figure du chevalier maillé de fer, qui flétrit dans sa fleur la civilisation albigeoise. La discipline est montée du Midi, vêtue de la robe du légiste et portant sous le bras le code où l'ordre social est inscrit par la raison romaine. Ces deux rivaux se sont rencontrés, entre le coude de la Loire la Seine, à la cour des rois qui les emploient alternativement et et les modèrent l'un par l'autre. L'un et l'autre travaillent, par des procédés différents, à une œuvre commune, celle de l'unité.

Nous avons rappelé comment cette œuvre s'est accomplie, dans l'ordre politique et dans l'ordre social, par la volonté séculaire de la royauté capétienne. Pour détruire les dominations rivales, celle-ci n'a pas seulement eu recours à la force, elle s'est servie du procédé transactionnel qui a donné à notre régime monarchique son principal caractère : les divisions s'étant effacées peu à peu, par une aspiration commune de tous vers la paix royale, cet élan des peuples a fait au pouvoir une loi de la modération et des égards envers ceux qui se donnaient à lui Il n'a pas confisqué les vieux droits; il les a diminués en les consacrant sous la forme du privilège.

Cependant, la France n'est pas seule en Europe. Quand elle approche des frontières de l'ancienne Gaule, elle aperçoit, rangés sur la crête des montagnes ou sur la rive des fleuves, des peuples rivaux, debout, en armes. C'est ici que la nécessité de la discipline apparaît. Une armée en campagne, une place forte assiégée ne trouvent le salut que dans l'unité du commandement. Or, la France est toujours en guerre, soit offensive, soit défensive. Les rois ne représenteraient pas l'ordre intime auquel tous aspirent, qu'ils seraient les chefs militaires devant lesquels la loi suprême du salut public ordonnerait de s'incliner. Les longues luttes contre l'étranger, les souffrances de l'invasion, la honte des défaites, la joie des victoires et des revanches en commun achèvent de marteler à grands coups cette figure de l'unité française, ébauchée par la main des nécessités intérieures (1).

Ainsi naît le sentiment si puissant et si tendre qui, de bonne heure, rassemble tous les habitants de cette terre autour d'une personnalité vivante, la patrie, la France. Ce sentiment, cette foi, cet amour dont l'objet est précis et comme tangible, convient à l'esprit clair, au sens positif de la race. Il apparaît, chez nous, à une époque où la plupart des autres peuples sont encore aveuglés par la poussière des dissensions intestines. Il sourit chez nos vieux poètes, et, dès le onzième siècle, il met sur leurs lèvres le mot si doux de « doulce France » (2). Il s'exalte pendant la guerre de Cent ans, et tandis que les bonnes gens de Rouen et de Poitiers disent fièrement aux Anglais que, « la terre prise, les cœurs sont imprenables (3) », il va, jusque dans les dernières couches du peuple, toucher l'âme de Jeanne d'Arc. Villon parle bientôt de la « bonne

---

(1) Les relations de la France avec l'Europe et les traditions de notre politique extérieure seront l'objet d'une étude spéciale dans le second volume de cet ouvrage.

(2) *Chanson de Roland*, édit. Gautier, vers 116. Voir la note sur ces vers (t. II, p. 55-56).

(3) Pour Poitiers, voir ci-dessus (p. 7); pour Rouen, le mot est cité par ROEDERER, *Louis XII et François I$^{er}$* (p. 71).

Lorraine », comme de la figure même de la patrie, et, sur les routes d'Italie, la *chanson des aventuriers* fait résonner l'écho des montagnes au refrain de « la France tant jolie (1) ». Marie Stuart, sur la poupe de sa galère, « fondant à grosses larmes, répète longtemps ces tristes paroles : « Adieu France! adieu France! je pense ne vous voir jamais plus (2)! » Un poète, le cavalier Trellon, quitte l'Italie et s'écrie :

> Sortons de cet enfer; allons revoir la France;
> . . . . . . . . . . . . . . . . . . . . . . . .
> Allons revoir la France, allons voir la nourrice
> Des lettres, des vertus, des honneurs, des amours (3).

Les politiques et les soldats ne s'expriment pas autrement : « Notre France » dit Lanoue; « cette pauvre France, ma chère patrie, » dit Sully (4).

Au dehors même, les étrangers trouvent, pour parler de la France, des mots délicats et fins. On sait celui de Shakespeare : « Cette fertile France, le plus beau jardin du monde (5). » Les ambassadeurs vénitiens s'appliquent à une analyse plus minutieuse qui leur inspire des morceaux exquis : « Ce pays renferme une population belliqueuse et ardente, généreuse et pleine de mépris pour la mort; habile, vive, spirituelle et prête à tout, avec cela raisonnable, pleine de religion; ni avare, ni grossière, ni portée au meurtre et au vol, excepté contre son propre gouvernement et contre elle-même. Cette nation, en un mot, pourrait servir d'exemple à toutes les autres nations (6). » L'élégant auteur de l'*Argenis* et de l'*Icon Animorum*, Barclay, nous laisse un portrait plus achevé

---

(1) LE ROUX DE LINCY, *Chansonnier historique français*. XVI° siècle.
(2) MIGNET, *Marie Stuart* (p. 102), d'après BRANTOME et RONSARD.
(3) TRELLON, *Le Cavalier Parfait*. Mélanges, sonnet LXIII (p. 185).
(4) *Économies royales*. Édit. VVV verts (t. I, p. 273).
(5) *King Henri V*. Act. V, sc. II.
(6) Il faut compléter ce portrait par les réserves que fait l'ambassadeur vénitien : « Si les Français sont braves, ils sont violents et divisés entre eux... Non seulement les provinces sont ennemies les unes des autres, mais il en est de même des terres, des maisons... Ainsi le tempérament naturel et le désir de la vengeance, tout entretient en eux le courage et l'habitude des exercices militaires. » Relat. d'AND GUSSONI et AG. NANI, en 1610. *Barozzi* (t. I, p. 455).

encore : « La France est le pays le plus prospère de tout l'occident. La richesse du sol rivalise avec l'heureux génie des habitants. Pas un coin de cette riche contrée qui ne soit cultivé, ou qui, du moins, ne rapporte. Sa situation entre deux mers lui promet une grande richesse commerciale... Le peuple aime ses maîtres et souffre tout d'eux ; c'est un crime de douter de la majesté royale. Ils sont excellents soldats. Il n'y a pas de peuple qui entende mieux l'élégance de la vie. Tout, jusqu'à leur costume, est plein d'une grâce que les autres nations ne peuvent imiter. On ne saurait jamais assez louer le charme de leur accueil. Sans orgueil et sans grossièreté, ils se prennent d'engouement pour tout ce qui est étranger. Tel vice ou telle mode vient du dehors ; ils ne tarissent pas de louanges et l'adoptent tous. Le métier de marchandises est moins considéré qu'en tout autre pays du monde. Par contre, il n'en est pas où la recherche des places excite de telles ambitions. Ils épuisent eux et leurs familles pour s'élever les uns au-dessus des autres... En général, leur jeunesse est folle ; amoureuse du jeu, impatiente du repos, prompte au désordre, avec une ostentation de vice qu'accompagnent la raillerie vaine, la satire et l'épigramme qui n'épargne personne. D'autres se font vite une sagesse d'emprunt : parole lente, visage impassible, ils appellent cela de la *froideur*, mais ce personnage ne leur sied guère. Leur légèreté native s'échappe toujours par quelque endroit. Il n'en manque pas cependant qui gardent le milieu entre ces deux extrêmes. Ils sont alors charmants, avec un égal mélange de sagesse et d'aimable gaieté... Les Français aiment leur pays ; ils ne peuvent le quitter que dans l'urgente nécessité d'aller faire fortune ailleurs. Ceux qui s'en vont ainsi donnent à l'étranger une bien fausse et bien mauvaise idée de leurs compatriotes. Mais c'est une bonne fortune à un étranger de vivre chez eux, dit Barclay qui, lui-même, avait goûté le charme de l'hospitalité française, et il ajoute dans son élégant latin : *Nec aliquid in humana societate felicius quam consuetudinis tam politæ erecta virilisque suavitas* » (1).

(1) *Euphormionis satyrici Icon Animorum* éd. 1628, in-12 (p. 387-398).

A ce portrait, où la gratitude met une touche peut-être un peu trop flatteuse, reconnaissons la France de Henri IV, celle qui, à l'issue des grandes luttes du seizième siècle, se relevait des calamités qui l'avaient frappée et qui, guérie, apaisée, reposée, reprenait, d'une démarche noble et fière, sa place dans le cortège des nations modernes. Jamais, peut-être, il n'y eut dans notre histoire, après des maux plus grands, un relèvement plus prompt. Le seizième siècle avait vu se rompre l'harmonie un peu hâtive de ses premières années. Tout avait été remis en question. Dans le tourbillon des querelles religieuses, des passions politiques, des dissensions sociales, des guerres étrangères, les courages, les vertus, les vices, livrés à eux-mêmes, s'étaient agités confusément pour remonter peu à peu à la surface, avec leur valeur propre.

L'investigation avait été rarement aussi indépendante et aussi hardie. En rejetant, d'un coup soudain, la vieille scolastique, l'esprit humain avait atteint le tuf de la réalité. Pas une des conceptions du dix-huitième siècle qui n'ait été saisie, retournée, caressée par les hommes du seizième siècle. Catholiques et protestants, tout le monde avait, à une heure donnée, secoué le joug des soumissions traditionnelles et des préjugés nécessaires. Rappelons-nous le mot de Hurault : « Tous n'avaient que la liberté en tête; à ce seul mot, les rames du devoir étaient tombées des mains. »

Tout à coup, cette grande fureur se calme, ces audaces s'apaisent: la France rentre dans la paix royale. Mais ce n'est pas en vain que l'homme est descendu au fond de sa conscience, qu'il a scruté les motifs de ses propres sentiments. Cette génération, parce qu'elle s'était longtemps abandonnée au caprice de son rêve et à la fougue de son imagination, sait maintenant ce qu'elle veut. Elle se tient au *possible* d'une volonté forte et virile. Elle est résolument monarchique. Elle l'est avec l'élan pieux et presque mystique par lequel l'esprit humain, après la tourmente, se jette au port qu'il croit avoir trouvé. La conception monarchique n'est pas seulement, pour ces hommes, une solution excellente à la question du meilleur gouvernement. Elle a, à leurs yeux, une autorité providentielle.

Suivons la gradation de ces idées chez les contemporains. Voici d'abord le penseur, l'esprit clair et perçant, que la recherche des systèmes a déçu et qui revient à la connaissance désillusionnée de la nature humaine : « Si nous ne pouvons être libres, à tout le moins, nous ne voulons avoir qu'un maître. Si ce maître-là a un autre maître par-dessus lui, incontinent nous laissons le premier pour courir au dernier : c'est le naturel de l'homme (1). » Voici maintenant l'homme politique et positif qui sait ce qu'on a souffert et qui ne veut plus revoir des temps si funestes. « Nous sommes d'avis, par trop d'expériences et de dommages, que le mauvais gouvernement d'un État, quelque dépravé qu'il puisse être, ne peut apporter tant de maux en un siècle, qu'une guerre civile en un mois. Car, autant il y a de chefs en icelle et de capitaines, même de soldats, autant il y a de petits tyranneaux. Il est plus tolérable de vivre sous la tyrannie d'un seul que sous l'oppression de plusieurs (2) ». Voici maintenant le jurisconsulte qui, après avoir beaucoup peiné sur les livres, relève la tête, regarde autour de lui et juge : « De tout ceci il se collige que le royaume de France est la mieux établie monarchie qui soit, voire qui ait jamais été au monde, étant en premier lieu, une monarchie royale et non seigneuriale, une souveraineté parfaite à laquelle les États n'ont aucune part ; successive, non élective, non héréditaire purement ni communiquée aux femmes, ains déférée au plus proche mâle par la loi fondamentale de l'État. Occasion par quoi ce Royaume a déjà plus duré qu'aucun autre qui eut oncques été et est encore en progrès et en accroissement (3). » Et voici enfin celui dont la foi monarchique éclate dans un hymne religieux : « Les rois de France sont rois élus et choisis de Dieu, rois selon son cœur, rois qui, par le divin caractère que son doigt a imprimé sur leur face, sont à la tête de tous les rois de la chrétienté : monts Liban, et non vallons de Raphaïm, chênes hauts et sourcilleux, et non petites bruyères (4) ».

---

(1) Hurault, 1ᵉʳ *discours* (p. 6).
(2) *Advis sur l'État et les affaires de ce temps*, 1620, in-8° (p. 9).
(3) Loyseau, *Seigneuries*, chap. ii (p. 32).
(4) André Duchesne, *Les antiquités et recherches de la grandeur et majesté des Roys de France*, dédié à Mgr le Dauphin, 1609, in-12 (p. 3).

Ainsi naît la théorie du droit divin. Bossuet n'aura qu'à la copier dans les livres des publicistes qui l'ont conçue, au lendemain de la Ligue. C'est Dieu lui-même qui désigne, dès le ventre de sa mère, l'homme qui doit présider aux destinées du peuple de France. Le roi est l'émissaire direct de la divine Providence. Il continue le Christ en France, comme le pape continue le Christ à Rome. On doit lui obéir comme à Dieu lui-même : « Il faut tenir pour maxime que, bien que le Prince souverain outrepasse la juste mesure de sa puissance, il n'est pas permis pour cela de lui résister, selon la parole de saint Pierre : *Regem honorate, servi subditi estote, in omni timore Domini, non tantum bonis et modestis sed etiam discolis* (1). » Cette doctrine est celle de l'Église gallicane ; elle est, si je puis dire, la religion gallicane tout entière. Dans un profond élan vers l'unité, dans un désir invincible d'affirmer sa propre individualité, sa nationalité, pour employer l'expression moderne, la France s'idéalise et s'adore dans la royauté.

Il en est ainsi dans la théorie, il en est de même dans les faits. La France, pendant le seizième siècle, avait beaucoup enduré de la main des étrangers. Les mieux accueillis avaient été les plus âpres et les plus cruels. Un demi-siècle de gouvernement italien, vingt ans d'invasion espagnole, les longues saturnales des troupes allemandes, anglaises, albanaises, écossaises, en un mot l'excès de la souffrance avait excité des haines immenses. On voulait nettoyer le sol national, on voulait se retrouver entre Français. De partout, de Gascogne, de Picardie, de Provence, de Touraine, des esprits ardents, des cœurs vaillants s'étaient offerts. Après des destinées diverses, ils s'étaient tous ralliés à la « cornette blanche » de Henri IV. Ce prince, ce soldat, ce Français « qu'on distinguait à la grandeur du nez et à l'éclair des yeux (2) » était, pour tous ceux qui avaient travaillé avec lui à délivrer la France, un compagnon, un chef, un modèle, un maître absolu. Il les représentait. Ils s'enorgueillissaient en lui. Jamais il n'y eut une heure plus propice pour la virilité française.

(1) Cardin Le Bret, *De la Souveraineté du Roi* (p. 512).
(2) Malherbe.

Les contemporains eux-mêmes s'en aperçoivent, et ce n'est pas seulement notre temps qui a admiré, dans cette fin du seizième siècle, une des époques les plus vigoureuses de notre histoire : « Comme il y avoit beaucoup de chemins différents pour la fortune et les moyens de se faire valoir, l'esprit et la hardiesse personnelle furent d'un grand usage, et il fut permis d'avoir le cœur haut et de le sentir ; ce fut le siècle des grandes vertus et des grands vices, des grandes actions et des grands crimes (1). »

Le roi et son entourage offraient à la nation le type sur lequel elle n'avait qu'à se modeler. Tout venait de la cour et tout y aboutissait. Du fond de chacune de ces provinces, réunies volontairement au royaume, un mouvement continuel porte vers Paris l'élite de ce qui naît dans les châteaux perdus au fond des bois, dans les villes populeuses et commerçantes, dans les bourgades demi-mortes en leur indolence séculaire. Tout ce monde qui va, par voies et par chemins, à pied et à cheval, en carrosse, en coche, tout ce monde n'a qu'un but : la cour. Fœneste part de son manoir délabré, ayant pour tout bien vingt-cinq pistoles et sa colichemarde ; il court chercher fortune à Paris, sans que les conseils du sage Enay puissent l'arrêter en route. Le carrosse qui secoue, sur les cailloux des mauvais chemins, le jeune prélat quittant son évêché crotté, n'est pas moins chargé de rêves que le bidet étique du bon gentilhomme gascon.

De la cour, un mouvement en sens inverse se fait vers les provinces. De là, descendent sur le royaume, les faveurs, les influences, les exemples. On obéit à la cour et on l'imite. Les parents, les amis, qui sont restés près du roi habillent, de pied en cap, de petites poupées qui vont porter au loin les modèles à copier ; dans de longues épîtres, ils donnent le détail minutieux des cérémonies, des rangs, des préséances, les moindres incidents qui se produisent auprès du prince ayant, aux yeux de tous, la plus haute importance. Ces poupées et ces lettres sèment au loin la civilisation de la cour, la courtoisie. Dans les châteaux et les gentilhommières, les grands-pères au visage tanné et ridé des anciennes

(1) La Fare, *Mémoires*.

blessures, les écuyers qui ont jadis accompagné leurs maîtres, racontent aux jeunes gens dont les yeux se dilatent, les belles choses qu'ils ont vues, là-bas, aux jours lointains où ils ont approché du roi. Les mères, blanchies entre les quatre murs du manoir, dressent aux belles façons et aux révérences de leur âge, les enfants qu'une amitié influente fera entrer bientôt dans la troupe des pages. Les familles groupées pleurent de joie, en voyant grandir cette tendre fleur que le service du roi va bientôt déraciner et emporter.

Il faut marcher, danser, penser, parler comme à la cour. Les femmes, si promptes à s'incliner devant la règle reçue et l'usage moyen, travaillent à adoucir et à assouplir les aspérités du caractère provincial. Le langage s'amollit; il perd ses rudes accents et tend à se fondre dans l'uniformité élégante et souple qui est en honneur parmi les courtisans. L'unité de la langue aide à l'unité politique en préparant l'unité des sentiments (1).

Les poètes et les écrivains sont complices des femmes en ce point. Il n'est pas un beau génie dans le royaume qui n'aspire à faire partie de la suite du roi. Aucune gloire n'est saluée tant qu'elle n'a pas reçu cette suprême consécration. La règle de la littérature est exprimée par Malherbe, dans sa *Lettre au Roi* : « Les bons sujets sont, à l'endroit de leur prince comme les bons serviteurs à l'endroit de leurs maîtresses. Ils aiment ce qu'il aime, veulent ce qu'il veut, sentent ses douleurs et ses joies, et généralement accommodent tous les mouvements de leur esprit à ceux de sa passion. » Le brutal tyran des syllabes, soumet son génie aux caprices du prince. Dès qu'il lui a été présenté, il ne le quitte plus d'un pas, ne travaille que pour lui, est toujours prêt pour les vers de commande, les ballets, les inscriptions. Il n'a d'autres amours que ceux du roi; ses Phyllis, ses Oranthe, sont les maîtresses de Henri IV; et la flamme du vert galant brûle dans les poésies du barbon qui se plie volontiers à cette étrange servitude de lettres. S'il se fait quelque part une découverte intéressante, si quelque idée originale surgit en un esprit ingénieux, il

(1) Cette question de l'unité de la langue sera étudiée, avec les développements qu'elle comporte, à propos de la fondation de l'Académie française.

faut qu'il vienne l'exposer à la cour; là, il sera pesé, apprécié, récompensé. Le roi le pensionne et, faisant sienne l'idée ou la découverte, il la remet, il l'octroie à l'inventeur sous la forme du privilège.

Ainsi se prépare, cette puissante centralisation qui est la forme de la société française dans les siècles modernes. Qu'on l'approuve ou qu'on la blâme, elle est le résultat de douze siècles d'efforts, et elle a, elle-même, pour résultat la France. Que préféreraient donc les esprits chagrins qui vont regrettant la destruction du passé et de « cette ancienne forme du Gouvernement » dont parle La Rochefoucauld? Est-ce l'aristocratie féodale avec ses vices, ses faiblesses, ses dissensions intestines? Est-ce plutôt le sort des républiques italiennes, en proie aux milliers de révolutions sanglantes que l'histoire se fatigue à raconter? Est-ce la destinée des communes de Flandre? Est-ce la barbare complexité de la confédération germanique, foulée aux pieds de tous les vainqueurs, livrée au hasard de l'offre et de la demande et au caprice du plus haut enchérisseur? La France a donné aux peuples européens l'exemple d'une organisation politique, à laquelle ils se soumettent, les uns après les autres. Est-il dans l'histoire un spectacle plus grand que celui de ces millions d'habitants d'une même terre, s'imposant, pendant des siècles, une discipline unique pour créer une force supérieure faite du concours et du sacrifice de toutes les volontés?

D'ailleurs, pourquoi des reproches, pourquoi des regrets? L'histoire suit sa pente. Il vaut mieux essayer de la comprendre que de se livrer au vain amusement de la refaire après coup. Cette idée de l'unité par le moyen d'un pouvoir fort, ce peuple l'a dans les veines. Aux heures de péril, il ne craint rien tant qu'un démembrement. C'est ainsi que Hurault, pendant la Ligue, indique comme la honte suprême que, « de degré en degré, il ne se trouve village qui ne devienne État souverain, comme le thème s'en voit aujourd'hui en Allemagne, en Suisse et aux Pays-Bas (1). » Deux

(1) *Discours* (f° 90)

siècles plus tard, Montesquieu écrit à son tour, comme répondant à la pensée du vieux pamphlétaire : « Autrefois chaque village de France était une capitale; il n'y en a aujourd'hui qu'une grande. Chaque partie de l'État était un centre de puissance ; aujourd'hui tout se rapporte à ce centre, et ce centre est, pour ainsi dire, l'État même (1). »

Telle est l'œuvre accomplie par ces douze siècles. De tous les systèmes politiques, le régime monarchique a paru à nos pères celui qui répondait le mieux, par sa continuité, par sa vigueur, aux nécessités d'une pareille entreprise. C'est pourquoi, pendant si longtemps, la France a été monarchique.

Voyons, maintenant, les inconvénients et les dangers du système. Il impose à un seul homme une charge qui, trop souvent, l'accable. Même quand le Roi est dans la vigueur de l'âge et dans la plénitude de ses facultés, il a ses défauts, ses faiblesses, tous les vertiges d'un mortel élevé si haut. Il y a, en outre, les cas trop fréquents d'insuffisance notoire, que le prince soit enfant, ou qu'il ait atteint les limites de la vieillesse; il y a l'incapacité intellectuelle, la dépravation morale, la folie naturelle ou folie de la toute-puissance.

Si actif et si énergique qu'il soit, le roi ne peut échapper à la continuelle obsession de son entourage. Nous l'avons vu pactiser avec les classes privilégiées, sacrifier les grandes tâches aux petites convoitises, hésiter devant les sévérités nécessaires, suspendre l'œuvre entreprise de concert avec le peuple. Pour certaines exécutions, la royauté sera trop faible et le peuple armé de cette puissante centralisation créée par la monarchie, devra les accomplir lui-même.

En temps normal, le poids est encore trop lourd. L'ostentation de la vie royale, les cérémonies, les fêtes, les chasses, le repos nécessaire prennent presque toutes les heures. S'il n'a la volonté étroite et taciturne d'un Louis XI, la clarté et la promptitude d'un Henri IV, le roi y renonce. Il cherche, autour de lui, quelqu'un qui le décharge, qui prenne, en son nom, la direction des affaires, qui

---

(1) *Esprit des Lois* (l. XXIII, ch. XXIV).

médite, décide, agisse pour lui. Ce second, cet autre lui-même est son premier ministre. La centralisation mène au despotisme, et le despotisme presque infailliblement au *vizirat*.

C'est ainsi que s'achève l'effort logique et soutenu d'une nationalité qui, dans sa volonté de vivre et de durer, se complaît à obéir.

Plus d'institutions indépendantes. La plus forte les a étouffées toutes. A son tour, celle-ci s'absorbe dans l'individualité qui la représente ; et enfin, comme il faut, en ce rang, des capacités exceptionnelles, si elles font défaut dans le prince, la force des choses découvre, parmi les sujets, l'homme sur qui vont peser toutes les responsabilités.

Mais quel sera le sort de cet homme unique, roi par le pouvoir, sans l'orgueil du rang suprême? La faveur qui l'a porté et soutenu peut le précipiter soudain. Il fait tout ; cependant son œil inquiet ne doit pas cesser un instant de suivre ce qui se fait contre lui. Menacé par en haut et miné par en bas, en butte à la méfiance du maître, à la haine de la cour, à l'impopularité qui est le lot ordinaire des hommes d'État dignes de ce nom, sa pensée est traversée par les noirs éclairs du soupçon et de la disgrâce, tandis que les intérêts publics et les dangers de la patrie la sollicitent sans cesse. Cloué à ce rocher qu'il a choisi, il ne peut en descendre à son gré. Écoutons sa plainte : « Celui qui occupe cet emploi doit savoir que les grands hommes qu'on met au gouvernement des États sont comme ceux qu'on condamne au supplice avec cette différence seulement que ceux-ci reçoivent la peine de leurs fautes et les autres de leurs mérites. Il doit savoir qu'il n'appartient qu'aux grandes âmes de servir fidèlement les rois et supporter la calomnie que les méchants et ignorants imputent aux gens de bien, sans dégoût et sans se relâcher du service qu'on est obligé de leur rendre. Il doit savoir encore que la condition de ceux qui sont appelés au maniement des affaires publiques est beaucoup à plaindre en ce que s'ils font bien, la malice du monde en diminue souvent la gloire, représentant qu'on pouvait faire mieux, quand même cela serait tout à fait impossible. Enfin, il doit savoir que ceux qui sont dans les ministères sont obligés d'imiter les astres qui, nonobstant les abois des chiens, ne laissent pas de les éclairer et de suivre leur cours, ce qui doit l'obliger à faire un tel mépris de telles injures que sa probité n'en puisse être ébranlée ni le détourner de marcher avec fermeté aux fins qu'il s'est proposé pour le bien de l'État (1). »

L'homme qui s'exprimait ainsi, après quinze ans de ministère, est le même que nous allons voir entrer dans la vie publique, en qualité de député aux États Généraux. Il est dans la fleur de la jeunesse. Il sourit à la vie, à l'espérance, à l'ambition. Il escompte d'avance leurs joies et leurs vanités. Il ne connaîtra que plus tard leurs amertumes et leurs dégoûts. Il a conscience de son mérite, et il a confiance en son étoile.

Dans son évêché de Luçon, il a médité longuement sur lui-même, sur son temps, sur son pays. Connaissant la cour et la province, il a pu passer en revue la plupart des problèmes posés devant l'homme que la destinée appellera au gouvernement de l'État. Henri IV mort, sa veuve s'abandonne à des favoris indignes, ou à des serviteurs insuffisants. Il faut une main pour tenir tout ce monde, une tête pour diriger ces pauvres cervelles. Le jeune évêque sent-il déjà s'ébaucher en lui l'avenir obscur de sa carrière et le programme de son futur gouvernement? Qui sait? Peut-être sont-ce ces pensées qui inclinent sa tête osseuse et fine, au moment où il défile, à son rang parmi les autres prélats, dans la procession qui se dirige vers Notre-Dame, pour assister à la messe d'ouverture des États, le 26 octobre 1614.

(1) *Testament politique*, Ed. FONCEMAGNE (p. 275).

# NOTE

*N. B.* Les documents dont il est question à la page 132 note 1, seront publiés dans un appendice général, à la fin de l'ouvrage.

---

« M. Lair dans ses *Notices* sur les *Mémoires de Richelieu*, Paris, 1905, met en doute l'attribution à Richelieu des *Instructions et Maximes que je me suis donné pour me conduire à la Cour*, publiées en 1880, par M. Armand Baschet. Il croit reconnaître, dans le manuscrit, la main de l'historien Pierre Matthieu. J'observe, d'autre part, une analogie singulière entre certains passages des *Instructions* et le chapitre xxxv du *Traité de la Cour* de M. du Refuge, publié dans les premières années du xviie siècle et qui eut un grand succès à cette époque. Il serait sage de ne voir, dans les *Instructions et Maximes,* qu'un recueil anonyme de préceptes à l'usage des courtisans vers la fin du règne de Henri IV. »

# CORRIGENDA ET ADDENDA

## TOME PREMIER

P. 6. — Au lieu d'*Ammien Marcellin*, lire : *Salvien, De gubern. Dei, lib. II,* ch. 7.

P. 17-18. — A la fin de la note, ajouter : Un grand nombre d'ouvrages importants ont paru depuis la première édition de la vie de Richelieu. Nous citerons, comme se rapportant aux événements compris dans le premier volume : Les *Mémoires de Richelieu* en cours de publication pour la Société de l'Histoire de France. — Comte de Beauchamp, *Louis XIII d'après sa Correspondance*. — *Louis XIII et Richelieu; Lettres et pièces diplomatiques*, 1 vol., 1911. — *Lettres de la main de Louis XIII* publiées par Eugène Griselle, 2 vol. — Maximin Deloche. *La maison du Cardinal de Richelieu*. — *Le Père de Richelieu*. — *Autour de la plume de Richelieu*. — Chanoine Dedouvres, *L'Éminence grise*, 2 vol. — Louis Batiffol, *Au temps de Louis XIII, La Vie intime d'une Reine de France au XVIIᵉ siècle*. — *Le Roi Louis XIII à vingt ans*, etc. — Emile Roca, *Le Règne de Richelieu*, 1 vol. in-12, 1906. — Hilaire Belloc, *Richelieu*. — Comte de Saint-Aulaire, *Richelieu*, in-12, 1932. — Abbé Bossebœuf. *La Ville et le Château de Richelieu*. — Les autres publications seront mentionnées dans les notes ou les addenda des volumes suivants de la présente édition.

P. 18, note 2. — Un obligeant correspondant, M. Servant, curé-doyen de Saint-Gervais-les-Trois-Clochers (Vienne), nous signale l'existence ancienne, dans cette commune, d'une famille du Plessis dont les origines paraissent bien se confondre avec celles des du Plessis de Richelieu.

P. 23. — Sur les Guyon Le Roy, consulter : Merval, *Documents relatifs à la fondation du Havre*, et Ch. Bréard, *Documents relatifs à la Marine marchande aux XVIᵉ et XVIIIᵉ siècles à Rouen;* Ch. Bréard et Philippe Marès, *Documents*, etc., nouvelle édition, 1906.

P. 40. — Le contrat de mariage du père du cardinal est publié par Deloche, *Le Père de Richelieu*.

P. 43. — V. « Oraison funèbre de Nicole Duplessis de Richelieu, de son vivant femme de M. de Brézé, maréchal de France », dans *Harangues célèbres de ce temps*, édit. 1655, in-4°, 3ᵉ partie, p. 31.

P. 44. — Sur la situation de fortune de François de Richelieu à sa mort, on a trouvé des renseignements très précis dans les papiers d'une famille Dumé d'Aplemont, qui se trouvait en procès avec la succession de François de Richelieu lorsqu'il mourut. On y voit qu'aussitôt après le décès ses biens furent saisis à la requête de Scipion Sardini, gentilhomme lucquois. La saisie était faite sur « dame Suzanne de la Porte, mère et tutrice des enfants mineurs dudit feu sieur de Richelieu et d'elle ». — Voir tout le procès dans Borély, *Histoire du Havre*, t. II, p. 354.

P. 52. — La gravure qui était reproduite dans la première édition et qui soi-disant représentait le château de Richelieu avant que le cardinal l'eût reconstruit, a été supprimée. L'estampe, conservée à la Bibliothèque nationale avec la mention « Le château de Richelieu », représente sans aucun doute le château de Chantilly. Nous avons sous les yeux l'estampe authentique avec cette inscription, qui est la seule exacte.

P. 64. — On discutera sans doute longtemps sur le lieu de naissance du futur cardinal de Richelieu. Il faut bien reconnaître que la thèse de la naissance à Paris a fait un grand pas grâce aux précisions que MM. Maximin Deloche et Maurice Demolin ont apportées en retrouvant l'acte d'achat de l'hôtel appartenant à la succession de messire Jean de Losse, hôtel situé rue du Bouloi. Cet acte est signé du père du cardinal. Or l'acte de baptême de Richelieu porte que ses père et mère habitaient « *en leur hôtel*, rue du Bouloi »; on peut conclure que l'enfant est né dans cette maison. Nous citerons, dans ce même sens, un témoignage contemporain qui n'a pas été invoqué jusqu'ici; il émane d'un écrivain généralement bien renseigné : « Le cardinal eut pour pays natal (quoique l'envie ait fait des efforts pour le nier) la plus illustre ville du monde, je veux dire Paris, qui est comme le centre des États du plus chrétien roi de l'Univers... » (*Le politique très chrétien ou Discours politique sur la vie de feu le cardinal de Richelieu*. Paris 1647. Dédié au cardinal Mazarin).

Cela dit, rien n'explique pourquoi, si le jeune Armand est né à Paris, le baptême a été retardé de huit mois; et on est en droit de penser que la cause du retard est que la mère, ayant eu son enfant à Richelieu, on a] attendu le temps nécessaire pour qu'elle fût rétablie et pût venir à Paris pour le baptême. Un fait assez curieux signalé par M. Chauvin, ancien maire de Braye-sous-Faye, paroisse du château de Richelieu, et fervent défenseur de la naissance en ce château, c'est que les pages des registres paroissiaux de Braye se rapportant à l'année 1585 « ont été adroitement détachées »... Faut-il conclure de ce fait, avec M. Chauvin, que « le grand homme, dans son désir de faire croire qu'il était né à Paris, aurait donné l'ordre formel de détruire dans le registre paroissial toute trace de sa naissance à Richelieu »?... *Sub judice, lis est.*

P. 92. — Sur les Bourges, voir l'étude de M. Maurice Demolin dans *Études de topographie parisienne*, t. II, p. 433. — Une famille de Bourges est citée dans le Supplément à l'armorial de Montfort-l'Amaury par Grave, p. 35, comme détenant le fief de Sassay à la cure d'Ézy. Ces « Bourges » sont « seigneurs de l'isle ». Armes : « d'azur au chevron d'or, accompagné de 3 lys d'argent tigés de sinople ».

P. 118. — Nous avons cité plus haut les travaux récents qui ont singulièrement précisé devant l'Histoire la figure du Père Joseph; notamment, au point de vue religieux et mystique, la nouvelle biographie, malheureusement incomplète, du chanoine Dedouvres, *Le Père Joseph, de Paris, Capucin*, 2 vol. in-8°. C'est surtout en ce qui concerne la haute personnalité reli-

## CORRIGENDA ET ADDENDA.

gieuse du Père Joseph et ses relations avec la Papauté, les Filles du Calvaire, la cause catholique en général, que cet ouvrage doit être particulièrement consulté. Nous avons pu recourir, pour les années du grand ministère, aux deux manuscrits qui émanent de l'entourage du Père Joseph : la *Vie du Père Joseph, Capucin*, par Lepré-Balain, et le *Supplément à l'Histoire*, par le même, conservés tous deux dans les archives des Capucins de Bry-sur-Marne.

P. 142. — Richelieu répète cette expression « cracher contre le ciel » etc..., trois ans plus tard, dans un passage du *Caput apologeticum* qu'il écrit après sa chute du premier ministère. Elle exprime fortement son ardente adhésion à la cause du pouvoir royal (voir Avenel, t. VII, p. 420) et ci-dessous, t. IV, le chapitre « Doctrine politique du cardinal de Richelieu ».

P. 146, ligne 30. — Il faut lire : « Au fils de l'ancien adversaire de Henri IV. Le duc de Mayenne de la Ligue était mort à Soissons en octobre 1611. »

P. 161. — Note 2 : lire *Dienne* au lieu de *Dionne*.

P. 188. — A la fin de la note 2, ajouter : Saint-Genys, *Histoire de Savoie*, t. II, p. 174 et Dufayard, *Histoire de Lesdiguières*, p. 194, 278, etc.

P. 258. — Mettre en note au dernier paragraphe : Sur cette question délicate de la réunion des biens du Roi à la Couronne, le jurisconsulte béarnais Polverel écrit : « Sous Henri IV, la France a enrichi son code national d'un principe inconnu jusqu'alors. Elle a déclaré que toutes les propriétés du prince qui montait sur le trône, déjà soumises à la souveraineté ou à la suzeraineté de la Couronne étaient unies de plein droit au domaine de la nation ; mais elle n'a pas étendu ce principe aux souverainetés indépendantes de la couronne de France. » Sur la distinction qui se fit, en vertu de ce principe, entre le Béarn et la Navarre, voir Puyol. *Louis XIII en Béarn*, p. 285. — Sur les affaires du Béarn, voir les documents publiés par le duc de La Force aux appendices des tomes I et II du *Maréchal de la Force*.

P. 504. — Ajouter à la note 1 : Voir les documents publiés par le duc d'Aumale dans son *Histoire des Princes de Condé*, notamment en appendice au vol. I, les lettres de Throgmorton à Elisabeth et le passage cité, p. 163. Le duc d'Aumale dit : « Au moment même où le traité d'Hamptoncourt se signait, ils avaient la conscience de leur mauvaise action et ils voulaient en atténuer les conséquences : *Ils m'ont expressément prié*, écrivait Throgmorton à sa souveraine, *de dire à Votre Majesté que cela leur serait une grande note d'infamie et qu'ils seraient bien mal vus dans le Royaume si Votre Majesté était, par leur moyen, introduite dans le Havre, Dieppe et Rouen, pour garder ces places et chasser ainsi le Roi, leur souverain, de la fleur du duché de Normandie.*

P. 515 ligne 28. — Supprimer : « Car il sait bien, lui, qu'il est vendu à l'Espagne ». Cette allégation est empruntée au livre de M. Forneron, *Philippe II*, etc... Depuis, il a paru dans l'*Intermédiaire des Chercheurs et Curieux*, nos du 20 juin, 30 août et 20 décembre 1903, une étude qui met en doute l'authenticité des documents publiés à ce sujet par M. de Croze dans son ouvrage *Les Guises et les Valois* (appendice). Cette étude met également en doute l'authenticité des « comptes des sommes versées » qui figurent dans l'ouvrage de M. Forneron.

# TABLE DES MATIÈRES

                                                                    Pages.
Préface................................................................   v

## LIVRE PREMIER.

### LA JEUNESSE DE RICHELIEU (1585-1614).

Chapitre Premier. — Les origines, le pays............................    3
Chapitre Deuxième. — La généalogie, la famille......................   17
Chapitre Troisième. — La naissance, l'enfance, les études...........   63
Chapitre Quatrième. — L'évêché de Luçon.............................   91
Chapitre Cinquième. — Les études de théologie, les amis de jeunesse.  111
Chapitre Sixième. — Les premières visées politiques; l'élection aux États généraux de 1614; le retour à Paris............................  129

## LIVRE DEUXIÈME.

### LE ROYAUME ET LA ROYAUTÉ EN 1614.

Chapitre Premier. — La France en 1614; aperçu géographique..........  159
    I. Les provinces................................................  159
    II. Paris en 1614...............................................  194
    III. Le Louvre, la cour, le Roi.................................  231
Chapitre Deuxième. — Les institutions politiques....................  241
    I. La conquête territoriale, la tradition.......................  241
    II. Le Instruments de la domination.............................  263
    L'armée.........................................................  264

## TABLE DES MATIERES.

|  | Pages. |
|---|---|
| La justice | 283 |
| L'administration | 308 |
| Les finances | 329 |
| III. Les libertés générales et particulières | 353 |
| Le privilège | 354 |
| Les États généraux | 365 |
| Survivance des autonomies locales; les libertés provinciales | 382 |
| Les Etats provinciaux | 388 |
| Les libertés municipales | 400 |
| Le droit civil. Les coutumes | 408 |

CHAPITRE TROISIÈME. — L'ordre social; les classes.................... 425
    Les classes privilégiées, la noblesse ....................... 426
    La Bourgeoisie de robe....................................... 451
    Les non privilégiés; le peuple des villes..................... 466
    Le paysan................................................... 481

CHAPITRE QUATRIÈME. — Les questions religieuses...................... 497
    Les deux glaives............................................ 497
    La Réforme et les guerres de religion....................... 499
    Le parti catholique et la Ligue............................. 507
    L'organisation ecclésiastique. — Le Gallicanisme; l'Édit de Nantes. 520

CONCLUSION. L'unité; l'idée de patrie; la centralisation ................ 535

NOTE. ............................................................... 551

www.ingramcontent.com/pod-product-compliance
Lightning Source LLC
Chambersburg PA
CBHW050422240426
43661CB00055B/2242